KB263323

THE
대한민국 TEPS 대표강사 Joseph Kim의
TOP in
TEPS
850
기본편
문 GRAMMAR 법
By Joseph Kim

랭기지플러스

THE TOP in TEPS 850 문법 기본편

| 초판발행 | 2010년 8월 25일 |
| 초판 6쇄 | 2018년 3월 23일 |

저자	죠셉 킴
펴낸이	엄태상
책임 편집	장은혜, 이효리, 김효은, 양승주
마케팅	이승욱, 오원택, 전한나, 왕성석
온라인 마케팅	김마선, 심유미, 유근혜
경영지원	마정인, 최윤진, 김예원, 양희운, 박효정

펴낸곳	랭기지플러스
주소	서울시 종로구 자하문로 300 시사빌딩
주문 및 교재 문의	1588-1582
팩스	(02)3671-0500
홈페이지	http://www.sisabooks.com
이메일	sisabooks@naver.com
등록일자	2000년 8월 17일
등록번호	1-2718호

ISBN 978-89-5518-191-3 13740

THE
대한민국 TEPS 대표강사 Joseph Kim의
TOP in
TEPS
850
기본편
문 GRAMMAR 법

대한민국 대표 공인 영어시험 TEPS를 준비하는 수험자들을 위해 국내 어학교육의 핵심 역할을 하고있는 랭귀지 플러스와 대한민국 대표 TEPS 강사 죠셉킴이 오랜시간의 노력과 연구를 통해 단기간 안에 최대 점수를 올려놓을수 있는 텝스 학습교재 시리즈 – The TOP in TEPS 시리즈 12권을 출간하게 되었습니다.

The TOP in TEPS 시리즈 12권은 단순한 참고서들이 아니라 처음으로 텝스를 시작하는 학생들을 위한 입문 시리즈 4권, 800점 이상을 목표로 하는 중급레벨 학생들을 위한 기본 시리즈 4권, 그리고 실제 시험장과 같은 환경에서 본인의 실력을 최종 점검할 수 있는 실전 시리즈 4권으로 구성된 시리즈입니다.

본 교재의 출간 목표는 역대 기출문제를 99% 활용하여 실전 테스트를 통해 실질적인 전략을 키워서 가장 빠른 시간 안에 점수를 획득할 수 있게 하는 것이고, 서울대 언어교육원의 출제 경향의 토대 위에서 실전 레벨의 수준으로 가장 양질의 문제들만을 엄선했다고 자부하는 바입니다. 본 시리즈를 통해 '이것이 바로 TEPS다!'라는 것을 느끼실 수 있으실 것이며, 본 시리즈의 구성에 따라 지속적인 학습을 하면서 990점 만점의 꿈을 키워가시기 바랍니다.

최근 TEPS가 많이 어려워졌고, 이런 상황에서 고득점을 위해서는 모의고사를 스스로 많이 풀어서 문제 푸는 능력과 시간 활용 능력을 키우는 것이 상당히 중요합니다. 특히 TEPS는 다른 시험들과 다른 점들이 많기 때문에 모의고사를 보지 않고 곧바로 시험장으로 향할 경우 예상치 못한 상황들 때문에 많이 당황할 수 있으므로 각별히 유의해야 합니다.

본 시리즈는 실제로 TEPS를 수험생들과 함께 보며 문제 유형을 100% 정확히 파악하고 있는 현직 TEPS 전문강사가 집필했다는 점에서 양질의 TEPS 문제집에 갈급한 수험자들에게 좋은 학습 길잡이가 될 수 있으리라고 믿습니다. 아무쪼록 이 문제집들을 통해서 좋은 결과 얻으시길 바랍니다.

이 책이 나오기까지 정말 많은 기도와 격려로 가장 큰 힘이 되어준 아내, 그리고 나의 모든 것 되신 좋으신 하나님께 이 책을 바칩니다.

2010년 8월
서초동에서
Joseph Kim

CONTENTS

01 Grammar Focus

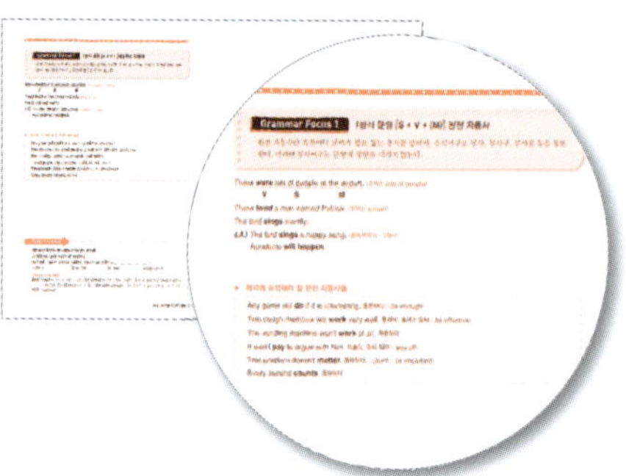

문법의 핵심만을 간추려서 정리하였습니다. 각 해당 문법에서 시험에 자주 출제되는 부분만을 선별하여 **Grammar Focus**로 제시합니다. TEPS 문법 영역을 준비하는 것에서부터 전반적인 문법에 대한 체계적인 정리를 할 수 있도록 도와줍니다.

02 Power Grammar

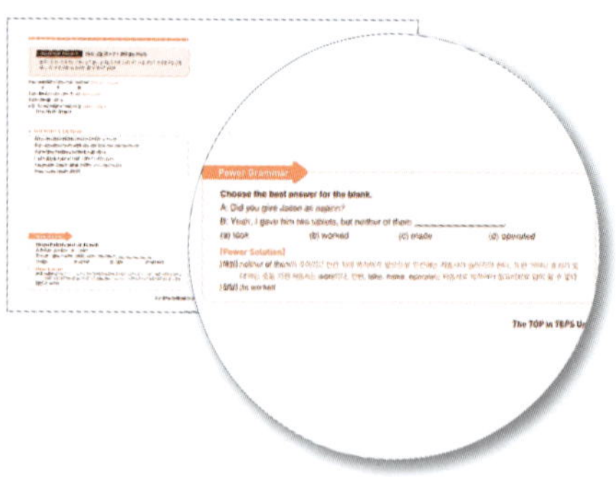

Grammar Focus를 통해서 학습한 문법의 부분을 실제 TEPS 유형의 문제를 풀어보면서 정리합니다. TEPS 기출 분석을 통하여, 실제 시험에 자주 출제되는 부분을 근거로 하여 문제를 구성하였습니다.

03 Grammar Excercise

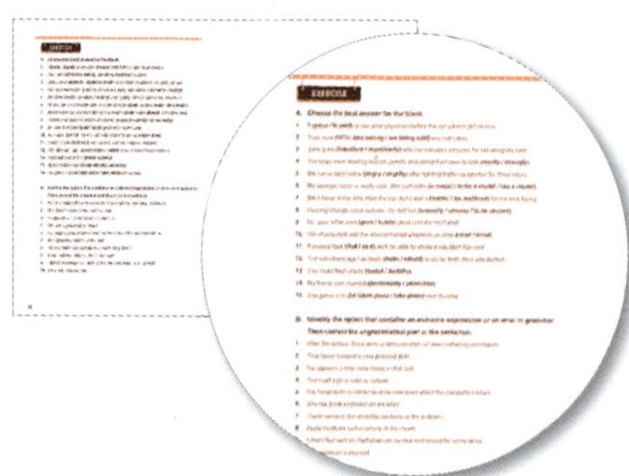

각 문법에서 배운 내용들을 연습문제의 형태로 다시 한 번 복습하는 공간입니다. 문법 설명을 차분하게 정리한 후에, 실제 문제 풀이 형태로 복습할 수 있게 함으로서 학습한 내용을 오래 기억하게 도와줍니다.

04 Practice TEST

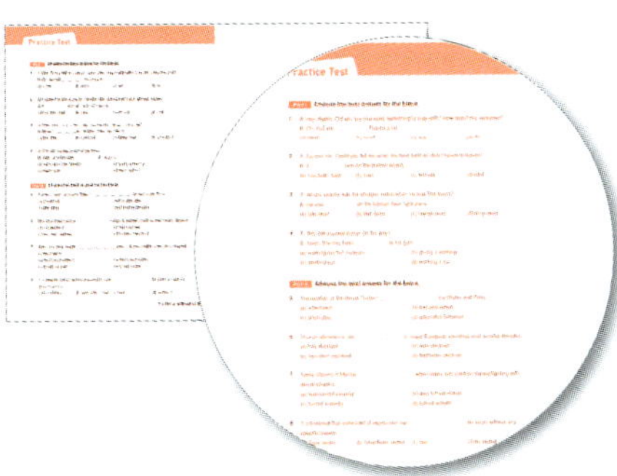

이제, 본격적으로 TEPS 문법 문제를 풀어보면서 다시 한 번 학습한 문법 내용을 정리해 보는 시간입니다. 문법 영역이지만, 다수의 문제 풀이가 함께 이루어지지 않으면, 실제 시험에서 고득점이 어렵습니다. **Practice TEST**를 통해서 문제풀이로 복습해 보세요.

05 Actual TEST

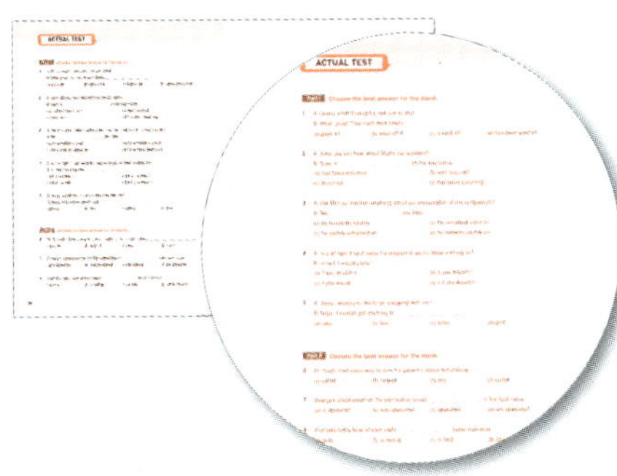

실제 TEPS 문법 문제의 구성을 그대로 실었습니다. 문법 **PART I~IV**까지 다양한 문제들을 풀어볼 수 있습니다. 차근차근 문제를 풀어가면서 TEPS 문법을 정복해 나가세요.

06 Joseph's TIP!

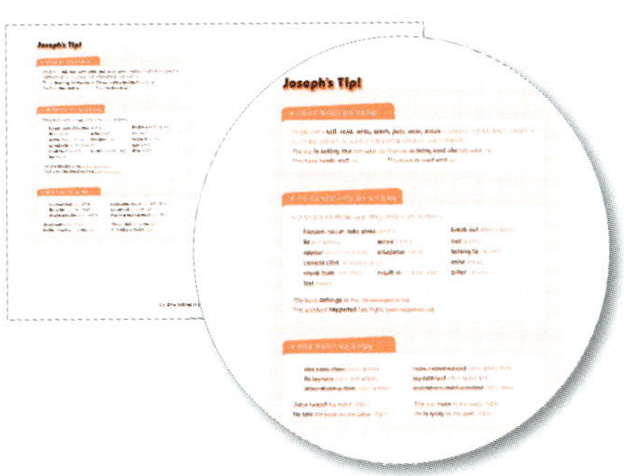

각 문법에서, 혼동을 일으키는 부분을 선별하여 TIP으로 제시하였습니다. 시험에 자주 출제되는 부분에서 특히 혼동을 일으키는 부분을 골라서 정리하였습니다.

TEPS GRAMMAR 학습 POINT

1. 실제 영어에서 활용할 수 있는 실용문법을 익혀라.
2. 동사를 공략하라. 동사를 알면 문장구조가 보인다.
3. 실전문제를 통해 문법적 감각을 키워라.
4. 오답노트를 작성하라.
5. Part 1,2의 경우 선택지부터 읽어서 각각의 문제가 무엇을 요구하는지를 파악하라.

• 과거분사와 현재분사의 이해를 묻는 문제
  I was **frightened** to walk alone through the forest in the night.

• 지각동사의 목적보어 표현을 묻는 문제
  I saw her **being attacked** in the corner yesterday.

• find+I.O.+D.O. 구문의 이해를 묻는 문제
  I'll find **him a good wife**.
  c.f.> find+O+O.C. ~를 ~라 생각하다
        I found **him annoying.**

• **Without, But for** (=Were it not for, If it were not for)
  Without mobile phones, our lives would be very inconvenient.

• 접속사와 대명사의 기능을 동시에 수행하는 관계대명사
  I bought a dozen eggs, half of **which** were bad.
   =I bought a dozen eggs and half of **them** were bad.

• 가정법 과거완료에 대한 의미를 묻는 문제
  Unfortunately I broke my favorite base yesterday. You **could have been** more careful.

• 혼합가정법과 if 생략을 함께 묻는 문제
  Had he survived the accident then, he would be now 19 years old.

• 주격 복합관계대명사의 활용을 묻는 문제
  I'll give this **whoever** wants to have it.

• **(the) next time**(다음 번에~할 때): 시간부사절에서는 현재가 미래를 대신하는 문제
  Don't forget to call me the next time **you come**.

• 시간, 조건의 부사절에서는 현재가 미래를 대신하는 문제 (명사절에는 제약이 없다.)
Do you know when they **will come**?

• 계속의 의미를 갖는 until을 묻는 문제 ('기다린다'는 의미와 잘 어울린다.)
We were waiting for him **until seven o'clock**.

• 명사절을 이끄는 접속사 whether의 이해를 묻는 문제
Whether the action will be ruled an accident depends on the judge's decision.

• 주장, 제안, 권고, 명령의 동사가 **that**절을 목적어로 취할 때 **that**절의 동사는 should+V
demand that+(should)+V
The principal **demanded** that students **should come** to the commencement.

• **suggest**가 시사(암시)하다의 뜻으로 쓰이는 문제 (무조건 [**that** S+(should)+V]의 구문을 취하지 않는다.)
His words **suggested** that he **loved** her.

• 인칭대명사의 격과 수를 묻는 문제
The couple cherished **their** only daughter.

• **such/so**와 결합한 명사구의 어순을 묻는 문제
Mary is **such a nice girl** that there's no one that does not like her.

• **the**+형용사= 복수보통명사
The rich are not always happy.

• 조수사를 묻는 문제
Could you give me a **glass of water**? (물 한잔을 a cup of water라고 하지 않는다.)

• 가산명사를 묻는 문제
a very nice apartment (apartment는 가산명사)

• 불가산 명사를 묻는 문제
What is that white **stuff** in that box? (stuff는 불가산명사)

• It is ~ to의 예외를 묻는 문제
(**hard, easy, difficult, impossible** 등의 형용사가 쓰일때, 주어 자리에 사람이 오는 경우)
He is so fastidious that **he is hard to work for**.

• 넷 중에서 어느 하나는 **one**, 다른 하나는 **another**, 또 다른 하나는 **a third**, 마지막 남은 하나는 **the other/fourth**
I have four different hobbies; **one** is reading, **another**, dancing, **a third**, singing, and **the fourth**, cooking.

• 거리를 나타내는 **farther**, 정도를 나타내는 **further**를 묻는 문제
Nothing could be **further** from the truth.

· 평균(훨씬)이하의 전치사구를 수식하는 표현은 전치사구 앞에 위치
His school record is **far** below average.
c.f.> The temperature dropped to two degree below zero.

· **although 접속사 (뒤에 절) VS. in spite of/ despite/ with all 전치사구 (뒤에 명사 표현)**
Although I don't agree with him, I think he is honest.
In spite of all his efforts, he failed to get the job.

· 동명사 관용표현
▷ **have a hard time+~ing** ~하는데 어려움을 겪다
I had a hard time **finding your place**.

▷ **narrowly/barely escape ~ing= come close to ~ing** 거의 ~할 뻔하다
The boy **narrowly escaped being run over**.

▷ **How about ~ing=How about if S+V?**
How about **if we go** on a picnic tomorrow?

· to 부정사 관용표현
▷ **be determined to do** ~하기로 결심하다
He is **determined to make** it public.

▷ **have yet to V** 아직~하지 못했다, 아직 ~해야 한다
I have **yet to finish** the work.
 (= I have still not finished the work.)

· **be required to V** ~하는 것이 요구되다, ~해야한다
The rules **require** employers **to provide** safety training for their employees.
Employers **are required to** provide safety training for their employers.

· 간접의문문 어순: (의문사+ 주어 + 동사)
I don't know **where she is**.

· 상관 접속사로 연결된 경우의 수일치
both A and B 항상 복수 동사
Both chicken and pizza **are** my favorite foods.
not A but B B에 일치
either A or B B에 일치
not only A but also B B에 일치
Not only the students but also the **teacher was** surprised to hear the news.
=B as well as A
The teacher as well as the students **was** surprised to hear the news.

● ● TEPS를 알아보다!

TEPS는 Test of English Proficiency developed by Seoul National University의 약자로 서울대학교 언어교육원이 오랜 시간에 걸쳐 집중적인 연구를 통해 개발한 한국인의 실용 영어능력 평가시험이다. Proficiency는 '숙달도'라는 뜻으로서 그 사람의 영어 실력이 얼마나 몸에 배어 있고 익숙한가를 측정한다. 따라서 단순한 암기와 요령만으로 고득점을 얻을 수 있는 시험이 아니라 꾸준하게 폭넓은 학습을 통하여 영어에 대한 전체적인 이해력이 바탕이 되어야 하는 시험이다. 또한 TEPS는 한국인들의 살아 있는 영어 실력을 가장 효과적이고 정확하게 측정해주며, 변별력에 있어서 수험자의 정확한 실력 파악에 실제적인 도움이 된다. TEPS 성적표는 수험생의 영어 능력을 파트별로 세분화하여 평가, 첨삭하여 주기 때문에 수험자에게 있어 어느 부분이 강하고 약한지를 쉽게 파악할 수 있게 해줄 뿐만 아니라 효과적인 영어공부 방향을 제시해주기도 한다. TEPS는 다양하고 일반적인 영어능력을 평가하는 시험으로 서울대 진학뿐만 아니라 최근에는 신대원, 사관학교, 유학시험, 공무원시험, 인사고과 등 다양한 목적으로 사용되고 있다.

● ● TEPS의 특징을 살펴보다!

✚ 편법과 눈속임이 통하지 않는 시험

개인의 어학능력은 결코 단기간에 급속도로 향상되지 않는다. 그럼에도 불구하고 실력배양은 아랑곳하지 않고 영어성적만을 올리기 위해 요령과 편법을 가르치는 교육기관이 현재 난무하고 있는 현실이다. TEPS는 수험자의 영어능력을 있는 그대로 정확하게 판단하기 위해 다양한 테스트 방법을 적용했다. 듣기시험에서 인쇄된 질문지를 주지 않고 방송으로 직접 들려주기 때문에 미리 문제를 보고 감을 잡는 편법과 요령이 통하지 않는다. 독해시험에서도 1지문 1문항 원칙을 지켜 한 문제의 답을 알면 그 뒤에 연결된 문제들의 답을 유추할 수 있는 가능성을 원천적으로 배제하였다.

✚ 속도화 시험

TEPS는 기존의 다른 시험에 비해 많은 지문을 주고 이를 짧은 시간 내에 이해하여 풀어낼 수 있는지를 측정하는 형태이다. 이는 실제 생활에서 활용할 수 없는 단순암기 위주의 영어가 아니라 완벽히 습득하여 자유롭게 구사할 수 있는 "살아있는" 영어실력을 평가하기 위한 것이다.

✚ 첨단 테스팅 기법 도입

TEPS는 첨단 어학능력 검증기법인 문항반응 이론 「IRT: Item Response Theory」를 도입했다. 문항반응 이론은 문항을 개발할 때 각 문항별로 1차 난이도를 정의하고 다시 시험 시행 후 전체 수험자들이 각각의 문항에 대해 맞고 틀린 것을 종합해 그 문항의 난이도를 2차로 재조정해 이를 근거로 다시 한 번 채점하여 성적을 산출하는 방식이다. 이 과정에서 최고점은 990점, 최하점은 10점으로 조정된다. 특히 문항반응 이론은 맞은 개수의 합을 총점으로 하는 고전적인 평가방식과는 달리, 각 문항의 난이도와 변별력에 대한 수험자의 반응 패턴을 근거로 영어 능력을 추정하는 확률이론이다. 결국 같은 개수의 정답을 맞추더라도 난이도가 높은 문제를 많이 맞춘 수험자가 좋은 점수를 취득하게 되어 있다. 문항반응 이론을 적용할 경우, 낮은 난이도의 문제를 많이 틀린 수험자가 높은 난이도의 문제를 맞출 경우 실력에 관계없이 추측(Guessing)이나 우연히 맞출 가능성이 높다고 판단하여 감점처리를 한다. 이러한 문항반응 이론은 가장 선진적인 검정방식으로서 TEPS는 이 이론에 기초한 국내 최초의 영어능력 평가시험이다.

●● TEPS 시험 진행에 관한 사항 『서울대학교 TEPS 관리위원회 홈페이지 기준』

TEPS 정기시험은 주로 일요일에 시행되지만 매년 1월, 5월, 7월, 10월에는 토요일(오후 3시)에 시행된다. 매년 11월 중에 다음 해 응시 일정이 발표되는데 시험은 일요일의 경우, 오전 9시30분에 치르게 되며, 대개 9시까지 고사실에 입실하여야 한다. 오전 9시30분부터 치르는 일요일 시험이 진행되는 과정을 정리하면 다음과 같다.

AM 09:20	입실 완료
AM 09:30~09:50	답안지 오리엔테이션 『각종 기재사항 기재』
AM 09:50~10:00	10분간 휴식 『시험 중간에 휴식시간 없음』
AM 10:00~10:05	문제지 배포
AM 10:05	시험 시작
AM 12:25	시험 종료

※ 시험 당일 사정에 따라 분 단위로 조금씩 변동이 있을 수 있다.

✚ 시험 시간

영역	파트	내용	문항 수	시간	배점
청해 Listening Comprehension	Part I	질의 응답	15	55분	400점
	Part II	짧은 대화	15		
	Part III	긴 대화	15		
	Part IV	담화문	15		
문법 Grammar	Part I	구어체	20	55분	100점
	Part II	문어체	20		
	Part III	대화문	5		
	Part IV	담화문	5		
어휘 Vocabulary	Part I	구어체	25	15분	100점
	Part II	문어체	25		
독해 Reading Comprehension	Part I	빈칸 채우기	16	45분	400점
	Part II	내용 이해	21		
	Part III	흐름 찾기	3		
			200문항	140분	990점

➕ TEPS 원서 접수

인터넷 접수	www.teps.or.kr 접속 후 '온라인 접수'메뉴 이용 (사진파일, 응시료를 결제 할 신용카드 및 인터넷 뱅킹 계좌)
방문 접수	가까운 접수처 이용 (3×4cm 사진 한 장, 응시료) *일반 접수 응시료: 일반 33,000원 / 군인 17,000원 (대상: 현역 간부, 군무원, 육사 / 해사 / 간호사관 생도) *추가 접수 응시료: 일반 36,000원
정기 시험	연 12회

➕ **환불규정**

접수 후 개인적인 사정으로 시험에 응시할 수 없는 경우, 접수를 취소할 수 있다.
(차기 회차로 연기는 불가능함.)

➕ **취소신청 방법**

• 인터넷 취소신청: 회원만 가능하며 비회원은 회원가입 후 취소신청이 가능하다.
• 접수처 취소신청: 수험표와 신분증을 소지하고 가까운 접수처를 방문하여 취소신청을 할 수 있다.
(접수처 취소는 TEPS 접수 취소만 가능)
• 시험별 취소 환불금

『정기접수자』
- 정기접수기간 내: 33,000원 환불
- 익일 ~ 1주: 23,000원 환불
- 익일 ~ 시험 전일 15시 (토요일 시험: 전일 24시): 11,000원 환불

『추가접수자』
- 추가접수기간 내: 36,000원 환불
- 익일 ~ 시험 전일 15시(토요일 시험: 전일 24시): 11,000원 환불

➕ **성적 확인**

정기시험의 성적은 시험일로부터 15일 이후 텝스 홈페이지(www.teps.or.kr)에서 확인이 가능하다. 정기시험 성적표는 시험일로부터 대략 20일 안에 우편으로 발송되고, 특별시험 성적표는 시험일로부터 7일 이내에 해당 기관이나 단체로 통보된다. 정기시험 응시자 중 텝스 성적표가 급히 필요한 사람은 텝스 사업본부(02- 886-3330)를 방문하여 성적표를 직접 수령해 갈 수 있다. 방문하여 성적표를 수령해 가고자 하는 경우 응시일로부터 12~13일이 지난 후 추가 수수료 2,000원과 신분증을 준비하여 방문하면 된다. 경우에 따라 성적 처리가 늦어지는 경우도 있으므로 방문 전에 성적표 수령 가능 여부를 전화로 확인하고 방문해야 한다.

✚ 시험 전날 점검 사항

TEPS는 보안이 철저히 유지되고 기출된 문제가 공개되지 않는다. TEPS시험을 여러 번 보다 보면 대략적으로 그 방향과 성격을 어느 정도 파악할 수 있을 것이다. 실제로 시험을 본 사람만이 정확히 어떤 문제가 나오는지 체감할 수 있다. 그러므로 실제 시험에 응시하여 어느 정도의 유형과 경향, 분위기 등을 체험해 보는 것이 도움이 된다. 하지만 여러 가지 사정으로 상황이 여의치 않을 경우 실제 출제경향에 맞춘 적중률 높은 실전문제를 가능한 한 많이 풀어는 것도 시간을 절약하고, 심리적인 부담감을 줄일 수 있는 한 방법이다. 실전문제를 풀 때는 실제 시험을 볼 때와 똑같은 긴장감과 똑같은 시간으로 집중하여 문제를 풀어야 한다. 오히려 실제 시험의 120% 정도의 긴장감과 120% 정도의 집중력으로 문제를 풀라고 권하고 싶다. 실제 시험에서는 더욱 더 긴장되고 예기치 않은 여러 변수가 작용할 수 있기 때문이다. 또한 청해 시험을 보는 동안은 "내가 어떤 방법으로 청취를 해야겠다"는 생각조차 잡념이 된다는 사실을 명심해야 한다. TEPS 청해는 어떠한 내용도 주어지지 않는다. 자칫하여 한 마디를 놓치게 되면 결국 그 문제뿐만 아니라 전반적인 시험에 영향을 끼치게 된다. 마음을 완전히 비우고 한 문제 한 문제에 대해 순간순간 정확한 판단을 하면서 최선을 다해 풀어야 할 것이다.

✚ 시험 당일

TEPS는 청해, 문법, 어휘, 독해 네 가지 영역으로 구성되어 있다. 시험은 청해 55분, 문법 25분, 어휘 15분, 독해 45분으로 진행된다. TEPS는 다른 영어시험과 달리 각 영역별로 주어진 시간에 그 영역의 문제만 풀도록 규정되어 있다. 정해진 시간 안에 정확하게 문제를 풀어내는 능력을 테스트하는 속도 시험이기 때문이다. 이 때문에 한 영역의 문제를 모두 끝냈다 하더라도 다른 영역의 문제를 풀 수 없다. 각 영역별 시간이 바뀔 때마다 방송이 나오고, 또 감독관이 칠판에 시간을 써놓기 때문에 수험생 본인이 시간 안배를 잘 해야 한다. 감독관 몰래 다른 영역의 시험을 풀어볼 수 있겠지만, 이 행위는 TEPS 규정에 따르면 명백한 부정행위이다. 참고할 것은 TEPS 시험 시 수정 테이프 사용이 가능하므로, 답안지를 바꾸지 않고 감독관에게 요청해 수정 테이프로 수정해도 아무런 문제가 없다.

시험에 들어가기 전 영문 이름, 주민등록번호, 주소 등 개인 신상에 관한 정보를 OCR 답안지에 입력할 때 실수하지 않도록 침착하고 정확하게 표기해야 한다. 만약 실수를 했을 경우에는 감독관에게 답안지를 바꾸어 달라고 요청하여 모든 정보를 새로 입력하면 된다. 실제 시험 전에는 모든 것이 불필요하게 긴장을 유발하는 요인이 될 수 있으므로 시험장에 여유 있게 도착하여 최상의 컨디션을 유지할 수 있도록 철저한 자기관리가 필요하다.

✚ 시간 안배

LC의 경우에는 TOEIC처럼 사진이나 문제가 미리 주어지지 않고 문자 그대로 들려주기만 하기 때문에 듣는 그 순간순간 내용포착을 잘 하는 것이 중요하다. 어휘의 경우 50문제를 15분에 풀어내야 하므로 한 문제당 15초 정도 이상을 할애하면 안 된다. 문법과 독해의 경우 뒤에 있는 문제부터 풀어나가는 것이 중요하다. 문법의 경우 50문제를 15분에 풀어내야 하므로 한 문제당 25초를 넘기면 안 된다. 특히 독해의 경우 38, 39, 40번 문제(파트 3)가 배점이 가장 높기 때문에 먼저 풀고, 그 다음 빈칸 채우기 형식의 파트 1(1-16번)을 푼 다음 파트 2(17-37)를 마지막으로 푸는 순서로 하는 것이 고득점을 얻을 수 있는 한 방법이다.

TEPS는 청해, 문법, 어휘, 독해 4개 영역에 걸쳐 총 200문항으로 구성되어 있으며 시험시간은 140분이다. 문항반응이론(IRT)에 따라 채점하기 때문에 전부 맞추어도 만점은 990점이고 모두 틀려도 10점은 나온다.

✚ 청해 (Listening Comprehension) 60문항

정확한 청해 능력을 측정하기 위하여 문제와 보기문항을 문제지에 인쇄하지 않고 들려줌으로써 자연스러운 의사소통의 인지과정을 최대한 반영하였다. 다양한 의사소통 기능(Communicative Functions)의 대화와 다양한 상황(공고, 방송, 일상 업무 상황, 대학 교양수준의 강의 등)을 이해하는 데 필요한 전반적인 청해력을 측정하기 위해 대화문(Dialogue)과 담화문(Monologue)의 소재를 균형 있게 다루었다.

PART 1 (15문항)

Choose the most appropriate response to the statement. (1-15)

M: Do you think you could turn down the volume on the television?

W: _______________________________________

(a) I certainly didn't mean anything by it.
(b) I can't believe that you turned down the offer.
(c) I didn't realize it was disturbing you.
(d) No, I don't think he'll mind at all.

해석

남: TV의 볼륨을 좀 내려주실 수 있으세요?
여: _______________________________________

(a) 전 분명히 아무런 뜻도 없었어요.
(b) 당신이 제 제안을 거절 했다니 믿을 수 없어요.
(c) 당신을 방해하고 있는지 몰랐어요.
(d) 아니요, 그는 개의치 않아 할 것 같아요.

Part 1은 질의응답 문제를 다루며 한 번만 들려준다. 내용 자체는 단순하고 기본적인 수준의 생활 영어 표현으로 구성되어 있지만 교과서적인 지식보다는 재빠른 상황 판단 능력을 요구한다. 따라서 이 파트에서는 속도 적응 능력뿐만 아니라 순발력 있는 상황판단 능력이 요구된다.

PART 2 (15문항)

Choose the most appropriate response to complete the conversation. (16-30)

W: Hello, I have an appointment with Dr. Summers.
M: OK. You must be Kate. I need you to fill out this form on your medical history.
W: All right. Here you go.
M: _______________________________________

(a) Have you ever had these symptoms before?
(b) I keep sneezing and my nose is runny all day.
(c) Stay warm and drink plenty of water.
(d) Please have a seat and the nurse will call your name soon.

해석

여: 안녕하세요, Summers선생님과 진료 예약을 했는데요.
남: 네, Kate 맞으시죠? 병력에 대해 이 양식을 작성해 주시겠어요?
여: 알겠어요. 여기 있어요.
남: _______________________________________

(a) 이런 증세가 이전에도 있었나요?
(b) 계속 재채기가 나고 하루 종일 콧물이 흘러요.
(c) 몸을 따뜻하게 하시고 물을 충분히 마시세요.
(d) 자리에 앉아 계시면 간호사가 곧 호명할 거예요.

Part 2는 짧은 대화 문제로서 두 사람이 A–B–A–B 순으로 보통 속도로 대화하는 형식이며, 소요 시간은 약 12초 전후로 짧게 구성되어 있다. Part 1과 마찬가지로 한 번만 들려주는 부분이다.

PART 3 (15문항)

Choose the option that best answers the question. (31-45)

W: Have you decided what you're going to buy for your mother's birthday?

M: Not yet. She's very picky, so it's very hard to shop for her.

W: Well, you'd better decide soon. You only have a week.

M: I'm thinking about getting her this vase she saw in the mall the other day.

W: That's a good idea. Since she already saw it, you know she will like it.

M: The only problem is, they're out of stock in the store and will have to special order it.

W: Oh. Will it get here in time?

M: They said it shouldn't take any longer than three days, but maybe I'll find something else.

Q: Which is correct according to the dialogue?
   (a) The man wants the gift to be a surprise.
   (b) The man isn't sure what he's going to buy.
   (c) The woman wants to buy the man a gift.
   (d) The vase will take a week to arrive.

해석

여: 엄마 생일 선물로 뭘 살지 결정했니?

남: 아직. 우리 엄마는 아주 까다롭거든 그래서 엄마 선물을 사는 건 아주 어려워.

여: 빨리 결정을 해야 할 거야. 일주일 밖에 안 남았잖아.

남: 지난 번에 엄마가 쇼핑 몰에서 본 꽃병을 살까 생각 중이야.

여: 그거 좋은 생각이네. 엄마가 보셨으니까 좋아하실 거라는 걸 알잖아.

남: 문제는 가게에 재고가 없어서 특별 주문을 해야 한다는 거야.

여: 그러면 제 시간에 도착할까?

남: 3일 이상은 안 걸릴 거라고 했는데, 아마도 다른 걸 찾아야겠지.

문제: 대화의 내용과 일치하는 것은?
(a) 남자는 선물이 깜짝 선물이 되길 바란다.
(b) 남자는 무엇을 살 지 잘 모른다.
(c) 여자는 남자에게 선물을 사 주고 싶어한다.
(d) 꽃병은 도착하는데 일주일이 걸릴 것이다.

Part 3는 앞의 두 파트에 비해 다소 긴 대화를 들려준다. 대화 부분과 질문을 들려준 뒤 다시 한 번 대화 부분을 들려주기 때문에 대화의 길이가 길어진 것에 비하여 많이 어렵다고 할 수 없다.

PART 4 (15문항)

Choose the option that best answers the question. (46-60)

Thanks for your interest in Happy Times Foods, a leading manufacturer of custom-made food products. Our main goal is to make sure you're always satisfied with our service and the selection we provide. We understand that the restaurant industry is highly competitive and that's why our premium breads, sauces, desserts, and other specialty items are prepared with you in mind. We even tailor our recipes and ingredients to your company's needs. So

해석

일류 주문 생산 식품 제조업체인 Happy Times Foods에 관심을 가져 주셔서 감사합니다. 저희의 주요 목표는 귀하께서 저희가 제공하는 서비스와 선택에 확실히 만족하도록 하는 것입니다. 저희는 식당 업계가 매우 경쟁이 심하다는 것을 알고 있기 때문에 저희의 고급 빵, 소스, 후식과 다른 별미 제품들은 귀하를 염두하여 준비되고 있습니다. 저희는 귀사의 필요에 맞도록 저희 조리법과 재료들을 맞춤 제공하기도 합니다. 귀사의 식당이 성공을 이루도록 Happy Times Foods에 한 번 기회를 주시면 어떨까요?

why not give Happy Times Foods a chance to make your eatery a success?

Q: What is the announcement about?
   (a) an inquiry about an order
   (b) a complaint about a product
   (c) a follow-up to a potential customer
   (d) a proposal for an advertisement

문제: 공지 사항은 무엇에 관한 내용인가?
(a) 주문에 대한 문의
(b) 제품에 대한 항의
(c) 잠재적 고객에 대한 권유
(d) 광고에 대한 제안

Part 4는 담화문을 다룬다. 영어권 나라에서 영어로 뉴스를 듣거나 강의를 들을 때와 비슷한 상황을 설정하여 얼마나 잘 이해하는지를 측정하는 부분이다. 이야기의 주제, 목적, 화제, 세부 사항 및 이를 근거로 한 추론의 문제들이 출제된다. 직청 직해 실력, 즉 들으면서 곧바로 내용을 이해할 수 있는지를 평가하는 부분이다.

✚ 문법 (Grammar) 50문항

밑줄 친 부분 중 오류를 식별하는 유형 등의 단편적이며 기계적인 문법지식 학습을 조장할 우려가 있는 분리식 시험 유형을 배제하고, 의미 있는 문맥을 근거로 오류를 식별하는 유형을 통하여 진정한 의사소통 능력의 바탕이 되는 살아 있는 문법, 어법능력을 문어체와 구어체를 통하여 측정한다.

PART 1 (20문항)

Choose the best answer for the blank. (1-20)

A: How was Felicia when you went to visit her yesterday?
B: I could tell she _______________ although she tried to pretend that everything was OK.

   (a) have cried
   (b) had been crying
   (c) was crying
   (d) would be crying

해석
A: 네가 어제 방문했을 때 Felicia는 어땠어?
B: 그녀는 모든 게 괜찮은 척 하려고 노력했지만 울고 있었다는 걸 알 수 있었어.

Part 1은 A, B 두 사람의 짧은 대화를 통해 전치사 표현력, 구문 이해력, 품사 이해도, 시제, 접속사 등 문법에 대한 이해력을 묻는 형태로 되어 있다. 주로 후자(B)의 대화에 빈칸이 있으며, 이에 적절한 표현을 고르는 형식의 문제이다.

PART 2 (20문항)

Choose the best answer for the blank. (21-40)

_______________ performed some of the most popular songs in the history of music, the Beatles are

해석
음악 역사상 가장 인기 있는 노래들을 연주했기 때문에 비틀즈는 여전히 세계에서 가장 유명한 밴드들 중의 하나이다.

still one of the most celebrated bands in the world.

(a) As
(b) Have
(c) Had
(d) Having

Part 2는 문어체 질문을 다룬다. 서술문 속의 빈칸을 채우는 문제로 총 20문항으로 구성된다. 이 파트에서는 문법 자체에 대한 이해도는 물론 구문에 대한 이해력이 중요하다.

PART 3 (5문항)

Identify the option that contains an awkward expression or an error in grammar. (41-45)

(a) A: I'm really bored. How about going out and seeing a movie or something?
(b) B: I don't know about that. Why do we always have to go out lately at night?
(c) A: Oh, come on. It's only 10:30 and the night is still young.
(d) B: Well, I guess it is Saturday and I feel kind of restless myself.

해석
(a) A: 정말 지루해. 나가서 영화를 보든지 하는 게 어때?
(b) B: 좋은 생각이 아닌 것 같아. 왜 꼭 밤 늦게 외출을 해야 하는데?
(c) A: 그러지 말고 가자. 이제 겨우 10시 30분이고 아직 이른 시간 이잖아.
(d) B: 하긴, 토요일이고 나도 잠이 안 오니까 괜찮겠지.

Answer
(b) lately → late

Part 3는 대화문에서 어법상 틀리거나 어색한 부분이 있는 문장을 고르는 문제로 구성된다. 이 영역 역시 문법뿐만 아니라 정확한 구문 파악, 회화 내용의 식별능력이 대단히 중요하다.

PART 4 (5문항)

Identify the option that contains an awkward expression or an error in grammar. (46-50)

(a) There is a widespread misconception that it is necessary to exercise for long periods of time every day in order to stay fit. **(b) Some people would be surprising to find that this is not necessarily the case.** (c) Many studies have shown that exercising for just thirty minutes a day, three times a week has significant health benefits. (d) The most important thing is to be faithful to a routine, rather than only hitting the gym sporadically.

해석
(a) 건강을 유지하기 위해서 매일 오랜 시간 동안 운동을 하는 것이 필요하다는 보편적인 오해가 있다. (b) 어떤 사람들은 이것이 사실이 아니라는 것을 알고 놀랄 것이다. (c) 많은 연구들에 의하면 하루에 30분 동안, 일주일에 세 번 운동을 하는 것이 상당한 건강상의 혜택이 있다는 것을 보여준다. (d) 가장 중요한 것은 어쩌다 한 번씩 체육관에 가는 것 보다는 꾸준한 일상을 유지하는 것이다.

Answer
(b) surprising → surprised

Part 4는 한 문단을 주고 그 가운데 문법적으로 틀리거나 어색한 문장을 고르는 다섯 문항으로 구성된다. 틀린 부분을 신속하게 골라야 하므로 속독 능력이 굉장히 중요하다.

✦ 어휘 (Vocabulary) 50문항

문맥 없이 단순한 동의어 및 반의어를 선택하는 시험 유형을 배제하고 의미 있는 문맥을 근거로 가장 적절한 어휘를 선택하는 유형을 문어체와 구어체로 나누어 측정한다.

PART 1 (25문항)

Choose the best answer for the blank. (1-25)

A: So I hear the tightrope walker is performing here tonight.
B: Yeah, his name is "Amazing Sam" and he's going to walk between two ten-________________ buildings.

(a) story
(b) degree
(c) level
(d) layer

해석
A: 줄타기 꾼이 오늘 여기서 공연을 한다고 들었어.
B: 맞아. 그 사람의 이름은 "놀라운 Sam"인데 두 개의 10**층** 건물 사이를 걸을 거야.

Part 1은 구어체로 되어 있는 A, B의 대화 중 빈칸에 가장 적절한 단어를 고르는 25문항으로 구성된다. 단어의 단편적인 의미보다는 문맥에서 쓰인 상대적인 의미를 더 중요시 한다.

PART 2 (25문항)

Choose the best answer for the blank. (26-50)

After stealing money from the company over the past five years, the accountant was arrested on a charge of ________________ , and if convicted, he could face serious jail time.

(a) deception
(b) embezzlement
(c) entrapment
(d) transmission

해석
지난 5년 동안 회사로부터 돈을 훔치고 나서 회계사는 **횡령** 혐의로 구속되었고 만일 유죄 판결을 받을 경우에 심각한 실형을 받게 될 수도 있다.

Part 2는 하나 또는 두 개의 문장으로 구성된 글 속의 빈칸에 들어갈 가장 적당한 단어를 선택하는 문제로 구성되어 있다. 어휘를 학습할 때 한 개씩 단편적으로 암기하는 것보다는 하나의 표현으로, 즉 의미구로 알아 놓는 것이 15분이라는 제한된 시간 내에 어휘 시험을 정확히 푸는 데 많은 도움이 될 것이다.

✚ 독해 (Reading Comprehension) 50문항

교양 있는 수준의 글(신문, 잡지, 대학 교양과목 개론 등)과 실용적인 글(서신, 광고, 홍보, 지시문, 설명문, 도표, 양식 등)을 이해하는 데 요구되는 총체적인 독해력을 측정하기 위해서 실용문 및 비전문적 학술문과 같은 독해 지문의 소재를 균형 있게 다루었다.

PART 1 (16문항)

Read the passage. Then choose the option that best completes the passage. (1-16)

It's common knowledge that smoking, eating the wrong foods, and failing to get enough exercise are all contributors to poor health. But not many people truly understand that one of the most serious threats to well-being is stress. Medical professionals have known for years that stress can lead to serious physical and mental disorders. Research has shown that individuals who experience high levels of stress have high blood pressure, which affects cardiovascular health. In addition, stress not only worsens preexisting medical conditions, such as diabetes, but it may also suppress the body's ability to fight off illness. ______________ , it is important to understand the risks associated with life's pressures.

(a) Likewise
(b) In contrast
(c) Therefore
(d) However

해석

흡연과 나쁜 음식을 먹는 것, 그리고 충분한 운동을 하지 않는 것은 모두 건강을 해치는데 기여하는 요인들이라는 것은 상식이다. 그러나 건강에 가장 심각한 위협중의 하나는 스트레스라는 것을 진정으로 이해하는 사람들은 많지 않다. 의학 전문가들은 수 년 동안 스트레스가 심각한 신체적 정신적 장애를 일으킬 수 있다는 것을 알고 있었다. 연구에 의하면 높은 스트레스를 경험하는 사람들은 혈압이 높은 것으로 나타났는데 높은 혈압은 심장혈관 질환에 영향을 끼친다. 게다가 스트레스는 당뇨병과 같은 기존의 질병을 악화시킬 뿐만 아니라 질병을 물리치는 신체의 능력을 억제시킬 수도 있다. **그러므로** 삶의 압박감과 연관된 위험들을 이해하는 것이 중요하다.

(a) 이와 같이
(b) 대조적으로
(c) 그러므로
(d) 하지만

Part 1은 빈칸 넣기 유형이다. 한 단락의 글을 주고 그 안에 빈칸을 넣어 알맞은 표현을 고르는 16문항으로 구성된다. 글 전체의 흐름을 파악하여 문맥상 빈칸에 들어갈 내용을 찾는 문제이다.

PART 2 (21문항)

Read the passage. Then choose the option that best answers the question. (17-37)

Even if the rest of your body is lean and mean, researchers now say that extra fat around the middle often referred to as "love handles" increases the risk of early death. Just two inches of excess flesh around the waist increased the chance of dying sooner by thirteen to seventeen percent. While the link between fat around the middle and health problems is not a

해석

당신 몸이 군살 없고 말랐어도, 현재 연구자들은 흔히 "러브 핸들"이라고 불리는 허리 부분의 군살이 조기 사망의 위험을 증가시킨다고 주장한다. 허리 둘레가 평균보다 2인치 초과하는 것만으로도 일찍 사망할 가능성이 13에서 17퍼센트까지 증가한다. 허리 둘레의 지방과 건강 문제간의 관련성이 새로운 것은 아니지만 가장 최근의 연구는 의사들에게 단순히 일반적인 체질량 지수를 사용하는 것이 심장질환과 같은 건강상의 위험을 평가하는데 있어 꼭 최고의 방법은 아니

new one, the newest study gives doctors much more evidence that simply using the standard body mass index (BMI) is not necessarily the best way to assess health risks such as cardiovascular disease. In fact, the study showed that adults with a healthy BMI but larger than average waists were still candidates for early deaths.

Q: Which of the following can be inferred from the passage?

(a) The group involved in the study was composed of male adults.
(b) Cardiovascular disease does not just affect the overweight.
(c) Doctors still need to study how body mass affects longevity.
(d) Losing excess fat around your waist can add years to your life.

라는 많은 증거를 제공한다. 실제로 연구에 의하면 건강한 체질량 지수를 가졌지만 평균 이상의 허리 둘레를 가진 성인들이 여전히 조기 사망을 할 수 있는 후보자들이라는 것을 보여주었다.

문제: 지문의 내용에서 유추할 수 있는 것은?

(a) 연구에 참가한 집단은 남자 성인들로 구성되어 있었다.
(b) 심장 질환은 반드시 과체중인 사람에게만 발생하지 않는다.
(c) 의사들은 어떻게 체질량 지수가 수명에 영향을 끼치는지 연구할 필요가 있다.
(d) 허리 둘레의 과 지방을 없애는 것이 수명을 연장시킬 수 있다.

Part 2는 글의 내용 이해를 측정하는 문제로 21문항으로 구성되어 있다. 주제나 대의 혹은 전반적 논조 파악, 세부내용 파악, 논리적 추론 등이 있다.

PART 3 (3문항)

Read the passage. Then identify the option that does NOT belong. (38-40)

A breakthrough scientific discovery made in Germany may one day offer hope to millions of people affected by HIV. (a) Doctors say that a man who received a bone marrow transplant from a donor who had a genetic resistance to the virus appears to have been cured. **(b) HIV first came to the public's attention in the 1980s after French and American scientists discovered the infection.** (c) Although the patient's response to the transplant was highly unusual, doctors believe it may increase interest in gene therapy for the disease. (d) However, experts still maintain that to suggest that this case will lead to a cure would be a dangerous stretch.

해석

독일에서의 획기적인 과학적 발견은 HIV에 감염된 수백만명의 사람들에게 희망을 제공해 줄지도 모른다. (a) 의사들은 이 바이러스에 유전적인 항체를 지니고 있는 기부자로부터 골수 이식을 받은 한 남자가 완치된 것으로 보인다고 말한다. **(b) HIV는 1980년대 프랑스와 미국 과학자들이 감염을 발견한 후 대중의 이목을 받게 되었다.** (c) 이식에 대한 환자의 반응이 매우 특이하긴 했지만 의사들은 이것이 에이즈에 대한 유전자 치료법에 대한 관심을 증가시킬 것이라고 믿는다. (d) 그러나 전문가들은 여전히 이 경우가 치료법에 이르게 될 것이라고 주장하는 것은 위험하다는 입장을 고수한다.

Part 3는 한 문단의 글에서 내용의 흐름상 어색한 곳을 고르는 문제로 3문항으로 구성되어 있다. 전체 흐름을 파악하여 흐름상 필요 없는 내용을 고르는 문제이다. 이런 유형의 문제는 응집력 있는 영작문 실력을 간접적으로 측정한다.

TEPS의 등급표

등급	점수	영역	능력검정기준
1+급	901-990	전반	교양있는 원어민에 버금가는 정도로 의사소통이 가능하고 전문분야 업무에 대처할 수 있음.
	361-400	청해	교양있는 원어민에 버금가는 수준의 청해력
		독해	교양있는 원어민에 버금가는 수준의 독해력
	91-100	문법	교양있는 원어민에 버금가는 수준으로 내재화된 문법능력
		어휘	교양있는 원어민에 버금가는 수준으로 내재화된 어휘력
1급	801-900	전반	단기간 집중 교육을 받으면 대부분의 의사소통이 가능하고 전문분야 업무에 별 무리 없이 대처할 수 있음.
	321-360	청해	다양한 상황의 수준 높은 내용을 별 무리 없이 이해할 수 있는 정도의 청해, 독해력
		독해	
	81-90	문법	다양한 구문을 별 무리 없이 신속하게 이해할 수 있을 정도로 내재화된 문법, 어휘 능력
		어휘	
2+급	701-800	전반	단기간 집중 교육을 받으면 일반 분야업무를 큰 어려움 없이 수행할 수 있음.
	281-320	청해	일반적 소재에 보통수준의 내용을 별 무리 없이 이해하는 정도의 청해력과 독해력
		독해	
	71-80	문법	일반적인 구문을 별 무리 없이 이해하는 정도의 문법능력, 어휘력
		어휘	
2급	601-700	전반	중장기간 집중 교육을 받으면 일반분야 업무를 큰 어려움 없이 수행할 수 있음.
	241-280	청해	일반적 상황에 보통수준의 내용을 대체로 이해하는 정도의 청해력과 독해력
		독해	
	61-70	문법	일반적인 구문을 대체로 이해하는 정도의 문법 능력
		어휘	일반적인 표현을 대체로 이해하는 정도의 어휘력
3+급	501-600	전반	중장기간 집중 교육을 받으면 한정된 분야의 업무를 큰 어려움 없이 수행할 수 있음.
	201-240	청해	일반적 상황에 보통 수준의 내용을 다소 이해하는 정도의 청해력
		독해	일반적 소재에 보통 수준의 내용을 다소 이해하는 정도의 독해력
	51-60	문법	일반적인 구문에 대한 의미파악이 어느 정도 가능한 문법 능력
		어휘	일반적인 표현에 대한 의미파악이 어느 정도 가능한 어휘력
3급	401-500	전반	중장기간 집중 교육을 받으면 한정된 분야의 업무를 다소 미흡하지만 큰 지장없이 수행할 수 있음.
	161-200	청해	일반적인 상황에 보통수준의 내용을 이해하기 다소 어려운 정도의 청해력과 독해력
		독해	
	41-50	문법	일반적인 구문에 대한 신속한 의미파악이 다소 어려운 정도의 문법능력
		어휘	일반적인 표현에 대한 신속한 의미파악이 다소 어려운 정도의 어휘력
4+급	301-400 201-300	전반	장기간의 집중 교육을 받으면 한정된 분야의 업무를 대체로 어렵게 수행 할 수 있음.
5+급	101-200 10-100	전반	단편적인 지식만을 갖추고 있어 의사소통이 거의 불가능함.

●● TEPS 관련시험 소개

1. i-TEPS (Integrated Test of English Proficiency developed by Seoul national University)

i-TEPS는 서울대학교 언어교육원에서 출제하고 서울대학교 TEPS관리위원회에서 주관, 시행하는 통합 영어능력평가 시험이다. i-TEPS는 별도로 시행되며 기존 TEPS와 TEPS-Speaking & Writing 시험은 현행과 같이 유지된다. 듣기, 읽기, 말하기, 쓰기 능력은 서로 밀접한 관계를 가진 요소로 듣기, 읽기 능력 혹은 말하기, 쓰기 능력의 측정만으로는 정확한 영어능력을 평가하기 어려우므로 i-TEPS는 유기적인 연관성을 지닌 이 네 가지 의사소통능력을 통합적으로 측정하여 수험자의 영어능력에 대한 정확한 평가를 하는 것을 목적으로 한다. i-TEPS는 국내 최고 권위의 영어능력평가로 듣기, 읽기 분야에서 탁월한 변별력을 인정받은 TEPS와 국내 최초 CBT방식의 영어 말하기, 쓰기 시험인 TEPS-Speaking & Writing의 성공 노하우를 바탕으로 개발되었다. 실전 영어능력을 보다 정밀하게 측정할 수 있도록 세분화된 채점 요소를 적용하고 있으며, 출제자와 채점자를 어학분야의 최고 전문가들로 선정하여 높은 신뢰도와 탁월한 변별력을 지니고 있다. 한번의 시험으로 듣기, 말하기, 읽기, 쓰기 능력을 종합적으로 평가함으로써 각각의 영역을 별도로 평가해야 하는 여타 시험과 비교하여도 응시료 부담이 적다. i-TEPS는 최소의 시간과 비용으로 수험자의 영어능력을 정확히 측정하는 효율성이 높은 시험이다.

i-TEPS는 Listening, Grammar & Vocabulary, Reading, Speaking, Writing의 5개 영역에 걸쳐 총 143문항으로 구성되어 있으며 시험시간은 약 2시간 45분이다. 총점은 각 영역의 점수를 합산하여 400점 만점으로 채점된다.

* i-TEPS 에 관한 더 자세한 정보는 TEPS 관리위원회 홈페이지 (www.teps.or.kr)에서 얻을 수 있다.

2. TEPS Speaking & Writing

TEPS-Speaking & Writing 은 서울대학교 언어교육원에서 출제하고 서울대학교 TEPS관리위원회가 주관, 시행하는 영어 말하기, 쓰기 시험이다. 대규모로 치러지는 영어능력검정에서 평가하기 어려운 말하기, 쓰기 능력을 보다 정밀하게 측정하기 위해 세분화된 채점 요소를 적용하고 있으며, 출제자와 채점자 모두 어학분야의 최고 전문가로 구성되어 탁월한 변별력을 지니고 있다. 보다 객관적인 채점을 위해 분석적 채점과 종합적 채점이 포함된 5 단계 채점체계와 문항별 채점방식을 채택하였다. TEPS-Speaking & Writing 은 컴퓨터 모니터를 통해 지문과 그림이 제시되면 수험자가 이에 대해 답변을 하는 CBT 방식으로 시행된다. 편리한 인터페이스와 화면구성을 개선하고 테스트의 전 과정을 자동화하여 수험자의 편의를 증대시켰다. 한국수출입은행, 외교통상부 등의 기관에서 신입사원 모집 및 해외파견직원 선발시험에 TEPS-Speaking & Writing을 채택하고 있다.

3. SNULT

SNULT는 Seoul National University Language Test의 약자로, 서울대학교 언어교육원에서 개발하여 TEPS 관리위원회에서 시행하는 시험이다. SNULT 정기시험은 7개 언어(영어, 일본어, 중국어, 프랑스어, 독일어, 스페인어, 러시아어)로 구성되어 있다. 완벽한 보안 속에서 해당 언어의 박사 학위를 소지한 연구원, 원어민, 교수 등 최고의 전문가들이 출제와 검토 후 녹음과 인쇄를 거쳐 시행하고 있으며, 지난 30여 년간의 시험 데이터와 성과를 바탕으로 한 신뢰도와 타당도가 매우 높은 시험이다.

근래에는 신입사원 선발과 각급 기관 단체의 직원 인사 고과를 위한 교육훈련, 성적평가 등의 용도로 어학능력 평가에 대한 요구가 증가하여 연간 200,000명 정도가 외국어 능력을 검정 받고 있다.

＊ i-TEPS 및 SNULT 에 관한 더 자세한 정보는 TEPS 관리위원회 홈페이지 (www.teps.or.kr)에서 얻을 수 있다.

전문강사가 알려드리는 변화하는 TEPS 시험의 올바른 이해

TEPS는 수험자의 영어능력을 있는 그대로 정확하게 판단하기 위해 다양한 테스트 방법을 적용했습니다. 예를 들어 듣기시험에서 인쇄된 질문지를 주지 않고 방송으로 직접 들려주기 때문에 미리 문제를 보고 감을 잡는 요령이 통하지 않으며 독해 시험도 1 지문 1 문항 원칙을 지켜 한 문제의 답을 알면 그 뒤에 연결된 문제들의 답을 유추할 수 있는 가능성을 원천적으로 배제했습니다.

TEPS의 채점기준은 상대평가이며 해당 시험의 난이도, 응시인원에 따라 채점기준이 달라질 수 있습니다. 작년 10월 부터 새로운 텝스시험인 i-TEPS가 시작되었는데, 기존 텝스시험과는 별도로 시행됩니다. 이 시험은 Intergrated Test of English Proficiency developed by Seoul National University의 약자로 듣기, 읽기, 말하기, 쓰기 능력을 종합적으로 측정하는 통합영어능력평가 시험입니다. i-TEPS는 영어능력평가로 듣기, 읽기 분야에서 탁월한 변별력을 인정받은 TEPS와 국내 최초 CBT방식의 영어 말하기, 쓰기 시험인 TEPS-Speaking & Writing 을 기본으로 구성이 되어있으며 기존의 TEPS와 TEPS - Speaking & Writing을 통합하여 한번에 보는 것이라고 생각하면 됩니다.

최근 들어 중고생들 사이에서 특히 TEPS에 대한 관심이 높아지면서 TEPS 인지도가 예전보다 크게 높아졌음을 느낄 수 있습니다. 하지만, 정작 TEPS가 어떤 의미를 가진 시험인지는 TEPS 학습자들 상당수가 올바로 이해하고 있지 못한 것이 현실입니다. 따라서 TEPS 공부를 TOEFL-TOEIC 공부할 때처럼 그냥 단어장 암기하고, 시중 참고서 한번 훑어보고, 실전모의고사 문제집 한 두권 풀어서 틀린 문제 정리하는 식으로 학습하면서, 거의 대부분의 학습자들이 몇 개월 동안 성적 향상이 되지 않아서 매우 스트레스를 받습니다. "지피지기(知彼知己)면 백전백승(百戰百勝)"이라고 했습니다. TEPS를 올바로 이해하는 것이 TEPS 고득점을 위한 첩경이 아닐 수 없습니다.

TEPS의 P는 proficiency이며, 이것은 "숙달"이라는 뜻입니다. proficiency와 상대적인 개념이 knowledge(지식)입니다. TOEFL-TOEIC처럼 지식을 측정하는 시험의 특징은 문제의 양은 적고 제한시간이 넉넉해서 충분히 사고(思考)할 시간을 주는 것입니다. 이에 비해, TEPS처럼 '숙달'을 측정하는 시험은 문제의 양은 많고 제한시간이 적어서 사고(思考)할 시간을 주지 않습니다. 따라서 TEPS는 제한시간 내에 모두 풀어야 하는 개념이 아니라, 제한시간 내에 얼마만큼 풀 수 있는가를 측정하는 시험인 것입니다. 이런 개념에 익숙지 않은 수험자들은 자신의 능력 범위를 넘어 TEPS의 모든 문제를 풀려고 무작정 서두르다가 문제를 다 풀지도 못하고 푼 문제마저도 틀리는 최악의 경우를 경험하게 됩니다. TEPS처럼 '숙달'을 측정하는 시험에서 과욕은 금물입니다. 풀 수 있는 만큼만 여유 있게 풀겠다는 마음가짐이 더 좋은 결과를 가져옵니다.

정형화된 문제와 반복 출제되는 문제들이 많아서 모의고사 문제풀이를 많이 할수록 유리한 TOEFL, TOEIC 시험들과는 달리 생활영어 및 시사영어 시험인 TEPS는 청해 속도가 TOEFL,TOEIC보다 2배 이상 빠르고, 시사영어를 다루는 시험답게 TEPS RC에서 다루는 주제는 '정치, 경제, 사회, 문화, 건강, 예술, 종교, 환경' 등 상당히 다양하고 포괄적입니다.

이러한 특징의 TEPS를 준비하는 데 있어서 가장 중요한 학습법은 다독입니다. 평소에 다양한 주제의 영어를 접한 사람들은 시험문제의 RC 지문 내용을 모두 읽지 않고도 첫 문장만 가지고 정답을 찾을 수 있는 문제들이 의외로 많기 때문에 시간이 전혀 모자라지 않습니다. 적어도 글을 빨리 읽을 수 있는 능력이 생기게 됩니다. 예를 들어, 지구 온난화와 이상 기온 문제, 국제 분쟁 상황이나 세계의 고대, 근대 역사등에 대해 평소에 영자신문의 시사적인 내용을 관심 있게 읽은 사람들은 그에 관한 독해 혹은 청해 문제를 아주 수월하게 풀 수 있습니다.

파트3,4의 경우 내화나 지문은 그리 어렵지 않은데 선택지에 등장하는 어휘가 난이도가 있어서 힘들게 푸는 문제도 등장했고 또 앞으로도 등장할것이기 때문에 평소에 어휘 공부를 틈틈이 해두는 것이 도움이 될 것입니다. 그리고 기존의 TOEIC이나 TOEFL시험에서 편법에 의존하지 않고 착실히 청해능력을 쌓아 온 응시자라면 크게 걱정할 수준은 아닐 것입니다.

내용면에 있어서 Listening을 공부할 때 지나치게 TEPS라는 시험에 얽매이지 말고, 꾸준히 관심을 갖고 착실하게 준비하면 충분히 고득점이 가능한 영역이 청해입니다. TOEIC이 실무 영어에 편중되어 있고, TOEFL이 학술 영어에 치중하고 있다는 한계를 극복하기 위해 TEPS가 개발되었다는 점을 상기하면서 학습에 임하면 좋은 효과를 거둘 수 있을 것입니다.

청해영역 에 대해서 살펴보면 Part I 에서 Part III 까지는 까다로운 관용표현들을 제외하면 큰 무리가 없다고 하겠으나 Part IV 에 자주 등장하는 기사체의 문장에 까다로움을 느끼는 응시자들이 의외로 많은 것으로 보입니다. 이 Part는 특별한 준비 방법보다는 평소에 영자신문을 자주 접하고 빠른 속도로 의미를 생각하면서 읽는 훈련을 꾸준히 하면 좋은 성과를 얻을 수 있을 것입니다.

청해의 비법이란 다름이 아니라 모국어 화자가 말하는 속도에 버금가는 독해 속도를 연마하는 것입니다. 최소한 1분에 160자 정도를 읽고 이해할 수 있으면 여러분의 영어청취 정복은 시간문제라고 해도 과언이 아닙니다. 독해력이 뒷받침이 되지 않은 상태에서 한두 달, 또는 서너 달 만에 청해를 정복할 수 있다는 순진한 생각은 빨리 버리는 것이 좋을 것입니다.

문법영역 의 경우 50문제에 25분이 주어지므로 계산상으로는 문제당 25초를 쓸 수 있지만, 답을 기입하는 시간 등을 감안하면 한 문제를 약 20초 이내에 해결할 수 있어야 합니다.
따라서 문장의 구조를 분석하려 하기 보다는 직감적으로 표현의 옳고 그름을 파악할 수 있는 수준에 이르도록 노력해야 합니다. 또한 TEPS의 문법영역은 기존의 TOEIC이나 TOEFL과는 크게 다른 형식을 취하고 있습니다. 밑줄 친 부분의 오류 파악과 같은 문제는 출제되지 않는다는 점에 유의해야 합니다. 그렇다고 지금까지의 문법지식이 전혀 필요 없다는 것은 아니며, 상당부분 일치하기 때문에 단편적으로 알고 있었던 문법적 내용을 체계화 할 필요가 있습니다. 반드시 활용할 수 있는 문장과 연결해서 학습하도록 해야 합니다.

그리고 TEPS 문법영역에서는 반드시 실용문법에 숙달되어 있어야 좋은 점수를 기대할 수 있습니다. 여기서 실용문법이라고 하는 것은 독해는 물론 의사소통 능력에 직결되는 문법을 말합니다.

분야별로 보면 TEPS 문법영역에서 중요하게 다루어지는 내용 중 한 가지가 화법에 대한 이해문제입니다. 지금까지 치러진 TEPS시험에서 화법 문제가 빠진 적이 거의 없었습니다. 화법문제는 관용표현과 겹쳐서 출제가 되므로 평소에 청해나 어휘표현을 암기할 때 각 상황과 표현에 대한 명확한 이해가 필요합니다.

그리고 수동분사구문과 능동분사구문을 직감적으로 파악할 수 있는 수준에 도달하도록 많은 예문을 접하고, 능동적으로 활용해 보아야 합니다. 수동 구문에 대한 이해는 관계사와 더불어 영어를 공부하는 데 있어 가장 기본적인 사항이므로, 반드시 숙지하고 넘어가야 합니다.
다음으로 부정사, 동명사의 쓰임에도 눈여겨 볼 필요가 있습니다. 이 부분도 TEPS 문법영역에서 자주 출제되는데, 단편적으로 to부정사를 목적어로 취하는 동사 내지는 동명사를 목적어로 취하는 동사를 암기하기 보다는 다양한 표현을 접하면서 to부정사나 동명사가 나올 때마다 관심을 갖고 하나씩 익혀 나가는 것이 효과적입니다.

지금까지 치러진 일반 시험의 내용을 토대로 TEPS 문법영역의 문제의 성격을 분석해본 결과, 수동표현과 능동표현의 이해를 묻는 문제도 여러 형식으로 출제된 것으로 파악됩니다. 이 부분은 능동태와 수동태에 대한 이해를 철저히 한 다음, 준동사 구문에서도 이를 자유롭게 활용할 수 있느냐 하는 것이 관건이 됩니다.

어휘영역에서는 쉬운 단어에 특히 주목할 필요가 있습니다. 우리가 익숙하다고 주의를 기울이지 않지만, 실상은 정확한 쓰임을 몰라서 실수할 수 있는 단어들이 TEPS 어휘영역의 주요 출제 대상이 됩니다. 그리고 철자가 비슷한 단어들이나 모양이 비슷한 단어들을 구별하는 문제들도 매회 거의 빠지지 않고 출제되고 있습니다. 흔히 동의어라고 생각되지만, 쓰임이 각각 다른 단어들이 많이 있으므로, 양적인 면에서 너무 집착하지 말고 개별단어의 정확한 쓰임을 의미 있는 문장을 통해 착실히 익혀두는 습관이 필요합니다.

중고생들의 경우 가급적이면 예문이 풍부한 영영사전을 이용하는 것이 좋고, 이러한 실용영어능력에 추가하여 SAT나 TOEFL 수준의 어휘력으로 보강한다면 TEPS 어휘영역에서 큰 어려움은 없을 것입니다.

개인적인 목적이 있다면 모르겠지만, 몇 년이 가도 한 번 볼까 말까한 난해한 어휘를 공부하는데 더 이상 시간을 낭비하지 않는 것이 좋습니다. TEPS에서는 실제 영어에서 활용 빈도가 낮은 표현이나 구문은 출제를 꺼리는 경향이 있다는 점을 명심해 두기를 바랍니다.

지금까지 TEPS 어휘영역에서 출제된 단어의 수준은 기존의 다른 영어 시험들과 비교할 때 결코 어렵다고 할 수는 없으나, 한 문제당 주어지는 시간이 총 15초 밖에 안되므로 기본적으로 속도 감각이 뒷받침 되어야 좋은 점수를 얻을 수 있습니다. 신속한 문제 해결 능력을 위해서는 정확한 표현이 내재화되어 있어야 하므로, 쉬운 의미라고 하더라도 반복적으로 활용하는 습관이 중요합니다.

그리고 informal한 영어 표현들에도 익숙해져야 합니다. 여기서 informal이라는 말은 경의 없이 일반 구어체에서 빈번하게 사용되는 표현으로, 저속한 표현과는 다른 개념입니다.

문어체 표현과 관련해서는 기존의 다른 시험과 큰 차이를 나타내지 않고 있습니다.

TEPS 어휘영역에서는 문제를 빠른 속도로 해석하지 못하면 정답을 맞출 수 없습니다. 개별적인 단어의 뜻을 아는 것만으로는 부족합니다. 따라서 이 영역은 독해와 청해의 기초를 쌓는다는 마음으로 접근하기를 바랍니다.

독해영역에서는 한 문제의 길이는 평균적으로 6~7줄 정도이고, 단어 수도 100단어를 넘지 않는 것이 보통입니다. 그렇지만 여기에 질문을 읽는 시간과 문제를 푸는 시간을 더한다면 기본적으로 1분에 200단어 이상을 소화해낼 수 있어야 합니다. 내용면에서 볼 때, 전문적인 학술문은 출제되지 않고 있는데, 앞으로도 이러한 경향은 지속되리라고 판단됩니다.

실무적인 내용의 문제로 상품판매, 예약편지, 광고 등을 소재로 한 것들이 있고, 시사적인 내용과 관련해서 유럽의 금융 관련 기사, UN의 위상 약화에 대해 언급한 글 등이 있습니다. 글의 수준은 영자신문을 무리 없이 읽을 수 있는 정도면 된다고 봅니다. 영자신문은 꼭 시사적인 내용에 익숙해진다는 차원보다는 일반적인 교양을 위해서도 가까이할 만합니다.

최근 독해영역에서는 정보를 전달하는 목적의 글이 자주 등장하는 편입니다. 하지만 명심하실 것은 회를 거듭하면서 한 분야에 치중된 내용의 출제는 가급적 피할 것으로 예상되기 때문에, 특정 분야의 글이나 문체에 편중된 독서를 하지 말고 가급적 다양한 내용의 글을 접하는 것이 좋습니다.

여전히 과학 및 의학 분야의 글도 꾸준히 등장하고 있으므로, 지구 이상기후나 인간 복제 등과 같은 시사성이 있는 내용들에도 관심을 가지고 읽어두면 도움이 되며, 상업적인 글의 한 부분도 3-4문제 정도 출제가 되고 있는데, 서식 자체에 대한 이해뿐만 아니라, 편지의 내용에 대한 것도 이해하고 있어야 원활하게 문제를 풀어 나갈 수 있습니다.

독해영역에서 좋은 점수를 얻으려면 글의 대의 파악 능력이 절대적으로 요구됩니다. 이를 위해서는, 영어로 된 책이나 신문 등을 읽을 때, Paragraph별로 요지를 파악해보는 연습을 하는 것이 좋습니다. 글을 읽고 내용을 요약할 수 없다면, 사실상 글을 제대로 읽었다고 할 수 없습니다. 대의 파악 능력 자체가 바로 독해능력이고, 실질적인 자신의 영어 실력인 것입니다.

아무쪼록 대한민국 제1의 출판사 랭귀지 플러스와 TEPS 1등 강사 저 죠셉 킴과 함께 최선을 다해서 최고의 결과를 얻으시길 바랍니다.

Joseph Kim

Unit 01

부사 1 (부사의 종류와 기능, 혼동부사)

부사는 동사, 형용사, 다른 부사, 문장 전체를 수식하는 품사로 빈도, 시간, 장소, 정도 등을 나타낸다.

Grammar Focus 1 | 부사의 종류와 기능

(1) 부사의 종류

단순부사	시간	**now, then, ago, before, late, today, yesterday, last year, then** e.g.) She is taking a shower **now**.
	장소	**here, there, up, down, home, everywhere, abroad** e.g.) Can I park **here**?
	빈도	**sometimes, usually, often, always, frequently, occasionally** e.g.) She **often** stays up all night watching dramas on TV.
	정도	**very, much, quite, almost, enough, completely, too** e.g.) This room is large **enough** for us all.
	방법	**hard, fast, slowly, kindly, safely, quickly, softly, well, badly, loudly** e.g.) He **kindly** show me the way to the station.
	부정	**not, never, hardly, seldom, scarcely, rarely, barely** e.g.) I can **hardly** understand what he says.
	초점	**only, even, alone, also** e.g.) She can **only** speak English.
	문장	**therefore, however, happily, fortunately, probably, perhaps** e.g.) **Happily**, she didn't die. cf) She didn't die **happily**. (방법부사)
의문부사		**where, when, how, why** e.g.) **Where** were you last night?
관계부사		**where, when, how, why** e.g.) This is the place **where** he was born.

(2) 부사의 기능

부사는 동사, 형용사, 다른 부사, 대명사, 명사, 절을 수식한다.

① It rained **heavily** during the afternoon.　　　　　　동사 수식

② Sunny was **highly** intelligent and humorous.　　　　형용사 수식

③ Martin plays the piano **very** well.　　　　　　　　부사 수식

④ You shouldn't go swimming **right** after having a meal.　　부사구 수식

⑤ He arrived there **shortly** after the train left.　　　　부사절 수식

⑥ **Fortunately**, he returned home safe.　　　　　　　문장전체 수식

주의) 부사는 2형식 문장의 보어자리와 5형식 문장의 목적보어 자리에 쓸 수 없다.

She looks very **happily**. (x) ⇨ **happy**

She made me **angrily**. (x) ⇨ **angry**

Choose the best answer for the blank.

A: Do you think I should serve vanilla or chocolate ice cream tonight?

B: I think vanilla will go _______________ with the strawberry pie.

(a) nicely　　　　　(b) nice　　　　　(c) niceness　　　　　(d) more nice

[Power Solution]

[해설] B는 '딸기파이와 잘 어울린다'는 뜻이 되어야 한다. 동사구 'go with'를 수식해야 하므로 부사 nicely가 빈칸에 적절하다. 부사가 아닌 형용사인 (b)nice나 명사인 (c)niceness는 정답이 될 수 없다.

[어휘] go with 어울리다

[정답] (a) nicely

Grammar Focus 2　부사의 형태

(1) [형용사+ly]형태의 부사

대부분의 방법부사와 정도부사들의 형태이다.

① 형용사+ly

slow → **slowly**　careful → **carefully**　quick → **quickly**　glad → **gladly**

② 어미가 [자음+y]로 끝나는 형용사: [y]를 [i]로 고치고 [-ly]를 붙인다.

happy → **happily**　angry → **angrily**　easy → **easily**　heavy → **heavily**

③ 어미가 [-le]로 끝나는 형용사: [e]를 탈락하고 [y]만 붙인다.

possible → **possibly**　simple → **simply**　gentle → **gently**

[예외] whole → **wholly**　sole → **solely**

④ 어미가 [-ue]로 끝나는 형용사: [e]를 탈락하고 [-ly]를 붙인다.

true → **truly**　due → **duly**

[예외] unique → **uniquely**　vague → **vaguely**

⑤ 어미가 [-ic]로 끝나는 형용사: -ally를 붙인다.

economic → **economically**　basic → **basically**　automatic → **automatically**

[예외] public → **publicly**

⑥ 어미가 [-ll]로 끝나는 형용사: [y]만 붙인다.

full → **fully**　dull → **dully**

(2) 어미가 [-ly]로 끝나서 부사로 착각하기 쉬운 형용사

명사에 [-ly]를 붙이면 부사가 아니라 형용사이며, 이런 형용사의 부사형은 없다.

manly 남자다운	**friendly** 친절한	**lovely** 사랑스런	**worldly** 세속적인
womanly 여자다운	**elderly** 나이든	**likely** 그럴듯한	**lonely** 외로운
motherly 엄마다운	**orderly** 질서 있는	**costly** 비싼	**timely** 적시의

She greeted him in a **friendly** manner. (o)
She greeted him **friendly**. (x)

(3) 형용사와 형태가 같은 부사

late 늦은/늦게	**early** 이른/ 일찍	**hard** 근면한/열심히	**fast** 빠른/빠르게
short 짧은/ 짧게	**long** 긴/길게	**high** 높은/높게	**low** 낮은/낮게
ill 나쁜; 아픈/나쁘게	**far** 먼/멀리	**daily** 매일의/매일 마다	**near** 가까운/가까이
right 올바른/올바르게	**well** 건강한/잘	**badly** 아픈; 미안한 /몹시; 나쁘게	

He was **late** for the meeting yesterday. (형용사)
He always comes home **late**. (부사)
The price of the computer is too **high**. (형용사)
Can you jump this **high**? (부사)
I don't feel **well** today.
I don't feel **good**. (기분)
She plays the cello **well**.
I feel **badly** today.
I want the money **badly**. (몹시, 심하게)

Power Grammar

Choose the best answer for the blank.
A: I don't feel ___________________ today.
B: Maybe you should see a doctor.
(a) very well   (b) very good   (c) excellent   (d) good

[Power Solution]

[해설] A는 문맥상 '몸상태가 좋지 않다'는 뜻이 되어야 한다. 따라서 동사 feel을 수식할 형용사 good이 정답이다. 아주(매우) 좋다는 의미는 부정문과 호응하지 않으므로 (a) very well, (b) very good, (c) excellent는 정답이 될 수 없다.

[어휘] feel good 기분이 좋다 see a doctor 병원에 가다, 진료를 받다

[정답] (d) good

(4) 형태가 둘이라서 혼동하기 쉬운 부사

① 형태는 다르지만 의미의 차이가 없는 부사

quick/quickly 빨리	**slow/slowly** 느리게	**sure/surely** 확실히	**fair/fairly** 공정하게; 꽤

He answered the question **quick/quickly**.

He walks really **slow/slowly**.

② 형태는 다르고 의미의 차이가 있는 부사

부사	예문
late 늦게 **lately** 최근에; 요즘	He usually gets up **late** in the morning. He's been acting strange **lately**.
near 가까운; 가까이 **nearly** 거의 (=almost)	The exams are drawing **near**. She drinks coffee **nearly** every day.
hard 열심히; 세게 **hardly** 거의 ~않는	She studied **hard**. He kicked the ball **hard**. I could **hardly** understand what he said.
high 높게 (물리적) **highly** 매우; 높게 (추상적)	The bird was flying **high**. I can jump that **high**. He spoke **highly** of you.
deep 깊게 (물리적) **deeply** 매우; 깊게 (추상적)	They dive **deep** to find the treasure. Everyone was **deeply** impressed by his speech.
wide 넓게; 활짝; 완전히 **widely** 널리(범위) (추상적)	The window was **wide** open. I am **wide** awake. He has been **widely** praised for his honesty.
close 가까이 (물리적) **closely** 자세히; 밀접하게(추상적)	He lives so **close** to his school. The twins **closely** resemble each other.
most 가장 많이 **mostly** 대체로; 주로	What do you like **most** about the movie? She **mostly** likes to do outdoor activities.
free 무료로; 자유롭게 **freely** 제한 없이; 자유롭게	Children are admitted **free**. They **freely** participated in classroom activities.
cheap 싸게 **cheaply** 쉽게	He bought the car **cheap**. The victory was **cheaply** bought.
loud 큰 소리로; 밖으로 소리내어 **loudly** 시끄럽게	I was just thinking out **loud**. My wife snores really **loudly**.

sharp 정각에; 정확히 **sharply** 날카롭게; 급격하게; 심히	The bus leaves at 8:00 **sharp**. Smoking rate has dropped **sharply** since 1965.
direct 경유하지 않고; 직행으로 **directly** 즉시; 곧장; 직접적으로	You can go **direct** without changing buses. We should go **directly** to the meeting.

Power Grammar

Choose the best answer for the blank.

You were the one that told me experience was more _________________ than studies.

(a) thought of high　　(b) thought of highly　　(c) high thought of　　(d) highly thought of

[Power Solution]

[해설] 문맥상 '높게 평가된다'는 뜻이 되어야 한다. 수동태 동사구인 'thought of'를 수식하는 부사 highly를 적절하게 사용한 (d)가 정답이다. 수동태가 아닌 (a) thought of high와 부사가 아닌 (c) high thought of는 정답이 될 수 없다. 또한 부사의 위치는 일반 동사(구)의 앞쪽이므로 (b) thought of highly 역시 정답이 될 수 없다.

[어휘] think highly 높게 평가하다

[정답] (d) highly thought of

A. Choose the best answer for the blank.

1. **(Even / Even though)** deserts may have marshes in low places and near springs.

2. He was so exhausted that he **(hardly could / could hardly)** stand up.

3. You need to greet him **(friendly / in a friendly manner)**.

4. They all spoke **(high / highly)** of William.

5. Cats are in fact **(near / nearly)** color-blind.

6. I was beginning to like Tom, although I **(hardly / hard)** knew him.

7. **(Obvious / Obviously)** I don't need to say how important this project is.

8. We are **(deep / deeply)** grateful for your support.

9. The train arrived five minutes **(late / lately)**.

10. It is always an **(extreme / extremely)** difficult job to get your first novel published.

11. The heavy soil of the Delta produces **(exceptionally / exceptional)** high yields of rice and wheat.

12. They used to listen to the radio a lot, but nowadays they **(most / mostly / the most)** watch television.

13. The idea was not a **(wholy / wholly)** new one.

14. The video recorder was **(surprising / surprisingly)** cheap.

15. The older we grow, the more **(cautious / cautiously)** we become.

B. Identify the option that contains an awkward expression or an error in grammar. Then correct the ungrammatical part in the sentence.

1. The food smelled so deliciously that I couldn't keep my mouth from watering.

2. This medicine may prove poisonously if taken in large quantities.

3. Thinking too high of yourself may be despised by others.

4. It took near two weeks to get there.

5. You have been working much too hardly.

6. She has never watched TV latest.

7. There are ways to apply to college for freely if students use their online application systems.

8. He found it hardly to put together the machine.

9. If you sit too nearly to the screen, you may wear eyeglasses in the near future.

10. It may take near three weeks to read the book thoroughly.

 Choose the best answer for the blank.

1 A: Jeff is always talking behind my back.

B: Don't bother. Don't take it ___________________.

(a) too serious   (b) as too serious   (c) as seriously   (d) too seriously

2 A: Do you happen to know why Martha is in hospital?

B: She sprained her ankle _______________ while playing basketball.

(a) bad   (b) worse   (c) badly   (d) terrible

3 A: How do you like your new desk?

B: It's great. It will go _______________ with the chair.

(a) nice   (b) nicely   (c) niceness   (d) nicer

4 A: You look pale.

B: My teeth are killing me. I can _______________ chew.

(a) hardly   (b) hard   (c) never   (d) very

 Choose the best answer for the blank.

5 Smokers drink twice as much alcohol as non-smokers and their risk of drinking _______________ heavily is also twice that of non-smokers.

(a) much   (b) too   (c) little   (d) any

6 Flu symptoms are usually more _______________, and you will often miss more work or school than you would with a cold.

(a) severer   (b) severe   (c) severity   (d) severely

7 Joseph wondered _______________ the professor decided to skip the entire chapter on making tools that we were supposed to cover.

(a) which   (b) that   (c) why   (d) what

8 The public plaza, which is _______________________________ and 557 meters long.

(a) three hundred meters widely   (b) three hundred meter's wide

(c) three hundred meter's widely   (d) three hundred meters wide

1 A: What do you think of the new project?

B: I feel _______________ that it should be started after full consideration.

(a) strong　　　　　(b) strongly　　　　　(c) stronger　　　　　(d) strongest

2 A: How is the project coming along?

B: I'm _______________ finished. I just have to read it over one more time.

(a) most　　　　　(b) nearly　　　　　(c) yet　　　　　(d) near

3 A: You look a little bit under the weather. What's wrong?

B: Actually, I am suffering _______________ from the flu.

(a) bad　　　　　(b) badly　　　　　(c) severe　　　　　(d) worse

4 A: How _______________ does the bus stop here?

B: About every five minutes.

(a) many　　　　　(b) much　　　　　(c) often　　　　　(d) soon

5 A: Can you pick me up on your way home?

B: Sorry, not today. I have to work _______________.

(a) late　　　　　(b) lately　　　　　(c) later　　　　　(d) last

6 We let you _______________ and enjoy the underwater sights while remaining utterly dry.

(a) to dive deep　　　　　(b) dive deep　　　　　(c) to dive deeply　　　　　(d) dive deeply

7 My knowledge of the topic _______________ comes from books.

(a) mostly of it　　　　　(b) mostly　　　　　(c) most　　　　　(d) the most

8 Counterculture is a culture that has ideas and ways of behaving _______________ from mainstream society.

(a) difference　　　　　(b) different　　　　　(c) differently　　　　　(d) differing

9 The faculty and the law school ________________________ not just in the United States but throughout the world.

(a) is high regarded   (b) is highly regarded   (c) are high regarded   (d) are highly regarded

10 This room smells weird; you should have pushed the window ____________ open.

(a) widely   (b) wide   (c) wider   (d) widest

 Identify the option that contains an awkward expression or an error in grammar.

11 (a) A: I'd like a round ticket to Toronto, please.

(b) B: Sure, here it is. 200 dollars, please.

(c) A: Do I have to change planes in Tokyo?

(d) B: No, you can go directly.

12 (a) A: How do you like our new science teacher, Ms. Sarah?

(b) B: I really like her. She seems to be so kind and knowledgeable.

(c) A: I also think high of her. I hope to show my respect some day.

(d) B: I suggest you give her a nice gift on Teachers' Day.

13 (a) A: Sarah, I'm leaving for Boston tomorrow.

(b) B: What am I supposed to do without you?

(c) A: Don't worry. Everything's going to be all right.

(d) B: No, I'll be missing you bad.

Part IV   Identify the option that contains an awkward expression or an error in grammar.

14   (a) The DMV started receiving applications for the written test an hour quicklier than usual as people crowded in. (b) One hundred and fifty people had applied for the written test by 9 a.m. (c) An employee said, "It is usually quiet in the morning, but on the 17th, it was so busy that people were lining up in front of every booth. (d) More people will be applying in the near future so we'll start working an hour earlier for a while."

15   (a) In the most northern Inuit communities in Canada, the sun sets in late October, and doesn't rise again until early April. (b) Referred to as the 'dark season', this is a period of 24 hours darkness lasting near 6 months. (c) Many people suffer from a Vitamin D deficiency, as this vitamin is usually absorbed from the sun. (d) Vitamin D promotes bone formation and is critical to the development of a strong skeleton.

Joseph's Tip!

◈ 시간명사의 형용사화, 부사화

▶ 시간명사에 [-ly]를 붙이면, 형용사, 부사 둘 다 될 수 있다.

yearly 매년의, 해마다   **weekly** 매주의, 매주 마다   **monthly** 월간의, 매달마다

You are supposed to visit our clinic **weekly**. (부사)
Employees are required to attend **weekly** meetings. (형용사)

Unit 02
부사 2 (부사의 위치와 어순)

부사는 다른 품사에 비해 위치가 자유롭고 다양하다. 형용사, 부사(구/절)를 수식하는 부사는 수식 받는 어구 바로 앞에 위치시킨다. 동사를 수식하는 부사의 위치는 3가지인데 동사와 부사의 종류에 따라 문두(문장 첫머리), 문중(문장 가운데), 문미(문장 끝)에 위치할 수 있다.

Grammar Focus 1 · 형용사, 부사(구/절)를 수식하는 부사의 위치

형용사와 부사(구/절)를 수식하는 부사는 수식받는 어구 바로 앞에 위치한다.

문두 (주어 앞)	**Finally** he got admitted to the university.
문중 (주어 뒤)	He **sometimes** calls me at midnight.
문미 (문장 끝)	The magazine is published **weekly**.

참고 형용사와 부사(구/절)를 수식하는 부사는 종류에 따라 문두, 문중, 문미에만 써야하는 부사들이 있다. 또한 세 군데 모두 자유롭게 쓸 수 있는 부사들이 있으므로, 종류별로 구분해서 정리해야 한다.

(1) 형용사, 부사를 수식하는 부사

This film is **very** interesting. [형용사 수식]

The player kicked the ball **very** hard. [부사 수식]

주의 enough는 수식받는 형용사나 부사 뒤에 위치한다.

He was kind **enough** to help me out.   He studied hard **enough** to pass the exam.

(2) 부사구(절)를 수식하는 부사

She started to watch TV **directly** after dinner. [부사구 수식]

She started to watch TV **shortly** after eating dinner. [부사구 수식]

You can leave early **only** if you finish your work. [부사절 수식]

I chose this hotel **just** because it offers a complimentary breakfast. [부사절 수식]

Grammar Focus 2 · 동사의 종류에 따른 부사의 위치

동사를 수식하는 (양태) 부사는 동사의 종류가 타동사, 자동사에 따라 달라진다.

(1) 자동사를 수식하는 부사

① 동사 뒤가 원칙이며, 보어가 있는 경우는 보어 다음에 위치한다.

She sings **beautifully**. **(not She beautifully sings)**

His face turned red **suddenly**. **(not suddenly turned red or turned suddenly red)**

c.f.〉 Suddenly his face turned red. (o)

주의 보어를 수식하는 부사는 보어 앞에 쓴다.

His face turned **really** red.

② [자동사+전치사]의 경우: 자동사와 전치사 사이나, 전치사의 목적어 뒤에 위치한다.

The clerk looked **closely** at me. (o)

The clerk looked at me **closely**. (o)

주의 자동사와 전치사 사이에는 목적어를 쓸 수 없다.

> **look at   look for   listen to   look after   run into   take after**

I **ran into** him last night. (o)   I **ran** him **into** last night. (x)

She doesn't **listen to** me. (o)   She doesn't **listen** me **to**. (x)

Power Grammar

Choose the best answer for the blank.

The parts used for the watch are ___________________.

(a) small too　　　　　(b) enough small　　　(c) such small　　　(d) small enough

[Power Solution]

[해설] enough는 수식하는 형용사나 부사 뒤에 위치하므로 형용사 small 뒤에 위치해야 한다. 따라서 정답은 (d)이다. 부사 too
는 부정적인 의미로서 수식하는 형용사나 부사 앞에 위치하므로 (a)는 정답이 될 수 없다.

[어휘] assemble v. 조립하다　manually adv. 손으로, 수공으로

[정답] (d) small enough

(2) 타동사를 수식하는 부사

① 목적어가 길지 않은 경우: 목적어 뒤나 타동사 앞

　She wrote her address **carefully**.

　He **perfectly** understood the phenomenon.

② 목적어가 길거나 (명사)절일 경우: 타동사와 목적어 사이나 타동사 앞

　We studied **thoroughly** the negative effects of building a shopping mall.

　I understood **clearly** what he said. **(=clearly understood)**

　I believe **strongly** that smoking can cause lung cancer. **(=strongly believe)**

③ [타동사+부사] 형태의 타동사구

turn on/off 끄다/켜다	**turn up/down** 키우다/줄이다	**check out** 확인하다
give up 포기하다	**call back** 다시 전화하다	**give back** 돌려주다
turn in 제출하다	**call off** 취소하다	**take off** 벗다
put off 연기하다	**fill out** 작성하다	**take out** 제거하다

　▶ 목적어가 보통명사인 경우는 목적어 바로 앞이나 뒤 둘 다 가능하다.

　　Please **turn down** the music. (o)

　　Please **turn** the music **down**. (o)

　　Turn **off** the TV. (o)

　　Turn the TV **off**. (o)

　▶ 반면 목적어가 대명사인 경우에는 반드시 목적어 뒤에 부사를 써야한다.

　　Please turn it **down**. (o)

　　Please turn **down** it. (x)

　　Turn it **off**. (o)

　　Turn **off** it. (x)

부사의 위치는 사용된 부사의 종류에 따라 달라질 수 있다.

(1) 빈도부사의 위치

① 막연한 빈도를 나타내는 빈도부사의 위치: 조동사, be동사 뒤 / 일반 동사 앞

> **always** > **normally, regularly, usually** > **often, frequently** > **sometimes, occasionally**

Whatever happens to him, I will **always** trust him. (조동사 뒤)

The grass is **always** greener on the other side of the fence. (be 동사 뒤)

He **regularly** goes fishing every weekend. (일반 동사 앞)

참고   **normally, usually, occasionally, sometimes** 등의 부사는 문두나 문미에도 쓸 수 있다.

Normally I don't watch TV after midnight. (o)

Usually I go shopping on Sundays. (o)

Sometimes I am late for school. (o)

I am late for school **sometimes**. (o)

조동사가 [**used to, have to, ought to**]인 경우는 조동사 앞에 위치한다.

I **always** <u>have to</u> call her to wake her up in the morning.

② 정확한 빈도를 나타내는 빈도부사의 위치: 문두 또는 문미

> **once a month   twice a week   three times a day   every two days**

I brush my teeth **three times a day**. (o)

Three times a day I brush my teeth. (o)

주의   **hourly, daily, weekly, monthly, yearly** 등의 빈도부사는 문두나 문중에는 쓸 수 없고 문미에만 써야 한다.

The newspaper is published **daily**. (o)

Daily the newspaper is published. (x)

The newspaper is **daily** published. (x)

Power Grammar

Choose the best answer for the blank.

AMD processors ______________ a step or two behind Intel's.

(a) have almost always been   (b) almost have always been

(c) almost always have been   (d) have always been almost

[Power Solution]

[해설] 빈도를 나타내는 부사 always는 조동사 뒤에 위치해야 한다. 부사 almost는 수식하는 부사 always 앞에 위치해야 하기 때문에 (a)가 정답이다.

[정답] (a) have almost always been

(2) 부정 빈도부사의 위치

부정의 뜻을 내포하고 있으므로 not과 함께 쓸 수 없는 부정 빈도부사들은 문중에서의 위치는 보통의 빈도부사의 위치와 동일하다. 하지만 대부분 문두에도 쓸 수 있다는 점과, 문두에 쓸 경우에는 주어와 동사의 어순이 의문문의 어순으로 도치가 된다는 차이점이 있다.

> **rarely   seldom   hardly   scarcely   hardly ever   never   little**

I have **never** seen such a pretty girl. = **Never** <u>have I seen</u> such a pretty girl.

I **seldom** go to the movies by myself. = **Seldom** <u>do I go</u> to the movies by myself.

I can **hardly** understand it. = **Hardly** can I understand it.

참고 [~하자마자 ~하다]의 뜻을 가진 부정부사 도치 구문

No sooner <u>had she entered</u> her room **than** she burst into tears.

= **Hardly/Scarcely** <u>had she entered</u> her room **when** (=before) she burst into tears.

(3) 방법, 양태부사의 위치

동사를 직접적으로 수식하는 부사로, 동작이 어떻게(how) 이뤄지는 지, 방법, 양태, 수단, 과정 등을 설명하는 부사이다. (☞ 동사의 종류에 따른 부사의 위치 참고)

> **carefully   happily   fast   quickly   kindly   quietly   silently   slowly   suddenly   well**

The bird <u>sang</u> **merrily**.

She <u>jumped</u> **high**. (자동사 뒤)

She became <u>a doctor</u> **finally**. (보어 뒤) (= **Finally she became a doctor.**)

She closed <u>her eyes</u> **quietly**. (목적어 뒤)

She **quietly** <u>closed</u> her eyes. (타동사 앞)

She closed **quietly** her eyes. (x)

I explained **briefly** <u>why I was late for the meeting</u>. (동사와 긴 목적어 사이)

참고 수동태에서 양태/방법 부사는 주로 과거분사 앞에 위치한다.

Everything is **carefully** <u>inspected</u>.

He is **well** <u>known</u> for his humor. [과거분사 앞]

(4) 시간 부사의 위치

정확한 시점이나 기간을 나타내는 시간부사는 문중에 쓸 수 없고, 문미나 문두에 위치한다.

> **today   yesterday   this morning   last night   next spring   in the morning**

We are having some friends of ours over **this Sunday**.

= **This Sunday** we are having some friends of ours over.

(5) 장소/방향 부사의 위치

장소(here, there)나 방향(up, down, out, in, away)을 나타내는 부사의 위치는 문미가 원칙이며, 강조를 위해 문두에 쓰기도 한다. 문두에 쓸 경우 사용된 동사가 자동사(be, sit, stand, lie)인 경우에는 주어와 동사가 도치된다.

단, 주어가 대명사인 경우는 도치하지 않는다.

The bus comes **here**.

= **Here** comes the bus.

Here comes **he**. (x) (주어가 대명사)

Many students are **in the classroom**.

= **In the classroom** are many students. (도치)

The students came **out**. (방향부사)

= **Out** came the students.

Out came **they**. (x)

In the classroom ate the girls lunch. (x) (타동사는 도치하지 않는다.)

In the classroom sang the girls. (x) (동족목적어를 취할 수 있는 자동사는 도치 하지 않는다.)

On the bed lay the boy **silently**. (x) (자동사라도 양태부사와 함께 쓰면 도치 하지 않는다.)

Power Grammar

Choose the best answer for the blank.

A: Do you happen to know if Joseph got accepted to the university of Yale?

B: ______________________ !

(a) Here comes he now

(b) Here he comes now

(c) Here he came now

(d) Here came he now

[Power Solution]

[해설] 장소부사 here가 문두에 나오면 주어와 동사가 도치되어야 하는데, 주어가 대명사인 경우는 도치 되지 않는다. 따라서 (b)Here he comes now가 정답이다.

[어휘] accept v. 수락하다, 받아들이다

[정답] (b) Here he comes now

(6) 정도 부사의 위치

정도 부사란 [완전히, 거의, 매우, 아주, 약간, 조금] 등으로 형용사, 다른 부사, 동사의 의미를 강조해주는 부사들을 말한다.

① 대부분의 정도부사의 위치: 조동사 be동사 뒤 / 일반 동사 앞

completely, absolutely, totally, entirely 완전히	**very, very much, greatly, deeply** 매우
too 너무	**well, way, far** 훨씬
almost, nearly 거의	**enough, sufficiently** 충분히
fairly, quite, rather 상당히	**a little, slightly, partly, somewhat** 약간, 다소

You look **quite** exhausted.

We have **slightly** warm weather. [형용사 수식]

The deal will **greatly** affect Korea's economy. [조동사 뒤]

Alternative energy consumption is **slightly** increasing. [be동사 뒤]

It **completely** slipped my mind. [일반 동사 앞]

I **totally** bombed the test. [일반 동사 앞]

② 정도부사 enough의 위치: 형용사나 부사 뒤

He is not <u>rich</u> **enough** to buy that kind of car. [형용사 수식]

We didn't arrive there <u>early</u> **enough** to catch the first train. [부사 수식]

`참고` 명사를 수식하는 형용사 **enough**의 위치는 명사 앞이다.

I don't have **enough** <u>cash</u> with me now.

③ 위치가 특수한 정도부사 quite와 rather

명사를 수식하는 일반적인 어순은 [관사+정도부사+형용사+명사]의 어순이지만, 부사 quite와 rather는 [**quite** /**rather**+관사+(형용사)+명사] 의 어순으로 쓰인다.

It took **quite** <u>a long time</u> to get over these kinds of prejudice.

Former President Roh's suicide was **quite** <u>a shock</u> to me. (형용사 없이 쓰기도 한다.)

(7) 문장 부사의 위치

화자의 의견이나 태도 등을 나타내는 문장에서 부사의 위치는 문두, 문중, 문미 모두 가능하다.

apparently   certainly   definitely   probably   frankly   generally   personally   surprisingly fortunately   foolishly   wisely   thoughtfully   however   therefore   technically   politically

Probably, I will stay home tonight.

I will **probably** stay home tonight.

I will stay home tonight, **probably**.

It is probable that I will stay home tonight.

Power Grammar

Choose the best answer for the blank.

A: Harold's retirement was ___________________ to everyone at the office.

B: I know. No one expected it.

(a) the quite shock 　　(b) a quite shock 　　(c) quite shock 　　(d) quite a shock

[Power Solution]

[해설] quite는 관사 앞에서 명사를 수식한다. 따라서 정답은 (d)quite a shock이다.

[어휘] retirement n. 퇴직

[정답] (d) quite a shock

(8) 초점 부사 only, even의 위치

① 주어에 초점을 두는 경우: 주어 바로 앞

Only <u>John</u> can speak Chinese. (**not John only** - 오직 **John**만이 중국어를 한다.)

Even <u>John</u> can speak Chinese. (**not John even** - **John** 조차 중국어를 할 수 있다.)

② 주어 이후에 나오는 어구에 초점을 두는 경우: 빈도부사의 위치(조동사, be동사 뒤/ 일반 동사 앞)와 동일

John can **only** speak <u>Chinese</u>. (오직 중국어만 할 수 있다. = 중국어 밖에 못 한다.)

John can **even** speak <u>Chinese</u>. (중국어에 초점: 중국어마저도 할 수 있다.)

(1) 같은 종류의 부사일 경우

① [작은 단위 ⇨ 큰 단위]

My son was born **at noon on August 14th in 2003**. [시간부사]

I am going to Australia **sometime in March next year**. [시간부사]

I first met my wife **at a book store near Kang-nam Station in Seoul**. [장소 부사]

② [기간 ⇨ 횟수 ⇨ 시점]

I brushed my teeth **for three minutes six times a day in high school**. [기간+횟수+시점]

③ [짧은 어구 ⇨ 긴 어구]

She called me **early in the morning**.

I usually take a shower **late at night**.

(2) 다른 종류의 부사일 경우

서로 다른 종류의 부사를 2 개 이상 나열할 경우 [**방법+장소+시간**]의 어순으로 나열하는 것이 일반적이지만, 동사의 성격에 따라 [**장소+방법+시간**]의 어순도 가능하다.

① [방법 ⇨ 장소 ⇨ 시간]

It snowed **heavily in Seoul last Christmas**. [방법+장소+시간]

It is raining **cats and dogs in New York right now**. [방법 +장소+시간]

② [장소 ⇨ 방법부사 ⇨ 시간부사]

왕래발착동사(go, come, leave, start, arrive)처럼 뒤에 장소 부사(구)가 항상 긴밀하게 붙어 다니는 동사의 경우는 장소부사가 방법부사보다 먼저 위치한다.

She <u>went</u> **to school by bus yesterday**.

He <u>arrived</u> **there in time this morning**.

My son <u>came</u> **home hurriedly at 11 p.m. last night**.

주의 [**home, downtown, abroad, outside**] 등의 장소부사는 전치사를 쓰지 않는다.

Power Grammar

Choose the best answer for the blank.

An exact diagnosis ______________________ by using a special MRI technique.

(a) can only be made   (b) can be only made   (c) only can be made   (d) can only make

[Power Solution]

[해설] only가 주어 이후에 나오는 경우 일반적인 빈도부사 위치, 즉 조동사/be동사 뒤, 일반동사 앞에 위치하게 된다. 따라서 정답은 (a)can only be made이다.

[어휘] diagnosis   n. 진단

[정답] (a) can only be made

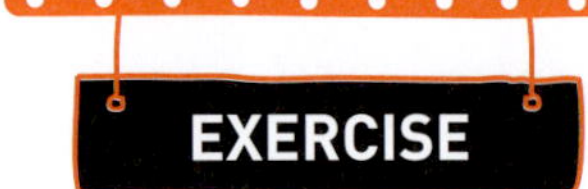

A. Choose the best answer for the blank.

1. Smoking **(can affect seriously / can seriously affect)** your health.

2. I **(have always / always have)** the feeling that she enjoys teaching us.

3. The boy was **(enough strong / strong enough)** to work at the factory.

4. They gathered **(enough money / money enough)** to start a new business.

5. There was no one else. **(Joseph alone / Alone Joseph)** knows the truth.

6. **(Scarcely / No sooner/ Never)** had he uttered the words when he began laughing.

7. We got up **(enough early / early enough)** to catch the first train.

8. It's so easy that **(even a child / a child even)** can understand it.

9. He hasn't gone **(to outside / outside)** since becoming ill a month ago.

10. I **(scarcely had / had scarcely)** time to run a comb through my hair.

11. I **(never have seen / have never seen)** such a demanding customer before.

12. Sam, would you **(kindly water / water kindly)** my plants while I'm out?

13. The conductor did not speak **(enough slowly / slowly enough)** for me to understand.

14. Henry will be **(home / to home)** before seven.

15. Buses for Daejeon **(run hourly / hourly run)**.

B. Identify the option that contains an awkward expression or an error in grammar.

Then correct the ungrammatical part in the sentence.

1. We came last night at eleven here.

2. I hardly could believe it to be true.

3. Most Japanese office workers are monthly paid.

4. Look at the picture. Look it at more carefully.

5. At last the boy was rescued and came safely home yesterday.

6. Here are we at Kennedy Airport at last!

7. His hair covers his eyes, so that you cannot hardly see his face.

8. Many of my friends called up me to congratulate me on my success.

9. We got to the airport early enough because there was little traffic on the road.

10. He usually gets up late and eats breakfast seldom.

Part I **Choose the best answer for the blank.**

1 A: You're more than an hour late. What's wrong with you, John?

B: I left home ___________________ to get here, but there was a lot of traffic and it took me

more than 30 minutes to park the car.

(a) enough quickly   (b) enough early   (c) quickly enough   (d) early enough

2 A: Why? What was so terrible about your trip?

B: The sights and the scenery were unforgettable, but the hotels!

We _________________ during the entire two weeks.

(a) didn't hardly sleep   (b) hardly slept   (c) hardly not slept   (d) hardly didn't sleep

3 A: What's the parking policy here?

B: Vehicles _____________________ in authorized designated parking lots.

(a) only be parked   (b) only can park   (c) can only be parked   (d) can park only

4 A: When will the next concert be held?

B: Probably _____________________, but I don't know exactly when.

(a) sometime in May this year   (b) in this year sometime May

(c) this year May sometime   (d) this year sometime May

Part II **Choose the best answer for the blank.**

5 I ___________________ calling him insane for taking such risks.

(a) barely can stop myself from   (b) barely can stop from myself

(c) can barely stop myself from   (d) can stop myself barely from

6 If you didn't go _____________________, you wouldn't be tired all the time.

(a) at night so late to bed   (b) to bed at night so late

(c) to bed so lately at night   (d) to bed so late at night

7 We change all the time as we grow up and as we get older we ___________________.

(a) never stay the same   (b) are never staying the same

(c) never stayed same   (d) will never stay same

ACTUAL TEST

1   A: I have such a runny nose. I _________________ smell.

B: I see. When did it start?

(a) can hardly   (b) hardly can   (c) can't hardly   (d) hardly can't

2   A: Is there anything I can help you with?

B: No, thanks. This is _____________________ math problem, but I think I can solve it

on my own.

(a) too difficult a   (b) rather a difficult   (c) a quite difficult   (d) a very much difficult

3   A: Do you know the lady in red over there?

B: Yeah, She is an actress. She is _____________________ by almost every teenager in

Japan.

(a) famous to be known enough   (b) famous be known to enough

(c) famous enough to be known   (d) enough famous be known

4   A: Is it true that Martin showed up in a sharp suit and tie while everyone else arrived in casual

attire under the 90-plus degree heat?

B: Yes, it's really something _________________ would think of doing.

(a) he only   (b) only he   (c) him alone   (d) alone

5   A: Is it really that easy to send an e-mail?

B: Of course. _____________________.

(a) Even a seven-year-old boy can do it.   (b) A seven-year-old boy even may do it.

(c) A seven-year-old boy must do it.   (d) A seven-year-old boy can do even it.

Part II   Choose the best answer for the blank.

6   The application for this program is open now for students who want to go _________________.

(a) to abroad in next fall   (b) in abroad next fall

(c) abroad in next fall   (d) abroad next fall

7   _____________________ that no one was quite sure what had taken place.

(a) So it happened all quickly   (b) It happened so all quickly

(c) It all happened so quickly   (d) All happened it so quickly

8 New mothers tend to produce ___________________ amount of milk.

(a) a quite large   (b) quite a large   (c) quite large   (d) the quite large

9 Pressured by an overnight jump in the U.S. dollar, stocks opened _______________________

_______________________________.

(a) moderately yesterday morning lower

(b) lower moderately yesterday morning

(c) moderately lower yesterday morning

(d) yesterday morning moderately lower

  Identify the option that contains an awkward expression or an error in grammar.

10 (a) A: Do you know what this package is?

(b) B: Yes, it's the shirt I ordered online a week ago.

(c) A: So, would you like to try on it?

(d) B: Yeah, I just can't wait.

11 (a) A: Did you watch the game against Boston Red Sox?

(b) B: No, I don't like very much baseball.

(c) A: That's a shame. It was the best game I've ever seen.

(d) B: Really? You must have really been excited.

12 (a) A: How do you like that book I recommended to you?

(b) B: The one on stock investment? It was biased extremely.

(c) A: I thought it was pretty informative.

(d) B: But it only mentioned the rewards, not the risks.

Part IV Identify the option that contains an awkward expression or an error in grammar.

13 (a) Many students have to drive or use the public transportation to the university, but I live enough close to walk. (b) There are a few advantages to living so close to campus. (c) First, it only takes a few minutes for me to get to my class. (d) Plus, I can get some exercise while walking to campus.

14 (a) In this work, we have developed a high-speed digital laser grating projection system using a laser diode and a polygon mirror, and evaluated its performance. (b) It has been demonstrated that all the optical measurements required to find out the profile of a 3D object could be carried out within 31 ms, which confirmed the validity of our 3D measurement system. (c) The result implies the more important fact that the speed in 3D measurement remarkably can be enhanced. (d) This is largely because, in our novel system, there is no device like a LCD or DMD whose response time limits the measurement speed.

Joseph's Tip!

◈ 정도부사 guite의 용법

▶ 정도부사 quite는 두 가지 의미로 해석되는데, 비교급이 없는 형용사나 부사를 수식할 경우에는 [완전히 =**totally**]의 뜻이고, 비교급이 있는 경우는 [**상당히, 꽤**]로 해석된다.
You're **quite wrong**. (완전히)
That's **quite difficult**. (상당히) [단순형용사 수식]

▶ rather는 quite와는 달리 형용사 없이 명사만을 수식할 수 없다.
That's **rather an easy book**. (다소 어려운 책)
That's **rather a book**. (x)

▶ 미국영어에서는 [a rather+형용사+명사]의 어순을 쓰기도 한다.
That's **rather a difficult task**. (o)
That's **a rather difficult task**. (o)

◈ 초점부사 only vs. even

▶ 초점부사 only와 even은 무엇에 초점을 맞추는지 애매한 경우는 초점을 맞추는 어구 바로 앞에 쓰기도 한다. 예를 들어, 문장 [John **only** speaks Chinese when in China.] 에서 부사 only가 Chinese에 초점을 두는 건지, When in China에 초점을 두는 것인지 모호하다. 따라서 이런 경우에는 문장의 명료성을 위해 초점을 두는 어구 바로 앞에 쓰기도 한다.
John speaks **only Chinese** when in China. (중국어에 초점: 중국어만 한다는 의미)
John speaks Chinese **only when in China**. (when in China에 초점: 중국에 있을 때만 한다는 의미)

▶ only와 같은 뜻의 초점 부사 **alone**은 항상 초점을 맞추는 단어 뒤에 위치한다.
John alone can speak Chinese. (주어 John에 초점)
= **Only John** can speak Chinese.
John can speak **Chinese alone**. (목적어 Chinese에 초점)
= John can **only** speak **Chinese**.

Unit 03
부사 3 (주의해야 할 부사)

부사들 중에서 사용에 따라서 제약이 많기 때문에 용법과 의미에 주의를 해야 하는 부사들이 있다.

(1) very: 원급, 현재분사, 형용사화한 과거분사 수식

① 형용사와 부사의 원급 수식

He is **very** <u>kind</u> to women.

His new car runs **very** <u>fast</u>. **(not much fast)**

② 현재분사 수식

The movie is **very** <u>exciting</u>.

His lecture is **very** <u>boring</u>.

③ 형용사화 된 과거분사

과거분사 중 수동의 의미가 없어지고, 완전히 형용사가 되어버린 과거분사는 very가 수식한다. 상태수동, 표현의 감정을 나타내는 과거분사(형용사화 한 과거분사)들이 여기에 해당된다.

> **interested　excited　tired　bored　shocked　annoyed　confused　depressed　moved**
> **embarrassed　surprised　worried　satisfied　pleased　disappointed　frightened**

I am **very shocked** at the news of his death.

I am **very interested** in music.

She is **very depressed** these days.

My mom is **very worried** about my health.

Two **very pleased** customers came out of the store. **(not much pleased)**

주의 ▶ 동작을 나타내는 **수동태 문장의 과거분사**는 very가 아니라 much를 사용한다.

The car was **much** <u>damaged</u> by the storm.

(2) much: 비교급, 과거분사, 동사 수식

① 형용사, 부사의 비교급 수식

He is **much [=still, even, far, a lot] taller** than me. **(not very taller)**

His new car runs **much faster** than mine. **(not very faster)**

참고 ▶ 주로 라틴계 형용사 [**superior**, **inferior**, **senior**, **junior**, **preferable**, **different**, **rather**] 등의 형용사는 원급이라도 비교급의 의미가 들어 있기 때문에 very보다 much가 수식한다.

She is **much** <u>senior</u> to me.

She is **much** <u>different</u> from her sister.

② 과거분사 수식: 동작 수동태 문장의 과거분사

He was **much respected** for his extensive expertise by his students.

Her dealing with the angry customer was **much praised** by her manager.

③ 동사 수식: (very) much

My wife <u>talks</u> too **much**.

She very **much** <u>like</u> cooking. (=She likes cooking **very much**.)

She (very) **much** <u>enjoys</u> shopping.

I (very) **much** <u>admire</u> her beauty.

주의 긍정문의 문미에 much를 단독으로 쓸 수 없고, [very, too, so] 등을 수반해야 한다.

She enjoys shopping **much**. (x) **(a lot)**

She enjoys shopping **very[so] much**. (o)

Power Grammar

Choose the best answer for the blank.

I'm ______________ disappointed to know that she lied to me.

(a) very　　　　　(b) much　　　　　(c) very much　　　　　(d) so much

[Power Solution]

[해설] 형용사화 된 과거분사인 disappointed를 수식할 수 있는 부사는 very이다.

[어휘] disappointed a. 실망한

[정답] (a) very

---

(3) 최상급을 수식하는 much와 very: [much+the+최상급]=[the+very+최상급]

much와 very 둘다 최상급을 강조 수식할 수 있지만, 어순이 다르다는 것에 주의해야 한다.

He is **much the tallest** student in our class. (단연코 = **by far the tallest**)

= He is **the very best** student in our class. (very는 정관사 앞에 쓸 수 없는 단어)

참고 **much the same**과 **the very same**의 차이

The two boys were born on **the very same** day. **(not much the same)**

The two boys look (very) **much the same**. **(=much alike)**

(4) 구를 수식하는 much

A scanner is (very, pretty) **much** <u>like a photocopier</u>. **(not very like a photocopier)**

Much <u>to my disappointment</u>, she didn't accept my proposal. **(not very to~)**

(5) 정도부사 too를 수식하는 much

She is **much** <u>too</u> young to get married. **(=way too young)**

It's **much** <u>too</u> far to drive.

That car is **much** <u>too</u> expensive. **(=far too expensive)**

The problem is they have **much** <u>too</u> many students in classroom. **(=far too many)**

Grammar Focus 2   ago / before / since

ago	항상 과거시제	현재를 기준으로 이전의 한 시점
before	과거완료/현재완료/과거	특정 시점을 기준으로 그 보다 이전
since	주로 현재완료	과거의 특정시점 이후로 현재까지의 기간

(1) ago: 현재를 기준으로 [~전에]

발화시점이 현재를 기준으로 과거의 특정한 한 시점을 나타내므로, 항상 과거시제와 함께 쓰이며, ago 단독으로 쓰지 못하고, 반드시 시간을 나타내는 명사를 앞에 수반해야 한다.

My father **died** <u>two years</u> ago.

My father died **ago**. (x)

I thought you **stopped** smoking <u>a long time</u> **ago**.

(2) before: 현재 또는 과거 특정 시점을 기준으로 [~전에]

부사 before는 ago와는 달리 앞에 기간명사를 함께 쓸 수도 있고, 기간명사 없이 단독으로 쓰일 수도 있다.

① **시간을 나타내는 명사구와 함께 쓰일 경우: 과거완료 시제**

   Joseph recognized her immediately because he **had met** her <u>two years</u> **before**.

   Mary died in 1999, and her husband Martin **had died** <u>a few months</u> **before**.

② **단독으로 쓰일 경우: 기준시점에 따라 과거완료, 현재완료, 과거 시제**

   Joseph didn't recognize her because he **had** never **met** her **before**. (not ago)

   I **had** never **met** such a beautiful girl **before**. (특정 과거시점을 기준으로 그 이전에)

   I **have** never **met** such a beautiful girl **before**. (현재를 기준으로 이전에)

   I never **heard** of anything like that **before**. (과거: 현재완료 대용; 현재를 기준으로 이전에)

(3) since: [그 이후로 ~ 지금까지]

I last saw her at my birthday party. I **haven't met** her **since** (I last saw her).

She walked in the rain last Sunday. She **has been** sick in bed (ever) **since**.

▶ Power Grammar

Choose the best answer for the blank.

A: Someone was at the door a couple of minutes ______________.

B: Did you notice who it was?

(a) ago   (b) yet   (c) before   (d) since

[Power Solution]

[해설] 현재 기준으로 과거의 특정 시점을 나타내는 ago가 적절하다. ago는 항상 과거형과 어울려서 시간 명사 뒤에 위치한다.

[어휘] notice v. 의식하다, 알다, 주목하다

[정답] (a) ago

already	긍정문, 의문문	이미, 벌써	**문중** (빈도부사의 위치), **문미**
yet	부정문, 의문문	아직, 이제	**문미**
still	긍정문, 부정문, 의문문	아직도, 여전히	**문중** (빈도부사의 위치/ 부정어 앞)

(1) already: 긍정문 – [이미, 벌써] / 의문문 – [벌써, 그렇게 빨리]

긍정문: 조동사, be동사 뒤/ 일반 동사 앞 의문문에서는 문미에 위치한다.

I have **already** seen the movie.

The library is **already** closed. (이미)

I think he **already** knows what happened.

Are you leaving **already**?

Has the bus left **already**? (그렇게 빨리)

(2) yet: 부정문 – [아직, 아직까지] / 의문문

I have**n't** eaten **yet**.

I have**n't** watched the film **yet**. (아직 ~못했다)

Have you eaten lunch **yet**? (점심을 먹었는지 안 먹었는지 물어보는 순수 의문문)

c.f.) Have you eaten lunch **already**? (물어보는 의문문이 아니라, 놀람을 표시)

참고   yet이 긍정문에서 have 와 to 사이, be동사와 to사이에 쓰이기도 하지만, 숨은 뜻은 부정의 의미를 내포하고 있음에 주의해야한다.

I **have yet to** watch the film. (아직 ~하지 않았다)

= I have**n't** watched the film **yet**.

The worst **is yet to** come. (최악이 아직 오지도 않았다)

The time **is yet to** come. (아직 때가 오지 않았다 = 아직은 때가 아니다)

(3) still: 긍정문, 부정문, 의문문 – [아직도, 여전히]

still은 이미 끝났어야 할 어떤 상태나 동작이 예상과는 달리 계속되고 있음을 나타낸다. 긍정문과 의문문에서는 빈도부사의 위치와 동일하며, 부정문에서는 부정어(not) 앞에 위치한다.

She **still** works as a receptionist at the hotel.

The computer is **still** being repaired.

Does she **still** live with you in your apartment?

I **still** don't know what to do next. (위치에 주의– 부정어 보다 앞에 쓴다)

(4) 부정문에 쓰인 yet과 still의 차이

우리말 해석은 비슷하지만, 숨어 있는 의미에는 미묘한 차이가 있다.

He has**n't** proposed to me **yet**. (단순한 사실을 표현)

He **still** has**n't** proposed to me. (청혼을 해야 했는데 아직 하지 않았다는 아쉬움)

Grammar Focus 4 — too / either / neither

(1) too: 긍정문, 의문문의 문미 – [또한, 역시] (=as well)

Did you watch the film, **too**?

I saw the film, **too** (= I also saw the film.)

(2) either: 부정문의 문미 – [또한, 역시]

She didn't watch the film.

I **didn't, either**. (= Neither did I. = Me, neither.)

(3) neither: [Neither[Nor]+조동사+S] – [S도 역시 그렇지 않다]

Mary doesn't enjoy going shopping, and **neither** does Susan. (=Susan doesn't, either.)

If you don't go, **neither** will I.

He can't speak French. - **Neither** can I.

> **참고** 긍정문에 [~도 역시 그렇다]의 뜻으로 neither 대신에 so를 쓴다.
>
> If you go, **so** will I.
>
> He can speak French. - **So** can I. (☞ 지시대명사 참조)

Power Grammar

Choose the best answer for the blank.

A: You look wonderful tonight.

B: Thank you. _____________________.

(a) Neither do you   (b) So do you   (c) Also do you   (d) Either do you

[Power Solution]

[해설] 긍정문에서 '~역시 그렇다'는 뜻으로 so를 사용한다. 문맥상 '너도 멋있다'는 의미이므로 so do you가 적절하다.

[어휘] wonderful a. 아주 멋진, 훌륭한

[정답] (b) So do you

A. Choose the best answer for the blank.

1. The 7:30 train has not arrived **(already / yet)**.

2. She went to America two years **(ago / before)**.

3. He told me that he had returned home two months **(ago / before)**.

4. Child abuse and neglect occur **(much too / too much)** often.

5. I **(can't still / still can't)** understand what the teacher explained.

6. He is **(very / much)** fond of baseball.

7. He is always **(too much / much too)** late for an appointment.

8. Mary is **(very / much)** pleased with her new car.

9. Karen **(yet / still)** hasn't finished cleaning up the house.

10. The accident happened two weeks **(ago / before / since)**.

11. She said that she had met him two weeks **(before / ago)**.

12. He is **(very / much)** the best student in his class.

13. The thief **(had not even / even had not)** gone a mile when he got caught.

14. He is **(the very / the much)** brightest boy in the class.

15. **(Much / Very)** to our relief, the damage was just slight.

B. Identify the option that contains an awkward expression or an error in grammar. Then correct the ungrammatical part in the sentence.

1. She is very cleverer than her elder sister.

2. This was very the same church where we were married, and it looks much the same as years ago.

3. You won't need a passport, and you hardly need a visa, too.

4. By the time I got home, Jimmy was yet in bed.

5. The party was over way so soon.

6. He is the much cleverest man I ever know.

7. Car prices in Britain are very higher than those in other countries.

8. They said they had gone there three days ago.

9. I knew him because we had met ago.

10. I have still to read the novel.

Part I **Choose the best answer for the blank.**

1 A: I don't enjoy baseball.

B: _________________ .

(a) Neither do I (b) Me either (c) I haven't, neither (d) Neither I do

2 A: Didn't you say you've already read the novel?

B: Yes, I read it _________________ .

(a) two months before (b) in two months (c) two months ago (d) for two months

3 A: I heard Sarah got married to Martin.

B: That's true, but I _________________ it.

(a) can't still believe (b) still can't believe (c) can still not believe (d) can't believe still

Part II **Choose the best answer for the blank.**

4 A white lie _________________ hurt people, but real lies do so.

(a) doesn't usually (b) does usually (c) not usually (d) usually not

5 It's _________________ disappointing to know that he cheated on the test.

(a) very (b) much (c) very much (d) so much

6 Greenhouse gases in the atmosphere are _________________ the glass panes in a greenhouse.

(a) very like (b) much like (c) very likely (d) much likely

7 The problem is not that there is too little food but that there are _________________ people.

(a) much too many (b) many too much (c) too much many (d) much many too

8 Joseph couldn't believe the mid-term exam _________________ up next week.

(a) coming is already (b) is already coming (c) already coming (d) coming already is

Part I Choose the best answer for the blank.

1 A: How is your new car compared with the old one?

B: It's _________________ but comfortable than the old one.

(a) very expensive

(b) much expensive

(c) very more expensive

(d) much more expensive

2 A: What are you doing over here _________ alone? This is a party!

B: I know. I just wanted to get some fresh air. It's so crowded and loud in there.

(a) such   (b) very   (c) all   (d) too

3 A: I wanted to talk about the new project with you.

B: I'd _________ rather take a rain check.

(a) little   (b) less   (c) much   (d) more

4 A: I don't think Martin will finish the job by this weekend.

B: I don't think, _________.

(a) neither   (b) either   (c) so   (d) too

5 A: That's a really hard job to get. And you'll need years of experience.

B: I know, but I can _________ wish for it, right?

(a) still   (b) yet   (c) just   (d) already

Part II Choose the best answer for the blank.

6 The soldiers were just _________ asleep like lions in summer.

(a) very   (b) much   (c) fast   (d) too

7 Charles William is _________ my younger sister.

(a) very senior to

(b) much senior to

(c) very senior than

(d) much more senior than

8 The story was pretty _________ as Pocahontas, while some people said it was like Dances With Wolves.

(a) the very same   (b) very the same   (c) the much same   (d) much the same

9 Many people ___________________________ hope as long as there are good politicians.

    (a) still think there is   (b) think still is there   (c) there think still is   (d) think there is still

10 Calls to cell phones are still ___________________ .

    (a) too high far   (b) high far too   (c) too far high   (d) far too high

Part III   **Identify the option that contains an awkward expression or an error in grammar.**

11 (a) A: Would you like to meet me for dinner this weekend?

    (b) B: I'd love to. But I have already plans for dinner with my family.

    (c) A: Okay, where are you going?

    (d) B: I'm taking them to the newly open Italian restaurant down the street.

12 (a) A: I heard Martin's father died last night.

    (b) B: Are you kidding? I spoke to him two days before and he was okay.

    (c) A: I know, but he had a sudden heart attack.

    (d) B: Please pass on my deepest condolences.

13 (a) A: Didn't you say that you're planning a family trip to Hawaii this summer?

    (b) B: Yes. We're much excited about it.

    (c) A: How long will you stay for?

    (d) B: We're not sure. That depends.

Part IV **Identify the option that contains an awkward expression or an error in grammar.**

14 (a) I don't still understand how marriage involving two loving people can weaken the institution of marriage. (b) I don't remember who commented that it would take a lot for gays to screw up American marriage more badly than straights have done, but it's not a bad point. (c) I've been married 30 years now, and look forward to many more years. (d) And I suppose I'm only "middle aged" in my own mind, since I really don't plan to live to anything like 100.

15 (a) There has always been a debate about white lies. (b) Is it OK to tell someone you care about something that isn't exactly true in order to spare his or her feelings? (c) Some people believe that lying is wrong in any context, even if you're doing it to be kind. (d) I think of it this way: I don't want my friends to lie to me, and I hope they don't want me to lie to them, neither.

Joseph's Tip!

◆ 서술적 용법의 형용사의 쓰임

▶ 어미[-a]로 시작되는 [alike, alive, afraid, aware, ashamed] 등과 같은 서술적 용법의 형용사들은 긍정문에서, very much나 so much의 수식을 받을 수 있다. 또한 몇몇 서술적 용법의 형용사는 very나 very much가 아닌 다른 부사의 수식을 받는다.

I am **very much afraid** of the dark.
They are **very [so] much alike**.
The baby is **fast [sound] asleep**.
He is **wide awake**.
I am **all alone**.

Unit 04

비교 1 (비교의 종류)

영어의 형용사와 부사는 등급을 나눌 수 있는 것 (young, big, fast)과 등급을 나눌 수 없는 형용사 (huge, dead, empty)로 나누어진다. 대부분의 형용사와 부사는 [성질, 수량, 정도]의 차이를 원급 (young), 비교급 (younger), 최상급(youngest)의 세 등급으로 나눌 수 있다.

Grammar Focus 1 — 비교급, 최상급의 형태

원급에 [-er/-est]를 붙이거나, [more+원급/the most+원급]형태로 나타내는 규칙적인 형태와 형태가 따로 있는 불규칙 형태가 있다.

(1) 규칙 변화

① 원급에 [-er/-est]를 붙이는 경우

: 1음절어와 어미가 [-er, -le, -ly -y, -ow, -some]로 끝나는 2음절

음절 /등급	어미	원급	비교급	최상급
1음절	[대부분] [단모음+단자음] [자음+y] [-e로 끝나는 단어]	fast b**ig** dr**y** wis**e**	fast**er** big**ger** dr**ier** wis**er**	fast**est** big**gest** dr**iest** wis**est**
2음절	[-er] [-le] [-ly] [-y] [-ow] [-some]	clev**er** gent**le** ear**ly** prett**y** narr**ow** hand**some**	clev**erer** gent**ler** earl**ier** prett**ier** narrow**er** handsom**er**	clev**erest** gent**lest** earl**iest** prett**iest** narrow**est** handsom**est**

② 원급 앞에 more/most를 붙이는 경우

: 어미가 [-ed, -ing, -ful, -ous, -ive, -ish -less, -able]로 끝나는 2음절어와 3음절 이상

음절 /등급	원급	비교급	최상급
2음절	use**ful** care**less** fam**ous**	**more** useful **more** careless **more** famous	**most** useful **most** careless **most** famous
3음절	**i**mportant p**o**pular	**more** important **more** popular	**most** important **most** popular
[-ly] 어미의 부사	slow**ly**	**more** slowly	**most** slowly

▶ 기타 **more/ most**를 붙여서 비교급과 최상급을 나타내는 경우

서술적용법의 형용사	**fond alike alive afraid alone aware awake**
동일인(물)의 성질비교	He is **more** clever **than** (he is) wise.
관용적인 것	**right wrong real like just strange proper tired bored**

참고 형태는 [-er] 비교급 형태이지만, than과 함께 쓰지 않는 한정적 용법의 형용사: [**elder, former, inner, outer, upper**]
My **elder** brother (o)
He is **elder** than me. (x)

Choose the best answer for the blank.

A home in the southern states will sell _______________ in the fall than in the spring.

(a) more slowly   (b) slowlier   (c) more slowlier   (d) more slow

[Power Solution]

[해설] 빈칸 뒤에 than이 있으므로 더 천천히라는 비교급 형태를 써야 한다. 따라서 slowly 앞에 more가 쓰인 (a)가 정답이다.

[어휘] southern a. 남쪽의

[정답] (a) more slowly

(2) 불규칙 변화

원급	비교급	최상급
good (좋은) **well** (잘; 건강한)	**better**	**best**
bad (나쁜) **badly** (몹시) **ill** (아픈)	**worse**	**worst**
many (수) **much** (양)	**more**	**most**
little (양)	**less**	**least**
old (낡은; 늙은)	**older / elder**	**oldest / eldest** (나이/가족관계)
far (먼; 멀리)	**father / further**	**farthest / furthest** (거리/정도)
late (늦은; 늦게)	**later / latter**	**latest / last** (시간상/순서상)

He is a **good** student. / She sings **better** than me. / He sings **(the) best** of all.

I felt **bad** today. / The situation is getting **worse**. / I want it **worse** than you. (몹시)

I have **more** books than you. / I sleep **more** than my sister. / I have the **most** money.

There is **little** milk left. / She eat **less** milk than I. / She has **the least** money.

He is my **eldest** brother. (가장 큰 형: 미국영어에서는 oldest를 쓰기도 함)

He is **older** than me. (not elder than: 나이가 더 많은)

It's one of the **oldest** buildings in Korea. (not the eldest: 가장 오래된)

He can kick the ball **farther** than I. (not further: 물리적으로 더 멀리; 더 먼)

For **further** information, visit our homepage. (not farther: 추상적으로 더 멀리; 먼)

I have the **latest** information available. (시간상 가장 나중의; 최신의)

I didn't read the **last** page of the novel. (순서상 가장 나중; 마지막의; 지난번의)

(3) 라틴계 비교급

어미 [-or]로 끝나는 라틴계 형용사는 그 자체에 비교급의 의미가 내포되어 있으며, [~보다]의 의미로 전치사 than을 쓰지 않고 to를 쓴다. 비교급이므로 much의 수식을 받는다.

prior to (=anterior to) ~보다 전	**posterior to** ~보다 나중
inferior to ~보다 못한	**superior to** ~보다 우수한
junior to ~보다 손아래인	**senior to** ~보다 손위인
major to ~보다 많은, 큰	**minor to** ~보다 수가 적은, 작은
preferable to ~보다 선호할 만한	**prefer A to B** B보다 A를 더 좋아하다

He is **senior to** me by two years.

= He is two years **senior to** me.

= He is **older than** me by two years.

= He is two years **older than** me.

Proper documentation is required **prior to** boarding.

This computer is much **superior to** that one.

He **prefers** playing **to** studying. 그는 공부하는 것보다 노는 것을 더 좋아한다.

주의 비교대상을 to부정사의 형태로 쓸 경우에는 to 대신 (rather) than을 사용한다.

He **prefers** to play **(rather) than** to study.

Power Grammar

Choose the best answer for the blank.

Mrs. Wilson is five years ___________________ my mother.

(a) more senior than (b) senior than (c) senior to (d) as senior as

[Power Solution]

[해설] '~보다 연상이다, 나이가 많다'는 표현은 'senior to'이다. 라틴계 비교급인 senior는 전치사 than 대신 to를 써야 한다.

[정답] (c) senior to

Grammar Focus 2 원급비교

비교되는 두 대상의 우열보다는 두 대상의 성질, 상태, 수량, 정도 등이 동등함을 나타내는 비교구문으로 [as + 원급 형용사/부사 + as] 형태로 표현한다.

(1) 동등비교: [as+형용사/부사의 원급+as] ~만큼 ~ 하다

I am 25 years old. She is 25 years old. ⇨ I am **as old as** she.

Mary eats **as much as** he (does). (o)

Mary eats **as much as** him. (o) [구어체]

(2) 부등비교: [not+as(so) +형용사/부사의 원급+as] ~만큼 ~하지 않다

I am 24 years old. She is 26 years old. I am not **as (so) old as** she.

Mary can**not** run **as fast as** he (can). (o)

Mary can**not** run **as fast as** him. (o)

(3) 명사구 수반 원급 비교: [as+수량형용사+명사+as]

Japan has **as many ballparks as** the United States. (~만큼 많은 ~)

She tries to eat **as little sugar as** possible. (가능한 적은 양의 ~)

Try to eat **as few calories as** you can. (가능한 한 적은 수의~)

I don't have **as much leisure time as** my wife (does).

(4) 배수 동등 비교: [배수/분수+as+형용사/부사의 원급+(명사)+as]

My computer is **twice as fast as** yours. (=twice faster than = twice the speed of~)

Japan is about **four times as large as** South Korea. (=four times the size of~)

She is **half as old as** her uncle. (=half the age of~)

Korea has **one-tenth as many TV channels as** Japan. (=one-tenth the number of ~)

Grammar Focus 3 비교급 비교

비교되는 두 대상의 성질, 상태, 수량, 정도 등의 우열을 나타내며 [비교급+than]의 형태로 표현한다.

(1) 우등비교: [~비교급+ than~] ~보다 더 ~하다

I am 25 years old. She is 23 years old. ⇨ I am **older than** she.

Mary eats **more than** he (does). (o)

Mary eats **more than** him. (o) (구어체)

The earth is **bigger than** the moon.

= The moon is **smaller than** the earth.

(2) 열등비교: [less+형용사/부사의 원급+than] ~보다 덜 ~하다

His car is **less expensive than** mine.

= My car is more expensive than his.

He is **less tall than** she.

= She is taller than he.

(3) 명사구 수반 비교급 비교: [more/fewer/less+명사+than]

Japan has **more ballparks than** Korea. (~보다 더 많은 ~)

She spends **less/more money than** I (do). (~보다 적은/많은 양의 ~)

All you have to do is eat **fewer calories than** (you do) before.

(4) 배수 동등 비교: [배수/분수+as+형용사/부사의 원급+(명사)+as]

My computer is **twice faster than** yours. (=twice the speed of~)

Japan is about **four times larger than** South Korea. (=four times the size of~)

주의 분수는 비교급과 함께 쓸 수 없다.

She is **half older than** her uncle. (x)

She is **half as old as** her uncle. (o)

Choose the best answer for the blank.

If more people telecommute, there will be _______________ cars on the roads.

(a) less (b) fewer (c) smaller (d) lesser

[Power Solution]

[해설] 문맥상 '더 적은 수의 차량'이라는 의미이므로 few의 비교급 fewer가 적절하다. less와 lesser는 가산명사에 사용할 수 없고, smaller는 크기가 작다는 의미이므로 정답이 될 수 없다.

[어휘] lesser a. (크기, 양, 중요성이) 더 적은(작은)

[정답] (b) fewer

Grammar Focus 4 최상급 비교

셋 이상의 대상 중에서 성질, 수량, 정도 등이 [가장 ~하다]라는 뜻을 나타내는 비교구문으로 [the+형용사/부사의 최상급] 의 형태로 나타낸다.

(1) 최상급 비교 구문의 기본 형태

① [the+최상급+(명사)+of+복수명사]: 주어와 같은 종류의 명사: ~중에서 가장 ~한

Japan is **the richest of** all the countries in Asia.

He is **the tallest (boy) of** us all.

She is **the most beautiful of** the three girls.

② [the+최상급+(명사)+in+단수명사]: 장소/집단을 나타내는 명사: ~집단에서 가장 ~한

Japan is **the richest country in** Asia.

She is **the most beautiful girl in** Korea. (장소)

He is **the tallest boy in** his class. (집단)

③ [the+최상급+(명사)+that 주어+have ever p.p.]: 관계사절의 시제는 현재완료

This is **the most exciting** film **that** I have ever seen. (지금까지 본 ~중 가장 ~한 ~이다)

= I **have never seen such** an exciting film **as** this.

= I **have never seen a more** exciting film **than** this.

(2) 최상급을 강조하는 부사

He is **much the tallest** boy of them all.

= He is **(by) far the tallest** boy of them all.

= He is **the very tallest boy** of them all.

(3) 최상급에 the를 붙이지 않는 경우

① **부사의 최상급 앞**: the를 붙여도 되고 붙이지 않아도 된다.

She sings **(the) best** of all the girls.

He runs **(the) fastest** in his class.

② 동일인(사물)의 성질, 상태를 나타내는 최상급이 주격보어로 쓰인 경우

My daughter is **prettiest** when she is asleep.

The sea is **kindest** when the sun comes out.

③ 주격보어자리에 단독으로 쓰인 형용사의 최상급 앞

He is **(the) happiest**.

He is **the happiest** man.

He is **the happiest** of all the men.

④ 최상급 앞에 [소유격]이 오는 경우

This movie is **her best** work to date. **(not her the best)**

Seoul, **Korea's biggest** city, is one of the most densely populated cities in the world.

⑤ 절대 최상급

다른 대상과의 상대적 비교가 아니라, [매우=very]의 뜻으로 쓰인 절대 최상급에서는 the를 쓰지 않거나, 명사가 있을 경우, 부정관사 a/an을 쓴다.

It was **a most** wonderful evening. (very: 매우 멋진 저녁)

It was **the most** wonderful evening. (상대 최상급: 가장 멋진 저녁)

c.f.〉 Most people don't like the idea of working on weekends. (대부분의)

(4) [the+서수+최상급]: 몇 번째로 가장 ~한

It's **the second most important** sales period after Christmas.

(5) [one+of+the+최상급+복수명사]: 가장 ~한 것 중의 하나

The Koreans are **one of the most diligent peoples** in the world. (민족들 중의 하나)

His car is **one of the most** expensive sedans in Korea.

Power Grammar

Choose the best answer for the blank.

A: What would you consider the worst ___________________________?

B: That the nuclear arms race spiral out of control.

(a) of all possibilities   (b) for all possibilities

(c) possibilities of the world   (d) possibilities in the world

[Power Solution]

[해설] 문맥상 '모든 가능성 중에서 가장 최악의 경우'라는 의미로서 [최상급+of] 형태가 되어야 하므로 of all possibilities 가 정답이다.

[어휘] consider v. 생각하다, 고려하다　nuclear a. 원자력의, 핵(무기)의　arms n. 무기　possibility n. 가능성
　　spiral v. 나선형으로 움직이다, 급등(증)하다　out of control 통제할 수 없는

[정답] (a) of all possibilities

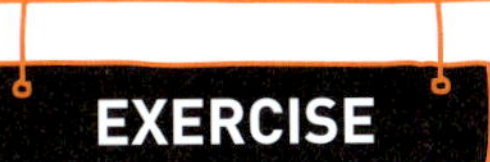

EXERCISE

A. Choose the best answer for the blank.

1. She's old, but she's not so old **(as / than)** her husband is.

2. Our apartment is three times **(taller / tall)** than this one.

3. He is **(twice as bright / as twice bright)** as she.

4. On average, white collars still earn **(more / much)** than blue collars.

5. I am superior to **(he / him)** in English.

6. He is the most hard-working **(of / in)** the company.

7. She is **(happiest / the happiest)** when she is with us.

8. Retraining the existing employees is **(more / rather)** preferable to hiring new ones.

9. This lake is **(deepest / the deepest)** at this point.

10. This is **(the least / the less)** dangerous method of the three.

11. The new president is **(very / much)** superior to the old one.

12. We got **(farther / further)** information the next day.

13. We are now in the **(later / latter)** half of the twentieth century.

14. This stick is about three times **(long as / the length of)** that one.

15. Bob was **(more selfish / selfisher)** than he is now.

B. Identify the option that contains an awkward expression or an error in grammar. Then correct the ungrammatical part in the sentence.

1. Mary had the worst case of measles in all the children.

2. Of all the children, John had least difficulty figuring out the puzzle.

3. I prefer red flowers better than yellow ones.

4. The Himalayas in Central Asia are the most highest mountains in the globe.

5. Just because you're older than me, it doesn't mean you can tell me what to do.

6. The new president is very superior to the old one.

7. At that time, China was the world's the most powerful country.

8. Which do you like the best in all these singers?

9. Mr. Smith earns much the most in us all.

10. My sister is older than Margaret three years.

Practice Test

Part I **Choose the best answer for the blank.**

1 A: Why do you think she is the best actress?

B: She's as beautiful _______________ she is gifted.

(a) as (b) so (c) because (d) of

2 A: Look at her! She has _______________________ that I've ever seen.

B: You're telling me.

(a) most beautiful the blue eyes (b) the most beautiful blue eyes

(c) the bluest beautiful eyes (d) bluest the beautiful eyes

3 A: Do you know how old Martha is?

B: She is three years _______________________ your younger sister.

(a) more senior than (b) as senior as (c) senior to (d) senior than

4 A: Are you saying you want me to lend you some money?

B: Yeah, I'll pay back _______________________ you lend me.

(a) twice as much money (b) twice as much money as

(c) money as twice as much (d) money twice as much as

Part II **Choose the best answer for the blank.**

5 Drinking one cup of coffee a day is _______________________ .

(a) not as harmful as was previously thought (b) as not harmful as was previously thought

(c) not harmful as was previously thought (d) as harmful as not was previously thought

6 Mega Coffee Machines offer the _______________ technology in home coffee brewing.

(a) last (b) latest (c) later (d) lastly

7 We employ only _______________ chefs, ensuring that you enjoy only the finest foods during your stay.

(a) the more qualified (b) the most qualifying (c) the most qualified (d) the more qualifying

8 Companies trying to sell their products through images of death and dying are probably not providing _______________ as they might think.

(a) shock as much value (b) as shock a value

(c) as shock much value (d) as much shock value

Part I Choose the best answer for the blank.

1 A: How do you like your new house?

B: Well, unfortunately it's ______________________ .

(a) as the old one not as nice

(b) not so nice the old one

(c) not as nice as the old one

(d) so nice as the old one not

2 A: Did you buy a new computer? Is it better than your old one?

B: Of course. It's ______________________ my old one.

(a) as much as fast ten times than

(b) more faster than ten times as

(c) as ten times as fast as

(d) ten times faster than

3 A: Can I call you at home if I have ______________________ ?

B: Sure. Please feel free to call me.

(a) any farther question

(b) any further questions

(c) any further question

(d) any farther questions

4 A: How's everything?

B: Things couldn't be ______________ .

(a) better

(b) best

(c) good

(d) more good

5 A: What did your dentist say?

B: He said I would have ______________ cavities if I stopped eating sweets.

(a) fewer

(b) a few

(c) lesser

(d) less

Part II Choose the best answer for the blank.

6 Many marketers are intrigued by cell-phone ads because they can target customers ______________________ ads on television, online or in print.

(a) precise as

(b) more precise than

(c) as precise as

(d) more precisely than

7 American Indians and Alaska Natives ______________________ to die from H1N1 influenza than other ethnic groups.

(a) are likely four more times

(b) are three times more likely

(c) four more times are likely

(d) four times more likely are

8 The United States Library of Congress in Washington D.C. ranks as ___________________ library.

(a) world's large   (b) world's larger   (c) the world's largest   (d) the world's larger

9 My father could entertain himself ___________________ as he could entertain others.

(a) as best   (b) as well   (c) as better   (d) as good

10 Everybody in my neighborhood says my car is ___________________ and the fastest car ever.

(a) flashier   (b) as flashy as   (c) flashy enough   (d) the flashiest

Part III **Identify the option that contains an awkward expression or an error in grammar.**

11 (a) A: I heard you like Joseph very much, but what do you see in him?

(b) B: Well, he's smart, handsome, and considerate.

(c) A: But he is almost as twice old as you are!

(d) B: It doesn't matter to me what others say about us.

12 (a) A: Where can I buy a digital camera?

(b) B: For what purpose do you want a camera?

(c) A: I'm going on a sightseeing trip to Canada.

(d) B: Why don't you buy a used camera? It'll be lesser expensive.

13 (a) A: It looks like I won't be at your home until around 10.

(b) B: Can't you come soon? A lot of people will leave before then.

(c) A: I'll see what I can do, but I don't think I'll be able to get out of this.

(d) B: Please try, but if you can't make it until 10, I'll understand.

14 (a) Television and home theaters used to be a real luxury. (b) But these days, people prefer large screens with great picture quality than smaller ones for watching TV and movies at home. (c) Projection TVs offer a much bigger picture delivering exceptional brilliance, contrast and picture quality. (d) The quality of the picture is even better than what you witness at the movie theater giving you a true cinematic experience.

15 (a) The age-and sex-adjusted prevalence of type 2 diabetes in the Mexican Pima Indians was less than one-fifth that in the U.S. Pima Indians and similar to that of non-Pima Mexicans. (b) The prevalence of obesity was similar in the Mexican Pima Indians and non-Pima Mexicans but was much low than in the U.S. Pima Indians. (c) Levels of physical activity were much higher in both Mexican groups than in the U.S. Pima Indians. (d) The two Pima groups share considerable genetic similarity relative to other Native Americans.

Unit 05

비교 2 (주의해야 할 비교표현)

주의해야 하는 비교표현으로 최상급을 나타내는 원급과 비교급 구문이 있다 TEPS 문법에 자주 출제되는 영역 중에 하나이므로 숙지해 두어야 한다. 또한 원급, 비교급, 최상급과 관련한 다양한 관용표현들이 있다. 숙어처럼 사용되는 표현들이므로 반드시 암기하여 둔다.

Grammar Focus 1 ~ 최상급을 나타내는 원급/비교급 구문

형태는 비교급, 원급의 모습이지만 최상급의 의미를 나타내는 구문들이 있다.

(1) 최상급을 이용한 구문

> ① S+V+the+최상급+단수명사+in+단수명사(장소/집단): ~에서 가장 ~하다
> ② S+V+the+최상급+of all+(the)+복수명사: ~들 중에서 가장 ~하다

① Health is **the most important thing** in life.
② Health is **the most important of** all things in life.

(2) 비교급과 원급을 이용한 구문

> ③ S+V+비교급+than any other+단수명사: 다른 어떤 ~보다 더 ~한
> ④ S+V+비교급+than all the other+복수명사: 다른 모든 ~보다 더 ~한
> ⑤ S+V+비교급+than anything[anyone] else: 그 밖에 어떤 ~보다 ~한
> ⑥ S+V+as+원급+as any (other)+단수명사: ~에 못지않게 ~하다
> ⑦ No (other)+단수명사+V+비교급+than+S: ~보다 ~한 것은 없다
> ⑧ No (other)+단수명사+V+as[so]+원급+as+S: ~만큼 ~한 것은 없다

③ Health is **more important than any other thing** in life.
④ Health is **more important than all the other things** in life.
⑤ Health is **more important than anything else** in life.
⑥ Health is **as important as any (other) thing** in life.
⑦ **Nothing (No other thing)** in life is **more important than** health.
⑧ **Nothing (No other thing)** in life is **as important as** health.

Grammar Focus 2 ~ 비교급에 the를 붙이는 경우

비교급 앞에는 the가 안 붙지만, 다음의 경우는 the를 반드시 붙여야 하는 경우이다.

(1) [the+비교급, the+비교급] 구문: ~하면 할수록 더욱 ~하다

The sooner, the better.

The more you have, **the more** you have to worry about.

The higher prices rose, **the more money** the workers asked for.

(2) 비교급이 [of+둘을 의미하는 어구]의 한정을 받을 경우

South Korea is **the richer of the two** (Koreas).

= **Of South Korea and North Korea**, the former is the richer.

(3) 비교급 다음에 원인/이유를 의미하는 어구가 이어지는 경우

I like the actress **all the better for [because of]** her serene look.

= I like the actress **all the more because** she has a serene look.

(4) 관용어구

> **so much the better [worse]** (그렇다면) 더욱 더 좋다 [더욱 더 나쁘다]
> **none the less (for)** 그럼에도 불구하고
> **none the better (for)** 더 나을 것도 전혀 없다

She's been taking the medicine for 2 months, but she is **none the better** for it.

So much the better if you pay back the money in cash.

Choose the best answer for the blank.

The fire safety training was ______________________ as there was a fire alarm just the next day.

(a) all the most valuable

(b) all more valuable

(c) more valuable

(d) all the more valuable

[Power Solution]

[해설] 비교급 앞에는 the를 붙이지 않지만 비교급 다음에 원인/이유를 의미하는 어구가 이어지는 경우에는 반드시 비교급에 the를 붙여야 한다. 문맥상 '바로 다음날 화재경보가 있었기 때문'이라는 이유를 의미하는 어구가 이어지기 때문에 more valuable 앞에 the를 수반해야 한다.

[어휘] safety training 안전교육   fire alarm 화재경보

[정답] (d) all the more valuable

Grammar Focus 3 원급 관련 관용적 표현

① **[as~as one can]**: 가능한 한 ~, 될 수 있는 한 (=as~as possible)

He drove his car **as fast as** he could. **(=He drove his car as fast as possible.)**

② **[as~as ever]**: 변함없이 ~하다

He looks **as handsome as ever**.

He works **as hard as ever**.

③ **[as far as]**: ~하는 한, ~에 관한 한 (=so far as)

As far as I know, he is a reliable person.

As far as I am concerned, it doesn't matter whether you are rich or not.

④ **[as(so) long as]**: ~하는 동안, ~하는 한, ~하기만 한다면 (조건)

You can stay **as long as** you want. (기간)

I will never forget it **as long as** I live.

I'm perfectly happy to eat at home **as long as** I don't have to cook. (조건)

⑤ [as good as]: 사실상 ~나 다름없다 (= no/little better than)

He was **as good as** a beggar.

He was **as good as** dead.

Your guess is **as good as** mine. (나도 모른다.)

He is **as good as** his words. (약속을 잘 지킨다.)

⑥ [as+원급+명사+as can be]: 더할 나위 없이 ~한

The receptionists were **as kind as (kind) can be**. (= as kind as they can be)

⑦ [as~as ever lived]: 매우~하다

He is **as great** a king **as ever lived**.

He is **as great as** any king.

= He is **the greatest king** (that has ever lived).

⑧ [not so much A as B]: A라기보다는 B

She is **not so much** an actor **as a** director. (배우라기보다는 감독)

= She is **less** an actor **than** a director.

= She is a director **rather than** an actor.

⑨ [not so much as +동사원형]: ~ 조차도 하지 않다

She did **not so much as** <u>say</u> hello to me. (~조차도 ~않다)

She left **without so much as** <u>saying</u> good-bye.

⑩ [as much as to say]: 마치 ~라고 말하는 듯

He shook his head **as much as to say**, "I didn't do it".

That was **as much as to say** "I don't want to see you again".

⑪ [as many/much again]: 두 배의 수/양

We have ten tickets, but we will need **as many again**.

He eats **as much again** (as you).

⑫ [as many+복수명사]: 동수의 ~처럼

The first two minutes of the movie seemed **as many years**.

⑬ [go so far as to+동사]: ~하기까지 하다

She **went so far as to say** that the government should compensate women for doing housework and having babies.

Choose the best answer for the blank.

A: James, do you like your new position at IBM?

B: Sure I do! I'm ________________ a salesman as a managerial official.

(a) no more   (b) not much   (c) not so much   (d) not much as

[Power Solution]

[해설] 문맥상 빈칸 뒤의 as와 함께 쓰일 수 있는 구문이 필요하므로 (c)의 not so much as가 가장 적절한 표현이다.

[어휘] salesman n. 영업직원   managerial official 관리직원

[정답] (c) not so much

(1) 의미를 혼동하기 쉬운 비교급 구문

① [no/not more than]과 [no/not less than] 구문

> **no more than** (= only; as little as) 단지; 겨우 (적다는 느낌)
> **not more than** (= at most) 아무리 많아 봐야 (적다는 느낌)
> **no less than** (=as much as) 만큼이나 많이 (많다는 느낌)
> **not less than** (= at least) 적어도; 최소한 (많다는 느낌)

He has **no more than** 5 dollars. (겨우 5달러)

He has **not more than** 5 dollars. (많아 봐야 5달러)

He has **no less than** 500 dollars. (500 달러나)

He has **not less than** 500 dollars. (적어도 500 달러를)

② [no/not 비교급 than] 구문

She is **no more beautiful than** you. (겨우 너만큼 예쁘다; 너처럼 예쁘지 않다는 뜻)

She is **not more beautiful than** you. (예뻐 봤자 너 정도다; 둘 다 예쁘지 않다는 뜻)

She is **no less beautiful than** you. (너 만큼이나 예쁘다 ; 둘 다 예쁘다는 뜻)

She is **not less beautiful than** you. (적어도 너만큼은 예쁘다; 둘 다 예쁘다는 뜻)

③ [A is no more B than C is D (or B)]: 양자 부정

[C가 D(or B)가 아닌 것과 마찬가지로, A도 B가 아니다]로 해석한다. than 이하에 C 다음에 B가 반복되면 생략한다.

A whale is **no more** a fish **than** a horse is (a fish).

= A whale is **not** a fish **any more than** a horse is (a fish).

She is **no more** beautiful **than** you (are beautiful). (네가 예쁘지 않듯이 그녀도 안 예쁘다는 의미)

④ [A is no less B than C is D (or B)]: 양자 긍정

[C가 D(or B)인 것과 마찬가지로 A도 B이다] 로 해석하며 than 이하에 C 다음에 B가 반복되면 생략한다.

A whale is **no less** a mammal **than** a horse is (a mammal).

She is **no less** beautiful **than** you are (beautiful). (너도 예쁘고 그녀도 예쁘다는 의미)

(2) 비교급 관련 관용적 표현

① [know better than to 부정사]: ~할 정도를 어리석지는 않다, 바보는 아니다

You should have **known better than** to trust her. (그녀를 믿지 말아야 했다는 의미)

I **know better than** to believe it.

You **should know better**.

② [no/little better than]: ~와 다름없는 (= as good as)

Having really cheap insurance is **no[little] better than** having no insurance at all.

③ [much more]와 [much less]: ~은 말할 필요도 없다

[much(=still) more]는 긍정문 다음에, [much(=still) less]는 부정문 다음에 쓰여 [~은 말할 것도 없다]는 의미로 쓰인다.

He can drive a standard car, **much more** an automatic.

He cannot drive an automatic car, **much less** a standard.

Power Grammar

Choose the best answer for the blank.

You have no more right to tell someone what they can and can't say _____________ they have the right to try to censor you.

(a) then   (b) but   (c) than   (d) while

[Power Solution]

[해설] 양자부정의 의미를 갖는 비교급 구문은 'A is no more B than C is D' (A가 B가 아닌 것처럼, C도 D가 아니다.)이다. 문맥상 no more와 호응하는 것은 than이므로 정답은 (c) than이다.

[어휘] right n. 권리   censor v. 검열하다

[정답] (c) than

④ [more than]: ~ 이상

Bats are estimated to account for **more than** 25% of the world's mammals.

You're **more than** welcome.

I'm **more than** unhappy about it. (유감천만입니다.)

You have **more than** repaid me.

World population has **more than** doubled since 1950.

⑤ [비교급+and+비교급]: 점점 더 ~해지다, 점점 더 많은

It's getting **colder and colder**.

More and more people are turning to alternative medicine.

⑥ 기타 비교급관련 관용구

more often than not 매우 자주	**change for the better** 호전되다
nothing more than ~에 불과한	**(=only) none other than** 다름 아닌[바로]
get the better of ~을 이기다, 극복하다	**more or less** 다소, 얼마간
for better or for worse 좋든 나쁘든	**in less than 5 minutes** 5분도 안되어서
Couldn't be better 더할 나위 없이 좋다	**no longer** 더 이상 ~아닌
be better off 잘 살다, ~이 더 낫다	**think better of** ~를 달리 보다

You'd **be better off** to invest your money in the real estate.

Fear **got the better of** me when the skyscraper collapsed.

I **think better of** her for her intelligence.

He is **nothing more than** a con artist.

I have **nothing more than** a high school diploma.

(3) 비교급에서 주의해야 할 점

① 비교급이라고 반드시 than이 있어야 하는 것은 아니다.

I have never been **better** (than now).

I have never been **busier** (than today).

It couldn't have been **better** (than that).

It took twice **longer** (than usual) to get here.

② 비교급을 수식하는 부사는 very가 아니라 much이다.

much, still, even, far, a lot 훨씬	**a little** 조금
any 조금(부정문/의문문)	**no** 전혀

His medical condition was **much** more serious than we had expected. (not very more)

③ 비교의 대상은 동일해야 한다.

The population of Seoul is larger than **Pusan**. (x) → **that of Pusan** (o)

④ 동일인(사물)의 성질 비교는 항상 [more+원급+than+원급]으로 표현한다.

원칙적으로 [-er]을 붙이는 형용사일지라도 [more+원급+than+원급]의 형태로 써야 한다.

He is **more** clever **than** wise. (not cleverer than wise: 현명하다기 보다는 영리하다)

= He is **less wise than** clever.

= He is **not so much** wise **as** clever.

⑤ 비교대상이 없어도 비교급을 쓸 수 있다.

구체적인 비교의 대상이 없이도 막연하게 우열을 나타내는 절대비교급을 쓸 수 있다.

the younger generation 젊은 세대	**the older generation** 노년세대
the upper[lower] classes 상류[하류]계층	**higher education** 고등교육

Classical music is less likely to appeal to **the younger generations.**

Power Grammar

Choose the best answer for the blank.

As a result of traffic jams, it took Joseph _______________ to get home from work.

(a) twice time more than
(b) twice more time
(c) twice more time than
(d) more than twice time

[Power Solution]

[해설] 비교급이 항상 than과 함께 쓰이는 것은 아니다. 문맥상 '(평소보다) 시간이 두 배 가량 걸렸다'이므로 (b) twice more time (than usual)이 적절하다.

[어휘] traffic jam 교통 정체

[정답] (b) twice more time

(1) 해석에 유의해야할 최상급 표현

① [the least+S+can/could do]: ~가 할 수 있는 최소한 것; 적어도 ~정도는 해야 한다

The least you can do is (to) call her and say that you are sorry.

That's **the least I could do**. (내가 할 수 있는 최소한의 일; 내가 그 정도는 해야지.)

② [the last+명사+to 부정사/관계사절]: 가장 ~할 것 같지 않는; 결코 ~할 ~가 아니다

He is **the last person** to help you. (=He is **the last man who will help** you.)

She is **the last woman** that I want to marry.

> **주의** the last가 마지막으로 해석되는 경우도 상당히 많다.
>
> I was **the last person** to leave the office last night.
>
> She was **the last** to arrive here.

③ [the+최상급+명사]가 주어로 쓰인 경우: 아무리 ~한 명사일지라도

최상급이 주어로 쓰인 경우는 종종 양보의 뜻으로 해석되는 경우가 있다.

The best comedian can sometimes be boring.

The wildest animals can be domesticated and tamed by love.

(2) 최상급 관련 관용 표현

① [make the most[best] of]: ~을 최대한으로 이용하다

I'll try to **make the best of** a bad situation.

I suggest you **make the most of** your time.

② [as best (as)+주어+can]: ~ 할 수 있는 한 최대한 (as~as 사이에 최상급)

You should avoid or reduce stress **as best (as) you can.**

③ [do/try one's best]: 최선을 다하다

The hotel staff **did their best** to make sure guests enjoy their stay.

I'm just trying to **put my best foot forward**.

Power Grammar

Choose the best answer for the blank.

Everyone's in fear of losing their jobs these days, and it's very important to do ＿＿＿＿＿＿ as you can to keep your job.

(a) as best   (b) as well   (c) as better   (d) as good

[Power Solution]

[해설] 빈칸 뒤에 'as you con'이 있으므로 '~할 수 있는 한 최대한'의 의미인 'as best (as)+주어+can'구문을 사용해야 하므로 정답은 (a) as best이다.

[어휘] in fear of ~를 두려워하여   important a. 중요한

[정답] (a) as best

A. Choose the best answer for the blank.

1. He has had a holiday, and looks all **(the better / less / more)** for it.

2. Olga is prettier than any other **(girl / girls)** in my hometown.

3. The girl he met was **(kinder / more kind)** than gentle.

4. There are **(many / much)** more sheep than people on this continent.

5. He is **(by far / very)** the brightest boy in the class.

6. He has gained as **(much / many)** as 10 pounds.

7. The higher we climb, **(the coldest / the colder)** it becomes.

8. He is **(as great / great as)** a musician as ever lived.

9. They are all as happy as **(can happy / happy can)** be.

10. He is **(smarter / the smarter)** of the twins.

11. I like him **(all the / all)** better because he is young.

12. The pronunciation of German is simple compared with **(it / that)** of French.

13. He is not an artist **(any / much)** more than you are a mathematician.

14. I cannot speak English, much **(more / less)** write it.

B. Identify the option that contains an awkward expression or an error in grammar. Then correct the ungrammatical part in the sentence.

1. The population of Italy is much larger than Korea.

2. I don't so much dislike him than feel sorry for him.

3. No other language in the world is widely spoken as English.

4. He is as smart or possibly smarter than she is.

5. The area they are working in is so small. It is no less than 13 meters square.

6. I believe he can get there at six at the last.

7. This pot is by far better of the two.

8. We should donate some money as well as working some extra hours.

9. A whale is no less a fish than a horse is.

10. You should know more than to do such a thing.

Practice Test

  Choose the best answer for the blank.

1 A: I think Martin should apologize to Sarah.

B: Don't be too harsh. He is as sorry as ________________ .

(a) can he be (b) he can be (c) can he (d) can be he

2 A: Which team will win tomorrow, the Phoenix Suns or the Denver Nuggets?

B: Maybe the Phoenix Suns. Steve Nash, their point guard, can deliver the ball more accurately than ________________.

(a) any other player (b) any other players (c) all other player (d) all the other player

3 A: I can't trust Martin any more! I don't buy whatever he says.

B: Trust is one of the ________________ things to lose and the hardest to gain.

(a) ease (b) easy (c) easier (d) easiest

4 A: How did you do on your final exam, Sarah?

B: ________________. I tried my best.

(a) Never better been (b) Never been better

(c) Better more than never (d) Better never been

Part II **Choose the best answer for the blank.**

5 Sam was ________________ as anyone could have.

(a) as good husband (b) a good a husband

(c) as good as husband (d) as good a husband

6 The longer you sit on through this movie, ________________ to watch.

(a) the more frustrating is it (b) the more it is frustrating

(c) the more frustrating it is (d) the more it is frustrated

7 Blacks' mortality rate after liver surgery is two times ________________ whites.

(a) higher than (b) high as that (c) higher than that of (d) the highest of

8 Many believed that he had become so possessed with his idea that ________________ a crazy man.

(a) he was little better than (b) he was better than little

(c) little better he was than (d) better than little he was

Part I Choose the best answer for the blank.

1 A: Guess who just got promoted to sales manager?
B: Your guess is _________________ mine.
(a) as well as   (b) better than   (c) as good as   (d) not as better as

2 A: Currently, people over age 60 pay _____________________ for health insurance as
people under 30.
B: That's surprising.
(a) as ten times much   (b) ten times as much   (c) as much ten times   (d) much as ten times

3 A: I heard the news that Korean people may undergo another monetary crisis next year, which
will result in the highest unemployment rate.
B: That doesn't deter me, though. I'm _____________________ ever.
(a) more positive   (b) the most positive of (c) as positive as   (d) as positively

4 A: Thanks you so much for what you've done for me, Sarah.
B: It was _____________________ I could do to help you when you're broke down.
(a) the least   (b) the worst   (c) the most   (d) the better

5 A: Good evening. How did your job interview go?
B: I couldn't have been ______________ prepared.
(a) more   (b) best   (c) most   (d) worse

Part II Choose the best answer for the blank.

6 He is always available and approachable; two qualities that I find are _____________________
because of their rarity among players of his caliber.
(a) more all valuable   (b) all the more valuable
(c) the most valuable all   (d) all the valuable more

7 Normally Sarah tries to look stupid _____________________.
(a) smart rather than   (b) smart than rather
(c) rather smart than   (d) rather than smart

8 It's harder to read code ________________ it.

(a) to write   (b) than to write   (c) writing   (d) than writing

9 There's nothing ________________ than having a guy looking over your shoulder every second, second-guessing everything.

(a) less   (b) least   (c) worse   (d) worst

10 One can ________________ write good English than one can compose good music, merely by keeping the rules.

(a) no better   (b) not more   (c) not less   (d) no more

Part III **Identify the option that contains an awkward expression or an error in grammar.**

11 (a) A: Which flavor do you like better, vanilla ice cream or strawberry?
(b) B: Well, I don't like either of them.
(c) A: What if you had to choose one?
(d) B: Vanilla ice cream is more delicious of the two.

12 (a) A: Would you like some cake?
(b) B: No thanks, I'm on a diet.
(c) A: Again? I bet you'll give it up in fewer than three days!
(d) B: Not this time.

13 (a) A: I had a great idea about Joey's birthday party.
(b) B: Oh? I certainly hope it's very better than your last idea!
(c) A: Well, why don't we take him to that new pizza restaurant downtown?
(d) B: That's not a bad idea at all. It could be fun and memorable.

Part IV Identify the option that contains an awkward expression or an error in grammar.

14 (a) Living with a roommate is usually considered quintessential to college life, making use of all those lessons learned in kindergarten – sharing, collaboration, consideration. (b) Yet some students would rather live alone with others, but remain involved in University life. (c) "I don't really know why someone would want it any other way," Brotter says. (d) "If anything is wrong with the room, if I don't wake up for class on time, it's totally my fault. But it's also much easier; everything's on my own terms."

15 (a) With Biman Airline's new travel rewards Gold card, you can earn 'air miles' every time you fly. (b) The more you fly, more money you earn! (c) Sign up today with Biman Air; it's as easy as 1-2-3. (d) Simply go to our website www.bimanair.com and fill out an online application form.

Joseph's Tip!

◆ 기타 최상급 관련 관용표현

- ☐ **at best** 기껏해야, 아무리 좋아봐야
- ☐ **at most** 아무리 많아봐야
- ☐ **at (the) latest** 아무리 늦어도
- ☐ **not ~in the least** 조금도 ~않다
- ☐ **the second best** 차선책의
- ☐ **to the last (man)** 최후(1인)까지
- ☐ **to the best of my knowledge** 내가 아는 한
- ☐ **at worst** 아무리 나빠도
- ☐ **at least** 적어도, 최소한, 아무리 적어도
- ☐ **at (long) last** 마침내
- ☐ **for the most part** 대부분, 대체로
- ☐ **at one's best** 한창때인, 전성기인
- ☐ **to the last detail** 아주 상세하게

The movie was **not** interesting **in the least**. (=not ~ at all)

They refused to lay down their weapons, and fought **to the last** (man).

For the most part, our bodies tell us when we should drink water.

I have to arrive at the movie theater at 5:30 **at the latest**.

I certify that all the information I have provided is true and correct **to the best of my knowledge**.

Unit 06

부정사

to 부정사는 [to+동사원형]의 형태로 문장 내에서는 동사가 아니라 명사, 형용사, 부사의 역할을 수행한다. 일반적인 명사, 형용사, 부사와는 달리 부정사는 목적어, 보어를 수반하거나, 완료형, 수동형도 존재한다. 이와같이 동사가 아니면서 동사의 성격도 함께 가지고 있다.

[to+동사원형]이 명사처럼 쓰여서 문장 내에서 주어, 목적어, 보어의 역할을 하는 경우이다.

(1) 주어 역할: ~하는 것은; ~하기는

to 부정사를 주어로 문두에 쓰는 것은 아주 드문 경우이며, 가주어 It을 사용한다.

To live without water is impossible.

= **It** is impossible **to live** without water. [가주어]

It is not good for health **to go** to bed late.

(2) 보어 역할

① **주격보어로 쓰이는 경우**: [(주어)는~하는 것이다] – 주어와 동격의 관계가 성립

My plan is **to go** abroad to study this summer.

The best thing you can do is **to call and apologize** to her.

② **목적격 보어로 쓰이는 경우**: [(목적어)가 (to 이하) 하도록 ~하다]

목적격 보어로 to 부정사를 취하는 동사들이 따로 있다.

want	**ask**	**need**	**allow**	**encourage**
advise	**cause**	**expect**	**enable**	**would like**

He advised me **to quit** stopping.

She asked me **to do** the dishes.

참고 목적보어처럼 보이지만 직접 목적어로 쓰인 to부정사도 있다.

She promised me **to be** here by six. [to be의 의미상 주어는 **me**가 아니라 **she**이다.]

(3) 목적어 역할: ~하는 것을

① **타동사의 목적어로 쓰이는 경우 (3형식)**

I have decided **to become** a teacher.

I want **to see** the movie.

② **진목적어로 쓰이는 경우 (5형식)**

[believe, find, make, think]등의 동사가 5형식 구문(S+V+O+O.C) 에서 to 부정사를 목적어로 취할 때, 목적어 자리에 가목적어(형식목적어) it을 쓰고 진목적어인 to 부정사를 반드시 목적보어 뒤로 보내야한다.

I think **to get up** at six every morning a rule. (x)

I make **it** a rule **to get up** at six every morning. (it은 가목적어이고 to 이하가 진목적어이다.)

(4) 의문사+to 부정사: 주어, 목적어, 보어의 역할

[의문사+S+should+동사원형]형태의 의문명사절이 구로 축약된 형태이다. 명사로 쓰인 to부정사처럼 [의문사+to 부정사]는 문장 내에서 주어, 목적어, 보어의 역할을 한다.

How to live is the most important thing in life.

I don't know **how to drive a car**.

I don't know **what to do**.

I don't know **what** to do **it**. (x)

주의 to부정사 앞에 의문대명사(what, who, which)가 오면, 의문대명사는 to부정사의 의미상의 목적어이므로,
to부정사 이하는 항상 목적어가 없는 불완전한 구가 되어야 한다.

I don't know **whom to send** it. (x)

I don't know **whom to send it to**. (o)

Choose the best answer for the blank.
A: You look depressed. What's wrong?
B: My lovely puppy died yesterday and I don't know ___________________ .
(a) what to do it   (b) what to do   (c) how to do it   (d) how to do

[Power Solution]

[해설] 문맥상 '무엇을 해야 할지 모르겠다'는 의미가 되어야 하며 빈칸 자리는 목적어 자리로써 적절한 명사절을 넣어야 한
다. 따라서 'what I should do' 또는 'what to do'가 적절하다.

[어휘] depressed a. 우울한, 침체된

[정답] (b) what to do

Grammar Focus 2　형용사적 용법

(1) 명사 수식 (한정적 용법)

[to+ 동사원형]이 명사 뒤에서 명사를 수식하는 경우로 [~할; ~하기 위한]으로 해석된다.

① **수식받는 명사가 to부정사의 의미상의 주어나 목적어인 경우**

to 부정사구를 관계대명사절로 바꾸거나, [전치사+관계대명사+to부정사]로 축약할 수 있다.

I have no friend **to help me**. = I have no friend **who** will help me. (의미상의 주어)

I have no friend **to help**. = I have no friend **whom** I help. (의미상의 목적어)

② **수식받는 명사가 [to부정사+전치사]에서 전치사의 의미상의 목적어인 경우**

to 부정사구를 관계대명사절로 바꾸거나, [전치사+관계대명사+to부정사]로 축약할 수 있다.

I have a house to live **in**.　I have **a house to live**. (x)

= I have a house **in which I should live**. ⇨ I have a house **in which to live**.

I need a pen to write **with**. = I need a pen **with which to write**. (not which to write)

③ **동격관계**

이 경우 수식 받는 명사는 주로 추상명사로 to부정사와 동격관계이다. 동격의 **that** 명사절로 바꿀 수 있다. 이런 식으로 to
부정사를 동격으로 취하는 추상명사들이 따로 있다.

<table>
<tr><td>ability</td><td>attempt</td><td>chance</td><td>decision</td><td>demand</td><td>desire</td></tr>
<tr><td>effort</td><td>failure</td><td>fortune</td><td>intention</td><td>kindness</td><td>need</td></tr>
<tr><td>opportunity</td><td>plan</td><td>promise</td><td>reason</td><td>request</td><td>right</td></tr>
<tr><td>trouble</td><td>willingness</td><td>way</td><td>wish</td><td>tendency</td><td></td></tr>
</table>

c.f.〉 [chance, opportunity, fortune, right, way]는 [of+~ing] 동격도 가능하다.

I had the **misfortune to be run over by a car**. (동격관계)

=I had the misfortune **that I was run over by a car**. (동격의 명사절)

He made **a promise not to do it again**. (동격관계)

= He made a promise **that he would not do it again**. (동격의 명사절)

④ to부정사의 단순 수식을 받는 경우

수식을 받는 명사가 [시간, 방법, 이유]를 나타내는 명사로 관계 부사(전치사+관계대명사)절이나,
[전치사+관계대명사+to 부정사]로 바꿀 수 있다.

Practice is the only way **to master** English. (단순수식)

= Practice is the only way **(in which) we can master English**. (=in which to master)

She has every reason **to love him**.

=She has every reason **why(=for which) she loves him**.

(2) 서술적 용법

① 불완전 자동사+to부정사

불완전 자동사 뒤에 to 부정사가 사용된 경우로, 주어가 to 부정사의 의미상의 주어이다.

> 주어 + **[appear, come, get, grow, happen, prove, seem, turn out]** + **to부정사**

The man **seems [appears]** (to be) rich.

= **It seems that** he is rich. (~인 것처럼 보이다)

I **happened to meet** her.

= **It happened to me that** I met her. (우연히 ~하다)

The woman **turned out [proved]** (to be) an actress. (~로 판명되다; 밝혀지다)

I **came [grew/got] to like** the city life. (~하게 되다)

Power Grammar ▶

Choose the best answer for the blank.

Stress not only worsens preexisting medical conditions, such as diabetes, but it may also suppress the body's ability ________________ off illness.

(a) fighting　　　　(b) to fight　　　　(c) that fights　　　　(d) of fighting

[Power Solution]

[해설] 문맥상 '질병과 싸워 이기는 능력'이 되어야 한다. 이 때 **ability**는 to 부정사로 수식하는 내용과 동격관계가 된다. 따라서 (b)의 to fight이 가장 적절하다.

[어휘] preexisting a. 기존의　　diabetes n. 당뇨병　　suppress v. 억제하다, 진압하다

[정답] (b) to fight

② be+to부정사

주어와 동격관계인 명사적 용법으로 쓰인 to 부정사와는 달리, **주어의 상태나 동작을 보충해주는** 형용사적 주격보어로 쓰인다. **문맥에 따라 예정, 의무 등의 의미를** 나타낸다.

The President **is to visit** Korea next Monday.

She **is to leave** tomorrow. (예정)

You **are to turn in** your paper on time. (의무)

Not a soul **was to be seen** there. (가능) – 지각동사의 수동부정사가 사용된다.

If you **are to become** rich, you must take a chance. (의도) – 주로 **if**절에 사용된다.

The young man **was to die** young. (운명) – 주절동사의 시제가 주로 과거

Grammar Focus 3   부사적 용법

to 부정사가 부사처럼 동사, 형용사, 부사, 문장 전체를 수식하는 경우로 [목적, 원인, 정도, 결과, 조건, 양보] 등을 나타낸다.

(1) 목적: [~하기 위해 ; ~하지 않기 위해]

어떤 행동의 이유나 목적을 설명해주는 to부정사로, 주절의 동사를 수식한다.

He left early **to catch** the train.

= He left early **in order[so as] to catch** the train.

= He left early **(so=in order) that** he **could[might] catch** the train.

He left early **not to miss** the train.

= He left early **in order[so as] not to miss** the train.

= He left early **(so=in order) that** he **would[might] not miss** the train.

= He left early **lest[for fear] that** he **should** miss the train.

(2) 원인/이유: [~해서 ~기쁘다; 슬프다; 놀라다/ ~하고서 울다; 기뻐하다; 웃다]

감정을 나타내는 형용사나 동사다음에 쓰인 경우로, 감정의 원인을 밝혀준다.

> 감정 형용사 : **glad happy sad sorry surprised excited disappointed ashamed upset**
> 감정 동사 : **laugh regret weep rejoice smile cry**

I could not but **cry to hear** the news of his death.

We were very **glad to see** him alive.

(3) 결과: [~하여~했다; ~했으나 ~했을 뿐이다; ~하였으나 결국 ~하고 말았다]

to부정사가 무의지 자동사(awake, grow up, live, etc)뒤에 오는 경우나, to부정사 앞에 only나 never가 있는 경우에 to부정사는 주절동사의 결과를 설명한다.

He **awoke to find** his car stolen.

= He awoke and found **that his car was stolen.**

He **grew up to be** a famous golf player.

She **lived to see** her great-grandchildren.

He hurried to the station, **only to find** he had missed the train.

(4) 조건: [만약 ~한다면]

You **will** get healthier **to quit** smoking

= You will get healthier **if you stop smoking.**

To hear him speak English, you **would take** him for a native speaker.

(5) 이유, 판단의 근거: [~하다니, ~하는 것을 보니]

주로 감탄문이나, 추측의 조동사 (can't be/ much be) 다음에 쓰이는 to 부정사이다.

He **must be** very smart **to solve** such a difficult quiz in just a minute. (추측의 조동사)

How smart of you **to come up with** such a good idea! (감탄문)

Power Grammar

Choose the best answer for the blank.

Profiling is a method which law enforcement agencies have long used ________________
terrorists and serial killers.

(a) to be identified   (b) identifying   (c) to identify   (d) that identified

[Power Solution]

[해설] 문맥상 '테러리스트들과 연쇄살인 범인을 찾기 위해'라는 목적의미의 구문이 적절하다. 따라서 'to identify'가 정답이다. 수동태는 될 수 없으므로 (a) to be identified는 부적절하며, (d) that identified는 that이 꾸미는 명사(구, 절)가 없으므로 정답이 될 수 없다. (b)의 identifying은 목적의 의미라기 보다 '방법'의 의미로 해석 되므로 적절하지 않다.

[어휘] law enforcement agency 법 집행기관   serial killer 연쇄살인범   identify v. 확인하다, 찾다

[정답] (c) to identify

(6) 정도: [~하기에, ~할 만큼]

주로 난이형용사 (difficult, easy)나 부사(enough, too)를 뒤에서 수식하는 to부정사이다.

① [난이 형용사+to부정사]: ~하기에 ~하다; ~할 만큼 ~하다

to부정사의 목적어가 문장의 주어인 경우로, to부정사의 목적어를 쓰면 틀린 문장이다.

Chinese is difficult **to write**. (부사적) = **It** is difficult **to write** Chinese. (명사: ~를 쓰는 것)

She is easy **to please**. (부사적) = **It** is easy **to please** her. (명사: ~를 기쁘게 하는 것)

Chinese is difficult to write **it**. (x)

She is easy to please **her**. (x)

② [too+형용사/부사+to부정사]: ~하기에 너무 ~하다: 너무 ~해서 ~할 수 없다

to 부정사가 앞에 나온 부사 too를 수식하는 경우로, 부정의 의미가 담긴 구문이다.

She is **too** young **to get** married. = She is **so** young **that** she **can't get** married.

This bag is **too** heavy **to carry**. = This bag is **so** heavy **that** we **can't** carry **it**.

This bag is **too** heavy for me **to** carry. = The box is **so** heavy **that** I **can't** carry **it**.

This bag is **too** heavy to carry **it**. (x)   This box is **so** heavy **that** I can't carry. (x)

③ [not too+형용사/부사+to부정사]: ~할 수 없을 정도로 ~하지는 않다

[~하기에 너무 ~하지는 않다]로 직역하거나 또는 [~할 만큼 충분히 ~하다]로 의역한다.

She is **not too** young **to get** married. (결혼을 할 수 없을 정도로 너무 어리진 않다)

= She is **not so** young **that** she **can't** get married. = She is <u>old</u> **enough to get** married.

④ [too+형용사/부사+not to부정사]: 매우 ~해서 ~할 수 있다

[~할 수 없기에는 너무 ~하다]로 직역하거나, [매우 ~해서 ~할 수 있다]로 의역한다.

He is **too** strong **not to carry** it. = He is **so** strong **that** he **can understand** it.

c.f.〉 I'm only **too glad** to hear it. = I'm **very glad** to hear it. (감정의 원인)

`주의` [~하기 쉽다; ~하는 경향이 있다]는 뜻의 [be+ ready, apt, eager, inclined, likely, prone+to부정사]등의 [be+형용사+to부정사] 구문에서 형용사 앞에 붙은 too는 [너무 ~해서 ~할 수 없다] 부정의 의미가 아니라, **very**의 의미이다.

She **is too apt/ready to believe** what others say. (너무 쉽게 믿어 버리다)

⑤ [형용사/부사+enough to부정사]: ~하기에 충분히 ~하다; ~할만큼 충분히 ~하다

She is old **enough to get** married. = She is **so** old **that** she **can get** married.

This bag is light **enough to carry**. =This bag so light **that** we **can carry** it.

(7) 독립부정사

to부정사가 문장 전체를 수식하는 부사의 역할을 하는 경우를 독립부정사라고 한다.

<table>
<tr><td>

to make matters worse 설상가상

to be frank with you to be sure 확실히

strange to say 이상한 이야기지만

to make[cut] a long story short 요약하면

that is to say 다시 말해

not to mention ~은 말할 것도 없이

needless to say 두 말할 필요 없이

</td><td>

to tell (you) the truth 솔직히 말해서

to begin[start] with 우선, 먼저

to conclude 결론적으로

so to speak 소위, 말하자면

not to mention ~은 말할 것도 없이

to say nothing of ~은 말할 것도 없이

</td></tr>
</table>

To make matters worse, he lost his job.

To be frank with you, I can't speak French.

To tell (you) the truth, it's the worst movie I've ever seen.

Power Grammar

Choose the best answer for the blank.

___________________, I think the government should pay women for having babies.

(a) Strange to say　　(b) Strangely to say　　(c) Strangely saying　　(d) To say strangely

[Power Solution]

[해설] 문장 전체를 수식하는 부사역할을 하는 독립부정사가 빈칸에 들어가야 하므로 (a) strange to say가 올바른 표현이다.

[정답] (a) Strange to say

(8) be+형용사+to부정사 관용어구

be likely to ~할 가능성이 있다	**be ready[prepared] to** ~할 준비가 되어있다
be sure[certain] to 확실히 ~하다	**be eager[anxious] to** ~하고 싶어 하다
be willing to 기꺼이 ~ 하다	**be reluctant to** ~을 꺼리다
be free to 자유로이 ~하다	**be quick to** 빠르게 ~ 하다
be hesitant to ~하기를 주저하다	**be careful to** ~하도록 주의하다
be afraid to ~하기가 걱정되다	**be fortunate[lucky] to** 운 좋게 ~하다
be determined to ~하기로 결심하다	**be proud to** ~하게 되어 자랑스러워하다

He **is sure to win** the championship.

He **was hesitant to tell** the truth.

Martin **was afraid to speak** in public.

We have to **be careful not to eat** too much.

Grammar Focus 4 | 부정사의 의미상의 주어

부정사 역시 동사의 성격을 가지므로 행위의 주체가 있기 마련인데, 이 행위의 주체를 의미상의 주어라 하고, 의미상의 주어는 명시하지 않는 경우와 명시하는 경우가 있다.

(1) 의미상의 주어를 명시하지 않는 경우

① 문장의 주어와 일치할 때

I want **to become** a graphic designer.

② 문장의 목적어와 일치할 때

The doctor advised **me not to eat** too much fast food. (부정사의 부정은 **to**앞에)

③ 일반인이거나 문맥상 명확할 경우

It's good for health **to keep** early hours. (일반인)

Her hobby is **to collect** stamps. (그녀)

(2) 의미상의 주어를 명시하는 경우

① [for+목적격+to부정사] 형태로 명시하는 경우

to 부정사의 의미상의 주어가 문장의 주어나 목적어와 일치하지 않을 경우

It is necessary **for you** to apologize to her for standing her up.

The baggage is too heavy **for him** to carry.

He turned off the TV **for his baby** to fall asleep.

② [of+목적격+to부정사] 형태로 명시하는 경우

to 부정사 앞에 사람의 성품, 인품, 특징 등에 대해 평가하고 판단하는 형용사가 올 경우

kind	considerate	wise	foolish	generous
careless	clever	honest	polite	thoughtful

It was very **kind of you** to say so.

= **You** were very **kind** to say so.

It was so **considerate of you** to make him soup when he was sick.

=**You** were so **considerate** to make him soup when he was sick.

Power Grammar

Choose the best answer for the blank.

A: Carol, your performance in the play was really incredible.

B: Thank you very much. How ____________________ to say so.

(a) kind to you   (b) kind for you   (c) kind of you   (d) for you kind

[Power Solution]

[해설] to부정사 앞에 사람의 성품에 대한 형용사가 올 경우 [of+목적격+to부정사]형태로 써야 한다. 따라서 (c)가 정답이다.

[해설] performance n. 활동, 연기

[정답] (c) kind of you

Grammar Focus 5 부정사의 시제

to부정사의 시제는 단독으로 나타낼 수 없으며, 주절동사의 시제에 의해 영향을 받는다. 완료부정사는 현재완료와는 전혀 별개 개념이므로, 혼동하지 않도록 한다.

(1) 단순부정사: [to+동사원형/ to+be+p.p.]: 주절 동사의 시제와 같거나 미래

① 주절 동사와 같은 시제를 나타내는 경우

주로 [**seem, appear, say, be said, think, be thought, believe**] 등의 주절동사 뒤에 오는 to부정사의 시제는 주절동사의 시제와 같다.

He **seems to be** a doctor.

= It **seems** that he **is** a doctor.

He **seemed to be** a doctor.

= It **seemed** that he **was** a doctor.

② 주절 동사보다 미래시제를 나타내는 경우

[기대, 확신, 의지, 소망, 계획]등 미래의 의미를 내포하고 있는 미래 동사나 be+형용사 다음에 쓰이는 to부정사는 주절 동사의 시제보다 한 시제 나중시제(미래시제)를 나타낸다.

hope	wish	intend	expect	promise	be likely
want	mean	plan	be sure	be certain	

I **hope to meet** my favorite star. = I **hope** that I **will meet** my favorite star.

I **hoped to meet** my favorite star. = I **hoped** that I **would meet** my favorite star.

I **expect** her **to accept** my proposal. = I **expect** that she **will accept** my proposal.

I **expected** her **to accept** my proposal = I **expected** that she **would accept** my proposal.

(2) 완료부정사: [to+have+p.p. / to+have+been+ p.p.]

주절 동사의 시제보다 한 시제 앞선 시제를 나타낸다.

He **seems to have been** a doctor.

= It **seems** that he **was [has been]** a doctor.

He **seemed to have been** a doctor.

= It **seemed** that he **had been** a doctor.

(3) [미래 동사 과거형+완료부정사] =[미래 동사 과거완료형+단순부정사]

과거에 이루지 못한 소망을 표현한다.

I **wanted to have seen** the movie. (보고 싶어 했었는데, 보지 못했다는 의미)

= I **had wanted to see** the movie.

= I **wanted to see** the movie, but I **couldn't**.

Grammar Focus 6 기타 부정사에서 주의할 사항

(1) 부정사의 수동태 : [to+be+p.p. / to+have+been+p.p.]

to부정사의 의미상의 주어와 to부정사의 주술관계가 수동이면, 수동부정사를 쓴다.

I want **to be left** alone. I don't want **to be approached and talked to**. (주어와 수동관계)

= I want people **to leave** me alone. I don't want people **to approach and talk to** me.

참고   일부 능동부정사는 수동의 의미를 나타낸다. 즉, **능동형이지만 수동의 의미를 갖는 부정사**가 있다는 뜻이다.

This apartment is **to let**. That one is **to sell**. (=to be let, to be sold)

He is **to blame** for the accident. (=to be blamed)

(2) to부정사 대용의 접속사 and

주로 구어에서 come, go, try등의 동사 다음에 나오는 to부정사의 to를 and 대신 쓴다.

Come **to see** me at 8:00 tonight.

= Come **and** see me at 8:00 tonight.

He took the machine to pieces **to try to (=and) find out** how it operate.

(3) 부정사의 부정은 부정사 앞: [not/never+to부정사]

He decided **not to apply** for the college.

Be careful **not to catch** the swine flu.

I make it a rule **not to eat** at night.

(4) 대부정사: to

대부정사란 to부정사구가 들어있는 문장의 반복을 피하기 위해서, to만을 쓰고 끝내는 표현법으로 구어체에 많이 쓰인다. 앞에 사용된 동사가 try나 like일 경우에는 to 마저도 생략가능하며, try, like로 끝내는 것이 더 보편적인 표현법이다.

You can stay here if you **want to**. (o)

You can stay here if you want **to do**. (x)

Would you like **to come to a party**? - I'd love **to**.

Grammar Focus 7　원형 부정사

원형부정사란 to가 붙지 않은 부정사를 의미한다. 조동사 뒤, 지각동사와 사역동사가 사용된 5형식 문장에서, 목적격 보어로 주로 사용된다.

(1) [지각동사/사역동사+목적어+원형부정사]

지각동사나 사역동사가 사용된 5형식문장에서 목적어와 목적격보어의 주술관계가 능동관계일 경우 목적격 보어 자리에는 동사원형을 쓴다. 지각동사의 경우 현재분사를 쓸 수도 있으며, 사역동사 bid, help의 경우 원형부정사 대신 to부정사를 쓸 수 있다.

see	**watch**	**look at**	**notice**
hear	**listen to**	**feel**	**smell**
make	**let**	**have**	**bid**
help			

I saw two people **run [running]** away after the robbery. (현재분사도 가능)

She let me **go** home early and I thanked her.

Could you have him **call** me back?

I had my father **die** last month. ('당하다'의 의미)

Could you help me **(to) carry** this bag? (미국영어에서는 원형부정사)

주의 지각, 사역동사라도 목적어와 목적보어의 관계가 수동관계이면, 과거분사를 쓴다.

I heard somebody **call** my name.

= I heard my name **called** by somebody.

I had him **carry** the baggage.

= I had the baggage **carried** by him. ('시키다'의 의미)

(2) 조동사의 관용적 표현

① cannot but+동사원형: ~하지 않을 수 없다(=cannot help+동명사= have no choice but+to부정사)

She **could not but cry** when she saw her mom.

② do nothing but [except]+동사원형: 오직 ~ 하기만 하다

He's **done nothing but watch** TV all morning.

③ may [might] as well +동사원형: ~하는 것이 낫다

You **may [might] as well eat** less fast food.

= You **had better eat** less fast food.

④ may well+ 동사원형: ~하는 것은 당연하다

He **may well be** surprised at the news.

⑤ would rather+동사원형+(than+동사원형): ~하느니 차라리 ~하는 게 낫다

I **would rather walk** than **take** a bus.

⑥ do로 끝나는 명사절 주어의 보어자리

All you have to **do** is **(to) go** home and take enough rest.

Power Grammar

Choose the best answer for the blank.

A: What do you say to going to the movies after work?

B: I'd ________________, but I have a prior engagement tonight.

(a) love to do   (b) love it   (c) love so   (d) love to

[Power Solution]

[해설] '정말 가고 싶지만 약속이 있다'는 내용이 되어야 한다. 문장의 반복을 피하기 위해 'I'd love to go to the movies'를 'I'd love to'로 쓸 수 있다. 따라서 정답은 (d) love to이다.

[어휘] prior engagement 선약

[정답] (d) love to

A. Choose the best answer for the blank.

1. It's thoughtless **(for her / of her / to her)** to say such things in public.

2. It wasn't necessary **(for / of)** him to pay for breaking the window.

3. He advised me **(to not spend / not to spend)** much money.

4. **(That / It)** is not easy to learn English.

5. **(Seeing / To see)** his parents off, he went to the airport just ago.

6. He had the young man **(paint / to paint)** the house.

7. President Roh is **(to visit / to have visited)** London next week.

8. My assignment is really hard. I am **(about throwing / about to throw)** in the towel.

9. You can stay here if you want **(to / to do)**.

10. If you **(are to pass / will pass)** the examination, you must study hard.

11. I am sorry **(to have kept / to keep)** you waiting so long.

12. I found **(impossible / it impossible)** to explain what I meant.

13. He is thought **(to leave / to have left)** home a few days ago.

14. I got there **(only / never)** to be told that it was too late.

B. Identify the option that contains an awkward expression or an error in grammar. Then correct the ungrammatical part in the sentence.

1. The stone was too heavy for any of them to lift it.

2. Bill was difficult to please Jane.

3. The secretary seems to go home a few minutes ago.

4. He had the kindness of showing me the way.

5. I had hoped to have met you.

6. She herself is to be blamed for the breakup of their marriage.

7. This river is dangerous to swim.

8. He is the last man telling a lie.

9. I don't think you are necessary to take his advice.

10. He does nothing but to complain about his work.

Part I   Choose the best answer for the blank.

1   A: Don't worry about the damage you did to my car.

B: Thanks. How nice _________________ to say so.

(a) to have   (b) to hear   (c) for you   (d) of you

2   A: I can't believe the exam is just around the corner.

B: I know. The time just seems to _________________.

(a) disappear   (b) have been disappeared

(c) being disappeared   (d) have disappeared

3   A: Please, be quiet! The baby is sleeping. _________________ her to sleep.

B: Oh, sorry, I'll just keep silent.

(a) I took about two hours to get in   (b) To get in took two hours for me

(c) It took me about two hours to get   (d) I was taken about two hours to get

4   A: Can I take a look around the store?

B: Sure. Go _________________.

(a) wherever   (b) wherever you're wanted

(c) wherever you want to   (d) wherever you want to do

Part II   Choose the best answer for the blank.

5   I read the newspaper every morning _________________ fall behind the times.

(a) not in order to   (b) in order not to   (c) in order to not   (d) in no order to

6   The language barrier made it difficult _________________ what the inspector was ordering the restaurant to do.

(a) understanding   (b) to understand   (c) understand   (d) understands

7   A system developed by a Belgium company _________________ in the World Cup stadiums in Polokwane and Nelspruit in the next few weeks.

(a) is be installed   (b) is to be installed   (c) is to install   (d) is been installed

8   Last night, I arrived at the hotel at the appointed time _________________ find an empty lobby.

(a) as to   (b) only to   (c) just as   (d) enough to

Part I Choose the best answer for the blank.

1 A: Can you guys please stop running in the classroom?

B: Sarah, you should ______________ it get you upset so much.

(a) not try to let (b) try not to let (c) not try let (d) try to let not

2 A: Excuse me, I'm here ______________ Mr. Brown.

B: You must be Martin's mother. I'm Larry Brown, Martin's homeroom teacher.

(a) meet (b) met (c) meeting (d) to meet

3 A: Which computer would you like to buy?

B: That's a tough question. I can't decide ______________ .

(a) buy to which (b) which to buy (c) to but which (d) to which buy

4 A: What are you going to do now?

B: I'll do anything but ______________ to him in order to make it up with him.

(a) to say sorry (b) saying sorry (c) say sorry (d) for saying sorry

5 A: What do you say to ordering something ______________ then?

B: No, let's eat out at a fancy restaurant.

(a) to eat (b) eating (c) for eating (d) to be eaten

Part II Choose the best answer for the blank.

6 The project helped ______________ jobs and relevant technologies and contributed to the general economic well-beings.

(a) generate (b) generators (c) for generating (d) it generates

7 It is time for the Stockton City Council ______________ is necessary to bring the city budget under control.

(a) to do whatever (b) whatever to do (c) to do whichever (d) whichever to do

8 Jean Pierre Blanchard (1753-1809) a Frenchman was probably the first person ______________ a parachute for an emergency.

(a) use (b) using (c) to use (d) have used

9   We would like _________________ a full-time coach for both tennis teams and for rifle, but we were not in the position to make those investments.

(a) having   (b) to be having   (c) to have had   (d) having had

10 Wrinkles tend to make you look older and they are not easy _________________.

(a) to have gotten rid of   (b) to get rid of

(c) getting rid of   (d) get rid of

Part III   **Identify the option that contains an awkward expression or an error in grammar.**

11 (a) A: Good afternoon, are you ready ordering?

(b) B: I' like a bowl of cream soup, please.

(c) A: Is that all? Is there anything else you need?

(d) B: Let me see, I'll have a cup of coffee.

12 (a) A: I heard it's hard catch taxies in New York.

(b) B: Oh, it's not that hard to flag one down on the street.

(c) A: It shouldn't be a problem, then.

(d) B: No, not at all.

13 (a) A: What would you like to eat for breakfast?

(b) B: What about roasted bacon and sandwiches?

(c) A: That's too much for breakfast.

(d) B: But we have a long way going today.

Part IV **Identify the option that contains an awkward expression or an error in grammar.**

14 (a) Love is the essence of life, but we find difficult to find true love. (b) There are many single men and women out there, looking for the right match. (c) Many divorced and separated have no faith in love, but do not despair. (d) Open your heart and break out of the impenetrable fortress that you have built around yourself.

15 (a) People assume that the stimulus will solve our country's economic problems. (b) History doesn't prove that the stimulus will turn the economy around. (c) The popular president of the day invested in the same types of stimulus work and infrastructure that our current president has provided. (d) But The Great Depression is generally believed to last 11-13 years.

Joseph's Tip!

◈ to부정사의 의미상의 주어

▶ [of+목적격]을 쓰는 형용사는 of 다음의 목적격(사람)이 문장의 주어가 될 수 있지만 의미상의 주어를 [for+목적격]을 쓰는 형용사는 for 다음의 목적격이 문장의 주어가 될 수 없음에 유의해야 한다. 하지만, to부정사의 목적어는 문장의 주어가 될 수 있다.

It is very difficult **for him** to please her. (o)
He is very difficult to please her. (x)
She is very difficult for him to please her. (o)

Unit 07

동명사

동명사는 [동사원형+-ing]의 형태를 가진 동사에서 파생된 명사이므로, 주어, 목적어, 보어의 역할을 할 수 있다. to부정사와 마찬가지로 동사적 성격이 함께 있기 때문에, 목적어나 보어를 취할 수 있으며, 형용사 보다 부사의 수식을 받는다. 또한 완료형과 수동형으로 쓰일 수 있다.

Grammar Focus 1 · 동명사의 형태와 준동사적 특징

(1) 동명사의 형태

단순형	완료형	수동형	완료수동형
동사원형+-ing	having+p.p.	being+p.p.	having+been+p.p.
studying	having studied	being studied	having been studied

Dancing is my favorite hobby.

He is proud of **having won** the gold medal.

I don't like **being helped** by others.

I remember **having been laughed** at by her.

(2) 동명사의 준동사적 특징

① 목적어나 보어를 취할 수 있다.

Speaking **Chinese** is very difficult. (일반 명사 목적어)

I blame him for thinking **that he is better than other men**. (명사절이 목적어)

Being **awake** after midnight is very hard for me. (형용사 보어)

② 부사(구/절)의 수식을 받는다.

Getting up early is good for the health.

Traveling by car is interesting.

There are laws against **driving while you are under the influence of liquor**.

③ 수동형과 완료형이 따로 있다.

I don't like **being told** what to do. (주어가 동명사의 주체가 아니라 대상일 경우)

I don't remember **having met** her. (주절동사 보다 하나 앞선 시제를 나타낼 경우)

Grammar Focus 2 · 동명사의 용법

동명사는 동사에서 파생된 명사이므로, 문장 내에서 주어, 목적어, 보어의 역할을 수행하는 명사적 용법과, 명사 앞에서 명사를 한정하는 형용사적 용법이 있다.

(1) 동명사의 명사적 용법

① 주어로 쓰이는 동명사

Smoking is not allowed.

Watching too much TV can make children aggressive.

It is no use **crying** over spilt milk.

It was nice **meeting** you. (진주어/가주어 구문)

② 보어로 쓰이는 동명사

My job is **teaching** English.

The purpose of life is not **making** money.

c.f.〉 She is **teaching** English. (현재분사)

③ 타동사의 목적어로 쓰이는 동명사

I finished **doing** my homework.

I very much enjoy **playing** video games.

I found **cooking** relaxing.

④ 전치사의 목적어로 쓰이는 동명사

Thank you for **inviting** me.

Don't be afraid of **making** mistakes.

Power Grammar

Choose the best answer for the blank.

A: Hey, John. What about ________________ a drink tonight?

B: I'd like to, but I have a previous appointment.

(a) have (b) having (c) to have (d) to having

[Power Solution]

[해설] 문맥상 '~하는 게 어때'라는 의미의 'what about ~ing' 구문을 묻는 문제이다. about은 전치사로서 (동)명사를 목적어로 수반해야 하기 때문에 (b) having이 올바른 표현이다.

[어휘] appointment n. 약속

[정답] (b) having

(2) 동명사의 형용사적 용법

동명사는 형용사처럼 명사의 앞에서 명사를 수식하거나 한정하는 역할을 하기도 한다.

주로 [동명사+명사] 구조를 가지며 수식하는 명사의 목적이나 용도를 나타내는 경우가 많다.

a **sleeping** bag 침낭; 수면용 가방 = a bag used **for sleeping**

a **waiting** room 대기실	a **dancing** room 무용실	**drinking** water 식수
a **parking** lot 주차장	a **frying** pan 프라이팬	**sleeping** pills 수면제
a **swimming** suit 수영복	a **wedding** ring 결혼반지	a **sewing** machine 재봉틀

Grammar Focus 3　동명사의 의미상의 주어

의미상의 주어란 동명사 행위의 주체를 의미한다. 동명사의 의미상의 주어가 별도로 명시되지 않은 경우에 의미상의 주어는 문장의 주어나 목적어와 일치한다. 그러나 일치하지 않을 경우에는 동명사 앞에 소유격을 붙여서 나타낸다.

(1) 의미상의 주어를 쓰지 않는 경우

① 문장의 주어나 목적어와 일치할 때

I'm afraid of **missing** the train. (**=I'm afraid that I will miss the train.**)

He insisted on **going** there.

Would **you** mind **opening** the window?

Thank **you** for **helping** me out.

Mom scolded **me** for **watching** TV all day.

The heavy rain kept **us** from **going** on a field trip. (목적어와 일치)

Playing video games can cause **children** to be more aggressive. (목적어와 일치)

② 일반인일 경우

Walking more than five minutes is good for health.

Keeping friends is more difficult than **making** friends.

③ 문맥상 명확한 경우

His death was due to **being** careless while driving.

(2) 의미상의 주어를 따로 쓰는 경우

① 인칭대명사, 사람, 생물일 경우: 소유격이 원칙이나 미국 구어에서는 목적격도 가능

I am sure of **his [him]** succeeding.

Would you mind **my [me]** smoking here?

He is sure of **his son [his son's]** getting accepted to the college.

I don't like **my daughter [my daughter's]** hanging out with him.

c.f.〉His being American is true. (o) (**not him being**: 주어로 쓰인 동명사는 소유격만)

② 무생물, 추상명사, 부정대명사, 지시대명사, 명사구일 경우: 목적격

There is no possibility of **the information** being true. (무생물 지시대명사)

There is no need for **all [both]** going there. (부정대명사)

I don't like **people from other countries** living in my neighborhood. (명사구)

> ### Power Grammar
>
> **Choose the best answer for the blank.**
> A: Do you mind _________________ here?
> B: I'm afraid I do. I'm expecting someone.
> (a) sitting   (b) me to sit   (c) my sitting   (d) you sitting
>
> **[Power Solution]**
> [해설] mind는 동명사를 목적어로 취하는 동사이며, 의미상의 주어로 소유격 또는 목적격을 사용한다. 문맥상 '내가 앉아도 되는지'를 묻는 것이므로 my sitting이 올바른 표현이다.
> [어휘] afraid a. 두려워하는   expect v. 기대하다, 예상하다
> [정답] (c) my sitting

 동명사의 시제

동명사의 시제 역시 to부정사와 마찬가지로 단순동명사와 완료동명사가 있는데, 부정사와는 다르게 동명사에서는 본동사의 성격에 따라 단순동명사가 본동사보다 하나 앞선 시제를 나타내는 경우도 있다.

(1) 단순동명사: [동사원형+-ing]

① 본동사와 같은 시제

She **is** proud of **being** rich. = She **is** proud that she **is** rich.

She **was** proud of **being** rich. = She **was** proud that she **was** rich.

She **is** ashamed of **being** poor. = She **is** ashamed that she **is** poor.

She **was** ashamed of **being** poor. = She **was** ashamed that she **was** poor.

② 본동사의 시제보다 나중시제

본동사가 [희망, 기대, 확신, 가능성]등의 미래의 뜻을 내포하고 있는 동사 또는 명사일 경우에, 동명사는 본동사보다 나중 시제를 나타낼 수도 있다.

> 동사: **be sure [certain] of   be convinced of**
> 명사: **doubt   hope   likelihood   possibility   probability**

I **am sure [certain] of** his succeeding.

= I **am sure [certain]** that he **will succeed**.

There is no **possibility [likelihood, doubt, hope] of** his being elected President.

= There is no **possibility [likelihood, doubt, hope]** that he **will be elected** President.

③ 본동사의 시제보다 하나 앞선 시제

주절의 본동사의 성격상 또는 문맥으로 보아 완료형을 쓰지 않아도 시간의 전후 관계가 분명할 때에는 단순동명사일지라도 본동사의 시제보다 한 시제 앞선 시제를 나타낼 수도 있다. 다음의 동사들은 **완료동명사와 단순동명사의 의미가** 같다.

remember	forget	regret	admit	deny
blame	punish	scold	accuse	be sorry for

I **remember meeting [=having met]** her before.

= I **remember** that I **met** her.

He **denied stealing [=having stolen]** the money.

= He **denied** he **had stolen** the money.

Mom **scolded** me for not **doing [having done]** my homework.

= Mom **scolded** me because I **hadn't done** my homework.

I **regretted saying [=having said]** so.

= I **regretted** I **had said** so.

I **am sorry for failing [=having failed]** to pay my dept.

= I **am sorry** that I **failed** to pay my dept.

(2) 완료동명사: [having + p.p.]

일부 동사들은 의미차이가 있으므로 단순동명사와 완료동명사를 구분해서 사용해야 한다.

He **is proud of having been born in Korea**.

= He **is proud** that he **was born** in Korea.

I appreciate **having had** the opportunity to talk with you. (본동사보다 하나 앞선 시제)

I appreciate **having** the opportunity to talk with you. (본동사와 같거나 나중시제)

She mentioned **having gone** to the store. (본동사 보다 무조건 하나 앞선 시제)

She mentioned **going** to the store. (문맥에 따라 앞선 시제일 수도 나중 시제일 수도 있다.)

Power Grammar

Choose the best answer for the blank.

I have enjoyed my tenure here and I appreciate _____________ the opportunity to work with you all.

(a) having had　　　(b) having　　　(c) to have had　　　(d) to have

[Power Solution]

[해설] 동명사의 시제에 관한 문제이다. 문맥상 현재시점 기준으로 과거로부터 현재까지 '다른 사람들과 함께 근무해 왔다'는
의미이므로 본동사보다 한 시제 앞선 완료시제가 적절하다. 따라서 정답은 (a)이다.

[어휘] tenure n. 재임기간, 재임　　appreciate v. 평가하다, 고마워하다　　opportunity n. 기회

[정답] (a) having had

Grammar Focus 5　　동명사의 부정과 수동태

(1) 동명사의 부정: [not/never+ 동명사]

She was very angry about **not/never being** invited to the party.

He blamed me for **not doing** my job.

Forgive me for **not returning** your call.

I sincerely regret **not having** been able to come to your birthday party.

(2) 동명사의 수동태: [being+p.p. / having been+p.p.]

I don't like **being approached** by strangers.

Loving somebody is a better feeling than **being loved**.

I appreciate **having been invited** to your birthday party last Sunday.

She resents **having been being made** fun of by his boy friend.

(3) 수동동명사를 쓰지 않는 경우

동명사와 동명사의 의미상의 주어인 문장전체의 주어의 관계가 수동관계일때 수동 동명사를 써야 할 것 같지만, 반드시 능동동명사를 써야 하는 경우가 있다. **[필요, 요구]의 의미를 가진 타동사들이 목적어로 동명사를 취하는 경우가 바로 그런 경우이다. 주로 주어가 무생물인 경우에 능동동명사를 취한다고 볼 수 있는데, 항상 그렇지 않**기 때문에 주의해야 한다.

> **[need   want   require   want   be worth] + 능동동명사**

① **목적어로 to부정사만을 취하는 경우**

문장의 주어가 목적어로 쓰인 준동사의 행위의 주체일 경우, 둘의 관계가 능동일 경우이다.

I need [want] **to paint** this room. (o) (문장의 주어 I는 do의 주체; 능동관계)

I need [want] **painting** this room. (x) (능동관계이므로 동명사를 쓸 수 없음)

She needs **to take care of** her mom. (o) (주어 She는 take care of의 주체)

She needs **taking care of** her mom. (x) (능동관계이므로 동명사를 쓸 수 없음)

② **목적어로 to 부정사와 동명사를 모두 취할 수 있는 경우**

문장의 주어가 목적어로 쓰인 준동사의 행위의 대상일 경우, 둘의 관계가 수동일 경우이다. 동명사를 쓸 경우는 비록 수동의 의미지만 반드시 능동동명사를 써야 한다.

This room wants **painting**. (o) (주어 room은 paint의 대상)

This room wants **being painted**. (x)

This room wants **to be painted**. (o)

Her mom needs **taking care of**. (o) (주어 Her mom은 take care of의 대상; 수동관계)

Her mom needs **being taken care of**. (x)

Her mom requires **to be taken care of**. (o)

My car requires **repairing**. (o) (주어 car는 repair의 주체)

My car requires **being repaired**. (x)

My car requires **to be repaired**. (o)

The boy deserves **punishing**. (o) (boy는 punish의 대상; 즉 처벌받는 것)

The boy deserves **being punished**. (x)

The boy deserves **to be punished**. (o)

This movie is worth **watching** twice. (o) (주어 movie는 watch의 대상; 수동관계)

= This movie is worthy of **watching** twice.

= It is worth while **to watch** this movie twice.

This movie is worth **being watched** twice. (x)

Power Grammar

Choose the best answer for the blank.

A: Alan, I really don't know how I can complete all my assignments.

B: Try making a list of all the work that needs ______________.

(a) to do   (b) doing   (c) being done   (d) done

[Power Solution]

[해설] 필요의 의미를 가진 동사에는 비록 의미상으로는 수동이라 하더라도 능동동명사를 사용해야 한다. 따라서 doing이 정답이다.

[어휘] complete v. 완료하다, 끝마치다   assignment n. 임무, 과제

[정답] (b) doing

Grammar Focus 6   동명사 구문을 이용한 문장전환

(1) [주어+동사+that 명사절] ⇨ [주어+동사+(전치사)+동명사]

① [동사+that절] ⇨ [동사+on+동명사]

> **[insist   decide] + on + 동명사**

He **insisted that** I **(should) see** a doctor.

= He **insisted on my seeing** a doctor.

He **decided that he would propose** to her.

= He **decided on proposing** to her.

② [동사+that절] ⇨ [동사+동명사]

> **[remember   forget   regret   suggest   deny   admit] + 동명사**

I **remembered** that I had met her.

= I remembered **meeting [=having met]** her.

He **suggested** that I (should) lose weight.

= He **suggested losing** weight (to me).

③ [동사+that절] ⇨ [동사+of/about+동명사]

> **[complain   dream   hear   think   hear   think   know] + of + 동명사**

The teachers **complained** that they **had** too many students.

= The teachers **complained of/about having** too many students.

I **dreamed** that my son **would become** a movie star.

=I **dreamed of my son's [my son] becoming** a movie star.

④ [동사+목적어+because절] ⇨ [동사+목적어+for+동명사]

> **[thank blame scold punish apologize to]+ 목적어 + for + 동명사**

Mom **scolded** me because I **had neglected** my studies.

= Mom **scolded me for neglecting [=having neglected]** my studies.

⑤ [be+형용사+that절] ⇨ [be +형용사+of+동명사]

> **be + ⌈sure certain convinced reminded informed**
> **warned afraid proud ashamed aware ignorant⌋ + of + 동명사**

I **am sure[certain, convinced] that** he **will win** the tournament.

= I **am sure[certain, convinced] of his winning** the tournament.

She **is proud** that her son **won** the first prize.

= She **is proud of** her son **[her son's] having** won the first prize.

I **was informed that** my wife **had been** injured in a car accident.

= I **was informed of** my wife's **[my wife] having been** injured in a car accident.

⑥ [be+형용사+that절] ⇨ [be +형용사+at+동명사]

> **be + [surprised pleased disappointed] + at/about + 동명사**

She **is surprised that** her husband **sold** his car.

= She **is surprised at** her husband **having sold** his car.

Choose the best answer for the blank.

A: My son is suffering from acne. What would you suggest he do?

B: I'd suggest _______________ his face twice a day with a mild soap and warm water.

(a) his washing   (b) him washing   (c) washing   (d) to wash

[Power Solution]

[해설] suggest는 동명사를 목적어로 수반하는 동사이다. 따라서 (c)가 정답이다.

[어휘] suffer from 겪다   suggest v. 권유하다, 권하다

[정답] (c) washing

A. Choose the best answer for the blank.

1. **(Speak / Speaking)** fluent English is not easy.

2. She resents **(blaming / being blamed)** for something she didn't do.

3. What are you talking about? I'm tired of **(hear / hearing)** your excuses.

4. Bobby deserves **(being praised / to be praised)** for his modesty.

5. She thanked me **(to help / for helping)** her work.

6. She is ashamed of **(having scolded / having been scolded)** by her teacher.

7. As many models as possible are worth **(comparing / being compared)** before deciding which one to buy.

8. The little dog needs **(looking / being looked)** after.

9. He insisted on **(not her / her not)** going there alone.

10. Are you sure of **(arrive / to arrive / arriving)** on time?

11. I am sorry **(to say / saying)** that he will fail again.

12. He was proud **(of being / to be)** a doctor.

13. Do you mind **(sitting / my sitting)** next to you?

14. He was proud **(of being / to be)** a doctor.

15. Strangers came into the **(waiting room / room to wait)**.

B. Identify the option that contains an awkward expression or an error in grammar. Then correct the ungrammatical part in the sentence.

1. There is a strong possibility of he breaking the promise.

2. Your watch needs repaired soon.

3. We insisted on rich and poor treating alike.

4. He is said having made a fortune in Brazil when young.

5. I'm sorry your not having told me the truth.

6. There is a strong possibility of her to help us.

7. Your coat wants to press before you go out.

8. The town is worth being visited.

9. Excuse me having made such a mistake.

10. He admits to have done it himself.

Practice Test

Part I **Choose the best answer for the blank.**

1 A: Winter vacation is coming up in a couple of weeks. Would you like to go skiing?

  B: I don't like ________________ so much, but I'd love to go.

  (a) to be skiing (b) skiing (c) to have skied (d) of skiing

2 A: I'm aware ____________ guilty.

  B: Are you sure about that?

  (a) of his being (b) of his (c) for him to be (d) he will be

3 A: Is that true you've found a lost cat?

  B: Yeah. She's still a baby. She ____________________ for a while.

  (a) needs to look after (b) needs look after

  (c) needs looking after (d) needs to be looking after

4 A: Do you know what DUI is?

  B: It means ____________ under the influence of alcohol or drugs.

  (a) drive (b) drove (c) driving (d) to drive

Part II **Choose the best answer for the blank.**

5 We're a little disappointed in you ________________ you are leaving soon.

  (a) who do not tell us (b) not to tell us (c) for not telling us (d) did not tell us

6 His works as the mayor included ________________ a public parking lot for the community.

  (a) building of (b) having it built (c) to build (d) building

7 The teacher couldn't put up with ____________________ late any more.

  (a) have his students (b) his students come

  (c) his student's being (d) his students' very

8 He is used to ________________ a famous broadcaster.

  (a) mistaking for (b) mistaking as

  (c) being mistaken for (d) being mistaken as

Part I Choose the best answer for the blank.

1 A: What do you think of Jason?

B: I don't like _________________ around with someone like him.

(a) hang   (b) hanging   (c) for hanging   (d) to be hanging

2 A: Look at your room. What did you do here? Don't you think it needs ______________?

B: Sorry, mom. I'll clean it up soon.

(a) cleaned   (b) being cleaned   (c) to clean   (d) cleaning

3 A: Do you need anything else?

B: If you don't mind I feel like ______________ to music.

(a) listen   (b) listening   (c) to listen   (d) for listening

4 A: How about going to a spa this weekend?

B: No, thanks. I prefer _________________ a shower at home.

(a) take   (b) to take   (c) to have taken   (d) having taken

Part II Choose the best answer for the blank.

5 Never mind about _________________ lend me the money.

(a) not being able to   (b) being not able to   (c) being able not to   (d) being able to not

6 The bike helmet prevented the kid from ____________________ in the crash.

(a) being knocked unconsciously   (b) being knocked unconscious

(c) knocking unconsciously   (d) knocking unconscious

7 Bus drivers have to do many things alone – from checking up the card reader to ___________

the passengers at every stop they want.

(a) drop off   (b) dropping off   (c) dropped off   (d) be dropped off

8 What the boy needed most at the moment was _______________ from his parents.

(a) encouraging   (b) encouragement   (c) being encouraged   (d) to be encouraged

9 Internet is the most essential to the ____________ of global village.

(a) shape   (b) shapes   (c) shaping   (d) shapings

Part III **Identify the option that contains an awkward expression or an error in grammar.**

10 (a) A: How do you like your new place?

(b) B: I like it, but the roof needs to fix.

(c) A: What's the matter with it?

(d) B: It leaks when it rains.

11 (a) A: Are you interested in share your room with me?

(b) B: Of course, I am. Actually I'm looking for a roommate.

(c) A: When can I move in?

(d) B: Anytime you want.

12 (a) A: Do you have any plan for the weekend?

(b) B: Nothing special.

(c) A: Then, would you like to come to my birthday party?

(d) B: Yes, I'd love to. Thanks for being invited.

Part IV **Identify the option that contains an awkward expression or an error in grammar.**

13 (a) For instance, a peripheral block for severe leg pain runs the risk of causing paralysis. (b) A patient may be in so much pain that he cannot move. (c) In that case, stopping that agony by deaden nerves may be a compassionate trade-off. (d) Neurolytic injections are a viable option when they offer a patient the best chance for dying without pain and without compromising quality of life.

14 (a) Many people feel helpless when they think about all of the problems in the world. (b) They can't see how any effort they make could possibly be enough to cause a real change. (c) This is a shame because help one person can really make a difference. (d) It may sound naive, or even corny, but if you do something nice for someone, he or she will do something nice for someone else, too.

◈ 현재 분사

▶ [현재분사+명사]형태 역시 똑같은 구조이지만, 현재분사는 수식받는 명사의 동작이나 상태의 진행이나 계속을
나타내며 [~하고 있는]으로 해석된다.
a **sleeping** baby (= a baby who is sleeping) 잠자고 있는 아기
a **dancing** girl (= a girl who is dancing) 춤추고 있는 소녀
a **smoking** man (= a man who is smoking) 담배 피고 있는 남자

Unit 08
부정사와 동명사의 구분

to부정사만을 목적어로 취하는 타동사 [want, hope, plan], 동명사만을 취하는 타동사 [enjoy, finish, mind] 또는 둘 다 취하지만, 의미가 달라지는 동사[remember, forget], 동명사의 관용표현 [be busy ~ing, spend+시간+~ing]등이 자주 출제되는 동사들이다.

(1) 주어의 의지나, 소망, 계획 등을 나타내는 미래지향적 의미의 동사

희망	**hope desire expect wish want need**
계획	**plan arrange prepare propose**
결심	**decide determine resolve**
요구, 간청	**ask beg demand implore petition**
약속	**promise swear vow**
거절	**decline refuse**
동의	**agree consent**

They **agreed to** get married.

Sora **asked [begged] to** come with me. (조르다; 간청하다)

You can **arrange to** have the money withdrawn automatically. (설정하다; 계획하다)

He **claimed to** be able to speak Spanish. (우기다; 주장하다)

She **consented to** get married to him. (승낙; 동의하다)

The students **demanded to** take a break.

My mom **demanded to** be told everything.

The employee **petitioned to** be restored to his former position. (탄원하다)

I didn't **expect to** fall in love with her.

I **hope to** see you soon.

She **needs to** stop smoking.

I'm **planning to** go to London this summer.

Can you **promise to** be here on time?

She **swore to** marry him.

I don't **want to** take any chances.

I **wish to** speak English fluently.

(2) 기타 to부정사만을 취하는 타동사

afford 여유 있다	**care** 좋아하다	**choose** 선택하다	**dare** 감히~하다
fail 실패하다	**fear** 두려워하다	**guarantee** 보장하다	**hesitate** 망설이다
learn 배우다	**manage** 성공하다	**pretend** ~인체하다	**mean** 의도하다
seek 추구하다	**struggle** 애쓰다	**tend** 경향이 있다	**threaten** 위협하다
volunteer 자원하다	**wait** 기다리다	**offer** 제의하다	**direct** 명령하다

I cannot **afford to** have a car.

Would you **care to** join us for lunch? (~하고 싶다)

The actress **deserves to** win the grand prize.

Lebron James **failed to** get his team to the conference final last year.

My boyfriend kindly **offered to** give me a ride home.

My boyfriend never **hesitates to** say, "I love you."

She always **pretends to** love him, but actually she doesn't.

She **threatened to** dump him unless he did as she asked.

She **volunteered to** help his boyfriend with his homework.

I **can't wait to** see her again. (몹시 기대되다; 정말 기다려지다)

She **managed to** get there on time.

I didn't **mean to** hurt her feelings.

I've been **struggling to** make up with her recently.

Power Grammar

Choose the best answer for the blank.

She decided _________________ most of her money to the underprivileged in her country.

(a) donating   (b) donate   (c) to donate   (d) to have donated

[Power Solution]

[해설] decide는 to 부정사만을 목적어로 수반할 수 있는 동사이다. 따라서 to donate가 정답이다.

[어휘] underprivileged a. (사회, 경제적으로)혜택을 못 받는

[정답] (c) to donate

Grammar Focus 2   동명사만을 목적어로 취하는 타동사

동명사만을 목적어로 취하는 타동사는 주로 현재나 과거의 일반적인 사실을 표현한다.

(1) 회피, 연기, 증오, 충고, 용서, 회상의 의미를 가진 동사

회피	**can't help avoid evade escape**
연기	**delay defer postpone put off**
증오	**mind abhor detest reject dislike resent resist**
포기	**quit give up abandon**
충고, 제안	**advise recommend suggest**
용서	**forgive excuse pardon tolerate**
완료	**finish complete**
회상	**recall recollect**

He **avoided answering** my question. / I **can't help smoking** when nervous.

I finally **completed writing** a paper. / She has just **finished doing** her homework.

She **resents being** treated like a child. / I **dislike driving** long distances.

Would you **mind opening** the window? / I don't **recall [recollect] meeting** him before.

I want to **postpone [put off] going** to the beauty shop.

I can't **resist smoking** even when ill.

The math teacher won't **tolerate cheating**.

She **advised [suggested, recommended] quitting** smoking.

(2) 동명사만을 목적어로 취하는 기타동사

admit 인정하다	**deny** 부인하다	**appreciate** 감사하다	**consider** 고려하다
discuss 논하다	**mention** 언급하다	**enjoy** 즐기다	**fancy** 상상하다
imagine 상상하다	**anticipate** 예상하다	**keep** 계속하다	**miss** 놓치다, 그리워하다
practice 연습하다	**quit** 멈추다	**risk** 모험하다	**understand** 이해하다

He **admitted stealing** the money. / He **denied committing** the crime.

I am **considering changing** my career. / I **appreciate** your[you] **saying** so.

They **discussed opening** a new lecture. / We **enjoyed watching** the film.

She **kept crying** for some reason. / I **anticipated meeting** someone handsome.

You should **practice speaking** the language. / I **miss being** with you.

She **mentioned dumping** her boyfriend. / I am willing to **risk losing** everything.

I don't **understand** his **leaving** school. / **Fancy meeting** you here!

Power Grammar

Choose the best answer for the blank.

I don't encourage ________________ children toy guns, but I wouldn't worry about a kid who has one or two of them.

(a) buying　　　　(b) to buy　　　　(c) parents buy　　　　(d) parents who buy

[Power Solution]

[해설] encourage는 3형식에서는 동명사를, 5형식에서는 to 부정사를 수반한다. 주어진 문제는 3형식이므로 buying이 적절하다.

[어휘] encourage v. 격려하다, 용기를 북돋우다

[정답] (a) buying

Grammar Focus 3 동명사와 to 부정사 모두 취할 수 있는 동사

(1) 의미상의 차이가 없는 동사들

동명사를 목적어로 취하면, 시제를 초월한 일반적인 상황을 나타내고, 부정사를 목적어로 취하면, 일시적이고, 구체적인 상황을 나타낸다.

love	like	prefer	hate	begin	start
cease	continue	neglect	attempt	intend	bear

I **like dancing.** (일반적 행위)

I **like to dance** now. (구체적, 일시적 행위)

He attempted **to run [=running]** a marathon.

I began **to watch [=watching]** the film.

She always neglects **to do [=doing]** her homework.

c.f.⟩ It's beginning **to rain**. (o)

It's beginning **raining**. (x) (진행형 다음에는 **to** 부정사)

(2) 의미상의 차이가 있는 동사들

동명사는 본동사의 시제보다 이전 상황(과거)을, to 부정사는 이후 상황(미래)을 의미한다.

remember forget regret try stop be sure be afraid

I **remember visiting** my uncle last week. (~했던 것을 기억하다)

I **remember to visit** my uncle next week. (**remember** 보다 **visit**은 나중의 일)

We have plenty of milk. I **forgot buying** some yesterday. (~했던 것을 잊어버리다)

I **forgot to buy** milk when I went to the store. (~해야 할 것을 잊어버리다)

I **regret** not **visiting** my grandmother at the hospital. (~했던 것을 후회하다)

I **regret to tell** you this, but you are fired. (~하게 되어 유감이다)

If he doesn't answer the phone, **try calling** this number. (~한번 해보다)

I **tried to** be patient as much as I could. (~하려고 애쓰다; 노력하다)

He suddenly **stopped talking** and cried. (~하던 것을 멈추다; 그만두다)

I **stopped to ask** for directions. (~하기 위해 멈추다)

They **went on to touch on** the issue of discrimination. (더 나아가 ~하다)

They **went on discussing** the problem of inequality. (계속해서 ~하다)

He **is sure to win** the match. (주어가 꼭~할 것이다; 화자의 확신)

= I am certain that he will win the game.

= It is certain that he will win the game.

He **is sure of winning** the match. (주어인 **he**의 확신: 주어가 ~을 확신하다)

= He is sure [certain] that he will win the match.

She **is afraid of losing** her job. (**not afraid to lose:** ~할까봐 두렵거나 걱정되다)

= She is afraid [worried] that she will lose her job. (주어의 의지와는 상관없는 일)

She **is afraid to go** out at night. (**not afraid of going:** ~하는 것을 두려워하다)

= She fears going out at night.

Choose the best answer for the blank.

Politicians and even press officials are afraid _______________ to reporters.

(a) of talking　　　　(b) talking　　　　(c) to talk　　　　(d) that they will talk

[Power Solution]

[해설] be afraid는 of ~ing와 to 부정사가 모두 가능하다. 주어의 의지와 상관있으면 to부정사를 써야 한다. 따라서 (c)가 정답이다.

[어휘] reporter n. 기자

[정답] (c) to talk

Grammar Focus 4   동명사의 관용적 표현 1

동명사는 부정사와는 달리 그 자체의 기능적인 부분도 출제되지만 관용표현의 출제률이 상당히 높으므로 모두 외워 두어야 한다. 자주 출제되므로 반드시 암기해야한다.

There is no+~ing ~하는 것은 불가능하다

can't help +~ing ~하지 않을 수 없다

feel like + ~ing ~하고 싶다

be busy + ~ing ~하느라 바쁘다

come near[close to] + ~ing ~할 뻔하다

succeed in +~ing ~하는 데 성공하다

lose no time + ~ing 지체 없이 ~하다

There is no point (in)+ ~ing ~할 이유가 없다

be on the point [verge, brink, edge, border] of + ~ing 막 ~하려고 하다

make a point of + ~ing ~하는 것을 규칙으로 하다 (=make it a rule to 부정사)

not [never] A without + ~ing A (동사) 하면 반드시 ~ 한다

It goes without saying that~ ~은 말할 것도 없다

spend[waste] + 시간/돈 + ~ing ~하면서 시간/돈을 소비하다

have difficulty [trouble, a hard time] + ~ing ~하는 데 어려움을 갖다

keep [stop, prevent]+ 목적어(사람) + from + ~ing ~를 ~하지 못하게 하다

with a view to +~ ing = for the purpose of+ ~ing ~할 목적으로, ~하기 위하여

It is no use+~ing ~해봐야 소용없다

on [upon] + ~ing ~하자마자

go+~ing ~하러 가다

be far from ~ing 결코 ~하지 않다

in + ~ing ~할 때에

of one's own ~ing 손수 ~한 명사

for the asking[seeking] 요청만 하면

There is no knowing what things will be like ten years from now.

It is no use [good] complaining. (=It is useless [of no use] to complain.)

I **couldn't help crying.** (= I couldn't (choose) but cry. = I had no choice but to cry.)

On hearing the news, she burst into tears. (As soon as she heard the news, ~)

I **feel like eating out** tonight. (=I feel inclined to eat out tonight.)

The movie **is worth watching** again. (=It is worth while to watch the movie again.)

I **was on the point [verge, brink, edge] of leaving** when the phone rang.

I **make a point of eating** every 3 hours. (= I'm in the habit of eating every 3 hours.)

They **never meet without quarreling**. (= They never meet but they quarrel.)

It goes without saying that we all miss you very much.

She **spends most of her time shopping**.

I **spend a lot of money on (buying)** books.

I **am busy completing** this month's sales report.

I used to **have trouble [difficulty, a hard time] getting** to sleep when I was in college.

I **have fun [pleasure] watching** dramas on TV on Sundays.

I **came near [close to] being** hit by a truck.

He **is far from (being)** handsome.

She **lost no time (in) rejecting** my proposal.

The director **succeeded in making** a good movie.

Some of our services are available **for the asking**. (=for free 무료로, 요구만 하면)

The pleasure is yours **for the seeking**. (= If only you look for it: 찾기만 하면)

Prolonged stress is believed to **keep [stop, prevent, hinder] us from focusing**.

Choose the best answer for the blank.

A: Did you have much trouble _______________ this place?

B: No, it was a piece of cake. I used to live around here.

(a) find　　　　　　　　(b) to find　　　　　　　　(c) finding　　　　　　　　(d) to finding

[Power Solution]

[해설] 'have trouble (in)~ing'는 '~하는데 어려움을 겪다'는 관용표현이다. 따라서 빈칸에는 동명사 finding이 적절하다.

[어휘] a piece of cake 쉬운 일

[정답] (c) finding

Grammar Focus 5　동명사의 관용적 표현 2 (전치사 to+~ing)

[to+동사원형]형태의 to부정사와 [to+명사/동명사]의 형태의 단순한 전치사 to를 구분하는 특별한 요령은 없으므로, [to+~ing] 표현들을 반드시 암기해야 한다.

(1) 동사+ to+(동)명사

fall to+~ing ~하기 시작하다	**take to+~ing** ~에 열중하다, 빠지다
contribute to+~ing ~에 기여하다	**stick [adhere] to+~ing** ~을 고수하다
object to+~ing ~에 반대하다	**resort to+~ing** ~에 의지하다
appeal to+~ing ~에 호소하다	**lead to+~ing** ~의 결과를 가져오다
look (forward) to+~ing ~를 고대하다	**consent to+~ing** ~에 동의하다
when it comes to+~ing ~에 관한 한	**What do you say to+~ing?** ~은 어때요?
dedicate [commit, devote] something to+~ing ~을 ~에 바치다, 헌신하다	

I am **looking forward to hearing** from you soon.

The professor's very rigorous **when it comes to grading**.

The welfare system **contributed to narrowing** the gap between the rich and the poor.

She **devoted** her life **to making** films for children. / I **dedicated myself to teaching**.

Mom didn't **consent to my joining** the circus. = Mom **objected to my joining** the circus.

They **fell to talking** about the presidential election.

(2) be+형용사+to+(동)명사

> **be equal to+~ing** ~할 능력이 있다 　　　　　　**be addicted to+~ing** ~에 중독되다
>
> **be opposed to+~ing (= object to+~ing)** ~하는 것에 반대하다
>
> **be devoted[dedicated, committed] to+ ~ing** ~하는데 헌신하다
>
> **be[get] used[accustomed] to+ ~ing** ~하는 데 익숙하다
>
> **be key[essential] to +~ing** ~에 중요하다
>
> **be weak[susceptible, vulnerable, prone] to+~ing** ~에 약하다, 영향을 받기 쉽다

She'**s not equal to (doing)** the task.

I'**m accustomed to living** in a traditional house.

She **is addicted to (drinking)** cocktails and **(smoking)** cigarettes.

I'**m not opposed to** Korean companies **sending** workers overseas.

Saving energy **is key to solving** the world's climate and energy crisis.

The fund **is devoted to helping** people in need at all stages of their lives.

People taking high levels of fat **is susceptible to** cancer and heart diseases.

(3) 명사+to+(동)명사

> **key to+~ing** ~의 열쇠, 해답 　　　　　　**answer[solution] to+~ing** 해답, 해결
>
> **access [approach] to+~ing** 접근(권한) 　　　**aversion [reluctance] to+~ing** 혐오, 거리낌
>
> **view to+~ing** ~할 목적 　　　　　　　　**objection to+~ing** 반대

I don't think incarceration is **the answer [key, solution] to solving** the drug problem.

He tried to save every penny **with a view to buying** a house. (=the view of buying)

I have an **aversion [objection] to eating** dogs. (혐오감; 반대)

Power Grammar

Choose the best answer for the blank.

A: What do you say to ________________ together tonight?

B: Sounds great. How about some Chinese food?

(a) eat out 　　　　　(b) eating out 　　　　　(c) have eaten out 　　　　(d) be eating out

[Power Solution]

[해설] 'What do you say to ~ing?'는 '~하는 게 어때?'라는 관용표현이다. 따라서 eating out이 정답이다.

[어휘] eat out 외식하다

[정답] (b) eating out

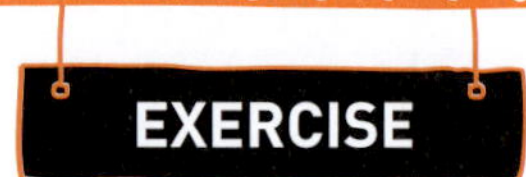

A. Choose the best answer for the blank.

1. Oh, no! I've forgotten **(to turn / turning / turned)** the light off.

2. I have to stop **(smoking / to smoke)** because when I climb a mountain, I have to stop **(catching / to catch)** my breath.

3. **(It is / There is)** no knowing what will happen in the future.

4. She pretended **(not hearing / not to hear)** what I said.

5. He denies **(to know / knowing)** anything about the plan.

6. I've agreed **(teaching / to teach)** Sarah to drive this weekend.

7. What do you say **(to take / to taking)** a walk?

8. She refused **(to take / taking)** money offered by the stranger.

9. The new regulations will lead to **(improve / improving)** our water supply.

10. She is busy **(to write / writing)** letters.

11. I don't feel like **(to work / working)** today.

12. At first I had difficulty **(telling / to tell)** one student from another.

13. We bought the house with a view to **(settle / settling)** down there after retirement.

14. I can't understand him **(to be / being)** late every day.

15. I prefer skiing to **(skate / skating)**.

B. Identify the option that contains an awkward expression or an error in grammar. Then correct the ungrammatical part in the sentence.

1. The special computer is used to making a very deliberate work.

2. I regret to lend a lot of money to my classmate reluctantly.

3. We regret informing you that you are not eligible for the position.

4. The employee is equal to do the work.

5. Her sister objected to take a walk with him.

6. They are opposed to change their decision.

7. When it comes to fix a toy, I know nothing.

8. The professor mentioned to have finished the project.

9. Please remember waking me up at five next morning.

10. We are looking forward to see you again.

Practice Test

Part I **Choose the best answer for the blank.**

1 A: Martha, what will you do this Saturday?

B: I'd love ________________ up on math. I've been absent from school for three days because of the flu.

(a) to catch   (b) to be caught   (c) being catched   (d) catching

2 A: I found some windows open all night. Don't let it happen again.

B: That sounds weird. I clearly remember ________________ all the doors and windows.

(a) lock   (b) locked   (c) locking   (d) to lock

3 A: How could he keep denying ________________ involved in the murder?

B: That's what I say. All the evidences are against him.

(a) being   (b) to be   (c) be   (d) to being

Part II **Choose the best answer for the blank.**

4 She has been studying English over 5 years, but she still has trouble ________________ it in English.

(a) to explain   (b) and explained   (c) explaining   (d) to be explained

5 It seems impossible for him ________________.

(a) to quit smoking   (b) quitting to smoke   (c) quit to smoke   (d) to quit to smoke

6 France refused ________________ more soldiers to Afghanistan.

(a) sending   (b) to send   (c) to be sent   (d) for sending

7 He didn't ________________ the girl he had kidnapped.

(a) admit killing   (b) admit of having killed

(c) deny having killed   (d) deny to have killed

8 According to the study, Federal workers spend $19 million a day ________________.

(a) driving to work   (b) to driving to work to work

(c) for drive to work   (d) drive to work

Part I   Choose the best answer for the blank.

1   A: Martin is still busy _______________ his final report.

B: He has to hurry because the deadline is around the corner.

(a) to complete   (b) completed   (c) completing   (d) complete

2   A: Did you find someone who can help you while you are at work?

B: Yeah, my mother offered _______________ my kids.

(a) to take care of   (b) took care of

(c) taking care of   (d) that she takes care of

3   A: Have you made up your mind yet?

B: Yes. I've decided _______________ on Space Design.

(a) studying   (b) to study   (c) having studied   (d) to have studied

4   A: Sarah, I'm considering _______________ the meeting tonight because there are too many things to take care of.

B: Never mind. I think I can manage it somehow.

(a) to not attend   (b) not to attend   (c) attending not   (d) not attending

5   A: Would you object _______________ the movie?

B: No, I don't mind.

(a) watch   (b) to watch   (c) watching   (d) to watching

Part II   Choose the best answer for the blank.

6   There is no point _______________ to place the blame.

(a) try   (b) in trying   (c) to try   (d) on trying

7   Anyone who sells or buys company secrets risks _______________.

(a) prosecuting   (b) to prosecute   (c) being prosecuted   (d) to be prosecuted

8   They don't allow _______________ in the zoo.

(a) feed the animals   (b) people who are feeding the animals

(c) to feed the animals   (d) feeding the animals

9 I regret _________________ you that Martha broke up with her boyfriend.

    (a) inform   (b) informing   (c) to inform   (d) not inform

10 Didn't I suggest _________________ the car at home? What are you going to do about this traffic jam?

    (a) to leave   (b) you to leave   (c) leaving   (d) you leaving

Part III   **Identify the option that contains an awkward expression or an error in grammar.**

11 (a) A: I'm afraid I won't be able to go hiking with you.

    (b) B: Why not?

    (c) A: My parents will visit my place tomorrow.

    (d) B: Take it easy! Let's plan on go hiking some other time.

12 (a) A: Joseph, do you have any videos worth to watch?

    (b) B: Have you seen the documentary "Tears Of The Amazon" on TV?

    (c) A: No, but I heard it recorded the highest viewer rating for a television documentary.

    (d) B: Yeah. I have its DVD. Let's watch together at my place.

13 (a) A: Ms. Parker, your presentation is so impressive.

    (b) B: Thank you. I'm so glad you are satisfied with it.

    (c) A: We'll let you know our decision in a couple of days.

    (d) B: Then, I'm looking forward to hear good news from you.

Part IV Identify the option that contains an awkward expression or an error in grammar.

14 (a) Don't hesitate calling your doctor's office with any questions or concerns you may have. (b) If you notice any new symptoms or problems, be sure to let your doctor know right away. (c) Even if you are feeling a lot better after a few days, make sure to follow through with the full course of treatment. (d) Don't make changes in your treatment or stop a recommended treatment without first talking with your doctor.

15 (a) Sometimes those who lose weight and revert back to their old eating habits ultimately find themselves heavier than ever. (b) Contrary to the commercials and ads we're bombarded with each day, there is no magic diet, and losing weight is not easy. (c) The only sure key to lose weight and keep it off is changing your lifestyle. (d) You must permanently change their eating habits and remain active.

Joseph's Tip!

◆ 주의해야 하는 동사

▶ advise와 recommend는 5형식을 취할 때 목적격 보어로 동명사가 아닌 to 부정사를 수반하는 것과
suggest는 5형식으로 쓸 수 없다는 것에 유의해야 한다.
I **advise** <u>you</u> **quitting** smoking. (x)
I **advise [recommend]** <u>you</u> **to quit** smoking. (o)
I **suggest** you **to go** to the dentist. (x) (suggest는 5형식으로 쓸 수 없다.)
I **suggest going** to the dentist. (o)
I **suggest** (that) **you go** to the dentist. (o)

▶ 3형식에서는 동명사를 목적어로 취하고 5형식에서는 to 부정사를 목적어로 취하는 동사

advise   recommend   encourage   allow   permit   forbid

They don't **allow [permit, encourage] taking** pictures of the exhibits.
They don't **allow [permit, encourage]** people[us] **to take** pictures of the exhibits.

◆ be afraid of 용법

▶ be afraid of ~ing와 be afraid to 부정사는 혼동하기 쉬운데, 주어가 의도적으로 하는 일에는 be afraid
of를 쓰지 않고, be afraid to부정사를 써야 한다.
Don't **be afraid of asking** questions. (x) (질문을 하는 것은 주어가 의도적으로 하는 일)
Don't **be afraid to ask** questions. (o) (질문하는 것을 두려워하다는 뜻으로 자연스러움)
Don't **be afraid of asking** for help. (x)
Don't **be afraid to ask** for help. (o)

Unit 09
분사

분사는 동사적 성격을 가진 준동사의 하나로 주로 형용사의 역할을 한다.

Grammar Focus 1 — 분사의 종류와 기능

(1) 분사의 종류

종류	현재 분사	과거분사
형태	동사원형+~ing	동사원형+-ed / 불규칙 동사의 p.p.
의미	능동, 진행	수동, 완료
해석	**shocking** news (타동사: 능동) = news that shocks people 사람들을 놀라게 하는 뉴스 a **sleeping** baby (자동사: 진행) = a baby that is sleeping 잠을 자고 있는 아기	a **broken** window (타동사: 수동) =a window which is broken 누군가에 의해 깨어진 창문 a **retired** officer (자동사 : 완료) = a officer who has retired 퇴역한; 퇴역해버린 장교

(2) 분사의 기능

본동사적 기능		형용사적 기능	
진행형	A baby is **sleeping** in the room.	명사수식	a **broken** window
수동태	The book was **written** by him.	주격보어	She came **running**.
완료형	He **has written** the book.	목적보어	She had her hair **dyed**.

Grammar Focus 2 — 분사의 한정적 용법

현재분사나 과거분사가 명사의 앞이나 뒤에서 명사를 수식, 한정하는 용법을 말한다.

(1) 분사+명사 (전치수식)

분사가 단독으로 수식하는 경우엔 형용사의 한정적 용법과 마찬가지로 명사 앞에 위치한다.

① 자동사의 현재분사+명사: [진행의 의미: ~하고 있는]

Look at the **sleeping** baby. = the baby who **is sleeping**

Who is that **running** boy ? = the boy **who is running**

② 타동사의 현재분사+명사: [능동의 의미: ~하게 만드는]

Who made this **surprising** report? = the report **which surprises people**

This is a **boring** lecture. = a lecture **which bores people**

③ 자동사의 과거분사+명사: [완료: ~한, 해버린]

동작의 완료를 나타낸다. 자동사는 수동태가 없으므로 수동이 의미가 아님에 유의한다.

My garden is filled with **fallen** leaves. = leaves **which have fallen** (현재완료)

He is a **returned** soldier. = the soldier **who has returned** (현재완료)

c.f.〉 a **returned** book: returned는 [반납하다]는 뜻의 타동사 return의 과거분사로 수동의 의미

④ **타동사의 과거분사+명사: [수동의 의미: ~되어진; 당한]**

Three **wounded** soldiers were taken to the hospital. =three soldiers **who were wounded**

I am going to buy a **used** car. = a car **which was used** by others

---

Power Grammar

Choose the best answer for the blank.

A: How was the movie?

B: Couldn't have been better. It's the most _________________ movie I've ever seen.

(a) boring   (b) bored   (c) exciting   (d) excited

[Power Solution]

[해설] 빈칸 뒤의 명사 movie를 전치수식해주는 분사를 묻는 문제이다. 문맥상 '내가 본 것 중에 최고이다'라고 했으므로 (c)가 적절하다.

[어휘] couldn't be better 더 이상 좋을 수 없다   exciting a. 흥미진진한   cf. excited a. 흥분한   boring a. 지루한   bored a. 지루해 하는

[정답] (c) exciting

---

(2) 명사+분사 (후치수식)

분사가 다른 수식어를 동반하거나 분사의 목적어나 보어가 있을 때는 후치 수식한다.

① **명사+자동사의 현재분사: [진행의 의미: ~하고 있는]**

The baby **sleeping** in the room is my son. = the baby **who is sleeping** in the room

People **living** in cities are very busy everyday. = People **who live** in cities.

② **명사+타동사의 현재분사: [능동의 의미: ~하게 만드는]**

People **enjoying** video games are mostly teenagers. = people **who enjoys** video games

③ **명사+자동사의 과거분사: [완료: ~한, 해버린]**

The leaves **fallen** on the ground were wet. = the leaves **which had fallen**

④ **명사+타동사의 과거분사: [수동: ~되어진; 당한]**

He has a lovely daughter **called** Betty. =**who is called** Betty

This is a door **locked** from the inside. = the door **which is locked** from the inside

(3) 감정을 나타내는 분사

감정을 나타내는 타동사의 현재분사와 과거분사는 동사의 성격을 상실하고, 완전히 형용사로 간주되므로 much 대신에 very의 수식을 받는다. 보통 주어가 사물이면, 현재분사를, 주어가 사람이면, 과거분사를 쓰지만, 항상 그런 것만은 아니다. 정확히 구분하기 위해서는 주어가 감정을 일으키는 주체이면 현재분사(능동)를 쓰고, 주어가 감정을 느끼는 것이면, 과거분사를 쓴다.

감정 타동사	현재분사	과거분사
surprise ~를 놀라게 하다	**surprising** 놀라게 하는	**surprised** 놀란; 놀라버린
shock ~를 놀라게 하다	**shocking** 충격을 주는	**shocked** 충격 받은
interest ~를 재미있게 하다	**interesting** 재미있게 하는	**interested** 재미를 느낀
excite ~를 흥분시키다	**exciting** 흥분시키는	**excited** 흥분을 느낀
bore ~를 지루하게 하다	**boring** 지루하게 하는	**bored** 지루함을 느낀
frustrate ~를 좌절시키다	**frustrating** 좌절시키는	**frustrated** 좌절을 느낀
disappoint ~를 실망시키다	**disappointing** 실망시키는	**disappointed** 실망을 느낀
confuse ~를 혼란시키다	**confusing** 혼란시키는	**confused** 혼란을 느낀

Mary is very **interesting**, so everyone wants to become her friend. (not interested)

(Mary가 흥미를 느끼는 것이 아니라 다른 사람들에게 흥미를 불러일으키는 주체임)

I was **bored** because the movie was **boring**. (I는 감정을 느낌, movie는 감정을 일으킴)

She was very **disappointed** at the test result. (she는 실망감을 느낌)

The test result was very **disappointing** to her. (test result는 실망감을 일으킨 주체)

She was very **confused** at the **confusing** quiz.

Power Grammar

Choose the best answer for the blank.

A: Why did you leave the theater early?

B: Well, I found the movie very _________________.

(a) bore (b) bored (c) being bored (d) boring

[Power Solution]

[해설] 문맥상 '그 영화가 지루했다'는 내용인데, 주체가 사물(movie)이므로 현재분사가 적절하다. 따라서 정답은 (d)boring 이다.

[어휘] theater n. (연극 등의)극장

[정답] (d) boring

(1) 주격보어로 쓰이는 분사

분사는 주어의 동작이나 상태를 나타내는 주격보어로 쓰일 수 있으며, 주어와 주격보어의 관계가 능동이면 현재분사를 수동이면 과거분사를 쓴다.

① **현재분사 보어 [~하면서]**: 주어와 주격보어의 관계가 능동

He sat **reading** the magazine.

= He **was reading** the magazine **when he sat**.

She came **crying**.

= She **was crying when she came**.

② **과거 분사 [~된, ~해진, ~해진 채]**: 주어와 보어의 관계가 수동

She looked a little **surprised** at it. (she는 surprise의 대상, 또는 감정을 느끼는 주체)

The old man seemed **satisfied**. (man은 만족감을 느끼고, 만족을 당하므로 수동이 적절)

He sat **surrounded** by his sons. (he는 둘러싸이는 것이므로, 수동이 적절)

(2) 목적격보어로 쓰이는 분사

분사가 불완전타동사의 목적보어로 쓰이며, 이때 분사는 목적어의 동작·상태를 나타내며, 목적어와 목적보어의 관계가 능동이면 현재분사를 쓰고, 수동이면 과거분사를 쓴다.

① **현재분사 [(목적어가) ~하고 있는 것을; ~하게]**: 목적어와 보어의 관계가 능동, 진행

주로 지각[**see, watch, hear**], 유지[**keep, leave**], 발견[**found, catch**] 동사들이 목적어와 목적보어의 관계가 능동관계일 때, 현재분사를 목적보어로 취한다.

I saw Mary **crossing** the street.

I smell something **burning**.

He kept me **waiting** for an hour.

I caught him **stealing** the money.

② **과거분사 [(목적어가) ~해진; ~된; ~되어진]**: 목적어와 목적보어의 관계가 수동, 완료

I saw her **carried** out of the house.

I heard my name **called**.

I could not make myself **understood** in French.

(3) [have[get]+목적어+과거분사]의 의미

① **주어의 이익을 나타내는 경우**: 사역의 의미 [(목적어를) ~되도록 시키다]

주어가 의지를 가지고, 자신에게 이익이 되는 일을 다른 사람을 시켜서 하게하는 경우

I **had** my car **repaired**. (다른 사람이 수리)

I **repaired** my car. (주어인 I가 직접수리)

She **had** her hair **dyed**.

She **had** her eyes **tested** yesterday.

② **주어가 당한 피해나 손해를 나타내는 경우**: 수동의 의미 [(목적어)를 ~ 당하다]

주어의 의지와는 상관없이 주어가 원하지 않는 손해나 피해를 당하는 경우

He **had [got]** his car **stolen**.

I **had** my legs **broken**.

주의　사역동사 have와 get은 목적어와 목적보어의 관계가 능동관계일 경우에는 목적보어 자리에 각각 원형부정사와 to부정사를 써야 한다.

I **had** my brother **take** my picture.

= I had my picture **taken** by my brother.

I **got** the boy **to carry** my baggage.

= I got my baggage **carried** by the boy.

Power Grammar

Choose the best answer for the blank.

He asks all his students to keep their cell phones ___________________ off during class.

(a) to turn　　　　　(b) turning　　　　　(c) being turned　　　　　(d) turned

[Power Solution]

[해설] 빈칸에 들어갈 동사 turn의 알맞은 형태를 묻는 문제이다. cell phone은 keep의 목적보어로서 관계가 수동이기 때문에 과거분사형이 적절하다. 따라서 (d)가 정답이다.

[어휘] during class 수업 중

[정답] (d) turned

A. Choose the best answer for the blank.

1. I found a letter **(writing / written)** on a sheet of blue paper.

2. I've never felt so **(humiliating / humiliated)** in my whole life.

3. I longed to go home for I had had a very **(tiring / tired)** day. And when I finally got home **(exhausting / exhausted)**, I turned in straight away.

4. The **(student-leading / student-led)** protests had brought the country to a standstill.

5. A **(drowning / drowned)** man will catch at a straw.

6. She couldn't make herself **(understand / understood)** in English.

7. I found our cat **(laying / lying)** in the sun.

8. I was happy to see my guests **(to enjoy / enjoying)** my cakes.

9. We kept all the windows **(shut / shutting)** all day long.

10. The teacher caught him **(sleep / sleeping)** in class.

11. I'll have this tape-recorder **(fix / fixed)** at once.

12. He wrote me a **(touching / touched)** letter of thanks. And the letter is **(missing / missed)** now.

13. The ground was covered with **(fallen / falling)** leaves.

14. They found the lost child **(hiding / to hide)** in the cave.

15. The **(retiring / retired)** lecturer still works as a part-time teacher.

B. Identify the option that contains an awkward expression or an error in grammar. Then correct the ungrammatical part in the sentence.

1. The man dressing in black is a detective.

2. I like scrambled eggs better than boiling eggs.

3. A number of interested points came up at today's meeting.

4. We have noticed grown support for the poor wanting more food.

5. People attended the meeting made presentations one by one.

6. He left the engine to run.

7. Many people feel bewildering by the speed of technological innovation.

8. The standing woman at the door is my aunt.

9. I saw Mary at the church stand next to Pastor David Cho.

10. That is the mansion belonged to Mr. Green.

Practice Test

Part I **Choose the best answer for the blank.**

1 A: Did you hear that Sarah's husband cheated on her again?

B: Oh, no! She must be so _______________ this time.

(a) devastating   (b) devastated   (c) devastate   (d) devastation

2 A: Do you happen to know why Martin is so busy like that?

B: He is combing the office for his _______________ wedding ring.

(a) missed-out   (b) miss   (c) missed   (d) missing

3 A: What's your plan for the exhibition?

B: I want some works _______________ locally for everyone to see, free of charge within a

secure exhibition area.

(a) to display   (b) being displayed   (c) displayed   (d) displaying

4 A: What's so attractive about him?

B: Oh, he's an _______________ and energetic guy. You'll like him.

(a) inspiring, amusing   (b) inspiring, amused   (c) inspired, amusing   (d) inspired, amused

Part II **Choose the best answer for the blank.**

5 All you have to do is to fill in the details, _______________ your name and address and the

amount you wish to give.

(a) including   (b) included   (c) being included   (d) includes

6 I've always found it _______________ to listen to classical music after dinner.

(a) relaxing   (b) relaxable   (c) relaxed to   (d) relaxed

7 One of the greatest problems _______________ Korea is how to employ these people.

(a) being faced   (b) having faced   (c) faced   (d) facing

8 The term "tennis elbow" was named because it is the symptom _______________ by many

tennis players.

(a) suffering   (b) suffered   (c) having suffered   (d) to suffered

Part I Choose the best answer for the blank.

1 A: Hey, why are you leaving so early?

B: I'd like to stay longer, but I should get _______________. I have an interview tomorrow morning.

(a) gone　　　　(b) go　　　　(c) going　　　　(d) to go

2 A: Did you hear the news about the sunken naval vessel?

B: Yeah, the rescue work is still in progress by _______________ operations of civil and military experts.

(a) combined　　　　(b) combining　　　　(c) combine　　　　(d) combination

3 A: Is there any place I can print this file?

B: Yes, there's a quick print shop _______________ Kinkos around the corner.

(a) name　　　　(b) to name　　　　(c) naming　　　　(d) named

4 A: What do you say about her?

B: Em, I think she is an eloquent speaker and her arguments are pretty _______________.

(a) convinced　　　　(b) convincing　　　　(c) convincingly　　　　(d) convince

5 A: Don't you think this dress is very becoming on me?

B: Wow. I can't imagine myself _______________ such a flamboyant style.

(a) worn　　　　(b) wearing　　　　(c) having worn　　　　(d) to wear

Part II Choose the best answer for the blank.

6 These days we often hear it _______________ that house prices will slump sharply in a couple of years.

(a) say　　　　(b) said　　　　(c) saying　　　　(d) says

7 We believe this is a _______________ situation that requires urgent attention.

(a) worrying　　　　(b) worried　　　　(c) worry　　　　(d) worries

8 The score _______________ never before was the result of her long and hard training.

(a) accomplished　　　　　　　　(b) accomplishing

(c) to be accomplished　　　　　　(d) having accomplished

9 The Korean stock market is welcoming the inflow of oil money, amid ________________ concern
that dollars may start leaving the country.

(a) growing   (b) grown   (c) to grow   (d) being grown

10 Everland, Korea's largest ________________ amusement park, is located in Yongin.

(a) privately-owned   (b) privately-owning   (c) private-own   (d) private-owning

 Identify the option that contains an awkward expression or an error in grammar.

11 (a) A: Have you finished analyzing the data?

(b) B: Not, yet. Why? Is that urgent thing?

(c) A: Yes, very much. So please hurry.

(d) B: All right. I'll keep you posting first as soon as I get any.

12 (a) A: Do you know which bus we need to take to go back?

(b) B: Let's take a taxi. There's no bus run here at this time.

(c) A: Oh, no! I don't have enough money for taxi fare.

(d) B: Don't worry. I guess I can pay it.

13 (a) A: I've started the dancing class. But I don't know what to do.

(b) B: Why? What makes you worry?

(c) A: Well, I think the lesson is fun, but it seems too demanded at the same time.

(d) B: Don't take it too hard. It gets easier once you get used to it.

Part IV **Identify the option that contains an awkward expression or an error in grammar.**

14 (a) Imagine if you could surf the Internet without the annoying pop ups. (b) With AdsCleaner, you can do just that; spend the required time over the Internet without the annoying pop up ads. (c) Just start by loading the software and watch as it becomes an integral part of the Internet Explorer and begins fantastic work. (d) You would be surprising to know that this software gives so many features, and so much use.

15 (a) The biggest goal for an offense is to score a touchdown. (b) To score a touchdown, a player must carry the ball across the opposition's goal line, or catch a pass in the end zone. (c) A team can also pick up two points by tackling an opponent possessed the ball in their own end zone. (d) This is called a safety!

Joseph's Tip!

◆ 분사의 자리

▶ 분사가 those, all, -body, -one, -thing 등의 지시대명사나 부정대명사를 수식할 때는 분사가 단독으로 쓰이는 경우라도 후치 수식한다.

Those killed were innumerable. **(=Those who were killed)**

All dying are kindly to be treated. **(=All who are dying)**

Everything shining is beautiful.

◆ 유사 분사

▶ 명사에 [-ed] 어미가 붙여서 만들어진 형용사가 있는데, 과거분사와 형태가 비슷하다고 해서 유사 분사라고 한다. 주로 [~를 가진]으로 해석된다.

a blue-**eyed** girl 푸른 눈을 가진 소녀

a red-**colored** carpet 빨간 색상의 카페트

a warm-**hearted** lady 따뜻한 마음을 가진 숙녀

a left-**handed** man 왼손잡이

Unit 10

분사 구문

(1) 분사구문의 형태

단순분사구문은 주절과 같은 시제를, 완료분사구문은 주절동사보다 하나 앞선 시제를 나타낸다.
단, 자동사(go, come)는 수동분사구문으로 쓰일 수 없다.

단순 능동분사 구문	동사원형+~ing	**Considering~**, S+V
단순 수동분사 구문	**(being)+p.p.**	**(Being) considered ~**, S+V
완료 능동분사 구문	**having+p.p.**	**Having considered ~**, S+V
완료 수동분사 구문	**(having+been) +p.p.**	**(Having been) Considered ~**, S+V

(2) 분사 구문 만드는 방법

분사구문으로 축약해도 의미 전달에 문제가 없을 경우에 한해 분사구문을 만든다.

① 접속사를 생략한다.

Because she saw the movie yesterday, she probably doesn't want to see it again.

② 주절의 주어와 종속부사절의 주어가 같으면 생략하고, 다르면 그대로 쓴다.

She saw the movie yesterday, she probably doesn't want to see it again.

③ 부사절과 주절의 동사 시제가 같으면, 부사절의 동사의 동사원형에 [~ing]어미를 붙인다.

단, 보기의 예문처럼 부사절의 시제(과거)가 주절동사의 시제(현재) 보다 하나 앞선 경우에는 완료분사구문의 형태인 [having+부사 절동사의 p.p.]를 써야 한다.

Having seen the movie yesterday, she probably **doesn't want** to see it again.

참고   현재완료시제와 준동사의 완료형(완료 분사 구문, 완료동명사, 완료부정사)는 전혀 다른 개념이다.
즉, 준동사의 완료형은 주절동사 보다 하나 앞선 시제를 나타내는 상대시제일 뿐이다. 따라서 yesterday등과 같은 명백한 과거부사와 함께 쓸 수 있다.

(3) 분사 구문 만들 때 주의할 점

① 접속사를 생략할 경우 의미전달에 혼동의 소지가 있는 경우 그대로 두기도 한다.

After cleaning his room, he went out to play.

Though young, he is very experienced.

② 분사구문의 위치는 보통은 문두지만, 문중이나 문미일 수도 있다.

> 문두: **Smiling brightly**, the girl extended her hand. [동시동작]
> 문중: The girl, **smiling brightly**, extended her hand. [주어와 동사 사이]
> 문미: The girl extended her hand, **smiling brightly**.

주의   주절의 주어가 대명사일 경우에는 분사구문을 문중에 위치할 수 없다.

She, **smiling brightly**, waved her hand. (x)

Smiling brightly, <u>she</u> waved her hand. (o)

③ 유도부사 there는 생략하지 않고 그대로 써야한다.

As there was no means of escape, the man surrendered to the police.

There being no means of escape, the man surrendered to the police. (독립분사구문)

Power Grammar

Choose the best answer for the blank.

______________________ from a back injury, the golf player could not play any more.

(a) Suffered   (b) Being suffered   (c) Suffering   (d) Having suffered

[Power Solution]

[해설] 골프선수가 허리부상을 당한 것은 경기를 하지 못하게 된 것보다 시제가 앞서기 때문에 완료 분사구문의 형태가 적절하다. 따라서 (d)가 정답이다.

[어휘] injury n. 부상, 상처

[정답] (d) Having suffered

Grammar Focus 2   분사 구문의 의미

분사구문은 문맥에 따라, 시간, 동시동작, 연속동작, 이유, 조건, 양보 등의 의미를 나타낸다.

(1) 시간: when, while, as, after S+V [~할 때; ~하는 동안 ~한 후]

Arriving in New York, John called her wife. (=**When he arrived** in New York)

Climbing the mountain, he got hurt. (= **While/As he was climbing** ~)

(Being) Left alone, she began to read a novel. (= **When she was left** alone ~)

(2) 동시동작: while, as S+V [~하면서]

동시에 발생하는 두 가지 동작을 나타낸다. '어떤 동작을 분사구문으로 하든 상관없고, 위치가 바뀌어도 상관없다'는 특징이 있다. 단, 두 가지 동작 중 더 긴 동작을 분사구문으로 고친다.

Listening to their story, she had lunch. (= **As she listened** to their story, ~)

=She had lunch, **listening** to their story. (= **Having** lunch, she listened to their story.)

Singing and dancing, she took a shower. (=**As she sang and danced**, ~)

= She took a shower, **singing and dancing**. (= **Taking** a shower, she sang and danced.)

He hurt his leg **skating**. (=~, **while he was skating**.)

(3) 연속동작: S+V+ and+(S)+V [~하고나서 ~하다]

'시차를 두고 연속적으로 일어난 두 가지 동작'을 나타내며, 어떤 동작을 분사구문으로 만들어도 상관없다. 또한 먼저 일어난 동작이라고 해서 완료분사구문을 쓰지 않아도 되며, 주의할 점은 항상 먼저 일어난 동작을 앞에 위치시켜야한다.

The plane left Seoul at 3:00, **arriving** in Tokyo at 4:00.

= **Leaving/Having left** Seoul at 3:00, the plane arrived in Tokyo at 4:00.

= The plane **left** Seoul at 3:00 and **arrived** in Tokyo at 4:00.

He came to her, **asking** her to dance with him. (=**Coming /Having come** to her, he~)

= He **came** to her and **asked** her to dance with him.

Taking/Having taken off his shoes, Joseph entered the sauna.

Joseph entered the sauna, **taking/having taken** off his shoes. (x)

참고　나중에 일어난 동작이 먼저 일어난 결과를 나타내는 경우도 있다.

It rained all the time, completely **ruining** our holiday.

= It rained all the time and **completely ruined** our holiday.

(4) 이유: as, because, since S+V [~때문에; ~이므로]

Feeling tired, she went to bed early. (=**Because** she felt tired ~)

Having met her before, he immediately recognized her. (=**As** he had met her~)

Not knowing what to say next, I kept silent. (=**As** I didn't know what to say~)

(5) 조건: if S+V [만약 ~라면; ~하면]

Turning to the right, you will find the post office. (=**If** you turn to the right, ~)

Some books, **read** carelessly, will do more harm than good. (=**If** they are read ~)

(6) 양보: though, although, even though S+V [비록 ~이지만, ~일 지라도]

Being young, he has a lot of work experience. (=**Though** he is young,~)

Living next to her house, I seldom see her. (=**Though** I live next to ~)

Power Grammar

Choose the best answer for the blank.

A: Tell me what happened next.

B: Okay. _________________ the field, the head coach argued with the referee.

(a) Walking onto　　　(b) Being walking onto　(c) Being walked　　　(d) Walk onto

[Power Solution]

[해설] 문맥상 동시동작의 의미가 되기 때문에 능동분사구문이 적절하다. 따라서 정답은 (a)이다.

[어휘] argue with ~와 논쟁하다

[정답] (a) Walking onto

분사구문의 시제는 단순 분사구문과, 완료 분사구문으로 나타낸다.
주절과 같은 시제는 단순분사구문을, 주절보다 하나 앞선 시제는 완료분사구문을 쓴다.

(1) 단순 분사구문: [동사원형+~ing / being+p.p.]

부사절의 주어(분사구문의 의미상의 주어)가 주절동사의 시제와 같은 경우

When we **arrived** at the station, we **saw** the train just going out slowly.

= **Arriving** at the station, we **saw** the train just going out slowly.

Because I **didn't have** enough money, I **wasn't** able to buy the car I wanted.

= **Not having** enough money, I **wasn't** able to buy the car I wanted.

(2) 완료 분사구문: [having+p.p. / having+been+p.p.]

부사절의 주어가 주절동사 보다 하나 앞서는 시제일 경우 부사절의 동사를 완료 분사구문형태인 [having+ p.p.]로 써야 한다.

As I **had seen** him several times before, I **recognized** him at once. [시차가 있는 경우]

= **Having seen** him several times before, I **recognized** him at once.

After I **had completed** my work, I **went** home.

= **Having completed** my work, I **went** home. (=**After completing** my work, ~)

(3) 수동 분사구문: 부사절의 동사가 [be+p.p.] 형태의 수동태인 경우

단순수동분사구문은 [being+p.p.]로, 완료분사구문은 [having+been+p.p.]로 나타낸다. being과 having been은 주로 생략되고 과거분사(p.p.)만 쓰기도 한다.

When she **was left** alone, the girl **began** to sob.

= **(Being) Left** alone, the girl began to sob.

As he **was born and brought** up in England, he **speaks** English fluently.

= **(Having been) Born and brought up** in England, he **speaks** English fluently.

(1) being과 having been의 생략

부사절의 동사형태가 진행형 [be+~ing]이나 수동형 [be+p.p.] 또는 [be+형용사/명사]의 형태일 경우 분사구문으로 고칠 때, being이나 having been은 생략이 가능하다.

(Being) Angry at my words, he made no reply. (=As he was angry at~)

(Being) Surprised at the news, she collapsed onto the sofa.

His work **(having been) done**, he went home. (=After his work had been done,~)

(Having been) Written in haste, the book has many errors.

(Being) An expert, he knows how to do it. (=As he is an expert,~)

Power Grammar

Choose the best answer for the blank.

A: What is Sarah doing right now?

B: ______________________________, she went outside to play with friends.

(a) Having finished her homework　　　　(b) To finish her homework

(c) Her homework having finished　　　　(d) Her homework finishing

[Power Solution]

[해설] 문맥상 '숙제를 끝낸 후'라는 의미이므로 주절의 과거시제 went보다 앞서는 시제이므로 완료형이 되어야 한다. 따라서 정답은 (a)이다.

[정답] (a) Having finished her homework

(2) 분사구문의 부정

부정어(not, never)를 분사 앞에 쓴다.

Not knowing his address, she couldn't find his house. (=As she didn't know his address,~)

Not wanting to anger him, I pretended to agree. (=As I didn't want to anger him, ~)

Never having been there, I had a hard time finding the office building.

(3) [with+명사+분사/형용사/부사(구)] 형태의 분사구문: [~가 ~인 채로; ~한 상태로]

부대상황(동시동작)을 나타내는 일반 독립 분사구문 앞에 전치사 with를 함께 사용하여 부대상황을 좀 더 생생하게 묘사하는 분사구문의 일종으로, 문맥에 따라 이유를 나타낼 수도 있다.

① [with+명사+현재분사(~ing)]: [(명사가) ~을 하면서, ~을 하고 있는 채로]

He sat silently, **and the cat was dozing** at his feet.

= He sat silently, **the cat dozing** at his feet. (독립 분사구문)

= He sat silently, **with the cat dozing** at his feet. (with 첨가)

I entered the house, **with him following me**. (=He was following me)

He stood there **with his head leaning** against the wall. (=His head was leaning against~)

② [with+명사+과거분사]: [명사가 ~ 되어 진 채로]

He sat on the chair, and his legs were crossed. (중문)

= He sat on the chair, **his legs (being) crossed**. (독립 분사구문)

= He sat on the chair, **with his legs crossed**. (독립분사구문에서 with 첨가)

He stood there **with his arms folded**.

She was lying **with her eyes closed**.

③ [with+명사+형용사]: [명사가 ~인 상태로]

Don't speak **with your mouth full**.

Don't leave the room **with the window open.**

④ [with+명사+부사(구)]: [명사를 ~한 상태로; 명사를 ~에 둔 채로]

He always studies **with his radio on.** (라디오를 켠 채로)

Don't enter the room **with your shoes on.** (부사; 신은 채로)

What a lonely world it would be **with you away.** (=if you are away)

He stood there **with a pipe in one's mouth.** (부사구; 입에 파이프를 물고)

She was waiting in line **with her baby on her back.** (부사구; 아기를 등에 업고)

The man was standing **with his hand in his pocket.** (부사구; 손을 주머니에 넣은 채로)

(4) 분사구문의 강조: [현재분사+as+주어+do/does/did]

분사구문의 의미를 강조하기 위해 현재분사(~ing)뒤에 [as+주어+do/does/did]를 쓰고, 과거분사 뒤에는 [as+주어+be동사]를 쓴다. 이때 주어는 주절의 주어(대명사)와 일치시키고, 대동사 do와 be동사는 부사절의 시제와 일치시켜야 한다.

> 현재분사+[as+주어+**do/does/did**]
>
> 과거분사+[as+주어+**be 동사**]

As it stands on the beach, the hotel has a good ocean view.

= Standing **as it does** on the beach, the hotel has a nice ocean view.

As it is written in plain English, the book is easy to understand.

= Written **as it is** in plain English, the book is easy to understand.

Power Grammar

Choose the best answer for the blank.

_____________________________ to eat out, she fixed dinner herself at home.

(a) Having decided not   (b) Deciding not

(c) Not decided   (d) Having not decided

[Power Solution]

[해설] 문맥상 '외식하지 않기로 결정한 후'라는 의미가 되어야 하므로 능동형 분사가 와야 하며 시제는 주절의 과거시제 fixed보다 앞서는 시제이므로 완료형이 되어야 한다. 따라서 정답은 (a)이다.

[정답] (a) Having decided not

(1) 일반 독립 분사구문

분사구문의 의미상의 주어와 주절의 주어가 일치하지 않아서, 분사구문의 주어를 생략하지 않고 분사 구문 앞에 그대로 쓴 형태의 분사구문을 뜻한다.

① 시간: when, after, while+S+V

Our dinner (being) over, **we** went out for a walk. **(= When our dinner was over, we ~)**

Night coming on, **the street** became quite. **(= As night came on, the street ~)**

② 조건: if S+V [만약 ~라면; ~하면]

We shall start tomorrow, **the weather permitting**. **(= ~, if the weather permits)**

Their conditions being equal, **this principle** holds good. **(=If their conditions are equal,~)**

Such being the case, **I** can't go with you. **(= If such are the case, ~)**

③ 동시동작: [while, as] S+V [~하면서]

She was singing, **her sister playing** the cello. (=~, while her sister was playing the cello)

= She was singing and her sister was playing the cello.

④ 이유: [as, because, since] S+V [~때문에; ~이므로]

The weather (being) fine, **I** went out for a walk. **(=As the weather was fine, ~)**

It having rained all the night, **the road** was too muddy. **(=As it had rained all the night, ~)**

(2) 비인칭 독립 분사 구문

분사구문의 의미상의 주어가 일반인(we, they, people)일 경우, 주절의 주어와 일치하지 않더라도 분사구문의 주어를 생략하고 관용적으로 쓰는 분사구문을 말한다.

Generally speaking 일반적으로 말해서	**Strictly speaking** 엄격히 말하면
Frankly speaking 솔직히 말해서	**Roughly speaking** 대충 말해서
Putting it simply 간단히 말해서	**Judging from** ~로 부터 판단해 본다면
Talking of ~에 관해서 말하자면	**Considering** ~을 고려한다면
Admitting ~ 은 인정하지만	**Granted [Granting] that** ~은 인정하지만
Supposing [Suppose] that ~라고 가정하면	**Providing [Provided] that** ~라면,
Given [that] ~를 감안(고려)해 보면	**All things considered** 모든 걸 고려해 볼 때
Seeing that ~이므로; 이기 때문에	**Based on** ~에 근거해 볼 때
Taking all things into consideration (=All things considered) 모든 걸 고려해 본다면	

Talking of fruits, I like apples best. **(=If we talk of fruits, ~)**

Granting that you are drunk, you are responsible for it. **(=Though we grant that~)**

Seeing that he is still young, he will recover soon. **(=Because he is still young, ~)**

All things considered, it is better than all the others. **(=If all things are considered, ~)**

(3) 현수 독립 분사 구문

비인칭 독립분사구문을 제외한 모든 분사구문의 의미상 주어는 주절의 주어와 일치해야 하는데, 일치하지 않는 분사구문으로, 비문법적인 분사구문으로 간주한다.

Giving away free drinks, **the manager** caught two employees. (x)

Giving away free drinks, **two employees** were caught by the manager. (o)

Power Grammar

Choose the best answer for the blank.

A: So, what is your point?

B: _____________________ , the faster you drive, the more gas you use.

(a) Being put simply   (b) Putting it simply   (c) It being put simply   (d) Simply putting

[Power Solution]

[해설] 비인칭 독립 분사구문인 putting it simply는 관용적 표현으로서 '간단히 말해서'라는 의미이다.

[정답] (b) Putting it simply

A. Choose the best answer for the blank.

1. **(Knowing not / Not knowing)** how to address the issue, they looked at each other.

2. **(Being / There being)** no bus service, we had to walk all the way to school.

3. **(Not knowing / Not having known)** what to do, I asked for his advice.

4. We have rather warm weather **(comparing / compared)** with other countries.

5. The greenhouse effect may cause polar ice to melt, **(made / making)** the seas rise.

6. It may also change the world's climate, **(caused / causing)** major changes in farming patterns.

7. **(Having not heard / Not having heard)** from her for a long time, I miss her badly.

8. **(Understanding / To understand)** how film reacts to light, you'll have to study the chemicals in the film.

9. All things **(considering / considered)**, we made the right decision.

10. **(Considering / Considered)** one of the most advanced civilizations, the Mayans are credited with architectural development.

11. **(Not meeting / Not having met)** him before, I don't know him well.

12. With night **(drawn / drawing)** near, they left the shop.

13. There **(is / being)** no public transportation, I have no choice but to walk all the way to my church. But I am happy to do that.

14. She sat in the chair with her legs **(crossing / crossed)**.

15. **(Weather permitting / Weather permitted)**, I'll start tomorrow.

B. Identify the option that contains an awkward expression or an error in grammar. Then correct the ungrammatical part in the sentence.

1. Speaking strictly, this statement is false.

2. It being no vacant seats in the bus, I kept standing.

3. Mary, terrifying at the sound, rushed out of the room.

4. This having done, they next set to clean the room.

5. Other things are equal, I'll apply for this company.

6. My train starts at six arrived in Bonn at ten.

7. Seeing from a distance, the rock looked like a human face.

8. Taking everyday, this medicine will work right away.

9. He always does his homework with the TV turning on.

10. Being nothing to do, we went to the place on foot.

Part I   **Choose the best answer for the blank.**

1   A: What are you writing down?

B: The space _______________, it's time to think about what kind of trees would be becoming for it.

(a) is cleared   (b) cleared   (c) was cleared   (d) clearing

2   A: Why didn't you say hello to Mark? Did you have a quarrel with him, or something?

B: Was that Mark? _____________________ for a long time, I just didn't recognize him.

(a) Having not seen him   (b) Not seeing him

(c) Not having seen him   (d) Seeing him

3   A: What's wrong? You look so tired.

B: I stayed up all night ___________________ some video files I downloaded from the Internet.

(a) watched   (b) watching   (c) watch   (d) to have watched

4   A: I didn't see Martha at the meeting. Where is she?

B: ___________________ sick, she left the office earlier than usual.

(a) Having been feeling   (b) Having felt

(c) Being felt   (d) Feeling

Part II   **Choose the best answer for the blank.**

5   Despite the company's new policies ___________________ open and aboveboard management, some employees don't seem to put full confidence in the management.

(a) had based on   (b) based on   (c) basing on   (d) base on

6   ___________________ class president, Tom immediately began thinking about how he could carry out all his campaign promises.

(a) Elected   (b) Been elected   (c) To elect   (d) Electing

7   U.S. trade deficit with China increased by three hundred percent, ___________________ to the previous decade.

(a) comparing   (b) compared

(c) having been comparing   (d) to have compared

8   Not ___________ enough money, he couldn't prepare a better present for his wife.

(a) have   (b) had   (c) having   (d) have had

Part I Choose the best answer for the blank.

1 A: Do you know anything about him?

B: _________________________ from reports, he seems to be an able man.

(a) Judging   (b) Judged   (c) Having judged   (d) Having been judged

2 A: Who do you think will win the presidential election this fall?

B: _________________ the result of the popularity poll last week, I'd say Johnson is likely to win.

(a) Giving   (b) Given   (c) Having given   (d) Have been given

3 A: Do you know that Martin and Liz are dating?

B: All things _________________, I think we'd better keep it secret for a while.

(a) to consider   (b) considering   (c) having considered   (d) considered

Part II Choose the best answer for the blank.

4 _________ her hands exposed to water, Sarah is always suffering from eczema.

(a) In   (b) On   (c) By   (d) With

5 _________________ for two hours on the highway, he realized he was on a wrong way.

(a) Driving   (b) Being driven   (c) Having driven   (d) Having been driven

6 _________ performed at a fundraising event for Palmetto Place, a shelter for abused and neglected children, Lauren was inspired to become more involved in that cause.

(a) As   (b) Have   (c) Had   (d) Having

7 They ate their meal in complete silence, _______________ the other to break the silence first.

(a) waiting   (b) waiting for   (c) waited for   (d) waited

8 Weather _______________ , I hope we'll be able to conquer the summit of Mt. Everest at last.

(a) are permitted   (b) permitting   (c) having permitted   (d) have permitted

9 _______________ coped with the difficult situation in silence.

(a) Because a wise woman, she   (b) A wise woman, she

(c) Since she is a wise woman,   (d) Wise woman, she

10 _______________ up to 70% of global warming, this greenhouse gas is not amenable to man-made mitigation efforts.

(a) Having responsible   (b) Responsible to

(c) Responsible for   (d) Being responsible

Part III   **Identify the option that contains an awkward expression or an error in grammar.**

11 (a) A: Joseph, how did the test go?

(b) B: This year's test seems easier comparing to the last year's.

(c) A: You did well on the test, didn't you?

(d) B: It doesn't mean that at all.

12 (a) A: Jean, has Sarah come home?

(b) B: Yes, she has just come in, completely exhausting. Why?

(c) A: Martha hasn't come yet. I'm so worried.

(d) B: Don't worry. She must be hanging around with her friends near your house.

13 (a) Standing in front of the ancient hotel tired and hungry, my heart was felt to sink. (b) And I could tell my travel companion wasn't very thrilled, either. (c) Everything looked old, as if it hadn't seen a paintbrush in years. (d) And for just a moment, I even entertained the notion that the place might be haunted, given the exterior's general state of decay.

14 (a) Supernovas, or exploding stars, are amazing and dazzling sights. (b) The brightness of them was such that they can outshine an entire galaxy in the sky for weeks, generate more energy than our sun will produce in its lifetime. (c) During the process, the dying star's materials are exploded into the space, creating a shock wave sometimes helping form new stars. (d) Occurring only once in fifty years in our galaxy, such explosions, though quite lovely to behold, are nonetheless relatively rare.

15 (a) Confucius is one of the most influential philosophers in the world's history. (b) Although growing up poor, Confucius was able to get an education and soon attracted students of his own, taught any willing disciple, regardless of their social status. (c) He said that the best rulers are able to govern by setting a good moral example. (d) The best people are those who do the right thing, even if it causes hardship.

Joseph's Tip!

◆ 완료분사구문

시차가 거의 없이 연속적으로 발생한 동작은 먼저 일어난 동작이라도 단순분사구문을 쓸 수 있다. 하지만, **두 동작 사이에 일정적인 시차가 있을 경우나, 부사절의 동작이 주절의 동작에 비해 상대적으로 많이 길 경우엔 반드시** 완료분사구문을 써야 한다.

Having already **read** the novel twice, she didn't want to again. (시차가 있음)
Having spent all evening doing her homework, she took a short break. (긴 동작)
Having worked as a teacher for 5 years, he decided to change his career. (긴 동작)

Unit 11
관계대명사

관계대명사는 앞에 나온 명사를 다시 받는 대명사의 기능과, 두개의 문장을 하나의 문장으로 연결해 주는 종속 접속사의 기능을 함께 갖추고 있는 기능어로 주로 형용사절을 이끈다.

관계대명사는 앞의 선행사가 사람이냐 사물이냐와, 관계대명사절 내에서 어떤 역할(주어, 목적어 등)을 하느냐 따라, who, whom, whose, which등을 구분해서 쓴다.

관계대명사의 핵심개념

1. 관계대명사는 [대명사]이기도 하고 [접속사]이기도 하다.

   다시 말해 **인칭대명사가 접속사의 능력을 부여받은 것이다.** (who=and+she)

2. what을 제외한 대부분의 관계대명사가 이끄는 종속절은 바로 앞의 명사를 뒤에서 수식하는 **형용사의 역할**을 한다.

   I know the girl. She helped your mom. **(she=the girl)**

   I know **the girl** who helped your mom. **(who=and+she)**

앞의 선행사 the girl을 다시 받고 있으므로 **인칭대명사 역할**을 하고 있고, 두 문장을 한 문장으로 연결하고 있으므로 **접속사의 역할**을 동시에 하고 있다. 밑줄 친 관계대명사절 내에서 동사 helped의 주체인 주어 역할을 하고 있다.

(1) 관계대명사의 종류

선행사 격	주격	소유격	목적격	이끄는 절
사람	who/that	whose	who(m)/that	형용사절
비사람(동물/사물)	which/that	of which/whose	which/that	형용사절
사람+비사람	that	X	that	형용사절
선행사 없음 (포함)	what	X	what	명사절

(2) 관계 대명사의 격

관계대명사의 격은 관계대명사가 이끄는 형용사절 내에서 관계대명사가 하는 역할에 따라 결정되고, 선행사(수식받는 명사)가 사람이면 who와 whom을, 사물이면 which를 쓴다.

① **주격**: 관계대명사절 내에서 주어 역할을 하는 경우

I know a boy **who** speaks French. (=I know **a boy**.+**He** speaks French.)

The book **which** is on the desk is mine. (주어 역할)

② **목적격**: 관계대명사절 내에서 목적어 역할을 하는 경우

Mary has a boyfriend **whom** she loves. (=Mary has **a dog**.+She loves **him**.)

This is the computer **which** I bought yesterday. (동사의 목적어 역할)

This is the man **whom** she is looking for. (전치사 for의 목적어 역할)

③ **소유격**: 관계대명사절 내에서 소유격 대명사를 대신하는 경우

Jane has a sister **whose name is Anne**. (Jane has **a sister**.+**Her** name Mary.)

Choose the best answer for the blank.

A: Do you know what a dermatologist is?

B: I think it refers to someone ________________ studies people's skin disorder.

(a) who　　　　　　　(b) whom　　　　　　　(c) whose　　　　　　　(d) which

[Power Solution]

[해설] 관계사의 용법을 묻는 문제이다. 빈칸 뒤의 관계사절에서 주어가 필요하므로 사람을 받는 관계대명사 주격 who가 적절하다.

[어휘] dermatologist n. 피부과 전문의　　　disorder n. 엉망, 어수선함

[정답] (a) who

Grammar Focus 2　관계대명사의 두 가지 용법

관계대명사의 용법에는 제한적 용법과 계속적 (비제한적) 용법이 있다.

제한적 용법	계속적 용법 (비제한적 용법)
① I live in a city **which** is the capital of Korea. 수많은 도시들 중에 어떤 도시인지, 도시의 범위를 줄여주는 역할을 한다. ② I have a wife **who** lives in Japan. 선행사의 범위를 한정하고 있다, 즉, 선행사 wife가 어떤 아내인지 밝히고 있다. 화자에게는 아내가 두 명 이상이다. ③ I like a husband **who** helps me with the housework. 어떤 종류의 남편을 좋아하는 지 말하고 있다. 아무 남편이 아니라, 집안일을 도와 주는 남편으로 남편의 범위를 한정하고 있다.	① I live in Seoul, **which** is the capital of Korea. 선행사 Seoul에 대한 불필요한 추가 정보를 제공하는 역할을 한다. ② I have a wife, **who** lives in Japan. 선행사 wife의 범위를 한정하는 것이 아니라, 추가적이고 부수적인 정보를 제공하고 있다. 화자에게 아내는 한명이다. ③ I like my husband, **who** helps me with the housework. 자신의 남편을 좋아한다고 밝히고 있다. 소유격 대명사 my가 이미 어떤 husband 인지 밝혔으므로, 추가적이고 부수적인 정보를 제공하는 역할을 하고 있다.
① 관계대명사 앞에 콤마(,)를 쓰지 않는다. ② 화자가 말하고자 하는 선행사가 어떤 사람 (사물)을 가리키는지 알 수 있도록, 선행사의 범위를 한정하고 줄여준다. ③ 선행사를 수식하는 형식으로 종속절인 관계사절을 먼저 해석한다. ④ **that으로 바꿀 수 있고, 목적격일 경우는 생략이 가능하다.** ⑤ 주로 불특정하고 막연한 명사가 선행사로 쓰인다. 불특정한 명사라도 콤마를 쓰면, 계속적 용법으로 쓰일 수도 있다. ⑥ 선행사가 어떤 사람, 사물을 가리키는가를 이해하는 데 반드시 필요한 정보이므로 관계사절을 생략하면 문장의 뜻이 크게 달라진다. I live in a city **which** is the capital of Korea.	① 관계대명사 앞에 콤마(,)를 쓴다. ② 선행사가 어떤 사람(사물)인지 이미 밝혀진 상황에서 선행사에 대한 여분의 정보를 제공한다. ③ 관계대명사절 앞부터 순서대로 해석하고 문맥에 맞는 접속사를 넣어서 해석한다. ④ **that으로 바꿀 수 없으며, 목적격이라도 생략할 수 없다.** ⑤ 특정한 명사인 **고유명사나**, my, his, this that **등의 한정사가 붙은 명사**가 주로 선행사로 쓰인다. ⑥ 선행사에 있어도 그만, 없어도 그만인 추가적 정보를 제공하므로, 관계사절을 생략해도 전체문장의 의미는 크게 변질 되지 않는다. I live in Seoul, **which** is the capital of Korea.

주의 관계대명사의 계속적 용법 중에서, 앞 문장 전체나 앞 문장의 일부를 가리킬 때는 **which**만 사용할 수 있다. **계속적 용법에서는 what과 that은 사용할 수 없다.**

She didn't even call me, **and this** made me very angry.

She didn't even call me, **which** made me very angry. (not that or what)

Power Grammar

Choose the best answer for the blank.

A: Did you enjoy the conference in Austin?

B: It wasn't bad. The weather was beautiful all weekend, _______________ made it a worthwhile trip.

(a) of which　　　　(b) what　　　　(c) that　　　　(d) which

[Power Solution]

[해설] 빈칸에는 문맥상 관계대명사가 들어가야 하는데, 선행사는 앞 문장 전체를 받고 관계사절에서는 주어 역할을 해야 하기 때문에 **which**가 가장 적절하다. (a)의 경우 관계사절에 of를 동반하는 어떠한 동사 또는 형용사(부사)가 없으므로 정답이 될 수 없고, (b)의 경우 what은 선행사를 포함하기 때문에 주절에 선행사가 필요 없으나 주어진 문제에서는 선행사가 있으므로 적절하지 않다. that은 계속적 용법에서 사용할 수 없다.

[어휘] worthwhile a. 가치 있는

[정답] (d) which

Grammar Focus 3　관계대명사 who, whom, whose

선행사가 사람인 경우에 사용되는 관계대명사들로, 형용사절 내에서 하는 역할에 따라 who(주격), whose(소유격), whom(목적격)을 구분하여 사용한다. 보통 who 다음에는 [동사], whom 다음에는 [주어+동사], whose 다음에는 [한정사(관사, 소유격)가 없는 명사]가 온다.

(1) 주격 관계대명사 who: [선행사+who+V]

선행사가 [사람]일 때 사용되며, who 다음에는 동사가 이어지고, who는 관계대명사절 내에서 주어 역할을 한다. 따라서 동사 바로 앞에 필요한 관계사는 항상 주격 관계대명사이다.

I have a **friend who** lives in New York.

The girls who listened to his music were happy.

Heaven helps **those who** help themselves.

(2) 목적격 관계대명사 whom

선행사가 [사람]인 경우에 사용되며, 관계대명사절 내의 동사나 전치사의 목적어로 쓰인다. whom 대신에 who를 써도 되고, 구어에서는 오히려 whom 대신에 who를 더 많이 쓴다.

① **동사의 목적어:** [선행사+whom+S+V]

This is the boy **whom** she **loves**.

The girl **whom** I **met** yesterday is tall.

I picked up the man **whom** I **thought** to be honest.

(=I picked up **a man**.+I thought **him** to be honest.)

② **전치사의 목적어:** [선행사＋whom＋S＋V＋전치사] / [전치사＋whom＋S＋V]

He is **the man**.+We talked about **him**.

=He is the man **(whom)** we talked <u>about</u>. (생략 가능: **who/that**으로 바꿔 쓸 수 있다.)

=He is the man <u>about</u> **whom** we talked. (생략 불가: **who/that**으로 바꿔 쓸 수 없다.)

He had no friend **with[to] whom** he could talk about the matter.

(3) 소유격 관계대명사 whose: [whose+명사+V] / [whose+명사+S+V]

선행사가 사람이든 사물이든 다 쓸 수 있으며, whose 다음에는 한정사(관사, 소유격, 지시 형용사)가 붙지 않은 명사가 오며, 이 명사는 선행사 소유의 명사임을 나타낸다. 참고로, whose는 명사 앞에서 그 명사를 한정하므로 엄밀히 말하면, 소유격 관계형용사가 정확한 명칭이며, [whose+명사]는 형용사절 내에서 주어나 목적어 역할을 한다.

I know a boy **whose father** teaches me English. (**=the boy's father: 주어 역할**)

He is a boy **whose name** I don't remember. (**=the boys's name: 목적어 역할**)

Do you know the boy **whose name** I don't remember? (**항상 앞에 선행사가 있다.**)

(4) 관계대명사 who, whom과 삽입절

관계대명사 바로 뒤에 이어지는 [주어+think, believe, suppose, be sure] 형태의 절을 삽입절이라 하며, 삽입절이 들어간 관계대명사절에서는 격구분에 유의해야 하는데, 삽입절을 생략하고 격을 구분하면 된다. 삽입절이 포함된 관계사절에서는 주격도 생략 가능하다.

This is the man **(who)** I believe <u>was honest</u>. (**not whom I believe was honest**)

I will employ anyone **(whom)** I think <u>my boss will like</u>. (**who도 가능**)

I met a girl **whose** name I am sure is Jane. (**=I am sure the girl's name is Jane.**)

참고 밑줄 친 삽입절을 생략해도 문법적인 문장이며, 문장에 영향을 미치지 않는다.

Power Grammar

Choose the best answer for the blank.

He is the candidate _______________ I am certain is most qualified to head this committee.

(a) whose   (b) whom   (c) which   (d) who

[Power Solution]

[해설] 빈칸에는 두 문장을 연결하는 접속사 또는 관계대명사가 들어가야 하는데 뒤의 문장에 주어가 없으므로 관계대명사가 들어가는 것이 적절하다. 선행사 **candidate**을 대신하는 주격 관계대명사는 who이다. 'I am certain'은 '확실컨대'라는 삽입절이다.

[어휘] candidate n. 후보자   qualified a. 적합한, 적절한

[정답] (d) who

Grammar Focus 4   관계대명사 which

선행사가 사람이 아닌 경우에 쓰며, 관계대명사절 내에서 역할이 주어, 목적어일 경우에는 which를 쓰고, 소유격일 때는 whose나 of which를 쓴다.

(1) 주격 which: [선행사+which+V]

The book **which** is on the desk is mine. (not who: 주어 역할)

I enjoy dramas **which** have happy endings. (not who: 동사 have의 주어 역할)

(2) 목적격 which: 생략 가능

① 타동사의 목적어: [선행사+which+S+V]: 관계대명사절 내에서 목적어 역할

This is the car **which** I bought last month.

The movie **which** we saw last night was very touching.

② 전치사의 목적어: [선행사+which+S+V+전치사] / [선행사+전치사+which+S+V]

This is the bed **(which)** I sleep in. (which 생략 가능: that으로 바꿔 쓸 수 있음)

=This is the bed in **which** I sleep. (which 생략불가: that으로 바꿔 쓸 수 없음)

She wrote on a topic **(which)** she knew nothing about.

=She wrote on a topic about **which** she knew nothing.

(3) 소유격: [사물+whose+명사+(S)+V] / [사물+of which+the+명사+(S)+V]

선행사가 사물일 경우에 소유격은 whose와 of which 둘 다 가능하지만, of which 소유격은 딱딱하고 격식을 갖춘 문어체에 주로 사용되며, 일상구어체에서는 사용하지 않는다.

She has a car **whose** brake doesn't work. (=She has a car.+Its brake doesn't work.)

She has a car.+**The** brake of **it** doesn't work.

=She has a car **of which the** brake doesn't work. (사물은 of 소유격도 가능)

=She a car **the** brake **of which** doesn't work.

(4) 계속적 용법의 which

앞 문장에 언급된 단어, 구, 절을 받으며 대체로 [접속사+대명사]로 바꿔 쓸 수 있다.

① 단어를 대신하는 경우

My brother is handsome, **which** I am not. (which=handsome)

He is a gentleman, **which** his brother is not. (that으로 쓸 수 없음)

② 구, 절 또는 그 일부를 대신하는 경우

I tried to repair my car, **which** I found very difficult. (=to repair my car: 앞 문장의 구)

I said nothing, **which** made him angry. (=and this: which는 앞 문장 전체)

He said he was ill, **which** was a lie. (which=he was ill: which는 앞 문장의 일부분)

(5) 관계형용사로 쓰인 경우

what 또는 계속적 용법의 which가 그 다음의 명사를 수식하는 경우에 쓰인다.

I said nothing, **which fact** made him angry. (=the fact I said nothing)

He spoke to me in French, **which language** I could not understand.

 관계대명사 that

(1) 관계대명사 that의 일반적 용법: who, whom, which 대신 사용할 수 있다.

The man **that** is speaking to us is our principal. (who 대용)

This is the car **that** I bought yesterday. (which 대용)

Power Grammar

Choose the best answer for the blank.

A: There is something ________________ I need to ask you. Can I ask a quick question?

B: Sure, go ahead. I'm all ears.

(a) what   (b) that   (c) which   (d) of which

[Power Solution]

[해설] 빈칸에는 두 문장을 연결하는 접속사 또는 관계대명사가 들어가야 하는데 뒤의 문장에 목적어가 없으므로 관계대명사가 들어가는 것이 적절하다. 선행사가 something의 경우에는 that을 관계대명사로 수반할 수 있다.

[어휘] be all ears 온통 귀에 정신을 모으다, 열심히 귀 기울이다

[정답] (b) that

---

(2) 관계대명사 that만을 써야 하는 경우

① 선행사에 [사람]과 [사물, 동물]이 동시에 왔을 경우

The car and **the driver that** fell into the river were not found.

② 선행사가 [최상급]의 수식을 받는 경우

This is **the best** film that I have ever seen.

③ 선행사가 부정대명사 **all, much, little, none, anything, something**일 경우

There is **little (that)** you can do to help him. (not which)

Is there **anything (that)** you want? / **All (that)** I could do was run away. (not which)

The teacher said **something (that)** he couldn't understand. (not which)

> **참고** 선행사 **something**과 **anything** 뒤에 이어지는 관계대명사가 주격일 경우에는 **which**를 쓸 수도 있다. 하지만 **all, little, much, none** 뒤에는 주격이든 목적격이든 **that**만을 써야 한다.
>
> I want to eat **something which** is good for health. – 주격 (o)
>
> This is **something which** I have wanted to have. – 목적격 (x)

> **주의** 언급된 부정대명사외에 [**someone, everything, nothing, no, every**]등의 부정대명사와 [**the only, the very, the same**, 서수(**the first**)]등의 한정어구가 선행사에 포함된 경우는 **who, whom, which**도 자주 쓰이기 때문에 반드시 **that**을 써야 하는 것은 아니다.
>
> He was **the only one who** greeted me at the party.

④ 관계대명사 앞쪽에 **who, which, what** 등의 의문사가 있는 경우

Who is the man **that** is leaning against the gate?

Who **that** has conscience can do such a thing?

Grammar Focus 6   관계대명사 what

선행사를 포함하는 관계대명사이므로, what앞에는 선행사를 쓸 수 없다. [~하는 것]으로 해석되므로 사물에만 쓰이며, 형용사절을 이끄는 다른 관계대명사와는 달리, what은 언제나 명사절을 이끈다. 주격과 목적격의 형태가 같으며 소유격은 없다.

(1) 관계대명사 what의 해석 방법

TV dramas are **what** I enjoy watching most. (~하는 것: **the things which**)

I'll do **what** I can do for you. (~하는 무엇이든: **anything that**)

(2) 관계대명사 what의 격

① **주격 what:** [what+V]

I will do **what** I think is right. (=the thing which I think is right) what절은 **do**의 목적어

② **목적격 what:** [what+S+V]

What you have done is not right. (=the thing which you have done) what절은 주어

This is **what** I wanted to have. (=the thing which I wanted to have) what절은 보어

She is proud of **what** she has. (=the things which she has) what절은 전치사 **of**의 목적어

(3) 관계대명사 what 명사절의 역할

① **What** I'd like to have is a car. (주어 역할)

② This is **what** I wanted to have. (보어 역할)

③ I will do **what** I think is right. (타동사의 목적어 역할)

④ She is proud of **what** she has. (전치사의 목적어 역할)

Power Grammar

Choose the best answer for the blank.

A: John, are you sure this is the book she wants?

B: Yes, that's exactly ___________ she is looking for.

(a) which   (b) that   (c) what   (d) whom

[Power Solution]

[해설] 빈칸에는 두 문장을 연결하는 접속사 또는 관계대명사가 들어가야 하는데 뒤의 문장에 for의 목적어가 없으므로 관계대명사가 들어가는 것이 적절하다. 또한 빈칸 앞에 선행사가 없기 때문에 **what**이 정답이다.

[어휘] exactly adv. 정확히

[정답] (c) what

(4) 관계형용사 what: [what+명사] [~하는 모든 명사]

what 바로 다음에 명사가 오면 what은 뒤의 명사를 수식하는 관계형용사 역할을 한다.

I gave him **what money** I had. (=all the money that I had)

She saves **what little money** that she earns. (=all the little money)

(5) 관계대명사 what의 관용표현

what one is 현재의 사람의 사람됨, 인격	**what one was [used to be]** 과거의 사람됨
what one has 사람의 재산	**what one has done** 업적, 행위
what we [they, you] call 소위, 이른바	**what is called** 소위, 이른바
what is better[worse] 더욱 좋은[나쁜] 것은	**what is more** 게다가, 더욱이
A is to B what [as] C is to D A와 B의 관계는 C와 D의 관계와 같다	
what with A and (what with) B 한편으론 A, 또 한편으론 B 때문에	

I respect him for **what he is**, not for **what he has**.

I owe **what I am** to my parents.

He is not **what he used to be**.

He is **what we [you] call** a walking dictionary.

He failed in business, and **what was worse**, he lost his health.

Parks **are to** the city **what [as]** lungs **are to** the body.

What with fatigue **and (what with)** hunger, he fell down.

Power Grammar

Choose the best answer for the blank.

Words are to writers _____________ rhythm is to musicians.

(a) so　　　　　　　(b) but　　　　　　　(c) what　　　　　　　(d) than

[Power Solution]

[해설] 'A is to B what [as] C is to D'는 'A와 B의 관계는 C와 D의 관계와 같다'는 뜻의 관계대명사 what의 관용적인 표현
이다.

[정답] (c) what

Grammar Focus 7　관계대명사와 전치사

대부분의 전치사는 관계대명사 앞이나, 문장 끝에 위치할 수 있다. 전치사가 관계대명사 앞에 올 경우
에는 that을 쓸 수 없으며, 목적격이라도 생략이 불가능 하다.

He is the man **about whom** we talked. (whom은 생략 불가; that으로 바꿔 쓸 수 없음)

=He is the man **(whom)** we talked **about**. (whom은 생략 가능; that으로 바꿔 쓸 수 있음)

He is the man **about that** we talked. (x) He is the man **about** we talked about. (x)

(1) [전치사+관계대명사]의 어순만 가능한 경우

① 전치사가 [위치, 방향] 등을 나타내는 특정 전치사인 경우

위치	**around round near between beyond opposite outside**
방향	**down toward up**
기타	**during except besides like than**

I looked up at the hill **beyond which** I could not go.

The years **during which** he was away were a very long time to her.

② [수량 대명사+of+관계대명사]의 어순: [many/some/most/any/all+of+which/whom]

부정 대명사 many of, most of, some of 등은 반드시 관계대명사 앞에 써야 한다.

many of most of some of any of each of neither of none of both of all of

He has many books. All of them he has read. (두 문장)

=He has many books, **all of which** he has read. (=and all of them: 복문)

He has many books, **and all of which** he has read. (x) (접속사 중복: and와 which)

He has many books, **all of them** he has read. (x) (접속사 없이 문장을 합칠 수 없음)

We didn't like the food, **most of which** was tasteless. (=because most of it)

(2) 전치사를 관계대명사 앞에 쓸 수 없는 경우

[be+형용사+전치사]형태나 [동사+(부사)+전치사]형태 등의 긴밀한 결합성을 지닌 동사구의 전치사는 관계대명사 앞에 쓰지 않고, 문미에 그대로 남겨둔다.

be fond/proud/afraid of	**catch up with**	**put up with**
look forward to	**look up to**	

He is one of the scientists (whom) we **look up to**. (o)

He is one of the scientists **to** whom we **look up**. (x)

Grammar Focus 8　관계대명사의 생략

목적격 관계대명사는 생략할 수 있지만, 계속적 용법의 관계대명사는 목적격이라도 생략할 수 없다.

(1) 목적격 관계대명사의 생략

① 타동사의 목적어인 경우

Have you seen the house **(which, that)** they've bought?

This is the girl **(whom, that)** you met at the party last night.

주의　계속적 용법의 관계대명사는 목적격이라도 생략할 수 없다.

I missed Jane, **whom** I hadn't seen for several years. (=because I hadn't seen her~)

② 전치사의 목적어인 경우

This is the bed **(which, that)** I sleep in.

=This is the bed in **which** I sleep.

> **주의** 전치사 바로 다음의 관계대명사는 생략할 수 없으며, **that**으로 바꾸어 쓸 수 없다.
> This is **the bed in** I sleep. (x)
> This is the house **in that** I live. (x)

(2) 주격 관계대명사의 생략

주격 관계대명사는 생략할 수 없는 것이 원칙이지만, 다음의 경우에 한해 주격 관계대명사를 생략할 수 있다.

① [주격 관계대명사+be 동사]의 생략

The man **(who is)** playing tennis is my friend.

The CD player **(which was)** made in China is being repaired by a mechanic.

② 삽입절이 포함된 경우 주격 관계대명사는 단독으로 생략 가능

She has a book **(which)** I think is very useful to you.

The boy **(who)** you thought was my uncle was my brother. (who는 주격이지만 생략 가능)

③ [It ~ that] 강조구문에서 주격 관계대명사: 아주 드물게 생략

It is her father **(who, that)** wants to see you.

Who was it **(that)** told you so?

④ 주격 관계대명사 바로 뒤에 **there is(are)**로 구문이 이어질 경우

This is one of the best works **(that)** there are in English literature.

He taught me the difference **(that)** there is between right and wrong.

(3) 보어로 쓰인 보격 관계대명사의 생략

보격 관계대명사의 경우 선행사가 사람이라고 하더라도, who(m)를 쓰지 않는다. 사람 자체보다는 사람의 인격, 직업, 신분, 사람됨을 가리키기 때문에, which나 that을 쓴다.

He is not half the man **(that, which)** he used to be.

I am not the kind of person **(that, which)** you think me to be.

A. Choose the best answer for the blank.

1. I spoke with a traveler **(who / whom)** lost a hundred-dollar check.

2. I want to know **(how / what)** life is like in Seoul.

3. I chose a dealer **(whom / who)** we believe was honest.

4. Some flowers **(whose / which)** smell sweet are sent from my daughter on my birthday every year.

5. It was the priest **(that / which)** could get rid of his anxiety.

6. I think **(that / which / what)** is most important in life is love.

7. She lends money only to the people **(who / whom / which)** are sure to pay her back.

8. Susan said she was very rich, **(which / that / what)** was not true.

9. My friend told me something **(what / that / of which)** I'm sure will surprise you.

10. That is the town **(which / where / in which)** I wish to visit someday.

11. Min-ho wrote her a long letter, **(which / that / what)** he didn't mail.

12. This is the coldest winter **(what / which / that)** we've had in ten years.

13. He is a famous explorer, about **(who / whose / whom)** many books have been written.

14. Reading is to the mind **(what / which / that)** food is to the body.

15. I invited a lot of people to my birthday party, some of **(whom / them / who)** had just moved to our town.

B. Identify the option that contains an awkward expression or an error in grammar. Then correct the ungrammatical part in the sentence.

1. I bought an expensive hat which I found it a little too big for me.

2. Jane is the most beautiful girl who I have ever seen in my whole life.

3. His son, that lives in Ithaca, is studying hotel management at Cornell University.

4. James! Is there anything which you are interested in?

5. The boy whom I thought was very healthy suddenly fell ill.

6. He made a visit to the city last year, which he fell ill during.

7. There is no one here of that you need to be afraid.

8. I lost my way in the woods, and which was worse, it began to rain.

9. There was little which interested her at the fashion show.

10. Good manners are which makes men different from animals.

Part I   Choose the best answer for the blank.

1   A: Our bookshelf is getting crowded. Why don't we sell some of these books?

    B: That's exactly _________________ I'm thinking.

    (a) that   (b) what   (c) as   (d) which

2   A: Governments are offering tax breaks to anyone _______________ takes the bus to work

    instead of driving.

    B: Yeah, so I'm considering selling my car.

    (a) who   (b) he   (c) whom   (d) them

3   A: Mom, do you know who Steven Spielberg is?

    B: He's a movie director __________________ films are admired by many fans.

    (a) Who   (b) whose   (c) which   (d) of which

4   A: I'm afraid, but the school festival, _________________ we have prepared for 2 months,

    would be canceled.

    B: What? Is that on account of H1N1?

    (a) for what   (b) of which   (c) for which   (d) of what

Part II   Choose the best answer for the blank.

5   An issuance policy describes the conditions ______________________________ a certificate is

    issued.

    (a) under which   (b) under what   (c) for which   (d) for what

6   Isn't that the guy _________________ Jennifer has been dating since last winter?

    (a) whom   (b) as   (c) which   (d) whose

7   This course is designed for those _______________ cooking skills are already quite excellent.

    (a) which   (b) whom   (c) whose   (d) who

8   The doctor said it is an incurable disease ______________________________ is not known.

    (a) which the cause of (b) which of the cause (c) of the cause which (d) of which the cause

Part I Choose the best answer for the blank.

1 A: For what reason do they say kissing is good for easing pain?

B: It's because kissing increases the secretion of endorphin, _______________ relieves pain.

(a) which　　　　(b) that　　　　(c) who　　　　(d) what

2 A: Have you decided on who you will hire?

B: Not yet. Actually I have two people in mind _______________ I think would work out well on this.

(a) who　　　　(b) whom　　　　(c) whose　　　　(d) which

3 A: What did you do last weekend?

B: I spent _______________ little time I had with my family.

(a) what　　　　(b) as　　　　(c) whose　　　　(d) which

4 A: James is in serious debt because his business collapsed.

B: I'm sorry, but I think there's nothing _______________ we can do for him right now.

(a) as　　　　(b) for　　　　(c) what　　　　(d) that

5 A: Your writing has some redundant expressions, _______________ makes it somewhat obscure.

B: Thank you for your comment. It's very helpful for me.

(a) which　　　　(b) who　　　　(c) what　　　　(d) that

Part II Choose the best answer for the blank.

6 The ability to make important decisions without being swayed by any pressure or a fear of failure _______________ most leaders want to possess.

(a) is that　　　　(b) are that　　　　(c) is what　　　　(d) are what

7 This morning, all my classmates and I were frightened away by the pet snake _______________ Jenny brought for biology class.

(a) where　　　　(b) in which　　　　(c) which　　　　(d) what

8   About thirty percent of the seminar participants were professional women, ______________
were much younger than their male counterparts.

(a) some of them   (b) of whom they   (c) some of whom   (d) of whom some

9   According to the Statistics on Marriages and Divorces 2008 released by the
Department of Statistics, there were over 4,000 divorce cases that year, two-thirds of ________
were started by women.

(a) who   (b) that   (c) which   (d) whose

10   I spoke with a number of people ______________ have lost their fathers and they didn't
get it.

(a) while   (b) what   (c) that   (d) in which

Part III   **Identify the option that contains an awkward expression or an error in grammar.**

11   (a) A: I am terribly sorry for the mistake what I made. I think I'd better quit my job.
(b) B: Don't say that even in joke. Neither you nor anybody else is wrong.
(c) A: But you may miss an opportunity to make a deal with that company.
(d) B: Don't be too hard on yourself. I'm sure we can take another chance.

12   (a) A: Did you hear that a famous Hollywood movie star killed herself?
(b) B: Yeah, I saw it on TV. It was so shocking to me.
(c) A: I agree. She was one of those whom seemed never to think about something like that.
(d) B: That's what I'm saying. She looked happy all the time.

13   (a) A: Mom, I'm thinking about studying abroad after I finish high school.
(b) B: What? What makes you think that? It may be more difficult than you think.
(c) A: I know, but I have wanted to try it for a long time.
(d) B: If that's which you really want to do, I have no objection to your idea.

14 (a) Instead he paused, then continued playing – adjusting, creating, compensating as he went along. (b) When he put down his bow at the end of the concert, a mighty roar of applause filled the hall. (c) When it had died down, he spoke to the audience: (d) "You know, sometimes it is the artist's task to find out how much music you can still make with that you have left."

15 (a) I'm 17 and I can't remember a time when I wasn't overweight. (b) Almost every single one of my family members has in some way tried to pressure me to lose weight, that distresses me a lot. (c) It's not helpful because I normally gain weight after. (d) I wish they would try and make me feel good about the body I have instead of attempting to push me into a new one.

Unit 12

관계부사

관계부사란 접속사와 부사의 역할을 동시에 하며 형용사절을 이끄는 접속사를 지칭한다. 관계대명사의 선행사는 생략이 불가능하지만, 관계부사가 수식하는 형용사는 경우에 따라 생략을 할 수 있는데, 이 경우 관계부사는 형용사절이 아니라 명사절을 수반한다.

관계부사의 핵심개념

1. 관계부사는 [부사]이기도 하고 [접속사]이기도 하다.

2. 관계부사는 [전치사+관계대명사]이다. (where=in which)

3. 관계부사는 관계부사가 이끄는 절 내에서 **부사역할**을 하므로, 관계부사 뒤에는 **항상 완전한 절이 와야 한다.**

   This is the house. She was born there. (there=in the house)

   This is the house where she was born. (where=in+which)

관계부사 where는 밑줄 친 형용사절 내에서 장소 부사 역할과 두 문장을 한 문장으로 연결하는 접속사의 역할을 동시에 하고 있다.

종류	선행사	관계부사	전치사+관계대명사	용법
장소	the place (house)	where	at [on, in] which	제한, 계속
시간	the time (day)	when	at [on, in] which	제한, 계속
이유	the reason	why	for which	제한
방법	the way	how	in which	제한

주의　how는 선행사 **the way**나 **how** 중 하나를 반드시 생략하고 사용한다.

(1) 관계부사 where: [in/at/on+which]

[장소]를 나타내는 선행사 뒤에 쓴다. [전치사+관계대명사(선행사)]로 바꿀 수 있다.

This is the house.＋She was born **there**.

=This is the house.＋She was born **in the house**. (in the house=there)

=This is the house **in which** she was born.

=This is the house **where** he was born.

Do you know the <u>hotel</u> **where** he is staying? (=at which=at the hotel)

Tell me the <u>place</u> **where** you want to go now. (=to which=to the place)

Choose the best answer for the blank.

She is hoping to visit the small town of Ridley in ________________ her father was born.

(a) that (b) when (c) which (d) where

[Power Solution]

[해설] 선행사 Ridley를 받는 관계사가 필요한데 관계사절에서 in의 목적어 역할을 하는 관계대명사 which가 필요하기 때문에 (c)가 정답이다.

[어휘] born in ~에서 태어난

[정답] (c) which

(2) 관계부사 when: [in/at/on+which]

time, day 등 시간을 나타내는 선행사 뒤에 쓴다.

I don't remember **the day**. + I first met you **then**.

I don't remember **the day**. + I first met you on **the day.**

=I don't remember **the day on which** I first met you.

=I don't remember **the day when** I first met you.

Let me know the time **when** he will start. (=at which)

The day when he left was Monday. (=on which)

He was born in **the year when** the war ended. (=in which)

Monday is **the day when** I am most busy. (=on which)

(3) 관계부사 why: [for which]

선행사가 이유(the reason) 일 때 쓴다.

That is **the reason**. + He was absent for **that reason**.

=That is **the reason for which** he was absent.

=That is **the reason why** he was absent.

This is **the reason why** he was so angry. (=for which)

Do you know **the reason** he didn't come to the party? (관계부사 생략)

Do you know **why** she is crying? (선행사 생략-명사절)

(4) 관계부사 how: [in which, the way that, the way in which]

선행사가 방법을 뜻하는 the way일 때 쓴다. the way와 how를 나란히 쓸 수 없으며, 반드시 how나 the way 중 하나를 생략한다.

Please tell me **the way**. + You learned English in **the way**.

=Please tell me **the way in which** you learned English.

=Please tell me **the way that** you learned English.

=Please tell me **the way** you learned English.

=Please tell me **how** you learned English.

=Please tell me **the way how** you learned English. (x)

This is **how** he did it.

=This is **the way (that)** he did it.

=This is **the way in which** he did it.

This is **the way how** he did it. (x)

Grammar Focus 2   관계부사의 주의할 사항

(1) 관계부사를 대신하는 that

모든 관계부사 대신 사용할 수 있으며, 생략 가능하다. 특히 when 대신에 자주 사용된다.

That was **the second time (that)** we met.

This is **the place (that)** he was born.

That is **the reason (that)** he was absent from school.

He told me **the way (that)** he had solved it.

(2) 관계부사의 생략

관계부사 when, why는 대부분의 경우 생략 가능하지만, **where는 보통 생략되지 않는다.**

the house I was born (x)

the house I was born **in** (o) (which 생략)

Monday is **the day (when)** I am most busy.

That is **the reason (why)** he didn't come.

주의   선행사가 **the times, the cases**인 경우 **when, where**는 생략할 수 없다.

> **Power Grammar**
>
> **Choose the best answer for the blank.**
>
> Creta is a beautiful historic ________________________ priceless Greek remains lie.
>
> (a) island which   (b) island where   (c) island   (d) island when
>
> **[Power Solution]**
>
> [해설] 선행사 island를 받는 관계사가 필요하다. 관계사가 이끄는 절은 완전한 문장이므로 관계대명사가 아닌 관계부사가 필요하다. 문맥상 '그리스 유적이 있는 섬'이라는 의미이므로 관계부사 **where**이 적절하다.
>
> [어휘] historic a. 역사적인   priceless a. 귀중한   remains n. 유적, 유산
>
> [정답] (b) island where

(3) 선행사의 생략

관계부사의 선행사가 [the time, the place, the reason, the way] 등과 같이 일반적인 의미의 선행사일 경우 생략해도 의미의 변화가 없으므로 생략할 수 있다. 실제로 생략하지만 특정한 장소, 때를 나타내는 선행사 [house, hotel, month, day]는 생략하지 않는다.

This is **(the place) where** I grew up.

Tell me **(the time) when** he will come here.

That is **(the reason) why** he was absent from school.

This is **the river where** I used to swim. (the river는 특정한 장소로 생략하면 의미가 변한다.)

참고 선행사 **time**과 관계부사 **when**이 떨어져 있는 경우에는 선행사도, 관계부사도 생략할 수 없다.

The **time** will come **when** you will regret it.

주의 구체적이고 물리적인 장소를 나타내는 명사가 아니더라도, **point**(지점; 경지), **case**(경우; 사례), **circumstance**(사정; 환경), **situation**(상황; 입장) 등의 명사들도 은유적으로 장소의 개념으로 보아 관계부사 where를 쓴다.

That's the **point where** you are mistaken. (=at which)

There are many **cases where** the rule does not apply. (=in which)

(4) 관계부사와 관계대명사의 차이

종류	관계대명사	관계부사
형용사절 속에서의 역할	[접속사+대명사] 주어, 목적어, 보어의 역할	[접속사+부사] 시간, 장소, 방법, 이유를 나타내는 부사
형용사절의 문장형태	선행사+관계대명사+**불완전한 문장**	(선행사)+관계부사+**완전한 문장**
전체 문장에서의 역할	선행사를 수식하는 **형용사절**을 이끈다. 단, what은 명사절을 이끈다.	선행사를 수식하는 형용사절 또는 선행사 생략할 경우 **명사절**을 이끈다.
선행사와의 관계	선행사와 동일 **which=the house**	전치사+선행사 (=관계대명사) **where=in the house (=in which)**

Grammar Focus 3 　관계부사의 계속적 용법

관계 대명사와 마찬가지로, 관계부사 역시 제한적 용법과 계속적 용법이 있다. 관계대명사의 용법과 동일하게 쓰인다. where, when만이 계속적 용법으로 쓰인다.

제한적 용법	계속적 용법
① 선행사가 수많은 때, 장소, 방법, 이유들 중에서 어떤 때, 장소, 방법, 이유 등을 가리키는지 한정하는 역할을 한다. ② 선행사 앞에 comma가 없다. ③ [전치사+관계대명사] 형태로 바꿀 수 있다: in which	① 선행사가 어떤 시간, 장소인지 이미 밝혀진 상황에서, 선행사에 추가적인 정보를 제공하는 역할을 한다. ② 선행사 앞에 comma가 있다. ③ [접속사+부사] 형태로 바꿀 수 있다: and there/then

This is the city **where** she stayed for three months. (=in which)

She went to New York, **where** she stayed for three months. (=and there)

Korea was freed in 1945, **when** the Second World War ended. (=and then)

Tomorrow is the day **when** she will be at home. (=on which)

Call her again tomorrow, **when** she will be at home. (=and/because then)

Choose the best answer for the blank.

The movie takes place in a future much like the present, _________________ technology has made life move faster and communication easier.

(a) that   (b) where   (c) which   (d) what

[Power Solution]

[해설] 선행사는 place를 받는 관계사가 필요하다. 관계사가 이끄는 절은 완전한 문장이므로 관계대명사는 아니므로 빈칸에는 관계부사가 들어가야 한다. 문맥상 '발전된 기술로 인해 생활이 빨라지고 통신이 쉬워지는 곳'이라는 의미이므로 관계부사 where이 정답이다.

[어휘] technology n. 기술   communication n. 통신

[정답] (b) where

EXERCISE

A. Choose the best answer for the blank.

1. I don't understand the way **(how / in which)** he solved the problem.

2. She used to get depressed, which is the reason **(by which / for which)** she committed suicide.

3. Please give me a good reason **(why / where)** you were absent.

4. Do you know any means **(in which / by which)** we can contact him?

5. This is the house **(where / which)** he lives in.

6. No one knows **(what / how)** they used to live in those days.

7. Spring is **(where / when)** leaves and plants start to grow again.

8. That's **(how / that)** they were rescued.

9. That is the point **(which / where)** you are wrong.

10. The library was equipped with a lot of computers and innumerable books, **(where / which)** I was pleased with.

11. There's something to be completed before the inspection team begins to examine our plants, **(which / where)** we make a variety of shoes.

12. This is the hotel **(which / where)** the businessman runs.

13. This is the proposal **(where / to which)** the boss has no objection.

14. This is the city **(where / which)** I want to be proud of.

15. Her house is the place **(which / where)** she have always missed.

B. Identify the option that contains an awkward expression or an error in grammar. Then correct the ungrammatical part in the sentence.

1. I can't figure out the reason when she left me.

2. We completed doing our task at seven, which she wanted me to stay longer.

3. A manufacturing facility often brings new jobs to the city which it is located.

4. The way how we speak is completely different from the way we write.

5. It was Charlie's apartment where my uncle used to live in.

6. It is K-10 fitness center which I learned the method of weight lifting.

7. That is the library where I have been in charge of.

8. I want to get rid of the miserable event of the weeks when I experienced in my mind.

9. Do you remember the time which the supervisor visited our office?

10. This is the city where I want to be proud of.

Part I **Choose the best answer for the blank.**

1 A: The highlight of this movie is the scene _________________ the two main characters meet again.

B: I think so, too. And the music at the scene is really moving.

(a) when   (b) which   (c) how   (d) where

2 A: Why does Kim go to Seoul so often?

B: As I know, she has a lot of friends and relatives there because it's the city

______________________ .

(a) she was born   (b) she was born in

(c) which she was born   (d) where she was born in

3 A: How about this townhouse?

B: It's exactly the style of house ___________________ I've wanted to live in.

(a) what   (b) in that   (c) which   (d) where

4 A: What do you think will be different in the new generation leaders?

B: They will start to talk to different parties _________________ they might have conflicts before.

(a) that   (b) where   (c) when   (d) what

Part II **Choose the best answer for the blank.**

5 He didn't keep his promise that he would never return to his hometown _________________ he was born.

(a) when   (b) where   (c) which   (d) of which

6 All the crowd sang it over and over that night, ______________ he took to the stage at the Festival Hall.

(a) which   (b) that   (c) what   (d) when

7 There are still many families ________________ three generations live together in that country.

(a) which   (b) when   (c) what   (d) in which

8 The place ______________ we stayed at during the summer vacation was too dingy, wasn't it?

(a) when   (b) where   (c) which   (d) what

Part I   **Choose the best answer for the blank.**

1   A: Were you raised in the countryside?

     B: Yes, that's ________________ I'm not used to the life in this huge apartment complex.

     (a) which   (b) that   (c) why   (d) what

2   A: Sam, it looks too difficult for us.

     B: OK. I'll give you one more demonstration, and please memorize ________________

      I step.

     (a) what   (b) why   (c) how   (d) where

3   A: The movie was so terrible. I could hardly understand the main character's lines.

     B: That's just ________________ I want to say.

     (a) which   (b) that   (c) what   (d) how

4   A: You seem to be very busy with your new job these days.

     B: You're right, but that's ________________________.

     (a) just the way I like it   (b) just the way I like   (c) the way I like just   (d) the way I just like it

5   A: Do you happen to see a man wearing a hooded jacket?

     B: Yes, he ran into the backyard of the house ________________ front door is light

      green.

     (a) where   (b) of which   (c) whose   (d) that

Part II   **Choose the best answer for the blank.**

6   Insulin helps glucose move from your bloodstream into cells in your body, ________________

     it can be used as energy.

     (a) which   (b) who   (c) what   (d) where

7   I believe the Apple iPhone will change ________________________ their cell

     phones.

     (a) the way people using   (b) the way using people

     (c) people use the way   (d) the way people use

8   There was no plausible explanation of _________________________ the car accident occurred.

(a) how   (b) the ways which   (c) the ways how   (d) in that

9   Gordon Brown welcomed the Nissan investment _________________ is expected to create
350 direct jobs.

(a) where   (b) what   (c) of which   (d) which

10 We live in a world _________________ almost everything – doors, scissors, refrigerators
– is made for the right-handed.

(a) which   (b) who   (c) when   (d) where

 Identify the option that contains an awkward expression or an error in grammar.

11 (a) A: Have you been to Banff in the Rockies?

(b) B: No. But I've heard that it is the one of the most beautiful lakes in the world.

(c) A: That's the place which I'd like to spend my holidays.

(d) B: If I were you, I would give it a shot.

12 (a) A: How did you meet Jason?

(b) B: We met at the fitness club. Why?

(c) A: He uses the words I would never use.

(d) B: Don't get him wrong. That's just the way how he talks.

13 (a) A: I'm thinking of riding a bike to work. What do you say?

(b) B: Are you serious? In fact, gas prices have gone up so much.

(c) A: That's the reason why I'm considering selling my car for.

(d) B: I envy your courage. I couldn't live without my car.

Part IV Identify the option that contains an awkward expression or an error in grammar.

14 (a) An elephant's trunk is actually a long nose with various functions. (b) It is used for smelling, breathing, trumpeting, drinking, and also for grabbing things – especially a potential meal. (c) The trunk alone contains about 100,000 different muscles. (d) Asian elephants have a fingerlike feature on the end of their trunk where they can use to grab small items.

15 (a) Back in the 1920s, when architects drew up plans for a grand football stadium at California's flagship university, they refused to let a geologic imperfection stand in their way. (b) Earthquake science was still young, but the architects apparently realized that the Hayward is a fault, which two pieces of crust move past each other. (c) So the architects gamely built the stadium in two halves, shaped like a coffee bean, with a line, the fault, essentially splitting the structure. (d) Each half of the stadium could move independently, riding the shifting crust without breaking a sweat.

Unit 13

복합관계사 / 관계형용사 / 유사 관계대명사

복합 관계사란 관계대명사나 관계부사에 어미[-ever]를 붙여서 만든 관계사를 뜻하며, 명사절과 부사절을 수반한다. 원래 접속사였던 단어가 관계대명사처럼 대명사의 역할을 함께하는 경우가 있는데 이를 유사관계대명사[as, but, than]라 한다.

Grammar Focus 1 복합관계대명사

복합관계대명사는 what처럼 선행사를 포함하는 관계대명사로 **앞에 선행사를 쓸 수 없으며**, 뒤에는 **항상 불완전한 절**이 이어진다. 명사절을 이끌어 전체문장의 주어, 목적어, 보어 역할을 할 수도 있으며, 주절을 단순 수식하는 양보 부사절을 이끌 수도 있다.

	격	명사절 (누구든지 / 무엇이든)	양보 부사절 (누구 / 무엇~할지라도)
사람	주격	whoever+V (=anyone who+V)	whoever+V (=no matter who+V)
	목적격	whomever S+V (=anyone whom S+V)	whomever S+V (=no matter whom S+V)
사물	주격	whichever/whatever+V (=anything that+V)	whichever/whatever+V (=no matter which/what+V)
	목적격	whichever/whatever S+V (=anything that S+V)	whichever/whatever S+V (=no matter which/what S+V)

(1) 복합관계대명사 whoever

① 명사절을 이끄는 경우: [~하는 사람은 누구든지]

Anyone gets the best seat. + **He** comes first. (He는 주격)

=**Anyone who** comes first gets the best seat. (관계사절 내에서 주어 역할)

=**Whoever** comes first gets the best seat. (관계사절 내에서 주어 역할)

You may give it to **anyone**. + You like **him**. (him은 목적격)

=You may give it to **anyone whom** you like.

=You may give it to **whomever** you like. (관계사절 내에서 목적어 역할)

You can invite **whomever** you like. (=anyone whom)

Tell it to **whomever** you can trust.

Whoever comes will be welcome.

② 양보 부사절을 이끄는 경우: [누가 ~할지라도]

Whoever may come, don't open the door. (관계사절 내에서 주어 역할)

=**No matter who** may come, don't open the door.

Whomever you may meet, he will love you. (관계사절 내에서 목적어 역할)

=**No matter whom** you meet, he will love you.

> 주의 **whoever**의 격은 전체 문장이 아니라, 관계사절 내에서의 역할에 따라 결정된다.
>
> Give the book to **whoever wants** it. (전치사 뒤에 위치한다고 하며 whomever를 쓸 수 없다.)
>
> Give the book to **whomever** you **like**. (관계사절 내에서 역할이 목적어라서 whomever이다.)

Choose the best answer for the blank.

A: Hey, John. What are you going to do with the old laptop?

B: Well. I think I'll give it to _________________ wants it.

(a) whatever   (b) whomever   (c) whoever   (d) whichever

[Power Solution]

[해설] 문맥상 '원하는 사람 누구에게나'라는 의미이므로 명사절을 이끄는 복합관계대명사가 필요하며 주어자리가 비어있기 때문에 주격이 적절하다. 따라서 (c)가 정답이다.

[어휘] laptop n. 휴대용 컴퓨터

[정답] (c) whoever

(2) 복합관계대명사 whichever

① 명사절을 이끄는 경우: [~하는 어느 것이든지]

You may take **anything**.+You like **it**.

=You may take **anything (that)** you like.

=You may take **whichever** you like. (관계사절 내에서 목적어 역할)

Choose **anything (that) you** think is better.

Choose **whichever** you think is better. (관계사절 내에서 주어 역할; **you think**는 삽입절)

② 양보 부사절을 이끄는 경우: [어느 것을(이) ~할지라도]

Whichever you may choose**,** make sure that it is a good one.

=**No matter which** you (may) choose, make sure that it is a good one.

Whichever you think is better, you can take it. (선택의 범위가 주어진 경우는 **whichever**)

=**No matter which** you think is better, you can take it.

(3) 복합 관계대명사 whatever

① 명사절을 이끄는 경우: [~하는 것은 무엇이든지]

I will buy you **anything**.+You want **it**.

=I will buy you **anything that** you want.

=I will buy you **whatever** you want. (관계사절 내에서 목적어 역할)

Do **anything**.+**It** is worth doing.

=Do **anything that** is worth doing.

=Do **whatever** is worth doing. (관계사절 내에서 주어 역할)

I'll give you **whatever** you want. (선택의 범위가 주어지지 않은 경우는 **whatever**)

② 양보 부사절을 이끄는 경우: [무엇을(이) ~할지라도]

Whatever you may say, I will not go. (관계사절 내에서 목적어 역할)

=**No matter what** you may say, I will not go.

Whatever may happen, I will go.

=**No matter what** may happen, I will go.

Grammar Focus 2   복합 관계부사

[관계부사+ever] 형태로 선행사를 포함하는 관계부사이므로 앞에 선행사를 쓸 수 없다.
관계부사처럼 접속사와 부사의 역할을 동시에 하며, 뒤에는 항상 완전한 절이 이어진다.

	종류	시간 장소 부사절	양보 부사절
장소	wherever S+V	**at/to any place where S+V** ~하는 어디든지	**no matter where S+V** 어디서 ~할지라도
시간	whenever S+V	**at any time when S+V** ~하는 언제든지	**no matter when S+V** 언제 ~할지라도
방법	however S+V		**no matter how** (형용사) **S+V** 아무리 ~할지라도

(1) 복합관계부사와 복합관계대명사의 차이

복합 관계대명사	복합 관계부사
① 뒤에 불완전한 절이 이어진다. ② 명사절, 부사절로 사용된다.	① 뒤에 완전한 절이 이어진다. ② 부사절로만 사용된다.

Power Grammar

Choose the best answer for the blank.

Go to our website to select ___________ you think deserves to be artist of the year.

(a) whoever   (b) whatever   (c) whichever   (d) whomever

[Power Solution]

[해설] 문맥상 '자격이 있는 사람 누구에게나'란 의미이므로 명사절을 이끄는 복합관계대명사가 필요하며, 그 격은 관계사절 내에서 정해진다. 주어진 문제의 경우 주어가 필요하기 때문에 정답은 whoever이다.

[어휘] deserve v. ~을 받을 만하다

[정답] (a) whoever

(2) 복합 관계부사 whenever

① 시간 부사절: [~할 때는 언제든지; ~할 때 마다] (=at any time when; every time)

Call me **whenever** it is convenient for you. (=at any time when it is convenient for you)

Whenever I am in trouble, I consult him. (=every time I am in trouble)

You may go **whenever** you want. (=at any time you want.)

② 양보 부사절: [언제 ~할지라도] (=no matter when가 쓰이는 것이 일반적)

Whenever you may come, I am always ready. (=No matter when you may come)

Whenever you may visit him, he will welcome you.

(3) 복합 관계부사 wherever

① 장소 부사절: [(~하는 곳은) 어디든지; 아무 곳에나] (=at[to] any place where[that])

Sit **wherever** you like.

=Sit **at any place where** you like.

You can go **wherever** you want.

=You can go **to any place where** you want.

② 양보 부사절: [어디에서 ~할지라도; 하더라도] (=no matter where)

Wherever he may go, they will find him. (=No matter where he may go)

Wherever you go, I'll be right there waiting for you. (=No matter where you go)

(4) 복합 관계부사 however

[however+(형용사/부사)+S+V] 형태로 쓰여서 [아무리~할지라도, 어떻게 ~할지라도]의 2가지 의미의 양보부사절을 이끈다. [However+S+V] 형태는 후자의 의미로 쓰인다.

However hard you may try, you cannot do it. (=No matter how hard you may try)

The students may dress **however** they want. (=in any way that they want)

However humble it may be, there is no place like home. (=Be it ever so humble,)

Grammar Focus 3   관계형용사

what 또는 계속적 용법의 which가 그 다음의 명사를 수식하는 경우, 이를 관계형용사라 한다.

(1) 관계형용사 what

① [what+명사+S+V]=all the+명사+that+S+V: [~한 모든 명사]

I gave him **what money** I had with me. (=all the money I had with me)

② [what+few/little+명사]: [~한 얼마 안 되지만 모든 명사]

I gave them **what few books** I had. (=all the few books that I had)

She saves **what little money** she earns. (=all the little money she earns)

(2) 관계형용사 which

① [~ which+명사+S+V]: [~하는 어떤 명사든지]

You may take **any book**.+You like **that**.

=You may take **any book** you like.

=You may take **which book** you like. (=whichever)

② 계속적 용법: [S+V, which+명사+(S)+V]: [~ (그리고) 그 명사]

He spoke to me in **French.**+I could not understand **that language**.

=He spoke to me in <u>French</u>, **which language** I could not understand.

I said nothing, **which fact** made him angry. (=the fact that I said nothing)

We spent <u>two days in the cave</u>, during **which time** we could eat nothing.

Power Grammar

Identify the option that contains an awkward expression or an error in grammar.

(a) A: I'm so tired tonight.

(b) B: So am I. Why don't we just go to a movie?

(c) A: Sounds good. I'd like to see the Cave. Is that okay with you?

(d) B: Sure. However you'd like.

[Power Solution]

[해설] (d)에서 However을 Whatever로 바꾸어야 한다. 문맥상 양보의 의미를 가지면서 like의 목적어가 될 수 있는 복합관계부사 however가 아닌 whatever나 whichever와 같은 복합관계대명사를 사용해야 한다.

[어휘] deserve v. ~을 받을 만하다, (~누릴 만한)자격이 있다

[정답] (d) However → Whatever

(3) 복합관계형용사

복합관계 대명사 [whichever, whatever, whosever]가 바로 뒤의 명사를 수식하는 형용사로 쓰인 경우, 이런 복합관계대명사를 복합 관계형용사라고 한다. [어떤 명사이든지], [누구의 명사이든지]와 같이 해석된다. 복합관계대명사와 마찬가지로 명사절과 부사절을 이끈다.

① [whichever+명사]: [~한 어느 명사이든지/ 어느 명사를 ~하더라도]

You may take **whichever book** you like. (=any book that~: 명사절)

Whichever book you (may) like, you may take it. (=No matter which book~: 부사절)

② [whatever+명사]: [~한 어떤 명사이든지/ 어떤 명사를 ~할지라도]

My son enjoys **whatever food** I cook him. (=any food that~: 명사절)

Whatever food I (may) cook my son, he enjoys it. (=No matter what food~: 명사절)

③ [whosever+명사]: [명사가(를) ~한 어떤 누구든지/ 누구의 명사가 ~할지라도]

You can employ **whosever name** is on this list. (명사절)

You can employ **anyone whose name** is on the list. (이름이 ~한 어떤 누구든지)

Whosever name is on the list, you can employ him. (=No matter whose name~: 부사절)

Grammar Focus 4 　유사 관계대명사

[as, but, than]처럼 원래 접속사로 쓰이는 말이 관계대명사와 비슷한 역할을 할 때가 있는데 기능이 관계대명사와 비슷해서, 이들 접속사를 유사 관계대명사라고 한다. 관계대명사들처럼 앞에 선행사가 오고, 뒤에 불완전한 절이 이어지며, 형용사절을 이끈다.

(1) 유사 관계대명사 as

주로 선행사 앞에 [as, such, the same] 등의 수식어(구)가 올 때 사용된다.

① **[as+형용사+명사+as (S)+V]**: [~한 만큼 형용사한 명사]

He has **as much money as** you have. [목적격 관계대명사]

As many children as came were given some presents. [주격 관계대명사]

As many passengers as were on the bus were injured. [주격 관계대명사]

He is **as great a scholar as** ever lived. [주격 관계대명사: 최상급의 의미]

② **[such+명사+as (S)+V]**: [~하는 그런 명사]

You should read only **such books as** you can understand easily. [목적격 관계대명사]

Don't read **such books as** are not worth reading. [주격 관계대명사]

Let us discuss only **such things as** we can talk about freely. [목적격 관계대명사]

③ **[the same+명사+as (S)+V]**: [~한 것과 같은 명사]

It is the **same story as** I heard in my childhood.

This is **the same laptop as** I bought a year ago.

④ **계속적 용법의 as**

which처럼 앞 문장 전체를 받는 계속적용법으로 쓸 수 있다. which는 앞 문장만 받을 수 있지만, as는 뒤에 나오는 문장도 받을 수 있다.

He was absent from school, **as (=which)** is often the case with him. [주격 관계대명사]

=**As** is often the case with him, he was absent from school. (not which~)

He was an European, **as** I noticed from his pronunciation. [목적격 관계대명사]

As was expected, he didn't show up at the party. [주격 관계대명사]

> **참고** 　주격으로 쓰인 계속적 용법의 유사관계대명사 뒤에 올 수 있는 동사는 주로 be, seem 등의 2형식 동사로 제한되며, which는 동사의 제한을 받지 않는다.
>
> She rejected my proposal, **as (=which)** was expected.
>
> She rejected my proposal, **which** devastated me. (not as devastated me)

Power Grammar

Choose the best answer for the blank.

A: I don't understand why you won't let me read this book.

B: Well, when you're an adult, you can read ___________ books you'd like.

(a) however   (b) whosever   (c) whatever   (d) whenever

[Power Solution]

[해설] 문맥상 '~한 책은 어떤 것이든'란 의미가 되어야 자연스럽다. 따라서 명사 **books**을 수식하는 복합관계형용사가 필요하다. (a)와 (d)는 복합관계부사이고, (b)는 복합관계대명사이므로 정답은 (c)이다.

[정답] (c) whatever

(2) 유사 관계대명사 but

선행사 앞에 [not, no, few] 등과 같은 부정어가 있을 때 사용하며, 이때 but은 that ~ not (~지 않는)의 의미로 앞의 선행사와 결합하여 [~하지 않는, ~은 없다]처럼 이중부정으로 강한 긍정의 뜻을 나타낸다.

There is **no** rule **but** has some exceptions.

=There is **no** rule **that** does **not** have some exceptions.

There is **no** one **but** loves peace.

=There is **no** one **that** does **not** love peace.

=Everyone loves peace.

(3) 유사관계대명사 than

선행사가 비교급 more에 의해 수식을 받는 경우 관계대명사는 than을 사용하는데, 주로 주격 또는 목적격 관계대명사로 사용된다.

① **주격**

Don't use **more** words **than** are necessary.

Children should not have **more** money **than** is needed.

A World War III will be **more** cruel **than** can be imagined.

② **목적격**

There came **more** people than the hall **could seat**.

He has saved **more** money **than** I have saved.

He spends **more** money **than** he earns.

Power Grammar

Choose the best answer for the blank.

_______________ is often pointed out, knowledge is a two-edged weapon which can be used for good or evil.

(a) As   (b) Which   (c) So   (d) That

[Power Solution]

[해설] 빈칸은 접속사 자리이다. 빈칸 뒤가 불완전한 절이므로, 관계대명사가 들어가야 한다. 계속적 용법의 관계대명사 which는 앞 문장 전체내용을 받아줄 수 있지만, 뒷 문장을 받지 못한다. 따라서 양쪽의 경우 모두 가능한 유사관계대명사 as가 정답이다.

[어휘] point out 지적하다   two-edged a. 양날을 가진

[정답] (a) As

A. Choose the best answer for the blank.

1. Choose such friends **(who / as)** will advise you.

2. There is no rule **(that / but)** has some exceptions.

3. I'll give my book to **(whoever / whomever)** wants it.

4. More boys **(whom / than)** she had expected came to the party.

5. The doctor told him to give up drinking, **(what / which)** advice he didn't follow.

6. (Who / Whoever) comes will be welcomed.

7. He invited **(whomever / anyone who)** wanted to come to the party.

8. The baseball game will be very exciting, **(which / whichever / whatever)** side wins.

9. I gave her **(which / what / of which)** money I had with me then.

10. No matter **(what / whatever)** happens, stay there.

11. (No matter / However) experienced you are, you cannot drive too carefully.

12. You have to trust only those **(whom / whomever)** you believe to be trustworthy.

13. There is no parents **(but / that)** don't love their children.

14. He spoke in Spanish, **(which / that / what)** language I did not understand.

15. (Wherever / Whenever) you may go, I will follow you.

B. Identify the option that contains an awkward expression or an error in grammar. Then correct the ungrammatical part in the sentence.

1. However he drives fast, he won't arrive before it is dark.

2. Whoever that knows him praises him.

3. Don't read such books that will not make you better and wiser.

4. He smiled at whomever came to ask him for advice.

5. I will appreciate which help you can give me.

6. However you try hard, you can't change anything.

7. You can take no matter which you want.

8. He gave whoever person came to the door an attractive smile.

9. The student did no matter what his adviser told him to do.

10. You can call whoever name is on this list.

Practice Test

1   A: Which wine do you prefer? Red, white or rosé?

B: Well, when it comes to wine, you have better taste than I do. I like ______________ you recommend.

(a) whatever   (b) however   (c) that   (d) which

2   A: I have no idea whether to drive to the airport or take a taxi.

B: ______________ you get there, don't be late for the plane!

(a) However   (b) Whenever   (c) Wherever   (d) Whichever

3   A: Have your heard the names of participants who qualified for the final group?

B: Well, ______________ survived the hard training course is to be included in the list.

(a) whomever   (b) whoever   (c) whom   (d) who

4   A: Look at the girl over there! I have never seen a more beautiful girl than she is.

B: I'm with you. There appears to be more to her ________ meets the eye.

(a) what   (b) as   (c) that   (d) than

5   I am very sorry for ______________ will baby-sit those wild kids.

(a) whatever   (b) whichever   (c) whoever   (d) whomever

6   Such accommodation ______________ she could find cost an arm and a leg.

(a) so   (b) what   (c) as   (d) those

7   Eating organic food ______________ possible would help to avoid toxic pesticides.

(a) whenever   (b) while   (c) whereas   (d) wherever

8   The first prize will be awarded to______________ finishes the giant cake faster than others.

(a) the one   (b) who   (d) anyone   (d) whoever

Part I Choose the best answer for the blank.

1 A: I don't make sense of why I can't watch the TV show, Mom?

B: Well, you are not old enough yet to watch _______________ program you like.

(a) which   (b) whatever   (c) what   (d) whoever

2 A: Who do you expect will be our new manager?

B: I want _______________ can make the right decisions on our current critical issues in our team.

(a) whoever   (b) who   (c) whichever   (d) those who

3 A: Who do you want to win this tournament?

B: I am quite sure _______________.

(a) whoever Wanderlei Silva beats will be the champion

(b) the champion will be Wanderlei Silva whoever may beat

(c) Wanderlei Silva beats whoever the champion will be

(d) whoever beats Wanderlei Silva will be the champion

4 A: I can't decide whether I should take the subway or bus.

B: _______________ you arrive there, don't be late for the show.

(a) However   (b) Whenever   (c) Wherever   (d) Whichever

5 A: You need to finish the job by tomorrow, _______________ it takes.

B: You're right. I think we have to work through the night, then.

(a) however   (b) wherever   (c) whenever   (d) whatever

Part II Choose the best answer for the blank.

6 Because of thick fog, Kate was not able to find where she was, _______________ way she looked.

(a) whenever   (b) whatever   (c) whichever   (d) wherever

7 Give this ring to _______________ you love.

(a) whatever   (b) whenever   (c) whichever   (d) whomever

8 You must not take more medicine ________________________ .

(a) than necessary it is (b) than is it necessary (c) than is necessary   (d) than necessary is

9 ______________ is quite often pointed out, knowledge is a double-edged sword that can be used for good or evil.

(a) So   (b) As   (c) That   (d) Which

10 __________________ the factors that cause anxiety, it starts from a response that is hardwired in our mind.

(a) Whatever   (b) Whenever   (c) However   (d) Whichever

11 (a) A: I feel very exhausted tonight.
   (b) B: So do I. Shall we just go to a movie?
   (c) A: Sounds great. I want to see the Cave. Is that fine with you?
   (d) B: Why not? Whoever you'd like.

12 (a) A: We need a seat for three.
   (b) B: Do you want a smoking seat?
   (c) A: I don't mind wherever comes up first. How long will it take the seat to get ready?
   (d) B: A non-smoking table will be ready in half an hour.

13 (a) A: You look angry. What happened to you, Beryl?
   (b) B: It's no big deal, but it is kind of irritating me.
   (c) A: Will you tell me about it, please?
   (d) B: It's about George. He speaks with his mouth full of food, however we eat together.

Part IV **Identify the option that contains an awkward expression or an error in grammar.**

14 (a) Every time I make a mistake, no matter however small, my dad would scold me harshly. (b) He had very big expectations that I had to live up to, and he didn't want to change his attitude. (c) Even after I became a college student, he still tried to control my life. (d) He just didn't allow me to decide anything for myself.

15 (a) A clever French engineer has devised an urban vehicle whatever works just on compressed air. (b) The latest form of the ZP car (ZP stands for Zero Pollution), which looks like a small family sedan. (c) This sedan has a top speed of up to around 100 km/h and runs for 10 hours. (d) It is a higher-performance vehicle than any electric motorcar presently in production.

Unit 14

접속사 1 (명사절 /등위 접속사)

단어와 단어, 구와 구, 절과 절을 연결하는 것을 접속사라 한다. 접속사는 크게 종속 접속사와 등위접속사로 나눌 수 있다.

(1) 절의 종류

절(clause)에는 두 가지 종류가 있다. 하나는 독립절(independent clause)이며, 다른 하나는 종속절(subordinate clause)이다.

① 독립절 (independent): 홀로 문장을 이룰 수 있다.

하나의 완전한 문장으로 성립될 수 있는 절을 의미한다. 하나의 독립절 안에는 종속절이 들어 있을 수도 없을 수도 있다.

I like swimming . (종속절 미포함 독립절)

I like swimming **because** it gives me a lot of pleasure. (종속부사절 포함 독립절: 복문)

I don't think **that** she is pretty. (명사절 포함 독립절: 복문)

② 종속절 (dependent or subordinate): 홀로 문장을 이룰 수 없다.

하나의 문장(독립절)내에서 형용사, 명사, 부사의 기능을 하는 절이다. 또 다른 하나의 절(주절)의 도움 없이는 홀로 하나의 독립절(온전한 문장)을 구성할 수는 없다.

Because it gives me a lot of pleasure. (x) (문장이 성립되기 위해서는 주절의 도움이 필요)

Which has a lot of cheese. (x)

I enjoy pizza **which has a lot cheese**. (o)

That she is pretty. (x) (독립절을 이루기 위해서는 주절(I don't think) 의 도움이 필요)

주의 주절이란 독립절과는 다른 개념이다. 주절은 항상 종속절이 포함된 문장에만 존재하며, 주절과 종속절이 하나로 결합할 때 독립절을 형성한다.

(2) 문장의 형태

① 단문: [S+V]

하나의 독립절로만 구성되어 있는 문장이 종속절을 포함하고 있지 않으면 단문이라고 한다. 단문 안에는 등위접속사가 들어 있을 수도 있지만 2개 이상의 완전한 문장이 들어 있지는 않다.

I like swimming very much.

I like swimming **but** hate running. (동사가 2개이지만, 주어가 하나이므로 단문)

② 중문: [S+V, 등위접속사 S+V]

중문은 2개 이상의 독립절로 구성되며, 종속절이 들어 있지 않다. 종속절이 포함되지 않은 2개 이상의 독립절이 주로 콤마와 등위접속사 [and, but, or, so, yet, nor]로 연결되어 있다.

One arrow is easily broken, **but** you can't break a bundle of ten.

③ 복문: [종속접속사 S+V, S+V] [S+V, 종속접속사 S+V]

종속절(명사절, 형용사절, 부사절)을 포함하고 있는 하나의 독립절을 복문이라고 한다.

I like pizza **which** has a lot cheese. (종속 형용사절 포함한 하나의 독립절)

I like swimming **because** it gives me a lot of pleasure. (종속 부사절을 포함한 독립절)

I don't think **that** she is pretty. (명사절을 포함한 독립절)

④ **혼문:** 2개 이상의 독립절이 등위 접속사로 연결되어 있으며, 적어도 1개 이상의 종속절을 포함하고 있으면 혼문이라고 한다.

Tell me <u>what you eat</u>, **and** I will tell you <u>what you are.</u>

Choose the best answer for the blank.

_______________________________________ jewelry and other articles out of gold.

(a) The making of a goldsmith (b) A goldsmith makes

(c) Making a goldsmith (d) To make a goldsmith

[Power Solution]

[해설] 빈칸 이하의 문장은 모두 명사로서 목적어 역할을 한다. '금세공인이 빈칸 이하의 명사들을 만든다'는 의미이므로 [주어 +동사]의 어순이 가장 적절하다. 따라서 정답은 (b) A goldsmith makes이다.

[어휘] jewelry n. 보석류, 장신구 goldsmith n. 금세공인 article n. 기사, 품목(물건)

[정답] (b) A goldsmith makes

Grammar Focus 2 명사절을 이끄는 접속사

명사절이란 전체문장에서 절이 하나의 명사로 기능하여 주어, 동사와 전치사의 목적어, 보어로 쓰이는 종속절의 일종이다.

(1) 명사절 접속사 that

① 주어로 쓰인 that절: [~가 ~라는 것은]

거의 대부분 가주어 it을 먼저 쓰고, 진주어 that절을 뒤에 수반하는 문장구로 쓰인다.

It is certain **that** he will win the game.

=**That** he will pass the exam is certain.

② 타동사의 목적어로 쓰인 that절: [~가 ~라는 것을]

타동사 think, believe, hope등의 목적어로 쓰인다. 이 경우 that은 생략이 가능하다.

I hope **(that)** he will enjoy doing the job.

I thought **(that)** he was honest.

③ [be+형용사] 다음에 목적어로 쓰인 that절

형용사가 that절을 목적어로 취하는 것이 아니라, 원래 [be+형용사+전치사+목적어] 구조에서, 전치사 다음에는 that 명사절을 쓰지 않으므로 형용사와 that절 사이에 전치사를 생략한 형태이다. 따라서 전치사의 목적어로 쓰인 명사절이라 보는 것이 적절하다.

I am certain [sure] **(that)** you will get well soon. **(not am certain of that ~)**

I am sorry **(that)** you couldn't make it to the party. **(not am sorry for/about that~)**

④ 보어로 쓰인 **that**절: [~가 ~하는 것이다]

Her problem is **that** she is too lazy.

The truth is **that** she loves him.

⑤ 동격의 **that**절: [~가 ~라는 명사]

[the fact, the new, the opinion, the proof] 등의 명사 뒤에 이어지는 that절로 that다음에는 완전한 절이 수반되어야 한다. 명사절이지만, 앞에 명사를 수식하는 형용사절처럼 해석한다.

There is no evidence **that** he is guilty.

There's a rumor **that** she is a millionaire.

(2) 명사절 접속사 if, whether: [~인지 아닌지]

whether는 모든 자리에 쓰일 수 있지만, if는 쓸 수 있는 곳이 제한적이다.

① if를 쓸 수 있는 경우: [타동사나 **be**+형용사 다음의 목적어]

I don't know **if** she will come.

I am not sure **if** he will come. (목적어로 쓰인 명사절)

② if를 쓸 수 없는 경우

주어	**Whether** she will come is not certain.
보어	The question is **whether** she will come.
동격	I have the question **whether** she will come.
전치사 다음	There are rumors about **whether** she is still alive.
or not 앞	I don't know **whether** or not he will succeed. (if S+V or not 은 가능)
to 부정사 앞	I can't decide **whether** to go out or stay home.

(3) 의문사: what, who, which when, where, why, how

모든 의문사가 간접의문문 형태의 문장에서 주어, 목적어, 보어로 쓰이는 명사절을 이끈다.

Where she lives is unknown. (주어)

The question is **when** he will come. (보어)

Do you know **why** John got fired? (타동사의 목적어)

He doesn't have the slightest idea of **what** it means to be a father. (전치사의 목적어)

(4) 관계대명사 what: [~가 ~하는 것]

선행사를 포함하는 관계대명사 what은 항상 명사절만 이끈다.

① **What** I'd like to have is a car. (주어 역할)

② This is **what** I wanted to have. (보어 역할)

③ I will do **what** I think is right. (타동사의 목적어 역할)

④ She is proud of **what** she has. (전치사의 목적어 역할)

(5) 복합 관계대명사: who(m)ever, whichever, whatever

복합관계대명사 역시 선행사를 포함한 관계대명사이므로, what처럼 명사절을 이끌 수 있다.

I will give you **whatever** you want. (직접목적어: =anything that you want)

Whoever comes first will receive the ticket. (주어: =anyone who comes first)

> **참고** 복합관계대명사는 양보 부사절로도 쓰인다. 구분방법은 복합관계대명사가 이끄는 절을 제외하고도 독립절(완전한 문장)을 이루면, 부사절이다.
>
> **Whomever** she loves, it is none of my business. (=no matter whom she loves)
>
> I will give it to you **whatever** you want. (=no matter what you want)

(6) 명사절을 이끄는 접속사 that과 what의 구분

명사절을 이끄는 접속사 that과 what은 공통점과 차이점이 있다.

(**That** / What) he stole my money seems obvious. (빠진 문장성분이 없는 완전한 절)

(That / **What**) he stole from me is my car. (stole의 목적어가 빠진 불완전한 절)

공통점	**주어, 목적어, 보어 역할을 하는 명사절을** 이끈다. [~하는 것]으로 해석된다.
차이점	that 이하: **빠진 문장성분이 없이 완전한 절이** 이어진다. what 이하: **목적어나 주어가 빠진 불완전한 절이** 이어진다.

> **참고** 의문대명사와 의문부사의 구분역시 what과 that의 구분과 동일하다.
>
> 의문대명사 (what, which, who) 뒤: **Who** broke the window? (불완전한 문장)
>
> 의문부사 (when, where, why, how) 뒤: Tell me **why** you hate him. (완전한 문장)

Power Grammar

Choose the best answer for the blank.

A: Why don't we have a coffee break?

B: Yes, that's exactly ________________ I need.

(a) which   (b) that   (c) what   (d) whom

[Power Solution]

[해설] 빈칸은 주절 be 동사의 보어가 되면서 need의 목적어가 되는 접속사가 필요하다. 따라서 이 두가지 역할을 모두 할 수 있는 것은 관계대명사 what이다. which와 whom은 선행사가 없어서 부적절하고 동시에 whom은 의미상으로 부적절하다. that은 완전한 절을 이끌어야 하는데, need의 목적어가 없기 때문에 부적절하다.

[어휘] coffee break (커피 등을 마시며 잠시 쉬는) 휴식시간, 쉬는 시간   exactly adv. 정확히, 틀림없이

[정답] (c) what

등위접속사는 문법적 의미적으로 대등한 관계에 있는 두 개 이상의 단어, 구, 절을 연결하는 접속사이다.

(1) 등위접속사 and

① 첨가의 의미: [A and B]: [**A와 B**; **A 그리고 B**]

You and he are good friends.

I like **apples, oranges, and pears**. (단어+단어)

He worked hard by day **and** by night. (구와 구)

I went to Beijing **and** (I) bought it.

> **참고**   등위 접속사로 절과 절을 연결할 때, 중복되는 부분은 거의 대부분 생략한다.
>
> I want to learn French and **(I want to)** read French novels.

② [명령문+**and** S+V]: [~해라, 그러면 ~할 것이다]

Hurry up, **and** you'll catch the train. **(=If you hurry up, you'll catch the train.)**

Going straight for two blocks, **and** you'll find it on your left.

③ [동사(**try, come, go, run, send, write** 등)+**and**+동사원형]: [~하러;~하기 위하여]

and가 목적을 나타내는 to부정사 대신 사용될 수 있다.

Come **and see** me tomorrow.=**Come to see** me tomorrow.

Go **and buy** some milk.=**Go to buy** some milk.

④ 부사대용 [**nice/fine/good/rare**+**and**+형용사]: (=**very**+형용사) [매우 ~한]

It is **nice and** warm.=It is **very warm**.

He is **rare and** sleepy.=He is **very sleepy**.

(2) 등위접속사 but

서로 의미적으로 반대나 대조 관계에 있는 단어, 구, 절을 연결한다.

① 대조, 반대의 의미: [그러나; 하지만]

They are poor **but** happy.

Fall has come, **but** it is still hot.

Her house is small **but** (it is) beautiful.

They all went out, **but** I didn't.

② [**Indeed** S+V, **but** S+V]: [과연 ~이기는 하지만 ~하다]

Indeed it is a good plan, **but it is** hard to practice.

Indeed he is intelligent, **but he lacks** in patience.

③ 가정법의 **but that**: [가정법+but that+직설법]: [만약 ~ 않았다면/않는다면]

I would have answered your call **but (that)** the battery was dead.

I would go to the movies with you **but (that)** I am up to my ears.

④ 부사와 전치사 **but**: [단지; ~을 제외하고]

but은 부사로 쓰일 경우 only의 뜻으로 사용되고, 의문사, 부정어, all 뒤에 쓰여서 [~을 제외하고]의 뜻을 가진 전치사로도 사용된다.

That was **but** a temporary solution. (단지)

Nobody **but** her loves me.

All **but** her were present. (~을 제외하고)

(3) 등위접속사 or

① 선택의 **or**: [또는, 혹은]

or의 기본적인 의미는 양자택일, 선택의 의미이다. 부정문은 [어느 쪽도 ~ 아니다]로 전체부정의 의미를 나타낸다.

You **or** she has to look after the baby.

Do you go to school by bus **or** on foot?

Shall I call you, **or** will you call me?

I do**n't** enjoy hamburgers **or** pizza.

② 동격의 **or**: [즉, 다시 말하면]: (=that is=in other words)

He has been studying zoology, **or** the study of animals.

③ [명령문+**or** S+V]: [~해라, 그렇지 않으면 ~할 것이다] (=If you~not =Unless you~)

Hurry up, or you will miss the train. (중문)

=**If** you **don't hurry up**, you will miss the train. (복문)

=**Unless** you **hurry up**, you will miss the train. (복문)

④ 양보의 **or**: [이든, ~이든 상관없이]

Rich **or** poor, we make friends with each other.

(Whether) awake **or** asleep, we should look out for water.

(4) 등위접속사 nor: [~도 역시 아니다]

부정문 뒤에서, 부정의 의미를 추가하는 접속사로, nor뒤의 어순이 도치된다.

My wife can't drive a car, **nor** can I. (nor=and neither)

He was not a celebrity, **nor** did he think that he was one.

(5) 등위접속사 for: [~때문에; 왜냐하면 ~이니까]

앞 문장에 대한 주관적인 이유나 판단의 근거를 덧붙이는데 사용된다. [because, since, as] 등과 같은 이유 부사절 접속사와는 달리 for는 등위 접속사이므로, 절대 문두에 쓸 수 없음에 주의해야 한다.

Fish can't fly, **for** (=because) they have no wings. (o) (중문)

=Fish can't fly. **For** they have no wings. (o) (중문은 두 개의 독립절로 분리할 수 있다.)

Fish can't fly. **Because** they have no wings. (x) (복문은 두 개의 독립절로 분리할 수 없다.)

For fish have no wings, they can't fly. (x) (중문에서 모든 등위접속사는 문두에 못 쓴다.)

Because fish have no wings, they can't fly. (o) (이유 부사절은 문두에 쓸 수 있다.)

(6) 등위접속사 so: [그래서; 그러므로]

[결과]를 설명하는 대등절을 이끄는 접속사로, **and so** 나 **so that** 형태로 쓰기도 한다.

I have no money, **so** I can't buy the car. (so=and therefore: 등위접속사)

I was very tired, **and so** I went to bed early. (so=therefore: 부사)

The door opened of itself, **so that** I could see the inside.

참고 등위접속사와 접속부사의 차이점

등위접속사 **(and, but, or, nor)**는 두 개의 절을 하나의 문장으로 연결 할 수 있지만, 접속부사 **(however, therefore, thus, nevertheless)**는 절과 절을 한 문장으로 연결할 수 없다.

She offered me a job, **but** I didn't take it.

She offered me a job, **however**, I didn't take it. (x) (however는 접속사가 아니라, 부사이다.)

She offered me a job. **However**, I didn't take it. (o) (=a job; however, I ~)

Power Grammar

Choose the best answer for the blank.

A: Will I see you at the conference in Houston?

B: I am planning to go, _________________ something comes up.

(a) but   (b) therefore   (c) whereas   (d) unless

[Power Solution]

[해설] 문맥상 '특별한 일이 발생하지 않는다면'라는 의미이므로 주어진 접속사 중에서 unless가 가장 자연스럽다.

[어휘] conference n. 회의   unless ~하지 않는 한, ~이 아닌 한

[정답] (d) unless

Grammar Focus 4   상관 접속사

상관접속사란 등위접속사의 일종으로 두 개 이상의 단어가 항상 짝을 이루어, 단어와 단어, 구와 구, 절과 절을 연결하는 접속사이다. 등위접속사와 마찬가지로 연결된 문장 성분들은 반드시 서로 병치를 이루어야하며 연결된 주어와 동사의 수 일치에 주의해야 한다.

상관접속사	의미	연결동사
both A and B	A와 B 모두	항상 복수동사
not A but B	A가 아니라 B	B에 일치
either A or B	A 또는 B	B에 일치
neither A nor B	A도 B도 아닌	B에 일치
not only A but also B **=B as well as A**	A뿐만 아니라 B도	B에 일치

(1) both A and B: [A와 B 둘 다]

Both Tom **and** Jack are very honest.

Collecting stamps is **both** fun **and** useful.

The small child can **both** talk **and** walk.

(2) not A but B: [A가 아니라 B이다]

He is **not** a poet, **but** a novelist. / French is **not** easy **but** interesting.

Not wealth **but** health is what I really want.

She **loves not** dogs **but** cats. = She **doesn't love** dogs **but** cats.

(3) not only A but (also) B: [A뿐만 아니라 B도] (=B as well as A)

Such books are **not only** boring **but also** harmful. **(=harmful as well as boring)**

Not only his children **but also** he likes toys. **(=He as well as his children like toys)**

He **not only** washed the car, **but** (he) **also** polished it **as well**.

=He **not only** washed the car, **but** (he) polished it **as well.**

=He polished **as well as** washed the car.

(4) either A or B: [A또는 B 둘 중 하나] (=A or B)

Either you **or** I am wrong. **Either** help me **or** go away.

She went **either** to London **or** to Paris.

=She went to **either** London **or** Paris.

You can take **either** a bus **or** a taxi.

(5) neither A nor B: [A도 B도 아니다] (=not either A or B)

Neither he **nor** I am wrong.

Your son is **neither** outside **nor** inside.

I **neither** smoke **nor** drink. = I **don't either** smoke **or** drink.

> **참고**　전체부정과 부분부정
>
> 전체부정: I know **neither** him **nor** his brother. **(=I don't know either him or his brother.)**
>
> 부분부정: I **don't** know **both** him **and** his brother. **(=I know one of the two.)**

Power Grammar

Choose the best answer for the blank.

A: The marketing manager as well as you ____________ going to attend the meeting?

B: Yeah. Not only he but also I am leaving for New York tonight.

(a) are　　　　　(b) were　　　　　(c) is　　　　　(d) to be

[Power Solution]

[해설] 'A as well as B'에서 동사 수는 A에 맞추어야 하므로 빈칸의 be 동사의 알맞은 형태는 manager에 일치시켜서 is가
되어야 한다.

[어휘] A as well as B B뿐만 아니라 A도　　leave for ~를 향해 떠나다

[정답] (c) is

A. Choose the best answer for the blank.

1. I am going to tell you **(that / what)** you need to know right now.

2. Let me know **(whether / that)** you can come or not.

3. (If / Whether) she comes or not is important to me.

4. There is a big argument about **(if / whether)** we should buy a new house.

5. I'm not sure **(if / whether)** or not she will help us.

6. (That / What) the most dangerous enemy of nature is man is a rational idea to accept.

7. Nobody knows **(whether / that)** he is at home or at the office.

8. Make haste, **(and / or)** we won't get there in time.

9. He was not aware of what was going on then, **(neither was she / nor was she)**.

10. (It / That) is well known that rice grows in Asia.

11. I know **(if / that)** there are nine planets in the solar system.

12. I don't know if she **(will come / comes)** or not.

13. The teacher as well as the students **(have to / has to)** go to the museum.

14. Neither my brother **(nor / or)** I have ever been to Texas.

15. It's going to rain, **(so / for)** it is getting dark.

B. Identify the option that contains an awkward expression or an error in grammar. Then correct the ungrammatical part in the sentence.

1. For he worked hard, he must be tired.

2. He doesn't know anything about it, neither I do.

3. Work hard, or you will pass the examination.

4. We don't doubt if you will succeed.

5. It is certain whether he is dead.

6. Do you have any idea that how Jane got her leg hurt yesterday?

7. He neither smokes or drinks.

8. Both my sister and I am interested in medical science.

9. Not only Kate but also her sisters was shocked to hear the news.

10. I don't know that he needs help or not.

Part I   **Choose the best answer for the blank.**

1   A: I can't decide ______________ to catch a taxi or a bus.

     B: I don't find any bus stop around here.

     (a) whether   (b) that   (c) which   (d) if

2   A: Will you let me know how to file an application for the position?

     B: You may either post the application package ______________ submit it to our company in person.

     (a) nor   (b) or   (c) and   (d) yet

3   A: I don't figure out how Chris can get along with Janice. She is very capricious.

     B: You're right, but Chris almost always seems to catch ______________ Janice is going to do next.

     (a) it   (b) which   (c) that   (d) what

Part II   **Choose the best answer for the blank.**

4   People were gathering in front of the radio to listen to ______________ the President was going to say in his unexpected speech to the country people.

     (a) who   (b) whom   (c) that   (d) what

5   ______________ did not keep him from creating a popular best sellers.

     (a) That never to college he went   (b) That he never went to college

     (c) He never went to college   (d) That never he went to college

6   Customers will be given the opportunity to renew their service plans ______________ choose another that better meets their needs.

     (a) or   (b) nor   (c) and   (d) that

7   During the period of Rabelais the principle of regeneration, fertility, and ______________ was still fully vigorous in these images.

     (a) what is renewed   (b) renewal   (c) renewing   (d) to renew

8   Doing exercise regularly is not only good for body ______________ for mind as well.

     (a) or   (b) and   (c) but   (d) if

Part I Choose the best answer for the blank.

1 A: I wonder if Matilda will get a pay rise at her new job.

B: That will be decided by _________________ the potential she should benefit the company.

(a) whether not her boss

(b) whether or not her boss sees

(c) sees her boss whether or not

(d) her boss to see whether

2 A: _________________ she is not interested in what I'm saying is very clear.

B: How do you recognize that?

(a) What   (b) Why   (c) That   (d) Which

3 A: Are you handing out a paper at the meeting this year?

B: No, I'm not submitting a paper this time, _________________ am I going to the meeting.

(a) nor   (b) but   (c) or   (d) neither

4 A: Make sure _________________ me beforehand when you can't come to class again.

B: I see.

(a) you to tell   (b) to be told   (c) you tell   (d) for you to tell

5 A: I was pleased _________________.

B: I'm happy to hear you like my present.

(a) you sent me a present

(b) of you sent me the present

(c) of a present you sent me

(d) a present of you was sent

Part II Choose the best answer for the blank.

6 The airlines were asked _________ they would have an interest in flying into that area.

(a) whether   (b) that   (c) what   (d) how

7 _________________ David will be successful is not sure.

(a) Either   (b) If   (c) As   (d) Whether

8   It is expected that essays are neatly typed proofread, ______________ they won't be accepted.

   (a) or   (b) but   (c) though   (d) unless

9   At the moment I saw her in the river I was terrified. ________________ at that point the currents are violent.

   (a) If   (b) Due to   (c) So   (d) For

10   I proofread the essay for mistakes, ________________ I could find nothing.

   (a) while   (b) or   (c) so   (d) but

Part III   **Identify the option that contains an awkward expression or an error in grammar.**

11   (a) A: It's almost midnight. We have to stop to find a place to stay the night.

   (b) B: OK. Let me take a look at the map to see where we are.

   (c) A: Do you think what it'll be hard to find a decent room?

   (d) B: I don't think so. Surely, finding a motel with vacancy will be easy.

12   (a) A: Do you know any good Chinese restaurants in this area?

   (b) B: Sure, both Tiki Island or Mei Ling have fantastic cuisine.

   (c) A: Sounds perfect. Which one is closer from school?

   (d) B: Tiki Island would be closer because it's just down the road.

13   (a) A: I want to see you and Fred before lunch. Do you have time?

   (b) B: Yes, but I haven't seen Fred since the coffee break in the morning, because he went down to Human Resources just after he had a coffee break.

   (c) A: Let me call reception in HR team and check that they can find him.

   (d) B: Fine. Seeing you're trying to put up with that much trouble, it must be really important.

14 (a) Though she was born a slave in North Carolina, Harriet Jacobs learned how to read and write from her mistress. (b) When her mistress died, Jacobs was sold to a white master who abused her continually. (c) At last she escaped from the master and started the rumor what she had fled North. (d) Even though he believed the rumor, she in fact spent nearly seven years hidden in a very small dark attic in a house which was not far away from his house.

15 (a) True eccentrics never intend to attract attention to themselves. (b) They ignore social conventions so unconsciously that they are doing anything extraordinary. (c) This always wins them the admiration of others. (d) Because they add color to the dull routine of ordinary people's everyday life.

Joseph's Tip!

▶ whether나 if는 부사절을 이끌 수도 있다. 이 경우 현재시제가 미래를 대신한다.
If it rains tomorrow, I will not go on a field trip. (조건 부사절: 만약 ~라면)
Whether it rains or not, I will go fishing. (양보 부사절: ~이든 아니든 상관없이)
I want to know **if [whether]** it will rain tomorrow. (명사절에서는 **will**을 쓴다.)

▶ who와 which는 관계대명사로 쓰여서 형용사절을 이끌 수도 있으며, when, where, why 역시 관계부사로 쓰일 경우 형용사절을 이끌 수 있다. when과 where는 시간과 장소 부사절로 쓰일 수 있다.
He is the teacher **who** teaches me English.
This is the car **which** I bought last year.
I want to know the time **when** he will come. (the time 수식하는 형용사절)
I will leave **when** he comes here. (시간 부사절: ~할 때)
There is a way **where** there is a will. (장소 부사절: ~하는 곳에)

Unit 15

접속사 2 (부사절 접속사)

부사절 접속사란, 하나의 독립절(온전한 문장)내에서 부사의 역할을 하는 절을 이끄는 접속사를 말한다.
주로 시간, 이유, 목적, 결과, 양보, 조건 등의 의미를 나타내는 절을 수반한다.

 시간, 조건, 장소, 이유 부사절

(1) 시간을 나타내는 접속사

when ~할 때	**while** ~하는 동안에	**before** ~하기 전에
after ~한 후에	**till, until** ~할 때까지	**whenever** ~할 때마다
as ~하면, 하는 동안	**by the time** ~할 무렵	**as soon as** ~하자마자

① **when: [~할 때]=at the time that**

He was born **when** I was a small boy.=**When** I was a small boy, he was born.

When I am alone, I enjoy reading novels.

I leave here **when** he comes.

I was taking a shower **when** the phone rang.

I had my leg broken **when** I was playing tennis. (~하는 동안: =while)

주의　시간을 나타내는 when부사절에서는 현재시제가 미래를 대신한다.

I will leave tomorrow as soon as the sun **rises**. (not will rise)

② **while: [~하는 동안]**

Make hay **while** the sun shines.

I met her **while** I was walking the street.

③ **as: [~하면서, ~하고 있는 동안]**: when, while보다 동시성이 더 강하다.

He told us stories **as** we went along.

The girls talked **as** they ate.

④ **after: [~한 후에]**

He arrived here **after** she left.

You can go home **after** you finish your work.

⑤ **before: [~전에]**

He arrived here **before** she left.

She sang to me every night **before** I fell asleep.

주의　해석에 유의해야 할 before 구문: [오래지 않아 ~하다]

It will not be long before he comes.

=**Before long** (=Soon), he will come.

I had (not) waited long before he came. (오래 기다린 뒤에야, 오래 기다리지 않아)

⑥ **as soon as: [~하자마자]**

As soon as [=The moment / The instant] she entered her room, she began to cry.

=**On entering** her room, she began to cry.

=**Hardly [Scarcely]** had she entered her room **when (=before)** she began to cry.

=**No sooner** had she entered her room **than** she began to cry.

⑦ **till[until]**: [~할 때 까지] (계속)

I'll wait **till[until]** you come back.

I'll wait **till[until]** you will come back. (x)

When John **arrives**, I'll talk to him about it. **(not John will arrive)**

주의 해석에 주의해야할 [not ~ until] 구문: [~하고 나서야 비로소 ~하다]

He did**n't** arrive **until** the meeting was over.

= **Not until** the meeting was over **did he arrive**.

= It was **not until** the meeting was over **that he arrived**.

Power Grammar

Choose the best answer for the blank.

_________________ you were away, there was a fire in the Yorkshire area.

(a) Until　　　　　　(b) While　　　　　　(c) Before　　　　　　(d) During

[Power Solution]

[해설] until, before, during은 전치사이므로 정답이 될 수 없다. 문맥상 '~하는 동안'이라는 의미이므로 while이 가장 적절하다.

[정답] (b) While

---

⑧ **by the time**: [~할 때까지; ~할 때 즈음]: 현재시제가 미래를 대신한다.

It will be finished **by the time** you come back. **(not will come)**

By the time this letter reaches you, I will have left the country.

⑨ [시간]을 나타내는 접속사 대용어구

every time (=whenever) ~할 때 마다	**next time** 다음에 ~할 때
the moment[minute] ~하자마자	**since** ~한 이래

It is ten years **since** he died.=Ten years have passed **since** he died.

= He has been dead for ten years.=He died ten years ago.

Please give me a call **next time** that happens. (시간 부사절에서는 현재가 미래를 대신한다.)

(2) 조건을 나타내는 접속사

if 만약 ~라면	**unless** 만약 ~지 않는다면
in case ~의 경우에 대비하여	**as far as** ~하는 한
suppose/supposing (that) 만약 ~한다면	**providing/provided (that)** ~라는 조건하라면

① **if**: [만약 ~한다면, 이라면]: 현재시제가 미래를 대신

If it **rains** tomorrow, we will go on a picnic. **(not will rain)**

If you **hurry** up, you will catch the bus. **(not will hurry)**

② **unless**: [만약 ~하지 않는다면]

He will come here **unless** he is busy. **(=if he is not busy)**

You'll miss the train **unless** you hurry up. **(=if you don't hurry up)**

③ **In case (that)**: [만약 ~할 경우에; ~의 경우에 대비하여] (=in the event that)

Take an umbrella with you **in case** it rains.

=Take an umbrella with you **for fear (that)** it **should** rain.

주의 [in case of/in the event of+명사]

You should know a few safety tips **in case [=in the event] of** emergency.

④ **suppose/supposing (that)**: [만약 ~한다면] (=if)

Suppose/Supposing (that) he refuses, what should we do?

Suppose/Supposing you were in my shoes, what would you do?

⑤ **provided/providing (that)**: [~한다는 조건이라면] (=on the condition=as/so long as)

I will lend you the book **provided/providing (that)** you give it back within a week.

=I will lend you the book **on the condition (that)** you give it back.

=I will lend you the book **so/as long as** you give it back within a week.

⑥ **as far as**: [~하는 한]

I have two left feet **as far as** the dancing is concerned. (춤이 관계되는 한)

As far as I know, she is the best actress. (내가 아는 한)

(3) 장소를 나타내는 접속사

① **where**: [~하는 곳에]

Where there is a will, there is a will.

② **wherever**: [~하는 곳은 어디든지; 어디라도]

You can sit **wherever** you want.

> ### Power Grammar
>
> **Choose the best answer for the blank.**
>
> Tom said he would be happy to work overtime, _____________ he was paid for the hours.
>
> (a) so that   (b) in case   (c) unless   (d) providing that
>
> **[Power Solution]**
>
> [해설] 문맥상 '~하는 조건이라면, ~한다면'의 의미이므로 provided 혹은 providing that이 적절하다. in case의 경우도 '만약 ~한다면'의 의미로 쓰이기도 하지만 주어진 문제에서 가장 적절한 것은 providing that이다.
>
> [어휘] overtime n. 초과근무, 시간외 근무
>
> [정답] (d) providing that

(4) 이유를 나타내는 접속사

① **because**: [~이기 때문에]

He went to bed early **because** he felt tired.

Because she is kind, everybody likes her.

I did**n't** call her **because** I wanted to see her. (~라고 해서 ~한 것은 아니다)

I like her **not because [that]** she is beautiful, **but because [that]** she is rich.

② **as/since/inasmuch as:** [〜이므로, 〜이니까]

because처럼 직접적/구체적인 강한 이유가 아니라, 이미 다 알고 있거나 상식적으로 당연한 이유를 표현한다.
주로 주절보다 앞에 쓴다.

As [Since] it is raining again, we will have to stay at home.

As [Since] I am very sleepy, I want to go to bed.

③ **now that/seeing that:** [이제〜이니까; 〜 인걸 보니]: 주로 현재나 현재완료시제

Now that you've graduated from college, what are your plans?

Now (that) I am unemployed, what should I do? (구어에서는 that을 많이 생략한다.)

Seeing that she is still sick in bed, she may not come. (아직 아픈걸 보니)

Seeing that she has no money, she will not be going shopping.

④ **in that:** [〜라는 점에서; 〜이기 때문에]

The movie was excellent **in that** it portrayed real people.

Man differs from animals **in that** he thinks and speaks.

Grammar Focus 2 — 양보, 양태, 비례, 대조의 접속사

(1) 양보를 나타내는 종속접속사

① **though/although:** [비록 〜이지만;〜일지라도] (=in spite of[despite])

He finished first **though** he began last. (=even though)

Although I don't agree with him, I think he is honest.

② **even if:** [비록 〜이지만, 〜일 지라도]

even though 뒤에는 기정사실(given fact)에 해당되는 내용이 이어지는 것이 자연스럽고, even if 뒤에는 사실 여부가 불확실한 내용이 이어지는 것이 자연스럽다. 따라서 even if는 whether or not 구문으로 바꿀 수 있다.

Even though you don't like it, you should do it. (you don't like it는 기정사실)

Even if it rains, I will start. (내가 비가 올지 안 올지는 불확실)

=**Whether** it rains **or not**, I will start. (비가 오든 안 오든=비가 오더라도)

Even if you don't like her, you have to help her. (=whether you like her or not)

I wouldn't sell that house **even if** you gave me a million dollars. (not even though)

③ **whether ~ or not:** [〜이든 아니든]

You must go there **whether** you like **or not**. (even if you don't like)

Whether you like it **or not**, you must do your job. (=Like it or not)

> **주의** 양보를 나타내는 부사절에서도 현재시제가 미래를 대신한다.
>
> Whether it **rains** or not, we will go on a picnic. (not will rain)
>
> =Even if it **rains**, we will go on a picnic. (not will rain)
>
> **c.f.〉** I don't know whether it **will rain** or not. (know의 목적어로 쓰인 명사절)

228

Power Grammar

Choose the best answer for the blank.

I will certainly go ahead with this proposal _______________ our business associates pull out.

(a) even though　　　　(b) in spite of　　　　(c) even so　　　　(d) even if

[Power Solution]

[해설] 문맥상 '~한다 하더라도'라는 양보의 의미를 갖는 접속사가 필요하다. even though는 기정사실에 대하여, even if는 불확실한 사실에 대한 양보의미를 갖고 있으므로 문맥상 사업동료가 그만두기로 한 것은 아직 정해진 것은 아니다. 따라서 even if가 가장 자연스럽다.

[어휘] go ahead with ~을 추진하다　　　associate n. (사업)동료　　　pull out 철수하다　　　even so 그렇기는 하지만

[정답] (d) even if

---

④ **as:** [형용사/명사+as+S+be 동사]: **[비록 〜이지만]**

though가 이끄는 양보부사절의 주격보어인 형용사나 명사를 문두에 위치시켜 강조할 경우 though는 as로 바꾸어야 한다. 명사의 경우 관사를 쓰지 않다는 것에 유의해야 한다.

Rich as he is, he is not happy.

=Though he is rich, he is not happy.

Woman as she is, she is very brave. **(not A woman)**

Young as he is, he has a lot of work experience.

 **주의** 문맥에 따라 이유의 뜻으로 해석될 수도 있다.

　　　　Poor as he is, he can not buy it.

⑤ **복합관계대명사/관계부사:** [〜하더라도; 〜할지라도]; 관계사 참조

Whatever happens, his courage never fails him. **(=no matter what happens)**

Parents love their children, **however** rough they are. **(=no matter how rough they are)**

⑥ **if:** [비록 〜하더라도]: 문맥에 따라 양보의 의미

If he did say so, you needn't believe him.

We will finish it **if** it takes us all day.

Don't blame him **if** he should fail.

(2) 양태를 나타내는 종속접속사

① **[as S+V, so S+V]:** [〜이듯이, 〜이다; 〜이듯이 〜하다]

As you sow, **so** will you reap. (속담: 뿌린대로 거둔다)

As the lion is king of beasts, **so** is the eagle king of birds.

② **as:** [〜대로; 〜 처럼] **(=in the way)**

Do in Rome **as** Romans do.

Do **as** you are told.

This fish isn't cooked **as** I like it. **(=the way I like it)**

③ **as if:** [마치 〜 인 것처럼] **(=as though)**

She talks **as if** she knew everything.

He speaks English **as if** he were a native speaker.

참고　부사절 축약

부사절안의 [주어+be동사]를 생략하는 것을 뜻한다. [when, while, if, as]등이 이끄는 부사절의 주어가 주절의 주어와 같고 동사가 be동사일 때는 [주어+be 동사]는 생략할 수 있다.

When (he was) young, he lost his parents.

I learned it **while** (I was) in the military.

(3) 비례, 비교, 대조의 접속사

① 비례 **as**: [～함에 따라]: 주로 비교급과 함께 쓰인 경우

As we grow older, we become richer in experience.

As we climb higher, it becomes colder. (=The higher we climb, the colder it becomes.)

② 비교 **as / than**: [～만큼 / ～ 보다]

He is as tall **as** his sister (is).

He is taller **than** I (am).

③ 대조 **while/whereas**: [～ 반면에]

Some people prefer to eat at home, **while (=whereas)** others prefer to eat out.

=**While** some people prefer to eat home, others prefer to eat out.

Power Grammar

Choose the best answer for the blank.

________________, Sally was not elected to student council the following year.

(a) Popular she is as　　　　　　　(b) She is as popular as

(c) As she is popular　　　　　　　(d) Popular as she is

[Power Solution]

[해설] though가 이끄는 양보부사절에서 형용사나 명사가 문두로 도치되면 though는 as로 바꾸어야 한다. 이 때 명사는 관사와 함께 쓰이지 않는다.

[어휘] elect v. (선거로)선출하다, 선택하다　　　student council 학생회

[정답] (d) Popular as she is

Grammar Focus 3　목적, 결과 부사절

(1) 목적을 나타내는 접속사

① 긍정목적: [～하기 위해서]

주어+동사현재/과거	(so) that =in order that	주어+**can/could**+동사원형

She works part-time **(so) that** she **can** pay the bills. (시제 일치 주의)

She works part-time **in order that** she **can** pay the bills. (문어체)

She stayed up late **(so) that** she **could** complete writing a paper. (구어체)

=She stayed up late **in order that** she **could** complete writing a paper. (문어체)

=She stayed up late **so** she **could** complete writing a paper. (미국영어)

=She stayed up late **(in order/so as) to** complete writing a paper.

② 부정목적: [～하지 않기 위해서]

주어+동사현재/과거	**(so) that** **=in order that**	주어+**won't/wouldn't**+동사원형
	lest **=for fear that**	주어+**(should)**+동사원형

She tiptoed into the room **(so) that** she **wouldn't** wake her sleeping baby up.

=She tiptoed into the room **in order that** she **wouldn't** wake her sleeping baby up.

=She tiptoed into the room **so** she **wouldn't** wake her sleeping baby up. (미국 구어)

=She tiptoed into the room **lest** she **(should)** wake her sleeping baby up.

=She tiptoed into the room **for fear that** she **(should)** wake her sleeping baby up.

=She tiptoed into the room **in order (=so as) not to** wake her sleeping baby up.

c.f.〉 She tiptoed into the room **not to** wake her sleeping baby up. (x)

> **참고**　미국영어에서는 that을 종종 생략하고, 조동사(can, will)를 생략하기도 한다.
> She tiptoed into the room **so** she didn't wake her sleeping baby up. (미국 구어)

(2) 결과를 나타내는 접속사

[so/such+원인+that+결과]형태로 결과를 표현하는 구문에서, 원인자리에 올 수 있는 품사와 어순이 중요하다.
so뒤에는 형용사나 부사가 오며, such 뒤에는 반드시 명사가 있어야 한다.

① [so+형용사/부사+(that)+S+V]: [너무 ～ 해서 ～하다/～할 수 없다]

He was **so sleepy that** he went to bed early. (so+형용사+that ~)

He was sleepy **enough to** go to bed early.

The tea was **so hot that** I **couldn't** drink it. (so+형용사+that ~ not)

=**So hot** was the tea **that** I **couldn't** drink it. (so+형용사가 문두에 나가면, 어순이 도치된다.)

The tea was **too** hot for me **to drink**. (to부정사의 목적어가 주어일 경우 목적어를 쓰지 않는다.)

The book is **so easy that** a child **can** read it.

=The book is **easy enough** for a child **to read**.

It was raining **so** hard **that** we **couldn't** go outside. (so+부사+that)

=It was raining **too** hard for us **to go** outside.

Choose the best answer for the blank.

Please wrap it up very carefully so that it ___________________ break.

(a) could　　　　　　(b) should　　　　　　(c) won't　　　　　　(d) shouldn't

[Power Solution]

[해설] 목적을 나타내는 [so that ~ won't/wouldn't] 구문을 묻는 문제이다. 주어진 문제의 시제가 현재이므로 빈칸에는 will not(won't)이 들어가야 한다.

[어휘] wrap up 그만두다, 포장하다

[정답] (c) won't

---

② **[such a(n)+(형용사)+단수보통명사+that+S+V]**: [매우~한 (명사)이어서 ~하다]

It was **such an interesting drama that** I saw it almost 10 times.

She was **such a lovely girl that** everybody loved her. (such+관사+형용사+단수명사)

③ **[such+(형용사)+복수보통명사/불가산명사+that+S+V]**: [매우~한 (명사)이어서 ~하다]

They were **such difficult tasks that** I couldn't perform them. (such+형용사+복수명사)

These are **such good books that** they sell like hot cakes. (such+형용사+복수명사)

It was **such hard work that** I couldn't do it. (such+형용사+불가산 명사)

We had **such nice weather that** we all went out of the classroom.

The wind blew with **such force that** it blew my books off the shelf. (such+불가산명사)

He such the door **such power that** the glass was broken.

중요　형용사가 수량형용사 [many, much, few, little]일 경우에는 such 대신 so를 쓴다.

There were **so many people** in the room **(that)** I couldn't breathe well. (not such many)

It was so **much work (that)** I needed a longer deadline. (not such much)

④ **[such that S+V]**: [너무나 대단해서 ~하다; 그러한 것이어서 ~하다]

His desire to buy a car was **such that** he saved every penny he earned.

=**Such** was his desire to buy a car **that** he saved every penny he earned. (도치)

Choose the best answer for the blank.

A: I've never met anyone who had something bad to say about Mr. Benson.

B: He's ___________________ that it would be very difficult to dislike him.

(a) such kind man　　(b) so a kind man　　(c) such a kind man　　(d) a very kind man

[Power Solution]

[해설] '매우 ~하여 ~하다'는 표현은 여러 가지가 있다. such를 사용하는 경우에는 [관사+형용사+명사]가 수반되어야 하며, so를 사용하는 경우에는 [so+형용사+관사+명사]를 수반한다. 따라서 정답은 such a kind man이다.

[어휘] dislike v. 싫어하다

[정답] (c) such a kind man

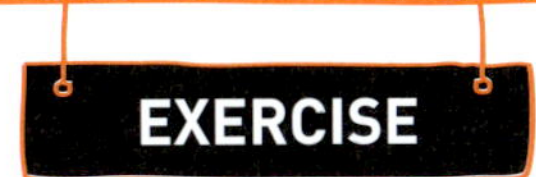

A. Choose the best answer for the blank.

1. **(Even if / Even though)** it rains tomorrow, we will go on a field trip.

2. They didn't come **(even though / even if)** we had sent them a special invitation.

3. He **(spent / has spent)** his time looking for a job since he left the army.

4. **(Except that / Now that)** the weather is warm enough, we can play tennis outside.

5. The workers are unhappy but will not complain **(lest / so that)** they would not lose their jobs.

6. Strange **(as / though)** it may sound, I quite enjoy living alone.

7. Milk quickly goes bad, **(unless / if)** refrigerated.

8. Write your name and address on your book **(if / in case)** you lose it.

9. You can use the computer whenever **(you are necessary / it is necessary)**.

10. He did not come **(before / until)** the meeting was half over.

11. Hardly had he arrived **(when / after)** he started complaining.

12. **(In case / Now that)** he is over sixty, he is going to retire.

13. He took a taxi **(so that / such that)** he wouldn't be late for the meeting.

14. They are **(so / such)** good friends that they share all they have.

15. **(Even if / Whether)** you like it or not, you'll have to do it.

B. Identify the option that contains an awkward expression or an error in grammar. Then correct the ungrammatical part in the sentence.

1. This is a very good book except for the price is too high.

2. While we get older, we get wiser.

3. You may stay here as far as you keep quiet.

4. Emma couldn't buy the car because of the price was too high.

5. A box is square, although a ball is round.

6. I will go out and get dinner in case Tom will come.

7. No sooner had we sat down when we found it was time to go.

8. They are so wonderful players no one can beat them.

9. This computer is so heavy that I cannot lift.

10. She works hard lest she should not fail in the examination.

Practice Test

 Choose the best answer for the blank.

1 A: Have you enjoyed reading Stephen King's latest novel?

B: Yes! It was such a wonder book ___________________ I found it hard to stop reading.

(a) who　　　　(b) as　　　　(c) which　　　　(d) that

2 A: We've been working on this paper since two hours ago. Shall we get something to eat?

B: ___________________ you mention it, I am terribly starving.

(a) Now that　　　　(b) Because　　　　(c) If　　　　(d) Although

3 A: I heard that John won the first prize at the contest! He must have practiced much harder.

B: Maybe not. ___________________ he didn't really put much energy into it, he

succeeded in winning the first prize.

(a) Even then　　　　(b) As　　　　(c) Even though　　　　(d) Nevertheless

4 A: I heard that you and Peter had been arguing over the design of the new building.

B: Yes, but ___________________ we reached the conclusion that fundamentally we both had

the same ideas, all was well.

(a) even if　　　　(b) once　　　　(c) in that　　　　(d) following

 Choose the best answer for the blank.

5 ___________________ the labor movement has helped provide better working conditions

for workers, a lot of people still feel that there is more to be done.

(a) Until　　　　(b) Since　　　　(c) While　　　　(d) As

6 Norman Rockwell was ___________________ a beloved artist that his works were often seen on

the covers of the Saturday Evening Post.

(a) as　　　　(b) such　　　　(c) so　　　　(d) too

7 The Baudelaire children ran away from town to town ___________________ Count Olaf should turn

up again to take away their fortune.

(a) for　　　　(b) lest　　　　(c) if　　　　(d) with

8 My seat was so far from the speaker ___________________ I could hardly hear the speech.

(a) but　　　　(b) as　　　　(c) than　　　　(d) that

ACTUAL TEST

1   A: I don't reckon Dave will be happy with laboring in the garden so much.

B: He'll have to do it _________________ he wants to do it or not. That's what he does for a

living.

(a) what   (b) whether   (c) when   (d) if

2   A: American people are considered very individualistic, _________________ Chinese seems

very group–oriented.

B: I couldn't agree more.

(a) unless   (b) otherwise   (c) if   (d) while

3   A: How poor! How did you happen to see such a disgusting guy?

B: It wasn't _________________ we were married that I found how bad he is.

(a) how   (b) that   (c) why   (d) until

4   A: My grandmother made some tuna sandwiches for us _________________ need to buy

lunch on the first day.

B: That's so much like her.

(a) so that we wouldn't   (b) so as not   (c) so not to   (d) so we won't

5   A: Every one of the workers should turn up at six tomorrow morning, _________________

otherwise told.

B: But isn't it too early?

(a) that   (b) so   (c) if   (d) unless

6   _________________ all of you have not kept the promise to read the safety handbook, I

have to spend the next two hours reading from it verbatim.

(a) As soon as   (b) When   (c) Though   (d) Since

7 Though we thought he'd like the coffee, he told us that it ___________________________.

(a) tasted too bitterly to drink

(b) had such a bitter taste that he couldn't drink it

(c) had such a bitter taste that he couldn't drink

(b) had so bitter taste that he wouldn't drink

8 It will be very convenient to travel by car ___________________ that you can find a place to park your car.

(a) provided   (b) if   (c) so   (d) as long as

9 Fred didn't have enough time to prepare the meal __________ the guests came.

(a) if   (b) after   (c) before   (d) than

10 ___________________ they are concerned, there is no one that had checked out since 11 o'clock.

(a) As soon as   (b) As well as   (c) As long as   (d) As far as

Part III **Identify the option that contains an awkward expression or an error in grammar.**

11 (a) A: Tom, can you tell me why you didn't join us how we took the group photo?

(b) B: No reason, I didn't feel like having my photo taken.

(c) A: Did you have anything disturbing you?

(d) B: No. I just thought it unnatural to take a group picture together.

12 (a) A: It's very nice to see the sun again.

(b) B: Absolutely. It's much better than yesterday.

(c) A: The weather reporter says it's going to be cloudy over again this evening.

(d) B: Well, it's OK since it doesn't rain.

13 (a) A: Wow, you look gorgeous in your new shirt.

(b) B: Thanks. I really love this shirt, too.

(c) A: Where did you buy this?

(d) B: My older brother gave it to me while he put on some weight.

14   (a) People associate luck with gambling. (b) But most of the professional gamblers would go broke even they were reliant solely on 'luck.' (c) They are very well aware of their game, inside and out. (d) Even so, they appear to depend on it all the time.

15   (a) I am feeling very sorry I haven't written for a very long time. (b) I've been too much busy recently so my partner has been off. (c) Actually, I had to do both his work and my own for the last two weeks. (d) However, he has just returned to his work and things are a bit easier at the moment.

Joseph's Tip!

◈ [so ~ that S+V] 구문을 뒤에서부터 해석해야 하는 경우

▶ (1) 주절에 부정어 **not**이 있을 때
The problem is **not so** difficult **that** you can't solve it. (~없을 만큼 ~하지는 않다)
Good chances are **not so** numerous **that** we can miss them.
No man is **so** old **that** he can(may) not learn. (~수 없을 만큼 ~한 ~ 는 없다)
=**No** man is **so** old **but** he may(can) learn. (but=that ~ not)
(2) **so**와 **that** 사이에 동사나 수동의 과거분사가 있을 때
He **so arranges** his books **that** he can find any book he wants at once.
Man is **so created that** he lives with woman.

Unit 16
전치사 1 (시간/장소)

명사, 대명사, 명사(상당어)구 앞에 붙어서 단어와 단어와의 관계를 나타내며, 이를 연결시키는 품사를 전치사라고 한다.

(1) 전치사의 종류

① 단순 전치사: 한 단어로 된 전치사

| 본래부터 전치사 at　in　on　by　for　from　over　under　up　with |
| 다른 품사에서 파생된 전치사 **abroad**　**above**　**across**　**before**　**behind**　**below**　**beside** |

② **이중전치사:** 2개의 전치사가 결합된 전치사

from behind, from under, up to

③ **구전치사:** 2개 이상의 단어가 모여 하나의 전치사의 역할을 하는 것

according to, because of, along with, in front of, on account of, thanks to, as to

(2) 전치사(구)의 기능

[전치사+명사]형태의 전치사구는 형용사와 부사의 역할

① **형용사구 역할**

한정용법으로 명사를 후치수식하거나, 서술적 용법으로 보어로 쓰일 수 있다.

The book **on the desk** is mine. We should find the solution **to the problem**. [한정]

The computer is **of great use**. I took it **for granted** that he was my father. [서술]

② **부사구 역할**

일반 부사처럼, 동사, 형용사, 부사, 문장전체를 수식한다.

He solved the problem **with ease**. I put the milk **in the refrigerator**. [동사수식]

She is really good **at English**. The classroom was full **of children**. [형용사수식]

The teacher treated him differently **from the other pupils**. [부사수식]

To my disappointment, he didn't show up at the party. [문장 전체 수식]

(1) 전치사의 목적어

전치사 뒤에 오는 말은 그 전치사의 목적어가 된다. 기본적으로 전치사의 목적어가 될 수 있다. 따라서 대명사가 전치사의 목적어인 경우는 반드시 목적격을 쓰고, 동사를 쓸 경우에는 반드시 동명사를 써야 한다.

① The room is crowded with **people**. Listen to **me**. (명사/대명사)

② People in **general** disagree with the plan. Before **long** she will come. (형용사)

③ She stayed up till **late** last night. How do I get to the hotel from **there**? (부사)

④ They gave up the captain for **lost**. Don't take it for **granted**. (분사)

⑤ She left without **saying** good-bye. Thanks for **joining** us. (동명사)

⑥ I had no choice but **to go** there. He did nothing but **watch** TV all day. (부정사)

⑦ The cat came out from **under the table**. Wait here till **after lunch**. (전치사구)

⑧ That depends on **whether you are married or not and where you are from**. (절)

> ### Power Grammar
>
> **Choose the best answer for the blank.**
> A: _______________________ did you buy that necklace?
> B: It's for my mother.
> (a) For Who   (b) For whom   (c) Where   (d) How
>
> **[Power Solution]**
> [해설] 문맥상 '~를 위해서'라는 의미가 되어야 하므로 전치사 for를 수반하여 목적격 관계대명사 whom이 들어가는 것이 가장
>   적절하다.
> [정답] (b) For whom

(2) 전치사의 생략

① 부사적 대격

전치사의 목적어인 명사(구)가 전치사 없이 부사구의 역할을 하는 경우를 말한다. 특히 [시간, 거리, 무게, 방법, 방향] 등을 나타내는 명사는 전치사 없이 부사구 역할을 할 수 있다.

(At) What time do you eat breakfast? (시간)

They walked **(for)** two hours. (시간)

We drove **(for)** thirty miles. (거리)

Do it **(in)** your own way. (방법)

② 형용사적 대격

[of+명사] 형태의 형용사구에서, [연령, 색깔, 크기, 모양] 등을 나타내는 명사가 올 경우 전치사 of를 생략하고 형용사구를 대신하는 경우를 말한다.

I have a daughter (of) **your age**. They are (of) **the same age**. (연령)

(Of) **What color** is your car? The car is (of) **dark blue color**. (색깔)

③ 요일, 날짜 앞의 on

구어체에서 요일, 날짜 앞에 붙는 전치사 on을 생략하는 경우가 많다. 특히, [this, that, last, next, that, every] 등의 어구와 함께 쓰이면 on을 쓸 수 없다.

I am going to meet her (on) **Friday**.

The police said **Sunday** they arrested the robber.

She goes to church **every Sunday**. (not on every Sunday)

They had the first date **last Saturday**.

④ 현재분사화가 된 동명사 앞의 in

He was busy (in) **writing** a paper.

I spend most of my time (in) **reading**.

(3) 전치사 상당어구

전치사가 아닌 다른 품사의 단어가 전치사의 역할을 하는 것을 전치사 상당어구라 한다.

① 형용사

| like | near | worth | opposite | round |

His books are selling **like** hot cakes.

The site is well **worth** a visit.

The man's car broke down **near** the exit.

The house **opposite** the bank is John's.

② 분사

concerning/regarding ~에 관하여(=about, on)
varying/depending on ~에 따라(=according to)
including ~를 포함하여(=such as, like)
pending ~ 중인(=amid)
coupled with ~와 함께, 더불어(=along with)
based on ~에 기초하여(=on the basis of)

following ~이후에(=after)
preceding ~전에(=before)
excepting ~을 제외하고(=except)
starting/beginning ~ 부터(=from)
given ~을 감안하면
considering ~에 비해, 고려해보면

My boss was really upset with me **concerning** the condition of the meeting room.

Children will react somewhat differently, **depending on** their age.

Starting tomorrow, I will work out every day.

There will be a reception **following** the ceremony.

Manufacturers set prices **based on** the behavior of consumers.

Her test result was disappointing **given** the amount she studied.

Power Grammar

Choose the best answer for the blank.

Damon Johnson is planning to go on a business trip to New York _______________.

(a) on next fall　　　(b) in next fall　　　(c) at next fall　　　(d) next fall

[Power Solution]

[해설] 'this, that, last, next, that, every' 등의 형용사가 시간을 나타내는 명사 앞에 붙을 경우 in, at, on을 쓸 수 없다.

[정답] (d) next fall

Grammar Focus 3　시간을 나타내는 전치사

(1) at, in, on

전치사 at은 주로 시간상의 한 지점이나 시점을 나타내는 시각 앞에, on은 날짜, 요일, in은 비교적 긴 시간인 달, 계절, 연도 앞에 주로 쓰인다.

at	시각; 때 (정오, 새벽, 자정); 식사시간; 짧은 명절기간; 짧은 순간; 관용표현 **at** 3 o'clock, **at** noon [dawn, midnight, daybreak], **at** breakfast [lunch], **at** Christmas [Halloween], **at** the moment, **at** that time, **at** present, **at** night **at** the beginning [the end] of~, **at** the age of~
on	요일; 날짜; 특정한 날; 특정일의 아침, 오후, 저녁, 밤; 주말 **on** Sunday, **on** May 1st, **on** New Year's day, **on** the morning of May 1st **on** Sunday evening, **on** the night of June 11th, **on** the weekend
in	달; 계절; 년도; 세기; 시대; 일반적 의미의 아침, 오후, 저녁; 관용적 표현 **in** May, **in** summer, **in** 1994, **in** the 21st century, **in** recent years **in** the [those] days, **in** his childhood, **in** the past, **in** the near future **in** the morning [afternoon, evening], **in** the night, **in** the middle of

All classes finish **at** noon today. Our restaurant closes **at** seven o'clock.

In December, I easily catch a cold. I often go for a walk **in** the afternoon.

We left Seoul **on** a Saturday afternoon. I found him **on** the morning of May 16.

 **[this, that, last, next, every, all, some, any, what]**등의 형용사가 시간을 나타내는 명사 앞에 오거나,
tomorrow, yesterday등의 명사 앞에는 전치사 **at, in, on**을 쓸 수 없다.

> **last** night, **this** morning, **every** morning, **all** night, **every** Sunday, **what** time,
> **tomorrow, yesterday**, the day after **tomorrow**, the day before **yesterday**

(2) for, during, through

for와 during은 우리말로 [동안]으로 해석되지만 전혀 다른 의미이다. 동작이나 상태가 얼마나 오래동안 지속되었는가를 표현하고 싶으면 for를, 동작이나 상태가 언제 발생했는지를 표현하고자 할 때는 during을 쓴다.

for	동작이나 상태의 지속기간을 강조함; 주로 [수사+단위명사] 앞에 쓰인다. **for** a while, **for** a long time, **for** two hours, **for** the past three years
during	동작이나 사건이 발생한 시간적 배경을 나타냄; 특정 기간명사 앞에 쓰인다. **during** class, **during** the vacation, **during** the past 5 days
throughout **=through**	during과 같은 의미; 처음부터 끝까지의 전 기간을 의미한다. [~동안 내내] **throughout** the night, **throughout** the vacation, **throughout** the day

I have lived in Seoul **for** the past ten years. [지속기간 강조]

I have seen more than 100 movies **during** the past ten years. [동작 발생의 시간적 배경]

I always take a part-time job **during** the summer vacation.

The thunder lasted **throughout (=all through)** the night. [밤새도록]

(3) until, by

until	특정시점까지의 동작이나 상태의 지속을 의미; [~까지] 주로 **stay, wait, last** 등의 지속의 의미를 가진 동사와 함께 쓰인다.
by	동작의 완료기한을 나타냄: [~까지] **come, arrive, be back, return, finish** 등의 지속의 의미가 없는 짧고 완료의 의미가 강한 일회성 동사들과 함께 쓰인다.

Stay here **until** the end of next month.

It will be finished **by** the end of the year.

I will wait here **until** 10 o'clock.

You should turn in the paper **by** tomorrow.

(4) from, since

from	[~부터] 동작이나 상태의 출발시점만을 나타난다. 모든 시제랑 함께 쓸 수 있으며, 끝나는 시점은 to나 till을 사용한다.
since	[~이래로] 과거의 특정시점 이후로 현재까지 동작이나 상태의 계속을 의미한다. 주로 현재완료시제와 함께 쓰인다.

He lived in Seoul **from** 1989 **to** 1995. I will be staying in Sydney **from** 2010 **to** 2012.

He has lived in Seoul **since** 1989. Andrew has been sick **since** last Sunday.

(5) in, within, after

in	[~이 지나면; ~ 후에]; 어떤 동작이 지금부터 얼마의 시간이 지나야 발생할지를 나타낼 때 사용된다. after를 쓰면 틀리며, 주로 미래시제와 함께 사용한다.
within	[~ (이)내에]; 일정한 기간 내를 의미한다. 현재부터 미래의 시간의 경과를 나타내는 in과 비슷한 의미이다.
after	[~(이)후에; ~지나서]; 주로 [사건, 시각, 날짜]등의 시점을 나타내는 명사 앞에 쓰며, 시간의 경과를 나타내는 기간 명사 앞에는 과거시제일 때 붙일 수 있다.

He will be back **in (=within)** three weeks. (3주 지나서, 3주 후에)

Within (=in) a week you should be back on your feet again.

He will be back **after** three weeks. (x) (after는 미래시제에서는 기간명사 앞에 쓸 수 없다.)

He will be back **after** 3:00 p.m. (o)

He will be back **after** the meeting (o) (시점/사건)

He was fired again **after** 2 years. (2년이 지나서 다시 해고 되었다.)

주의 전치사 in은 시간의 소요를 나타내기도 한다. [~만에]

She did all the housework **in** only a few hours. (단 몇 시간 만에)

Power Grammar

Choose the best answer for the blank.

A: How did you do on your final exam yesterday?

B: It was so long! I was in the exam room ＿＿＿＿＿＿＿＿ the last minute.

(a) until   (b) by   (c) during   (d) since

[Power Solution]

[해설] by와 until (till)의 구별에 관한 문제이다. by는 1회적인 완료의 의미로서 '~까지'이지만 until은 특정시점까지의 동작이나 상태의 지속을 의미로서 '까지'를 의미한다. '문맥상 시험 마지막까지 시험장에 앉아 있었다'는 의미이므로 빈칸에는 until이 들어가야 한다.

[정답] (a) until

(1) at, on, in

전치사 at은 지역이나 공간의 의미보다는 지도상의 위치나 지점의 의미로 장소를 가리킬 때 사용하고, in은 좁은 장소든 넓은 장소든 선이나 면으로 둘러싸인 공간[~안]을 가리킬 때 사용한다. 반면 on은 선이나 평면상의 접촉 [~의 위]을 의미할 때 사용한다.

at	좁은 장소; 여정이나 지도상의 한 지점: 지역에서 벌어지는 행사; 번지수, 위치(지점)나 건물의 의미로 쓰인 [병원, 슈퍼마켓, 은행, 학교, 상점, 회사, 조직]: **at** the station, **at** the bus stop, **at** the church, **at** the door, **at** the window **at** the party, **at** the meeting, **at** the soccer game, **at** the concert (행사) **at** the traffic light, **at** the bank, **at** the store, **at** the restaurant, **at** the hotel **at** Microsoft, **at** IBM, **at** Yale, **at** Samsung, **at** 386 Oak Street **at** the top[bottom] of the page, **at** the end of the road
on	선이나 평면과 접하는 면 위의 지점으로서의 장소: 사방이 둘러싸인 공간에는 쓰지 않으며 사방이 트인 장소에 사용; [농장, 섬, 건물의 층, 책 페이지 교통수단 중에 버스, 열차 비행기, 오토바이] **on** the ceiling [wall, door, floor, desk, page, chair, sofa, ground, grass] **on** the street, **on** Elm Street, **on** the farm, **on** the island, **on** the coast, **on** the beach, **on** the map, **on** the second floor, **on** the right [left], **on** a bus [train, plane, motorcycle, horse, bicycle, ship] c.f.〉 **in** a taxi, **in** a car / **by** bus [train, plane, motorcycle, ship]
in	선이나 면으로 둘러싸인 공간 [~의 안]; 비교적 넓은 장소; 국가, (거주나 체류 중이라는 의미로 쓰인) 도시, 마을, 읍내: 여정에서 한 지점을 가리킬 때나, 그 도시에서 벌어지는 행사를 언급할 때는 **at**을 쓸 수도 있다. **in** the world, **in** Korea, **in** New York, **in** the city, **in** a small village, **in** the park, **in** the garden, **in** the room, **in** the kitchen, **in** a car [taxi] **in** the box [bottle], swim **in** the river [sea], **in** the pool, (~건물 안) **in** the bank [store, restaurant, hotel], **in** a line [row], **in** the photograph [picture, book], **in** the back [front] of the classroom

I met her **at** the library. They live **at** 28 Park Avenue. (번지)

He lives **in** a small village in the mountains. He arrived **in** London.

The plane stopped **at (=in)** Tokyo. (여정)

Her uncle lives **in** Tokyo. (거주, 체류)

He is **at** a bank now. (위치: 용무 상)

He is **in** a hotel now. (건물 안)

He is **at** school/college. (학교에 있다: 수업을 받고 있다)

He is **in** school/college. (학생이다: 재학 중) He is **in** church. (예배 중)

He is **in** prison/jail. (복역 중) He is **in** hospital. (입원 중)

The table is **in** the corner of the room. The bank is **at[on]** the corner of the street.

She is **at** the door. Her picture is **on** the door.

Choose the best answer for the blank.

A: Can you tell us when your uncle James moved out for good?

B: Sure, sir. It was _______________ the morning of June 23, 2008.

(a) in   (b) at   (c) on   (d) to

[Power Solution]

[해설] 보통 morning, afternoon과 evening은 전치사 in을 사용하지만, 특정일의 오전의 경우에는 전치사 on을 사용하여
표현한다.

[어휘] move out 이사 나가다   for good 영구히, 영원히

[정답] (c) on

Grammar Focus 5   방향, 운동, 위치를 나타내는 전치사

(1) 방향을 나타내는 전치사

from	[~로부터] 출발지점	He came **from** Canada.
to	[~에, ~으로] 도착지점, 목적	She went **to** France yesterday.
toward	[~쪽으로] 막연한 방향	The train was running **toward** the south.
for	[~을 향해서] 목적지, 행선지	She left **for** America last Sunday.
into	[~ 안으로] 밖에서	We walked **into** the room quietly.
out of	[~밖으로] 안에서	She got **out of** the car.
up	[~의 위쪽으로] 아래에서	Tony was climbing **up** the mountain.
down	[~의 아래쪽으로] 위에서	Kelly was running **down** the stairs.
across	[~가로질러; 전역에]	They ran straight **across** the road.
along	[~따라서] 강, 거리등의 긴 것	They walked slowly **along** the beach.
through	[~통과, 관통 하여] 선, 면	The train went **through** a tunnel.
onto	[~위로] 아래에서 평면 위로	She moved the kettle **onto** the fire.
off	[~로부터 떨어져] 이탈, 분리	This caused the car to turn **off** the road.

above	[~위쪽에] 상대적	The mountains are **above** the city.
over	[~보다 위에] 수직	The sun was right **over** the plane.
below	[~아래에] 상대적	The hairdresser's office is **below** ours.
under	[~의 아래] 수직	They live **under** the sea.
beneath	[~의 아래] 표면에 접촉	The ice broke **beneath** our feet.
by	[~의 옆에]: **next to**	He sat **by** me reading a newspaper.
next to	[~의 옆에]: **by, beside**	It would look great **next to** the bookcase.
in front of	[~의 앞에]: **before**	The girls sat **in front of** the door.
before	[~의 앞에]: **in front of**	You'll find it **before** the bank.
around	[~의 주위에] 정지	The children sat **around** the fire.
round	[~의 주위에] 운동	The moon moves **round** the earth.
about	[~의 주변에] 정지	They were walking **about** the street.
near	[~의 근처에] 정지	There is a restaurant **near** the office.
close to	[~에 가까기에]: **near**	We lived **close to** the White House.
between	[~둘 사이에] 개별성 강조	I sat **between** Tony and Jane.
among	[~셋 이상 사이에] 집합	I sat **among** the crowd [people, students].

Power Grammar

Choose the best answer for the blank.

An unknown type of virus has spread ________________ South America, taking the lives of 17 people.

(a) above   (b) along   (c) between   (d) across

[Power Solution]

[해설] 문맥상 '바이러스가 남아메리카 전역에 퍼졌다'라는 의미이므로 across가 가장 적절하다. above는 '~위에', along은 '~을 따라', between은 '~과 ~ 사이에'라는 의미이기 때문에 빈칸에 어울리지 않는다.

[정답] (d) across

A. Choose the best answer for the blank.

1. His son came home **(in / on)** July 15.

2. I want to stop by your office **(at / on)** Monday.

3. They left early **(in / on)** the morning of Dec. 14 on the honeymoon.

4. There was full employment **(on / in)** the 1990s.

5. I've been working **(since / for)** eight hours without stopping.

6. I will see you **(next Monday / on next Monday).**

7. He left here **(on / in)** a snowy evening in spite of our opposition.

8. She became the president of a company **(on / at)** the age of 27.

9. I have to finish this report **(by / till)** Tuesday.

10. It has been raining **(from / since / after)** last Sunday.

11. I'll be back **(after / in)** an hour.

12. I got off **(on / in / at)** the wrong station.

13. We will arrive **(at / on / to)** the hotel **(by / for / in)** six o'clock.

14. Cattle are raised **(in / on)** that farm.

15. Leave your things **(on / beneath)** the table over there.

B. Identify the option that contains an awkward expression or an error in grammar. Then correct the ungrammatical part in the sentence.

1. Do you go to church on every Sunday?

2. Jack lives at Seoul, and he is a student in Seoul National University.

3. Heather went to her uncle's by a car.

4. There are eighty eight rooms at the hotel.

5. How long does it take from here to Beijing in the plane?

6. All the players shook hands in the end of the game.

7. Look at those people swimming on the river.

8. You will find the page number on the bottom of the page.

9. I saw her in the party on last Sunday.

10. Some people are at prison for crimes that they did not commit.

Practice Test

Part I   **Choose the best answer for the blank.**

1   A: I want to know when you usually have lunch.

B: Usually, I eat lunch ________________________________.

(a) at three on the afternoon at weekdays   (b) at three in the afternoon on weekdays

(c) at three at the afternoon on weekdays   (d) at three in the afternoon at weekdays

2   A: Where is her home?

B: She has lived ________________ 38 Marble Street since last year.

(a) of   (b) in   (c) on   (d) at

3   A: Mum! Why are you hurrying like that?

B: The school bus is coming here ______________ three minutes.

(a) at   (b) on   (c) in   (d) for

4   A: Do you still remember the day when the missile hit your neighborhood?

B: Sure. That occurred ________________ the morning of September 19 1978, when I was only

ten years old.

(a) to   (b) in   (c) at   (d) on

Part II   **Choose the best answer for the blank.**

5   One day ______________________________ May, she saw a young guy.

(a) at   (b) in   (c) on   (d) within

6   He has not been found around here ________________.

(a) at all morning   (b) all morning   (c) in all morning   (d) on all morning

7   Large sailing vessels were used ________________ the coast of Mesopotamia as early at

5,000 B.C.

(a) in   (b) along   (c) among   (d) at

8   It was shortly after the funeral of my grandmother that my grandfather passed away in his

beautiful Colorado ranch ________________ the spring of 1989.

(a) through   (b) on   (c) in   (d) at

Part I Choose the best answer for the blank.

1 A: I don't get the reason the traffic's so heavy _________________ Saturday afternoon.
B: Yeah, it's very awful.
(a) for (b) in (c) at (d) on

2 A: Who called me _________________ my absence?
B: John has phoned twice.
(a) during (b) while (c) when (d) for

3 A: What time do you have to leave the hotel?
B: All guests are required to check out _________________ twelve.
(a) until (b) in (c) by (d) on

4 A: Bill has a long face today. What happened to him?
B: His briefcase got stolen _________________ the train.
(a) on (b) at (c) of (d) to

5 A: What's going on? Your telephone's been ringing throughout the morning.
B: I've answered tens of wrong number _________________ just two hours in the morning!
(a) at (d) on (c) during (d) in

Part II Choose the best answer for the blank.

6 The penguins come _________________ this coastal area to mate and raise their young.
(a) of (b) at (c) to (d) with

7 Because of a cold, Jane sneezed a few times _________________ the concert.
(a) between (b) during (c) above (d) for

8 It was this morning that I had my breakfast ________________ bed.

    (a) over   (b) in   (c) at   (d) on

9 Yesterday morning ____________________, I was told my sister was getting married.

    (a) in the breakfast   (b) breakfast   (c) on the breakfast   (d) at breakfast

10 In this country, average life expectancy has grown from 49 years ________________ the beginning of this century to 76 years.

    (a) in   (b) on   (c) at   (d) from

Part III   **Identify the option that contains an awkward expression or an error in grammar.**

11 (a) A: Hi, Cynthia. Glad to see you again.

    (b) B: Hello, Sean. You've already come back in town?

    (c) A: Yes, my group kicked off practicing for the summer season last week.

    (d) B: Oh, I supposed your group would set out practicing on the beginning of March.

12 (a) A: You're working very late at night.

    (b) B: That's the way it is. I ought to prepare for tomorrow's presentation.

    (c) A: Why don't you do it by tomorrow morning?

    (d) B: That's impossible because the presentation is at 10 in the morning.

13 (a) A: Have you seen the doctor to check up on the cause of the backache?

    (b) B: Yes, I saw my doctor yesterday.

    (c) A: What did he tell you about the pain?

    (d) B: He told me it'd go away for a couple of days or more.

  Identify the option that contains an awkward expression or an error in grammar.

14 (a) Though the amount of water in the Earth has been fundamentally constant from year to year, it may vary slightly according to geologic time scales. (b) The water budget indicates that the total amount of water on this planet maintains a constant level regardless of its form, that is solid, liquid, or gas. (c) During the Ice Age, it was considered that much of the Earth's water was in the form of ice. (d) During inter glacial periods, however, the relative proportion of water in liquid and gas form was significantly higher than in solid form.

15 (a) Cats is an award-winning musical that Andrew Lloyd Webber composed and it is based on Old Possum's Book of Practical Cats and other poems by T.S. Elliot. (b) This musical has been performed around the world in a lot of productions. (c) In addition, this show has been translated into more than 20 languages. (d) The performance of Cats was first made in London's West End at the New London Theater in May 11, 1981.

Joseph's Tip!

◈ 전치사와 접속사의 구분

▶ 전치사 뒤에는 명사상당(구)가 오고 접속사 뒤에는 [주어+동사]가 이어진다.

전치사	접속사
despite, in spite of	although, even though
because of	because
during	while
before	before

The new road will be completed **before** the end of next year.

Jenny wants to see you **before** you leave for the United States.

Unit 17
전치사 2 (원인/양보/목적/재료)

전치사의 의미에 따라 원인을 나타내는 전치사와 그 외에 양보와 목적을 나타내는 전치사, 방법과 도구, 수단의 의미를 나타내는 전치사, 관련, 단위를 나타낼 때 쓰이는 전치사들을 각각 기억하여 두자.

Grammar Focus 1 · 원인을 나타내는 전치사

(1) from, of, through

from	부주의, 사고, 부상 등의 갑작스런 원인: **die, suffer, be taken ill** 등과 사용 He is suffering **from** a back injury. He was taken ill **from** lung cancer. He died **from** drinking too much alcohols.
of	사망이나 질병의 원인: **die of, be sick of** 등과 사용 He died **of** lung cancer [AIDS]. I am sick **of** doing the same thing.
through	실패, 불운, 사고 등의 간접적 원인: **neglect, fault, negligence** 등과 사용 He got fired **through** the neglect of his work.

(2) for, with, out of, at, over

for	명성, 칭찬, 사과, 상벌 등의 원인: 행위의 이유가 되는 심리적 감정적 원인 He is famous **for** his intelligence. He was punished **for** his rudeness. She shouted **for** joy [delight, excitement] when she heard the news.
at	[~을 보고, 듣고] 생기는 감정의 원인: 주로 사건이나 소식 앞에 사용 I was shocked **at** the news of his death. She got angry **at** my words.
with	신체에 영향을 미치는 외부적인 요인: 분노, 추위, 열, 배고픔, 흥분, 기쁨 He trembled **with** anger. She was shivering **with** cold and hunger. I can't focus on my study **with** all that noise going on. (부대상황)
over	행위나 감정의 원인 앞: 돈, 성공에 대해 They fought **over** the money. They were delighted **over** his success.
out of	행위의 동기 앞: **respect, friendship, pity, curiosity, kindness** 등과 사용 He took off his hat **out of** respect. She opened the box **out of** curiosity.

(3) because of, owing to, due to

because of =owing to	직접적, 확실한 이유 앞 (=on account of) He was absent from school **because of** (=owing to) his illness. **Because of** his reckless driving, his wife got killed in a car accident.
due to	문어에서 due to는 형용사적 용법(보어)으로만 사용 The accident was **due to** his reckless driving. (o) (형용사적) The accident happened **due to** his reckless driving. (x) (부사적)

Power Grammar

Choose the best answer for the blank.

A: I'm afraid I'm coming down ______________ flu.

B: Oh, really? Do you have a temperature?

(a) from   (b) by   (c) for   (d) with

[Power Solution]

[해설] 신체에 영향을 미치는 외부적인 요인을 나타낼 때에는 with와 함께 쓰인다.

[어휘] come down with ~에 걸리다

[정답] (d) with

Grammar Focus 2   기타 전치사

(1) 양보, 목적을 나타내는 전치사

in spite of =despite	양보, 대조의 접속사 although, even though와 구분: ~에도 불구하고 **In spite of** all his efforts, he failed to get the job. **Despite** the fact that it rained, we went on a picnic.
for	목적, 용도: ~을 목적으로, ~을 향해 (목적지) I wrote to him **for** advice. She went to the store **for** groceries. I write books **for** children. I don't like movies **for** women. The plane is bound **for** New York. He left Seoul **for** Tokyo.
after	목적의 for보다 더 강한 의미: ~을 (추)구하여 (추구, 욕망) She always seeks **after** power and money. The police are **after** the killer and are certain of capturing him.
on	용무, 목적의 의미: business, errand, vacation, journey 등과 함께 사용 I was supposed to go there **on** business with her. He just went out **on** an errand. (심부름 하러)

(2) 방법, 수단, 도구의 전치사

by	[**by**+무관사 명사] (교통, 통신) 수단, 방법: ~로, ~ 함으로서 **by** bus [taxi, car, subway, train, credit card, mail, air, sea] The president has worked his way up to the top **by** hard work. Most city workers go to work **by** bus.
in	필기 수단, 언어, 표현수단: ~로 Complete the form **in** black ink. She spoke to the manager **in** French. Please speak **in** a loud voice. The book was written **in** a clear style.
with	도구, 장비: ~을 가지고; ~로 Chop the onions **with** a sharp knife. What are you going to buy **with** the money?
through	매개, 중개 수단: ~을 통하여 Today, we don't get much information **through** newspapers. A great number of books are available **through** the search engine.

(3) 원료, 재료를 나타내는 전치사

of	물리적 변화: 재료 원료의 변화가 없다. This special building is built **of** English oak.
from	화학적 변화: 재료나 원료가 변한다. Bread is made **from** flour. Cheese is made **from** milk.
into	원료와 제품의 위치의 전환: 원료가 제품으로 만들어진다. Flour is made **into** bread. Milk is made **into** cheese.

Power Grammar

Choose the best answer for the blank.

My friend Jackson died of stomach cancer_______________ every effort to continue his life.

(a) despite of   (b) in spite of   (c) even if   (d) although

[Power Solution]

[해설] '~에도 불구하고'라는 양보의 의미를 나타내는 전치사구를 묻는 문제이다. despite는 of 없이 쓰일 수 있다. 또한 even if나 although는 접속사이기 때문에 절을 수반해야 하므로 정답이 될 수 없다.

[어휘] stomach cancer 위암

[정답] (b) in spite of

(4) 제외를 뜻하는 전치사

except (for)	주절문장이 [제외]하는 유일한 명사(사람, 사물)를 나타내는 경우: except와 except for 둘 다 사용 가능: ~을 제외하고 All of us were invited to his birthday party **except (for)** me. I can't speak any foreign languages **except (for)** English.
except	바로 위에 전치사, 부정사, that절이 이어지는 경우: except만 가능 I don't watch TV **except** on Sundays. (전치사) I couldn't do anything **except** laugh. (원형부정사) I love my joy **except** (that) I have to work long hours. (that 절)
except for	주절 문장의 진술의 일부분을 부정하는 경우는 except for만 사용 가능 It's more than satisfying, **except for** one thing. (not except) The weather was wonderful, **except for** the dust and heat. (not except)
apart from	except for의 뜻과 besides (~외에, 게다가)의 뜻으로 모두 사용 가능 I can't speak any foreign languages, **apart from** English. (=except for) I can speak Chinese and Japanese, **apart from** English. (영어 외에)
but	반드시 부정어 no나 any, every, each, all등이 붙은 명사 다음에만 사용가능 She did nothing **but [=except/apart from]** watch TV all day. Everyone **but [=except (for)/apart from]** Jane came to his party.

(5) 관련을 나타내는 전치사

of	어떤 사건, 사람에 대해 존재 정도만 아는 경우: ~에 대하여 Have you heard **of** any such animal? Do you know **of** him?
about	of 보다는 보다 자세한 정보: 비전문적 · 일상적 내용, 구어체 Lord of the Flies is **about** children's inherently evil nature. She choked with emotion when she spoke **about** her dead son.
on	[연설 · 연구 · 토론 · 논문] 등 주로 전문적인 주제: ~에 관하여 This is a guidebook **on** leadership intended for business managers. She spoke **on** the causes of lung cancer. (about도 가능)
기타 전치사구	**concerning / regarding / respecting / touching** **with respect to / as to / with[in] regard to / with[in] reference to** **in connection with / as regards / in relation to / in respect [of/to]**

(6) 단위, 표준을 나타내는 전치사

at	속도, 비율, 정도, 가격: degree, pace, speed, rate, price 앞 We drove **at** the speed of 95 miles per hour.
by	계량 단위; 수나 양의 증감 추이(차이) I get paid **by** the hour. They sell meat **by** the pound. Life expectancy has increased **by** twenty years in the last thirty years.

Power Grammar

Choose the best answer for the blank.

To tell the truth, there was nothing more I could do _____________ cry for help.

(a) but for　　　　　(b) except　　　　　(c) except for　　　　　(d) barring

[Power Solution]

[해설] (a), (c), (d)는 모두 전치사로서 명사를 목적어로 필요로 한다. (b)의 except는 바로 뒤에 전치사, 부정사, that절이 이어지는 경우 사용된다.

[어휘] cry for help 도움을 요청하다

[정답] (b) except

A. Choose the best answer for the blank.

1. Do you have any idea **(about / on)** what to get her for her birthday?

2. She made a speech **(on / over)** global warming at the seminar.

3. The lecturer began **(from / with / by)** introducing himself.

4. She spoke to her **(by / on / with)** phone.

5. She was late **(because of / in spite of)** the traffic jam.

6. I have no knife to sharpen the pencil **(by / with)**.

7. There is no healing for the common cold, **(except / except for)** to rest and drink enough water.

8. She loves the life on campus **(except for / but for)** the food.

9. 95% of all internet content is written **(in / with)** English.

10. A bachelor party is a party **(for / of)** men only on the night before a man's wedding.

11. Men differ from brutes **(in spite of / due to)** the fact that they can think and speak.

12. Just **(out of / in)** curiosity, do you have any brothers or sisters?

13. Her voice was trembled **(with / in)** anger.

14. He succeeded in his career **(through / with)** sheer hard work.

15. One of my friends died **(of / with)** lung cancer.

B. Identify the option that contains an awkward expression or an error in grammar. Then correct the ungrammatical part in the sentence.

1. The ring was made from 18-karat gold.

2. The bus is bound to Busan.

3. The people fought against their freedom.

4. I missed the bus with two minutes.

5. He was blamed of neglect of duty.

6. Water consists in hydrogen and oxygen.

7. The volunteer should write his personal history by a fountain pen.

8. You cannot fill out the important document with ink.

9. He is older than I with three years.

Practice Test

1   A: Which university has he got his Ph.D. from?

B: He's got it ________________ a university abroad.

(a) at   (b) by   (c) in   (d) from

2   A: I wonder how you get to work.

B: Taking the subway is a usual way. On the weekends I come here ________________ car.

(a) through   (b) by   (c) in   (d) with

3   A: Isn't it good that your grandma and grandpa moved nearby?

B: Yeah. Now I'm going to see much more ________________ them.

(a) to   (b) because of   (b) of   (d) with

4   A: Why were you making fun of Michelle about her new hairstyle?

B: I didn't intend to hurt her feeling. I was simply trying to say that it was too fussy

________________.

(a) for an aged girl   (b) to a girl of her age   (c) to an aged girl   (d) for a girl of her age

Part II Choose the best answer for the blank.

5   ________________ tennis, I delight in playing golf and football.

(a) Regardless   (b) Despite   (c) Apart from   (d) In addition

6   ________________ his efforts, his plan was successful to design some new software.

(a) But for   (b) Even though   (c) According to   (d) Thanks to

7   Little wooden ornaments were made by the early settlers ________________ the logs left over from building their houses.

(a) out of   (b) by   (c) of   (d) according to

8   ________________ her husband having a job in Japan, Liz can't see him often.

(a) With   (b) In   (c) On   (d) By

Part I Choose the best answer for the blank.

1 A: What was your yard sale like?

B: It was very successful. We cleared everything ____________________________ my daughter's self-portrait.

(a) but   (b) for   (c) under   (d) without

2 A: The store next door has reduced its prices again.

B: I know, but it's impossible for us to offer our products ________________ a more competitive price.

(a) by   (b) on   (c) for   (d) at

3 A: When it poured last weekend, did you go to the zoo?

B: Why not? ________________ the heavy rain, we still went.

(a) Nevertheless   (b) Although   (c) Because   (d) Despite

4 A: Look here at the news! They increased oil prices ____________ 130 won per liter yesterday!

B: I know. I'm seriously considering selling my car.

(a) by   (b) for   (c) at   (d) on

5 A: When are you going to depart ____________________ France?

B: It will be probably early next month.

(a) for   (b) with   (c) at   (d) to

Part II Choose the best answer for the blank.

6 People say that a man can be known ______________ the company he keeps.

(a) as   (b) to   (c) by   (d) for

7 ____________________ the increase of independent nation−states, flags have grown more critical in politics.

(a) Except   (b) As   (c) Without   (d) With

8 Manual workers and office workers alike are ________________ risk for backache.

(a) in   (b) at   (c) by   (d) for

9 It was such a beautiful and sunny day that, ________________ any sudden misfortune, it was the great time to set forth for an adventure.

(a) to bar   (b) bar   (c) barred   (d) barring

 Identify the option that contains an awkward expression or an error in grammar.

10 (a) A: How is it going with your wife? Is she recovering?

(b) B: No. I'm afraid not, but thank you for worrying about her.

(c) A: I'm sorry to hear that; she must be feeling depressed recently.

(d) B: It's quite the contrary. Despite of her poor health conditions, she is very happy.

11 (a) A: Wow, you looked very tall at your age!

(b) B: Yes. Until the 8th grade, no one was taller than me in my class.

(c) A: You didn't grow any taller in high school, did you?

(d) B: I did, but it was no more than about an inch and a half.

12 (a) A: I'm calling to ask about the job for a tour guide. Is it still open?

(b) B: Yes, it is. But tomorrow is the application deadline.

(c) A: What kind of candidate are you looking for?

(d) B: We want to employ someone at experience in the tour business.

Part IV Identify the option that contains an awkward expression or an error in grammar.

13 (a) An artist uses materials to create a work of art and the materials are often as unique as the artist herself. (b) In addition to the common oil paints and canvasses, there are some artists use objects they have found. (c) For instance, a well-known artist's work is made in broken plates and tiles. (d) There is another artist who uses materials that most people would believe rubbish such as scraps of shredded newspaper and metal scraps from soda cans.

14 (a) My dad died by lung cancer in May, 1963. (b) At that time, medical researchers did not know about a cure for cancer. (c) Since then, huge amount of dollars have been spent on research in a fruitless effort to help humankind. (d) However, it is still said by experts that careful prevention is the best answer in fighting this illness.

Joseph's Tip!

▶ 원인 전치사 for와 with와 함께 쓰는 어구

blame punish scold praise thank apologize to+사람 be thankful be noted be famous be respected	+for+	상벌 등의 행위, 원인
신체변화 tremble shiver can't move	+with+	anger, cold, fever, hunger, excitement

Unit 18

전치사 3 (기타 주의할 전치사)

기타 주의해야 하는 전치사들로 명사 또는 형용사와 함께 쓰이는 전치사들이 있다. 이때는 전치사구가 갖는 의미도 함께 기억해 두어야 한다. 특히 [agree, think, hear, care, know]와 같은 동사들은 뒤에 이어지는 전치사에 따라 의미가 달라지기 때문에 각각의 의미를 구분하여 기억해 두도록 하자.

 명사+전치사

명사와 명사를 연결할 때 특정명사 뒤에는 특정전치사를 쓴다.

(1) 명사+to

solution to	answer to	key to	reaction to	objection to
access to	approach to	aversion to	damage to	invitation to
reply to	addiction to	attention to	adherence to	attitude to/toward
attraction to	contribution to	devotion to	dedication to	subscription to
relation to	connection to	opposition to	preference to	visit to

The key to a successful interview is to be prepared.

Damage to tires can occur if not properly inflated.

Psychologists define stress as the body's **reaction to** change.

(2) 명사+in

increase in	decrease in	rise in	drop in	reduction in
decline in	fall in	interest in	taste in	participation in
confidence in	lack in/of	deficiency in	trust in	investment in

The newscaster reported **an increase in** crime in the area.

I'd like to propose **a reduction in** working hours by closing the plant on Fridays.

The disease is caused by **a deficiency in** vitamin D, not in Vitamin A.

(3) 명사+for

reason for	demand for	need for	respect for	cure for
regret for	love for	prerequisite for	responsibility for	wish for
desire for	requirement for	room for	search for	request for

There are three major **reasons for** my preference to living in the countryside.

Many job seekers suffer from the growing **demand for** high quality education.

In their **search for** a better life, they strengthen our economy and enrich our culture.

(4) 명사+of

cause of	result of	photograph of	picture of	price of
sample of	possibility of	probability of	possibility of	example of
supply of	effect of	development of	part of	

The **cause of** his death is yet to be known.

Would you take a **picture of** my family and me?

The **effect of** diseases on longevity needs reconsidering.

주의　**effect of**+영향을 미치는 주체 **vs. effect on**+영향을 받는 대상
　　　　development of+개발대상 **vs. development in**+분야

> ### Power Grammar
>
> **Choose the best answer for the blank.**
> Studies show that use of the Internet leads to a 50% increase ________________ workplace productivity.
> (a) for　　　　　　　(b) in　　　　　　　(c) to　　　　　　　(d) of
>
> **[Power Solution]**
> **[해설]** 증가를 의미하는 increase는 전치사 in과 함께 쓰여서 '~에서의 증가'라는 의미를 갖는다.
> **[어휘]** workplace n. 직장, 영업환경　　　productivity n. 생산성
> **[정답]** (b) in

(5) 명사+on

effect on	influence on	impact on	reliance on	emphasis on
ban on	dependence on	monopoly on	tax on	concentration on

Late payments can have a major **impact on** your credit standing.

For many children, independence from parents is related to **dependence on** friends.

The **emphasis on** winning is extremely inappropriate for school-age children.

(6) 명사+with

relationship with	connection with	contact with	satisfaction with
appointment with	engagement with	cooperation with	compliance with

I try to keep a good **relationship with** my business partner.

All you can do when your baby has come in **contact with** poison is call 911.

The writer just expressed his **dissatisfaction with** the government's policies.

Grammar Focus 2　be+형용사+전치사

(1) be+형용사+at

surprised [astonished/amazed/frightened/startled] at/by+사물 ~에 놀라다
good [skilled/excellent] at~에 능숙하다　　　　**poor/bad at** ~에 서투르다
mad [angry/furious] at+사람 ~에게 화내다　　　**disappointed at/with/int**+사물 ~에 실망하다
delighted at/with+사물 ~에 기뻐하다　　　　　**disappointed with/in**+사람 ~에게 실망하다

She was **surprised at/by** the news of his death.

She is **excellent at** dancing.

I was **disappointed at/with/in** the movie.

I am **disappointed in/with** you. (not at you)

She is really **mad at** me for being late. (not mad with)

(2) be+형용사+with

angry [furious, annoyed, upset] with+사람 ~에게 화가 나 있다

satisfied [pleased/content] with+사물 ~에 만족하다

bored [fed up] with ~에 싫증나 있다

covered with ~으로 덮여 있다

filled [loaded/fraught] with ~가득 차 있다

acquainted [familiar] with ~를 알고 있다

concerned with ~에 관심이 있다

done[finished] with ~을 끝낸 상태이다

consistent [compatible] with ~와 일관되다

impressed with/by+사물 깊은 인상을 받다

crowded [packed] with ~로 가득 차 있다

associated with ~랑 연관되어 있다

equipped with ~을 갖추고 있다

provided with ~을 갖추고 있다

faced [confronted] with 직면하고 있다

She is really **upset with** me for being late.

I'm very **pleased with** the service.

He is **fed up with** his job.

I'm very **impressed with** the kindness you've shown.

Each room is **equipped [provided] with** a bathroom.

Power Grammar

Choose the best answer for the blank.

A: I'm really sorry for forgetting your birthday. It slipped my mind.

B: How could you do that? I'm really disappointed ______________ you.

(a) at　　　　(b) with　　　　(c) to　　　　(d) of

[Power Solution]

[해설] '~에게 실망하다'는 표현은 be disappointed with/in이다.

[어휘] slip v. 미끄러지다

[정답] (b) with

(3) be+형용사+about

sorry about+사물 ~에 대해 미안한

sorry for+~ing ~한 것에 대해 미안한

glad [happy] about+사물 ~기뻐하다

worried [anxious/concerned/ nervous] about+사물 ~걱정되는, 초조한

angry [mad/upset/furious] about+사물 ~에 화가난

sorry for+사람 ~를 불쌍히 여기다

mad [crazy] about+사람/사물 ~에 빠져있는

excited about+사물/사람 ~에 설레는

She is **concerned about** her health.

I'm terribly **sorry about** that.

I am really **mad about** you. (빠져있다)

I am really **mad about** his attitude. (화가 난)

I'm **sorry for** not returning your call.

=I am sorry I **didn't return** your call.

(4) be+형용사+to

married to+사람 결혼한 상태이다	**married with**+자식 결혼해서 자식이 있다
engaged to+사람 ~와 약혼한 상태이다	**engaged in**+사물 ~에 참여; 종사하다
be committed to ~에 전념; 헌신하다	**devoted [dedicated] to** ~에 헌신하다
related [connected] to ~와 관련이 있다	**limited [restricted] to** ~에 국한되어 있다
addicted to ~에 중독된	**opposed to** ~에 반대하다
attributed [ascribed] to ~때문이다; 탓이다	**accustomed[used] to** ~에 익숙하다
exposed to ~에 노출되다	**born to**+사람/집안 ~(집안)에 태어나다
key [essential] to ~에 중요하다	**identical [similar] to** ~와 동일; 비슷한
native to+장소 장소가 원산지인	**equal to**+명사 ~(감당) 할 수 있는
indifferent to ~에 무관심한	**contrary to** ~와 대조가 되는
vulnerable [susceptible/weak/prone/sensitive/allergic] to ~에 약한; ~에 쉽게 영향받는	

Your car is **identical to** mine.

Paying bills on time is **key to** a good credit rating.

Trans-fatty acids are **related to** obesity and premature deaths.

(5) be+형용사+of

tired [sick] of ~에 싫증나 있다	**aware [cognizant] of** ~을 알고 있는
capable of ~ing ~할 수 있는	**fond of** ~을 좋아하는
suspicious of ~을 의심하는	**conscious of** ~을 의식하고 있는
characteristic [typical] of ~가 특징[전형]인	**appreciative of** ~을 감사해 하는
full [short] of ~로 가득 찬 [부족한]	**independent of** ~로부터 독립적인
critical of ~에 비판적인	**tolerant of** ~을 용인하는, 참는
proud of ~을 자랑스러워하는	**jealous [envious] of** 질투하는, 부러워하는
ashamed of ~을 창피해 하는	**free of** ~이 없는, 깨끗한
possessed of ~을 가지고 있는	**possessed with** ~에 사로잡힌
sure [certain/convinced/assured/confident] of+사물 ~을 확신하다	
composed [made up/comprised] of ~로 구성되어 있다	
afraid [scared/terrified/frightened] of ~이 무섭다, 두렵다	

I am **afraid of** spiders.

It was **made of** the finest leather.

I'm **sick and tired of** your behavior.

Power Grammar

Choose the best answer for the blank.

Registration for new students will be closing soon and class sizes are limited ___________ 10 students only.

(a) of　　　　　　　　(b) to　　　　　　　　(c) into　　　　　　　　(d) with

[Power Solution]

[해설] 빈칸 앞의 limited와 어울리는 전치사는 to이다.

[어휘] registration n. 등록　　　be limited to ~로(에) 제한되다

[정답] (b) to

(6) be+형용사+in

interested in ~에 관심이 있다	**disappointed in** 사람에게 실망해 있다
be dressed in ~로 차려 입은 상태이다	**engaged [involved] in** 종사 [연루, 가담]하다
absorbed[immersed/engrossed] in ~에 몰입한 상태이다	

She is very **interested in** gardening.

He was totally **absorbed in** the baseball game.

He is **engaged in** foreign trade.

I'm really **disappointed in** you.

(7) be+형용사+for

suitable [appropriate] for ~에 적합한	**perfect [adequate] for** ~에 완벽[충분]한
famous [noted/known] for ~로 유명한	**responsible for** ~한 책임이 있는, 장본인인
eligible for ~의 자격이 있는	**anxious for** ~을 갈망하다
thankful [grateful] for ~에 감사하는	**happy for+**사람 ~ 때문에 기쁘다, 잘됐다

I regret to tell you this, but you are not **eligible for** the membership.

This position is **appropriate for** those seeking a part-time job.

I am **happy for** you! (잘 됐다)

I'm **happy about** that. (맘에 들다, 만족하다)

(8) be+형용사+from/ on

divorced from ~와 이혼한 상태이다	**exhausted [tired] from** ~로 지쳐 있다
different from/than ~와 다르다	**based on** ~에 기초하다
dependent [reliant] on ~에 의존하는	**focused on** ~에 초점을 맞추다

Our English education is largely **focused on** reading and translation.

This film is **based on** a true story.

I'm very **tired from** studying all night.

(1) agree with / agree to / agree on

agree with +사람/사물	[agree with+사람]은 ⓐ (사람)의 의견에 동의하다 ⓑ (음식, 기후 따위)가 체질에 맞다라는 의미 반면, [agree with+사물]은 ⓒ 의견이나 생각, 또는 행위에 찬성하다 ⓓ 두 개의 대상이 일치하다는 뜻 I agree **with** you. / I agree **with the idea** [opinion] that money talks. Chinese food does not **agree with** me. (체질에 맞다) I don't **agree with** allowing children to go out at night. (행위) His statements do not **agree with** the evidence. (일치하다)
agree to +사물	의견이 아니라, 타인의 [제의/제안/계획]등을 승낙, 찬성, 허락할 경우 I can't **agree to** such an unfair contract. (=can't accept) She wouldn't **agree to** an interview with the press. My boss didn't **agree to** my proposal.
agree on +사물	둘 이상의 사람이 무엇에 대해 의견이 일치되거나 합의를 하다는 의미 The couple couldn't **agree on/about** which car to buy. My wife and I **disagree on/about** many social and political issues.

(2) think of / think about

think of	ⓐ 무엇을 생각(기억)해 낸다거나, ⓑ 아이디어를 생각해낸다는 의미로 쓸 때 ⓒ 의견을 묻고 대답할 때 ⓓ 미래의 의도, 계획 등을 말할 때 I can't **think of** its exact name. (생각, 기억이 나다=I don't remember) How could you **think of** such a good idea? (아이디어를 생각해내다) What did you **think of** your new boss? – I didn't **think highly of** him. I'm **thinking of/about** changing my career. (about도 가능)
think about	집중해서 진지하게 생각하다는 의미 What are you **thinking about**? – I am **thinking about** the new film. I need some time to **think about** your proposal.

(3) hear about / hear of/ hear from

hear about	~에 대해서 정보나 소식을 자세히 듣다 Have you **heard about** the accident? Tell me what's wrong. I want to **hear about** your problem.
hear of	~의 존재를 들어서 알고 있다 I've never **heard of** the actress. Is she famous?
hear from	~로부터 안부소식을 듣다 When did you last **hear from** her? I haven't **heard from** her for several years.

(4) care about / care for / care

care about/for +사람	~에게 애정(관심)이 있다; care for는 [돌보다]는 뜻으로도 쓰인다. You are the only one I **care about/for** now. She didn't have enough time to **care for** her baby.
care about +사물	~에 대해 신경 쓰다, 걱정하다 He doesn't **care about** his children's health and well being. Low income families do not **care about** their children's education.
care for +사물	뒤에 사물이 올 경우에는 [좋아하다]는 뜻과 [원하다]의 뜻 I don't **care for** the video game very much. Would you **care for** some more coffee?

(5) know about / know of

know about/of	사람, 사물, 사건 등에 대해서 알게 되거나 알고 있다. I **know about/of** the car accident. It was on TV last night. I **know about/of** the actress. She is one of my favorites.
know about	공부나 학술적인 내용과 관련해서 알고 있다. about만 가능 I don't **know** much **about** the atomic theory.
know+목적어	개인적으로 직접적인 경험을 통해 알고 있다. I have **known** the actress for 2 years. (개인적으로 알고 지내는 경우)

> ### Power Grammar
>
> **Choose the best answer for the blank.**
>
> A: I'll give you a call as soon as I hear ___________ the doctor.
>
> B: I appreciate it.
>
> (a) of   (b) from   (c) about   (d) with
>
> **[Power Solution]**
>
> [해설] '~로부터 소식을 듣다'는 표현은 hear from이다. hear of는 '~을 듣다'는 의미이므로 문맥에 적절하지 않다.
>
> [어휘] appreciate v. 고마워하다, (제대로)인식하다
>
> [정답] (b) from

(6) 기타 [동사+전치사] 필수 표현

특정 동사들 뒤에는 특정전치사가 오는데, 목적어는 항상 전치사 뒤에 써야 한다.

succeed in+동[명사] ~에 성공하다	**succeed to**+명사 ~을 계승하다
deal with [in] ~을 다루다, 거래하다	**interfere with [in]** 간섭하다, 중재하다
comply with [=conform to] ~을 따르다	**compete with [for]** ~와 [~을 놓고] 경쟁하다
respond/reply to ~에 대응/응답하다	**belong to** ~에 속하다
look/stare at 바라보다, 노려보다	**look for [after/into]** 찾다[돌보다/조사]하다
object to ~에 반대하다	**plead with**+사람 ~에게 간청/탄원하다
apply for+(일자리/장학금) 지원/신청하다	**apply to**+사람/회사 ~에 지원하다
apply to+사물 ~에 적용되다	**adapt [adjust] to** ~에 적응/순응하다
subscribe to ~을 구독하다	**talk/speak to [with]**+사람 ~와 얘기하다
contribute to ~에 공헌하다	**account for** ~을 설명하다, 차지하다
talk/speak about ~에 대해 얘기하다	**concentrate/focus on** ~에 집중하다
benefit from ~로부터 혜택을 보다	**consist of [in]** ~로 구성되다[~에 있다]
depend/rely on ~에 의존/의지하다	**smell/reek of**+명사 ~ 냄새가 나다
stop/swing/drop by ~에 들리다	**cancel on**+사람 ~와 약속을 어기다
wait for [on] ~을 기다리다[시중들다]	**come across [=run into]** 우연히 만나다
look over [through] 대충 훑어 보다	**go over[through]** ~을 검토하다, 겪다
wonder about ~을 궁금해 하다, 고려하다	**wonder at** ~에 감탄하다
laugh at ~에 웃다, 비웃다 (눈앞에서)	**laugh about** 한참이 지나 생각하면서 웃다
shout at ~에게 화내면서 고함치다	**shout to** 잘 들리도록 큰 소리로 외치다
ask/inquire after (건강관련) 안부를 묻다	**ask/inquire about** ~에 대해 캐묻다
ask for+사물 ~을 요구하다	**shoot/fire at** ~를 겨냥해서 (총을) 쏘다
complain about ~을 불평하다	**complain of**+(통증, 병) ~을 호소하다
point at [to] ~ 쪽을 가리키다	**approve of**+사물 ~에 승인하다, 찬성하다
dream about [of]+~ing ~을 상상하다	**dream about**+명사 ~에 대한 꿈을 꾸다 (자면서)

Grammar Focus 4 동사+명사+전치사

(1) 동사+명사(사물)+to+명사(사람): 4형식으로 쓸 수 없는 동사

explain	introduce	announce	suggest	propose
mention	say	confide	describe	

He **explained** the problem **to me**. (o)

He **explained to me** why he was so late. (o)

He **explained me** why he was so late. (x)

(2) 동사+명사+with+명사(사물): 수여동사로 착각하기 쉬운 동사

> **provide   supply   furnish   present   entrust** (맡기다)   **endow** (수여하다)

They **provided** us **with** food. (=They provided food to(for) us.)

They **presented** me **with** a prize. (=They presented a prize to me.)

> **Power Grammar**
>
> **Identify the option that contains an awkward expression or an error in grammar.**
>
> (a) A: Hello, you've reached to the German language institute.
>
> (b) B: Hi, I'm calling to find out how to apply to your German language program.
>
> (c) A: We just need an application form and the registration fee.
>
> (d) B: Actually I would like to find out about dormitory as well.
>
> **[Power Solution]**
>
> [해설] '~에 지원하다'라는 표현은 apply for이다. 따라서 (b)의 apply to를 apply for로 바꾸어야 한다.
>
> [어휘] registration n. 등록   dormitory n. 기숙사
>
> [정답] (b) apply to → apply for

(3) 동사+명사(사람)+of+명사(사물): 제거, 박탈, 통지 동사

> **rob   deprive   strip   cure   clear   relieve   ease   rid**
>
> **inform   notify   warn   remind   assure   convince   accuse**

The man **robbed** her **of** her money. (=She was robbed of her money.)

He **accused** me **of** his defeat. (패배를 내 탓으로 돌렸다.)

(4) 동사+명사A+to+명사B: 명사 A를 명사 B의 탓으로 돌리다

> **owe   attribute   ascribe   impute**

He **attributed** his failure **to** bad luck.

He **owed** his success **to** his father.

She **owes** what she is now **to** her mother.

(5) 동사+명사+as+명사/형용사: 간주 동사

> 간주동사 **regard   think of   look upon   take   see   view   consider   acknowledge**
>
> 기타   **describe   treat   define   refer to**

They **regarded** (=take, see, view) him **as** a teacher.

I **looked upon** her **as** belonging to a rich family. They **think of** him **as** smart.

(6) 동사+명사(사람)+from+동명사: 방해, 금지 동사

> **keep   stop   prevent   prohibit   dissuade   discourage   hinder   deter   ban   inhibit**

He **stopped** her **from buying** the computer.
c.f.> He **persuaded** her **to buy** the computer.
= He **talked** her **into buying** the computer.

(7) 동사+명사(사람)+into/out of+(동)명사: 누군가를 설득하여 그 사람이 어떤 일을 하도록 또는 하지 못하게 하다

> **talk   argue   persuade   coax** (구슬리다)   **maneuver** (조종하다)

He **talked [argued / persuaded]** her **into** joining the club.
She **maneuvered [coaxed / persuaded]** me **into** signing the contract.
I **talked [persuaded / argued]** her **out of** buying that computer. (단념하도록/못하도록 하다)

(8) 동사+명사(사람)+for+(동)명사: 상벌 동사

> **thank   blame   punish   scold   praise   compensate** (보상)   **reimburse** (상환하다)

Mom **scolded** me **for** doing nothing but watch TV all day.
Our company **reimburses** us **for** all the expenses.

(9) 동사+명사+전치사 기타표현

check A for B B를 찾으려고 A를 확인하다	**search A for B** B를 찾으려 A를 뒤지다
spend A on B A를 B에 대해 쓰다	**blame A on B** A를 B의 탓으로 돌리다
congratulate A on B A를 B에 대해 축하하다	**impose A on B** A를 B에 부과하다
divide A into B A를 B로 나누다	**add A to B** A를 B에 더하다

Power Grammar

Choose the best answer for the blank.
The employer refused to compensate his workers _______________ working overtime.
(a) for   (b) on   (c) to   (d) with

[Power Solution]
[해설] '~하는 것을 보상하다'라는 상벌 동사 compensate는 [for+동명사]를 수반하므로 (a)가 정답이다.
[어휘] refuse v. 거부하다   work overtime 초과 근무하다, 시간외 근무하다
[정답] (a) for

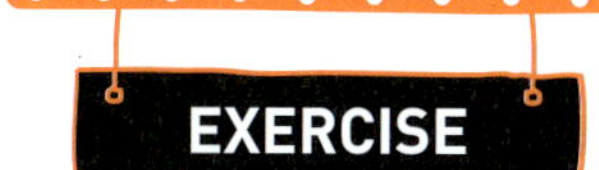

A. Choose the best answer for the blank.

1. People can have easy access **(to / for)** a quality on-line education.

2. He needs to have some confidence **(in / about)** himself.

3. My job is not paying me that much, but there's room **(for / of)** promotion.

4. The cause **(for / of)** the fire last night is still not known.

5. Music can have positive effects **(to / on / about)** milk production.

6. Can you take a picture **(for / of)** me?

7. I am very disappointed **(at / with)** my wife because she was poor **(at / in)** cooking.

8. The man is familiar **(to / with)** the cause of this engine trouble.

9. I am concerned **(about / with)** the worsening situation.

10. She is sick and tired **(with/ of)** eating the same food every day.

11. I was surprised **(by / with)** how she behaved.

12. Her mother is anxious **(about / for)** her daughter's success.

13. He is indifferent **(to / about)** his clothes.

14. My son was involved **(in / with)** a big car accident on his way home this evening.

15. She is independent **(on / from / of)** her parents.

B. Identify the option that contains an awkward expression or an error in grammar. Then correct the ungrammatical part in the sentence.

1. He didn't agree to me at all, but we agreed on the issue.

2. My wife and I found it very difficult to agree with which house to buy.

3. I think I've heard about his name, but I can't think of it.

4. It's about time we think of the project.

5. Would you care about some more apples?

6. Last night I dreamed for being hit by a car.

7. His boss presented him for a special bonus.

8. The old man cleared the road from the fallen leaves.

9. He tried to dissuade her out of suing.

10. She sweet-talked me from having a beer with her.

Practice Test

1 A: Did Mary tell you she would take part in our project?

B: I'm sorry but it was impossible to talk her _______________ joining us.

(a) about   (b) into   (c) at   (d) of

2 A: Daniel is getting a divorce. It's too bad.

B: Are you kidding? He's been married _______________ Kathy for over twenty years!

(a) for   (b) with   (c) to   (d) at

3 A: You will be offered a considerable savings on your phone bill through our company.

B: I'm absolutely satisfied _______________ my current service.

(a) of   (b) by   (c) with   (d) on

Part II Choose the best answer for the blank.

4 We have made all the arrangements for your visit _______________ our head office in Shanghai.

(a) in   (b) on   (c) at   (d) to

5 Conventionally, the role of a husband or father used to be limited _______________ being a main earner in family.

(a) to   (b) by   (c) as   (d) in

6 I have never seen him get angry _______________ her like that before.

(a) at   (b) to   (c) in   (d) about

7 Stevens was born _______________ Warren and Jane, a military officer and a housewife.

(a) with   (b) in   (c) to   (d) for

8 Payments for insurance services are based _______________ several factors.

(a) by   (b) in   (c) on   (d) for

Part I Choose the best answer for the blank.

1 A: What's wrong? You look really unhappy.

B: David canceled ___________ me once again. I don't find the reason why he keeps doing that.

(a) to (b) on (c) with (d) for

2 A: I'm so happy for you to come.

B: You ought to thank Pat, because she's the person who ________________________ coming.

(a) talked me to (b) talk into my (c) talked me into (d) talk to my

3 A: ___________________ includes a lot of traveling.

B: That's fine. I like traveling very much.

(a) The post you've applied in (b) The post you applied

(c) The post you've applied (d) The post you've applied for

4 A: Do you know if Mr. Becker is married?

B: Yes, I do. He ________________ three children.

(a) is married with (b) got married to (c) married to (d) married with

5 A: What a mess it is!

B: Seriously, this place reeks ________________ alcohol and smoke.

(a) by (b) in (c) of (d) on

Part II Choose the best answer for the blank.

6 Sarah gave congratulations to ___________________ getting through my driving test.

(a) me so (b) me (c) me for (d) me on

7 Although I pleaded ___________________ John to change his mind, he wouldn't listen.

(a) on (b) at (c) by (d) with

8 The land areas of the earth have been divided _________________ seven vast land masses called continents by geographers.

(a) toward   (b) at   (c) for   (d) into

9 The need for fair elections was the one issue that all the parties agreed _________________.

(a) over   (b) for   (c) in   (d) on

10 His taste _________________ literature and art would be obviously different from ours.

(a) for   (b) in   (c) on   (d) at

Part III   **Identify the option that contains an awkward expression or an error in grammar.**

11 (a) A: Do you mind me smoking?

(b) B: Yes. I am sorry, but I am allergic smoking.

(c) A: Oh, I'm sorry. I didn't know that. Let me smoke outside then.

(d) B: Thank you for being with me.

12 (a) A: We ought to have left earlier.

(b) B: I told you we have to. Why wouldn't you ever listen to me?

(c) A: Because I'm tired with your picking on me.

(d) B: OK. We don't have time to have a row now.

13 (a) A: Hello? Could I talk to Mr. David Miller, please?

(b) B: He's on the other phone line at the moment. May I help you anything?

(c) A: Thank you very much, but I'll hold.

(d) B: OK, he's coming back to answer you soon.

14 (a) All students at the University are required to belong to a College. (b) Each of the 40 Colleges makes up a separate community and the members of each college represent most of the academic subjects. (c) A College is independent on the faculties and departments of University. (d) Various roles the College fulfills for each student include providing a social structure, tutorial care, and accommodation.

15 (a) Computer viruses occur in varying forms. (b) E-mail messages from supposedly real people can even arrive with viruses. (c) In order to be completely secure, you are strongly recommended not opening any strange looking attachments since this can install a virus. (d) If you are not sure an attachment, it's the best way just to discard it.

Unit 19

가정법 1 (가정법의 종류)

가정법이란 화법의 한 형태이며, 현재나 과거에 존재했던 사실의 반대를 가정하고 미래의 불확실한 상황을 가정하여 화자의 주관적 감정이나 소망을 표현한다. 화자의 감정, 태도, 확신의 강도를 표현하는 어법으로, 문법용어가 가리키는 형태와 실제의 의미가 일치하지 않아 혼동하기 쉬우므로, 시제와 조동사의 쓰임에 각별히 유의해야 한다.

Grammar Focus 1 단순 조건문 (직설 조건문)

현재나 미래에 실제로 있을 수 있는 상황에 대한 단순 조건문으로, 현재의 사실, 습관 등이나, 불확실하지만 실현 가능성이 충분하다고 판단되는 미래의 상황을 가정한 경우이다.

(1) 현재에 대한 단순조건문

구분	조건절 (종속절)	결과절 (주절)
형태	If+주어+동사 현재형	주어+동사 현재형 or 조동사 현재형+동사원형
해석	(현재) ~한다면	~한다 /~할 것이다
의미	진리로 받아들여지는 현재의 일반적인 사실이나 개인의 습관	

① **현재의 사실, 진리:** [if+S+동사 현재형, S+동사 현재형 or will+동사원형]

If you **pull** the cat's tail, the cat **scratches/will scratch** you.

If it **snows**, it **becomes/will become** hard to drive.

If it **rains**, the street **gets/will get** wet.

② **개인의 습관적 행위:** [if+S+동사 현재형, S+동사 현재형]

If I **don't get** enough sleep, I always **get** sleepy during class. **(not will get)**

If I **have** enough time, I always **write** to my friend. **(not will write)**

If it **rains** heavily, I **don't** usually **drive** to work. **(not will not drive)**

(2) 미래에 대한 단순조건문

구분	조건절 (종속절)	결과절 (주절)
형태	If+주어+동사 현재형	주어+조동사 현재형+동사원형 or 명령문
해석	(미래에) ~한다면	~할 것이다 / ~ 해라
의미	불확실하지만 실현 가능성이 충분하다고 판단되는 미래의 상황	

Power Grammar

Choose the best answer for the blank.

If any defendant ________________ found guilty, he or she will have the right of appeal.

(a) were   (b) had been   (c) was   (d) is

[Power Solution]

[해설] 문맥상 '피고인이 유죄로 판명되면 그사람은 항소권을 갖게 될 것'이라는 내용이므로 불확실하지만 실현 가능성이 충분하다고 판단되는 미래의 상황을 가정하고 있다. 따라서 종속절에는 현재형 is가 적절하다.

[어휘] defendant n. 피고인   guilty a. 유죄의   right of appeal 항소권

[정답] (d) is

Grammar Focus 2　가정법 과거

가정법 과거는 if절에 쓰인 동사가 과거형이라서 붙여진 이름에 불과하다. 실제 의미하는 시제는 현재나 미래이다.

구분	조건절 (종속절)	결과절 (주절)
형태	**If+주어+동사 과거형 / were**	**주어+조동사 과거형+동사원형**
해석	(현재) ~한다면	~할(일)텐데
의미	현재 사실의 반대나 실현 가능성이 희박한 현재상황의 반대를 가정	

(1) 현재사실의 반대를 가정하는 가정법 과거

If I **had** free time now, I **could help** you. (지금 여유 시간이 없어서 도울 수 없다는 뜻)

=As I **don't have** free time now, I **can't help** you.

If I **were** you, I **wouldn't sleep** on it another minute.

If it **were not raining** right now, I **could go** fishing.

If I **didn't** smoke, I **would be** much healthier.

If I **had** a wife, I **would buy** her a flower every day.

(2) 미래의 상황을 가정하는 가정법 과거

If I **had** enough time tomorrow, I **would/could go** to a movie with you.

=As I **won't have** enough time tomorrow, I **will not go** to a movie with you. (직설법)

If it **rained** heavily tomorrow, I **would not drive** to work. (비가 내리지 않을 거라 판단)

Would you mind if I left a little earlier? (정중한 표현은 가정법의 일종)

If I **could meet** a famous actress in person, that **would be** Son Ye-jin.

If you **were sent** to a desert island and **could** only **take** one thing, what **would** it **be**?

What **would** you **do** if you **won** the lottery?

Grammar Focus 3　가정법 과거완료

가정법 과거완료는 if절에 쓰인 동사가 과거완료이기 때문에 붙여진 이름에 불과하다. 실제 의미하는 바는 과거이다.

구분	조건절 (종속절)	결과절 (주절)
형태	**If+주어+과거완료 (had+p.p.)**	**주어+조동사 과거형 (would/could)+have+p.p.**
해석	(과거) ~ 했더라면/이었다면	~했을 텐데/이었을 텐데
의미	과거에 사실의 반대상황을 가정해서 소망, 아쉬움 등을 표현	

If I **had had** free time yesterday, I **would have gone** to a movie with you.

=As I **didn't have** free time yesterday, I **couldn't [didn't] go** to a movie with you.

If I **had known** her phone number, I **would have called** her.

If we **had left** a little earlier, we **would have arrived** there on time.

If it **hadn't been raining** heavily, I **would have gone** fishing.

If I **hadn't been wearing** a seat belt, I**'d have been** seriously **injured**.

Power Grammar

Choose the best answer for the blank.

If Jason ________________________ earlier, he would not have been late for the meeting.

(a) leave   (b) had left   (c) will leave   (d) leaves

[Power Solution]

[해설] 과거사실에 대한 반대를 나타내는 가정법 과거완료에 대해 묻는 문제이다. 주절에 [조동사 과거형+have+p.p]가 있으므로 종속절에는 [had+p.p] 형태가 들어가야 적절하다. 따라서 (b)가 정답이다.

[어휘] late for the meeting 회의에 늦은

[정답] (b) had left

Grammar Focus 4 가정법 미래

미래의 상황을 가정하는 방법은 화자의 느낌이나 확신의 강도에 따라, 여러 가지로 형태로 표현이 가능하다. 현실성 있는 미래의 상황이라고 판단하면, 단순(직설)조건문으로, 실현 가능성이 거의 희박한 상황이라 판단되면, '가정법 과거' 형태로 표현할 수도 있다. 가정법 미래 역시 단순 조건문에 비해 더 가능성이 희박한 미래상황을 가정할 때 사용한다.

(1) should 가정법 미래

구분	조건절 (종속절)	결과절 (주절)
형태	**If+주어+should+동사원형**	**주어+will/would+동사원형 or 명령문**
해석	(미래에) 혹시라도 ~한다면	~할 것이다/ ~ 해라
의미	단순(직설) 조건문보다 좀 더 실현 가능성이 없다고 판단되는 미래 상황을 가정	

If I **should have** enough time tonight, I **will/would go** to a movie with you.

If it **should rain** heavily tomorrow, I **will/would take** a bus to work. (혹시라도 ~한다면)

If you **should have** any questions, please **feel** free to contact me. (명령문)

If he **should change** his mind, I **will/would not blame** him.

> **주의** **should** 가정법은 단순 조건문과 해석이나 의미상의 차이가 거의 없다. 주절에는 조동사 현재형과 과거형 둘 다 쓸 수 있다는 점에 유의해야 한다.

(2) were to 가정법 미래

주로 실현 가능성이 거의 없는 가정에 쓰였지만, 실현 가능성이 있는 가정에도 사용한다.

구분	조건절 (종속절)	결과절 (주절)
형태	**If+주어+were to+동사원형**	**주어+조동사 과거형 or 명령문**
해석	(미래에) 혹시라도 ~한다면	~할 것이다/ ~ 해라
의미	가정법 과거와 마찬가지로 실현 가능성이 아주 희박한 미래 상황을 가정	

If I **were to be born** again, I **would become** a professor. (문어체)

=If I **were born** again, I **would become** a professor. (일상 구어체)

Even if the sun **were to rise** in the west, I **would** never **change** my mind. (문어체)

=Even if the sun **rose** in the west, I **would** never **change** my mind. (구어체)

If I **were to live** in a different culture, I **would follow** their customs.

(3) 화자의 확신강도에 따라 미래의 상황을 가정하는 조건문들

If it **rains** heavily tomorrow, I **will take** a bus to work. (단순미래 조건문)

If it **should rain** heavily tomorrow, I **will/would take** a bus to work. (should 가정법 미래)

If it **were to rain** heavily tomorrow, I **would take** a bus to work. (were to 가정법 미래)

=If it **rained** heavily tomorrow, I **would take** a bus to work. (가정법 과거)

> **주의** 도저히 불가능한 자연현상에만 were to를 쓰는 게 아니라, 화자의 확신정도에 따라 실현 가능성이 있는 미래 상황일지라도 얼마든지 were to를 쓸 수 있다.

Power Grammar ▶

Choose the best answer for the blank.

A: Don't you think it's so stupid of you to spend so much money on casino games?

B: If I ___________________ hit the jackpot, I could buy a Mercedes.

(a) am to　　　　(b) were to　　　　(c) were　　　　(d) will

[Power Solution]

[해설] 문맥상 '거액의 상금을 받는다면 벤츠를 살것이다.'라는 실현 가능성이 없는 미래 상황을 가정하고 있다. 따라서 적절한 동사의 형태는 (b)이다.

[어휘] jackpot n. (도박, 복권 등에서)거액의 상금, 대박

[정답] (b) were to

A. Choose the best answer for the blank.

1. If any defendant **(is / were)** found guilty, he or she will have the right of appeal.

2. I **(will / would)** buy the computer if they gave a keyboard.

3. If she **(knew / had known)** that you were ill, she would have visited you.

4. If you **(have / had)** four kids to take care of, how could you manage it?

5. If you skip breakfast, you **(would / will)** not concentrate on a morning class.

6. If she has free time, she always **(writes / will write)** a letter to her parents.

7. If Jack **(had majored / majored)** in business administration, he would have had less difficulty

   finding a job.

8. If Richard had left earlier, he would **(avoid / have avoided)** the heavy traffic.

9. If I **(hadn't been / weren't)** wearing a seat belt, I'd have been seriously injured.

10. If he **(should change / changes)** his mind, I would not blame him.

11. If I **(were to be / am)** born again, I would become an actor.

12. If it **(were not / is not)** raining, I would go hiking now.

13. If the sun were to rise in the west, I **(would / will)** get married to her.

14. I would have helped you then if I **(had known / knew)** you were in trouble.

15. If you **(should have / had)** any question, please feel free to call our hotline.

B. Identify the option that contains an awkward expression or an error in grammar.
Then correct the ungrammatical part in the sentence.

1. If the temperature will reach 0 Celsius, water freezes.

2. This apartment would be perfect if it is a little larger.

3. If I knew the truth then, I would have told you.

4. If it rains this Sunday, we would have to delay our departure.

5. If you were to speak Chinese, you would have more opportunities.

6. If things had changed then, we might make a bigger profit.

7. If you should change your mind, you could have revoked your living will at any time.

8. I'm going to paint the windows if I had enough time tomorrow.

9. If I was you, I would drop the course this semester.

10. Sarah will always answer the phone if she is in the office.

Part I **Choose the best answer for the blank.**

1 A: What would happen if the water comes up to here?

B: Don't worry and everything will be fine. Even if it _______________, we could just use the lifeboat, though it's really improbable.

(a) would   (b) is   (c) will   (d) did

2 A: We will be late this time again!

B: Don't worry, and everything will be all right. If we _______________, we will be there without being tardy.

(a) run   (b) will run   (c) ran   (d) have run

3 A: What a foolish idea it is to spend so much money on the lottery!

B: If I _______________ win the lottery, I would donate some money to a charity.

(a) will   (b) am to   (c) were to   (d) were

4 A: What _______________ if you'd been in the house when they broke in?

B: Well, I have no idea.

(a) have they done   (b) did they do

(c) would they do   (d) would they have done

Part II **Choose the best answer for the blank.**

5 Had the Prime Minister not bursted out of the studio, the talk show host _______________ for her embarrassing mistake.

(a) would have apologized   (b) would apologize

(c) should apologize   (d) had apologized

6 If he _______________ with me, we will settle everything easily.

(a) were to go   (b) should go   (c) went   (d) had gone

7 We could fix the car now if we _______________ the spare parts.

(a) had had   (b) are having   (c) had   (d) have had

8 Were I to live in China, I _______________ to their standards of behavior.

(a) would conform   (b) will conform

(c) conformed   (d) would have conformed

Part I Choose the best answer for the blank.

1 A: The future of our country is dependent on the success of the approaching meetings.

B: You're right. It would be a catastrophe, if the discussions _________________.

(a) fails

(b) would have been failed

(c) were to fail

(d) had failed

2 A: My bike has broken down.

B: Let me see. If I had a proper screwdriver, I _________________ it.

(a) could have fixed   (b) can fix   (c) could fix   (d) will fix

3 A: How did you realize that Tom was considering quitting the job?

B: Frankly speaking, if he had not told me, I _______________.

(a) would never have guessed

(b) would never guess

(c) never guessed

(d) have never guessed

4 A: Haven't you carried your umbrella? It's raining cats and dogs outside.

B: I would have, if I _________________ it was going to pour like this.

(a) have known   (b) had known   (c) knew   (d) could know

5 A: Had we asked people, we _________________ and spent our time pointlessly now.

B: I'm sorry but I believed I could find the way by myself.

(a) hadn't had to get lost

(b) don't have to get lost

(c) will have to get lost

(d) wouldn't have to get lost

Part II Choose the best answer for the blank.

6 If they had made more preparations for an emergency situation, a lot of victims

_________________.

(a) could have been saved

(b) have saved

(c) could have saved

(d) had been saved

7 My personal assistant will call you if he _________________ any additional information.

(a) had needed   (b) needed   (c) needs   (d) will need

8 The CEO could have gone to jail if the accusation ______________ to be true.

    (a) turned out   (b) had turned out   (c) has turned out   (d) was turned out

9 If a defendant ______________ found guilty, he or she will be given right of appeal.

    (a) was   (b) were   (c) had been   (d) is

10 If you ______________ to a desert island and were allowed to bring along a single piece of music with you, what would it be?

    (a) are sent   (b) were sent   (c) have been sent   (d) will be sent

---

Part III   **Identify the option that contains an awkward expression or an error in grammar.**

11 (a) A: I really dislike it when I get late for work. My boss always stares meanly at me.

    (b) B: Well, but if I were him, I think I will do the same way. You're often tardy and you always make a silly excuse.

    (c) A: It was the first time this week. I wasn't late until this time. Besides, you know it's very hard to please my boss.

    (d) B: I think you need to be careful, though. You don't want to get laid off, do you?

12 (a) A: You look miserable. Is it because of your course load again?

    (b) B: Exactly, you know, getting a college education is very hard for me.

    (c) A: But if it weren't, it will be worthless.

    (d) B: Fair enough, I'm just going through a bad patch at the moment.

13 (a) A: Mary doesn't want to see me any longer.

    (b) B: Oh, no. Have you asked her why?

    (c) A: Yes, but she wouldn't show me her mind. What would you do if you are me in this situation?

    (d) B: I think I'd take her to a special place and try to talk.

14 (a) Although letting go of the past is one of the most difficult things people have to do, sooner or later we all must do it. (b) This means that you refuse to contemplate what you will have done if you had only known a little better. (c) Furthermore, it means forgiving yourself for the mistakes you made years ago and going on. (d) Even though letting go of the past is difficult, it will help you live a better life.

15 (a) Thomas Malthus was an English economist. (b) Essay on the Principle of Population is called his most important work, which he wrote in 1798. (c) He believed that the world's population increases much faster than its food supply does. (d) He also had the belief that if people continue to have big families, disease and war would destroy the extra population.

Joseph's Tip!

주의   if 조건절이 실제 발생할 수 있는 미래의 상황을 가정할 경우, 결과절인 주절은 [**will+동사원형**]과 [**may/can/ might/should+동사원형**], 또는 [**명령문**]의 형태도 가능하다.

▶ If I **have** enough time tomorrow, I **will go** to a movie with you.

▶ If I **don't get** enough sleep tonight, I **will [can/may/might] get** sleepy tomorrow.

▶ If I **have** enough time tonight, I **will [am going to] write** to my friend.

▶ If it **rains** heavily tomorrow, I **will not drive** to work. (will+동사원형)

▶ If it **rains** heavily tomorrow, she **might not drive** to work. (might+동사원형)

▶ If it **rains** heavily tomorrow, you **should not drive** to work. (should+동사원형)

▶ If it **rains** heavily tomorrow, **don't drive** to work. (명령문)

Unit 20
가정법 2 (혼합가정법/I wish/as if/without 가정법)

가정법에서 자주 출제되는 부분은 바로 혼합가정법이다. 앞에서 배운 가정법 과거와 과거완료의 시제가 혼합되어 있기 때문에 동사의 형태의 혼동을 일으키기 때문이다. if절의 형태는 과거완료이고, 주절의 형태는 과거의 형태가 쓰인다는 것을 알아두자. 또한 접속사 if가 생략되어 주어와 동사의 어순이 도치되는 문제가 자주 출제된다. 또한 I wish 가정법과 as if 가정법의 의미도 각각 자주 출제되는 부분이니 기억해 두어야 한다.

Grammar Focus 1 혼합가정법

if절과 주절의 동사 형태가 섞인 형태의 가정법으로, 주로 If 절은 과거사실의 반대를 가정하므로 가정법 과거 완료의 형태를 가지지만, 주절은 현재사실의 반대를 가정하므로, 가정법 과거의 주절 형태를 가지는 경우이다.

구분	조건절 (종속절)	결과절 (주절)
형태	If+주어+과거완료 (had+p.p.)	주어+조동사 과거형+동사원형
해석	(과거에) ~ 했더라면/이었다면	~할 텐데
의미	과거에 있었던 결과가 현재까지 미치는 경우에 주로 사용 조건절은 과거사실의 반대를, 주절은 현재 사실의 반대를 가정	

If he **had not taken** the doctor's advice, he **would be** dead now.

= As he **took** the doctor's advice, he is not dead now.

If my son **had not run** a red light, he **would be** 15 now.

If I **had taken** that bus, I **would not be** here now.

If you **had gone** to bed earlier last night, you **wouldn't be** tired this morning.

Grammar Focus 2 접속사 If의 생략과 도치

가정법의 if 조건절의 동사가 [were, should, had+p.p.]인 경우 접속사 if를 생략할 수 있는데, 이 경우 주어와 동사가 의문문의 어순으로 도치가 된다.

(1) If절의 동사가 were인 경우

If you were in my shoes, what would you do?

= **Were you** in my shoes, what would you do?

If it were not raining right now, I would go out to play tennis.

= **Were it not** raining right now, I would go out to play tennis. **(not Were not it)**

If you were to buy an iPhone today, which model would you prefer?

= **Were you to buy** an iPhone today, which model would you prefer? **(not Were to you)**

(2) If절의 동사가 had+p.p.인 경우

I would have told you if **I had known** the truth.

= I would have told you **had I known** the truth.

If I had not taken your advice, I would be in big trouble now.

= **Had I not taken** your advice, I would be in big trouble now. **(not Had not I)**

(3) If절의 동사가 [should+동사원형]인 경우

You can revoke your living will at any time **if you should change** your mind.

= You can revoke your living will at any time **should you change** your mind.

If you should not receive your purchase within 3 working days, please give us a call.

= **Should you not receive** your purchase within 3 working days, please give us a call.

Power Grammar

Choose the best answer for the blank.

A: I am too exhausted to attend the meeting.

B: You ________________ so tired if only you hadn't stayed up last night watching the baseball game on TV.

(a) would be   (b) wouldn't be   (c) wouldn't have been   (d) aren't

[Power Solution]

[해설] 혼합가정법에 관한 문제이다. if절은 어제라는 과거의 반대상황에 대한 가정법 과거완료이자만 주절의 경우 '지금 피곤하지 않을 텐데' 라는 현재의 반대상황에 대한 가정법 과거이므로, 빈칸에는 **wouldn't be**가 들어가야 적절하다.

[어휘] exhausted a. 기진맥진한   stay up (평시보다 더 늦게까지) 안 자다

[정답] (b) wouldn't be

Grammar Focus 3   I wish+가정법

[I wish+가정법]은 현재나 과거사실의 반대를 소망할 때 사용한다. I wish 뒤에는 현재형 동사는 쓸 수 없으며, 반드시 가정법시제 (과거형이나 과거완료형)를 써야 한다.

	현재에 대한 소망	과거에 대한 소망
형태	**I wish+주어+과거동사/could+동사원형**	**I wish+주어+과거완료/could have p.p.**
해석	~라면/한다면 좋을 텐데	~이었다면/했더라면 좋을 텐데
의미	현재사실의 반대를 소망	과거사실의 반대를 소망

(1) [I wish+가정법 과거]: 현재사실의 반대를 소망

I wish I knew how to dance. **(=If only I knew how to dance)**

= In fact, I **don't know** how to dance.

I wish I could play the violin like Yujin Park.

= In fact, I **can't play** the violin like Yujin Park.

I wish I were lying on the beach now.

= I am sorry I **am not lying** on the beach now.

(2) [I wish+가정법 과거완료]: 과거사실의 반대를 소망

I wish she **had come** to my birthday party yesterday. (왔더라면)

=I am sorry she **didn't come** to my birthday party yesterday.

I wish she **could have come** to my birthday party. (올 수 있었더라면)

=I am sorry she **couldn't come** to my birthday party yesterday.

Grammar Focus 4   as if+가정법

as if 다음에 가정법 형태가 오면 as if절의 내용이 사실과 반대되는 내용임을 의미한다.

	주절+as if+가정법 과거	주절+as if+가정법 과거완료
형태	**S+V as if+주어+과거동사 / were**	**S+V+as if+주어+과거완료**
해석	마치 ~인(하는) 것처럼	마치 ~이었던(했었던) 것처럼
의미	주절동사와 일치하는 시점의 사실과 반대되는 내용을 의미	주절동사보다 하나 앞선 시점의 사실과 반대되는 내용을 의미

(1) as if+가정법 과거: [S+V+as if(=as though)+주어+과거동사 / were]

She sometimes behaves **as if** she **were** my mom. (엄마인 것처럼 행동한다.)

=In fact, she **is not** my mom now. (주절동사와 같은 시점)

She sometimes behaved **as if** she **were** my mom. (엄마인 것처럼 행동했다.)

=In fact, she **wasn't** my mom when she behaved. (주절동사와 같은 시점)

Power Grammar

Choose the best answer for the blank.

A: I wish I ________________________ in Chinese instead of Japanese when I was in college.

B: What made you think so?

(a) had majored   (b) have majored   (c) majored   (d) would major

[Power Solution]

[해설] I wish 가정법을 묻는 문제이다. 문맥상 과거사실에 대한 반대상황을 가정하는 것이므로 과거완료를 사용해야 한다. 따라서 빈칸에는 had majored가 적절하다.

[어휘] instead of ~ 대신에   major in ~을 전공하다

[정답] (a) had majored

(2) as if+가정법 과거완료: [S+V+as if (=as though)+주어+had p.p.]

He looks as if he **had seen** a ghost. (유령을 본 것 처럼 말한다.)

=In fact, he **hasn't seen [didn't see]** a ghost. (주절동사보다 한 시제 앞선 시점)

He talked as if he **had seen** a ghost. (유령을 봤던 것처럼 말했다.)

=In fact, he **had not seen** a ghost when he talked. (주절동사보다 한 시제 앞선 시점)

주의 as if 뒤에 내용의 기정사실의 반대가 아니라, [~인 것처럼 보인다]는 뜻의 단순한 양태를 나타낼 경우에는 직설법을 쓴다. 특히 구어에서는 직설법을 많이 사용한다.

It **looks like** he is good at learning foreign languages. (구어체: 사실의 반대가 아님)

=It **looks as if** he is good at learning foreign languages.

It **sounds like** you've got a cold. (감기가 걸린 건지 안 걸린 건지 확실 치 않음)

=It **sounds as if** you've got a cold.

Grammar Focus 5 If it were not for / If it had not been for

하나의 표현처럼 외워야 할 가정법 특수 구문이다.

	If it were not for+명사(구)	If it had not been for+명사(구)
조건절	=Were it not for+명사(구) =Without [=But for]+명사(구)	=Had it not been for+명사(구) =Without [=But for]+명사(구)
결과절	주어+조동사 과거형+동사원형	주어+조동사 과거형+have p.p.
해석	~이 없다면 ~ 일(할) 것이다	~이 없었더라면, ~이었을(했을)것이다
의미	현재사실의 반대를 가정	과거사실의 반대를 가정

(1) If it were not for~, 주어+would[could, might, should]+동사원형

If it were not for electricity, our daily lives **would be** substantially different.

=**Were it not for** electricity, our daily lives **would be** substantially different.

=**Without** electricity, our daily lives **would be** substantially different.

=**But for** electricity, our daily lives **would be** substantially different.

(2) If it had not been for~, 주어+would[could, might should]+have p.p.

If it had not been for his advice, I **would have gotten** into big trouble.

=**Had it had not been for** his advice, I **would have gotten** into big trouble.

=**Without** his advice, I **would have gotten** into big trouble.

=**But for** his advice, I **would have gotten** into big trouble.

> **참고** [**If it had not been for~**, 주어+조동사 과거형+동사원형] 형태의 혼합가정법
>
> **If it had not been for** your help then, I **wouldn't be** successful in business now.

Power Grammar

Choose the best answer for the blank.

________________________________ the tragic car accident, my wife would be alive now.

(a) Had it not been for   (b) Was it not for   (c) Has it not been for   (d) Has it not for

[Power Solution]

[해설] 혼합가정법에 관한 문제이다. if절은 과거의 반대상황에 대한 가정법 과거완료이자만 주절의 경우 '지금 살아있었을 텐데' 라는 현재의 반대상황에 대한 가정법 과거이므로 빈칸에는 Had it not been for가 들어가야 한다.

[어휘] car accident 자동차 사고

[정답] (a) Had it not been for

A.   Choose the best answer for the blank.

1. I wish I **(took / have taken / had taken)** the job offer at that time.

2. If the war had not happened, my grandfather would **(be / have been)** alive now.

3. I would jump down **(were / should)** a fire to break out.

4. **(Had it not been / Were it not)** for his injury, he could play in the game.

5. **(If it were not for / Without)** his assistance, I would have failed to pass the exam.

6. If it **(were not for / had not been for)** your immediate help, I would have failed.

7. If he **(took / had taken)** the doctor's advice, he would be alive now.

8. If Mr. Randolph worked hard in his youth, he would **(be / have been)** rich now.

9. I wish I **(had / have)** enough money to buy a nice apartment.

10. I wish I **(had studied / studied)** Chinese instead of Japanese in college.

11. At times Jenny behaves as if she **(were / is)** my daughter.

12. My brother has never been to China, but he talks as if he **(had been / were)** there.

13. I wish she **(had followed / will follow)** my advice a year ago.

14. **(Had it not been / Were it not)** for his help at that time, I wouldn't be successful in my business now.

15. **(Should / Were)** you care to discuss this matter further, feel free to contact me.

B.   Identify the option that contains an awkward expression or an error in grammar. Then correct the ungrammatical part in the sentence.

1. Were I in your place a year ago, I wouldn't have done it that way.

2. Had I been you, I wouldn't worry about the exam now.

3. Please call me you should come back tomorrow.

4. If it were not for the sun, no living thing can live on the Earth.

5. I don't have a car. I wish I have a laptop computer.

6. I'm going to throw a party. I wish you will come.

7. Look at the clouds. It looks as if it rains a lot before long.

8. She always talks as if she visited the country before.

9. They fought hard with each other, but they acted as though nothing happened.

10. Did I know that there was a meeting yesterday? I would have gone there.

Practice Test

 Choose the best answer for the blank.

1   A: How did Catherine answer her supervisor's queries?

B: She didn't wince. She acted as if she _____________ the whip hand.

(a) did have   (b) has had   (c) had   (d) had had

2   A: Can you see that? It's raining buckets again, and I have to go to the bus stop on foot.

B: Well, I wish I _________________ an automobile.

(a) had had   (b) had   (c) was   (d) didn't have

3   A: Do you have a refund policy at this shop?

B: If you _________________ make any claims, return it at once.

(a) had   (b) should   (c) unless   (d) whether

4   A: Didn't you know that your behaviors would bring out an accident?

B: ____________________________________, I wouldn't have acted like that.

(a) Had I have known   (b) Did I know   (c) Had I known   (d) Have I known

 Choose the best answer for the blank.

5   She hurried to get to her seat and quickly opened her math textbook as if she _____________ attending in class the whole period.

(a) had been   (b) was being   (c) were   (d) has been

6   ____________________________ Jason's brave and quick rescue, we wouldn't be alive here.

(a) If it was been for   (b) Unless it had been for

(c) Unless it were for   (d) If it hadn't been for

7   _________________________ the aircraft, I would be alive no longer now.

(a) If I should board   (b) Had I boarded   (c) Having boarded   (d) If I boarded

8   Judy would have purchased that dear car, _________________ more cash readily available.

(a) had she had   (b) if she had   (c) having had   (d) did she have

Part I Choose the best answer for the blank.

1 A: Why are you so unhappy? It's because of Kim again, isn't it?

B: I just can't put up with her. She always talks as if ______________________ everything.

(a) she knew   (b) she has known   (c) she knows   (d) she will know

2 A: What's your opinion of my new car?

B: Before you got this car, I wish you ______________________ for my help.

(a) had asked   (b) to ask   (c) asked   (d) have asked

3 A: I really fancy this flat screen TV, though I'm afraid I can't afford to buy it at the moment.

B: I am with you. But ________________ you change your mind, don't hesitate to give me a

ring, please. I am working here until 9:00 this evening.

(a) would   (b) must   (c) might   (d) should

4 A: As you know very well, nothing succeeds better than hard work!

B: Had I only realized it sooner, I ________________ in a much better position today.

(a) will be   (b) will have been   (c) would be   (d) have been

5 A: You're such a lucky man that you could get over your financial hardships.

B: Yes, ____________________________, I might have been declared bankrupt.

(a) had it not been for his timely help   (b) for it were not his timely help

(c) were not it for his timely help   (d) for it had not been his timely help

Part II Choose the best answer for the blank.

6 The works of the thinkers in the Middle Ages would have been lost forever if it ________________

for the nameless scriveners who had copied their words on paper.

(a) had not been   (b) was not   (c) were not   (d) have not been

7 ____________________________ the well-timed rescue the teacher carried out,

my son would be dead now.

(a) Has it not for   (b) Has it not been for (c) Was it not for   (d) Had it not been for

8   It would be causing her to feel shame _________________ she to get to know the truth.

    (a) had   (b) if would   (c) should   (d) were

9   The mayor maintains that if we had realized the need of city planning sooner, the city

    _________________ more beautiful today.

    (a) could have been   (b) can be   (c) could be   (d) can have been

10   After the accident occurred, the servant continued his responsibilities as though nothing

    _________________ .

    (a) had happened   (b) happened   (c) happens   (d) have happened

 Identify the option that contains an awkward expression or an error in grammar.

11   (a) A: Are you planning to go anywhere over the vacation?

    (b) B: Well, I wish I had been.

    (c) A: What's stopping you from going holiday?

    (d) B: I'll have to work to pay out money for my new automobile.

12   (a) A: Have ever seen the Christmas Tree show downtown?

    (b) B: No, I haven't, but I wish I were.

    (c) A: Too bad. You must make sure you don't miss it next year.

    (d) B: I hope so. I heard it's fantastic.

13   (a) A: Do you believe our team will win the tomorrow's game?

    (b) B: I have no idea, but they might win. Anything could happen.

    (c) A: Hey, mate. You really look as you didn't care who wins the game.

    (d) B: I don't have as much interest in football as you, though this may come as a surprise to you.

Part IV **Identify the option that contains an awkward expression or an error in grammar.**

14　(a) The Roman Empire had thought of a strategically important factor in constructing roads, they would not have had to see themselves fall. (b) The roads that they built were essentially without difficulties, which means that their enemies could use the freeways to Rome, too. (c) If they had established some obstacles along the roads, the encroachers could not have reached the capital so easily. (d) This is a very good example of how a well-intentioned idea ends up arousing big trouble.

15　(a) Hi, Honey. It's me. I'm glad to hear that you got promoted to the position of Sales and Marketing. (b) Your hard work and patience finally paid back, I believe. I am very pleased with you. (c) Now, I am away to David Jones market and buy some steaks and vegetables for our special dinner tonight. So you might not be able to find me at home in case you came back earlier than usual. In that case, I hope you don't try to cook yourself because I am going to cook tonight. (d) Should call anyone while I'm not here, please let them leave a message.

Joseph's Tip!

▶ 미래에 대한 강한 소망은 [I wish 주어+would/could+동사원형]으로 나타낼 수 있다.

I wish she **would/could come** to my birthday party tomorrow. (온다면, 올 수 있다면)

=I am sorry she **won't/can't come** to my birthday party tomorrow.

▶ 주어가 you일 경우에는 요청하는 의미의 문장이 된다.

I wish you **wouldn't smoke** here. (=I don't want you to smoke here.)

Unit 21
가정법 3 (기타 주의할 가정법)

가정법의 마지막 부분으로, if절을 대신할 수 있는 어구들이 있다. 접속사·전치사 but, 접속부사 otherwise, 접속사 or등을 이용하여 if절의 내용을 직설법으로 표현하는 경우가 있다. 이외에도 명사, 분사, 부정사 등으로 if절을 대신하는 경우가 있다. 또한 기타 주의해야 하는 가정법 구문들이 있는데, 특수구문이므로 관용적인 표현처럼 미리 암기하여 두는 것이 좋다.

Grammar Focus 1 — If절을 대용하는 어구

if 조건절 없이, 결과절인 가정법 주절만으로 구성된 가정법 문장들이 있다. 접속어구(otherwise, but)등을 이용해서 if절의 내용을 직설법으로 표현한 경우와 명사, 부정사, 분사 등의 조건절 상당어구 등으로 if절을 대신하는 경우가 있다.

(1) 접속사 but / 전치사 but [=except] that

가정법 과거 [주어+조동사 과거형+동사원형]	but	직설법 [주어+동사 현재형]
가정법 과거완료 [주어+조동사 과거형+have p.p.]	=but (that)	직설법 [주어+동사 과거형]

I **would buy** the beach house, **but** (that) I **don't have** enough money.

=I **would buy** the beach house **if** I **had** enough money.

I **would have called** you, **but** (that) I **didn't know** your phone number.

=I **would have called** you **if** I **had known** your phone number.

(2) 접속부사 otherwise / 접속사 or (else)

직설법 [주어+동사 현재형]	Otherwise	가정법 과거 [주어+조동사 과거형+동사원형]
직설법 [주어+동사 과거형]	=or [else]	가정법 과거완료 [주어+조동사 과거+have p.p.]

I **don't have** enough money. **Otherwise**, I **would buy** the beach house.

=I **don't have** enough money, **or (else)** I **would buy** the beach house.

=**If I had enough money**, I would buy the beach house.

I **didn't know** your phone number; **otherwise**, I **would have called** you.

=I **didn't know** your phone number, **or else** I **would have called** you.

=**If I had known your phone number**, I would have called you.

(3) 주어로 쓰인 [명사]

A gentleman would not wear brown shoes to a funeral.

=If he **were** a gentleman, he **would not wear** brown shoes to a funeral.

A true friend would have helped me out of the trouble.

=If he **had been** a true friend, he **would have helped** me out of the trouble.

(4) 부사(구)

With a little more patience, you **could have succeeded** in the business.

=**If you had been a little more patient**, you **could have succeeded** in the business.

Five years ago, he **could only have dreamed** of owing such a car.

=**If it had been five years ago**, he could only **have dreamed** of owning such a car.

What **would** you **do in my shoes**?

=What **would** you **do if you were in my shoes**?

What **would** you **have done in my place**?

=What **would** you **have done if you had been in my place**?

(5) to부정사

It **would be** wise of us **to allow** children to watch TV only a few hours a day.

=It **would be** wise **if we allowed** children to watch TV only a few hours a day.

I **should be** glad **to come and see you.**

=I **should be** glad **if I could come and see you**.

To hear Americans talk, you **would think** they don't take education seriously.

=**If you were to hear Americans**, you **would think** they don't take education seriously.

(6) 분사구문

Born in better times, he would have become a famous politician.

=**If he had been born in better times**, he would have become a famous politician.

Coming a few minutes later, you wouldn't have found me alive.

=**If you had come a few minutes later**, you wouldn't have found me alive.

Left to myself, I would have done nothing but watch TV all day long.

=**If I had been left to myself,** I would have done nothing but watch TV all day long.

(7) 접속사 If를 대용하는 어구

unless 만약 ~지 않는다면	**in case (that)** ~의 경우에 대비하여
in case [the event] of ~가 발생하면	**as far as** ~하는 한
suppose/supposing (that) 만약 ~한다면	**providing/provided (that)** ~라는 조건이라면

You are required to attend monthly meetings, **unless** you are told otherwise.

=You are required to attend monthly meetings, **if** you are not told otherwise.

You should take a lot of water with you **in case** you (should) get thirsty. **(not if)**

(1) It's time+가정법 과거: [It's+(high) time S+과거동사] [~해야 할 시간(때)이다]

[~할 시간이 지났음]을 강조하기 위해 종속절에 동사의 과거형을 써서 마땅히 해야 할 것을 하지 않고 있는 상황을 나타낸다.

It's (about) time we considered hiring more people.

=**It's time for us to consider** hiring more people.

=**It's time we should consider** hiring more people.

(2) would rather+가정법: [would rather S+과거동사/과거완료] [~라면 좋을 텐데]

would rather 뒤에 절이 올 경우에는 가정법 시제를 써야 한다.

A: Do you mind if I smoke?

B: I**'d rather** you **didn't** (smoke). **(not wouldn't smoke)**

Would you **rather** I **stayed** at home with you? **(=Do you want me to stay ~ ?)**

I'd **rather** you **had told** me the truth. **(~했더라면 좋을 텐데=I wish)**

(3) as it were: [말하자면; 소위] (=so to speak, that is to say)

A friend is, **as it were**, a second self.

He is, **as it were**, a book worm.

(4) that절 안의 동사원형

[요구, 주장, 제안, 명령] 등의 의미를 가진 동사, 형용사, 명사에 이어지는 that절의 내용이 바람직하고 필요하고, 중요하므로 이루어져야 한다는 당위적 의미를 내포할 경우에 that절 안에 동사의 형태는 [should+동사원형]인데, 미국 영어에서는 should는 생략된다.

① 요구, 주장, 제안동사+**that** 주어+**(should)**+동사원형

> **insist   demand   require   request   ask**
>
> **suggest   propose   move   recommend   advise**

I **suggested** that he (should) **stop** smoking. (담배를 끊을 것을 제안했다.)

We **recommend** that the drug (should) **not be kept** in the refrigerator.

He **advised** that I (should) **see** a doctor.

주의 that절의 내용이 [~해야 한다]는 의미의 당위절이 아니라, 단순 사실일 경우에는 일반시제를 써야 한다. 특히 insist와 suggest일 때는 단순사실이 오는 경우가 많다.

The suspect **insisted** that he **had never stolen** anything. (insist보다 이전 사실)

Research **suggests** that aerobic exercise **helps** you learn new things better. (일반 사실)

Are you **suggesting** that she deliberately **lied** to me? (암시하다)

② **It is**+이성 판단의 형용사+**that** 주어+**(should)**+동사원형

important   necessary   essential   vital   imperative   urgent   desirable

It is **essential** that all the employees **(should) attend** the meeting.

It's **necessary** that everybody **(should) arrive** on time.

It is **vital** that food **(should) be prepared** only under hygienic conditions.

③ 요구, 주장, 제안, 명령 명사+**that**+주어+**(should)**+동사원형

suggestion   proposal   recommendation   advice   wish   request

He expressed **the wish** that she **(should) accept** his proposal.

He made **a proposal** that the company **(should) reduce** working hours.

A. Choose the best answer for the blank.

1. They strongly suggested that the restaurant **(improves / improve)** its service.

2. She insisted that she **(meet / had met)** him before.

3. I think it's about time we **(think / thought)** carefully before making any decision.

4. I didn't know your number then. Otherwise, I would **(call / have called)** you.

5. He took a taxi to the station, or else he would **(miss / have missed)** the train.

6. I **(would have called / had call)** you, but the battery was out.

7. I recommended that Min-ho **(applied / apply)** for the job.

8. The US government proposed that Korean characters **(be / is)** added to road signs in LA for many tourists from South Korea.

9. Evidence suggests that aroma-therapy **(benefits / benefit)** people with depression.

10. It's time that we **(found / find)** out what's going on.

11. I would have gone to the party, **(or / otherwise / but)** I was too busy with work.

12. I'd rather you **(didn't tell / wouldn't tell)** my secret to others.

13. There was a heavy traffic jam. **(But / Otherwise)** I would have arrived here earlier.

14. I **(would / will)** go to the movies with you tonight, but I won't have time.

15. One minute earlier, she **(might catch / might have caught)** the train.

B. Identify the option that contains an awkward expression or an error in grammar. Then correct the ungrammatical part in the sentence.

1. It's about time we will discuss the matter.

2. I don't know what to do next. What will you do in my place?

3. He refused to lend me the money. A true friend wouldn't act that way.

4. I would have bought the car a year ago, but I don't have enough money.

5. I would have been here sooner; otherwise, I had car trouble.

6. I should be very glad meeting you.

7. It is important that we learned how to use the Internet appropriately.

8. I disagree with the recent proposal that all school children are taught English from the age of seven.

9. The doctor advised that I drink not coffee for six months.

10. You should take a lot of water with you if you get thirsty.

Part I **Choose the best answer for the blank.**

1 A: Here is honey for you. I busted a beehive.

B: What made you do that? You _______________________.

(a) can have been killed (b) can be killed

(c) could be killed (d) could have been killed

2 A: He just left and didn't even pay the bill!

B: That isn't the way a gentleman _______________________.

(a) have had behaved (b) must have behaved

(c) would have behaved (d) shall behave

3 A: He ought never to have taken that new position.

B: If only he _______________ to his wife's recommendation.

(a) is listening (b) had listened (c) has listened (d) listens

4 A: Would you mind me turning on the radio?

B: I'd rather you _______________ .

(a) don't (b) didn't (c) not to do (d) won't

Part II **Choose the best answer for the blank.**

5 Neil _______________ a perfect score on the exam, but he made a wrong answer to one question.

(a) would not have (b) would have (c) would need (d) would have received

6 My wife is so heavy; it's high time she _______________ some exercise.

(a) did (b) does (c) will do (d) has done

7 Texas and Arkansas refused to accept the bill that _______________ the production and use of marijuana in certain conditions.

(a) would be legalized (b) will have legalized

(c) will be legalized (d) would have legalized

8 The physician suggested that I _______________ junk food for a month.

(a) eat way (b) had not eaten (c) not eat (d) ate not

Part I Choose the best answer for the blank.

1 A: Tom said to me that he didn't see you while he was staying in town.

B: Yeah. _________________ very nice to see him, but I couldn't make time to see him.

(a) It'll have been (b) It'd be (c) It'd have been (d) It'll be

2 A: We're going to meet and have a talk on this new plan.

B: It's high time we _________________ the subject.

(a) discussed about (b) discussed (c) discussed over (d) discussed on

3 A: You were wise to follow Amy's suggestion to sell off the shares.

B: Oh, it makes me shiver just to assume what _________________ otherwise.

(a) would've happened (b) happened

(c) will happen (d) would happen

4 A: Should we all be present at the Friday meeting?

B: Yes. It's important that all of us _________________ the meeting this week as we are

going to make an important determination on workforce issues.

(a) attended (b) attend (c) is attending (d) will attend

5 A: What is you opinion of Mary's accounting skills?

B: Well, they reached a higher level than ever, I _________________ say.

(a) may (b) shall (c) had (d) would

Part II Choose the best answer for the blank.

6 I _________________ you, so it's a shame you didn't ask.

(a) could have helped (b) will be able to help

(c) would be able to help (d) will have helped

7 While I was staying in the Bahamas, wishing my daughter could also see those shining

blue bays and sandy beaches, I did exactly what she _________________, which was

collecting shells.

(a) would have done (b) will do (c) will have been done (d) will have done

8 Another step at that instant, and Frank ___________________ over the steep cliff.

(a) should fall   (b) will have fallen   (c) should fall   (d) would have fallen

9 The leader of the majority party proposed that the inquiry ___________________ for a couple of days.

(a) be adjourned   (b) adjourned   (c) adjourning   (d) was adjourned

10 The board showed the wish that Fred ___________________ the prize.

(a) had accepted   (b) accept   (c) accepts   (d) accepted

Part III **Identify the option that contains an awkward expression or an error in grammar.**

11 (a) A: Will you take that CD?

(b) B: Yes. Why are you asking that way?

(c) A: I don't know, but I won't.

(d) B: Are you serious? Is it because you think it's for kids?

12 (a) A: Tommy, how come you are still watching TV? You have a math final tomorrow.

(b) B: This show is my favorite and it's going to end in just twenty minutes.

(c) A: In your side, I won't spend any single minute wastefully watching TV.

(d) B: Okay, Mom. But I don't want to miss this program!

13 (a) A: I've been pondering. I need to take off some weight.

(b) B: Why do you think so?

(c) A: I'm starting to have a beer gut. Before it gets bigger, I just want to remove it.

(d) B: That sounds good. I suggest you would try the gym where I used to do some exercise.

14 (a) Several years ago, such programs as the CBS hit *C.S.I* would be candidates for the most popular viewing times in countries like France or Singapore. (b) But now, dramas and situation comedies produced in U.S. increasingly is taking up fringe time slots on networks around the world. (c) In their place, a growing number of shows local broadcasters produce are being aired for prime time. (d) The shift counters a long-lasting belief that American dramas and sitcoms would continue outweighing locally produced shows from Singapore to Sicily.

15 (a) Surveys suggest that more than 6 out of 10 American adults be either overweight or obese. (b) Doctors have been showing worry about the pressure that this would put on the medical system. (c) What is most surprising, however, is the percentage of overweight children. (d) Almost 30% of American children below the age of 10 years old have been classified as overweight.

Joseph's Tip!

◆ [in case S+V]와 if는 서로 다른 의미이다.

▶ Take an umbrella with you **in case** it rains. (o) (비가 내리든 안내리든 가져가라는 의미)

Take an umbrella with you **if** it rains. (x) (비가 내리면, 우산을 가져가라는 뜻)

In case [the event] of emergency, please use the back exit. (=If there is an emergency)

In case of rain, use this umbrella. (o)

In case of rain, take this umbrella with you. (x)

Unit 22

도치

도치란 보통의 [주어+동사]의 어순을 따르지 않고, 동사를 먼저 쓰고, 주어를 나중에 쓰는 것을 말한다. 도치방식에 따라 크게 주어와 동사가 위치만 바뀌는 동사구 도치와 [조동사+주어+동사원형] 형태의 의문문의 어순으로 바뀌는 조동사 도치가 있다.

Grammar Focus 1 동사구 도치

Grammar Focus 1   동사구 도치

장소, 방향을 나타내는 부사(구)나 주격보어를 문두에 쓸 경우 주어와 동사의 어순이 [동사+주어]의 형태로 도치된다. 주어가 대명사일 경우는 도치하지 않는다.

(1) 장소, 방향 전치부사구가 문두에 올 경우

장소나 방향을 나타내는 전치부사구는 문미가 원칙이지만, 강조나 문장의 균형을 위해, 문두에 쓰기도 하는데, 문두에 쓸 경우 동사가 **자동사(be, sit, stand, lie, come, go)인 경우에는 주어와 동사가 도치된다.**

In the front yard stands a big tree. **(=A big tree stands in the front yard.)**

In the classroom are many students. **(=Many students are in the classroom.)**

To the south lay the city. **(=The city lay to the south.)**

Into the building walked the students. **(=The students walked into the building.)**

> **참고** 타동사와, 동족목적어를 취할 수 있는 자동사, 양태부사와 함께 쓰인 자동사는 도치하지 않는다.
>
> **In the classroom** ate the girls lunch. (x) (타동사는 도치하지 않음)
>
> **In the classroom** sang the girls. (x) (동족목적어를 취할 수 있는 자동사는 도치 안함)
>
> **On the bed** lay the boy **silently**. (x) (자동사라도 양태부사와 함께 쓰면 도치 안함)

(2) 장소 유도부사, 방향 부사가 문두에 올 경우

> 장소 유도부사 **[here, there]**
>
> 방향 부사 **[up, down, out, in, away, off]**+동사+주어

There lived an old man who has three blind daughters.

Up came the flowers. **(=The flowers came up.)**

Out came the students. **(=Students came out.)**

Away ran the thief. **(=The thief ran away.)**

(3) 주격보어를 문두에 쓸 경우

진행형의 현재분사(~ing)나 수동태의 과거분사(p.p.) 역시 보어로 간주한다.

Controversial was the issue. **(=The issue was controversial.)**

Beautiful were her eyes. **(=Her eyes were beautiful.)**

Standing at the door was the girl. **(=The girl was standing at the door.)**

Seen waiting outside the building was the girl.

=The girl was **seen waiting outside the building**.

> **주의** 동사구 도치에서는 주어가 대명사인 경우는 도치하지 않는다.
>
> **At the door** he stood. (o)
>
> **At the door** stood **he**. (x)
>
> **Here** he comes. (o)
>
> Here comes **he**. (x)

Out they came. (o)

Out came **they**. (x)

Standing at the door she was. (o)

Standing at the door was **she**. (x)

> ### Power Grammar
>
> **Choose the best answer for the blank.**
>
> To the right of the office building _________________________.
>
> (a) stands a big tree   (b) a big tree stands
>
> (c) stand a big tree   (d) is standing a big tree
>
> **[Power Solution]**
>
> **[해설]** 부사구가 앞으로 도치되면 자동사의 경우에 주어와 위치를 바꾸어야 한다. 따라서 stands a big tree가 정답이다.
>
> **[정답]** (a) stands a big tree

Grammar Focus 2 조동사 도치

주절을 [조동사+주어+동사원형/Have+주어+p.p./be동사+주어] 형태의 의문문의 어순으로 도치하는 경우를 말한다. 조동사 도치를 하는 경우는 주어가 대명사라도 도치를 해야 한다.

(1) 부정 빈도 부사(구)를 문두에 쓸 경우

부정의 뜻을 내포하고 있으므로 not과 함께 쓸 수 없는 부정 부사들은 정치 문장에서의 위치는 빈도부사의 위치와 동일하다. 하지만 문두에 쓸 경우에는 주어와 동사의 어순이 의문문의 어순으로 도치가 된다.

never   hardly   scarcely   rarely   seldom   barely   no sooner   nowhere   little

Never have I seen such a kind man. **(=I have never seen such a kind man.)**

Rarely do I do the dishes. **(=I rarely do the dishes.)**

Seldom do I go to the movies by myself. **(=I seldom go to the movies by myself.)**

Hardly can I understand it. **(=I can hardly understand it.)**

She had **no sooner** entered her room than she burst into tears.

=**No sooner** had she entered her room than she burst into tears.

=**Hardly/Scarcely** had she entered her room when/before she burst into tears.

Little did I dream that he would propose to me.

Nowhere can I find a friend who can help me.

(2) [전치사+no+명사]형태의 부정부사구가 문두에 올 경우

at/in no time   on no occasion/account   under no circumstances   in no way

At no time was the animal in any danger of extinction. (**=neve**r 절대로, 결코)

In no time will I have the car repaired. (**=soon** 곧, 즉시)

On no occasion/account did they tell me the truth. (어떠한 경우에도 ~ 않다)

Under/In no circumstances should you leave your baby alone in your home.

(3) [only+부사(구/절)]을 문두에 쓸 경우

> **only+부사 (once, then)**　　**only+부사구 (in the morning)**　　**only if/when/after+부사절**

Only once a year do I go to the movies.

Only then did I recognize him.

Only in the morning did I drink coffee.

Only after dinner do I watch TV.

Only if you're thirsty should you generally drink water.

> **주의**　only가 문두에 나오더라도 부사(구/절)가 아닌 주어인 명사를 수식하는 경우는 도치하지 않는다.
>
> **Only a few** students were interested in the class.

(4) 상관접속사 not only나 neither/nor 뒤에 나오는 절

She is **not only** beautiful, but also kind.

=**Not only** is she beautiful, but also kind.

Not only do motorcycles cost less than cars, but they are cheaper to insure as well.

Neither did Joseph arrive late for work, **nor** did he leave early.

> **주의**　not only가 문두에 나오더라도 주어로 쓰인 명사를 단순 연결하는 경우는 도치하지 않는다.
>
> **Not only he but also I am** responsible for the accident.

Power Grammar

Choose the best answer for the blank.

Hardly ＿＿＿＿＿＿＿＿＿＿＿＿＿ when the students raced to the classroom door.

(a) rung had the bell　　(b) had rung the bell　　(c) had the bell rung　　(d) the bell had rung

[Power Solution]

[해설] [Hardly/scarcely+과거완료, when/before+과거]는 '~하자마자 ~하다'는 관용표현이다. hardly가 문두로 올 경우,
이어지는 동사의 형태는 도치되어야 한다.

[정답] (c) had the bell rung

---

(5) [not until+부사(구/절)]을 문두에 쓸 경우: [~하고 나서야 비로소 ~하다]

Not until yesterday did she hear the news. (**=She didn't hear the news until yesterday.**)

=**It** was **not until** yesterday **that** she heard the news.

Not until I talked to Kate did I know the news.

=**It** was **not until** I talked to Kate **that** I knew the news.

(6) [So+형용사]가 문두에 올 경우

So powerful did the storm become, that all the trees were rooted out.

=The storm became so powerful that all the trees were rooted out.

So tired was I that I couldn't even think straight.

=I was so tired that I couldn't even think straight.

> **주의** **Such[Few]+be동사+주어 특수도치**
>
> **Such was** his desire to buy a car **that** he saved every little penny.
>
> =His desire to buy a car was **such that** he saved every little penny.
>
> **Few were** the days that went by without thinking about you.

> **주의** **such와 few가 주어인 명사를 수식하는 경우는 도치하지 않는다.**
>
> **Such** behavior can not be tolerated.
>
> **Few** people realize the danger of indirect smoking.

(7) [Not+목적어]를 문두에 쓸 경우

Not a single word could she say at that moment.

=She couldn't say a single word at that moment.

(8) 부사 so/neither 다음

앞에서 한 말에 대해 [~역시 그렇다/아니다]의미로 긍정문에는 [so+조동사/be/have+주어]가 쓰이고 부정문에는
[neither+조동사/be/have+주어]형태가 쓰인다.

His father was not responsible for the accident, **and neither** was his brother.

=His father was not responsible for the accident, **nor** was his brother.

He doesn't like swimming, **and neither** do I.

=He doesn't like swimming, **nor** do I. **(nor=and neither)**

A: You know what? I hate people smoking in restaurants.

B: **So** do I. **(=Me, too)**

A: I can't believe Tom really said that.

B: **Neither [Nor]** can I. **(=Me, neither)**

Power Grammar

Choose the best answer for the blank.

So dangerous ＿＿＿＿＿＿＿＿＿＿＿＿, that all mountain roads were closed.

(a) weather conditions became

(b) did weather conditions become

(c) became weather conditions

(d) did become weather conditions

[Power Solution]

[해설] so 형용사가 문두에 오는 경우에 주어 동사는 도치된다. 따라서 빈칸에는 (c) became weather conditions가 적절
하다.

[정답] (c) became weather conditions

A. Choose the best answer for the blank.

1. In front of the house **(stood some giant trees / some giant trees stood)**.

2. Around the corner **(are the offices / the offices are)** that you are trying to find.

3. Up **(the flowers came / came the flowers)** after the heavy rain.

4. Nowhere in this country **(can you purchase / you can purchase)** that magazine.

5. Not only **(arrived the police / did the police arrive)**, but the firemen came as well.

6. So great **(her love was / was her love)** that she sacrificed everything for her children.

7. Such **(was his love / his love was)** that he sacrificed everything for his children.

8. Little **(do teenagers realize / realize teenagers)** how much they have to learn.

9. **(No sooner / Hardly)** had she hung up the phone than it rang again.

10. There **(have / has)** been a few misunderstandings over the terms of the contract.

11. The police did not arrive in time to save her, **(nor / neither)** did the paramedics.

12. Steve did not win the prize, and neither **(did he expect / expected he)** to do so.

13. Such **(crimes are / are crimes)** punished by death in that country.

14. On no occasion **(they said / did they say)** that to me.

15. **(Did he go / He went)** out of the house at no time.

B. Identify the option that contains an awkward expression or an error in grammar. Then correct the ungrammatical part in the sentence.

1. Not once the judge listened to what the lawyers were suggesting.

2. Hardly ever it snows in this section of the country.

3. Down the hall to the left the offices are that need to be painted.

4. Were lying beside the road hundreds of pieces of litter.

5. There seem to be something wrong with him.

6. So tired the boy was that he fell asleep almost immediately.

7. Not only they went, but they stayed until the end.

8. Only after you have taken the placement test we can tell you your level.

9. We spend a lot more time working on the computer than did we ten years ago.

10. Not until he finished the C-section, the obstetrician left the operating room.

Practice Test

1   A: I really dislike working on the weekend.

B: _______________________________.

(a) Neither am I   (b) So do I   (c) So am I   (d) Neither do I

2   A: Do you know where Joe is?

B: There _______________________.

(a) does he come   (b) he comes   (c) comes he   (d) comes him

3   A: Your new personal assistant seems to be performing a great job.

B: You're right. I've been happily surprised by her performance. _______________________
such initiative.

(a) Rarely the new employee takes   (b) A new employee takes rarely

(c) The new employees do take rarely   (d) Rarely do new employees take

4   A: _______________________ such an amusing program on TV!

B: I can hardly wait to see the show.

(a) I've seen never   (b) Never I've seen   (c) Have seen never I   (d) Never have I seen

5   Never _______________ seen the Northern Lights until I travelled the northern region of
Russia last year.

(a) I have   (b) have I   (c) I had   (d) had I

6   No sooner _______________________ her missing son than she burst out crying.

(a) had she found   (b) she found   (c) found she   (d) she had found

7   Not until a child becomes a certain age _______________________ that cooperating with
others in a peer group is important.

(a) that he or she recognizes   (b) he or she recognizes

(c) and he or she recognize   (d) does he or she recognize

8   _______________________________, it has wonderful sound as well.

(a) Not only is the stereo small   (b) Not only the stereo is small

(c) The stereo is not small only   (d) Not only the small stereo is

Part I Choose the best answer for the blank.

1 A: I think you and your sister resemble each other in many ways.

B: Yes, I think so, too. I love jazz ___________________________.

(a) but she doesn't   (b) and she does so   (c) and so does she   (b) and so she does

2 A: I heard you got really sick during the period you were staying in Washington, right?

B: Yes, little ___________ I'd get unhealthy in Washington. Next time, I need to check carefully if I'm in good condition before I leave.

(a) I think   (b) I thought   (c) do I think   (d) did I think

3 A: What's wrong with Margaret? I can hear her sobbing from her office.

B: I have no idea. No sooner ___________________ into her room than she started crying.

(a) she went   (b) had she gone   (c) has she gone   (d) she was going

4 A: I have full accountability for the accident and truly apologize.

B: Your honesty is unusual. ___________________ when they've done something wrong accidentally.

(a) Seldom people do admit   (b) Do people admit seldom

(c) People do admit seldom   (d) Seldom do people admit

5 A: Is it true that Mr. Johnson was asked to leave the company?

B: That's simply a rumor. They haven't asked him to resign, nor ___________________.

(a) intend he to do so   (b) does he intend to do so

(c) do he intends to do so   (d) he intends to do so

Part II Choose the best answer for the blank.

6 ___________________ by some critics made that her new book looked a lot more appealing to the readers.

(a) The absurd comments were   (b) So absurd were the comments

(c) So were the comments absurd   (d) So absurd comments were

7 ___________________, she couldn't work out the teacher's puzzle.

(a) Smart since she was   (b) Smart as she was

(c) Though smart she was   (d) As she was smart

8 Only when the teacher passed the exams out to the students, _______________________
it was the midterm week.

(a) he didn't realize   (b) he realized   (c) did he realize   (d) did he not realize

9 Freud stated more than once that _______________________ any
particular preference for the medical profession of a doctor.

(a) at any time of his life didn't he feel   (b) at no time of his life he felt

(c) at no time of his life did he feel   (d) at any time of his life he did not feel

10 In every great doctor's life, _______________________ they realize they can
never solve the secret of the body of a human being.

(a) there did a time comes when   (b) there comes a time when

(c) there a time comes when   (d) there the time comes

Part III **Identify the option that contains an awkward expression or an error in grammar.**

11 (a) A: Were you able to get your final paper done on time?

(b) B: No way. Neither any of my friends were.

(c) A: Everyone knows Professor Tanner does not accept any late assignments.

(d) B: He is abroad at the moment, so I don't know what to expect.

12 (a) A: I haven't been able to be ready enough for this exam.

(b) B: Neither I have. Why don't we spend the night at the library?

(c) A: Without taking some rest, I'll conduct terribly during the test.

(d) B: Let me buy you some coffee. We'd better help keep each other awake.

13 (a) A: I hope we can eat dinner out tomorrow night.

(b) B: That's fine. I will take you out.

(c) A: I'm really anticipating it.

(d) B: So I do. It's a very long time ago when we last ate out.

14 (a) According to new research findings, nine out of ten female zebra finches favor males with the reddest beaks. (b) The attraction, however, is more than skin deep. (c) Not only these male zebra finches are more beautiful, they are healthier as well. (d) The research set about to figure out the reason the more colorful males had the most luck attracting a mate.

15 (a) Generally, 18 tropical storms generate over the eastern Pacific Ocean every each year. (b) Not all of them, however, grow into hurricanes. (c) It is only about half of the cyclonic storms that actually progress into hurricanes. (d) Furthermore, only rarely these hurricanes strike land.

Joseph's Tip!

◈ as와 than 다음의 조동사 도치

▶ 주어가 일반 명사일 경우는 도치를 해도 되고 하지 않아도 되며, 주어가 대명사일 경우에는 도치하지 않는다.

Coffee spread throughout Europe, **as** did the coffee shops. (=as coffee shops did)

Chimpanzees exhibit a type of intelligence more like that of humans **than** do any other mammal living today. (=any other mammal living do)

I would have done a better job in his shoes **than** he did. (=not than did he)

Unit 23

어순

어순 문제는 TEPS 문법에서 자주 출제되는 파트 중의 하나이다. 특히 간접의문문의 어순에서는 동사 [think, believe, guess, suppose, say, imagine]가 주절에 쓰인 경우에는 의문사가 문두에 위치해야 한다. 이외에도 quite, rather의 어순, such와 so의 어순, 부사의 어순, 형용사, 대명사의 어순들도 모두 기억하여 두자.

 간접의문문의 어순

의문문이 목적절로 쓰일 경우에는 간접의문문으로 쓴다. 의문사가 이끄는 명사절의 어순은 [의문사+주어+동사]이다. 단, 조심할 것은 의문문의 주절이 Do you think[believe, guess, suppose, say, imagine]인 경우의 간접의문문에서는 의문사가 문두로 나오게 된다.

(1) 일반 간접의문문

Do you know?+How late does it open?

= Do you know **how late it opens**?

I wonder.+Where does he live?

= I wonder **where he lives.**

(2) 전달동사가 think, believe, suppose 등일 경우의 간접의문문

Do you think?+What does he do?

= **What** do you think **he does**?

Do you believe?+How old is she?

= **How old** do you believe **she is**?

Grammar Focus 2 quite와 rather의 어순

(1) 위치가 특수한 정도부사 quite와 rather

명사를 수식하는 일반적인 어순은 [관사+정도부사+형용사+명사]의 어순이지만, 부사 quite와 rather는 [quite/rather+관사+(형용사)+명사]의 어순을 취한다.

It took **quite a long time** to get over these kinds of prejudice.

Former President Roh's suicide was **quite a shock** to me. (형용사 없이 쓰기도 함)

That's **rather an easy book**. (다소 어려운 책)

That's rather a book. (x)

Choose the best answer for the blank.

A: His sudden death was _________________________ to everyone at the office.

B: You're right.

(a) the quite shock   (b) quite shock

(c) a quite shock   (d) quite a shock

[Power Solution]

[해설] 부사 quite와 rather의 위치는 다른 부사와 달리 관사 앞에 위치하여 [quite, rather+관사+(형용사)+명사]의 순서가 된다. 이때 형용사는 생략될 수도 있다.

[어휘] sudden a. 갑작스러운   death n. 죽음

[정답] (d) quite a shock

Grammar Focus 3   Such와 So의 어순

(1) [such+(a/an)+(형용사)+명사]

such가 지시형용사로 쓰일 경우에는 such 뒤에 반드시 명사가 뒤따른다. such 뒤에 오는 명사의 종류에 따라, ①[such+a/an+(형용사)+단수가산명사] ②[such+(형용사)+복수명사] ③[such+(형용사)+불가산명사]의 어순을 각각 취한다.

Do you really think what she said is **such a big deal**?

Make friends with **such a person** as can help you out of trouble.

Rarely do you meet **such friendly people** in New York city.

It was **such lovely weather** that I spent the whole day on the beach.

(2) [So+조동사+주어] 형태의 동의하는 표현: [~ 역시 그렇다; 마찬가지다]

긍정문에 맞장구를 치는 표현, 또는 긍정의 내용을 덧붙이는 표현으로 반복을 피하기 위한 도치구문에서 **부사**로 사용되는 so이다. **so 뒤의 어순**이 [조동사+주어] **형태**의 어순임에 주의한다.

A: I am fed up with fast food.

B: **So am** I. (=I am fed up with fast food, too = Me, too) (긍정문, be동사 현재형)

A: I think Martin is going to be the player of the game.

B: **So do** I. (=I think so, too) (긍정문, 일반 동사 현재형)

He can play the violin, and **so can** I. (긍정문, 조동사 can)

> **참고** 부정문인 경우에는 so 대신에 neither를 써야 한다.
>
> A: I don't feel like going swimming. (부정문; 일반 동사 현재형)
>
> B: **Neither do** I. (= I don't feel like going swimming, either. = Me, neither.)

(3) [So+주어+조동사]: [주어는 정말로 그렇다]

[so+조동사+주어]에서 주어는 [정말 그렇다]로 해석된다. 부정문일 경우에는 마찬가지로 so 대신에 neither를 쓰며, [정말 그렇지 않다]로 해석한다.

A: Martin enjoys classical music a lot.

B: **So** he does. (=Yes, he does.) [정말 그렇다.]

    So do I / **So** does Jane. (=I do, too/ Jane does, too) [나도 그래/ Jane도 그래]

> ### Power Grammar
>
> **Choose the best answer for the blank.**
>
> A: I think you and your brother have something in common.
>
> B: Yes, we do. I enjoy swimming _______________________.
>
> (a) and he does so   (b) and so does he
>
> (c) and so he does   (d) but he doesn't
>
> **[Power Solution]**
>
> **[해설]** 긍정의 내용을 덧붙이는 표현인 so를 묻는 문제이다. so 뒤의 어순이 [조동사+주어]가 되어야 하기 때문에 (b)가 정답이다.
>
> **[어휘]** have something in common 공통점이 있다   enjoy v. 즐기다
>
> **[정답]** (b) and so does he

Grammar Focus 4   두 개 이상의 부사를 함께 쓸 때의 어순

(1) 같은 종류의 부사일 경우

[작은 단위 ⇨ 큰 단위] [기간 ⇨ 횟수 ⇨ 시점] [짧은 어구 ⇨ 긴 어구]의 어순으로 쓴다.

My son was born **at noon on August 14th in 2003**. (시간부사)

I first met my wife **at a book store near Kwang-nam Station in Seoul**. (장소 부사)

I brushed my teeth **for three minutes six times a day in high school**. (기간+횟수+시점)

She called me **early in the morning**. I usually take a shower **late at night**.

(2) 다른 종류의 부사일 경우

서로 다른 종류의 부사를 2개 이상 나열할 경우 **[방법+장소+시간]**의 어순으로 나열하는 것이 일반적이지만, 동사의 성격에 따라 **[장소+방법+시간]**의 어순도 가능하다.

① **[방법 ⇨ 장소 ⇨ 시간]**

It is raining **cats and dogs in New York right now**.

② **[장소 ⇨ 방법부사 ⇨ 시간부사]**

왕래발착동사(go, come, leave, start, arrive)처럼 뒤에 장소 부사(구)가 항상 긴밀하게 붙어 다니는 동사의 경우는 장소부사가 방법부사보다 먼저 온다.

She went **to school by bus yesterday**. He arrived **there in time this morning**.

(1) 전치한정사+중위한정사+수사+의견형용사+대소+신구+물리적 상태+모양+신구+색깔+국적/기원+재료+종류/
유형+용도

전치한정사: all, both, double, half

중위한정사: 관사(a, the), 지시형용사(this, these), 소유격(my, his)

수사: 서수 (first, second), 기수(two, three)

의견형용사: beautiful, ugly, pretty, brave, foolish, wise

대소: small, tiny, huge, large, big, tall, short

물리적 상태: hard, soft, sticky, smooth, rough

신구: old, new, young, modern, ancient

모양: round, square, circular

색깔: red, blue, black, blonde, pink

국적, 기원: American, Chinese, Korean

재료: plastic, wooden, silver, stone, iron

종류, 유형: digital clock, MP3 file, voice mail, spoken English

용도: washing machine, alarm clock, copy machine

I bought **a small round** table. [부정관사+대소+모양]

She has **a large green** vase. [대소+색깔]

We used to have **a dirty old brown** coat at home. [관사+의견형용사+신구+색깔]

My brother has **a green Chinese** vase. [관사+색깔+국적/기원]

Joseph wears **a large blue crystal** watch he designed.

c.f.) 지시형용사+수사+의견형용사+대소+모양+신구+국적+유형+용도

These two beautiful small round new Korean digital alarm clocks

Power Grammar

Choose the best answer for the blank.

A: Can I have a word with you? We need to go to some quiet place.

B: Okay. There is a(an) _________________ building over there.

(a) old glass green　　　　　　　　　　(b) glass old green

(c) green glass old　　　　　　　　　　(d) old green glass

[Power Solution]

[해설] 형용사의 순서를 묻는 문제이다. 신구 · 색깔 · 재료의 순서로 쓰는 것이 적절하므로 (d)가 정답이다.

[어휘] have a word with ~와 할 이야기가 있다　　quiet a. 조용한

[정답] (d) old green glass

TEPS에만 출제되는 어순문제가 있는데, 바로 대명사의 어순문제이다. 단수 인칭은 2-3-1인칭 순으로 쓴다.
복수 인칭은 1-2-3인칭 순으로 쓴다.

(1) 인칭 대명사를 여러개 나열할 때의 어순

This is what **you, your daughter and I** will surely going to do.
We, **you and they all** want acceptance letter.

(2) 타동사+대명사(목적어)+부사의 어순

[타동사+부사]형태의 동사구가 목적어를 취할 때, 목적어가 대명사일 경우에는 목적어는 반드시 동사와 부사의 사이
에 위치한다.

Do you think you could **drop me off** at my house sometime this week?
A: Julie, have you finished the book, War and Peace?
B: Not yet. Do you want me to **give it back** to you?

A. Choose the best answer for the blank.

1. He is probably **(the most widely read / most the widely read)** author .

2. She's been to **(so many different / so different many)** places.

3. Sarah likes a horror movie, and **(so does Mary / so Mary does)**.

4. What **(wonderful a / a wonderful)** concept of money you have!

5. the report was very far from reality and in fact reflected **(quite the opposite / the quite opposite)**.

6. He was **(so a / such a)** gentleman.

7. I like both of them. I can't decide **(which to buy / to buy which)**.

8. Simpsons have **(a quite large / quite a large)** family.

9. He is expected to recover from open-heart surgery for the **(following several / several following)** weeks.

10. Almost all the **(people involved / involved people)** showed up at the conference.

11. We don't have a **(enough spacious room / room spacious enough)**.

12. I can't stay here **(more than for an hour / for more than an hour)**.

13. We had **(such lovely / so lovely)** weather that we all went outside to enjoy the sun.

14. **(The first two or three / The two or three first)** weeks in Tokyo was great.

15. Do you happen to know **(where is the nearest bank is / where the nearest bank is)**?

B. Identify the option that contains an awkward expression or an error in grammar. Then correct the ungrammatical part in the sentence.

1. How long do you think will it take to finish the task?

2. I will do such mean a thing under no circumstances.

3. I asked him what would he like to do.

4. He's a such authority on New Historicism.

5. I didn't understand what was he talking about.

6. Is there particular something you don't like about the food?

7. The computer isn't working for some reason. Do you think what I should do?

8. He is expected to recover from the surgery for the several following weeks.

9. Though Sarah had a high-paying job, she gave up it when she got married.

10. Martha has the bluest beautiful eyes I've ever seen.

Practice Test

1   A: I've already written to you regarding my holiday plans.

B: ___________________________, but you didn't refer to any dates.

(a) You did so   (b) So did you   (c) So you did   (d) Did you so

2   A: I am struggling to discover who the murderer is in this novel.

B: ___________________________?

(a) Who it is do you think   (b) Who do you think it is

(c) Who does your think it is   (d) Who is you think it

3   A: How ___________________________ run for your health?

B: It is around four or five times a week.

(a) usually often you do   (b) often usually do you

(c) usually often do you   (d) often do you usually

4   A: I wanted to get married so escaped from prison.

B: ___________________________ of liberty you hold.

(a) What a strange concept   (b) How a strange concept

(c) How strangely a concept   (d) What strange a concept

5   My father always used to say to me, "Stop and ask yourself ___________________________."

(a) that if you are able to do it today   (b) which one are you able to do today

(c) what you are able to do today   (b) that you are able to do it

6   Not only did the man fail to admit how inappropriately he behaved, but he actually pretended not to have done ___________________________.

(a) any such thing   (b) such any thing   (c) any such a thing   (d) such an any thing

7   I don't figure out ___________________________ writers here.

(a) what is it that draws   (b) what is it draws that

(c) what it is that draws   (d) that draws what it is

8   Physically, water is ___________________________ metal.

(a) such not a good conductor as   (b) not a good conductor such as

(c) not a such good conductor as   (d) not such a good conductor as

Part I Choose the best answer for the blank.

1 A: Our next space travel will be extremely challenging.

B: Yes, but why don't you just imagine ________________________ to science?

(a) what great a contribution we'll be making

(b) we'll be making what a great contribution

(c) we'll be making what great a contribution

(d) what a great contribution we'll be making

2 A: Is the Socialist Party proposing anything novel in its latest message?

B: No, ________________________.

(a) not it would appear (b) it would not appear (c) it would appear not (d) it not would appear

3 A: I have to pile these boxes as quickly as I can.

B: May I ________________________?

(a) help you out with that   (b) help that with you out

(c) help you with out that   (d) help that out with you

4 A: What happened to your car?

B: Though there could be many reasons, the engine isn't operating.

________________________ do?

(a) Do you think what I should   (b) Do you think what should I

(c) What do you think should I   (d) What do you think I should

5 A: Susan passed away. It was ________________________ to you, wasn't it?

B: Yes, because she had never been sick for years.

(a) quite shock   (b) a quite shock   (c) the quite shock   (d) quite a shock

Part II Choose the best answer for the blank.

6 ________________________, my mom's heart surgery was finished successfully.

(a) To my relief of much   (b) Much to my relief

(c) To my much relief   (d) Much to relief of me

7 Johnson pleaded ________________________ under the influence.

(a) not to the charge of driving guilty   (b) guilty to not the charge of driving

(c) not guilty to the charge of driving   (d) to the charge of driving not guilty

8   He was _________________________________ to be awarded last year.

    (a) one of the people selected   (b) one of people selected

    (c) one of selected people   (d) one of the selected people

9   Due to corruption in the disordered judicial system of the country,

    _________________________________ almost always are released without being punished.

    (a) destroying those forest caught   (b) those destroying forest caught

    (c) those caught destroying the forest   (d) destroying forest caught those

10   _________________________________, they enabled him to build a successful

    career as a science fiction novelist.

    (a) Though peculiar were his experiences   (b) Peculiar as his experiences were

    (c) As peculiar his experiences were   (d) Peculiar though his experiences were

Part III   **Identify the option that contains an awkward expression or an error in grammar.**

11   (a) A: You look extremely tired.

    (b) B: I've just done taking my final exam in American history.

    (c) A: How do you suppose did you?

    (d) B: I don't know, but I could've performed better.

12   (a) A: What will happen if we have to move?

    (b) B: How come are you calling forth this problem at this time?

    (c) A: I'm sorry, but we don't have any money to pay for the rent.

    (d) B: Everything's going to be all right. I'll take care of it.

13   (a) A: Sue, how is that dress?

    (b) B: Gorgeous! It's going to look great on you.

    (c) A: I want try on it. Shall we go in?

    (d) B: Sure. You will need a proper dress for the formal ball.

Part IV Identify the option that contains an awkward expression or an error in grammar.

14 (a) We cannot deny that market conditions are presently difficult for MBA graduates. (b) However, there are some sectors which are now more active than they used to be. (c) The distribution sector is seen as one of those cases. (d) The overall numbers are small, but there is growing interest from such as Unicef, Unesco and the World Bank international organizations.

15 (a) From time to time, I linger behind a slow driver when I drive to my work. (b) I attempt to go past such drivers, but the approaching traffic always appears too heavy. (c) At this point, I say to myself or sing to myself, trying to forget how I am traveling slow. (d) I have never figured out the reason I am going 25 miles per hour in a 50-mile-per-hour zone.

Unit 24
강조/삽입/생략/동격

문장에서 특정 어구를 강조하는 다양한 표현들이 있다. 특수구문을 사용하여 표현하기도 하지만 반복에 의한 강조로 표현하기도 한다. 또한 반복되는 어구는 생략이 가능하기도 하다.
이외에도 삽입과 동격으로 사용되는 경우를 예문을 통하여 살펴보도록 한다.

(1) 강조의 조동사 do

일반동사 앞에 써서 동사를 강조한다.

I'm not a native English speaker, but I **do** speak English fluently.

(2) It~ that 강조구문

It과 that 사이에 강조하고 싶은 어구를 넣는 강조문이며, that은 관계대명사나 관계부사로 바꿔 쓸 수 있다.

It was Einstein **that (=who)** made the nuclear bomb, but **it** was Truman **who** chose to use it.

It was yesterday **that (=where)** I met his father.

(3) (대)명사의 강조 및 강조어구들

① **대명사+oneself**: 강조하고자 하는 말의 바로 뒤나 문장의 끝에 재귀대명사를 쓴다.

She **herself** made it.

I love Ms. Sarah **herself**.

I **myself** met Mr. Martin.

② **the very+명사**: [바로 그~]: 명사 바로 앞에 the very를 쓴다.

He is **the very** man that I was working with.

(4) 반복에 의한 강조

I tried to solve the problem **over and over** again.

It is getting **darker and darker**.

(5) 의문문과 부정문의 강조

Who **on earth** does not love his own son?

What **in the world** happened yesterday?

I don't trust her **at all**.

He has nothing **whatever** to eat.

Choose the best answer for the blank.

There were no buses ___________________________ going downtown.

(a) whatever   (b) whichever

(c) whoever   (d) wherever

[Power Solution]

[해설] 부정문을 강조하는 복합의문대명사를 묻는 문제이다. no buses를 강조하고 있으므로 빈칸에는 whatever가 들어가야 한다.

[어휘] downtown adv. 시내(로)

[정답] (a) whatever

Grammar Focus 2 생략

문장 전후관계로 보아 문장의 일부를 생략하더라도 이해에 지장을 주지 않을 때 반복을 피하고 간결성을 유지하기 위해 문장의 반복어구를 생략하는 것을 말한다.

(1) 명사의 생략

A bird in a hand is worth two **(birds)** in the bush. 속담

My computer is faster than my sister's **(computer)**.

(2) 보어의 생략

I don't like to be scolded for being last for school, but I **am** often **(scolded)**.

(3) 동사의 생략

Some went on foot, others **(went)** by bus.

Sarah watched a horror movie and her sister **(watched)** a romantic comedy.

(4) 비교구문의 than, as 뒤의 생략

She is prettier than I **(am)**. Tom runs as fast as Terry **(runs fast)**.

(5) 부사절의 [주어+be] 생략

시간[when, while, till, before, as], 이유[as, because], 조건[if, unless]을 나타내는 부사절의 주어가 주절의 주어와 일치하는 경우 부사절의 [주어+be]는 생략이 가능하다

While **(he was)** walking down the street, he met a friend of his.

If **(it is)** necessary, your doctor might prescribe hormone replacement therapy.

(1) [주어+동사]형태의 절이 삽입되는 경우

Ms. Sarah, **it seems**, is in her thirties.

= It seems that Ms. Sarah is in her thirties.

She has a laptop which **I think** is very expensive.

= She has a laptop. + I think it is very expensive.

(2) 낱말, 구, 관용어가 삽입되는 경우

He is, **so far as I know**, a reliable man.

= So far as I know, he is reliable man.

His car, **to make matters worse**, broke down on the way.

(3) 관계사절, 분사구문의 삽입

Our plane, **which was flying very low**, swept back and forth.

The train, **starting at two**, arrives in London at ten.

(4) 삽입에 사용되는 관용표현

There is little, **if any,** milk in the refrigerator.

He seldom, **if ever**, goes to church. (=if he ever goes there)

> **Power Grammar**
>
> **Choose the best answer for the blank.**
>
> Three are few, _______________________, books in his study.
>
> (a) if ever   (b) if any
>
> (c) no way   (d) if possible
>
> **[Power Solution]**
>
> **[해설]** 삽입에 사용되는 관용적 표현으로서 부정적 의미의 문장에서 명사를 강조하는 if any를 묻는 문제이다. 문맥상 '~가 있
> 다고 하더라도'의 의미이므로 if any가 적절하다.
>
> **[어휘]** study n. 학문, 학업, 연구
>
> **[정답]** (b) if any

명사나 대명사 뒤에 다른 명사나 명사구를 놓아 앞의 명사나 대명사를 보충 설명하는 것을 동격이라 한다.

(1) 명사와 대명사의 동격

Mr. Joseph, **the instructor**, happened to hear the news.

Edison, **a famous inventor**, was somewhat retarded in his childhood.

(2) 명사와 명사절이 동격

She was very sad to hear the news **that her mother passed away**.

(3) 부정사가 동격의 관계

He made a promise **not to be late again**.

= He made a promise **that he would not be late again**.

They announced their decision **to resign**.

= They announced their decision **that they would resign**.

(4) 동격의 전치사 of

She is an angel **of** a wife. **(A 같은 B)**

The city **of** Seoul is one of the most crowed cities in the world.

She was excited at the mere thought **of** going to the concert.

Power Grammar

Choose the best answer for the blank.

_________________ by what he had just saw, Joseph stood dumb in front of the crowd.

(a) Shocking　　　　　　　　　　(b) Shock

(c) Having shocked　　　　　　　(d) Shocked

[Power Solution]

[해설] 주어진 문장은 'Because he was shocked by~'인데 접속사와 주어, 동사를 생략하여 분사구문을 만든 문장이다. 따라서 빈칸에는 shocked가 적절하다.

[어휘] shock v. 충격을 주다, 놀라게 하다　　dumb a. 벙어리의, 멍청한, 바보 같은

[정답] (d) Shocked

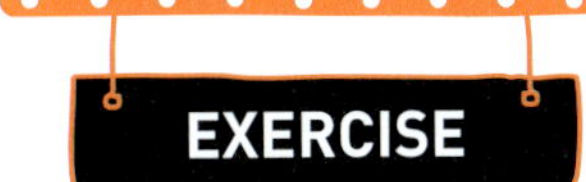

A. Choose the best answer for the blank.

1. There is little hope, if **(ever / any)**.

2. Driving is **(by no means / in the least)** easy to learn.

3. I felt **(very / much)** better yesterday.

4. She was happiness **(herself / itself)**.

5. She **(does / did)** do her best but failed to pass the driving test.

6. She was very happy until two weeks ago, **(that is to say / it is to say)** until she found her father

was a step one.

7. There were seven **(in / of)** us in the playground.

8. She sings **(much / very)** better than she used to.

9. She seldom, **(if ever / if any)**, goes to the movies by herself.

10. Mary likes golf, and **(so / neither)** does Terry.

11. He sometimes loses his temper, but **(so to speak / in general),** he is a good student.

12. Shakespeare wrote many dramas, 'Hamlet' **(for example / that is to say)**.

13. It was in the part **(when / that)** I first met my wife.

14. She **(does / did)** look pretty in the dress at the party last night.

15. What **(in the world / in the least)** are you talking about?

B. Identify the option that contains an awkward expression or an error in grammar. Then correct the ungrammatical part in the sentence.

1. What is the language which spoken in Switzerland?

2. The man whom I believed was his father was not his.

3. My computer is as fast as your sister.

4. When asking to where I lived, I said I lived in New York.

5. I know you don't want to lend him your car, but you have to do.

6. Though was tired, he didn't go to bed until midnight.

7. He seldom, if any, calls his mother.

8. He is, so far I know, a heavy smoker.

9. Yesterday she met a guy whom I believed was his boyfriend.

10. The man lives in a house of a palace.

Practice Test

  Choose the best answer for the blank.

1 A: Do you expect it is going to rain tomorrow?

B: _____________________. It'll spoil our outing.

(a) I don't hope so   (b) I hope so   (c) So hope I   (d) I hope not

2 A: Was it really _____________________ in the music show a few days ago?

B: Yes, I think so, though there were a large number of spectators.

(a) her that you saw   (b) she that you saw   (c) her which you saw   (d) she whom you saw

3 A: I bet Professor Munns can speak not less than 7 different languages.

B: You _____________________!

(a) say it   (b) say not   (c) don't say   (d) do say it

4 A: Will you help me to solve this math question, please?

B: Well, I will _____________________.

(a) try to help you to   (b) try   (c) try to   (d) try to help you

Part II **Choose the best answer for the blank.**

5 It must be Jim and Mary _____________________.

(a) who was there I think   (b) whom I think were there

(c) who I think were there   (d) whom there was I think

6 Had you tried a little more research, your paper would have been _____________________ better.

(a) such   (b) much   (c) very   (d) so

7 Though Jake _____________________ last year, he is divorced now.

(a) was marrying   (b) married   (c) did get married   (d) has been married

8 Though his wife works, he stays home and looks after the kids, a house father as

_____________________.

(a) he is   (b) it were   (c) it is   (d) he were

Part I Choose the best answer for the blank.

1 A: It's been very cloudy throughout this morning. It looks like it's going to rain any minute.

B: I _________________________. I have a plan to go on a picnic this afternoon.

(a) hope not (b) hope so (c) don't hope so (d) hope no

2 A: I wonder whether you could help me with this or not.

B: I would usually be happy to, but I'm afraid I really have to get _________________________

because I am having a meeting in 10 minutes.

(a) gone (b) to go (c) going (d) go

3 A: Can you give me a lift?

B: Of course. Where _________________________?

(a) do you head for (b) are you headed (c) do you head (d) were you heading

4 A: I heard David's going to have a big party this approaching Friday.

B: Speaking of _________________________, will you come?

(a) which (b) whom (c) any (d) that

5 A: Do you think we ought to pour some more water?

B: I think so. This soup is _________________________ salty.

(a) the kind of (b) a kind of (c) kind of (d) kinds of

Part II Choose the best answer for the blank.

6 I think the candidate _________________________ is most qualified to head this committee is Frida Castro.

(a) who (b) whomever (c) whom (d) which

7 It is the _________________________ best quality of materials that goes into our manufacture.

(a) very (b) much (c) ever (d) by far

8 There is little, _______________________, hope of his getting better from the road accident.

(a) otherwise   (b) if ever   (c) if any   (d) nevertheless

9 According to the research, caffeine, which is the everyday drug that _______________________
in the morning, is a successful way to help premature babies to get over breathing failure.

(a) gets people gone   (b) gets to people going

(c) gets people going   (d) gets people to go

10 Transplanting organs from one individual to another, _______________________, involves two
serious problems.

(a) it seems that   (b) seems to be   (c) there seems   (d) it seems

Part III **Identify the option that contains an awkward expression or an error in grammar.**

11 (a) A: Hi, Jane. How's it going?

(b) B: Not too bad.

(c) A: I am wondering whether you want to go to a jazz concert this Friday or not.

(d) B: Do you mean this Friday? Sorry. I'm afraid so.

12 (a) A: A Mercedes is a very dear car.

(b) B: Yes, that's true but I already see that.

(c) A: Then how can you buy that car?

(d) B: It's fine. I borrowed money from the bank.

13 (a) A: Why don't we go anywhere on the long weekend?

(b) B: I'd like to go, but I am worried the traffic will be heavier than usual.

(c) A: Even so, we need to go somewhere for a change.

(d) B: You seem to have a place in mind you want to go, right?

14 (a) In your childhood, when your sibling got a bigger, better new toy, you cried your eyes being out. (b) The question is whether you have overcome that impulse or you are still engrossed in sibling rivalry. (c) For a lot of grownups, kin competition continues into adulthood. (d) Are you motivated by sibling rivalry in your life, or have you outgrown it and moved on?

15 (a) While looking around the area, she found a strange old book. (b) With her curiosity stimulated, she raised the book, wiped the dirt away and opened the cover. (c) It was written in a language what no one could read. (d) It was a dialect previously unknown for thousands of years.

Joseph's Tip!

◆ 가주어구문과 강조구문의 구별

▶ It is와 that을 생략한 나머지 부분이 완전한 문장이면 강조구문이고, 불완전한 문장이면 가주어구문이다.
(It is) this weekend **(that)** her mother will come. (완전한 문장)
(It is) true **(that)** he loves her. (불완전한 문장)

대한민국 TEPS 대표강사 Joseph Kim의

THE TOP in TEPS

By Joseph Kim

850 기본편

문 GRAMMAR 법

정답 및 해설

랭기지플러스

THE
대한민국 TEPS 대표강사 Joseph Kim의
TOP in
TEPS
850
기본편
문 GRAMMAR 법
By Joseph Kim

랭기지플러스

정답 및 해설

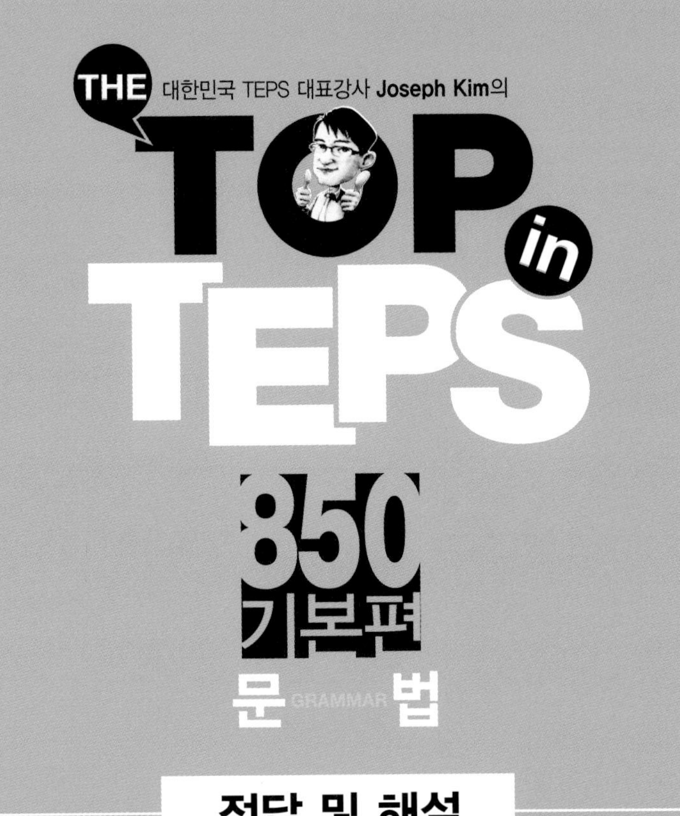

대한민국 TEPS 대표강사 Joseph Kim의
THE
TOP in TEPS
850
기본편
문 GRAMMAR 법
정답 및 해설

Exercise Answer Keys

A **01.** Even **02.** could hardly
03. in a friendly manner **04.** highly
05. nearly **06.** hardly **07.** Obviously
08. deeply **09.** late **10.** extremely
11. exceptionally **12.** mostly **13.** wholly
14. surprisingly **15.** cautious

B **01.** deliciously → delicious
02. poisonously → poisonous
03. high → highly **04.** near → nearly
05. hardly → hard **06.** latest → lately
07. freely → free **08.** hardly → hard
09. nearly → near **10.** near → nearly

A

01. **해석** 심지어 사막에도 낮은 지대와 샘 근처에는 늪지가 있을 수 있다.
해설 문장전체를 수식할 수 있는 부사가 필요하다. 양보의 의미를 갖는 접속사인 even though는 정답이 될 수 없다.
어휘 marsh n. 늪, 습지 spring n. 샘

02. **해석** 그는 너무 지쳐서 거의 서 있을 수 조차 없었다.
해설 부사는 조동사 뒤, 일반동사 앞에 위치하므로 could hardly stand up이 올바른 표현이다.
어휘 exhausted a. 기진맥진한

03. **해석** 당신은 그를 친절하게 맞아주어야 합니다.
해설 문맥상 동사구 'need to greet'을 수식하는 부사가 필요하므로 부사구인 in a friendly manner가 적절하다. friendly는 형용사이므로 정답이 될 수 없다.
어휘 friendly a. 친절한, 우호적인 greet v. 맞다, 환영하다

04. **해석** 그들은 모두 William을 매우 칭찬하였다.
해설 문맥상 동사인 speak를 수식해야 하므로 부사인 highly가 적절하다.
어휘 speak highly of 매우 칭찬하다

05. **해석** 사실 고양이들은 거의 색맹이다.
해설 문맥상 '거의 색맹이다'는 의미가 되어야 한다. 형용사 color-blind를 수식해야 하므로 nearly라는 부사가 적절하다.
어휘 color-blind a. 색을 구별 못하는, 색맹인

06. **해석** 비록 Tom에 대해서 거의 알지 못했지만, 난 그를 좋아하기 시작했다.
해설 문맥상 '거의 알지 못했다'는 뜻이 되어야 한다. 동사 knew를 수식해야 하므로 hardly라는 부사가 적절하다.
어휘 although 비록~하지만

07. **해석** 분명히 나는 이 프로젝트의 중요성을 말할 필요가 없다.
해설 문장 전체를 수식해야 하므로 obviously라는 부사가 적절하다.
어휘 obvious a. 분명한, 명백한
obviously adv. 분명히, 확실히

08. **해석** 저희는 당신의 도움에 진심으로(깊이) 감사 드립니다.
해설 형용사 grateful을 수식해야 하므로 deeply라는 부사가 적절하다.
어휘 deeply adv. (대단히, 몹시의 뜻으로) 깊이, 크게

09. **해석** 기차가 5분 늦게 도착하였다.
해설 동사 arrived를 수식해야 하므로 부사 late가 적절하다. late는 형용사(늦은)와 부사(늦게)의 형태가 동일하다.
어휘 lately adv. 최근에, 얼마 전에

10. **해석** 당신의 첫 번째 소설을 출판하는 일은 항상 극히 어려운 일이다.
해설 형용사 difficult를 수식해야 하므로 extremely라는 부사가 적절하다.
어휘 extremely adv. 극도로, 극히

11. **해석** Delta지대의 중점토는 특히 많은 양의 쌀과 밀을 생산한다.
해설 문맥상 '특히 많은(높은) 생산량'이라는 의미이므로 형용사 high를 수식하는 부사인 exceptionally가 적절하다.
어휘 yield n. 산출(수확)량, 총수익
exceptionally adv. 특별히, 유난히

12. **해석** 그들은 라디오를 많이 듣곤 하였는데, 요즘은 주로 TV를 시청한다.
해설 문맥상 '주로 TV를 시청한다'는 의미이므로 동사 watch를 수식할 부사 mostly가 적절하다.
어휘 used to ~하곤 하였다

13. **해석** 그 아이디어는 완전히 새로운 것은 아니었다.
해설 형용사 new를 수식하는 부사가 적절하다. 따라서 정답은 wholly이다.

14. **해석** 그 비디오 리코더는 놀라울 정도로 저렴했다.
해설 형용사 cheap을 수식할 부사인 surprisingly가 적절하

다.

어휘 surprising a. 놀라운, 놀랄만한

15. 해석 우리가 나이가 들면 들수록 우리는 더욱 더 신중해진다.

해설 become과 어울리는 형용사 cautious가 적절하다.

어휘 cautious a. 신중한, 조심스러운

B

01. 해석 그 음식이 정말 맛있는 냄새가 나서 나는 입안에 군침이 도는 것을 참을 수 없었다.

해설 문맥상 '맛있는 냄새가 나다'는 의미이므로 smell과 어울리는 형용사 delicious가 적절하다.

어휘 water v. 입에 침이 괴다, 군침이 돌다

02. 해석 그 약은 다량으로 복용하면 독성 있는 것으로 드러날지도 모른다.

해설 문맥상 '독이 있는 것으로 드러나다'라는 의미이므로 prove과 어울리는 형용사 poisonous가 적절하다.

어휘 quantity n. 다량, 다수

03. 해석 네 자신을 너무 높게 평가하는 것을 남들이 경멸할 지도 모른다.

해설 문맥상 '높게 평가하다'는 의미이므로 동사 think를 수식하는 부사 highly가 적절하다.

어휘 despise v. 경멸하다

04. 해석 그곳에 도착하기까지 거의 2주 정도 걸렸다.

해설 문맥상 '거의'라는 의미이므로 부사 nearly가 적절하다.

05. 해석 당신은 너무 일을 열심히 해왔어요.

해설 문맥상 '일을 열심히 하다'라는 의미이므로 부사 hard가 적절하다. hardly는 '거의 ~ 안 하다'는 의미이므로 문맥상 어울리지 않는다.

어휘 hardly adv. 거의 ~ 안 하다

06. 해석 그녀는 최근에 TV를 전혀 안 봐왔다.

해설 문맥상 '최근에'라는 의미이므로 부사 lately가 적절하다.

어휘 latest a. 최근의, 가장 늦은

07. 해석 학생들이 온라인 지원 시스템을 활용한다면, 대학에 무료로 지원할 수 있는 방법들이 있다.

해설 문맥상 '무료의' 라는 의미이므로 형용사 free가 쓰여야 옳다.

어휘 apply v. 지원하다

08. 해석 그는 그 기계를 조립하는 것이 어렵다는 것을 깨달았다.

해설 문맥상 '어렵다'라는 의미이므로 부사 hard가 적절하다. hardly는 '거의 ~ 하지 않는다'라는 뜻이다.

어휘 put together 조립하다

09. 해석 너무 스크린에 가까이 앉으면 가까운 장래에 안경을 쓰게 될 지도 모른다.

해설 문맥상 '스크린에 가까이'라는 의미이므로 형용사인 near가 적절하다.

어휘 nearly adv. 거의   near a. 가까운

10. 해석 그 책을 완전히 읽는데 약 3주가 걸릴 것 같다.

해설 문맥상 '거의'라는 의미이므로 부사 nearly가 적절하다.

어휘 thoroughly adv. 대단히, 완전히, 철저히
nearly adv. 거의

Practice TEST Answer Keys

**01. (d) 02. (c) 03. (b) 04. (a) 05. (b) 06. (b)
07. (c) 08. (d)**

01. 해석 A: Jeff는 항상 내 험담을 해.
B: 신경쓰지마. 너무 심각하게 받아들이지 마.

해설 B는 문맥상 '너무 심각하게 받아들이지 말라'는 뜻이 되어야 한다. 동사 take를 수식해야 하므로 seriously라는 부사가 적절하다. (c)는 앞에 as와 어울리는 단어가 없으므로 답이 될 수 없다. 따라서 (d) too seriously가 정답이다.

어휘 serious a. 심각한, 진지한

02. 해석 A: Martha가 왜 입원했는지 너는 알고 있니?
B: 농구 시합하다 발목을 심하게 삐었대.

해설 빈칸에는 '심하게 발목을 삐다'라는 내용이 되어야 자연스럽기 때문에 부사가 필요하다. terrible은 부사가 아니며 worst와 worse는 비교 대상이 없으므로 적절하지 않다. 따라서 (c) badly가 적절하다.

어휘 sprain one's ankle 발목을 삐다
badly adv. 심하게, 몹시

03. 해석 A: 네 새 책상 어때?
B: 좋아, 의자와 잘 어울릴거야.

해설 동사 go는 전치사 with와 함께 '~와 어울리다'라는 뜻을 나타낸다. 동사를 수식하는 것은 부사이므로 부사 형태인 (b) nicely가 들어가는 것이 적절하다.

어휘 go with ~와 조화되다, 어울리다

04. 해석 A: 너 아파보여.
B :이가 아파, 거의 씹을 수가 없어.

해설 hardly는 부정의 의미를 만드는 부사로 이미 부정의 뜻이 포함되어 있기 때문에 not과 같은 부정어구를 쓸 필요가 없다. 문맥상 '이가 아파 거의 먹을 수 없다'는 뜻이 되어야 하므로 (a) hardly가 정답이다.

어휘 ache v. 아프다, 쑤시다
hardly adv. 거의 ~ 않는

05. **해석** 흡연가들은 비흡연가에 비해 두 배 더 많이 술을 마시며, 과음할 확률 역시 두 배 높다.

해설 heavily라는 부사를 수식하는 부사를 묻는 문제이다. much는 주로 셀 수 없는 명사나 과거분사 등을 수식하고, little과 any 뒤에는 명사가 와야 한다. 부사를 수식하는 것은 too이므로 (b)가 적절하다. 참고로 much too seriously처럼 much가 too를 수식할 수 있다는 것도 기억하자.

어휘 risk n. 위험　heavily adv. 심하게, 아주 많이

06. **해석** 독감 증세는 일반적으로 더 심각하여, 보통 감기를 앓을 때보다 직장에 결근하거나 학교 결석을 더 자주하게 될 것이다.

해설 형용사와 부사자리 구분 문제이다. 빈칸은 be동사 was의 보어 자리이므로, 부사가 올 수 없고, 형용사가 와야 한다. 따라서 빈칸은 형용사 (b) severe가 적절하다.

어휘 flu n. 독감
symptom n. 증상

07. **해석** Joseph은 그 교수가 수업하기로 했던 공구 만들기에 관한 모든 장을 왜 건너뛰었는지 의아해했다.

해설 빈칸에 적절한 의문사를 고르는 문제이다. wonder는 Wh-의문사와 함께 쓰여서 '~를 기이하게 여기다'라는 의미를 갖는다. 문맥상 '이유를 궁금해 하는 것'이므로 (c) why가 적절하다.

어휘 skip v. 건너뛰다
entire a. 전체의
be supposed to ~하기로 예정되어 있다

08. **해석** 공공 플라자는 300미터 폭에 557미터 길이다.

해설 수량을 나타낼 때에는 수량과 단위 명사 뒤에 '폭, 키, 나이' 등을 밝히는 것으로 명사가 아닌 형용사를 써야 한다. 예를 들어 '나는 서른 살이다'라는 표현은 'I am thirty years old'라고 한다. 따라서 hundred와 수 일치를 시킨 meters 뒤에는 wide가 적절하다. 따라서 (d)가 정답이다.

Actual TEST Answer Keys

01. (b) **02.** (b) **03.** (b) **04.** (c) **05.** (a) **06.** (b)
07. (b) **08.** (c) **09.** (d) **10.** (b) **11.** (d) **12.** (c)
13. (d) **14.** (a) **15.** (b)

01. **해석** A: 새로운 프로젝트 어떤 것 같아?
B: 신중하게 고려해보고 시작해야 할 것 같은 생각이 강하게 들어.

해설 feel strong과 I feel strongly의 차이를 묻는 문제이다. I feel strong에서 strong은 주어의 상태를 설명하는 보어로 '힘이 세진 것 같다'는 뜻이다. 반면 strongly는 동사의 강도를 나타내는 부사로 'I feel strongly that~'은

'that 이하의 생각이 강력하게 든다'는 뜻이다. 따라서 (b)가 적절하다.

어휘 consideration n. 신중한 생각, 고려

02. **해석** A: 그 프로젝트는 어떻게 되어 가고 있나요?
B: 거의 다 끝냈습니다. 다시 한번 검토하기만 하면 됩니다.

해설 문맥상 '거의' 끝냈다는 뜻이므로 정도 부사 (b) nearly가 가장 적절하다. near 역시 부사로 쓰일 수 있지만, '가까이'의 뜻이므로 문맥상 어울리지 않다. yet은 주로 부정문에 쓰이고, (a)는 most가 아니라, almost가 되어야 한다.

어휘 come along 진척되다　nearly adv. 거의

03. **해석** A: 너 몸이 좀 안 좋아 보여. 무슨 일이니?
B: 실은, 독감으로 심하게 고생하고 있어.

해설 문맥상 빈칸은 자동사 suffer를 수식해주는 부사자리이므로, (b) badly가 들어가야 한다. (c)는 severely가 되어야 하며, (d) worse는 부사로도 쓰일 수 있기 때문에 문법적으로는 가능하지만 문맥상 어색하다.

어휘 under the weather 몸이 안 좋은

04. **해석** A: 얼마나 자주 버스가 이곳에 서나요?
B: 매 5분 간격으로요.

해설 B의 대답이 '매 5분 간격'인 것으로 보아 A가 '얼마나 자주' (How often) 버스가 정차하는지 묻는 것으로 짐작할 수 있다. 따라서 (c) often이 정답이다.

어휘 every ~마다

05. **해석** A: 집에 가는 길에 저를 태워주실 수 있어요?
B: 미안하지만, 오늘은 안 되겠는데요, 늦게까지 일해야 해서요.

해설 의미가 전혀 다른 부사 late 와 lately의 구분을 묻는 문제이다. late는 형용사와 부사가 같은 형태이고, lately는 '최근에' 라는 전혀 다른 뜻의 부사이다. 문맥상 빈칸에는 '늦게'의 뜻을 가진 부사 late가 들어가야 하므로, 정답은 (a)이다.

어휘 pick up (차, 배 따위가 승객을) 도중에 태우다

06. **해석** 저희는 당신이 몸을 전혀 적시지 않은 상태에서 물 속 깊이 잠수해서 수중 경관을 만끽할 수 있도록 해 드립니다.

해설 동사의 유형과 올바른 부사의 형태를 묻은 문제이다. 우리말로 '깊게'라는 의미의 부사는 영어로 두 가지 형태가 있는데, 물리적 공간적으로 깊게는 deep을 쓰고, 추상적인 의미로는 deeply를 쓴다. 따라서 깊이 잠수하는 것은 물리적인 의미이므로 deep이 적절하다. 사역동사 let의 목적격 보어는 동사원형이므로 정답은 (b) dive deep이다.

어휘 dive v. 잠수하다
underwater sights 수중 경관
utterly adv. 완전히

07. **해석** 그 주제에 대한 내 지식은 주로 책으로부터 나온 것이다.

해설 문맥에 알맞은 부사의 올바른 형태를 묻는 문제이다. 문장구조상 빈칸은 동사를 수식하는 부사가 들어가야 한다. 문맥상 '가장 많이, 매우'의 뜻을 가진 부사 most가 아니라 '주로, 대체로'의 의미를 가진 부사 mostly가 들어 가야 한다. 따라서 정답은 (b)가 적절하다.

어휘 knowledge n. 지식

08. **해석** 반 체제 문화란 주류 사회와는 매우 다른 사고와 행동 방식을 갖는 문화이다.

해설 빈칸에는 동사 behaves를 꾸며줄 부사가 들어가야 적절하다. '다르게'의 뜻을 가진 (c) differently가 적절하다.

어휘 legal a. 법률(상)의 operate v. 운영되다, 일하다

09. **해석** 법대와 그 교수진은 미국에서 뿐만 아니라 전 세계적으로도 높은 평가를 받는다.

해설 주어가 the faculty와 the law school로서 복수이므로 동사는 are가 적절하며, '높게 평가되는 것'은 물리적, 공간적으로 '높게'가 아니라, 추상적으로 '높게'라는 뜻이므로 highly가 적절하다. 따라서 (d)가 정답이다.

어휘 faculty n. 교수진 regard v. 평가하다, 간주하다

10. **해석** 이 방에서 이상한 냄새가 나. 너는 유리창을 활짝 열어 놓았어야 했어.

해설 wide와 widely는 혼동되기 쉬운 형용사인데 구체적인 넓이를 나타내거나, 잠에서 깨어나는 것과 관련해서는 wide를 쓰고, 여러 장소에서 '널리, 두루두루' 퍼져 있거나 많은 사람에게 알려지는 것에는 widely가 쓰인다. '활짝'이라는 의미로는 wide를 사용하므로 (b)가 적절하다.

11. **해석** (a) A: 토론토 행 왕복표 주세요.
(b) B: 네, 여기 있습니다. 200달러입니다.
(c) A: 도쿄에서 비행기를 갈아타야 하나요?
(d) B: 아니요, 곧장 가실 수 있습니다.

해설 (d)에서 '~를 경유하지 않고, 곧장', 즉 '차를 갈아타지 않고 곧장'갈 수 있다고 말하려면 'go direct'라고 해야 한다. 부사 directly는 '방향이 일직선으로, 직접적으로, 곧이어'라는 추상적인 뜻이므로 문맥에 적절하지 않다.

어휘 return ticket 왕복표 change v. 갈아타다

12. **해석** (a) A: 새로운 Sarah 과학선생님을 어떻게 생각하니?
(b) B: 정말 좋아. 선생님은 참 친절하시고 지식도 많은 것 같아.
(c) A: 나도 선생님을 높이 평가해. 언젠가 나의 존경하는 마음을 선생님께 전할 수 있으면 좋겠어.
(d) B: 스승의 날에 선생님께 좋은 선물을 드리는 것을 제안할게.

해설 '~을 높게 평가하다'라는 표현을 쓸 때는 물리적 고도를 나타내는 high가 아니라 심리적, 추상적 높이의 정도를 나타내는 highly를 쓴다. 따라서 정답은 (c)이다.

어휘 knowledgeable a. 지식이 많은
think highly of ~를 높이 평가하다

13. **해석** (a) A: Sarah, 나 내일 Boston으로 떠나.
(b) B: 너 없이 난 어떻게 살아가지?
(c) A: 걱정하지마, 괜찮을 거야.
(d) B: 아니야, 너를 몹시 그리워질 거야.

해설 동사를 수식하는 것은 형용사가 아니라 부사이다. 따라서 (d)의 bad를 badly로 바꾸어야 한다.

어휘 leave for ~를 향해 떠나다
be supposed to ~하기로 되어 있다, 해야 한다
worry v. 걱정하다

14. **해석** (a) DMV는 사람들이 많아지자 평소보다 한 시간 일찍 필기시험 신청을 받기 시작했다. (b) 150명의 신청자가 오전 9시까지 신청을 하였다. (c) 직원은 다음과 같이 이야기하였다. "통상 오전에는 조용한데, 17일에는 너무 바빠서 모든 창구에 사람들이 줄을 서 있었다. (d) 조만간 더 많은 사람들이 신청할 것이므로 우리는 당분간 1시간 일찍 업무를 시작할 예정이다."

해설 행동이나 동작이 빠른 것은 quickly로, '~보다 이른 시간'은 early로 표현한다. (a)는 문맥상 '보통보다 일찍'이라는 의미가 되어야 하므로 quicklier를 earlier로 바꾸어야 한다.

어휘 apply for 신청하다
in the near future 조만간, 가까운 장래에

15. **해석** (a) Canada의 최북단 Inuit 거주지역에서는 태양이 10월 말에 진 후 다음 해 4월초까지 다시 뜨지 않는다. (b) 암흑기로 일컬어지는 이 시기는 거의 6개월간 24시간 어둠이 지속된다. (c) 비타민 D가 일반적으로 태양으로부터 흡수되기 때문에 많은 사람들이 비타민 D 부족을 겪는다. (d) 비타민 D는 뼈 형성을 돕고 강한 골격 발달에 필수적이다.

해설 부사의 올바른 용법을 묻는 문제이다. (b)의 '24 hours darkness lasting near 6 months'라는 표현은 문맥상 '거의 6개월간 지속되는 24시간 어둠'이라는 뜻이다. 그러나 near은 '거의'라는 뜻을 갖지 않는다. 따라서 near가 아닌 nearly로 바꾸어야 한다.

어휘 suffer from 겪다, 시달리다 skeleton n. 골격
critical a. 필수적인, 중요한 nearly adv. 거의

Exercise Answer Keys

Ⓐ 01. **can seriously affect** 02. **always have**
03. **strong enough** 04. **enough money**
05. **Joseph alone** 06. **Scarcely**
07. **early enough** 08. **even a child**
09. **outside** 10. **scarcely had**
11. **have never seen** 12. **kindly water**
13. **slowly enough** 14. **home**
15. **run hourly**

Ⓑ 01. **We came last night at eleven here.**
→ We came here at eleven last night.
02. **hardly could → could hardly**
03. **monthly paid → paid monthly**
04. **Look it at → Look at it**
05. **came safely home → came home safely**
06. **Here are we → Here we are**
07. **cannot hardly → can hardly**
08. **called up me → called me up**
09. **early enough → quickly enough**
10. **eats breakfast seldom → seldom eats breakfast**

Ⓐ

01. **해석** 흡연은 당신의 건강에 심각하게 영향을 줄 수 있다.
해설 부사 seriously는 조동사/be동사 뒤, 일반 동사 앞에 위치하는 것이 원칙이다. 따라서 can seriously affect가 올바른 표현이다.
어휘 affect v. 영향을 주다   seriously adv. 심각하게

02. **해석** 나는 항상 그녀가 우리를 가르치는 것을 즐긴다는 느낌을 받는다.
해설 빈도부사 always는 조동사/be동사 뒤, 일반 동사 앞에 위치하는 것이 원칙이다. 문맥상 have는 조동사가 아닌 일반 동사로서 '갖다'라는 의미이므로 always have가 올바른 표현이다.

03. **해석** 그 소년은 공장에서 일할 정도로 충분히 힘이 셌다.
해설 enough는 수식하는 형용사나 부사 뒤에 위치하므로 형용사 strong 뒤에 위치해야 한다. 따라서 strong enough가 올바른 표현이다.

04. **해석** 그들은 새로운 사업을 시작할 수 있는 정도의 충분한 돈을 모았다.
해설 enough가 명사를 수식할 때에는 명사 앞에 위치한다. 따라서 enough money가 올바른 표현이다.

05. **해석** 다른 누구도 없었다. 오직 Joseph만이 진실을 알고 있다.
해설 alone은 항상 초점을 맞추는 말 뒤에 위치한다. 따라서 Joseph alone이 올바른 표현이다.
어휘 truth n. 진실

06. **해석** 그는 말을 하자마자 웃기 시작했다.
해설 이 문제는 no sooner than =hardly(=scarcely)~when (=before) 구문을 아느냐를 묻는 문제입니다. 따라서 정답은 scarcely입니다.
어휘 utter v. 언급하다, 말하다

07. **해석** 우리는 첫 기차를 탈 수 있을 만큼 충분히 일찍 일어났다.
해설 enough는 수식하는 형용사/부사 뒤에 위치한다. 따라서 early enough가 올바른 표현이다.
어휘 catch the train 기차시간에 대다, 기차를 잡아타다

08. **해석** 그것은 너무 쉬워서 심지어 아이조차도 이해할 수 있다.
해설 even이 주어에 초점을 맞출 경우에는 주어 앞에 위치한다. 따라서 even a child가 올바른 표현이다.

09. **해석** 그는 한달 전에 아프고 난 이후로 밖에 나갈 수 없었다.
해설 장소부사 outside에는 전치사를 쓰지 않는다. 따라서 outside가 올바른 표현이다.

10. **해석** 나는 빗질할 시간이 거의 없었다.
해설 빈도부사 scarcely는 조동사 뒤, 일반동사 앞에 위치한다. 문맥상 '거의 시간을 갖지 못한다'는 의미이므로 scarcely had가 올바른 표현이다.
어휘 run a comb 빗질하다

11. **해석** 나는 그렇게 요구하는 것이 많은 고객을 전에 본적이 없다.
해설 빈도부사 never는 조동사/be동사 뒤, 일반동사 앞에 위치하는데, 문맥상 have는 현재완료의 조동사이므로 have never seen이 올바른 표현이다.
어휘 demanding a. 부담이 큰, 힘든, 요구가 많은

12. **해석** Sam, 내가 없을 때 내 화초에 물을 줄 수 있겠니?
해설 방법, 양태부사인 kindly는 조동사 뒤, 일반동사 앞에 위치하는데 water는 '물을 주다'는 의미의 일반동사이므로 kindly water가 올바른 표현이다.

어휘 water v. (화초 등에) 물을 주다, 눈물이 나다

13. 해석 그 차장은 내가 알아들을 수 있을 정도로 충분하게 천천히 말하지 않았다.

해설 enough는 수식하는 형용사/부사 뒤에 위치한다. 따라서 slowly enough가 올바른 표현이다.

어휘 conductor n. 지휘자, 차장

14. 해석 Henry는 7시 전에 집에 있을 것이다.

해설 home, downtown, abroad, outside 등의 장소부사는 전치사를 쓰지 않는다. 따라서 home이 올바른 표현이다.

15. 해석 대전행 버스는 매시간 마다 있다.

해설 정확한 빈도를 나타내는 빈도부사는 문두나 문미에 위치한다. 따라서 run hourly가 올바른 표현이다.

B

01. 해석 우리는 어젯밤 11시에 이곳에 도착하였다.

해설 다수의 부사가 있을 경우 방법, 장소, 시간의 순서로 위치한다. 그러나 왕래발착 동사에서의 장소부사는 동사와 호응하므로 맨 처음에 위치한다. 또한 시간 부사 간에는 기간, 횟수, 시점 순서로 위치한다. 따라서 'we came here at eleven last night.'이 올바른 표현이다.

02. 해석 나는 그게 사실이라고 거의 믿을 수가 없었다.

해설 빈도부사 hardly는 조동사 뒤, 일반동사 앞에 위치한다. 따라서 could hardly believe가 올바른 표현이다.

03. 해석 대부분의 일본회사 직원들은 월급을 받는다.

해설 방법, 양태 동사는 자동사 뒤에 위치한다. 따라서 are paid monthly가 올바른 표현이다.

04. 해석 그림을 보세요. 더 자세히 살펴보세요.

해설 자동사와 전치사 사이에는 목적어를 쓸 수 없다. 따라서 Look at it이 올바른 표현이다.

05. 해석 결국 그 소년은 구조되어 어제 집에 무사히 왔다.

해설 다수의 부사 간에는 방법, 장소, 시간의 순서로 위치한다. 다만, 왕래발착 동사는 장소부사와 먼저 호응하므로 장소, 방법, 시간 부사 순서로 위치하게 된다. 따라서 came home safely가 올바른 표현이다.

06. 해석 마침내 우리가 Kennedy 공항에 도착했구나!

해설 장소 부사가 문장 맨 앞에 위치하는 경우 동사가 자동사이면 주어와 동사의 위치가 도치된다. 다만, 주어가 대명사인 경우는 도치되지 않는다. 따라서 we와 are는 위치가 도치되지 않는다.

07. 해석 그의 머리카락이 눈을 가려서 너는 그의 얼굴을 거의 보지 못한다.

해설 문맥상 '거의 얼굴을 볼 수 없다'는 의미인데 hardly는

이미 부정의 의미를 포함하고 있으므로 can hardly가 올바른 표현이다.

08. 해석 많은 친구들이 나에게 성공을 축하해 주기 위해서 전화했다.

해설 목적어인 대명사는 타동사와 전치사 사이에 있어야 하므로 called me up이 올바른 표현이다.

09. 해석 도로에 차량이 거의 없어 우리는 공항에 충분히 일찍 도착했다.

해설 문맥상 '공항에 충분히 빨리 도착하였다'는 의미이므로 quickly enough가 올바른 표현이다.

10. 해석 그는 대체로 늦게 일어나고 아침을 거의 먹지 않는다.

해설 빈도부사인 seldom은 일반동사 앞에 위치한다. 따라서 seldom eats breakfast가 올바른 표현이다.

Practice TEST Answer Keys

**01. (d) 02. (b) 03. (c) 04. (a) 05. (c) 06. (d)
07. (a)**

01. 해석 A: 너 한 시간 이상 늦었어. 뭐가 문제니, John?
B: 집에서 충분히 일찍 출발했는데도 교통체증이 심했고 차량 주차하는데 30분 이상이 걸렸어.

해설 enough의 용례에 대한 문제이다. enough는 부사 또는 형용사로 쓰이는데, 부사일 때는 형용사 뒤에, 형용사일 경우는 명사 앞이나 뒤에 올 수 있다. 단, 뒤에 to부정사가 쓰이는 경우는 바로 그 앞에 쓰인다. 주어진 문제에서는 enough가 형용사 early를 수식하는 부사로 쓰였다. 따라서 (d) early enough가 적절하다.

02. 해석 A: 왜? 네 여행에서 뭐가 그렇게 끔찍했니?
B: 관광지와 풍경은 잊을 수가 없었어. 그런데 그 호텔들 때문에! 우리는 2주간 거의 잠을 자지 못했어.

해설 부정어 hardly의 쓰임을 묻는 문제이다. hardly는 단독으로 쓰여 '거의 ~아니다'라는 뜻을 지니며 not과 함께 쓰이지 않는다. 흔히 부정문을 만들때 쓰이는 조동사 do도 필요 없다. 따라서 정답은 (b) hardly slept이다.

어휘 unforgettable a. 잊을 수 없는, 잊지 못할

03. 해석 A: 여기 주차 어떻게 해요?
B: 차량은 오직 지정된 주차구역에만 주차할 수 있습니다.

해설 초점부사 only의 위치를 묻는 문제이다. 초점부사 only는 주어를 수식하는 경우에는 주어 앞, 주어 이후의 어구에 초점을 맞출 경우에는 빈도부사의 위치와 동일하게 쓰인다. 따라서 (c)가 정답이다.

어휘 parking policy 주차장 이용법
authorized a. 허가 받은   designated a. 지정된

authorized a. 허가 받은   designated a. 지정된

04. **해석** A: 다음 콘서트가 언제 열리나요?
B: 아마도 올해 5월경일 겁니다. 하지만 정확한 날짜는 모르겠습니다.

해설 시간 부사를 여러 개 나열하여 표현할 때는 가장 작은 단위부터 쓰기 시작한다. 따라서 (a) sometime in May this year의 순서가 적절하다. 따라서 (a)가 정답이다.

어휘 hold v. (모임 등을) 열다, 개최하다   exactly adv. 정확하게

05. **해석** 나는 그러한 위험을 감수하는 그를 미쳤다고 부르는 것을 가까스로 참는다.

해설 빈도 부사인 barely의 위치와 관용어구 stop someone from을 알고 있어야 풀 수 있는 복합적인 문제이다. 빈도부사는 조동사와 be동사 다음, 일반 동사 앞에 위치하므로 조동사 can 다음에 와야 한다. 따라서 정답은 (c) can barely stop myself from이다.

어휘 insane a. 미친   take risk 위험을 감수하다
stop A from B A가 B하는 것을 막다

06. **해석** 만약 네가 그렇게 밤늦게 잠자리에 들지 않는다면, 늘 그렇게 피곤하지는 않을 텐데.

해설 2개 이상의 부사를 나열할 때 어순을 묻는 문제이다. 왕래발착 동사 뒤에는 장소부사가 하나의 숙어처럼 긴밀하게 붙어 다니므로, to bed가 가장 먼저 와야 하며, 시간부사는 짧은 어구부터 긴 어구의 순으로 쓰기 때문에 late 다음에 at night를 나중에 써야 한다. 따라서 정답은 (d) to be so late at night이다.

어휘 go to bed 자다, 잠자리에 들다

07. **해석** 우리는 성장하고 나이가 들어감에 따라 항상 변하며, 같은 상태로 멈춰있지 않는다.

해설 부정문에 쓰이는 never는 본동사 앞에 위치해야 한다. 또한 stay는 is changing과 시제 일치를 시켜서 현재가 되어야 한다. 따라서 정답은 (a) never stay the same이 적절하다.

어휘 stay v. ~에 머무르다, 멈추어 않는다

Actual TEST Answer Keys

01. (a) 02. (b) 03. (c) 04. (b) 05. (a) 06. (d)
07. (c) 08. (b) 09. (c) 10. (c) 11. (b) 12. (b)
13. (a) 14. (c)

01. **해석** A: 콧물이 너무 흘러서, 냄새를 전혀 못 맡아요.
B: 그렇군요. 언제부터 그런 거죠?

해설 부사 hardly는 부정의 의미를 갖는 부정부사이므로 not과 함께 쓸 수 없으며, 위치는 빈도부사의 위치와 동일하므로 (a)가 적절하다. 이와 같은 부정부사들에는 scarcely, rarely, seldom, barely 등이 있다.

어휘 runny nose 콧물

02. **해석** A: 내가 도와줄까?
B: 아니야, 괜찮아. 조금 어려운 수학문제이기는 하지만 내 힘으로 풀 수 있을 것 같아.

해설 문맥상 적절한 부사의 어순을 고르는 문제이다. B가 어렵기는 하지만 혼자 풀 수 있다고 말한 것으로 보아, 감당하기 힘들다는 의미가 내포된 (a) too는 정답이 될 수 없다. (d)의 much는 원급 형용사를 수식할 수 없는 부사이므로 답에서 제외하며, (c)의 정도부사 rather는 관사보다 먼저 써야 하므로, rather a heavy의 어순이 되어야 한다. 따라서 정답은 (b)이다.

어휘 on my own 자신의 힘으로

03. **해석** A: 저기 빨간 옷 입은 여자분 아니?
B: 응, 여배우야. 일본에선 저 사람을 모르는 10대가 없을 만큼 유명해.

해설 '~할 만큼 충분히 ~한'을 영어로 표현할 때 '형용사+enough+to'의 순서가 되어야 한다. 따라서 (c)가 적절하다.

어휘 famous a. 유명한   be known to/by ~에게 알려져 있다

04. **해석** A: Martin이 90도의 날씨에 모두 평상복을 입고 있는데 혼자 정장에 넥타이를 매고 나타났다는 게 사실이니?
B: 응. 그건 정말 그 만이 생각할 수 있는 일이야.

해설 빈칸에는 '그 만이'라는 뜻을 지니는 표현이 필요하다. 초점부사 only는 주어에 초점을 둘 경우에는 주어 바로 앞에 써야 한다. 따라서 정답은 (b) only he이다.

어휘 show up 나타나다, 등장하다

05. **해석** A: 이메일 보내는 것이 정말 그렇게 쉬워?
B: 물론이지. 심지어 7살 난 어린 아이도 할 수 있어.

해설 B는 쉽다는 사실을 강조하기 위해 '7살 난 어린 아이도 할 수 있다'고 하고 있다. even은 직접 수식하는 부사이기 때문에 바로 앞에 위치해야 한다. 주어진 문제에서는 '심지어 7살 난 어린아이도'라는 의미로 쓰여야 하므로, a seven-year-old boy 바로 앞에 온다. 따라서 정답은 (a)이다.

06. **해석** 이 프로그램에 대한 신청은 현재 다음 가을에 외국으로 나가고자 하는 학생들에게 개방되어있다.

해설 부사의 정확한 사용을 묻는 문제이다. abroad는 그 자체로 장소를 나타내는 부사로 전치사가 따로 필요 없다. 따라서 (a)와 (b)는 적절하지 않으며 '내년 가을'과 같이 계절이나 날짜, 시간을 나타낼 경우, 관용적으로 전치사를 쓰지 않는다. 따라서 정답은 (d)이다.

어휘 go abroad 유학 가다

07. **해석** 그 모든 일들이 너무 빨리 일어나서 어느 누구도 어떤 일이 발생했는지 확신하지 못한다.

해설 문장의 주어인 it이 문두에 와야 하므로, (d)는 답이 될 수 없다. 부사 all과 both는 빈도부사의 위치와 동일하

다. so는 부사 quickly의 정도를 나타내는 부사이므로 quickly 바로 앞에 와야 하며 부사는 동사 뒤에 위치해야 한다. 따라서 정답은 (c) It all happened so quickly가 된다.

어휘 so ~ that ~ 너무 ~해서 ~하다   take place 일어나다

08. **해석** 산모들은 상당한 양의 모유를 생산하는 경향이 있다.

해설 quite와 함께 쓰이는 어순을 묻는 문제이다. 'quite+부정관사+형용사+명사'의 어순이 되어야 하므로 (b)quite a large가 정답이다.

어휘 quite adv. 상당히, 꽤

09. **해석** 밤사이 미국 달러의 상승에 압력 받아, 주식이 어제 아침에 다소 낮게 개장했다.

해설 여러 개의 부사를 함께 사용할 때 그 어순을 묻는 문제이다. 부사의 뜻에 따라 [방법(양태)+장소+시간]의 순서로 사용하므로 lower가 yesterday morning보다 앞에 와야 하며 moderately는 lower를 수식 하는 부사이므로 lower 앞에 위치해야 한다.

어휘 stock exchange 주식 거래소
moderately adv. 적당히, 알맞게

10. **해석** (a) A: 이 소포가 무엇인지 아세요?
(b) B: 네, 제가 1주일 전에 온라인으로 주문한 셔츠입니다.
(c) A: 그러면 한번 입어보실래요?
(d) B: 네, 빨리 입고 싶어요.

해설 어순 문제이다. [동사+대명사+전치사]의 어순으로 쓰여야 하므로 (c)의 try on it을 try it on으로 바꾸어야 한다. 대명사 it 대신에 the shirt와 같은 명사를 쓴다면 try the shirt on 혹은 try on the shirt와 같이 쓸 수 있다.

11. **해석** (a) A: Boston Red Sox와의 경기 봤어?
(b) B: 아니, 난 야구 별로 안 좋아해.
(c) A: 유감이군, 내가 본 것 중에 최고의 경기였는데.
(d) B: 정말? 너 정말 흥분했었나 보구나.

해설 어순에 관한 문제이다. 타동사를 수식하는 부사는 동사의 목적어 뒤나 타동사 앞에 와야 한다. 따라서 (b) 문장은 I don't like baseball very much 또는 I don't very much like baseball이 되어야 한다.

어휘 against prep. ~에 반항하여, 반대하여
shame n. 심한 일, 유감스러운 일

12. **해석** (a) A: 내가 추천해준 책 어떻게 생각해?
(b) B: 주식투자에 관한 책? 그 책은 너무 편향되었어.
(c) A: 나는 그 책이 주는 상당히 유익한 책이라고 생각했는데.
(d) B: 그 책은 위험에 대해서는 언급하지 않고, 오직 수익에 대해서는 언급했어.

해설 (b)에서 extremely는 '극히, 대단히'라는 뜻을 가진 정도부사로, biased를 수식하고 있다. 형용사를 수식하는 정도부사는 형용사 바로 앞에 위치한다. 따라서 extremely는 biased 앞에 들어가야 적절하다.

어휘 extreme a. 극한의   extremely abv. 극도로, 대단히

13. **해석** (a) 많은 학생들은 차를 운전하거나 대중교통을 통해 대학에 통학해야 한다. 그러나 나는 걸어서 다닐 수 있을 정도로 학교 가까이에 산다. (b) 학교 가까이에 사는 것에는 몇 가지 장점이 있다. (c) 첫째, 수업에 들어가기까지 단지 몇 분 밖에 걸리지 않는다. (d) 또한 학교에 걸어 다님으로써 약간의 운동을 하게 된다.

해설 enough의 어순을 묻는 문제이다. enough는 to부정사가 함께 나올 경우 형용사 뒤에 오는 것이 원칙이다. (a)는 enough close to walk를 close enough to walk로 바꾸어야 한다.

어휘 transportation n. 교통수단
public transportation 대중교통   advantage n. 장점

14. **해석** (a) 이 연구에서 우리는 레이저 다이오드(2극 진공관)와 다각형 거울을 사용하여 고속 디지털 레이저 격자투사 시스템을 발달시켜 그 성과를 평가하였다. (b) 3차원 물체의 형상을 알아내는데 필요한 모든 광학적 측량은 31ms 내에서 이루어질 수 있었다는 것은 입증되어왔는데, 이로서 우리의 3차원 측량 시스템의 유효성을 확인할 수 있었습니다. (c) 그 결과는 3차원 측량 속도를 확연히 향상시킬 수 있다는 보다 중요한 사실을 함축하고 있습니다. (d) 이는 대개 우리의 신기술에 있어 반응 속도가 측량속도를 제한하는 LCD나 DMD와 같은 장치가 없기 때문입니다.

해설 (c)에서 remarkably의 위치가 부자연스럽다. remarkably는 enhanced의 앞이나 뒤에 놓여 can be remarkably enhanced 혹은 can be enhanced remarkably로 바꾸는 것이 자연스럽다.

어휘 develop v. 발전시키다   carry out 수행하다
confirm v. 확인하다   enhance v. 향상시키다, 증진시키다

Exercise Answer Keys

A 01. **yet** 02. **ago** 03. **before** 04. **much too**
05. **still can't** 06. **very** 07. **much too**
08. **very** 09. **still** 10. **ago** 11. **before**
12. **much** 13. **had not even** 14. **the very**
15. **Much**

B 01. **very → much**
02. **very the same → the very same**
03. **too → either** 04. **yet → still**
05. **way so soon → so soon**
06. **the much cleverest → much the cleverest**
07. **very higher → much higher**
08. **ago → before** 09. **ago → before**
10. **have still to read → still have to read**

A

01. **해석** 7시 30분 기차는 아직 도착하지 않았다.
해설 yet은 부정문에서 '아직~못했다'라는 의미를 갖는다. 문맥상 기차가 아직 도착하지 않았다는 의미이므로 yet이 적절하다.
어휘 arrive v. 도착하다

02. **해석** 그녀는 2년 전에 미국으로 갔다.
해설 문맥상 현재시점을 기준으로 '2년 전'이라는 의미이므로 ago가 적절하다.

03. **해석** 그는 자신이 2개월 전에 집으로 돌아왔다고 나에게 말해주었다.
해설 과거시점 기준으로 과거완료시제와 함께 쓰일 수 있는 것으로 before가 적절하다.
어휘 return v. 돌아오다

04. **해석** 아동학대와 방치가 너무 자주 일어난다.
해설 정도부사 too를 수식하는 much는 too 앞에 위치한다. 따라서 much too often이 올바른 표현이다.
어휘 abuse n. 남용, 학대   neglect n. 방치, 소홀

05. **해석** 나는 여전히 선생님이 설명한 것을 이해하지 못한다.
해설 still은 이미 끝났어야 할 어떤 상태나 동작이 예상과는 달리 계속되고 있음을 나타낸다. 긍정문과 부정문에서는 빈도부사의 위치와 동일하나, 부정문에서는 부정어 (not) 앞에 위치한다. 따라서 still can't가 올바른 표현이다.
어휘 explain v. 설명하다

06. **해석** 그는 야구를 매우 좋아한다.
해설 very는 형용사와 부사의 원급, 현재분사 및 형용사화 된 과거분사를 수식하는 반면, much는 형용사나 부사의 비교급, 과거분사 및 동사를 수식한다. 따라서 very fond가 올바른 표현이다.
어휘 be fond of ~을 좋아하다

07. **해석** 그는 늘 약속에 너무 늦는다.
해설 정도부사 too를 수식하는 much는 too 앞에 위치한다. 따라서 much too가 올바른 표현이다.
어휘 appointment n. 약속

08. **해석** Mary는 그녀의 새로운 차에 너무 만족해 한다.
해설 과거분사들 중에서도 완전히 형용사화한 과거분사들은 very로 강조한다.
어휘 be pleased with ~에 만족하다

09. **해석** Karen은 아직 집안청소를 마치지 못했다.
해설 still이나 yet 모두 부정문에서 '아직~않다'는 의미를 갖는다. 다만, yet은 문미에, still은 not 앞쪽에 위치한다. 따라서 still이 적절하다.
어휘 clean up 치우다, 청소하다

10. **해석** 그 사고는 2주 전에 일어났다.
해설 문맥상 현재 기준으로 2주 전의 과거의 일에 대한 것이므로 ago가 적절하다. before는 현재 또는 과거의 특정시점을 기준으로 '~전'의 의미이며, since는 '그 이후로 지금까지'라는 의미로서 현재완료와 함께 사용된다.

11. **해석** 그녀는 그를 2주전에 만났다고 말했다.
해설 문맥상 과거의 특정시점 기준으로 2주 전이라는 의미이므로 before가 올바른 표현이다.

12. **해석** 그는 학급에서 최고로 우수한 학생이다.
해설 very와 much 모두 최상급을 수식할 수 있으나 very는 정관사 앞에 쓸 수 없는 반면, much는 정관사 앞에서 최상급을 수식하므로 much the best가 올바른 표현이다.

13. **해석** 도둑은 1마일도 도망가지 못하고 붙잡혔다.
해설 even이 주어 이외에 초점을 두는 경우는 조동사/be동사 뒤, 일반동사 앞에 위치한다. 따라서 had not even gone이 올바른 표현이다.
어휘 get caught 붙잡히다

14. **해석** 그는 학급에서 가장 영리한 소년이다.
해설 very나 much 둘 다 최상급을 수식할 수 있으나 very는 정관사 뒤에, much는 정관사 앞에 위치하므로 the very가 올바른 표현이다.
어휘 bright a. 밝은, 영리한

15. **해석** 다행히도 손해는 경미하였다.

해설 구를 수식하는 경우 much가 적절하다.

어휘 relief n. 안도, 안심   damage n. 손해

B

01. **해석** 그녀는 언니보다 훨씬 더 영리하다.

해설 비교급을 수식하는 경우 much가 쓰인다.

02. **해석** 이곳이 바로 우리가 결혼했던 바로 그 교회이고, 수년 전의 모습 그대로이다.

해설 very는 정관사 뒤에 위치해야 한다.

03. **해석** 너는 여권이 필요 없고 비자 또한 거의 필요 없다.

해설 부정문의 문미에 위치하여 '또한, 역시'의 의미를 갖는 것은 either이다. too는 긍정문, 의문문의 문미에 위치한다.

04. **해석** 내가 집에 왔을 때까지 Jimmy는 아직 침대에 있었다.

해설 긍정문에서 '아직까지'의 의미로 쓰일 수 있는 것은 still이다. yet은 부정문에서 '아직까지'의 의미를 갖는다.

05. **해석** 파티는 너무 빨리 끝났다.

해설 문맥상 '너무 빨리'라는 의미이므로 so soon이 어울리는 표현이다. way soon은 '곧'이라는 뜻이다.

06. **해석** 그는 내가 아는 사람 중 가장 영리한 사람이다.

해설 최상급을 수식하는 much는 정관사 앞에 위치한다. 따라서 much the cleverest가 올바른 표현이다.

07. **해석** 영국의 자동차 가격은 다른 나라들 보다 훨씬 더 비싸다.

해설 비교급을 수식하는 것은 much이다.

08. **해석** 그들은 자신들이 3년 전에 그곳에 갔었다고 말하였다.

해설 과거 특정 시점을 기준으로 과거완료시제와 함께 '~전에'라는 의미로 사용될 수 있는 것은 before이다.

09. **해석** 우리가 예전에 만난 적이 있기 때문에 나는 그를 알았다.

해설 ago는 시간명사 없이 단독으로 사용되지 않는 반면, before는 단독으로 사용 가능하다. 또한 문맥상 과거 특정시점을 기준으로 '~전에'라는 의미이므로 before가 올바른 표현이다.

10. **해석** 나는 여전히 그 소설을 읽어야 한다.

해설 still은 조동사/be동사 뒤, 일반동사 앞에 위치하며, 또한 부정어 앞에 위치한다. 따라서 'I still have to read the novel'이 올바른 표현이다.

01. (a) **02. (c)** **03. (b)** **04. (a)** **05. (a)** **06. (b)**

07. (a) **08. (b)**

01. **해석** A: 나는 야구를 즐기지 않아.
B: 나도 그래.

해설 neither로 시작되는 문장은 도치가 되는데 예를 들어서 I am not hungry(배고프지 않아)라고 말하면 Neither am I(나도 그래)와 같이 대답한다. 따라서 주어진 문제에서 부정문에 대한 대답으로 적절한 것은 주어와 동사가 도치된 (a) Neither do I이다. 이 때 Me neither도 가능한 대답이다.

02. **해석** A: 그 소설 이미 읽었다고 하지 않았나요?
B: 네. 두 달 전에 봤어요.

해설 과거시제와 어울릴 수 있는 부사구를 골라야 한다. 과거시제와 어울리는 부사는 ago 이므로 정답은 (c)이다. (b)의 in two month는 '두 달이 지나면'이라는 뜻이므로 답이 될 수 없다.

어휘 novel n. (장편)소설

03. **해석** A: Sarah가 Martin하고 결혼했다고 들었어.
B: 사실이야. 하지만 여전히 믿지 못하겠어.

해설 부사 still은 부정어 not보다 먼저 위치해야 하기 때문에 (b)가 정답이다.

04. **해석** 선의의 거짓말은 일반적으로 사람을 다치게 하지 않지만, 진짜 거짓말은 사람을 다치게 한다.

해설 빈도부사의 위치를 묻는 문제다. 빈도부사는 부정문에서는 not뒤에 위치해야 하므로, (a) doesn't usually가 적절하다.

05. **해석** 그가 시험에서 부정행위를 했다는 것을 알았을 때 매우 실망했다.

해설 일반 형용사 또는 현재분사를 수식하는 부사는 much보다는 very를 쓴다. 따라서 정답은 (a)이다.

06. **해석** 대기 중의 온실 가스는 온실의 유리판과 매우 흡사하다.

해설 원칙적으로 very는 형용사 · 부사의 원급이나 현재분사를, much는 형용사 · 부사의 비교급이나 최상급, 과거분사를 수식하지만 예외로 alike, afraid등과 같은 서술적 형용사는 much로 수식한다. like는 '~와 같은, ~와 닮은'이라는 뜻의 형용사로, 서술적으로 쓰이기 때문에 much로 수식하여 (b)가 적절하다.

어휘 greenhouse gas 온실 가스
atmosphere n. 대기   pane n. 얇은 판

07. **해석** 문제는 음식이 너무 적은 것이 아니라, 사람들이 지나치게 너무 많다는 것이다.

해설 부사와 형용사의 적절한 어순을 묻고 있다. people을

수식하는 형용사 many가 people 바로 앞에 와야 하며, 원급 형용사 many를 수식하는 정도부사 too를 써야 한다. 참고로 정도부사 too를 수식할 수 있는 부사는 much, far, way 이다. 따라서 정답은 (a)이다.

08. **해석** Joseph은 중간고사가 벌써 다음 주라는 것을 믿을 수가 없었다.

해설 부사 already의 위치는 조동사, be 동사 뒤/ 일반동사 앞이다. 따라서 that절의 주어 the project 다음에 동사구 is coming이 이어져야 한다. 그리고 already는 is 다음에 위치해야 하므로, 정답은 (b)이다.

어휘 mid-term exam 중간고사

Actual TEST Answer Keys

01. (d) 02. (c) 03. (c) 04. (b) 05. (a) 06. (c)
07. (b) 08. (d) 09. (a) 10. (d) 11. (b) 12. (b)
13. (b) 14. (a) 15. (d)

01. **해석** A: 옛날 차에 비해 새 차 어때?
B: 훨씬 더 비싸기는 하지만 편안해.

해설 비교급의 형태에 대해 묻고 있다. 빈칸 뒤에 than이 있으므로 빈칸에는 비교급이 적절하다. very는 비교급을 수식할 수 없다. 비교급을 수식할 수 있는 부사로 far, any, much 등이 있다.

어휘 compare v. 비교하다   expensive a. 비싼
comfortable a. 편안한

02. **해석** A: 여기서 혼자 뭐하고 있니? 여기는 파티야!
B: 알아. 난 단지 신선한 공기 좀 마시고 싶었어. 저 안에는 너무 붐비고 시끄러워.

해설 문맥상 알맞은 부사를 고르는 문제이다. alone은 '홀로'라는 뜻을 가진 부사로, 앞에 '완전히'라는 뜻의 정도부사 (c)는 all을 붙여 강조한다. (a)의 such는 명사를 수식할 때 쓰이므로 정답이 될 수 없다.

어휘 fresh air 신선한 공기   crowded a. 붐비는

03. **해석** A: 새로운 프로젝트에 관해 당신과 대화하고 싶었어요.
B: 다음에 하는게 좋을것 같아요.

해설 B는 A의 제의를 거절하면서 다음 기회에 하자고 이야기 한다. 따라서 부정의 의미를 갖는 little, less는 문맥상 적절하지 않다. (c)의 much는 부사로 쓰여 동사를 꾸미거나 형용사를 부사의 비교급이나 최상급을 수식하며, 비교 관념이 내포된 superior, preferable, different, rather 등은 원급이어도 much의 수식을 받는다. 이때 much의 뜻은 비교급을 수식할 때와 마찬가지로 '훨씬'의 뜻이 된다.

어휘 would rather +동사원형 ~하는 편이 낫다

04. **해석** A: Martin이 이번 주까지 그 일을 끝낼것 같지 않아요.
B: 나도 마찬가지예요.

해설 '~ 또한 마찬가지다'라는 뜻으로 쓰이는 too와 either 중에서 too는 긍정문에, either는 부정문에 쓰인다. 따라서 (b)가 적절하다.

어휘 neither adv. ~도 또한 ~ 아니다, 어느 쪽도 ~ 아니다
either adv. (부정문) ~도 또한; (둘 중) 어느 한쪽의

05. **해석** A: 그 직장에 취직하기 정말 어려워. 그리고 수년간의 경험이 필요할 거야.
B: 알아. 그래도 여전히 희망은 있을 거야. 맞지?

해설 문맥상 알맞은 부사를 고르는 문제이다. 직장 구하기가 어렵다는 A의 말에 그래도 아직은 희망이 있지 않겠냐고 B가 말하는 상황이다. 따라서 빈칸에는 '아직은 여전히' 늦지 않았다는 뜻을 표현하는 (a) still이 적절하다.

어휘 experience n. 경험

06. **해석** 군인들은 여름에 사자처럼 정말 깊이 잠들어 있었다.

해설 서술적 용법으로 쓰이는 형용사는 원급이라도 much의 수식을 받는 것이 일반적이다. 하지만, 일부 서술형용사들은 특정부사의 수식을 받는다. asleep 은 '잠든'의 뜻인데 '깊이 잠들어 있다'고 할 때, very asleep 이나, very much asleep라고 하지 않고, fast[sound] asleep라고 한다. 따라서 정답은 (c)이다.

07. **해석** Charles William은 나의 여동생보다 훨씬 연상이다.

해설 senior, junior, inferior, superior 등의 라틴어 비교급 형용사는 비교급의 의미가 들어 있으므로, very가 아닌 much로 수식한다. 또한 라틴어 비교급에서는 전치사 to를 쓴다. 따라서 정답은 (b) much senior to이다.

어휘 senior a. 연상인, 손위의

08. **해석** 다른 사람들이 그 이야기는 '늑대와 함께 춤을'과 비슷하다고 말하지만, 그 이야기는 '포카혼타스'와 정말 똑같았다.

해설 '~과 똑같은'이라는 표현을 영어로 (d) much the same 이라고 한다.

어휘 pretty adv. 상당히, 꽤

09. **해석** 많은 사람들은 좋은 정치인이 있는 한 희망이 있다고 여전히 생각해요.

해설 긍정문에서 부사 still은 빈도부사의 위치(조동사, be동사 뒤, 일반 동사 앞)와 동일하므로, (a) still think there is가 정답이다.

어휘 politician n. 정치인

10. **해석** 휴대폰에 전화하는 것은 것은 터무니없이 비싸다.

해설 형용사 high를 수식하는 정도부사는 too이고, 정도부사 too를 전치 수식하는 부사는 much, way, far 이다. 따라서 정답은 (d) far too high이다.

11. **해석** (a) A: 이번 주말에 만나서 저녁 같이 할래?
(b) B: 그러고는 싶지만, 이미 가족과 저녁식사 계획 있어.

(c) A: 그래. 어디로 가는데?

(d) B: 길 아래쪽 새로 오픈한 이태리 식당으로 가려고 해.

해설 어순 문제이다. (b)에서 부사가 [동사+명사]를 수식할 경우에는 동사 앞에 와서 already have plans처럼 쓴다. 일반적으로는 빈도부사는 'I could hardly recognize him.'(거의 그를 알아보지 못했다), 'He often plays the piano.'(그는 자주 피아노를 친다) 처럼 be동사 · 조동사 뒤, 일반 동사 앞에 쓰인다.

어휘 newly open 새로 문을 연, 신장개업한

12. 해석 (a) A: 어제 저녁 Martin의 아버지가 돌아가셨다는 이야기를 들었어요.

(b) B: 정말요? 이틀 전에 아버님과 대화를 나누었을 때만 해도 아무 이상 없었는데요.

(c) A: 맞아요. 그런데 갑작스러운 심장마비로 돌아가셨어요.

(d) B: 심심한 애도의 마음을 전해주세요.

해설 '며칠 전'이라는 표현은 현재를 기준으로 구체적인 과거 시점을 가리키므로 before가 아니라 ago를 써야 한다. 따라서 (b)의 two days before를 two days ago로 바꾸어야 한다.

어휘 sudden a. 갑작스러운   heart attack 심장마비
condolence n. 애도, 조의

13. 해석 (a) A: 올 여름에 가족과 함께 하와이 여행간다고 하지 않았니?

(b) B: 맞아. 무지 기대하고 있어.

(c) A: 얼마나 머물 예정이니?

(d) B: 잘 모르겠지만 상황에 따라 다르겠지.

해설 과거 분사형으로 이루어진 형용사들은 보통 much로 수식한다. 하지만 interested나 surprised처럼 완전히 형용사로 굳어진 단어들은 보통의 형용사들처럼 very나 very much로 수식한다. 따라서 (b)의 뒷부분을 'We're very excited about it.'로 바꾸어야 적절하다.

어휘 be excited about ~에 신이 난, 들뜬, 흥분한
that depends 그것은 때와 장소에 따라 다르다

14. 해석 (a) 나는 여전히 사랑하는 두 사람이 연관되는 결혼이 어떻게 결혼제도를 약화시키는지를 이해하지 못한다. (b) 나는 이성애자들보다 동성애자들이 미국 결혼제도를 더 심하게 망가뜨리는 데는 상당한 시간이 소요될 것이라고 언급한 사람을 기억하지 못한다. 하지만 그것은 단점이 아니다. (c) 나는 30년간 결혼 생활을 해왔고 앞으로도 수십 년의 결혼 생활을 더 기대하고 있다. (d) 그리고 나는 100세까지 살 계획이 없기 때문에 내 마음속에 '나는 겨우 중년이다'라고 생각한다.

해설 (a)에서 부사 still의 위치를 묻는 문제다. still은 빈도부사와 같이 조동사 뒤, 일반동사 앞에 위치하며, 부정어 앞에 위치한다는 점에 유의해야 한다. 따라서 (a)의 'I don't still understand'를 'I still don't understand'로 바꾸어야 한다.

어휘 involve v. 수반하다, 포함하다
comment v. 논평하다, 견해를 밝히다

screw up 망치다   suppose v. 생각하다

15. 해석 (a) 선의의 거짓말에 대한 논의는 항상 있어왔다. (b) 당신이 아끼는 사람에게 그 사람의 감정을 보호하기 위해서 사실이 아닌 것을 이야기하는 것이 괜찮은 일인가? (c) 어떤 사람들은 다른 사람에게 잘 하기 위해 한 거짓말이라도 거짓말은 어떤 상황에서도 나쁘다고 믿는다. (d) 나는 이렇게 생각한다: 나는 내 친구가 내게 거짓말을 하길 바라지 않고 그들 또한 내가 그들에게 거짓말을 하는 것을 원치않을 것임을 희망한다.

해설 (d)에서 neither은 이미 부정의 의미를 내포하고 있으므로 'they don't want me to lie to them, either'로 바꾸어야 한다.

어휘 debate n. 토론   white lie 선의의 거짓말
context n. 문맥, 상황

Exercise Answer Keys

Ⓐ 01. as 02. taller 02. twice as bright
04. more 05. him 06. in 07. happiest
08. rather 09. deepest 10. the least
11. much 12. further 13. latter
14. the length of 15. more selfish

Ⓑ 01. in all the children → of all the children
02. least → the least
03. better than → to 04. most 삭제
05. than me → than I (am)
06. very → much 07. the most → most
08. which → who(m) 09. in →of
10. three years → by three years 또는
older than Margaret three years →
three years older than Margaret

Ⓐ

01. 해석 그녀는 나이가 들긴 했지만 남편만큼은 아니다.
해설 문맥상 '~만큼~하지 않다'는 의미이므로 'not as(so)+
형용사/부사의 원급 as'의 부등비교가 적절하다. 따라
서 as가 정답이다. 비교급이 없으므로 than은 정답이
될 수 없다.
어휘 old a. 나이가 많은

02. 해석 우리 아파트는 이 것보다 세배 더 높다.
해설 비교급을 사용한 배수 동등비교이므로 taller가 적절하
다.

03. 해석 그는 그녀보다 2배정도 더 똑똑하다.
해설 배수 동등비교 구문이므로 [배수/분수+as+형용사/
부사의 원급+(명사)+as] 형태가 되어야 한다. 따라서
twice as bright as가 올바른 표현이다.
어휘 bright a. 똑똑한, 밝은, 생기 있는

04. 해석 평균적으로 사무직이 육체노동자보다 여전히 더 많이
돈을 번다.
해설 many와 much의 비교급은 more이다.
어휘 white collar 사무직   blue collar 육체 노동자
earn v. 돈을 벌다   on average 평균하여, 대체로

05. 해석 나는 그보다 영어를 더 잘한다.
해설 '~보다 낫다'는 superior to의 to는 전치사이므로 그 다
음에는 목적어가 와야 한다. 따라서 he의 목적격인

him이 적절하다.

06. 해석 그는 회사에서 가장 열심히 일하는 사원이다.
해설 문맥상 '회사에서 가장 열심히 일하는'의 의미이므로 전
치사 of 보다는 in이 적절하다. of는 셋 이상의 대상 중
에서 '가장~하다'라는 뜻을 나타내는 비교구문에 사용
된다.
어휘 hard-working a. 열심히 일하는

07. 해석 그녀는 우리와 함께 있을 때 가장 행복하다.
해설 동일인(사물)의 성질, 상태를 나타내는 최상급이 보어
로 쓰이는 경우에는 정관사 the를 붙이지 않는다.

08. 해석 기존 직원을 재교육하는 것이 신규 채용하는 것보다
더 낫다.
해설 be preferable to는 '~보다 선호할만한'이란 의미인데
그 자체에 비교급의 의미가 내포되어 있으므로 비교급
more는 적절하지 않다. 반면 형용사 preferable을 수식
하는 부사 rather는 '꽤, 상당히'라는 의미로 사용 가능
하다.
어휘 retraining n. 재교육
existing a. 기존의, 현재 사용되는, 현존하는
employee n. 피고용자
hire v. 고용하다

09. 해석 이 호수는 이곳이 가장 깊다.
해설 동일인(사물)의 성질, 상태를 나타내는 최상급이 보어
로 쓰이는 경우에는 정관사 the를 붙이지 않는다.

10. 해석 이 방법이 셋 중에서 가장 덜 위험한 방법이다.
해설 문맥상 '가장 덜 위험하다'는 의미이므로 the least가 적
절하다.

11. 해석 새로운 대통령이 이전 대통령보다 훨씬 더 낫다.
해설 '~보다 낫다'는 뜻의 라틴어 비교급인 'superior to'에는
그 자체가 비교급이므로 much의 수식을 받는다.

12. 해석 우리는 다음날 추가적인 정보를 얻었다.
해설 형용사 far의 비교급은 farther와 further 두 가지가 있
다. 전자는 '더 멀리', 후자는 '더 이상의', '추가적인'의
미이다. 문맥상 '추가적인 정보'라는 의미이므로 further
가 적절하다.
어휘 information n. 정보

13. 해석 우리는 20세기 후반기에 살고 있다.
해설 형용사 late의 비교급은 later, latter 두 가지이다. 전자
later는 '~보다 늦은, 뒤의', latter는 '후자의', '마지막
의', '(기간, 시기)후반의'라는 의미이므로 latter가 올바
른 표현이다.
어휘 half n. 절반   century n. 세기

14. **해석** 이 막대기는 저것보다 길이가 세배 더 길다.

해설 배수 동등비교 구문이므로 [배수/분수+as+형용사/부사의 원급+(명사)+as]형태이거나 [배수/분수+명사 of~]형태이어야 한다. 따라서 the length of가 올바른 표현이다.

어휘 length n. 길이

15. **해석** Bob은 지금보다 더 이기적이었다.

해설 selfish의 비교급은 selfisher가 아닌 more selfish이다.

어휘 selfish a. 이기적인

B

01. **해석** Mary는 아이들 중에서 홍역을 가장 심하게 앓았다.

해설 '~중에서 가장~하다'는 [the+최상급+(명사)+of+복수명사]의 형태이므로 in all the chilrdren을 of all the children으로 바꾸어야 한다.

어휘 measles n. 홍역

02. **해석** 모든 아이들 중에서 John이 그 퍼즐을 가장 쉽게 풀었다.

해설 '~중에서 가장~하다'라는 의미는 [the+최상급+(명사)+of+복수명사]의 형태이므로 least를 the least로 바꾸어야 올바른 표현이 된다.

어휘 difficulty n. 어려움
figure out 이해하다, 알아내다/계산(산출)하다

03. **해석** 나는 노란 꽃보다 빨간 꽃을 더 좋아한다.

해설 '~을 더 좋아한다'는 의미의 prefer는 than 대신 to를 동반한다. 따라서 better than을 to로 바꾸어야 한다.

04. **해석** 중앙아시아의 히말라야 산맥은 지구에서 가장 높은 산이다.

해설 이미 최상급인 highest가 있기 때문에 most는 불필요하다. 만약 최상급 highest를 강조하려면 much나 (by) far를 넣어서 강조한다.

어휘 globe n. 지구본, 지구의, 세계(지구)

05. **해석** 당신이 나보다 나이가 많다는 이유만으로 당신이 나에게 할 일을 지시할 수 있는 것은 아니다.

해설 문맥상 '당신이 나보다 나이가 많다'는 의미로서 you're older than I (am)이 되어야 하므로 me를 I (am)으로 바꾸어야 한다.

어휘 just because ~라는 이유만으로, 단지~이기 때문에
mean v. 의미하다

06. **해석** 새로운 대통령은 이전 대통령보다 훨씬 더 낫다.

해설 'superior to~'는 '~보다 낫다(우월하다, 우수하다)'는 의미로서 비교급이므로 이를 강조하기 위해서는 very가 아닌 much를 써야 한다.

07. **해석** 그 당시에 중국은 세계에서 가장 강력한 나라였다.

해설 '~에서 가장~하다'라는 의미는 [the+최상급+(명사)+in+명사]의 형태이므로 the world's most powerful country가 올바른 표현이다.

08. **해석** 모든 이 가수들 중에 누구를 가장 좋아하니?

해설 문맥상 '누구를 가장 좋아하느냐'는 의미이므로 which가 아닌 who(m)을 사용하는 것이 적절하다.

09. **해석** Smith씨는 우리들 중에서 가장 돈을 잘 번다.

해설 문맥상 '우리들 중에서 가장 돈을 잘 번다'라는 의미로 in us all이 아닌 of us all이 적절하다. 최상급을 강조하는 부사는 much나 (by) far이다.

10. **해석** 내 누이는 Margaret보다 3살이 더 많다.

해설 '~보다 3살이 많다(적다)'는 의미는 'older(younger) than~by three years' 또는 'three years older(younger) than~'이므로 three years를 older 앞으로 옮기거나 by three years로 바꾸어야 한다.

Practice TEST Answer Keys

01. (a) **02. (b)** **03. (c)** **04. (b)** **05. (a)** **06. (b)**
07. (c) **08. (d)**

01. **해석** A: 왜 그녀가 최고의 여배우라고 생각하니?
B: 그녀는 재능도 있는데다 아름답거든.

해설 원급비교의 형태는 [as+ 형용사/부사+as] 이므로 (a)가 정답이다.

어휘 good-looking a. 잘생긴   gifted a. 재능 있는

02. **해석** A: 저 여자 봐봐. 내가 본 중에 가장 아름다운 파란 눈을 가졌어.
B: 나도 동감이야.

해설 형용사의 최상급을 묻는 문제이다. 이 문제의 경우 강조되는 최상급은 가장 먼저 나오는 형용사인 beautiful이며 blue가 아니다. beautiful은 3음절이므로 최상급은 the most beautiful이다. 또한 beautiful은 blue eyes를 수식하기 때문에 올바른 어순은 (b) the most beautiful blue eyes이다.

03. **해석** A: Martha가 몇 살인지 아니?
B: 그녀는 너의 여동생보다 세 살 많다.

해설 senior의 비교급 문제이다. '~보다 나이가 위다'라는 의미의 (c) senior to는 그 자체가 비교급이므로 (a) more senior than, (b) as senior as는 정답이 될 수 없다. 또한 senior는 than 대신 to를 사용하므로 (d) 역시 정답이 될 수 없다.

04. **해석** A: 너 나한테 돈 빌려달라는 거니?
B: 그래. 네가 빌려준 거 두 배로 갚을게.

해설 '~의 몇 배'라는 비교급 표현을 묻는 문제이다. 이런 경

우 twice, three times 등 배수를 먼저 쓴 후에 [as+비교대상+as]를 써야 한다. 따라서 정답은 (b)이다.

어휘 lend v. 빌려주다　**pay back** 갚다

05. 해석 하루에 커피 한잔 마시는 것은 과거에 생각되었던 것처럼 해롭지는 않다.

해설 '과거에 생각되었던 것처럼 해롭지 않다'는 의미가 되기 위해서는 부정어인 not이 is 뒤에 와야 하므로 (b), (d)는 정답이 될 수 없고 (a) not as harmful as was previously thought가 정답이다. 참고로 as ~as 사이에는 형용사나 부사의 원급이 와야 한다.

06. 해석 Mega 커피 기계는 집에서 커피를 만드는데 있어 최신 기술을 제공한다.

해설 late는 '순서가 늦은'의 뜻으로 쓰일 때에는 비교급으로 latter를 최상급으로 last를 쓰고, '시간이 늦은'이란 뜻을 쓰일 때에는 비교급 later, 최상급 latest를 쓴다. 주어가 관심을 갖는 것은 '최신' 경향이므로 빈칸에는 '최신의' 뜻인 (b) latest가 적절하다.

어휘 technology n. 기술
brew v. 양조하다, 커피(차) 등을 끓이다

07. 해석 우리는 당신이 머무는 동안 최고의 요리만을 드실 수 있도록 가장 탁월한 자격을 갖춘 요리사들만을 고용한다.

해설 문맥상 '가장 탁월하게 자격을 갖춘'이라는 표현을 고르면 된다. 동사 qualify가 '~에게 자격을 주다, 권한 따위를 부여하다'는 뜻으로 '자격을 갖춘'이라는 형용사는 과거분사 형태에서 파생된 qualified이다. 최상급은 the most qualified이므로 정답은 (c)이다.

어휘 employ v. 고용하다　chef n. 요리사

08. 해석 죽음이나 죽어가는 이미지를 통해 자신들의 상품을 판매하고자 하는 회사들은 아마도 자신들이 생각하는 만큼의 충격효과를 제공하지 못한다.

해설 as~as 구문(정도 결과 구문)에 대한 문제이다. 부사 as 다음에는 명사가 바로 올 수 없고, 형용사나 부사가 와야 한다. 따라서 적절한 어순은 (d) as much shock value이다.

어휘 product n. 상품　shock value 충격 효과

Actual TEST Answer Keys

01. (c)　02. (d)　03. (b)　04. (a)　05. (a)　06. (d)
07. (b)　08. (c)　09. (b)　10. (d)　11. (c)　12. (d)
13. (b)　14. (b)　15. (b)

01. 해석 A: 새 집 어때?
B: 글쎄. 불행히도 옛날 집만큼 좋지 않아.

해설 동등비교는 [as+형용사/부사의 원급+as] 형태로~만큼 ~하다라고 해석하고 동등비교의 부정문은 [not as + 형용사/부사의 원급 +as]로 '~만큼 ~ 하지 않다'라고 해석하는데 첫 번째 as는 so로 바꾸어 쓰는 경우도 많다. 따라서 '옛날 집만큼 좋지 않았다'고 표현하려면 (c) not as nice as the old one로 써야 한다.

어휘 unfortunately adv. 불행히도

02. 해석 A: 새 컴퓨터 샀니? 어때? 전의 컴퓨터 보다 더 괜찮아?
B: 물론이지. 옛날 것보다 10배는 빨라.

해설 비교급의 어순을 묻는 문제이다. 올바른 어순은 [배수사 + as+ 원급+as]혹은 [배수사+비교급+than]이 되어야 하므로 ten times as fast as나 (d) ten times faster than이 적절하다.

03. 해석 A: 질문이 더 있으면 제가 개인적으로 당신께 연락을 해도 되나요?
B: 물론입니다. 언제든지 전화하세요.

해설 far의 비교급 father와 further의 차이를 묻는 문제이다. 전자는 '실제의 거리'의 경우에, 후자는 '정도'에 대해서 사용하는 표현이다. 주어진 문제에서는 후자의 경우이기 때문에 further를 사용해야 한다. 또한 일반적으로 questions의 복수 형태를 사용하여 질문한다. 따라서 (b) any further questions이다.

어휘 feel free to 편하게~하다

04. 해석 A: 어떻게 지내?
B: 이보다 더 좋을 순 없어.

해설 문맥상 '이보다 더 좋을 수 없다'는 의미는 cannot be better의 형태로 사용되는데 과거형이므로 couldn't be better가 된다. 따라서 (a)가 정답이다.

05. 해석 A: 치과의사가 뭐라고 했니?
B: 단 음식을 먹지 않으면 충치가 더 적었을 것이라고 하던데.

해설 문맥상 '더 적은 수의 충치'라는 의미이므로 빈칸에는 비교급 형용사로서 뒤에 나오는 가산 명사 cavities를 수식할 수 있는 (a) fewer가 적절하다.

어휘 cavity n. 구멍, 충치　sweets n. 단 음식
few a. 다소의, 조금의, 얼마의

06. 해석 휴대폰 광고는 온라인 또는 문서 혹은 TV광고보다 더 정확하게 고객을 대상으로 삼기 때문에 다수의 고객들을 끌어들인다.

해설 문맥상 빈칸에는 비교구문이 필요하다. 의미상 can target을 수식하게 되므로 부사 형태를 수반해야 한다. 따라서 (d) more precisely than이 정답이다.

어휘 intrigue v. 강한 흥미를 불러일으키다, 모의하다(음모를 꾸미다)
precise a. 정확한

07. 해석 미국 인디언들과 Alaska 원주민들이 H1N1 인플루엔자로 사망할 확률은 다른 인종 그룹보다 3배가 높다.

해설 (~배나 더 ~한)이라고 할 때에 [~times+형용사의 비교
급]을 사용한다. 따라서 (b)가 적절하다.

어휘 native n. 원주민
ethnic a. 민족의, 민족 전통적인
likely a. ~할 것 같은

08. 해석 Washington D.C.에 있는 미국 의회도서관은 세계에서
가장 큰 도서관이다.

해설 world 앞에는 항상 정관사 the가 온다. 또한 형용사의
최상급 앞에는 정관사나 소유격을 써야 한다. 따라서
최상급을 표현한 (c) the world's largest가 정답이다.
빈칸 뒤에 비교를 나타내는 than이 없으므로 비교급
(d)는 적절하지 않다.

어휘 congress n. 의회

09. 해석 내 아버지는 다른 사람을 즐겁게 해줄 수 있었던 만큼
자기 자신을 즐겁게 할 수 있었다.

해설 'as ~ as'로 이어지는 동급 비교이므로, 형용사나 부사
의 원형을 사용해야 한다. 그러나 문장을 보면 빈칸에
는 동사 entertain을 수식하는 부사가 와야 하므로 (d)
의 as good은 쓸 수 없다. 따라서 정답은 (b) as well이
다.

어휘 entertain v. 접대하다, 즐겁게 해주다

10. 해석 우리 동네 사람들은 모두들 내 자동차가 그들이 지금까
지 본 자동차 중 치장이 가장 요란스럽고 빠른 차라고
말한다.

해설 최상급[(that) one has ever p.p.]를 함께 쓰면, '지금
까지 ~해본 중 가장 ~한'의 뜻을 나타낸다. 따라서 정
답은 (d)이다. 문장 맨 뒤의 ever는 (they have) ever
(seen)의 줄임말이다. flashier를 넣어 최상급을 표현하
려면 '~his sports car is flashier than any other car
they've ever seen'으로 문장을 바꾸어야 한다.

어휘 flashy a. (치장 등이) 요란스러운, 현란한

11. 해석 (a) A: 당신이 James를 많이 좋아하는 것으로 아는데,
그의 어떤 점이 좋아요?
(b) B: 글쎄요, 그는 영리하고, 잘생겼고 또 사려 깊어
요.
(c) A: 하지만 당신보다 나이가 두 배나 많잖아요!
(d) B: 다른 사람들이 우리를 어떻게 생각하든 전 개의
치 않아요

해설 배수를 나타낼 때는 [배수사+as+형용사/부사+as]형태
가 되어야 한다. 따라서 (c)의 as twice old as를 twice
as old as로 바꾸어야 한다.

어휘 considerate a. 사려 깊은

12. 해석 (a) A: 어디에서 디지털 카메라를 살 수 있을까?
(b) B: 어떤 용도로 카메라를 사려고 하는데?
(c) A: Canada로 여행 가는데 쓸려고 해.
(d) B: 중고 사는 게 어때. 더 저렴할 꺼야.

해설 '덜 비싸다'고 할 때에는 less expensive 라고 해야 하
므로 정답은 (d)이다. lesser는 little의 이중 비교급으로

'작은 편의', '더 못한', '시시한' 등으로 '가치나 중요성
의 덜함'을 나타낼 때가 많다.

어휘 purpose n. 목적
lesser a. 작은 편의, 못한(떨어지는) 편의
go on a trip (journey) 여행가다

13. 해석 (a) A: 10시 전에는 너희 집에 못 갈 것 같아.
(b) B: 좀 더 빨리 올 수는 없겠니? 그전에 많은 사람들
이 떠날거야.
(c) A: 방법을 알아보겠지만 여기서 빠져 나가지 못할
것 같아.
(d) B: 노력해봐, 하지만 네가 10시까지 못 와도 이해할
게.

해설 형태로 봤을 때는 비교급임을 나타내는 than이 없기 때
문에 틀린 곳을 찾기가 쉽지 않을 수 있다. 비교급이 쓰
여야 한다는 것을 알기 위해서는 대화의 내용을 제대로
파악해야 한다. (b)에서 '11시 전에 못 갈지도 모른다'고
하자 '그것보다 더 빨리 올 수 없겠냐'고 묻고 있으므로
의미상으로는 'Can't you come sooner than that?'이
다. 따라서 soon은 sooner가 되어야 한다.

어휘 make it 오다, 도착하다

14. 해석 (a) TV와 홈씨어터는 한때 정말 사치품이었다. (b) 그러
나, 요즘 사람들은 집에서 TV나 영화보기 위해 작은 화
면보다는 훌륭한 화질에 큰 화면을 선호한다. (c) 프로
젝션 TV는 훨씬 큰 최상의 해상도, 명암 및 화질의 화
면을 제공한다. (d) 화질은 실제로 영화관에서 영화를
보는 경험을 주기 때문에 영화관에서 보는 것보다 훨씬
낫다.

해설 'prefer A to B'는 'B보다 A를 선호하다'는 뜻이다. (b)
에서 than을 to 로 바꾸어야 한다.

어휘 quality n. 질(質)
exceptional a. 예외적인, 이례적인, 특별한
brilliance n. 광택, 명도

15. 해석 (a) 멕시코 Pima인디언들의 연령 및 성별에 따른 두 번
째 종류의 당뇨병은 미국 Pima 인디언에게 있어서 5분
의 1보다 적고 1, Pima인디언이 아닌 멕시코인들과는
비슷하게 확산되어 있다. (b) 비만율에 있어서는 멕시
코 Pima인디언과 Pima가 아닌 인디언들이 미국 Pima
인디언들에 비해서는 훨씬 낮았다. (c) 육체적 활동량
에 있어서 미국 Pima인디언들에 비해 두 멕시코 그룹
이 훨씬 높았다. (d) 두 Pima그룹은 다른 미국 원주민
들에 비해 상당한 유전적인 유사성을 공유한다.

해설 (b)에서 low 뒤에 than이 나왔으므로 형용사 low는 비
교급 lower가 되어야 한다. 바로 앞의 much는 비교급
을 수식해주는 부사로 '훨씬'이라는 뜻을 갖는다.

어휘 adjusted a. 조율된   prevalence n. (대)유행, 확산
considerable a. 상당한   genetic a. 유전적인

Exercise Answer Keys

Ⓐ 01. **the better** 02. **girl** 03. **more kind**
04. **much** 05. **by far** 06. **much**
07. **the colder** 08. **as great** 09. **happy can**
10. **the smarter** 11. **all the** 12. **that**
13. **any** 14. **less**

Ⓑ 01. **Korea → that of Korea** 02. **than → as**
03. **as → than** 04. **as smart → as smart as**
05. **no less than → not less than**
06. **at the last → at the least**
07. **by far → the**
08. **as well as working → as well as work**
09. **no less → no more**
10. **more than → better than**

Ⓐ

01. 해석 그는 휴가를 보내고 와서 훨씬 더 좋아 보인다.
해설 일반적으로 비교급에는 the를 붙이지 않지만 비교급 다음에 원인/이유를 의미하는 어구가 이어지는 경우에는 반드시 the를 붙여야 한다. 따라서 정답은 the better이다.

02. 해석 Olga는 우리 마을에서 가장 예쁘다.
해설 비교급을 이용한 최상급 표현에 관한 문제이다. [비교급 than any other 단수명사/all the 복수명사] 구문을 사용하면 된다. 따라서 정답은 girl이다.

03. 해석 그가 만난 여자는 상냥하기 보다는 친절했다.
해설 동일인(물)의 성질비교는 more를 사용한 비교급을 이용한다. 따라서 정답은 more kind이다.

04. 해석 이 대륙에는 사람들보다 양들의 수가 훨씬 더 많다.
해설 비교급을 강조하기 위해서는 much나 (by) far를 사용해야 하므로 much가 올바른 표현이다. 따라서 정답은 much이다.

어휘 continent n. 대륙, 육지

05. 해석 그는 자신의 반에서 가장 총명한 학생이다.
해설 최상급을 수식하는 부사는 (by) far 또는 much이므로 정답은 by far이다.

06. 해석 그는 몸무게가 무려 10파운드나 늘었다.
해설 가산 명사 10 pounds와 함께 사용되기 위해서는 many가 되어야 할 것 같지만 여기서 10 pounds는 개념상 하나 덩어리인 양적 개념이므로 much가 적절하다. 따라서 정답은 much이다.

어휘 gain v. 얻다, 몸무게가 늘다

07. 해석 높이 올라가면 갈수록 점점 추워진다.
해설 [the+비교급, the+비교급] 구문으로서 '~할수록 더욱 ~하다'라는 뜻이므로, 정답은 the colder이다.

어휘 climb v. 오르다, 등산하다

08. 해석 그는 현존하는 최고의 음악가이다.
해설 원급을 사용하여 최상급의 의미를 갖는 구문에 관한 문제이다. 문맥상 '현존하는 최고의 음악가'라는 의미이므로 'as+형용사+명사+as (that have) ever lived'을 사용하면 된다. 따라서 정답은 as great이다.

어휘 musician n. 음악가

09. 해석 그들은 모두 더할 나위 없이 행복하다.
해설 문맥상 '~더할 나위 없이~하다'라는 의미의 [as+원급+명사+as can be] 구문을 사용하면 된다. 이때 can be 앞에 앞서 나온 원급이 나오기도 한다. 따라서 정답은 happy can이다.

10. 해석 그는 쌍둥이 중에서 더 영리하다.
해설 원칙적으로 비교급에는 the를 붙이지 않지만 비교급이 [of+둘을 의미하는 어구]에 의해 한정을 받는 경우에는 반드시 비교급 앞에 the를 붙여야 한다. 따라서 정답은 the smarter이다.

어휘 twins n. 쌍둥이

11. 해석 나는 그가 어리기 때문에 그를 더 좋아한다.
해설 원칙적으로 비교급에는 the를 붙이지 않지만 비교급 다음에 원인/이유를 의미하는 어구가 이어지는 경우에는 반드시 비교급 앞에 the를 붙여야 한다. 따라서 all the 가 적절하다.

12. 해석 독일어 발음은 프랑스어 발음과 비교했을 때 단순하다.
해설 비교 대상은 동일해야 한다. 문맥상 '프랑스어 발음'이라는 의미이므로 that of French가 올바른 표현이다.

어휘 pronunciation n. 발음   compare v. 비교하다

13. 해석 네가 수학자가 아닌 것처럼 그는 예술가가 아니다.
해설 양자부정의 의미를 갖는 비교급 구문으로는 [A is no more B than C is D (A가 B가 아닌 것처럼, C도 D가 아니다)]가 사용된다. 이때 같은 의미로 [A is not B any more than C is D]구문 역시 사용할 수 있다.

어휘 mathematician n. 수학자

14. 해석 나는 영어를 쓰는 것은 물론 말하지도 못한다.
해설 문맥상 '영어를 쓰는 것은 물론 못한다'라는 의미이므로

부정문과 함께 much less가 적절하다.

B

01. **해석** 이탈리아 인구는 한국 인구보다 훨씬 더 많다.
해설 문맥상 '한국 인구'라는 의미이므로 that of Korea가 되어야 한다.
어휘 population n. 인구

02. **해석** 나는 그를 좋아하지 않기보다는 그에 대해서 연민을 느낀다.
해설 문맥상 [not so much ~ as ~]구문이 되어야 하므로 than을 as로 바꾸어야 올바른 표현이다.
어휘 feel sorry for ~안쓰럽게 생각하다, ~에 대해 연민을 느끼다

03. **해석** 영어만큼 세계적으로 폭넓게 사용되는 언어는 없다.
해설 문맥상 'no other ~ than ~'구문이 사용되고 있으므로 as를 than으로 바꾸어야 올바른 표현이다.
어휘 widely adv. 폭넓게, 널리

04. **해석** 그는 그녀만큼 영리하거나 아마 그녀보다 더 영리하다.
해설 문맥상 [as ~ as]구문이 되어야 하므로 as smart를 as smart as로 고쳐야 올바른 표현이다.
어휘 possibly adv. 아마

05. **해석** 그들이 작업하는 곳은 너무 작다. 기껏해야 13 평방 미터 밖에 되지 않는다.
해설 문맥상 '기껏해야'라는 의미의 'not less than' 구문이 되어야 하므로 no less than을 not less than으로 고쳐야 올바른 표현이다. no less than은 as much as와 같은 의미로서 '~만큼이나 많이'라는 의미이다.

06. **해석** 나는 그가 아무리 늦어도 6시에는 그곳에 도착할 수 있을 거라 믿는다.
해설 최상급 관용어구에 관한 문제이다. 문맥상 문미의 at the last는 '아무리 늦어도'라는 의미의 at the least로 바꾸어야 한다.

07. **해석** 이 냄비가 둘 중에 더 낫다.
해설 비교급에는 the를 붙이지 않지만 비교급이 [of+둘을 의미하는 어구]로 한정을 받는 경우 그 앞에 반드시 the를 붙여야 한다. 따라서 by far를 the로 고쳐야 올바른 표현이다.

08. **해석** 우리는 추가로 연장근무해야 할 뿐만 아니라 소정의 금액을 기부해야 한다.
해설 'A as well as B'는 'B뿐만 아니라 A도'라는 의미로서 비교의 대상으로서 A와 B는 동등해야 한다. 따라서 donate에 상응하는 working은 work로 바꾸어야 한다.

09. **해석** 말이 물고기가 아닌 것처럼 고래도 물고기가 아니다.
해설 문맥상 양자부정의 의미인 'no more ~ than'구문이 사용되어야 한다. 따라서 no less를 no more로 바꾸어야

한다.

10. **해석** 그런 일은 하지 않는 것이 좋을 것이다.
해설 문맥상 '~하지 않은 편이 더 좋을 것이다'라는 의미이므로 more than이 아닌 better than이 되어야 한다. 따라서 more를 better로 바꾸어야 한다.

Practice TEST Answer Keys

**01. (b) 02. (a) 03. (d) 04. (b) 05. (d) 06. (c)
07. (c) 08. (a)**

01. **해석** A: 내 생각에 Martin은 Sarah에게 사과해야 해.
B: 너무 냉혹하게 그러지마. 걔도 미안해서 어쩔 줄 모르고 있어.
해설 'as~as 주어 can be'는 '최대한' 이라는 뜻의 관용구문으로 암기해야 한다. 따라서 (b)가 적절하다.
어휘 apologize v. 사과하다   harsh a. 냉혹한, 가혹한

02. **해석** A: Phoenix Suns와 Denver Nuggets 중 누가 내일 경기에서 이길까?
B: 아마도 Phoenix Suns일거야. 포인트 가드인 Steve Nash는 그 어떤 선수보다도 정확하게 공을 주거든.
해설 비교급을 써서 최상급을 나타낼 때 than 뒤에 오는 명사 형태를 묻고 있으므로 정답은 (a)이다.

03. **해석** A : 나는 Martin을 더 이상 믿을 수 없어. 나는 그가 말하는 것은 무엇이든 믿지 않아.
B : 신뢰는 가장 잃기 쉽고 가장 얻기 어려운 것들 중 하나야.
해설 one of the 뒤에는 최상급이 오는 것이 자연스럽다. 따라서 정답은 (d) easiest이다.
어휘 buy v. 믿다(believe), 사다   gain v. 얻다.

04. **해석** A: 학기말 시험 잘 봤니, Sarah?
B: 최고야. 난 최선을 다했어.
해설 문맥상 '더 이상 좋은 적이 없었다'는 의미이므로 (b) Never been better가 옳은 표현이다.
어휘 final exam 기말시험

05. **해석** Sam은 최고의 남편이었다.
해설 [as+원급+as+any] 구문과 [as+형용사+관사+명사] 어순을 묻는 문제이다. 주어진 문제는 형태는 원급이지만 의미상 최상급이다. 따라서 정답은 (d) as good a husband이다.

06. **해석** 그 영화를 오랫동안 보면 볼수록 더욱 더 낙심하게 된다.
해설 [the + 비교급, the + 비교급] 구문과 분사의 능동태/수동태가 함께 나온 문제이다. more는 many/much의 비

교급일 경우 단독으로 쓰이지만, 형용사의 비교급을 만드는 기능어로 쓰일 때는 바로 뒤에 형용사가 와야 한다. 따라서 (b)와 (d)는 잘못된 표현이다. 또한, 현 상황(it)이 주어이며, 현 상황이 실망스러운 것이므로 현재분사가 쓰인 (c)가 적절하다.

어휘　frustrating a. 실망시키는, 낙심하게 하는

07. 해석　수술 후 사망할 확률은 흑인이 백인보다 두 배 더 높다.

해설　비교급 구문에서는 비교 대상이 같아야 한다는 점에 주의 하자. 주어진 문장에서 흑인의 사망률(black's mortality)과 비교할 대상은 백인(whites)이 아니라 백인의 사망률이다. 따라서 반드시 that of whites라고 해야 한다. 따라서 (c) higher than that of가 정답이다.

어휘　liver n. 간　mortality n. 사망, 사망자 수

08. 해설　그는 자신의 생각에 너무 집착해서 많은 사람들은 그를 거의 미친 사람으로 생각했다.

해설　'~보다 나을 게 없는', '~와 다름없는'에 해당하는 표현이 little better than이다. better than(~보다 나은)에 부정 의미의 부사 little이 결합한 형태이다. 따라서 정답은 (a) he was little better than이다.

어휘　be possessed with ~에 사로잡혀 있다, ~에 집착하다

Actual TEST Answer Keys

01. (c)　02. (b)　03. (c)　04. (a)　05. (a)　06. (b)
07. (d)　08. (b)　09. (c)　10. (d)　11. (d)　12. (c)
13. (b)　14. (b)　15. (b)

01. 해석　A: 지금 누가 영업부장으로 승진한지 알아?
　　　　B: 나도 몰라.

해설　원급에 관련된 관용표현을 묻는 문제이다. '~나 마찬가지다'는 표현으로 'as good as ~ '를 쓴다. 'Your guess is as good as mine.'은 관용표현으로, 숨은 뜻은 '나 역시 모른다'는 뜻이다. 따라서 (c)가 적절하다.

어휘　promote v. 촉진하다, 홍보하다, 승진시키다

02. 해석　A: 현재 60세 이상의 노인들은 30세 이하의 청장년들보다 의료보험으로 10배 더 지출한다.
　　　　B: 그거 놀라운데.

해설　배수를 나타내는 표현은 [times+비교급] 혹은 [~times as ~ as]이다. 이 문제에서는 이중 후자 쪽 문형에 대해 묻고 있다. 따라서 (b) ten times as much가 올바른 표현이다.

어휘　health insurance 의료보험　surprising a. 놀라운

03. 해석　A: 한국이 내년에 또 다른 금융위기를 겪게 되면서 높은 실업률을 야기시킬거라는 뉴스를 들었어.
　　　　B: 그래도 나를 막을 수는 없어. 나를 난 늘 그렇듯이 긍정적이야.

해설　원급 관련 관용표현을 묻는 문제로 빈칸 뒤에 ever가 단서이다. '여느 때와 마찬가지다, 늘 그렇듯이 ~하다'는 관용표현으로, [as ~ as ever] 형태를 사용한다. 따라서 (c)가 적절하다.

어휘　undergo v. 겪다　monetary crisis 금융위기
positive a. 긍정적인　unemployment n. 실업
deter v. 단념시키다, 그만두게 하다

04. 해석　A: Sarah, 네가 나를 위해 해준 것 정말 고마워.
　　　　B: 네가 실패했을 때 내가 해줄 수 있는 최소한의 것이었을 뿐이야.

해설　최상급 관련 관용표현을 묻는 문제이다. 'the least I could do'는 '내가 할 수 있는 최소한의 일', 즉 '결국 별 것 아닌 일'이라는 의미가 된다. 따라서 (a)가 적절하다.

어휘　break down 실패하다, 고장 나다

05. 해석　A: 안녕, 면접은 잘 했어?
　　　　B: 더할 나위 없이 잘 준비했어요.

해설　비교급을 이용한 최상급 표현을 묻는 문제이다. 대화 내용상 '나는 더할 나위 없이 준비를 잘했다'는 의미가 되어야 하므로 prepared의 비교급인 more prepared 라고 해야 한다. 따라서 (a)가 적절하다.

어휘　job interview 면접　prepare for ~을 준비하다

06. 해석　그는 늘 이용가능하고, 접근 가능한데, 내가 발견한 이 두 가지의 자질은 그와 같은 선수들 중에서 갖고 있는 사람이 매우 드물기 때문에 그만큼 더 가치 있다.

해설　[all the + 비교급+ 형용사/부사]가 올 경우 '한층 더, 그만큼 더' (=by so much) 의 뜻이 된다. 위 문장에서 다른 선수들은 갖고 있지 않기 때문에 '그만큼 더 가치 있다'는 뜻으로 (b) all the more valuable이 적절하다.

어휘　available a. 이용 가능한, 시간이 있는
approachable a. 접근 가능한
quality n. 자질, 특징　rarity n. 희귀성, 진귀한 것(사람)
valuable a. 가치 있는, 귀중한

07. 해석　보통 Sarah는 영리하기 보다는 차라리 어리석은 것처럼 보이려고 노력한다.

해설　여기에서 비교가 되는 것은 형용사 stupid와 smart이므로 이 두 형용사는 than을 사이에 두고 들어가야 한다. rather는 '차라리'라는 뜻의 부사로 than을 수식해주며 '~라기보다는 차라리'라는 뜻을 만들기 때문에 문맥상 정답은 (d)가 된다. 참고로 'A rather than B'는 'B라기 보다는 차라리 A'라는 뜻의 구문이다.

어휘　stupid a. 어리석은, 우둔한, 바보 같은
rather than ~이라기보다는

08. 해석　암호는 적는 것보다 읽는 것이 더 어렵다.

해설　일단 harder가 쓰인 것으로 보아서 비교급 구문임을 알 수 있다. than이 들어간 선택지 (b), (d) 중 하나를 고르면 되는데 to read와 병렬관계를 이루기 위해서는 to write 를 써야 하므로 정답은 (b)가 된다.

어휘　code n. 암호

09. **해석** 어떤 사람이 매 순간 너의 어깨너머로 살펴보고 예측하는 것보다 더 나쁜 일은 없다.

해설 비교급을 이용한 최상급 의미의 문장이다. 앞에 nothing이라는 부정어가 있으므로 빈칸에는 '~보다 더 안 좋은'이라는 의미의 (c) worse가 들어가는 것이 적절하다.

10. **해석** 단순히 규칙을 지키는 것만으로 좋은 음악을 작곡할 수 없듯이 좋은 영작 역시 할 수 없다.

해설 관용어구를 묻는 질문이다. 'no more~than'은 '~가 아닌 것처럼 ~도 아니다'라는 식으로 양쪽을 다 부정으로 해석해야 하는 관용구이다. 따라서 (d)가 적절하다.

어휘 compose v. 구성하다, 작곡하다
keep rules 규칙을 지키다

11. **해석** (a) A: 바닐라 맛과 딸기 맛 아이스크림 중 어떤 맛을 더 좋아하니?
(b) B: 글쎄. 둘 다 별로인데.
(c) A: 하나를 골라야 한다면?
(d) B: 글쎄, 둘 중에서는 바닐라 맛이 더 낫겠다.

해설 알맞은 비교급의 형태를 묻는 문제이다. (d)에서 비교급에는 the를 붙이지 않는 것이 원칙이지만 'of the two'라는 표현과 함께 쓰일 경우, 혹은 이유를 나타내는 표현이 함께 나올 경우에는 비교급이더라도 앞에 the를 써야 한다.

12. **해석** (a) A: 케이크 좀 먹을래?
(b) B: 아니 괜찮아. 나 지금 다이어트 중이야.
(c) A: 또 다시? 내가 장담하는데 너 3일 못 간다.
(d) B: 이번엔 아니야.

해설 (c)에서 three days가 가산명사이므로, fewer가 정답인 듯 하다. 그러나 3일이라는 기간을 하나의 덩어리인 양적인 개념으로 보기 때문에 fewer를 less로 바꾸어야 한다.

어휘 be on a diet 다이어트 중이다　　give up 포기하다

13. **해석** (a) A: Joey 생일 파티에 대한 아주 좋은 아이디어가 있어.
(b) B: 그래? 마지막 네 아이디어 보다는 훨씬 더 나은 것 이길 바래.
(c) A: 그를 시내에 새로 생긴 피자집에 데려 가는 게 어떨까?
(d) B: 나쁘지 않은 생각인걸. 재미있고 기억에 남을 것 같아.

해설 비교급 앞에서 비교급을 강조할 수 있는 부사는 'much, far, still, even, a lot' 등이며, very는 비교급을 수식할 수 없다. 따라서 (b)의 very를 much로 바꾸어야 한다.

어휘 downtown n. 시내
memorable a. 기억할 만한, 인상적인

14. **해석** (a) 룸메이트와 함께 사는 것은 나눔, 협력 및 배려와 같은 유치원에서 배운 모든 교훈을 사용하는 점에 있어 일반적으로 대학생활의 전형적인 본질이라고 한다. (b)

그러나 일부 학생들은 다른 사람들과 함께 사는 것보다 혼자 살기를 원하면서도 여전히 대학생활을 하고 싶어 한다. (c) Brotter는 "나는 왜 사람들이 그것을 막무가내로 원하는지 정말 모르겠다"라고 말한다. (d) "방에 문제가 있거나, 수업에 맞추어 제시간에 일어나지 못하면 그건 완전히 제 잘못이죠. 하지만 모든게 내 방식대로 되니까 훨씬 더 쉽습니다."

해설 (b)에서 'live alone with others'는 문맥상 어색하다. 이 문장은 'would rather live alone than (live) with others'라고 고쳐야 자연스럽다. [would rather ~than~]은 '~하느니 차라리 ~하다'라는 뜻의 관용어구이다.

어휘 quintessential a. 정수의, 전형의
would rather ~ than ~ ~하느니 차라리 ~하다.
kindergarten n. 유치원
collaboration n. 공동작업(연구)
consideration n. 고려, 배려

15. **해석** (a) Biman항공의 새로운 여행 보상 골드카드로 여러분은 매 비행마다 '항공 마일'을 얻게 됩니다. (b) 더 자주 비행하면 할수록 더 많은 돈을 벌 수 있습니다. (c) 오늘 Biman항공에 신청하세요. 마치 1-2-3처럼 쉽습니다. (d) www.bimanair.com으로 가셔서 온라인 신청양식에 기입만 하시면 됩니다.

해설 (b) 문장은 자주 비행하면 할수록 더 많은 돈을 벌 수 있다는 의미이다. [the+비교급, the+비교급]은 '더 ~할수록, 더 ~하다'의 뜻으로 해석 된다. 따라서 'more money you earn'을 'the more money you earn'으로 바꿔야 한다.

어휘 fill out 신청서에 기입하다

Exercise Answer Keys

A 01. **of her** 02. **for** 03. **not to spend** 04. **It**
05. **To see** 06. **paint** 07. **to visit**
08. **about to throw** 09. **to** 10. **are to pass**
11. **to have kept** 12. **it impossible**
13. **to have left** 14. **only**

B 01. **to lift it → to lift**
02. **Bill was difficult to please Jane**
   → It is difficult for Bill to please Jane
03. **to go home → to have gone home**
04. **kindness of showing → kindness to show**
05. **I had hoped to have met you 또는 I had hoped to meet you**
   → I hoped to have met you
06. **is to be blamed for → is to blame for**
07. **to swim → to swim in**
08. **telling a lie → to tell a lie**
09. **you are necessary to → it is necessary for you to**
10. **but to complain → but complain**

A

01. **해석** 공공연히 그런 말을 하는 걸 보면 그녀는 생각이 없네요.
    해설 원래는 to부정사의 주격으로는 for를 사용하지만 사람의 성질, 성향을 나타내는 형용사가 쓰이는 경우는 of를 사용한다. thoughtless는 '생각이 없는'의 뜻을 갖는 형용사이므로 정답은 of her이다.
    어휘 thoughtless a. 생각없는   in public 공공연히

02. **해석** 그가 창문을 깨뜨린 것에 대해 돈을 지불할 필요는 없었다.
    해설 진주어/가주어 구문이다. it은 가주어이고, to pay이하가 진주어이다. 일반적으로 to부정사의 주격은 [for+목적격]이므로 정답은 for이다.
    어휘 necessary a. 필요한

03. **해석** 그는 나에게 많은 돈을 소비하지 말도록 조언했다.
    해설 to부정사를 부정하기 위해서는 not을 to부정사 앞에 위치시켜야 한다. 따라서 정답은 not to spend이다.
    어휘 spend money 돈을 소비하다

advise v. 조언하다, 충고하다, 권고하다

04. **해석** 영어를 배우는 것은 쉽지 않다.
    해설 진주어/가주어 구문에 관한 문제이다. 뒤의 'to learn English'는 진주어이고, 이를 받은 가주어는 it이 되어야 한다.

05. **해석** 그는 부모님을 배웅해 드리러 좀 전에 공항으로 출발했다.
    해설 대체로 동명사에는 현재/과거시제가, to부정사에는 미래/예정의 의미가 함축되어 있다. 문맥상 '부모님을 배웅하러 나갔다'는 의미에서 앞으로의 미래에 대한 내용임을 알 수 있다. 따라서 정답은 To see가 적절하다.
    어휘 see off 배웅하다

06. **해석** 그는 그 젊은이로 하여금 집을 페인트칠하게 하였다.
    해설 사역동사 let, have, make와 같은 동사 다음에는 원형부정사를 사용한다. 따라서 정답은 paint이다.

07. **해석** 노대통령은 다음주 런던 방문이 예정되어 있다.
    해설 be to 부정사를 사용하여 미래에 관한 내용을 나타내는 구문이다. 문맥상 완료구문을 사용할 이유가 없으므로 정답은 to visit이다.

08. **해석** 내가 맡은 일은 정말 어렵다. 나는 조만간 포기하게 될 것이다.
    해설 '곧 ~예정이다, 조만간 ~할 예정이다'는 의미의 'be about to부정사'로 표현할 수 있다. 따라서 정답은 about to throw이다.
    어휘 be about to 조만간 ~할 예정이다
    throw in the towel 패배를 인정하다, 포기하다

09. **해석** 더 머물기를 원하시면 더 머무르셔도 됩니다.
    해설 반복을 피하기 위한 대부정사 용법에 관한 문제이다. if 이하 구문은 원래 if you want to stay나 you can stay here에서 stay가 반복되므로 이를 생략하여 대부정사인 to로 표현한 것이다.

10. **해석** 당신이 만약 시험에 합격하고 싶다면 열심히 공부해야 한다.
    해설 if절에서 사용되는 'be+to부정사'는 보통 의도를 표현한다. 따라서 정답은 are to pass이다.
    어휘 pass the examination 시험에 합격하다

11. **해석** 너무 오래 기다리게 해서 미안해.
    해설 to 부정사의 시제를 묻는 문제이다. 문맥상 '과거 일정 시점으로부터 현재까지 계속 기다리게 했다'는 의미이므로 완료시제가 적절하다. 따라서 정답은 to have kept이다.

12. **해석** 나는 내가 의미하는 바를 설명하는 게 불가능하다는 것을 깨달았다.

해설 가목적어/진목적어 구문에 관한 문제이다. to explain 이하는 구로서 found의 목적어가 될 수 없다. 따라서 가목적어 it을 사용하여 'found it+보어+진목적어' 순서로 써야 한다. 따라서 정답은 it impossible이다.

어휘 impossible a. 불가능한   explain v. 설명하다

13. **해석** 그는 며칠 전에 이미 집을 떠났던 것으로 생각된다.

해설 to 부정사의 시제를 묻는 문제이다. 문맥상 현재시점을 기준으로 '수일 전에 이미 떠났다'는 의미이므로 완료시제가 적절하다. 따라서 정답은 to have left이다.

14. **해석** 나는 그곳에 도착해서 너무 늦었다는 이야기만을 들었다.

해설 to 부정사의 결과 용법을 묻는 문제이다. 문맥상 '그 곳에 도착했지만 너무 늦었다는 이야기를 들었을 뿐'이라는 의미이므로 only to be told that~이 올바른 표현이다. 따라서 only가 적절하다.

B

01. **해석** 그 돌은 너무 무거워서 아무도 들 수 없었다.

해설 to lift it에서 it은 문장의 주어인 the stone을 의미하므로 it은 생략되어야 한다. 참고로 'The stone was so heavy that any of them cannot lift it'은 가능하다.

어휘 lift v. 들다

02. **해석** Bill이 Jane을 기쁘게 하는 것은 매우 어려웠다.

해설 문맥상 Bill이 어렵다는 것이 아니라 Bill이 Jane을 기쁘게 하는 것이 어렵다는 의미이므로 진주어/가주어 구문을 사용하는 것이 올바른 표현이다. 따라서 'It is difficult for Bill to please Jane'로 써야 한다.

03. **해석** 비서는 몇 분 전에 집으로 출발한 것 같다.

해설 to 부정사의 시제를 묻는 문제이다. 문맥상 현재시점 기준으로 몇 분 전에 집으로 떠났다는 의미이므로 완료시제가 적절하다. 따라서 to go home을 to have gone home으로 고쳐야 한다.

04. **해석** 그는 매우 친절하게도 나에게 길을 알려주었다.

해설 to 부정사의 동격 용법에 대해서 묻는 문제이다. 문맥상 친절하게 길을 가르쳐 준 것이므로 kindness of showing을 kindness to show로 바꾸어야 한다.

05. **해석** 나는 너를 만나보고 싶었다.

해설 문맥상 만나보고 싶었는데 만나지 못했다는 의미이므로 'I hoped to have met you' 또는 'I had hoped to meet you'로 바꾸어야 한다.

06. **해석** 그들의 파혼에 대해 비난 받아야 할 사람은 바로 그녀이다.

해설 be to 부정사에는 수동의 의미가 담겨 있으므로 별도로 수동태를 사용할 필요가 없다. 따라서 is to be blamed for는 is to blame for로 바꾸어야 한다.

07. **해석** 이 강은 수영하기에 위험하다.

해설 문맥상 '강에서 수영하기에 어렵다'는 의미이므로 to swim in이 되어야 한다.

08. **해석** 그는 정말 거짓말 할 것 같지 않은 사람이다.

해설 일반적으로 동명사에는 과거나 현재, to부정사에는 미래의 의미가 담겨 있다. 문맥상 거짓말을 할 것 같지 않다는 의미이므로 to tell a lie가 올바른 표현이다.

09. **해석** 나는 네가 그의 충고를 받아들일 필요가 없다고 생각한다.

해설 진주어/가주어 구문에 관한 문제이다. 문맥상 'it is necessary for you to take his advice'로 표현하는 것이 가장 올바른 표현이다.

10. **해석** 그는 자신의 일에 대해서 불평한 것 외에는 아무 것도 하지 않는다.

해설 do nothing but 원형부정사의 형태로 '~하는 것 외에는 아무것도 하지 않는다'는 의미를 갖는다. 따라서 but to complain을 but complain으로 바꾸어야 한다.

Practice TEST Answer Keys

**01. (d) 02. (d) 03. (c) 04. (c) 05. (b) 06. (b)
07. (b) 08. (b)**

01. **해석** A: 네가 내 차에 가한 손해에 대해서는 걱정하지 않아도 돼.
B: 고마워, 그렇게 말해 주니 정말 친절하구나.

해설 'It is 형용사 ~to 부정사'구문에 대한 문제이다. 이 구문에서 형용사의 의미가 사람의 성격을 나타내는 경우, to 부정사의 의미상 주어는 전치사 of가 이끈다. 따라서 정답은 (d) of you 이다.

어휘 worry about 걱정하다   damage n. 손해

02. **해석** A: 시험이 코앞이라니 믿어지지가 않네.
B: 그러게 말이야. 시간이 정말이지 눈 깜작 할 사이에 사라지네.

해설 시간(time)이 주어이므로 수동태가 아닌 능동태가 되어야 하며, 문맥상 '시간이 과거부터 현재까지 계속 흘러왔다'는 의미이므로 현재 완료인 (d) have disappeared가 적절하다.

어휘 just around the corner 바로 앞이다, 코앞이다
disappear v. 사라지다

03. **해석** A: 제발 조용히 해. 아기가 자고 있잖아. 아기 재우는데 무려 두 시간이나 걸렸단 말이야.
B: 미안. 조용히 할게.

해설 '~하는 데 시간이 ~걸리다'라는 의미를 옳게 표현한 구

절을 찾는 문제이다. 우리말에서는 '내가~하는데 시간이 ~ 걸렸다'라고 말하지만, 영어에서는 이 문장의 주어로 it을 쓴다. 말하자면 진주어, 가주어 구문이 되는 것이다. 따라서 '아이 재우는데 약 3시간이 걸렸다'는 (c) it took me about three hours to get이라고 써야 적절하다.

04. **해석** A: 가게를 둘러봐도 될까요?
B: 물론이죠. 어디든지 보십시오.

해설 당신이 원하면 어디든지 둘러보라는 내용이 빈칸에 들어가야 한다. 그러므로 'want to (go)'의 형태인 (c)가 정답이다. (b)는 원하는 대상이 집이 아니라 사람으로 미묘하게 바뀌어져 있고, (d)는 want to 뒤에서 다시 대동사 do가 오는 것이 어색하다.

어휘 take a look ~을 둘러보다

05. **해석** 나는 시대에 뒤처지지 않기 위해 매일 아침 신문을 읽는다.

해설 '~하기 위해서'의 의미를 지닌 관용어구 in order to의 부정에 관한 문제이다. to부정사나 동명사의 부정은 바로 앞에 부정어를 붙여야 한다. 따라서 정답은 to부정사 앞에 not을 붙인 (b) in order not to이다.

어휘 newspaper n. 신문   fall behind ~에 뒤처지다

06. **해석** 언어장벽으로 인해 감독관이 그 식당에 지시한 것이 무엇인지 이해하기가 어려웠다.

해설 it은 made의 가목적어이고 it의 내용을 알려주는 진목적어는 뒤에 to 부정사 형태로 오게 되어 있다. 따라서 정답은 (b)의 to understand이다.

어휘 barrier n. 장벽, 장애물   inspector n. 감독관, 조사관

07. **해석** 벨기에 회사에 의해 개발된 시스템은 수 주 내에 Polokwane과 Nelspruit에 있는 월드컵 경기장에 설치될 예정이다.

해설 시스템이 설치될 예정이므로 수동태가 와야 하며 가까운 미래에 있을 일을 말할 때에는 'be to V' 형태를 쓰기 때문에 정답은 (b)이다.

08. **해석** 어젯밤 약속된 시간에 호텔에 도착했지만 호텔 로비는 텅 비어 있었다.

해설 to부정사의 결과적 용법을 묻는 문제이다. 내가 약속시간에 호텔에 도착한 것과 호텔로비가 텅 빈 사실을 알았다는 내용은 결과적으로 연결되어야 한다. 보기 중 결과적 용법으로 쓰이는 것은 (b)의 only to뿐이다. only to는 '결과 ~하기만 하다'라는 뜻이다. 콤마가 없을 경우에는 to 단독으로 결과적 용법으로 쓰일 수 있다.

01. **(b)** 02. **(d)** 03. **(b)** 04. **(c)** 05. **(a)** 06. **(a)**
07. **(a)** 08. **(c)** 09. **(c)** 10. **(b)** 11. **(a)** 12. **(a)**
13. **(d)** 14. **(a)** 15. **(d)**

01. **해석** A: 너네들 교실에서 그만 좀 뛰어다녀라.
B: Sarah, 네가 그것 때문에 화내지 않도록 노력해야 해.

해설 'let it upset you'하면 '그것이 너를 화나게 하도록 두다'라는 말이므로 그를 부정하는 not이 앞에 오는 (b)가 답이 되어야 한다. '그것이 너를 화나게 하지 못하도록 (네가 그것 때문에 화내지 않도록) 노력하여야 해'라는 의미의 명령문이다. (a)를 쓰면 '네가 화나도록 노력하지 말아야 한다'는 의미가 되므로 문맥상 부자연스럽다.

어휘 upset v. 화나게 하다

02. **해석** A: 실례합니다만, Brown 선생님을 뵈러 왔습니다.
B: Martin 어머님이시군요. 제가 Martin의 담임선생님인 Larry Brown입니다.

해설 ~을 하러 왔다고 할 때는 미래의 뜻이 포함되어 to부정사를 써야 한다. 따라서 (d) to meet가 적절하다.

어휘 homeroom teacher 담임선생님

03. **해석** A: 어떤 컴퓨터 사고 싶니?
B: 어려운 질문이네. 어떤 걸 살지 결정 못하겠어.

해설 의문사와 to부정사가 함께 쓰일 경우의 알맞은 어순을 묻는 문제이다. '의문사+to부정사' 어순이 되어야 하므로 정답은 (b)이다.

어휘 tough a. 힘든, 어려운, 강인한

04. **해석** A: 지금 무엇을 할거야?
B: 그와 화해하기 위해 사과하는 것 말고는 뭐든지 할 생각이야.

해설 but에는 '~을 제외하고'라는 뜻이 있다. [have no choice but to+동사원형]과 같은 경우에는 to부정사와 함께 쓰이기도 한다. 하지만 위의 경우에는 동사원형이 그대로 뒤에 오는 형태로 쓰인다. 따라서 정답은 (c)이다.

어휘 say sorry 사과하다(=apologize)

05. **해석** A: 그럼 뭐라도 주문해 먹는 게 어때?
B: 아니야. 그냥 멋진 식당에서 외식하자.

해설 '먹을 것'은 'something to eat'이고 '마실 것'은 'something to drink', '할 일'은 'something to do'이다. 따라서 (a)가 적절하다.

어휘 What do you say to ~ing? ~할까요?

06. **해석** 그 계획은 직장과 관련 기술을 만들어냈고 전반적인 경제적 행복에 기여했다.

해설 help는 to부정사나 동사원형을 목적어로 수반할 수 있다. 따라서 정답은 (a)의 generate이다.

어휘 relevant a. 관련된, 연관된

contribute v. 기여하다   well-being n. 행복

07. **해석** 이제 Stockton 시의회가 시예산을 통제하기 위해 필요한 모든 것을 해야 할 시기가 되었다.

해설 빈칸 앞에 가주어 it이 있기 때문에 빈칸에 'to+동사원형'을 써야 적절하다. 또한 whatever와 whichever 둘 중에서 whatever와는 달리 whichever는 선택의 의미가 담겨 있다. 내용을 보면 '시예산을 통제하기 위해 필요한 모든 것'이라는 뜻이므로 선택의 의미가 있는 whichever를 쓸 수 없다. 따라서 (a) to do whatever가 적절하다.

어휘 council n. 의회   budget n. 예산
be under control 잘 관리(제어)되다

08. **해석** 아마도 비상시에 낙하산을 사용한 최초의 사람은 프랑스인 Jean Pierre Blanchard이었을 것이다.

해설 주어진 문제에서 the first person을 수식할 수 있는 어구가 필요하다. 따라서 (a) use와 (d) have used는 정답이 될 수 없다. (b) using은 진행의 의미가 있으므로 가장 적절한 표현은 (c) to use이다.

어휘 parachute n. 낙하산   emergency n. 비상(사태)

09. **해석** 우리는 테니스와 사격팀의 정규 감독을 고용하고 싶어 했지만 우리는 그 정도의 투자를 할 수 있는 여력이 없었다.

해설 과거의 사실을 가정할 때 쓰이는 과거 완료를 묻는 문제이다. 주어진 문제에서 우리는 테니스와 사격에 대해 정규감독을 고용하길 원했지만 예산관계상 그렇지 못했다는 뜻이므로 완료형 (c) to have had를 써서 표현한다.

어휘 full-time 정규의
rifle n. 소총   investment n. 투자

10. **해석** 주름은 당신을 더욱 나이 들어 보이게 하며 없애기가 쉽지 않다.

해설 'easy, difficult, hard, pleasant'등의 형용사는 뒤에 'to + 원형동사'를 수반하여 '~하기가 ~하다'는 의미가 된다. 따라서 easy는 동명사보다 to부정사와 함께 쓰이기 때문에 정답은 (b) to get rid of이다. 또한 주어진 문장은 'It is not easy to get rid of them.'으로 바꿀 수 있다.

어휘 get rid of 제거하다

11. **해석** (a) A: 안녕하세요, 주문하시겠습니까?
(b) B: 크림수프 주세요.
(c) A: 더 필요하신 거 없으세요?
(d) B: 잠시만요, 커피 한잔 주세요.

해설 (a)에서 '~할 준비가 되다'는 뜻으로 'be ready to' 다음에 동사원형을 쓰므로 'are you ready to order?'라고 해야 한다.

어휘 bow n. 그릇, 통

12. **해석** (a) A: 뉴욕에서 택시 잡기가 힘들다고 들었어.

(b) B: 길 아래 쪽에서 잡는 것 그다지 어렵지 않은데.
(c) A: 그렇다면 문제가 되지 않겠네.
(d) B: 맞아. 전혀 문제가 되지 않아.

해설 (a)는 진주어/가주어 구문이다. 즉, it은 가주어이고, catch이하는 진주어가 되는데, 진주어가 되기 위해서는 to 부정사 혹은 동명사의 형태가 되어야 한다. 따라서 catch는 to catch 혹은 catching으로 바꾸어야 한다.

어휘 flag v. 중요한 정보 옆에 표시하다, (택시 따위를)잡다

13. **해석** (a) A: 아침은 뭘 먹고 싶니?
(b) B: 구운 베이컨과 샌드위치 어때?
(c) A: 아침식사로는 너무 부담스러울 것 같은데.
(d) B: 하지만 우린 오늘 해야 할 일이 아주 많잖아.

해설 항상 그런 것은 아니지만 대체로 동명사에는 현재, 과거시제가, to부정사에는 미래, 예정의 의미가 함축되어 있다. 따라서 '오늘 긴 하루(할 일이 밑은 하루)를 보내야 한다'는 의미로 볼 때 (d)의 a long day going을 a long day to go로 바꾸어야 한다.

어휘 long day 힘든 하루

14. **해석** (a) 사랑은 삶의 정수이기는 하지만 진정한 사랑을 찾기는 어렵다. (b) 밖에는 진정한 사랑을 찾는 독신녀, 독신남이 많이 있다. (c) 이혼하거나 별거 중이 많은 사람들은 사랑에 대한 신뢰가 없지만, 절망하지는 않는다. (d) 마음을 열고 여러분 스스로 쌓아 놓은 난공불락의 성을 무너뜨리자.

해설 (a)에서 find difficult to to find true love는 find it difficult to find true love로 바꾸어야 '진실한 사랑을 찾는 것이 어렵다'는 뜻이 된다. 'to find true love'가 find의 목적어이고, difficult는 목적보어인데, 이처럼 to부정사구를 목적어로 취할 경우 대개 가목적어 it을 목적어 자리에 두고 진목적어인 to부정사구는 목적보어 뒤에 위치시켜야 한다.

어휘 essence n. 정수, 핵심   divorce v. 이혼하다
separate v. 별거하다   faith n. 신뢰, 믿음
despair v. 절망하다
impenetrable a. 관통할 수 없는, 불가해한

15. **해석** (a) 사람들은 자극이 우리 나라의 경제적 문제를 해결해 줄 것으로 추측한다. (b) 자극이 경기를 회복시킬 것이라고 역사는 증명해 주지 않는다. (c) 그 당시 유명한 대통령은 현재 대통령이 제공해 온 같은 종류의 자극인 일자리와 기반시설에 투자하였다. (d) 그러나, 일반적으로 대공황은 11~13년 동안 지속되었다고 믿어진다.

해설 to부정사의 시제에 관한 문제이다. (d)에서 사람들이 일반적으로 믿는 것은 현재의 상황이고, 대공황이 지속되어 온 것은 과거의 사실이므로 to부정사는 완료부정사, 즉 [to have + 과거분사]의 형태가 되어야 한다. 따라서 to last를 to have lasted로 바꾸어야 한다.

어휘 assume v. 추정(상정)하다, ~맡다
stimulus n. 자극   turn around (경기를) 회복하다
infrastructure n. 사회(공공)기반시설

Exercise Answer Keys

A
01. Speaking 02. being blamed
03. hearing 04. to be praised
05. for helping 06. having been scolded
07. comparing 08. looking
09. her not 10. arriving 11. to say
12. of being 13. my sitting 14. of being
15. waiting room

B
01. he breaking → his breaking
02. repaired → repairing
03. rich and poor treating
　　→ treating the rich and the poor
04. having → to have
05. your not having → for your not having
06. of her → for her
07. to press → pressing
08. being visited → visiting
09. having → for having
10. to have done → having done

A

01. 해석　영어를 유창하게 말하는 것은 쉽지 않다.
해설　문맥상 주어 역할을 하는 명사구가 되어야 한다. 따라서 동명사 speaking이 적절하다.

02. 해석　그녀는 자신이 하지 않은 일에 대해서 비난 받는 것에 대해 분하게 생각한다.
해설　동사 resent는 동명사를 목적어로 취한다. 또한 문맥상 비난 받는다는 의미이므로 수동태로 써야 한다. 따라서 being blamed가 적절하다.
어휘　resent v. 분하게(억울하게) 생각하다

03. 해석　무슨 말 하는 거니? 난 너의 변명 듣는 게 지겨워.
해설　전치사 뒤에는 명사구가 와야 하므로 동명사 hearing이 적절하다.
어휘　tired of ~에 싫증난

04. 해석　Bobby는 겸손함에 대하여 칭찬받아 마땅하다.
해설　deserve는 to부정사와 동명사를 모두 목적어로 취할 수 있다. 수동태의 의미를 나타내기 위해서는 to be praised가 올바른 표현이다. 동명사를 사용하는 경우에는 반드시 능동동명사를 사용해야 한다.

어휘　deserve v. ~할 만한 자격이 있다　praise v. 칭찬하다

05. 해석　그녀는 내가 일을 도와줘서 고마워했다.
해설　thank는 for와 함께 사용되며 for는 전치사로서 동명사를 목적어로 수반해야 하므로 for helping이 올바른 표현이다.

06. 해석　그녀는 선생님으로부터 꾸중들은 것을 부끄러워했다.
해설　문맥상 '꾸중을 듣다'는 의미의 수동태가 되어야 한다. 따라서 having been scolded가 적절하다.
어휘　be ashamed of ~을 부끄러워하다　scold v. 꾸짖다

07. 해석　어떤 것을 살지 결정하기 전에 가능한 한 많은 모델들을 비교해야 한다.
해설　문맥상 모델들은 비교되어야 하므로 수동태를 써야 하지만 be worth는 능동동명사를 취하고 수동의 의미를 나타낸다. 따라서 comparing이 적절하다.
어휘　compare v. 비교하다

08. 해석　그 조그만 강아지는 보살핌이 필요하다.
해설　need나 want와 같이 필요, 요구를 의미하는 동사는 능동형 동명사를 취하여 수동의 의미를 나타낸다. 따라서 looking이 올바른 표현이다.
어휘　look after 돌보다

09. 해석　그는 그녀가 그곳에 혼자 가지 말 것을 고집했다.
해설　동명사의 부정형에 관한 문제이다. 동명사를 부정할 때에 동명사 앞에 not을 써야 하므로 her not이 올바른 표현이다.

10. 해석　너 제 시간에 확실히 도착하니?
해설　전치사 of의 목적어로 명사구가 와야 하기 때문에 동명사가 적절하다. 따라서 arriving이 올바른 표현이다.
어휘　on time 정시에

11. 해석　그가 다시 실패할 거라고 이야기해서 미안해.
해설　'sorry for (동)명사구' 또는 'sorry to 부정사'의 형태이므로 to say가 올바른 표현이다.

12. 해석　그는 의사가 된 것을 자랑스러워했다.
해설　be proud of는 동명사를 수반한다. 따라서 of being이 적절한 표현이다.

13. 해석　제가 옆에 앉아도 될까요?
해설　mind는 동명사를 목적으로 취한다. 또한 의미상의 주어 my를 써서 my sitting이 되어야 한다.

14. 해석　그는 의사가 된 것을 자랑스러워했다.
해설　be proud of는 동명사를 목적으로 취한다. 따라서 of

being이 적절한 표현이다.

15. **해석** 이방인이 대기실로 들어왔다.

해설 대기실이라는 의미로는 관용적으로 waiting room이다.

B

01. **해석** 그가 약속을 어길 가능성이 크다.

해설 동명사의 의미상의 주어는 동명사 앞에 소유격을 사용한다. 따라서 he breaking을 his breaking으로 바꾸어야 한다.

어휘 possibility n. 가능성

02. **해석** 너의 시계는 곧 수리받아야 한다.

해설 need, want와 같은 동사는 수동의 의미로 능동동명사를 수반한다. 따라서 repaired를 repairing으로 바꾸어야 한다.

어휘 repair v. 고치다, 수리하다

03. **해석** 우리는 부자와 가난한 사람들을 모두 같게 취급해 주도록 요구했다.

해설 문맥상 rich and poor는 treating의 목적어가 되어야 한다. 따라서 treating the rich and the poor가 적절하다.

어휘 insist v. 고집하다, 주장하다

04. **해석** 그는 어렸을 때 브라질에서 크게 성공했다고 한다.

해설 He is said having는 He is said to have로 바꾸어야 한다.

어휘 make a fortune 성공하다

05. **해석** 내게 진실을 말해주지 않은 것에 대해 유감스럽게 생각합니다.

해설 '~에 대해 유감스럽게 생각한다'는 의미로는 'be sorry for~'를 사용한다. 따라서 your not having을 for your not having으로 바꾸어야 한다.

06. **해석** 그녀가 우리를 도와줄 가능성이 매우 크다.

해설 to 부정사의 의미상의 주어는 'for+목적격'을 사용하여 표현한다. 따라서 of her를 for her로 바꾸어야 한다.

07. **해석** 너는 나가기 전에 코트를 다려야 한다.

해설 문맥상 수동형의 의미가 되어야 하는데 want, need와 같이 '필요, 요구'의 의미를 갖는 동사의 수동태를 나타내기 위해서는 반드시 능동동명사를 사용해야 한다. 따라서 to press를 pressing으로 바꾸어야 한다.

어휘 press v. 옷을 다리다

08. **해석** 그 도시는 방문할 만하다.

해설 worth는 능동동명사를 사용하여 수동태의 의미를 나타낸다. 따라서 being visited를 visiting으로 바꾸어야 한다.

09. **해석** 그런 실수를 저지른 저를 용서해 주세요.

해설 문맥상 'excuse ~ for ~'의 형태가 되어야 하므로 having을 for having으로 바꾸어야 한다.

어휘 make a mistake 잘못을 저지르다

10. **해석** 그는 자신이 그것을 했다는 것을 인정한다.

해설 admit은 동명사를 목적으로 취하므로 to have done을 having done으로 바꾸어야 한다.

Practice TEST Answer Keys

01. (b) **02. (a)** **03. (c)** **04. (c)** **05. (c)** **06. (d)**
07. (c) **08. (c)**

01. **해석** A: 2~3주만 있으면 겨울방학인데 스키 타러 갈래?
B: 스키 타는 것을 그다지 좋아하지는 않지만, 가고는 싶어.

해설 like는 to부정사와 동명사를 목적어로 취한다. 따라서 (b) skiing이 적절하다.

02. **해석** A: 난 그가 유죄인걸 알아.
B: 확실해?

해설 동명사의 용법을 묻는 문제이다. 'be aware of'는 관용어구로 '~를 알다, 의식하다'라는 뜻이며 of는 전치사이므로 뒤에 동명사가 와야 한다. 또한 동명사의 의미상 주어는 소유격을 쓰는 것이 원칙이므로 정답은 (a) of his being이다.

어휘 guilty a. 죄가 있는, 유죄의

03. **해석** A: 길 잃은 고양이를 찾았다는 게 사실이니?
B: 응, 아직 새끼야. 당분간 보살핌이 필요해.

해설 동사 need의 용법에 관한 문제이다. need는 동명사를 취할 때 수동의 의미를 갖는다. 따라서 '고양이가 보살핌이 필요하다'는 내용이 되어야 하므로 (c)가 정답이 된다.

어휘 look after 돌보다

04. **해석** A : DUI가 무엇인지 아세요?
B : 그건 술이나 마약에 취한 채로 운전한다는 뜻입니다.

해설 mean은 동명사와 to부정사를 모두 목적어로 취할 수 있다. 다만, mean to부정사는 '~하려고 한다'는 의미이므로 (d)는 문맥상 적절하지 않다. 따라서 동명사인 (c) driving이 적절하다.

어휘 DUI (driving under the influence) 음주운전
influence n. 영향, 영향력　　drug n. 약, 마약

05. **해석** 우리는 당신이 곧 떠난다는 것을 말하지 않은 점에 다소 실망했습니다.

해설 문맥상 떠난다는 사실을 알려주지 않았기 때문에 약간

실망한 것이므로 빈칸에는 이유를 나타내는 전치사 for
가 적절하다. 또한 전치사 다음에는 동명사가 쓰이며,
동명사의 부정은 동명사 바로 앞에 부정어 not을 붙여
야 하므로 정답은 (c)이다.

어휘 disappoint v. 실망시키다

06. **해석** 시장으로서 그의 업무에는 공동체를 위한 공용 주차장
건설을 포함하고 있다.

해설 적절한 동사의 형태를 고르는 문제이다. 빈칸에는
include의 목적어이자 동시에 a public parking lot을
목적어로 취할 수 있는 표현이 필요하다. 따라서 정답
은 (d)의 building이다.

어휘 mayor n. 시장 include v. 포함하다

07. **해석** 그 선생님은 학생들의 지각을 더 이상 참을 수가 없었
다.

해설 put up with에서 with가 전치사라는 것에 유의해야 한
다. 그러므로 뒤에는 명사 상당하는 어구가 들어가야
한다. 따라서 동명사 being과 의미상의 주어에 해당하
는 his students로 이루어진 (c)가 답이다.

어휘 put up with 참다, 받아들이다

08. **해석** 그는 유명한 방송인으로 오인 받는 것에 대해 익숙하
다.

해설 'be used to'에서 to는 전치사이다. 따라서 그 뒤에는
명사 상당어구가 나와야 한다. 또한 'mistake A for B'
는 'A를 B로 잘못 알다'라는 뜻이다. 문장 구조상 A
에 해당하는 것이 그 남자이며, B에 해당하는 것이 유
명 방송인이다. 따라서 'mistake him for a famous
broadcaster'라고 풀어 쓸 수 있는데, 목적어 A가 전체
문장의 주어로 쓰였으므로 빈칸에는 수동형이 와야 한
다. 따라서 (c) being mistaken for가 가장 올바른 표현
이다.

어휘 broadcaster n. 방송인, 방송국
mistake v. 잘못 보다, 오해하다

Actual TEST Answer Keys

**01. (b) 02. (d) 03. (b) 04. (b) 05. (a) 06. (b)
07. (b) 08. (b) 09. (c) 10. (b) 11. (a) 12. (d)
13. (c) 14. (c)**

01. **해석** A: Jason을 어떻게 생각하니?
B: 그와 같은 사람과 어울려 다니고 싶지 않아.

해설 동사 hang을 포함한 관용어구와 동사 like의 목적어 사
용을 함께 묻는 문제이다. 동사 like는 동명사를 목적어
로 취하는 경우 일반적인 선호를 의미하며, to부정사를
목적어로 취하는 경우 그 순간 무엇을 하고 싶다는 것
을 나타낸다. 일반적인 의견을 묻는 것으로 동명사 (b)
hanging이 적절하다.

어휘 hang around ~와 함께 시간을 보내다(~with), 배회하다

02. **해석** A: 네 방 좀 보렴. 여기서 뭐 했어? 청소해야 하지 않을
까?
B: 죄송해요, 엄마. 곧 청소 할게요.

해설 need나 want 뒤에 동사가 올 경우, 수동의 의미를 나
타낸다 할지라도 능동의 -ing 형태를 쓴다. 따라서 정
답은 (d)의 cleaning이다. 단, to부정사 형태일 경우, 같
은 의미가 되기 위해서는 to be cleaned가 되어야 한
다.

어휘 clean up 치우다, 청소하다

03. **해석** A: 더 필요한 거 있으세요?
B: 괜찮으시다면 음악을 듣고 싶네요.

해설 '~하고 싶다'는 의미의 'feel like'는 동명사를 목적어로
수반한다. 따라서 동명사 listening을 사용한 (b)가 정답
이다.

어휘 mind v. 상관하다, 꺼리다 feel like ~ing ~하고 싶다

04. **해석** A: 이번 주말에 온천에 갈까?
B: 고맙지만 됐어. 난 그냥 집에서 샤워하는게 좋아.

해설 동사 prefer는 ~ing와 to 부정사를 모두 목적어로 수반
한다. 따라서 (b) to take가 정답이다.

어휘 prefer v. 더 좋다, 선호하다 take a shower 샤워하다

05. **해석** 내게 돈 못빌려줘도 걱정마.

해설 전치사는 동명사를 수반한다. 또한 동명사의 부정 표현
은 동명사 앞에 not이나 never를 붙이면 된다. 따라서
정답은 (a)이다.

06. **해석** 자전거 헬멧은 충돌 시 아이가 부딪혀서 의식을 잃는
것을 막아줄 수 있었다.

해설 'prevent ~ from+-ing'는 '~가 ~하는 것을 막다, 방지
하다'는 뜻이다. 여기서 사람이 부딪히는 것은 수동태
이므로 knocking이 아니라 'being knocked'를 쓰며,
unconscious의 경우 '의식을 잃은'을 뜻하는 보어로 형
용사 형태가 적절하다. 따라서 (b)가 정답이다.

어휘 bike helmet 자전거 헬멧 prevent v. 막다, 방지하다
crash n. 충돌 unconscious a. 무의식의, 의식 불명의

07. **해석** 버스기사들은 카드리더를 점검하는 것에서부터 승객들
이 원하는 매 정거장에 그들을 하차시켜주는 일까지 혼
자서 많은 일을 해야 한다.

해설 'from A to B' 구문이다. 이 때 to는 전치사이므로 그 뒤
에 동명사가 와야 한다. 따라서 (b) dropping off가 적
절하다.

어휘 check up 대조하다, 점검하다 passenger n. 승객
drop off 배달하다, (가는 도중에) 내려 주다

08. **해석** 그 소년이 당시에 가장 필요로 했던 것은 부모들로부터
의 격려였다.

해설 문맥상 '격려'라는 의미의 명사어구가 와야 한다. 따라
서 정답은 (b) encouragement이다.

어휘　encourage v. 격려하다

09.　해석　인터넷은 지구촌 형성에 가장 필수적인 것이다.

해설　정관사 뒤이므로 문법적으로 명사가 들어갈 수 있다. 문맥상 단순히 '모양'을 의미하는 것이 아니므로 (a) shape는 적절하지 않다. 동적인 의미로 '모양을 형성하는 것'이기 때문에 (c) shaping이 적절하다.

어휘　essential a. 필수적인　global village 지구촌
shape v. 형성하다, 모양 짓다

10.　해석　(a) A: 새로운 보금자리 어떻게 생각해?
(b) B: 좋기는 한데 지붕을 수리해야 할 것 같아.
(c) A: 지붕에 문제 있어?
(d) B: 비가 오면 빗물이 새.

해설　(b)의 but 뒤에 이어지는 문장에서 주어로 쓰인 the roof는 '수리되어야'하므로 수동태인 to be fixed나 fixing이 적절하다.

11.　해석　(a) A: 나랑 방 같이 쓰는 거 어때?
(b) B: 좋아. 사실 룸메이트 찾고 있었거든.
(c) A: 언제 이사 들어갈까?
(d) B: 언제든지 좋아.

해설　전치사 뒤에 동사원형을 쓰는 것은 문법적으로 옳지 않다. 동사가 오려면 동명사 형태가 되어야 한다. 그러므로 (a)에서 share를 sharing으로 바꾸어야 한다.

어휘　share v. (방 등을) 공유하다, 함께 쓰다

12.　해석　(a) A: 주말에 계획 있니?
(b) B: 특별히 없어.
(c) A: 그럼 내 생일파티에 올래?
(d) B: 응, 그러고 싶어. 초대해 줘서 고마워.

해설　B는 초대를 받은 입장이므로 '나를 초대해 줘서 고맙다'는 의미로 (d)를 Thanks for inviting me로 바꾸어야 한다. 여기서 의미상의 주어는 화자가 아닌, 말을 듣는상대방이다.

13.　해석　(a) 예를 들어 심한 다리 통증에 대한 말초적인 차단은 마비를 야기할 위험을 안고 있다. (b) 환자는 움직일 수 없을 정도로 심한 통증을 겪고 있을지도 모른다. (c) 그러한 경우 신경을 죽임으로써 그 고통을 멈추는 것은 동정 어린 조치일지도 모른다. (d) 신경조직붕괴 주사는 환자에게 고통 없이 그리고 삶의 질을 해하지 않고 눈을 감을 수 있는 최선의 기회를 주려고 할 때에 실행 가능한 옵션이다.

해설　(c)에서 '신경을 죽임으로써'의 의미가 되기 위해서는 by deadening nerves가 적절하다.

어휘　peripheral a. 말초적인　severe a. 심각한
paralysis n. 마비　deaden v. 죽이다
compassionate a. 연민의, 동정 어린
trade-off 균형　neurolytic a. 신경조직 붕괴의
agony n. (극도의)고통
viable a. 실행 가능한　injection n. 주사
compromise v. 타협하다, 위태롭게 하다

14.　해석　(a) 많은 사람들이 세계의 모든 문제들에 대해 생각할 때 무기력하다고 느낀다. (b) 그들은 자신의 노력이 진정한 변화를 일으키기에 충분할 수 있다고 생각하지 않는다. (c) 이것은 참 안타까운 일이다. 왜냐하면 한 사람을 돕는 것이 진정으로 차이를 일으킬 수 있기 때문이다. (d) 이는 너무 순진하거나 혹은 진부한 것 처럼 들릴 수도 있지만 당신이 다른 사람을 위해 좋은 일을 하면 그 사람도 다른 사람을 위해 무언가 좋은 일을 할 것이기 때문이다.

해설　(c)의 because절의 주어는 help이고 동사는 can이다. 동사가 주어가 되기 위해서는 명사형이 되어야 하므로 help는 동명사형인 helping이 되어야 한다. help가 주어로 쓰이려면 동명사의 형태가 되어야 한다.

어휘　helpless a. 무기력한　shame n. 수치, 유감
naive a. 순진한　corny a. 진부한

Exercise Answer Keys

A 01. **to turn** 02. **smoking, catching**
03. **There is** 04. **not to hear** 05. **knowing**
06. **to teach** 07. **to taking** 08. **to take**
09. **improving** 10. **writing** 11. **working**
12. **telling** 13. **settling** 14. **being**
15. **skating**

B 01. **to making → to make**
02. **to lend → lending**
03. **informing → to inform**
04. **equal to do → equal to doing**
05. **to take → to taking**
06. **to change → to changing**
07. **to fix → to fixing** 08. **to have → having**
09. **waking → to wake**
10. **to see → to seeing**

A

01. 해석 이런, 전등 끄는 것을 잊어 버렸네.
해설 forget은 to부정사와 동명사 모두 취할 수 있다. to부정사는 '미래에 ~해야 할 것'을 잊어버린 것인 반면, 동명사는 '과거에 ~했어야 할 것'을 잊어버린 경우에 사용한다. 문맥상 미래에 관한 내용이므로 to부정사를 사용해야 한다.
어휘 turn off (전등 등을)끄다

02. 해석 나는 담배를 끊어야 한다. 그 이유는 내가 산행을 할 때 숨을 헐떡이는 것을 멈춰야 하기 때문이다.
해설 stop은 동명사와 to부정사를 목적어로 수반할 수 있는데 문맥상 '숨을 헐떡이는 것을 멈추다'가 되어야 하므로 동명사가 적절하다. 따라서 smoking과 catching이 된다.
어휘 catch one's breath 숨이 헐떡이다

03. 해석 미래에 무슨 일이 일어날지 아는 것은 불가능하다.
해설 'there's no ~ing'는 '~하는 것은 불가능하다'라는 의미로 사용되는 관용구이다. 문맥상 미래를 예측하는 것은 불가능하다는 의미이므로 there is no knowing이 올바른 표현이다.
어휘 in the future 미래에

04. 해석 그녀는 내가 한 말을 못들은 체 했다.
해설 pretend는 to부정사를 목적어로 수반하는 동사이다. 또한 to부정사를 부정하기 위해서는 to 앞에 not을 쓰면

된다. 따라서 not to hear가 올바른 표현이다.
어휘 pretend v. ~인체 하다

05. 해석 그는 계획에 대해서 아는 것을 부인한다.
해설 deny는 동명사를 목적어로 취하는 동사이다. 따라서 knowing이 적절하다.

06. 해석 나는 이번 주말에 Sarah에게 운전을 가르쳐 주기로 동의했다.
해설 agree는 to부정사를 목적어로 수반하는 동사이다. 따라서 to teach가 올바른 표현이다.

07. 해석 산책하는 게 어때?
해설 'What do you say to ~ing?'는 '~할까?'라는 관용적 표현이다. 이때 to는 전치사로서 동명사를 목적어로 수반해야 한다.
어휘 take a walk 산책하다

08. 해석 그녀는 이방인이 건네 준 돈을 받기를 거부했다.
해설 refuse는 to부정사를 목적으로 수반하는 동사이다. 따라서 refuse to take가 올바른 표현이다.
어휘 refuse v. 거부하다   offer v. 제공하다
stranger n. 외부인, 이방인

09. 해석 새로운 규정은 우리의 물 공급을 개선하는 결과를 낳을 것이다.
해설 lead to는 동명사를 목적으로 수반하여 '~의 결과를 가져오다'는 의미로 사용된다. 따라서 improving이 적절하다.
어휘 regulation n. 개정   improve v. 개선하다
water supply 물 공급

10. 해석 그녀는 편지 쓰느라 바쁘다.
해설 '~하느라 바쁘다'는 표현은 'busy ~ing'이다. 따라서 writing이 올바른 표현이다.

11. 해석 오늘을 일하고 싶지 않네.
해설 '~하고 싶다'는 표현은 'feel like ~ing'이다. 따라서 working이 올바른 표현이다.

12. 해석 처음에 나는 학생들을 구별하기가 어려웠다.
해설 '~하는데 어려움을 겪다'는 표현은 'have difficult ~ing'이다. 따라서 telling이 정답이다.
어휘 tell A from B A와 B를 구별하다

13. 해석 우리는 퇴직 후 그곳에 정착하기 위해 그 집을 구매하였다.
해설 '~하기 위해서'라는 표현은 'with a view to ~ing'이다. 따라서 settling이 정답이다.
어휘 retirement n. 퇴직

14. 해석 나는 그가 매일 지각하는 걸 이해할 수 없다.
해설 understand는 동명사를 목적어로 수반하는 동사이다.
따라서 being이 정답이다.

어휘 understand v. 이해하다

15. 해석 나는 스케이트보다 스키 타는 것을 더 좋아한다.
해설 prefer는 동명사나 to부정사를 모두 목적어로 수반할
수 있다. 다만, to부정사를 목적어로 사용하는 경우에는
비교의 to 대신 rather를 사용한다. 또한 비교의 대상은
동일해야 하므로 skiing에 대응하는 skating이 정답이
다.

어휘 prefer A to B B보다 A를 더 선호한다

B

01. 해석 특별한 컴퓨터는 매우 신중한 업무를 하기 위해서 사용
된다.
해설 'be used to~'는 ~에 '익숙하다'는 의미로 쓰일 때에
는 (동)명사를 목적어로 수반한다. 그러나 주어진 문제
는 use(사용하다)의 수동태로 사용된 것으로서 목적,
의도 의미의 to 부정사로서 사용된 것이다. 따라서 to
making을 to make로 바꾸어야 한다.

어휘 deliberate a. 신중한, 계획적인, 의도적인

02. 해석 나는 내 학급 친구들에게 많은 돈을 마지못해 빌려준
것을 후회한다.
해설 regret는 to부정사와 동명사를 모두 목적어로 수반할
수 있다. to부정사는 본동사의 시제보다 이후 상황(미
래)을 의미하고, 동명사는 이전 상황(과거)을 의미한다.
문맥상 돈을 빌려주었던 것을 후회한다는 의미이므로
to lend를 lending으로 바꾸어야 한다.

어휘 reluctant a. 거리끼는, 마지못한, 주저하는

03. 해석 우리는 당신이 그 자리에 적합하지 않다는 것을 알려드
리게 되어 유감입니다.
해설 regret는 to부정사와 동명사를 모두 목적어로 취할 수
있다. to부정사는 본동사의 시제보다 이후 상황(미래)을
의미하고, 동명사는 이전 상황(과거)을 의미한다. 문맥
상 '그 직장 자리에 적합하지 않다는 것을 알려준다'는
의미이므로 informing을 to inform으로 바꾸어야 한다.

어휘 inform v. 알려 주다, 고지하다   eligible a. ~을 할 수 있는

04. 해석 그 종업원은 그 일을 할 능력이 있다.
해설 'be equal to~'는 '~할 능력이 있다'는 의미이다. 따라
서 equal to do를 equal to doing으로 바꾸어야 한다.

05. 해석 그녀의 여동생은 그와 함께 산책하는 것을 거부했다.
해설 '~에 반대하다'는 의미의 'object to'는 동명사를 목적
으로 취한다. 따라서 to take를 to taking으로 바꾸어야
한다.

어휘 object v. 반대하다   take a walk 산책하다

06. 해석 그들은 자신들의 결정을 변경하는 것을 반대한다.
해설 '~하는 것에 반대하다'는 의미의 'be opposed to'는
동명사를 목적어로 취한다. 따라서 to change를 to
changing으로 바꾸어야 한다.

어휘 decision n. 결정

07. 해석 장난감 고치는 것에 대해서 나는 아무것도 모른다.
해설 'when it comes to~'는 '~에 관해서'라는 의미이다. 이
때 to는 전치사로서 (동)명사구를 목적어로 취한다. 따
라서 to fix를 to fixing으로 바꾸어야 한다.

어휘 fix v. 고치다, 고정하다

08. 해석 그 교수님은 그 프로젝트를 끝냈다고 말했다.
해설 mention은 동명사만을 목적어로 취한다. 따라서 to
have를 having으로 바꾸어야 한다.

어휘 mention v. 언급하다

09. 해석 내일 아침 5시에 날 깨워주는 걸 기억해 주세요.
해설 remember는 to부정사와 동명사를 모두 목적어로 취할
수 있다. to부정사는 본동사의 시제보다 이후 상황(미
래)을 의미하고, 동명사는 이전 상황(과거)을 의미한다.
문맥상 내일 아침에 깨워 달라는 의미이므로 waking을
to wake로 바꾸어야 한다.

어휘 wake up 깨워 주다

10. 해석 우리는 당신을 다시 뵙기를 기대하고 있습니다.
해설 'look forward to'는 '~을 학수고대하다, 기대하다'는 의
미이며 이때 to는 전치사로서 (동)명사(구)를 목적어로
취한다. 따라서 to see를 to seeing으로 바꾸어야 한다.

Practice TEST Answer Keys

**01.(a) 02. (c) 03. (a) 04. (c) 05. (a) 06. (b)
07. (a) 08. (a)**

01. 해석 A: Martha, 이번 토요일에 뭐할 거니?
B: 수학 공부 좀 하려고. 감기 때문에 3일간 학교에 결
석했거든.
해설 would love는 to부정사를 목적어로 취하므로 (a) to
catch가 정답이다.

02. 해석 A: 몇몇 창문이 밤새 열려 있더라. 다시는 이런 일이 없
도록 해.
B: 이상하네. 모든 문과 창문을 잠근 기억이 분명히 나
는데.
해설 빈칸에 동명사를 쓸 것인가 to부정사를 쓸 것인가를 묻
는 문제이다. 빈칸 앞에 나온 동사 remember는 동명사
와 to부정사 모두 목적어로 수반할 수 있는 동사이다.
동명사가 올 경우는 과거에 '~했던 것을 기억하다'의 의
미가 되고, to부정사가 올 경우에는 미래에 '~해야 할

것을 기억하다'의 의미가 된다. 문제에서 문과 창문을 잠근 것은 이미 발생한 일이므로 동명사인 (c)가 적절하다.

어휘 weird a. 이상한　clearly adv. 분명히, 선명하게

03. 해석 A: 그는 어떻게 계속 살인 사건에 연루된 것을 부인할 수가 있지?
B: 글쎄 말이야. 모든 증거가 그가 유죄라는 걸 보여주고 있는데 말이야.

해설 'deny, enjoy, keep, mind, avoid, finish, consider, quit, discuss' 등의 동사는 동명사를 목적어로 수반한다. 따라서 (a) being이 적절하다.

어휘 deny v. 부정하다　be involved in ~에 연루되다
murder n. 살인　evidence n. 증거

04. 해석 그녀는 5년간 영어공부를 해오고 있지만, 여전히 영어로 설명하는 데에는 어려움이 있다.

해설 동명사의 관용적 구문을 묻는 문제이다. 'have trouble[difficulty/a hard time]'은 동명사가 뒤따라오며 '~하는데 어려움을 겪다'의 의미를 갖는다. 따라서 (c) explaining이 적절하다.

어휘 explain v. 설명하다

05. 해석 그가 담배를 끊는 것은 불가능해 보인다.

해설 타동사 quit은 동명사를 목적어로 수반해야 하므로 정답은 (a) to quit smoking이다. 주어진 문제에서의 it이 가주어이므로 진주어로는 to부정사를 써야 하는 점도 기억해 두자.

어휘 impossible a. 불가능한

06. 해석 프랑스는 아프카니스탄에 추가파병을 거부했다.

해설 동사 refuse는 목적어로 'to + 동사원형'을 수반한다. 또한 추가파병을 하는 주체인 주어가 프랑스이므로 능동태가 적절하다. 따라서 정답은 (b) to send이다.

07. 해석 그는 자신이 유괴한 여자를 살해한 것을 인정하지 않았다.

해설 법정에서나 격식을 차린 상황에서 '~을 인정하다'의 뜻으로 admit -ing가 사용된다. 따라서 (a) admit killing이 적절하다. (b) admit of는 '여지가 있다, 허용하다'의 의미이므로 문맥상 적절하지 않다. (c),(d)는 여자를 살해한 것을 긍정하는 내용이 되므로 적절하지 않다. 참고로 deny는 동명사를 목적어로 수반해야 하기 때문에 (d)는 문법적으로도 틀린 구문이다.

08. 해석 연구에 따르면 연방직원들은 매일 출근하는데 1900만 달러를 소비한다고 한다.

해설 spend의 용법을 묻는 문제이다. spend는 사람을 주어로 취하며, 목적어로 시간을 쓰고 그 뒤에 동명사를 수반한다. 따라서 정답은 (a)이다.

어휘 drive to work 운전해서 출근하다

01. **(c)**　02. **(a)**　03. **(b)**　04. **(d)**　05. **(d)**　06. **(b)**
07. **(c)**　08. **(d)**　09. **(c)**　10. **(c)**　11. **(d)**　12. **(a)**
13. **(d)**　14. **(a)**　15. **(c)**

01. 해석 A: Martin은 최종 보고서를 완성하느라 아직 바빠.
B: 곧 마감이라서 그는 서둘러야 해.

해설 동명사 관용구문을 묻는 문제이다. '~하느라 바쁘다'는 뜻의 'be busy ~ing' 형태의 동명사 관용구문을 묻는 문제이다. 따라서 (c)가 적절하다.

어휘 complete v. 완성하다, 끝내다
be busy ~ing ~하느라 바쁘다

02. 해석 A: 네가 직장에 있는 동안 도와 줄 사람을 찾았니?
B: 응. 어머니가 애들을 봐주기로 하셨어.

해설 동사 offer와 help의 용법을 묻는 문제이다. offer은 목적어로 to부정사를 수반한다. 따라서 (a)가 적절하다.

03. 해석 A: 벌써 마음 정했니?
B: 응. 공간 디자인학 공부를 하기로 결정했어.

해설 decide 뒤에는 'to+동사원형'이 온다. 또한 이제부터 공부를 계속하기로 결정했다는 뜻이므로 문맥상 과거인 'to have studied'가 나올 수 없다. 따라서 (b) to study가 적절하다.

어휘 make up one´s mind 마음먹다, 결정하다

04. 해석 A: Sarah, 처리해야 할 일이 너무 많아서 오늘 저녁 회의는 참석하지 않을까 합니다.
B: 괜찮아요. 제가 어떻게든 처리할게요.

해설 타동사 consider는 목적어로 동명사를 수반한다. 따라서 to부정사인 (a)와 (b)는 정답이 될 수 없다. 또한 동명사를 부정하려면 동명사 바로 앞에 부정어가 위치해야 하므로 정답은 (d)이다.

어휘 take care of 돌보다, 처리하다

05. 해석 A: 영화 보는 거 반대하니?
B: 아니요, 괜찮습니다.

해설 '반대하다'의 뜻을 가진 동사 object의 용법에 관한 문제이다. object는 자동사로서 전치사 to를 수반하거나, 타동사로 쓰여 that이 이끄는 명사절을 목적어로 수반하기도 한다. 여기서 주의할 것은 to가 to 부정사가 아니라 전치사라는 것이다. 따라서 to 다음에는 부정사가 아닌 동명사가 와야 한다. (d) to watching이 적절하다.

어휘 object to ~ing ~에 반대하다

06. 해석 잘잘못을 따지려고 할 이유가 없다.

해설 'There is no point in ~ing'는 '~할 이유가 없다'는 의미의 관용적 표현이다. 따라서 빈칸에 들어갈 말은 (b) in trying이다.

어휘 place the blame 잘잘못을 따지다

07. **해석** 기업 비밀을 사거나 파는 사람은 기소될 위험을 감수한다.

해설 risk는 목적어로 동명사를 수반한다. prosecute는 '기소하다'를 뜻하는 타동사이므로 수동태가 되어야 내용상 적절하다. 따라서 (c) being prosecuted가 정답이다.

어휘 risk v. 위험을 각오하고 감히 ~하다
prosecute v. 기소하다

08. **해석** 그들은 동물원에서 동물에게 먹이 주는 것이 금지되어 있다.

해설 '허락하다, 허가하다'의 뜻을 가진 동사 allow의 용법에 대한 문제이다. allow는 [allow+목적어+to부정사]의 형태로 사용되어, '~에게 ~할 것을 허락하다'라는 의미를 나타내거나, 명사나 동명사를 목적어로 수반하여 '~을 허용하다'의 뜻으로 사용된다. 또한 that절을 목적어로 수반하여 '~하는 사실을 인정하다'의 뜻을 나타내기도 한다. 주어진 문제에서는 '~을 허용하다'의 뜻이 적절하므로 동명사가 쓰인 (d)가 정답이다.

어휘 allow v. 허락하다, 허가하다
zoo n. 동물원 feed v. ~에게 음식을 주다, 영양을 공급하다

09. **해석** Martha가 남자친구와 헤어진 사실을 알려주게 되어 유감이야.

해설 동사 regret의 쓰임에 관한 문제이다. regret은 목적어로 동명사를 취하면 '이미 벌어진 일에 대한 유감의 표시'이고 to 부정사를 취하면 '~하게 되어 유감이다'의 뜻으로 쓰인다. 주어진 문제는 Martha와 남자친구가 헤어진 것을 알려주는 상황이므로 (c) to inform을 써야 한다.

어휘 break up with ~와 헤어지다

10. **해석** 내가 차를 집에 놓고 오자고 안 그랬니? 이 교통체증 어떻게 할 거야?

해설 동사 suggest는 동명사의 의미상 주어로 소유격을 취하는 것과 달리, that절을 바로 취하거나 –ing를 목적어로 취한다. 따라서 정답은 (c)이다.

어휘 suggest v. ~을 제의하다, 건의하다
traffic jam 교통체증

11. **해석** (a) A: 미안하지만 너랑 등산 갈 수 없을 것 같아.
(b) B: 왜 안돼?
(c) A: 부모님이 내일 집에 오신대.
(d) B: 진정해. 다음 기회를 계획하자.

해설 (d)에서 go는 전치사 on의 목적어이므로 동명사 going이 적절하다.

어휘 go hiking 등산가다, 하이킹 가다

12. **해석** (a) A: Joseph, 볼만한 비디오 없어?
(b) B: TV에서 "아마존의 눈물"이라는 다큐멘터리를 본 적이 있니?
(c) A: 아니. 그런데 TV 다큐멘터리에서 가장 높은 평가를 받았다고 들었어.
(d) B: 맞아. 내가 그 DVD 갖고 있으니 내 방에서 함께 보자.

해설 (a)에서 worth는 뒤에 동명사를 써서 '~할 가치가 있다'라는 뜻을 나타낸다. 따라서 worth to watch를 worth watchig으로 바꾸어야 한다. to부정사를 쓰려면 'worthwhile to 부정사'로 써야 한다.

13. **해석** (a) A: Parker씨, 당신의 프리젠테이션은 정말 인상적입니다.
(b) B: 감사합니다. 당신이 만족하신다니 기쁩니다.
(c) A: 며칠 후에 저희 결정을 알려드리겠습니다.
(d) B: 그럼, 좋은 소식 기다리겠습니다.

해설 전치사 to에 관한 문제이다. (d)에서 'look forward to – ing'는 '~을 기대하다'는 뜻이 된다. 따라서 to hear를 hearing으로 바꾸어야 한다.

어휘 decision n. 결정 look forward to ~ing ~을 기대하다

14. **해석** (a) 질문이 있거나 걱정이 있으시면 주저하지 마시고 주치의 사무실에 전화하세요. (b) 만약 새로운 증상이나 문제를 발견하면 주치의에게 바로 알려주세요. (c) 며칠 후에 당신의 증세가 호전되었다고 느끼더라도 모든 치료단계에 따르도록 하세요. (d) 치료과정에 변화를 주지 마시고 주치의와 상의 없이 치료를 중단하지 마십시오.

해설 동사의 목적어에 관한 문제이다. (a)에서 hesitate는 to부정사를 목적어로 취하므로 calling을 to call로 바꾸어야 한다.

어휘 symptom n. 증상
follow through with ~을 끝내다
treatment n. 치료, 처치

15. **해석** (a) 때때로 몸무게를 줄였다가 다시 오랜 식습관으로 돌아간 사람은 결국 몸무게가 이전보다 더 늘어난 사실을 알게 된다. (b) 매일 끊임없이 우리가 보는 광고들과는 반대로 매직 다이어트는 없으며 체중을 줄이는 것은 쉬운 일이 아니다. (c) 체중을 줄이고 계속 유지시키는 유일하고 확실한 방법은 생활방식을 바꾸는 것이다. (d) 당신은 영구적으로 당신의 식습관을 바꾸고 계속 활동적으로 살아야 한다.

해설 (c)의 'key to'에서 to는 전치사이다. 전치사 뒤에는 (동)명사가 와야 하므로 lose를 losing으로 바꾸어야 한다. '명사 + to ~ing' 구조는 'answer/solution to ~ing' 와 '~에 반대' 라는 의미의 'objection반대/ reluctance 거리낌/aversion혐오 to +동(명사)'도 함께 알아두자 .

어휘 lose weight 체중이 줄다 commercial n. 광고
bombard v. 폭격하다 life style 생활방식
permanently adv. 영구적으로

Exercise Answer Keys

A 01. written 02. humiliated
03. tiring, exhausted 04. student-leading
05. drowning 06. understood 07. lying
08. enjoying 09. shut 10. sleeping
11. fixed 12. touching, missing 13. fallen
14. hiding 15. retired

B 01. dressing → dressed
02. boiling → boiled
03. interested → interesting
04. grown → growing
05. attended → attending
06. to run → running
07. bewildering → bewildered
08. standing woman → woman standing
09. stand → standing
10. belonged → belonging

A

01. 해석 나는 글씨가 파란색 종이에 쓰여진 것을 발견했다.
해설 letter를 수식하는 write의 올바른 형태를 묻는 문제이다. 문맥상 '편지가 쓰여진 것'이므로 수동의 의미를 갖는 과거분사가 적절하다. 따라서 정답은 written이다.

02. 해석 나는 일생을 통틀어 이처럼 모욕적인 느낌을 받은 적은 없었다.
해설 문맥상 '내가 모욕을 당한다'는 의미이므로 수동의 의미인 과거분사가 와야 한다. 따라서 정답은 humiliated이다.
어휘 humiliate v. 모욕하다, 굴욕감을 주다

03. 해석 나는 하루가 정말 힘들었기 때문에 집에 정말 가고 싶었다. 그리고 마침내 집에 기진맥진하여 도착했을 때 나는 즉시 잠자리에 들었다.
해설 문맥상 '힘든 날이었다'는 의미로 의미상의 주어인 day를 수식해야 하므로 능동의 의미인 현재분사 tiring을 사용해야 하고, 문맥상 '내가 기진맥진했다'는 의미이므로 수동의 의미인 과거분사 exhausted를 사용해야 한다.
어휘 turn in 안으로 휘다, 잠자리에 들다

04. 해석 학생들이 주도하는 항의시위는 그 나라를 고착상태에 빠뜨렸다.
해설 문맥상 '학생들이 주도한다'는 의미이므로 능동의 의

미를 갖는 현재분사를 사용해야 한다. 따라서 정답은 student-leading이다.
어휘 student-leading 학생주도의   protest n. 항의(시위)
standstill n. 정지, 멈춤, 고착상태

05. 해석 물에 빠진 사람은 지푸라기라도 잡을 것이다.
해설 문맥상 '물에 빠진 사람'이라는 의미이므로 현재분사가 적절하다. drowned는 '물에 빠져 죽은'이라는 의미이므로 정답이 될 수 없다. 따라서 정답은 drowning이다.
어휘 straw n. 지푸라기

06. 해석 그녀는 영어로 자신의 의사를 남에게 이해시키지 못했다.
해설 make oneself understood는 관용적인 표현으로서 자신의 말 또는 의사를 다른 사람에게 이해시키지 못한다는 의미이다. 따라서 정답은 understood이다.

07. 해석 나는 일광욕을 즐기는 우리 고양이를 발견하였다.
해설 문맥상 현재분사의 의미상의 주어인 '고양이가 누워있는 것'이므로 lying이 올바른 표현이다. laying은 lay (놓다)의 현재분사로서 '놓여 있는'이라는 의미로서 문맥상 적절하지 않다. 따라서 정답은 lying이다.
어휘 lie v. 눕다, 거짓말하다   lay v. 눕히다, 놓다

08. 해석 나는 손님들이 내가 만든 케이크를 즐기는 것을 보고 행복했다.
해설 지각동사는 목적보어로서 원형부정사 혹은 현재분사를 취한다. 따라서 정답은 enjoying이다.
어휘 enjoy v. 즐기다

09. 해석 우리는 하루 종일 모든 창문을 닫아놓았다.
해설 문맥상 '창문은 닫혀있다'라는 의미로서 의미상의 주어인 window를 수식하기 위해서는 수동의 의미인 과거분사가 와야 한다. 따라서 정답은 shut이다.
어휘 all day long 하루 종일

10. 해석 선생님은 수업시간에 졸고 있는 그를 발견하였다.
해설 문맥상 의미상의 주어인 '그가 졸고 있다'는 의미이므로 현재분사를 사용해야 한다. 따라서 정답은 sleeping이다.
어휘 catch v. 잡다, 발견하다

11. 해석 나는 이 테이프 녹음기를 즉시 고칠 것이다.
해설 문맥상 다른 사람으로 하여금 목적어인 녹음기를 고친다는 의미이므로 수동의 의미인 과거분사가 적절하다. 일반적으로 have는 사역동사로서 목적보어로 동사원형을 쓰지만, 목적어가 사람이 아닌 물건의 경우에는 의미상 수동의 의미가 되어 과거분사를 써야 한다. 따라서 정답은 fixed이다.

어휘 fix v. 고치다

12. 해석 그는 나에게 감동적인 감사의 편지를 써서 보냈다. 그리고 그 편지는 지금 사라진 상태이다.

해설 문맥상 편지가 감동적이라는 의미이므로 현재분사 touching이 적절하고, 그 편지가 사라진 것이므로 역시 현재분사 missing이 적절하다. touched는 사람이 '감동을 받은'이라는 의미이다.

어휘 touching a. 감동적인   missing a. 행방불명의, 사라진

13. 해석 운동장은 낙엽으로 뒤덮혀 있었다.

해설 문맥상 낙엽, 즉 떨어진 나뭇잎이라는 완료의 의미이므로 과거분사인 fallen leaves가 올바른 표현이다. falling leaves는 나뭇잎이 떨어지고 있다는 의미이므로 부적절하다. 따라서 정답은 (a) fallen이다.

어휘 fallen leaves 낙엽

14. 해석 그들은 동굴에 숨어 있던 미아를 발견하였다.

해설 문맥상 길 잃은 미아가 동굴에 숨어 있다는 의미이므로 현재분사 hiding이 올바른 표현이다. 따라서 정답은 hiding이다.

어휘 lost child 미아   hide v.숨다   cave n. 동굴

15. 해석 퇴직한 강사는 여전히 파트타임 강사로서 일을 한다.

해설 자동사 retire의 과거분사형인 retired는 '이미 퇴직한'의 완료의 의미를 갖는다. 따라서 retired lecturer는 퇴직한 강사를 의미한다. 이에 반해 retiring은 '퇴직하고 있는' 이라는 의미로서 문맥상 어울리지 않는다.

어휘 retire v. 퇴직하다
    part-time a. 시간제 근로의, 파트타임의

B

01. 해석 검은색 옷을 입고 있는 사람은 탐정이다.

해설 '검은색 옷을 입고 있다'는 표현은 'be dressed in black'이다. 따라서 dressing은 dressed로 바꾸어야 한다.

어휘 detective n. 탐정

02. 해석 나는 삶은 달걀보다는 스크램블 된 달걀을 더 좋아한다.

해설 문맥상 boiling eggs(끓는 달걀)는 어색한 표현이다. 삶은 달걀이라는 의미이므로 boiled eggs가 올바른 표현이다.

03. 해석 오늘 회의에서는 몇 가지 흥미로운 점들이 나타났다.

해설 interested는 '흥미를 갖는'이라는 의미이므로 문맥상 부적절하다. 몇 가지가 흥미롭다는 의미이므로 능동의 의미를 갖는 현재분사가 적절하다. 따라서 interested는 interesting으로 바꾸어야 한다.

04. 해석 우리는 더 많은 음식을 필요로 하는 가난한 사람들에 대한 커져가는 지원을 목격하였다.

해설 문맥상 지원이 계속 늘어나고 있다는 의미이지 이미 지원이 충분히 이루어졌다는 완료적인 의미는 아니다. 따라서 grown은 growing으로 바꾸어야 적절하다.

05. 해석 회의에 참석한 사람들은 차례차례 프리젠테이션을 하였다.

해설 문맥상 '회의에 참석한 사람들'이라는 의미이므로 과거분사 attended는 부적절하다. 오히려 사람들이 회의에 참석하는 능동적인 관계에 있으므로 attending으로 바꾸어야 한다.

06. 해석 그는 그 엔진이 돌아가게 두었다.

해설 앞으로 엔진을 돌리라는 의미가 아니라 엔진을 계속 돌아가게 둔다는 의미이므로 to run을 running으로 바꾸어야 한다.

07. 해석 많은 사람들은 기술혁신의 속도에 어리둥절해 했다.

해설 문맥상 사람들이 어리둥절해 하는 것이므로 bewildering은 수동의 의미를 갖는 과거분사 bewildered로 바꾸어야 한다.

어휘 bewilder v. 어리둥절하게 하다, 혼란스럽게 하다

08. 해석 문 앞에 서 계시는 여자 분이 내 이모다.

해설 분사가 다른 수식 어구에 의해 수식되는 경우에는 수식하는 명사의 뒤에 위치한다. 현재분사 standing은 at the door의 수식을 받으므로 woman의 앞이 아닌 뒤에 위치하여 woman standing이 되어야 한다.

09. 해석 나는 교회에서 Mary가 David Cho목사님 옆에 서 있는 것을 보았다.

해설 지각동사는 목적보어로서 원형부정사 혹은 분사를 취할 수 있다. 문맥상 Mary가 목사님 옆에 서 있다는 의미이므로 stand와 standing 둘 다 사용할 수 있다. 다만, standing은 화자가 목격하였을 당시에 서있는 진행 상태를 나타내기 때문에 standing이 정답이 된다.

어휘 pastor n. 목사   next to ~옆에

10. 해석 저것이 Green씨 소유의 저택이다.

해설 belong to는 '~의 소유이다'라는 의미이다. 문맥상 저택이 Green씨 소유라는 의미이므로 belonged가 아닌 현재분사인 belonging이 mansion을 수식해야 한다.

Practice TEST Answer Keys

01. (b)   02. (d)   03. (c)   04. (a)   05. (a)   06. (a)

07. (d)   08. (b)

01. 해석 A : Sarah의 남편이 다시 바람 피웠다는 사실 들었니?
    B : 아니, 저런. 사라가 지금 많이 상심했을거야.

해설 devastate는 타동사로 '황폐시키다, 압도하다, 망연자실하게 하다'라는 뜻이므로, Sarah가 주어인 주어진 문

제의 경우 '황폐하게 된, 망연자실해진'의 뜻이 되어야
하므로 과거분사인 (b)가 적절하다.

어휘　cheat on one's wife 아내를 속이고 바람을 피다
devastate v. 황폐시키다, (사람을)압도하다, 망연자실하게 하다

02.　**해석**　A: Martin이 그렇게 바쁜 이유를 아니?
B: 그는 그가 잃어버린 결혼반지를 찾기 위해 사무실을
샅샅이 찾고 있어.

　　해설　'잃어버린~'를 의미할 때 동사 miss의 형태는 '~ing'를
붙여 형용사형으로 쓴다. 따라서 (d) missing이 적절하
다.

　　어휘　comb v. 샅샅이 찾다

03.　**해석**　A: 너의 전시 계획은 뭐야?
B: 나는 몇몇 작품들을 안전한 전시구역에 진열하여 무
료로 모든 사람들이 볼 수 있게 하고 싶어.

　　해설　목적어가 some works이기 때문에 보어는 수동형의 의
미를 지닌 과거분사 (c)가 적절하다.

　　어휘　exhibition n. 전시회
display v. 전시하다, 보여주다
free of charge (for free) 무료로

04.　**해석**　A: 그가 매력적인 이유는 무엇입니까?
B: 아, 그는 영감 넘치고 유머감각있고 정렬적인 사람
이에요. 당신도 좋아할 거예요.

　　해설　분사의 올바른 형태를 고르는 문제이다. 분사가 형용사
적 용법으로 쓰일 때는, 꾸밈을 받는 명사를 기준으로
의미상 수동일 경우 과거분사, 능동일 경우 현재분사를
선택해야 한다. guy를 수식하는 inspire는 '영감을 고취
하다'는 뜻이므로, '다른 사람들에게 영감을 불어넣는'
이라는 능동의 뜻으로 현재분사 inspiring을 써야 한다.
마찬가지로 amuse도 '즐거움을 주는'이라는 능동의 뜻
으로 써야 하므로, 현재분사 amusing이 적절하다.

　　어휘　inspire v. 영감을 고취하다, 감동을 주다
amuse v. 즐겁게 하다, 웃기다　energetic a. 정렬적인

05.　**해석**　당신이 해야 할 것은 이름, 주소 및 주고자 하는 금액을
포함한 세부적인 사항을 기입하는 것이다.

　　해설　현재분사와 과거분사를 구별하는 문제이다. 현재분사
including은 목적어 앞에 쓰여 '~을 포함하여'의 의미를
나타내며, 과거분사 included는 목적어 뒤에 쓰여 '~이
포함되어'의 뜻을 나타낸다. 따라서 목적어 앞에서 '포
함하는' 뜻의 (a) including이 적절하다.

　　어휘　fill in 기입하다　detail n. 세부사항

06.　**해석**　저녁식사 후에 클래식 음악을 듣는 것은 항상 나를 편
안하게 만들어 준다.

　　해설　it은 가목적어이고 진목적어는 to listen 이하이다. 결국
빈칸에 들어갈 것은 저녁식사 후에 음악을 듣는 것이
어떠하다 것을 나타내는 형용사이다. 따라서 사람의 상
태를 표현하는 과거분사의 형태가 아니라 현재분사형
이 들어가는 것이 적절하다. 따라서 (a) relaxing이 정
답이다.

어휘　relaxing a. 사람을 편안하게 만드는

07.　**해석**　한국이 직면한 중요한 문제 중의 하나는 어떻게 이들을
고용하느냐 이다.

　　해설　face가 동사로 쓰이면서 '직면하다'라는 의미가 되는 경
우이다. 문맥상 시제는 현재형이 적절하며 한국이 직면
하고 있는 문제를 말하고 있으므로 능동의 facing이 정
답이다.

　　어휘　employ v. 고용하다

08.　**해석**　"테니스 엘보"라는 용어는 다수의 테니스 선수들이 겪
는 증상이기 때문에 명명된 것이다.

　　해설　동사 suffer는 자동사로도 쓰이고, 타동사로도 쓰이
지만 뜻이 다르게 쓰인다. 예를 들어 자동사로 쓰여서
'suffer from the symptom'하면 '그 증상으로부터 고생
하다'는 뜻이며, 타동사로 쓰여서 'suffer the symptom'
하면, '그 증상에 걸리다'는 뜻이다. 문제에서는 수식 받
는 명사 symptom은 '사람들에 의해 걸려 지는 증상'이
라는 문맥으로 쓰였다고 볼 수 있으므로, 수동의 의미
를 가진 타동사의 과거분사인 (b) suffered가 적절하다.

　　어휘　symptom n. 증상

Actual TEST Answer Keys

01. (c) **02. (a)** **03. (d)** **04. (b)** **05. (b)** **06. (b)**
07. (a) **08. (a)** **09. (a)** **10. (a)** **11. (d)** **12. (b)**
13. (c) **14. (d)** **15. (c)**

01.　**해석**　A: 저기, 왜 그렇게 빨리 가니?
B: 좀더 있고 싶지만 가야겠어. 내일 아침에 면접이 있
어.

　　해설　get은 동작을 나타내는 동사의 현재분사의 형태와 같이
써서 '~하기 시작하다'라는 의미를 나타낸다. 목적어와
-ing를 써서 '~를 ~하게 하다'라는 의미로 쓰인다. 따라
서 (c) going이 적절하다.

02.　**해석**　A: 침몰한 해군 함정에 관한 뉴스 들었니?
B: 응. 군 · 민 전문가들에 의한 합동 작전에 의한 구조
작업이 여전히 진행 중이야.

　　해설　민간 전문가와 군 전문가가 합동하여 작전을 하는 것
이므로 수동의 의미를 가지는 과거분사가 쓰여야 옳
다. 현재분사는 능동적인 의미를 갖는다. 예를 들면,
'sinking ship'은 '가라앉고 있는 배'이지만 'sunken
sinp'은 '가라앉은 배'라는 의미이다. 따라서 동사
combine은 (a) combined의 형태가 되어야 적절하다.

　　어휘　rescue v. 구조하다　in progress 진행 중인
expert n. 전문가

03.　**해석**　A: 이 파일을 인쇄할 곳이 있나요?
B: 네. 바로 저 모퉁이에 Kinkos라는 이름의 속성 프린
트 가게가 있어요.

해설 name은 앞의 명사 shop을 수식하므로 과거분사 형태가 적절하다. 따라서 정답은 (d) named이다.

04. **해석** A: 그녀에 대해서 어떻게 생각하시는지요?
B: 음, 그녀는 유창한 연사이며 그녀의 주장은 꽤 설득력 있다고 생각합니다.

해설 빈칸은 be 동사의 보어로 형용사가 와야 하는 자리이다. '확신시키는, 설득력이 있는'이라는 의미의 (b) convincing이 정답이다. (a)convinced는 사람이 주어로 나왔을 때 적절하지 않고, (c)는 부사, (d)는 동사이므로 정답이 될 수 없다.

어휘 eloquent a. 웅변을 잘 하는, 유창한
argument n. 주장, 논쟁

05. **해석** A: 이 드레스가 나에게 정말 잘 어울린다고 생각하지 않니?
B: 와우. 나로선 그런 대담한 스타일을 입은 모습을 상상할 수도 없지.

해설 목적격 보어로 쓰이는 분사에 관한 문제이다. 목적어의 입장에서 능동인지 수동인지를 결정해야 하는데 내가 옷을 입는 것이므로 능동이다. 따라서 정답은 현재분사인 (b) wearing이다.

어휘 flamboyant a. 대담한, 이색적인, (색상이)화려한

06. **해석** 요즘 우리는 집값이 2~3년 내에 곤두박질 칠 것이라는 얘기를 듣곤 한다.

해설 주어진 문제에서는 that 이하가 말해지는 것을 들었다는 의미이므로 수동의 과거분사 (b) said가 정답이다. it은 that절 이하를 지칭하는 가목적어이다.

어휘 slump v. 급락(폭락)하다, 털썩 주저앉다
sharply adv. 급격하게

07. **해석** 우리는 이것이 즉각적인 주의를 필요로 하는 우려할만한 상황이라고 믿는다.

해설 빈칸은 situation을 수식해야 할 어구가 와야 하므로 worry, worries는 답이 될 수 없다. 또한 의미상 situation이 (사람들을) 근심하게 만드는 것이므로 능동, 즉 현재분사인 (a) worrying을 써야 한다.

어휘 urgent a. 긴급한, 시급한   attention n. 주의, 주목

08. **해석** 전례 없는 그 점수는 그녀의 오랜 동안의 힘겨운 훈련의 결과였다.

해설 score를 수식하는 accomplish의 올바른 형태를 찾는 문제이다. 문맥상 accomplish의 주어는 그녀가 점수를 획득한 것이므로 score를 수식하는 accomplish는 수동형이 되어야 한다. 따라서 정답은 (a) accomplished이다.

어휘 accomplish v. 이루다, 달성하다   result n. 결과

09. **해석** 달러가 빠져 나가기 시작할 수도 있다는 우려가 커지는 가운데 한국 증권시장은 오일머니의 유입을 반기고 있다.

해설 grow는 '증가하다'라는 의미의 자동사로도 쓰인다. concern을 꾸며주기 위해서는 현재분사 (a) growing이

적절하다.

어휘 stock market 증권시장   inflow n. 유입
concern n. 걱정, 우려   amid prep. ~의 한가운데에

10. **해석** 한국에서 가장 큰 개인 소유의 놀이공원인 에버랜드는 용인에 있다.

해설 회사는 소유 되는 것이지 소유하는 것이 아니므로 own은 수동형이 되어야 한다. 그리고 동사를 수식하기 위해 앞에는 부사가 와야 한다. 따라서 정답은 (a) privately-owned이다.

어휘 amusement park 놀이공원   privately adv. 개인으로서
owned a. (복합어를 이루어) ~가 소유하는

11. **해석** (a) A: 그 정보 분석을 완료했니?
(b) B: 아직인데. 왜? 급한 일이야?
(c) A: 응. 진짜 급해. 좀 서둘러 주라.
(d) B: 알았어. 내가 뭔가를 알게 되면 알려 줄게.

해설 동사의 형태에 관한 문제이다. post는 '~에게 최근의 정보를 알리다'라는 뜻이 있다. keep의 경우, 목적어와 목적보어의 관계에 따라 현재분사 혹은 과거 분사가 달리 사용된다. 그 관계가 능동의 관계이면 현재분사가 쓰이고, 수동의 관계이면 과거분사가 사용되어야 하는데, you의 입장에서 보면 정보를 받는 것이므로 수동의 뜻을 지니는 과거분사가 쓰여야 한다. 따라서 문장 (d)의 뒷 부분은 I'll will keep you posted로 바꾸어야 한다.

어휘 analyze v. 분석하다   urgent a. 시급한, 긴급한
post v. ~에게 최근의 정보를 알리다

12. **해석** (a) A: 돌아가려면 어떤 버스를 타야 하는지 아세요?
(b) B: 택시를 타죠. 지금은 버스가 다니지 않습니다.
(c) A: 이런. 저는 택시요금을 낼만한 돈이 없어요.
(d) B: 걱정 마세요. 제가 낼 수 있을 것 같아요.

해설 (b)에서 run은 '(일정 시간을 두고 주기적으로) 다니다'라는 뜻으로, 앞에 있는 bus를 꾸미므로 현재분사형 running을 써야 한다.

어휘 taxi fare 택시요금

13. **해석** (a) A: 저는 댄스수업을 시작했어요. 근데, 어떻게 해야 할지 모르겠어요.
(b) B: 왜요? 문제가 뭔데요?
(c) A: 음, 제 생각에 수업은 즐겁지만 동시에 매우 어려운것 같아요.
(d) B: 너무 어렵게 생각 말아요. 일단 적응하면 쉬워져요.

해설 (c)에서 주어 it이 직접 너무 많은 것을 요구한다는 뜻이 되므로 demanded를 demanding으로 바꾸어야 한다. 주어가 '사물이나 상황'이기 때문에 수동형만 쓰이는 것은 아니다.

어휘 get used to (동)명사 ~에 익숙해지다
demanding a. 까다로운

14. **해석** (a) 당신이 성가신 팝업 없이 인터넷 서핑을 할 수 있다고 상상해 보세요. (b) AdsCleaner와 함께라면 성가신

팝업 없이 인터넷이 필요한 시간을 소비할 수 있습니다. (c) 소프트웨어를 설치하시고 나면 그 소프트웨어가 인터넷 익스플로러의 핵심부분이 되어 환상적인 일을 시작하는 것을 목격하시게 될 것입니다. (d) 당신은 이 소프트웨어가 여러 가지 특징과 매우 많은 사용처를 제공하는 것을 알게 되면 놀라시게 될 것입니다.

해설 일반적으로 감정을 나타내는 동사를 분사로 나타낼 때 사람이 주어이면 과거분사를 쓰고 사물이 주어이면 현재분사형을 쓴다고 단순히 분리하는 방법은 항상 정답이 아닐 수도 있다. 좀 더 정확하게 분류하는 방법은 주어가 그 감정을 일으키는 것인지 아니면 그 감정을 직접 느끼는 주체인지에 따라 결정된다고 보는 것이다. (d)에서 놀라움을 느끼는 주체는 사람들이므로 surprising 대신에 surprised가 적절하다.

어휘 annoying a. 성가신   integral a. 필수불가결한
feature n. 특징, 장치

15. 해설 (a) 공격의 가장 큰 목표는 터치다운을 하는 것이다. (b) 터치다운을 하기 위해서 선수는 반드시 공을 가지고 상대편의 골라인을 지나거나 엔드 존에서 패스를 받아야 한다. (c) 또한 팀은 자신의 엔드 존에서 상대편 소유의 공에 태클을 걸어서 2점을 획득할 수가 있다. (d) 이것을 세이프티라고 한다.

해설 (c)에서 opponent와 possess는 의미상 능동의 관계이므로 possessing이 되어야 한다.

어휘 offense n. 공격   opponent n. 상대, 반대자
opposition n. 반대, 항의/반대측, 경쟁사

Chapter 03 준동사 Unit 10 분사구문 정답 & 해설

Exercise Answer Keys

Ⓐ 01. Not knowing **02.** There being
03. Not knowing **04.** compared
05. making **06.** causing
07. Not having heard
08. to understand **09.** considered
10. Considered **11.** Not having met
12. drawing **13.** being **14.** crossed
15. Weather permitting

Ⓑ 01. Speaking strictly → Strictly speaking
02. It → There **03.** terrifying → terrified
04. having done → having been done
05. are → being 또는 생략
06. starts → having started
07. seeing → seen **08.** taking → taken
09. turning → turned
10. Being nothing to do → There being nothing to do

Ⓐ

01. 해석 그들은 어떻게 그 문제를 알려야 할지 몰라 서로 쳐다보기만 하였다.

해설 문맥상 '알지 못한다'라는 의미이므로 능동형 분사가 와야 하며 현재분사의 부정은 not을 그 앞에 위치하면 된다. 따라서 Not knowing이 올바른 표현이다.

02. 해석 버스가 없었기 때문에 우리는 학교까지 계속 걸어가야 했다.

해설 원래 문장은 'There was no bus service'인데 이를 분사구문으로 만드는 경우 유도부사 there는 생략되지 않는다. 따라서 There being이 올바른 표현이다.

03. 해석 나는 무엇을 해야 할지 몰라 그에게 조언을 부탁하였다.

해설 문맥상 '무엇을 해야 할지 몰랐기 때문에'라는 의미이므로 능동형 분사가 와야 하며 주절의 과거 시제 asked와 시제의 차이가 없으므로 완료형을 사용할 필요가 없다. 또한 분사구문의 부정은 분사 앞에 부정어 not을 넣으면 된다. 따라서 Not knowing이 올바른 표현이다.

어휘 advice n. 조언

04. 해석 우리는 다른 나라에 비해 다소 온화한 날씨를 갖는다.

해설 compare의 의미상의 주어는 we이고 weather는 목적이므로 수동의 의미를 갖는 과거분사가 와야 한다.

05. 해석 온실효과는 극지방의 얼음을 녹게 하여 해수면 상승을 야기할 수 있다.

해설 문맥상 make의 의미상의 주어는 'melted polar ice'이므로 능동의 의미인 현재분사 making이 올바른 표현이다.

어휘 greenhouse n. 온실   polar a. 극지방의

06. 해석 그것은 전 세계 기후를 변화시킬 수 있고, 농업 방식에 중요한 변화를 야기할 수 있다.

해설 문맥상 cause의 의미상의 주어는 'the changed world's climate'이므로 능동형 분사인' causing이 적절하다.

어휘 climate n. 기후   pattern n. 방식

07. 해석 그녀 소식을 오랫동안 듣지 못하였기 때문에 그는 그녀를 매우 그리워하였다.

해설 분사구문의 부정은 분사 앞에 부정어 not을 위치하면 된다. 문맥상 주절의 시제보다 앞서는 시제이므로 완료분사를 써야 하므로 Not having heard가 적절하다.

어휘 badly adv. 몹시

08. 해석 필름이 빛에 어떻게 반응하는가를 알기 위해서 너는 필름의 화학물질을 공부해야 할 것이다.

해설 문맥상 '필름이 빛에 어떻게 반응하는가를 이해하기 위해서는'이라는 의미이므로 분사가 아닌 목적의 의미인 to부정사를 사용해야 한다.

어휘 chemical n. 화학물질

09. 해석 모든 것을 고려하여 우리는 올바른 결정을 내렸다.

해설 All things는 consider의 목적어이고 의미상의 주어는 we이므로 수동의 의미를 갖는 과거분사 considered가 적절하다.

10. 해석 가장 진보된 문명 중의 하나로 알려진 마야인들은 건축학적 발전에 크게 이바지한 것으로 여겨진다.

해설 문맥상 'the Myans'는 consider의 목적어가 되어야 하므로 과거분사가 되어야 한다.

어휘 advanced a. 진보된   civilization n. 문명
be credited with ~의 공로이다
architecture n. 건축술(양식)

11. 해석 나는 예전에 그를 만난 적이 없기 때문에 그를 잘 알지 못한다.

해설 문맥상 '만난 적이 없었기 때문에'라는 의미이므로 능동형 분사가 와야 하며 주절의 현재시제보다 앞선 시제이므로 완료형을 사용해야 한다. 또한 분사구문의 부정은 분사 앞에 부정사 not을 위치하면 되므로 Not having met이 올바른 표현이다.

12. 해석 밤이 가까이 다가오자 그들은 가게를 떠났다.

해설 문맥상 '밤이 다가오면서'라는 의미로서 night는 draw의 주어이므로 능동형 분사가 와야 한다. 따라서 drawing이 올바른 표현이다.

어휘 draw v. 이동하다, 움직이다

13. 해석 대중교통수단이 없기 때문에 나는 교회까지 내내 걸어가야한다. 그러나 나는 기쁘게 할 것이다.

해설 문맥상 이유를 나타내는 분사구문이 사용되어야 하므로 being이 올바른 표현이다. 참고로 유도부사 there는 분사구문에서 생략되지 않는다.

어휘 public transportation 대중교통

14. 해석 그녀는 다리를 꼰 채로 그 의자에 앉아 있었다.

해설 문맥상 legs는 cross의 목적어이므로 과거분사의 형태가 되어야 한다.

15. 해석 날씨만 허락되면 나는 내일 시작할 것이다.

해설 원래 'if weather permits'라는 문장이 분사구문으로 바뀐 것으로서 weather가 permit의 주어이므로 능동의미의 현재분사가 적절하다. 따라서 Weather permitting이 올바른 표현이다.

B

01. 해석 엄격히 말하자면 이 진술은 거짓이다.

해설 비인칭 독립 분사 구문인 'strictly speaking'은 관용적인 표현으로서 '엄격히 말하자면'이란 뜻이므로 예문의 Speaking strictly는 Strictly speaking이 되어야 한다.

어휘 statement n. 진술, 성명

02. 해석 버스에 빈자리가 없어서 나는 계속 서있었다.

해설 문맥상 '버스의 빈자리가 없다'라는 의미를 나타낼 때에는 비인칭 주어 it이 아니라 유도부사 there을 사용하므로 it을 there로 바꾸어야 한다.

어휘 vacant a. (자리 등이)빈

03. 해석 Mary는 소리에 놀라 방 밖으로 뛰쳐나갔다.

해설 문맥상 Mary는 terrify의 목적어이므로 과거분사가 되어야 한다. 따라서 terrifying을 terrified로 바꾸어야 한다.

어휘 terrify v. 놀라게 하다
rush out of ~로부터 빠르게(갑자기) 나가다

04. 해석 이것을 완료했기 때문에 그들은 다음으로 방 청소를 시작했다.

해설 문맥상 '이것을 완료했기 때문에'라는 의미이므로 this는 do의 목적어이므로 과거분사 형태가 되어야 하며, 의미상 주절의 시제 과거보다는 시제가 앞서기 때문에 완료분사형태가 되어야 하므로 This having been done이 적절하다.

05. 해석 다른 것들이 똑 같다면 나는 이 회사에 지원하겠다.

해설 문맥상 상호 대등한 문장을 연결하려면 접속사가 필요하다. 주어진 문제에서는 문장간 접속사가 아닌 콤마(comma)로 연결되어 있으므로 앞 문장은 조건의 의미를 갖는 분사구문이 되는 것이 적절하다. 따라서 are을 being으로 바꾸어 Other things being equal이 되어야 적절하다.

어휘 equal a. 동등한

06. 해석 6시에 출발한 기차가 Bonn에 10시에 도착하였다.

해설 문맥상 '6시에 출발한 기차가 10시에 Bonn에 도착하였다'는 의미로서 분사구문을 써야 하는데 train은 start

의 주어이므로 현재분사가, 주절의 과거시제보다 한 단계 앞선 시제이므로 완료분사를 사용해야 한다. 따라서 starts를 having started로 바꾸어야 한다.

07. **해석** 멀리서 보면 그 바위는 사람 얼굴처럼 보였다.
해설 문맥상 rock은 see의 목적어이다. 따라서 수동분사구문이 사용되어야 하므로 seeing은 seen으로 바꾸어야 한다.
어휘 distance n. 거리(감), 먼 곳

08. **해석** 매일 복용하면 이 약은 즉시 효력을 발휘할 것이다.
해설 문맥상 '약을 매일 먹는다면'의 의미인데 medicine은 take의 목적어이므로 수동분사구문이 되어야 하므로 taking은 taken으로 바꾸어야 한다.
어휘 medicine n. 의약품   right away 즉시

09. **해석** 그는 늘 TV를 켜놓고 숙제를 한다.
해설 문맥상 'TV를 켜놓고'라는 의미이므로 TV는 turn on의 목적어가 된다. 따라서 수동분사구문이 알맞기 때문에 turning을 turned로 바꾸어야 한다.
어휘 homework n. 숙제   turn on (전기 따위를)켜다

10. **해석** 할 일이 없어서 우리는 걸어서 그 장소로 갔다.
해설 문맥상 '할 일이 없다'라는 의미를 나타낼 때에는 유도부사 there을 사용해야 하므로 Being 앞에 there을 넣어야 한다.

Practice TEST Answer Keys

01. (b) 02. (c) 03. (b) 04. (d) 05. (b) 06. (a)
07. (b) 08. (c)

01. **해석** A: 무엇을 적고 있니?
B: 공간이 치워졌으니까 어떤 종류의 나무를 심을지를 생각해 볼 때야.
해설 부사절의 주어는 space이고 주절의 주어는 to 부정사 구이기 때문에 달라서 분사구분의 주어를 생략하지 않은 경우이다. 주어가 이처럼 다른 경우엔 의미상의 주어를 분사 앞에 꼭 써야 한다. clear 와 space의 관계는 수동관계이므로, 수동분사구문인 (b) cleared가 정답이다.
어휘 write down 적다, 기록하다   space n. 공간

02. **해석** A: 왜 Mark한테 인사 안 했어? 너 Mark랑 싸웠거나 무슨 일 있니?
B: 그게 Mark였어? 오랫동안 보지 못해서 못 알아봤어.
해설 Mark를 오랫동안 보지 못한 것은 그를 알아보지 못한 시점 이전의 일이므로 빈칸에는 완료분사 구문이 적당하며, 분사구문의 부정은 분사구문 앞에 not을 쓰므로, (c) Not having seen him이 정답이다.

어휘 quarrel n. 싸움   recognize v. 알아보다

03. **해석** A: 무슨 일이니? 너무 피곤해 보인다.
B: 인터넷에서 다운받은 비디오 파일을 보느라 어젯밤을 샜거든.
해설 분사구문을 이용한 (b) watching이 정답이다. 두 개의 동사가 대등접속사 없이 나열되는 것은 불가능하므로 (a)와 (c)는 답이 될 수 없다. 문맥상 목적을 나타내는 「to+동사원형」이 이어질 수는 있지만 완료형을 사용하여 술어보다 앞선 시제를 의미하는 것은 적절하지 않으므로 (d)도 답이 될 수 없다.
어휘 tired a.피곤한   stay up all night 밤샘하다

04. **해석** A: 회의시간에 Martha를 못 봤는데, 어디에 있니?
B: 아파서 평소보다 일찍 퇴근했어.
해설 분사구문에서 동사를 처리하는 방법을 묻는 문제이다. 의미상 Martha가 평소보다 일찍 퇴근한 것은 아프기 때문이므로 원래 문장은 Because/As she felt sick으로 볼 수 있다. 여기서 주어가 주절의 주어와 같으므로 접속사와 주어를 생략하고 분사절의 동사가 주절의 동사와 같은 시제이므로 동사에 –ing만 붙이면 된다. 따라서 정답은 (d) Feeling이다.

05. **해석** 회사의 새로운 정책들이 매우 공정한 경영진에 기초하고 있음에도 불구하고 일부 직원들은 경영진을 완전히 신뢰하는 것 같지 않다.
해설 despite는 접속사가 아니고 전치사이므로 빈칸은 동사가 들어갈 수 없는 분사자리이다. base는 타동사로써 base A on B 구조로 사용되면, 'A를 B에 기초를 두다, A를 B에 근거를 두다'는 뜻이다. 수동으로 쓰이면, 'A is based on B' 구조가 되며, 'A는 B에 기초하다, 근거하다'는 뜻으로 해석된다. 수식 받는 policies는 base라는 타동사의 주체가 아니라 대상이므로, 수동관계를 나타내는 과거분사 (b) based on이 되어야 한다.
어휘 open and aboveboard 아주 공정한
confidence n. 자신감   management n. 경영진

06. **해석** 반장으로 선출되었기 때문에 Tom은 즉시 어떻게 하면 그의 모든 선거공약들을 성취할 수 있을까에 대해 생각하기 시작했다.
해설 문맥상 반장으로 선출된 것이 어떻게 공약을 지킬 것인가에 대해 생각하기 이 전의 일이다. 부사절을 분사구문으로 바꿀 때는 우선 [접속사 +주어 (After he)]를 생략하고, 주절의 동사 began 보다 반장에 선출된 것이 먼저 일어난 일이므로 완료 분사구문(having p.p.) 형태가 되어야 한다. 선출된 것은 수동의 의미이므로 'having been elected'가 적절하다. 하지만 수동형 분사구문에서 문두의 Being이나 Having been은 주로 생략되므로 (a) Elected가 정답이다.
어휘 elect v. 선출하다   carry out 수행(이행)하다

07. **해석** 미국의 대 중국 무역 수지 적자는 지난 10년에 비교해 볼 때 300퍼센트 증가했다.
해설 분사구문의 태와 시제를 묻는 문제이다. 주절의 주어와

주절의 주어 trade deficit는 동사 compare를 하는 주체가 아니라, compare의 대상이므로 수동분사구문이 되어야 한다. 따라서 (b) compared가 적절하다.

어휘 trade deficit 무역 수지 적자
increase by 만큼 증가하다
compare v. 비교하다   previous a. 이전의
decade n. 10년

08. 해석 돈이 충분히 없었기 때문에 그는 부인을 위해 좀 더 나은 선물을 준비할 수 없었다.

해설 문장구조상 주절 앞부분에 접속사가 없으므로, 빈칸은 절대로 동사가 들어갈 수 없다. 따라서 분사가 들어갈 수 있는 자리임을 알 수 있다. 따라서 (a), (b)와 (d)는 답에서 자동으로 제외된다. 선택지에 완료 분사 구문 (having p.p)형태가 없으므로, have와 주절의 주어 we의 주술관계를 따져서 태만 구분해 주면 답을 쉽게 찾을 수 있다. 의미상의 주어 we는 have의 주체이기 때문에 능동분사구문인 (c) having이 정답이 된다.

어휘 prepare v. 준비하다

Actual TEST Answer Keys

01. **(a)** 02. **(b)** 03. **(d)** 04. **(d)** 05. **(c)** 06. **(d)**
07. **(b)** 08. **(b)** 09. **(b)** 10. **(c)** 11. **(b)** 12. **(b)**
13. **(a)** 14. **(b)** 15. **(b)**

01. 해석 A: 그에 대해서 아는 거 있니?
B: 보고서로 판단해 보건대, 그는 능력 있는 사람인 것 같아.

해설 '~으로 판단하건대(If I judge from~)'라는 표현으로, 접속사와 주어를 생략하고 동사를 분사화하여 Judging from~이라고 쓴다. 따라서 정답은 (a)이다. 비슷한 관용적 용법으로 Considering (=If I consider that~)은 '~을 감안하면', Weather permitting (=If the weather permits)은 '날씨만 허락한다면'등으로 해석된다.

어휘 able a. 능력 있는

02. 해석 A: 이번 가을의 대통령 선거에서 누가 이길 것 같니?
B: 지난주 여론조사 결과를 봤을 때, Johnson이 이길 것 같아.

해설 Given은 본래 being이 생략된 분사구문에서 온 것이지만 실제로는 considering과 같은 의미를 지닌 전치사 혹은 접속사로 쓰인다. 주절의 주어인 I와 의미상의 관계를 따져 보면 I가 결과를 제시하는 것이 아니라 받는 것이므로 수동의 의미를 나타내는 분사구문인 (b)가 정답이다.

어휘 presidential election 대통령 선거   popularity n. 인기
poll n. 여론조사   be likely to ~일 것 같다, ~하기 쉽다

03. 해석 A: Martin이 Liz와 사귀는 거 알고 있니?
B: 모든 상황으로 봐서 당분간 비밀로 하는 게 나을 것 같다.

해설 독립 분사구문에 관한 문제이다. 원래 문장은 'All things are considered, ~'이다. 여기서 접속사-주어-동사를 분사구문으로 나타내면 Being이 되는데 being은 생략할 수 있다. 주어진 문제의 경우는 주어가 주절과 다르므로 주어를 그대로 써서 'All things considered'만 남는다. 따라서 (d)가 적절하다.

어휘 date v. ~와 연애하다
consider v. 고려하다, 참작하다, 간주하다
keep it secret for a while 당분간 비밀로 하다

04. 해석 그녀의 손은 물에 노출되어 있기 때문에 그녀는 늘 습진을 앓는다.

해설 [with +명사 + 분사/형용사]의 부대상황 분사구문을 묻는 문제이다. 이 구문은 동시상황이나, 이유분사구문으로 해석이 가능하다. 주어진 문제의 경우 이유분사구문으로 파악할 수 있다.

어휘 expose v. 드러내다, 노출하다   eczema n. 습진

05. 해석 두 시간 동안 고속도로 운전을 한 후에야, 그는 길을 잘못 들었다는 사실을 깨달았다.

해설 문맥상 길을 잘못 든 사실을 깨달은 과거시점 이전에 두 시간 동안 운전을 한 것이므로 과거 시제 realized 이전의 시제를 나타내기 위해서는 완료형분사 (c)를 써야 한다.

어휘 highway n. 고속도로   realize v. 깨닫다

06. 해석 학대와 유기당한 어린이들을 보호하는 Palmetto Place를 위한 모금활동을 해왔었기 때문에 Lauren은 그 조직에 좀 더 깊이 참여하게 되었다.

해설 완료형 분사구문은 주절의 동사보다 이전에 일어난 일을 나타낼 때 [having +과거분사]의 형태로 쓴다. 종속절과 주절의 시제가 같은 경우에는 [동사원형+~ing]형태의 단순 분사구문을 사용한다. 문맥상 모금활동을 해왔던 것은 주절의 깊이 참여했던 사실 이전의 일이므로 빈칸에는 완료형 분사가 적절하다. 따라서 (d) Having이 정답이다. 문제의 분사구문은 이유를 나타내는 분사구문이다.

어휘 perform v. 연주하다   fundraise v. 모금하다
abuse v. 남용하다, 학대하다   neglect v. 유기하다
inspire v. 고무하다, 격려하다   cause n. 조직

07. 해석 그들은 다른 사람이 먼저 침묵 깨기를 기다리면서 완전한 침묵 속에서 식사를 했다.

해설 분사구문의 용법 중에서 부대상황을 나타내는 분사구문이다. 부대상황의 구문은 동시동작의 의미로 '~하면서'라고 해석이 된다. 여기서는 빈자리에 현재분사가 오는지 과거분사가 오는지 전치사를 필요로 하는지 여부를 구별하는 문제이다. wait는 자동사이므로 전치사 for가 있어야 목적어를 수반할 수 있다. wait for의 행위의 주체는 the other이므로 주어와 동사의 관계는 능동관계이므로, 빈칸에는 능동 부사구문 형태인 (b) waiting for가 가장 적절하다.

어휘 complete a. 완전한   silence n. 침묵

08. **해석** 날씨가 좋다면 결국에 우리가 에베레트산 정상을 정복할 수 있기를 기원한다.

해설 문장구조상 빈칸은 동사자리가 아니라 분사자리이다. 분사구문에서 의미상의 주어가 주절의 주어와 다를 때는 분사구문의 주어를 생략할 수 없다. 주어진 문제의 경우 weather는 분사구문의 의미상의 주어이고, permit의 주체이므로, 능동 분사구문이 빈칸에 들어가야 한다. 따라서 답은 (b)와 (c)중의 하나로 예상해 볼 수 있는데, 부사절로 복원을 해보면, 'If weather permits, I hope we'll be able to conquer the summit of Mt. Everest at last.'가 된다. 부사절의 동사가 주절의 동사보다 먼저 일어난 일이 아니라 단순히 조건을 표시하고 있으므로 완료형 분사구문을 쓸 이유가 전혀 없으므로, 정답은 (b) permitting 이다.

어휘 conquer v. 정복하다

09. **해석** 그녀는 현명했기 때문에 조용히 어려운 상황에 대처했다.

해설 분사구문에 관한 문제이다. (b) A wise woman은 현재분사 being이 생략된 형태의 분사구문이다. (a)는 Because가 이끄는 절이 되어야 하므로, Because she was a wise woman으로 바꾸어야 적절하다. (c)는 주절의 주어가 없으므로, 문법적으로 불가능하다. (d)는 woman은 가산명사이므로, 부정관사를 앞에 써야 한다. 따라서 정답은 (b) A wise woman, she이다.

어휘 in silence 조용히, 침묵하여

10. **해석** 온실가스는 지구온난화의 70%까지 책임이 있음에도 불구하고 인간의 감소노력은 영향을 발휘하지 못한다.

해설 분사구문을 묻는 문제이다. (a)와 (d)의 경우 일단 뒤에 오는 명사를 연결하는 전치사가 없으므로 답이 될 수 없다. 주어진 문제에서는 responsible 다음에는 for가 와야 하기 때문에 (b)도 정답이 될 수 없다. 따라서 정답은 (c)이다.

어휘 amenable a. 말을 잘 듣는, ~을 잘 받아들이는
mitigation n. 완화

11. **해석** (a) A: Joseph, 시험 어땠어?
(b) B: 올해는 전년에 비해서 시험이 더 쉬운 것 같아.
(c) A: 너 시험 잘 봤구나. 그렇지?
(d) B: 전혀 그렇지 않아.

해설 (b)의 comparing은 this year를 의미상 주어로 하기 때문에 '비교하다'라는 의미가 아닌 '비교되다'라는 의미가 되어야 하므로 현재분사가 아닌 과거분사가 되어야 한다.

어휘 compare v. 비교하다

12. **해석** (a) A : Jean, Sarah가 집에 왔어?
(b) B : 응, 완전히 지쳐서 방금 들어왔는데. 왜?
(c) A : Martha가 아직 안 왔어. 많이 걱정되네.
(d) B : 걱정 마. 틀림없이 그녀는 네 집 근처에서 친구들과 어울리고 있을 거야.

해설 (b)에서 분사구문의 의미상의 주어인 she는 exhaust의 주체가 아니라 대상이므로 수동분사구문이 되어야 한다. 따라서 현재분사 exhausting을 과거분사 exhausted로 바꾸어야 한다.

어휘 hang around with ~와 어울리다

13. **해석** (a) 아주 오래된 호텔 앞에서 지치고 배고픈 상태로 서 있던 나는 심장이 가라앉는 듯한 느낌을 받았다. (b) 그리고 내 여행친구 역시 그다지 감격하지는 않았던 것 같다. (c) 모든 것은 수년간 페인트칠을 안 한 것처럼 오래되어 보였다. (d) 그리고 잠깐 동안 오래된 외부 상태를 볼 때 심지어는 그곳에 귀신이 출몰할 지도 모른다는 생각을 하게 됐다.

해설 문장 (a)에서 분사구문 standing의 의미상의 주어는 I 이므로 주절의 주어를 I로 고쳐서 I felt my heart sink. 로 고쳐야 한다.

어휘 ancient a. 고대의, 오래된   sink v. 가라앉다
companion n. 친구   haunt v. 귀신이 출몰하다

14. **해석** (a) 초신성, 즉 폭발하는 별들은 황홀한 광경이다. (b) 그것들은 매우 밝아서 전체 은하수 보다 밝게 빛나며 태양이 만들어 내는 것보다 더 많은 양의 에너지를 만들어낸다. (c) 그 과정에서, 사라지는 별의 물질들이 우주로 폭파되어 때로는 새로운 별들이 생성되도록 도와주는 충격파를 만들어낸다. (d) 우리 은하수 내에서는 50년 한번 정도만 발생하기 때문에 이러한 폭발은 보기에는 매우 멋지지만 상대적으로 드문 현상이다.

해설 (b)에서 generate를 동사로 간주해서, generate 앞에 접속사(and)를 삽입하거나, 동사 generate를 동사가 아닌 분사 generating으로 바꾸어야 한다.

어휘 outshine v. 더 밝게 빛나다   entire a. 전체의
galaxy n. 은하수   blast v. 폭발하다
shock wave 충격파   explosion n. 폭발
behold v. 보다   relatively adv. 상대적으로

15. **해석** (a) 공자는 세계사에 있어 가장 영향력 있는 사상가 중의 한 명이다. (b) 비록 가난하게 자랐지만 공자는 교육을 받았고 곧 제자들을 거느리며 사회적 지위에 관계없이 배우고자 하는 사람이라면 누구든지 가르쳤다. (c) 그는 훌륭한 통치자는 도덕적인 모범을 보임으로써 백성들을 다스릴 수 있다고 말했다. (d) 훌륭한 사람이란 어려움이 있더라도 올바른 일을 하는 사람이다.

해설 (b)에서 등위접속사 and 이하의 독립절이 주어 하나에 2개의 동사(attracted, taught)가 접속사 없이 나란히 연결되어 있다. 따라서 두 개의 동사 중 하나는 분사로 만들어야 한다. 따라서 taught를 teaching으로 바꾸어야 한다.

어휘 Confucius n. 공자   influential a. 영향력 있는
thinker n. 사상가   manage to ~을 해내다
attract v. 끌다   willing a. 자발적인
disciple n. 제자   regardless of ~에 상관 없이
social status 사회적 지위   ruler n. 통치자
govern v. 다스리다   moral a. 도덕적인
set a good example 모범을 보이다
hardship n. 고난, 어려움

Exercise Answer Keys

A 01. who 02. what 03. who 04. which
05. that 06. what 07. who 08. which
09. that 10. which 11. which 12. that
13. whom 14. what 15. whom

B 01. it을 생략 02. who → that 03. that → who
04. which → that 05. whom → who
06. which → during which
07. of that you need to be afraid
→ that you need to be afraid of
08. which → what 09. which → that
10. which → what

A

01. 해석 나는 100달러 수표를 잃어버린 여행자와 이야기하였다.
해설 적절한 관계대명사를 찾는 문제이다. 관계대명사의 격은 관계사절에서의 역할에 따라 결정되는데 주어진 문제의 경우 lost의 주어이므로 정답은 who이다.

02. 해석 나는 서울에서의 삶이 어떤지 알고 싶다.
해설 적절한 의문사 혹은 관계대명사를 묻는 문제이다. how는 의문사로서 간접의문문을 이끌게 되는데 문맥상 how는 형용사 like와 쓰이지 않는다. what의 경우 선행사를 포함하는 관계대명사로서 형용사 like의 주격보어로서 적합하므로 정답은 what이다.

03. 해석 나는 우리가 생각하기에 정직한 딜러를 선택하였다.
해설 관계대명사의 격은 관계사절 내의 역할에 따라 결정되는데 예문의 경우 was의 주어가 필요하므로 주격 관계대명사가 적절하다. 따라서 정답은 who이다.
어휘 choose v. 선택하다   honest a. 진실한

04. 해석 내 딸은 향기가 달콤한 몇몇 꽃들을 매년 내 생일날 보내준다.
해설 선행사 flowers를 받으면서 관계사절에서 주어 역할을 할 수 있는 것은 which이다. whose는 수식할 명사가 없으므로 적절하지 않다.

05. 해석 자신의 열망을 없앨 수 있었던 사람은 바로 성직자였다.
해설 [it ~ that] 강조구문의 경우 that 대신 적절한 관계대명사를 사용할 수 있는데 선행사가 priest이므로 which는 적절하지 않으므로, 정답은 that이다.
어휘 anxiety n. 불안, 염려, 열망
get rid of ~을 없애다, 제거하다

06. 해석 나는 인생에서 가장 중요한 것이 사랑이라고 생각한다.
해설 예문의 경우 선행사가 없으므로 선행사를 포함하는 관계대명사인 what이 적절하다. that의 경우 접속사라 할지라도 that이하의 절의 불완전하여 정답이 될 수 없고 관계사라 하여도 선행사가 없어 또한 부적절하다.

07. 해석 그녀는 오직 돈을 갚을 수 있는 사람에게만 돈을 빌려준다.
해설 적절한 관계대명사를 고르는 문제이다. 주어진 문제에서 선행사는 people이고 관계사절에서 are의 주어가 될 수 있는 관계대명사가 필요하므로 정답은 who이다.
어휘 lend v. 빌려주다
pay back (자기가 받은 고통 따위를)갚아주다, 되돌려주다, (빌린 돈을)갚다

08. 해석 Susan은 자신이 매우 부자라고 이야기하였는데, 그것은 사실이 아니었다.
해설 문장 전체를 선행사로 받는 관계대명사는 which이다. what은 선행사가 없는 경우에 사용되며, that은 계속적 용법에는 사용할 수 없다.

09. 해석 내 친구는 확실히 너를 놀라게 해줄 무언가를 이야기해 주었다.
해설 something을 선행사로 받을 수 있고 관계사절에서 will surprise의 주어로서 역할을 할 수 있는 관계대명사는 that이다.
어휘 surprise v. 놀라게 하다

10. 해석 저것이 바로 내가 언젠가 방문하고 싶은 도시이다.
해설 적절한 관계사를 묻는 문제이다. 선행사 town을 받으면서 visit의 목적어가 될 수 있는 관계사는 which이다.

11. 해석 민호는 그녀에게 장문의 편지를 썼는데, 그는 이를 부치지는 않았다.
해설 letter를 선행사로 받으면서 mail의 목적어가 될 수 있는 관계대명사는 which이다. that은 계속적 용법에 사용할 수 없으며, 선행사가 있으므로 what도 부적절하다.
어휘 mail v. (편지 등을)부치다

12. 해석 이번 겨울이 지난 10년간 가장 춥다.
해설 최상급에 의해 수식되는 선행사를 받는 관계대명사는 that이다.

13. 해석 그는 유명한 탐험가인데, 그에 관한 많은 책들이 집필되어 왔다.
해설 선행사로서 explorer를 받으면서 about의 목적어가 되는 관계대명사는 whom이다.

14. **해석** 음식이 몸을 기르듯이 독서는 정신을 기른다.

해설 [A is to B what [as] C is to D]는 'A와 B의 관계는 C와 D의 관계와 같다'는 뜻의 관계대명사 what의 관용적인 표현이다.

15. **해석** 나는 내 생일 파티에 많은 사람들을 초대했는데, 그 중 일부는 얼마 전에 우리 마을로 이사 온 사람들이다.

해설 선행사로 people을 받으면서 of의 목적어가 될 수 있는 관계대명사는 whom이다.

B

01. **해석** 나는 비싼 모자를 샀는데 나에게는 조금 크다는 것을 알았다.

해설 관계대명사 which로 연결되는 문장인데 which는 이미 관계사절의 found의 목적어 역할을 하므로 it이 불필요하다.

02. **해석** Jane은 내가 본 여자 중에서 가장 아름답다.

해설 최상급 수식을 받은 선행사를 받는 관계대명사는 that이다.

03. **해석** Ithaca에 사는 그의 아들은 코넬 대학에서 호텔 경영학을 공부한다.

해설 son을 선행사로 받으면서 lives의 주어 역할을 하는 관계대명사는 who이다. that은 계속적 용법에 사용할 수 없으므로 틀린 표현이다.

어휘 hotel management 호텔경영학

04. **해석** James! 네가 흥미로워하는 어떤 것이 있니?

해설 선행사로 anything을 받는 관계대명사는 that이다. 따라서 which를 that으로 바꾸어야 한다.

어휘 be interested in ~에 흥미를 갖다

05. **해석** 내가 매우 건강하다고 생각했던 소년이 갑자기 병에 걸렸다.

해설 선행사로 boy를 받으면서 관계사절에서 was의 주어가 되어야 하므로 whom은 부적절하고 who로 바꾸어야 한다.

어휘 suddenly adv. 갑작스럽게   healthy a. 건강한
fall ill 병에 걸리다

06. **해석** 그는 작년에 그 도시를 방문했는데, 그 동안 병에 걸렸다.

해설 관계대명사가 전치사 during의 목적어가 되는 경우에는 during을 관계대명사 앞쪽에 놓아야 하므로 which를 during which로 바꾸어야 한다.

07. **해석** 이곳에는 네가 두려워해야 할 사람이 아무도 없다.

해설 관계대명사가 관계사절에서 be afraid of의 목적어가 되는 경우 전치사 of는 afraid와 의미관계상 떼어서는 안 되는 긴밀한 관계에 있기 때문에 of를 관계대명사 앞에 위치해서는 안 된다. 따라서 of that you need to be afraid를 that you need to be afraid of로 바꾸어야 한다.

어휘 be afraid of ~을 두려워하다

08. **해석** 나는 숲에서 길을 잃었는데, 더욱 나쁜 것은, 비가 내리기 시작했다.

해설 관계대명사 what의 관용적 용법에 관한 문제이다. what is worse는 더욱 나쁜 것은 이라는 의미로서 쓰이는 관용 표현이다. 따라서 which를 what으로 바꾸어야 한다.

09. **해석** 그 패션쇼에서 그녀를 흥미롭게 하는 것은 거의 없었다.

해설 선행사가 부정대명사 all, much, little, none, anything, something 등의 경우에는 관계대명사 that을 사용한다. 따라서 which를 that으로 바꾸어야 한다.

10. **해석** 바른 예절은 사람과 동물을 구분짓는다.

해설 문맥상 관계대명사의 선행사가 없으므로 선행사를 포함하는 관계대명사 what이 필요하다. 따라서 which를 what으로 바꾸어야 한다.

Practice TEST Answer Keys

**01. (b) 02. (a) 03. (b) 04. (c) 05. (a) 06. (a)
07. (c) 08. (d)**

01. **해석** A: 우리의 책장이 점점 꽉 차는 것 같아요. 책들 중 일부를 파는 게 어떨까요?
B: 그거야 말로 바로 제가 생각한거에요.

해설 문맥에 알맞은 관계대명사를 묻는 문제이다. 선행사 없이 '내가 생각하는 것'의 의미가 되어야 하므로 선행사를 포함하는 관계대명사 (b) what이 적절하다.

어휘 crowded a. 혼잡한, 붐비는, 가득한   bookshelf n. 책장

02. **해석** A: 정부가 자가운전 대신 버스로 출근하는 모든 사람들에게 세금감면조치를 주고 있어.
B: 그래, 그래서 나도 차를 팔까 생각 중이야.

해설 알맞은 관계사를 묻는 문제이다. 빈칸은 anyone을 선행사로 포함하며, 뒷 문장에서는 is의 주어가 되어야 한다. 이에 적절한 관계대명사는 (a)의 who이다.

어휘 tax break 세금우대(감면)조치   instead of ~대신

03. **해석** A : 엄마, Steven Spielberg가 누군지 아세요?
B : 그는 영화감독인데 많은 사람들이 그가 만든 영화들을 좋아하지.

해설 B의 빈칸 앞뒤에 각각 제대로 된 문장 형태가 나와 있다. 따라서 관계대명사 자리이다. 문맥을 보면 앞 문장의 movie director와 뒤의 film이 소유격으로 이어져야 한다. 즉 his를 관계대명사의 소유격으로 바꾸면 (b)가 된다.

어휘 career n. 생애, 경력; 직업

04. 해석 A: 우리가 2개월 동안 준비해왔던 학교 축제가 취소될
　　　 지도 몰라.
　　　 B: 뭐라고? H1N1 바이러스 때문이야?

해설 관계대명사가 절 내에서 전치사의 목적어가 될 때에 전
　　　 치사는 관계대명사 앞으로 도치될 수 있다. 여기서 동
　　　 사 prepare와 어울리는 전치사는 for이므로 정답은 (c)
　　　 이다. what은 선행사가 자체 내에 포함하는 관계대명사
　　　 로 앞에 쉼표가 오는 계속적 용법에 쓰일 수 없다.

어휘 festival n. 축제　prepare for 준비하다

05. 해석 발행정책은 증명서가 발급되는 조건을 설명한다.

해설 문장구조를 살펴볼 때, 전체문장의 주어는 An issuance
　　　 policy이고 동사는 describes이다. 빈칸부터 issued 까지
　　　 는 형용사절(관계사절)일 수밖에 없고, conditions는 이
　　　 형용사절의 수식을 받는 선행사라는 것을 알 수 있다. 따
　　　 라서 선행사를 포함하는 관계대명사 what이 쓰인 선택지
　　　 (b) under what과 (d) for what은 제외된다. 그 다음은 전
　　　 치사를 판단해야 하는데, conditions와 어울리는 전치사
　　　 는 under 이므로 정답은 (a) under which 이다.

06. 해석 저 사람이 Jennifer가 지난 겨울부터 데이트했던 남자
　　　 아니니?

해설 적절한 관계대명사를 묻는 문제는 일단 선행사를 살펴
　　　 봐야 한다. 이 문제에서는 선행사가 사람이고, 빈칸 뒤
　　　 가 dating의 목적어가 빠져 있으므로 whom이 알맞
　　　 다. 참고로 선행사가 사람일 때 목적격 관계대명사는
　　　 (a) whom을 쓰는 게 원칙이지만 whom 대신에 who나
　　　 that을 쓸 수 있기 때문에 선택지에는 who나 that이 등
　　　 장할 수 있다.

어휘 date v. 데이트를 하다

07. 해석 이 코스는 이미 꽤 훌륭한 요리 실력을 갖춘 사람들을
　　　 위해 만들어졌다.

해설 문장구조상 빈칸을 기준으로 앞부분에 주어, 동사가 있
　　　 고, 뒤 부분에도 주어 동사가 있기 때문에 빈칸은 접속
　　　 사 자리라고 판단할 수 있다. 빈칸 뒤가 불완전하면 관
　　　 계대명사이고, 완전하면 관계대명사 이외의 접속사(관
　　　 계부사, 부사절/명사절 접속사)자리라고 판단하면 된
　　　 다. 이 문제에서는 얼핏 보면 2형식의 완전한 문장 같지
　　　 만, 의미론적으로 접근해볼 때 cooking skills 앞에 한
　　　 정사 (the, my, his, these)가 없기 때문에 의미상으로
　　　 불완전한 문장이다. 따라서 누구의 요리기술인지 밝혀
　　　 주기 위해 한정사와 접속사의 역할을 동시에 하는 소유
　　　 격 관계대명사 (c) whose가 적절하다.

어휘 be designed for …을 위해 고안된, 설계된
　　　 cooking skills 요리 실력
　　　 quite adv. 꽤, 매우

08. 해석 의사는 그것이 원인이 밝혀지지 않은 불치병이라고 말
　　　 했다.

해설 주어진 문제는 의미상 It is an incurable disease와
　　　 the cause of an incurable disease is not known의

두 문장으로 나눌 수 있다. 이 두 문장의 공통요소인 an
incurable disease를 관계대명사로 바꾸어 연결할 때
두 번째 문장의 of an incurable disease를 of which
로 바꾸고, 앞에 위치시킨다. 따라서 (d) of which the
cause의 어순이 된다

어휘 incurable a. 불치의　disease n. 질병, 질환
　　　 cause n. 원인

Actual TEST Answer Keys

01. (a) 02. (a) 03. (a) 04. (d) 05. (a) 06. (c)
07. (c) 08. (c) 09. (c) 10. (c) 11. (a) 12. (c)
13. (d) 14. (d) 15. (b)

01. 해석 A: 어떤 이유에서 키스가 고통 완화에 도움이 된다는
　　　 것인가요?
　　　 B: 엔돌핀이 고통을 완화하는데 키스는 엔돌핀의 분비
　　　 를 증가시키기 때문이예요.

해설 빈칸에 들어갈 올바른 관계대명사를 고르는 문제이다.
　　　 that은 계속적 용법으로 쓸 수 없으므로 답이 될 수 없
　　　 다. 또한 선행사가 있으므로 what을 쓸 수도 없다. 또한
　　　 여기에서 선행사인 endorphin이 사람이 아니므로 who
　　　 또한 답이 될 수 없다. 따라서 정답은 (a) which이다.

어휘 ease v. 완화하다　secretion n. 분비
　　　 relieve v. 없애주다, 덜어주다, 완화하다

02. 해석 A: 누구를 고용할 것인지를 결정했니?
　　　 B: 아직이야. 사실 난 이 일을 잘 처리할 사람 두 명을
　　　 생각해 뒀어.

해설 관계대명사의 격은 관계대명사절 속에서 그 관계대명
　　　 사가 어떤 기능을 하는가에 달려 있다. 빈칸 다음에 동
　　　 사 would가 이어지므로 주어자림임을 알 수 있다. 따라
　　　 서 주격인 (a)가 답이다.

어휘 decide on ~에 관하여 결정하다　hire v. 고용하다
　　　 work out on ~을 처리하다

03. 해석 A: 지난 주말에 뭐하셨어요?
　　　 B: 나는 가족과 함께 잠깐이나마 시간을 보냈어요.

해설 (a)의 what이 관계형용사로 쓰이면 '~할만큼 전부
　　　 의, 약소하지만 모두의' 뜻이 되며 구체적으로 what
　　　 little[few]와 같이 쓰이기도 한다. (b) as는 뒤에 반드
　　　 시 as가 따라온다는 점에서, 그리고 (c) whose와 (d)
　　　 which는 앞에 반드시 선행사가 있어야 한다는 점에서
　　　 정답이 될 수 없다.

04. 해석 A: James는 사업에 실패해서 심각한 부채에 빠져있어.
　　　 B: 안 되긴 했지만 지금 우리가 해줄 수 있는 것은 아무
　　　 것도 없는것 같아.

해설 빈칸 뒤의 문장은 목적어가 결여된 것으로 보아
　　　 nothing을 선행사로 취하는 관계절이다. 선행사가 –
　　　 thing으로 끝나는 단어는 관계대명사로 (d) that이 적절

하다.

어휘 serious a. 심각한 debt n. 부채, 채무
collapse v. 붕괴되다, 무너지다, 쓰러지다

05. **해석** A: 너의 글에서 일부 불필요한 표현들이 있는데, 이것
들이 너의 글을 다소 모호하게 만들어.
B: 지적해줘서 고마워. 정말 큰 도움이 된다.

해설 선행사가 expression이고 계속적 용법의 관계사가 필
요하기 때문에 정답은 (a) which이다.

어휘 redundant a. 불필요한, 쓸모없는
obscure a. 애매한, 모호한

06. **해석** 어떤 압력이나 실패의 두려움에 의해 흔들리지 않고 중
요한 결정을 내릴 수 있는 능력은 대부분의 지도자들이
갖고자 하는 것이다.

해설 동사의 수를 확인하기 위해서는 우선 주어를 찾아야 한
다. 이 문장의 주어는 the ability이므로 be동사는 단수
형이 되어야 하고 is 다음에 주격보어로 명사절이 이어
지고 있으므로 명사절을 이끌 수 있는 접속사를 골라야
한다. 선택지 중에서 명사절을 이끌 수 있는 접속사는
that과 관계대명사 what이 있다. 하지만, 명사절 접속
사 that뒤에는 완전한 절이 이어져야 하며, 관계대명사
what 뒤에는 불완전한 절이 이어져야 한다. 주어진 문
제의 경우 possess의 목적어가 없는 불완전한 절이므
로, 관계대명사 what이 적절하다. 따라서 빈칸에는 (c)
is what이 적절하다.

어휘 decision n. 결정 sway v. 흔들다 pressure n. 압력

07. **해석** 오늘 아침 나와 내 모든 학급친구들은 Jenny가 생물시
간을 위해 가져온 애완용 뱀 때문에 많이 놀랐다.

해설 빈칸 앞의 snake는 뒤에 나오는 관계대명사절의 선행
사로 Jenny가 가져온 것 즉, brought의 목적어이다. 따
라서 빈칸에는 관계대명사의 목적격인 (c) which가 와
야 한다.

어휘 frighten away (겁을 주어) 쫓아내다 biology n. 생물학

08. **해석** 세미나 참석자들의 약 30%가 전문직 여성들이었는데,
그들 중 일부는 다른 남성들보다 훨씬 더 젊었다.

해설 부정대명사 some과 관계대명사 whom이 함께 나오는
표현이다. 여기에 관계대명사 목적격 whom이 쓰인 이
유는 전치사 of의 목적격이 되기 때문이다. 정답은 (c)
some of whom이다.

어휘 participant n. 참가자
professional n. 전문가 a. 전문적인
counterpart n. 상대자

09. **해석** 통계청이 발간한 2008 '결혼과 이혼에 관한 통계'에 따
르면, 그 해 4,000건 이상의 이혼사례가 있었는데 그 중
3분의2는 여성이 먼저 시작한 것이었다.

해설 빈칸에 들어갈 관계대명사로 선행사는 cases이고 앞에
of가 있기 때문에 전치사의 목적격이 들어가는 것이 적
절하다. 따라서 정답은 (c)which이다.

어휘 statistics n. 통계 divorce n. 이혼

10. **해석** 나는 아버지를 여읜 많은 사람들과 이야기 하였는데 그
들은 이해하지 못하였다.

해설 적절한 관계대명사를 묻는 문제이다. 선행사가 사람인
people이고, 빈칸 뒤가 주어가 빠진 불완전한 문장이므
로, 주격관계대명사 who가 들어가야 하지만, 선택지에
who가 없으므로 who 대신에 쓸 수 있는 (c) that이 적
절하다.

어휘 get it 이해하다, 야단맞다, (전화 따위를)받다

11. **해석** (a) A: 제가 저지른 실수에 대해 진심으로 죄송합니다.
제가 일을 그만둬야겠어요.
(b) B: 농담으로라도 그런 말씀 마세요. 당신을 포함한
누구도 틀리지 않아요.
(c) A: 하지만 당신이 그 회사와 거래할 기회를 잃게 될
지도 모르잖아요.
(d) B: 너무 자책하지 말아요. 다음 기회가 또 있을 거
라고 확신해요.

해설 make a mistake는 '실수를 저지르다'는 의미이다. 따
라서 선택지 (a)처럼 mistake를 선행사로 받고 뒤에서
꾸며 주는 종속절이 오는 경우 관계는 what이 아니라
that이나 which가 와야 한다. what은 선행사를 포함한
경우에 쓰는 관계사이다.

어휘 make a deal with ~와 거래를 하다
be hard on ~를 심하게 대하다, 꾸짖다

12. **해석** (a) A: 유명한 할리우드 여배우가 자살한 사실 들었니?
(b) B: 응, TV에서 봤는데 정말 놀랐어.
(c) A: 맞아. 그녀는 그런 일을 생각조차 하지 않을 것
같은 사람들 중 하나지.
(d) B: 내말이 그말이야. 그녀는 늘 행복해 보였는데.

해설 관계사의 용법을 묻는 문제이다. whom은 목적격 관
계대명사로서 주어 자리에는 올 수 없다. 따라서 (c)의
whom은 who로 바꾸어야 한다. (a)의 간접의문문은
think동사가 있으므로 의문사가 문장 앞으로 나오는 것
이 적절하다.

어휘 kill oneself 자살하다

13. **해석** (a) A: 엄마, 전 고등학교 졸업 후에 외국에서 유학하는
것을 생각 중이에요.
(b) B: 뭐라고? 도대체 왜 그런 생각을 하게 된 거니?
네가 생각한 것 보다는 더 어려울 거야.
(c) A: 알아요. 하지만, 오랫동안 해보고 싶었어요.
(d) B: 만약 그게 정말 네가 하고 싶은 일이라면 반대는
안 할게.

해설 관계대명사에 관한 문제이다. (d)에서 '네가 원하는 것'
이라는 의미를 나타내려면 which 대신 선행사를 포함
하는 관계대명사인 what이 적절하다.

어휘 study abroad 외국에서 공부하다 objection n. 반대

14. **해석** (a) 그 대신 그는 잠시 정지하였다가 다시 연주하기 시
작하였다. 그는 걸어가면서 조정하고, 창조하고, 보상
하였다. (b) 연주회가 끝나고 그가 활을 내려놓았을 때,
우레와 같은 박수가 홀을 가득 메웠다. (c) 박수가 잦아

들었을 때, 그는 청중에게 말하였다. (d) "때로는 여러분들이 남겨놓은 것들을 가지고 여전히 여러분들이 얼마만큼의 음악을 만들 수 있는지를 찾는 것이 음악가의 일입니다."

해설 문장 (d)에서 that 이하는 문장이 동사 have의 목적어가 없는 불완전한 문장이므로 that 자리에는 관계대명사가 필요하다. that 역시 관계대명사의 기능이 있지만, 관계대명사 that 앞에는 선행사가 반드시 필요하다. 그러나, that 앞에 선행사가 없으므로, that을 선행사를 포함하는 관계대명사 what으로 바꾸어야 한다.

어휘 applause n. 박수, 갈채
roar v. 으르렁거리다, 포효하다
bow n. 활

---

15. 해석 (b) 저는 17살인데 제가 비만이 아니었던 때를 기억할 수가 없습니다. (b) 저의 가족 대부분은 어떻게든 제가 살을 빼도록 압력을 주었는데, 그런 것들이 저를 매우 고통스럽게 하였습니다. (c) 일반적으로 살을 뺀 후 다시 체중이 늘어나기 때문에 그것은 도움이 되지 않습니다. (d) 저는 그들이 저를 새로운 몸에 저를 밀어 넣으려고 시도하기 보다는 제가 제 몸에 관해 좋게 생각할 수 있도록 노력해주기를 희망합니다.

해설 (b)에서 관계대명사 that은 계속적 용법을 나타내는 쉼표 뒤에 올 수 없다. 문장에서 선행사는 쉼표 앞에 있는 문장 전체이므로 that을 which로 바꾸어야 한다.

어휘 distress v. 괴롭히다, 고통스럽게 하다
overweight a. 과체중인   gain weight 체중이 늘다

Chapter 04 관계사 Unit 12 관계부사 정답 & 해설

Exercise Answer Keys

A 01. **in which** 02. **for which** 03. **why**
04. **by which** 05. **which** 06. **how** 07. **when**
08. **how** 09. **where** 10. **which** 11. **where**
12. **which** 13. **to which** 14. **which**
15. **which**

B 01. **when → why** 02. **which → when**
03. **which → where** 또는 **in which**
04. **the way how → the way** 또는 **how**
05. **where → which**로 하거나 **in**을 생략
06. **which → where** 07. **where → which**
08. **when → which** 09. **which → when**
10. **where → which**

A

01. 해석 나는 그가 문제를 푼 방식을 이해하지 못한다.
해설 선행사는 the way이므로 관계부사 how는 함께 쓸 수 없으므로 문맥상 그가 문제를 푸는 방식이라는 의미이므로 [전치사+관계대명사] 형식인 in which가 적절하다.
어휘 solve v. 풀다, 해결하다

02. 해석 그녀는 종종 우울해 하곤 했는데 그것이 바로 그녀가 자살한 이유이다.
해설 선행사는 the reason이고 문맥상 그녀가 자살한 이유라는 의미이므로 for which가 적절하다.

어휘 depressed a. 우울한, 침체된
commit suicide 자살하다(=kill oneself)

03. 해석 당신이 결근하신 타당한 이유를 알려주세요.
해설 선행사는 reason이고 문맥상 당신이 결근한 이유라는 의미이므로 why 또는 for which가 적절하다.
어휘 absent a. 결석한, 결근한

04. 해석 그에게 연락할 방법을 아세요?
해설 선행사는 means이고 문맥상 우리가 그에게 연락하는 수단이라는 의미이므로 by which가 옳은 표현이 된다.
어휘 means n. 수단, 방법   contact v. 연락하다, 접촉하다

05. 해석 이 곳이 그가 사는 집이다.
해설 문맥상 관계사절 내 전치사의 목적어가 필요하므로 which가 정답이 된다.

06. 해석 그들이 그 당시 어떻게 살았는지 알 수 없다.
해설 문맥상 '그들이 어떻게 남의 집살이를 했는지'라는 의미이므로 관계부사 how를 사용하고 선행사 the way가 생략된 것으로 볼 수 있다. 또한 관계사절이 아닌 의문사 how를 사용한 간접의문문으로 볼 수도 있다.

07. 해석 봄은 나뭇잎과 식물들이 다시 자라기 시작하는 때이다.
해설 문맥상 '봄이 나뭇잎 등이 다시 자라는 때'라는 의미이므로 관계부사 when이 적절하다.
어휘 plant n. 식물   grow v. 자라다, 재배하다

08. 해석 그것이 그들이 구조된 방법이다.
해설 괄호 다음의 문장이 완전한 문장이므로 관계대명사는 부적절하며 that으로는 두 개의 문장을 연결할 수 없

으므로 '그들이 구조된 방법'이라는 의미를 표현하는 how가 적절하다.

어휘　rescue v. 구조하다

09. **해석**　그것이 당신이 틀린 점입니다.
　　해설　적절한 관계사를 묻는 문제이다. 관계사절이 완전한 문장이므로 문맥상 관계대명사가 아닌 관계부사가 적절하다. 따라서 정답은 where이 된다.

10. **해석**　그 도서관에는 다수의 컴퓨터와 셀 수 없이 많은 책들이 있었는데 나는 그것들로 인해 만족했다.
　　해설　문맥상 관계사절에 with의 목적어가 필요하므로 관계부사 where가 아닌 관계대명사 which가 적절하다.
　　어휘　be equipped with ~를 갖추고 있다
　　　　innumerable a. 셀 수 없는, 무수한

11. **해석**　조사팀이 우리 공장을 조사하기 전에 완료할 일이 있는데, 그곳에서 우리는 다양한 신발을 제조한다.
　　해설　문맥상 관계사절은 완전한 문장 이기 때문에 관계대명사는 적절하지 않다. 선행사인 plants를 받기 위해서는 관계부사 where가 적절하다.
　　어휘　complete v. 완료하다
　　　　inspection n. 사찰, 순시, 점검
　　　　plant n. 공장　examine v. 조사하다

12. **해석**　이곳이 그 사업가가 경영하는 호텔이다.
　　해설　문맥상 '그 사업가가 경영하는 호텔'이라는 의미이다. 관계사절은 runs의 목적어가 필요한 상태이므로 빈칸에는 관계부사 where가 아닌 관계대명사 which가 들어가는 것이 적절하다.
　　어휘　run v. (사업 등을)경영하다

13. **해석**　이것은 사장님이 반대하지 않으신 제안입니다.
　　해설　관계사절 이하에서 전치사 to의 목적어가 필요하므로 관계부사가 아닌 관계대명사가 들어가야 한다. 이때 전치사는 관계대명사 앞쪽으로 이동하게 된다. 따라서 to which가 적절하다.
　　어휘　proposal n. 제안
　　　　have (raise) an objection to ~에 반대(를 제기) 하다

14. **해석**　이곳은 내가 자랑하고 싶은 도시이다.
　　해설　관계사절 이하의 전치사 of의 목적어가 필요하므로 관계명사가 와야 한다. 따라서 which가 올바른 표현이된다.
　　어휘　be proud of ~를 자랑스러워하다

15. **해석**　그녀의 집은 그녀가 늘 그리워해오던 곳이다.
　　해설　관계사절 이하의 동사 missed의 목적어가 필요하므로 관계대명사가 와야 한다. 따라서 which가 올바른 표현이 된다.
　　어휘　miss v. 그리워하다

Ⓑ

01. **해석**　나는 그녀가 나를 떠난 이유를 알 수 없다.
　　해설　the reason을 선행사로 받는 관계대명사는 why가 적절하다.
　　어휘　leave v. 떠나다

02. **해석**　우리는 7시에 우리의 업무를 완료하였는데, 그 때 그녀는 내가 좀 더 머무르기를 원했다.
　　해설　문맥상 그녀는 우리가 업무를 끝낸 7시에 내가 좀 더 머무르기를 원한 것이므로 which가 아닌 관계부사 when이 더 적절하다. 특히, which 이하 절은 별도의 관계대명사를 필요로 하지 않은 완전한 문장이므로 관계대명사 which는 부적절하다.
　　어휘　complete v. 완료하다

03. **해석**　그 제조설비(공장)은 때때로 자신이 소재하고 있는 도시에 새로운 일자리를 제공한다.
　　해설　관계사절 이하가 완전한 문장이므로 관계대명사가 아닌 관계부사가 와야 한다. 문맥상 '공장이 소재한 도시'라는 의미이므로 which를 where 또는 in which로 바꾸어야 한다.
　　어휘　manufacture v. 제조하다, 만들다
　　　　facility n. 시설, 설비

04. **해석**　우리가 말하는 방법은 우리가 쓰는 방법과 전혀 다르다.
　　해설　the way와 how는 일반적으로 함께 쓰지 않고 둘 중 하나는 생략한다. 따라서 the way how에서 how를 생략해서 the way로 쓰던가 the way를 생략하여 how만 쓰던가 해야 한다.
　　어휘　completely adv. 철저히, 완전히
　　　　be different from ~과 다르다

05. **해석**　이곳이 내 삼촌이 사시곤 했던 Charlie의 아파트였다.
　　해설　문맥상 관계부사 where을 사용하기 위해서는 전치사 in을 생략하거나 where을 which로 바꾸면 된다.
　　어휘　used to ~하곤 했다

06. **해석**　이곳이 내가 역도를 배운 K-10 피트니스 센터이다.
　　해설　관계사절 이하 구문이 별도로 관계대명사를 요구하는 문장이 아니라 단독으로 완전한 문장이므로 관계대명사가 아닌 장소를 나타내는 관계부사가 적절하다. 따라서 which를 where로 바꾸어야 한다.

07. **해석**　저 곳이 내가 책임을 맡아온 도서관이다.
　　해설　관계사절 이하의 전치사 of의 목적어가 필요하므로 관계대명사가 와야 한다. 따라서 where가 아닌 which가 올바른 표현이 된다.
　　어휘　in charge of ~를 책임지는, 맡고 있는, 담당하는

08. **해석**　나는 최근 경험했던 몇 주간의 비참한 사건을 기억에서 지워버리고 싶다.

해설 관계사절 이하의 동사 experienced의 목적어가 필요하므로 관계대명사가 적절하다. 따라서 when이 아닌 which가 올바른 표현이 된다.

어휘 get rid of ~을 없애다, 제거하다 miserable a. 비참한 experience a. 경험한

09. **해석** 너 감독관이 우리 사무실 방문한 시기를 기억하니?
해설 선행사 time을 받는 관계사가 필요한데, 문맥상 관계사절은 별도의 관계대명사가 필요 없는 완전한 문장이므로 관계부사가 와야 한다. 이때 선행사와의 호응상 when이 가장 적절하다.

어휘 supervisor n. 감독관, 관리자

10. **해석** 이곳은 내가 자랑스러워 하고 싶은 도시이다.
해설 관계사절 이하의 전치사 of의 목적어가 필요하므로 관계대명사가 와야 한다. 따라서 where가 아닌 which가 올바른 표현이 된다.

어휘 be proud of ~를 자랑스러워하다

Practice TEST Answer Keys

01. (d) **02. (b)** **03. (c)** **04. (b)** **05. (b)** **06. (d)**
07. (d) **08. (c)**

01. **해석** A: 이 영화의 하이라이트는 두 주인공이 다시 만나는 장면이야.
B: 나도 동감이야. 그리고 그 장면에서 나오는 배경음악이 정말 감동적이야.
해설 알맞은 관계부사를 고르는 문제이다. 두 사람이 이야기하는 영화에 두 주인공이 만나는 장면이 나온다. 따라서 빈칸에는 '그 영화 안에는(in which)'이라는 의미를 전할 수 있는 (d) where가 적절하다. which를 쓰려면 전치사 in이 함께 와야 한다.

어휘 character n. 등장인물 , 개성, 성격 moving a. 감동적인

02. **해석** A: Kim은 왜 그렇게 자주 서울에 가니?
B: 내가 알기로는 서울은 그녀가 태어난 도시이기 때문에 그곳에 친구들과 친척들이 많대.
해설 관계사에 관한 문제이다. '그녀가 태어난 도시'를 영어로 쓰면 'the city (which) she was born in'(목적격 관계대명사 생략), 'the city in which she was born'(전치사+관계대명사), 'the city where she was born'(관계 부사)의 세 가지 경우가 가능하다. 따라서 정답은 (b)이다.

어휘 relative n. 친척

03. **해석** A: 이 타운하우스 어떠세요?
B: 바로 제가 살고 싶어하는 그런 스타일의 집이네요.
해설 빈칸 뒤에 절이 전치사 in의 목적어가 없는 불완전한 절이므로 빈칸은 관계부사 where가 아니라 관계대명사 (c) which가 들어가야 한다.

어휘 townhouse n. 벽을 서로 공유하고 있는 주택(주로 4집 정도가 붙어 있으며 각자 현관이 따로 나 있다)

04. **해석** A: 새로운 세대의 지도자들은 어떤점에서 다를 것이라고 생각하시나요?
B: 그들은 이전에 갈등이 있었을지 모를 다른 정당들에게 이야기하기 시작할 것입니다.
해설 적절한 관계사를 찾는 문제이다. 빈칸 앞의 parties가 선행사이고 빈칸 이하 관계사절은 의미상 'parties 내에서 갈등이 있었다'라는 의미이므로 where 또는 in which가 적절한 표현이다. 따라서 정답은 (b) where이다.

어휘 generation n. 세대 conflict n. 갈등

05. **해석** 그는 자신이 태어난 고향에 절대 돌아가지 않겠다는 약속을 지키지 않았다.
해설 관계대명사와 관계부사의 구분력을 묻는 문제이다. 문장구조상 빈칸은 접속사 자리로 판단할 수 있다. 빈칸 뒤가 완전하면 관계부사 자리, 빈칸 뒤가 불완전하면 관계대명사 자리이다. 선행사가 장소를 나타내고, 빈칸 뒤가 완전한 문장(he was born)이 이어지므로, 관계부사 (b) where가 정답이다. (d)는 of which가 아니라, in which 가 되어야 한다. 참고로 관계부사는 [전치사+관계대명사]이다.

어휘 promise v. 약속하다 return v. 돌아가다
home town n. 고향

06. **해석** 그가 페스티벌 홀에서 무대를 가졌던 그날 밤 관중들은 그 노래를 계속 불렀다.
해설 관계사 문제이다. 빈칸 뒤에 주어인 he가 나오고 완전한 문장이므로 관계대명사가 아닌 관계부사가 와야 적절하다. 선행사는 that night이므로 시간을 나타내는 (d) when이 정답이다.

어휘 take to the stage 무대에 서다, 무대를 갖다

07. **해석** 그 나라에는 3대가 함께 사는 가족이 여전히 많다.
해설 빈칸에 알맞은 관계대명사의 형태를 고르는 문제이다. 선행사는 families인데, 문맥상 3대가 가족들 안에서 사는 것이고, live 다음에는 전치사가 없으므로 (d) in which를 써야 한다. in which 대신 where를 쓸 수 있다.

어휘 generation n. 세대

08. **해석** 여름방학 동안 우리가 묵었던 곳은 너무 지저분하지 않았니?
해설 빈칸 뒤의 절이 전치사 at의 목적어가 없는 불완전한 절이므로, 빈칸은 관계대명사 자리이다. 따라서 정답은 (c) which이다.

어휘 dingy a. 우중충한, 지저분한

01. **(c)** 02. **(c)** 03. **(c)** 04. **(a)** 05. **(c)** 06. **(d)**
07. **(d)** 08. **(a)** 09. **(d)** 10. **(d)** 11. **(c)** 12. **(d)**
13. **(c)** 14. **(d)** 15. **(b)**

---

01. 해석 A: 시골에서 자랐니?
B: 응, 내가 그래서 거대한 아파트 단지에서의 삶에 익숙하지 않은 이유야.

해설 대화 맥락상 B는 시골에서 거대한 아파트 단지 생활에 익숙하지 않다는 것을 알 수 있다. 따라서 빈칸에는 이유를 나타내는 관계부사 (c) why가 적절하다. why 앞에는 선행사 the reason이 생략된 것이다.

어휘 raise v. 기르다   huge a. 거대한
apartment complex 아파트 단지

02. 해석 A: Sam, 이건 우리에게는 너무 어려운 것 같아.
B: 알았어. 그럼 내가 한번 더 시범설명을 할 테니 내가 하는 거 잘 기억해둬.

해설 대화의 흐름에 따라 시범설명에서 하는 방법을 기억하라는 것이 자연스럽다. 따라서 방법을 나타내는 관계부사 (c)how 가 정답이다.

어휘 demonstration n. 시범설명   memorize v. 암기하다

03. 해석 A: 영화가 형편없었어. 게다가 주인공의 대사는 이해할 수도 없고!
B: 내말이 바로 그 말이야.

해설 관계대명사 what의 쓰임을 묻는 문제이다. B의 말을 직역하면 "그것이 바로 내가 생각한 것이야"이므로 선행사를 포함하는 관계대명사 (c)what(~하는 것)이 필요하다. as와 that은 선행사가 앞에 필요하며 how는 방법을 나타내는 관계부사로 적절하지 않다.

어휘 main character's lines 주인공의 이야기

04. 해석 A: 요즘에 너 새로운 직장 때문에 바쁜 것처럼 보인다.
B: 바쁘지만 그게 바로 내가 좋아하는 방식이야.

해설 일반적으로 '~가 좋아하는 방식이다'는 의미로 [that is just the way+주어+동사]구조에서 the way 뒤에 생략된 관계사는 관계대명사가 아니라, 전치사+관계대명사 (in which)나 관계부사 how이다. 관계부사 how는 선행사를 생략하거나, 자신이 생략되어 [That is just how 주어+동사] 또는 [That is just the way +주어+동사] 형태로 써야 한다. 따라서 the way 뒤에 생략된 관계사는 관계부사 how이고 the way 이하의 문장은 완전해야 하므로, (b)와 (c)는 답에서 제외된다. 부사 just는 the way 이하를 강조하므로, the way 앞에 위치해야 한다. 따라서 정답은 (a)이다.

어휘 these days 요즘

05. 해석 A: 후드 달린 자켓을 입은 사람을 보았니?
B: 응. 현관문이 옅은 초록색인 집의 뒤뜰로 달아났어.

해설 빈칸 뒤의 문장은 주어 front door 앞에 한정사(소유격,

관사)가 없는 불완전한 문장이므로, 한정사와 접속사의 역할을 동시에 수행하는 소유격 관계대명사 (c) whose가 들어가야 한다. 선행사가 사물일 경우 소유격 관계대명사는 whose와 of which 모두 가능하지만 후자의 경우는 front door of which의 형태로 써야 한다.

어휘 backyard n. 뒤뜰

06. 해석 인슐린은 포도당이 혈류로부터 나와서 당신의 몸 속 세포에 들어가도록 도와주는데 그곳에서 포도당은 에너지로 사용된다.

해설 적절한 관계부사를 묻는 문제이다. cells를 선행사로 받아 장소를 나타내는 (d) where가 적절하다.

어휘 glucose n. 포도당   bloodstream n. 혈류, 혈액순환
cell n. 세포

07. 해석 나는 애플의 아이폰이 사람들의 휴대폰 사용방식을 바꿀 것이라고 믿는다.

해설 will change가 동사이며 뒤에 목적어로서 명사인 the way 뒤에는 관계사절이 올 때 관계부사 how가 생략되어야 한다. 따라서 바로 people use가 오는 것이 적절하다. 따라서 정답은 (d) the way people use이다.

어휘 way n. 방식, 수단

08. 해석 자동차 사고가 어떻게 발생했는지에 대한 그럴듯한 설명이 없었다.

해설 관계부사 how의 용법을 묻는 문제이다. 방법을 나타내는 관계부사절에서 the way와 how는 함께 사용할 수 없으며, how나 the way 중 하나만을 사용하거나 the way in which를 써야 한다. 따라서 정답은 (a) how이다.

어휘 plausible a. 이치에 맞는, 그럴듯한   explanation n. 설명

09. 해석 Gordon Brown 350여 개의 직접 관련되는 직장들을 창조할 것으로 예상되는 Nissan의 투자를 환영했다.

해설 두 문장을 연결해주는 접속사 구실을 하면서 자신이 이끄는 문장 안에서 is의 주어 역할을 해야 하므로 빈칸에는 주격 관계대명사가 와야 한다. 선행사인 investment는 사람이 아니므로 (d) which가 적절하다.(b) what는 그 자체로 선행사를 포함하므로 앞에 수식 받는 선행사가 나올 수 없다.

어휘 investment n.투자   expect v. 예상하다, 기대하다
create v. 창조하다

10. 해석 우리는 거의 모든 것(문, 가위, 냉장고 등)이 오른손잡이를 위해 만들어진 세계에 살고 있다.

해설 관계부사를 묻는 문제이다. 우선 뒷문장은 주어, 동사, 목적어를 갖춘 완벽한 문장이기 때문에 관계대명사인 (a) which와 (b) who는 적절하지 않다. 앞에 나온 in a world라는 장소 부사구를 대신 하면서 동사에 접속사 역할을 하는 관계부사 (d) where이 적절하다.

어휘 refrigerator n. 냉장고   right-handed a. 오른손잡이의

11. 해석 (a) A: 록키 산맥에 있는 Banff에 가본 적 있니?

(b) B: 아니, 하지만 세계에서 가장 아름다운 호수 중의 하나라고 들었어.

(c) A: 그곳이 내가 휴가를 보내고 싶은 곳이야.

(d) B: 내가 너라면 시도해보겠어.

해석 (c)에서 선행사가 장소를 나타내는 단어이므로 관계대명사 which가 아니라 관계부사 where가 와야 적절하다. 관계대명사 which를 쓰려면 'the place in which I'd like to spend my holidays'처럼 장소를 나타내는 전치사 in을 써야 한다.

어휘 have been to ~에 가본 적이 있다
give it a shot 시도하다

12. **해석** (a) A: 너 Jason 어떻게 만났니?

(b) B: 피트니스 클럽에서 만났는데. 왜?

(c) A: 그는 내가 전혀 사용하지 않는 단어들을 사용하더라.

(d) B: 그 사람 말 오해하지 마. 그건 단지 그 사람이 말하는 방식일 뿐이야.

해설 (d)에서 관계부사 how는 선행사 the way와 나란히 쓸 수 없으므로, 선행사 the way를 삭제하거나 관계부사 how를 삭제해야 한다.

어휘 get somebody wrong ~의 말을 오해하다
get something wrong 상황을 오해하다

13. **해석** (a) A: 난 자전거로 출근하려고 하는데. 어떻게 생각해?

(b) B: 진짜? 사실 기름 값이 너무 올랐어.

(c) A: 그게 바로 내가 자동차를 팔려고 생각하는 이유야.

(d) B: 네 용기가 부럽다. 난 차 없이는 못살 것 같아.

해설 관계부사의 올바른 쓰임을 묻는 문제이다. 관계 부사는 관계사절 내에서 부사의 역할을 하는 것이므로, 관계부사 뒤에는 완전한 절이 이어져야 한다. 문장 (c)의 관계부사 why가 이끄는 절이 전치사 for로 끝난 불완전한 절이므로 문법에 적절하지 않다. 따라서 전치사 for를 삭제하거나 why를 관계대명사 which로 고쳐야 한다.

어휘 courage n. 용기

14. **해석** (a) 사실 코끼리의 코는 다양한 기능을 지녔다. (b) 그것은 냄새를 맡고, 숨을 쉬고, 소리를 내고, 물을 마시고 먹을 것을 잡는 용도로 사용된다. (c) 코는 그 자체로만 약 100,000개의 다른 근육을 포함하고 있다. (d) 아시아 코끼리들은 코 끝에 손가락과 같이 생긴 부분을 갖고 있어 작은 물건들을 집는데 사용할 수 있다.

해설 관계대명사와 관계부사를 구분하는 문제이다. 관계부사 뒤에는 완전한 절이 이어져야 한다. 하지만, 문장 (d)에서 where 다음에 they can use 가 이어지고 있으므로, 목적어가 빠진 불완전한 문장이다. 따라서 where는 목적격관계대명사 which나 that으로 바꾸어야 한다.

어휘 function n. 기능 grab v. 잡다, 쥐다, 이해하다
potential a. 잠재적인

15. **해석** (a) 1920년대 건축가들이 캘리포니아 플래그쉽 대학에 거대한 축구경기장 건축계획을 세웠을 때, 그들은 지질학적인 결함이 절대 발생하지 않도록 하였다. (b) 지질학은 아직 초기 학문이었지만 건축가들은 Hayward가

두 개의 얇은 판이 서로 빠르게 움직이는 단층이라는 것을 명백히 깨달았다. (c) 그래서 건축가들은 투지 있게 본질적으로 커피콩 모양으로 경기장을 나누는 두 부분으로 나누어진 경기장을 건축했다. (d) 경기장의 각 절반은 땀 흘리지 않고 이동하는 판 위에서 독자적으로 움직일 수 있었다.

해설 (b)의 which 이하 문장은 완전한 문장으로서 관계대명사가 올 여지가 없고 오히려 선행사 fault와의 관계에서 의미상 두 개의 판이 서로 빠르게 움직이는 곳이 fault이기 때문에 where라는 관계부사가 자연스럽다.

어휘 architect n. 건축가 refuse v. 거부하다
geology n. 지질학 imperfection n. 미비점, 결함
apparently a. 명백한 fault n. 단층
gamely a. 투지 있게 split v. 나누다
break a sweat 땀을 흘리다

Exercise Answer Keys

Ⓐ 01. as 02. but 03. whoever 04. than
05. which 06. Whoever 07. anyone who
08. whichever 09. what 10. what
11. however 12. whom 13. that
14. which 15. Wherever

Ⓑ 01. However he drives fast
　　→ However fast he drives
02. Whoever that knows him
　　→ Whoever knows him
03. that → as
04. whomever → whoever
05. which help → what help
06. However you try hard
　　→ However hard you try
07. no matter which → whatever
08. whoever → whosever
09. no matter what → whatever
10. whoever → whosever

Ⓐ

01. **해석** 너에게 조언해 주는 그런 친구를 선택해라.
해설 문장구조상 빈칸은 접속사 자리이며, 빈칸 뒤가 불완전한 절이므로, 빈칸에는 관계대명사가 들어가야 한다. 의미상 빈칸은 friends를 받아주는 관계대명사 자리인데, friends 앞에 such와 호응할 수 있는 유사관계대명사가 필요하므로 정답은 as가 된다.
어휘 advise v. 조언하다

02. **해석** 예외 없는 규정은 없다.
해설 문장구조상 빈칸은 접속사 자리이며, 빈칸 뒤가 불완전한 절이므로, 빈칸에는 관계대명사가 들어가야 한다. 따라서 문맥상 빈칸에는 앞의 no와 호응하여 강한 긍정의 의미를 갖는 유사관계대명사가 필요하므로 정답은 but이 된다.
어휘 exception n. 예외

03. **해석** 원하는 사람에게는 누구에게나 내 책을 줄 거야.
해설 빈칸 뒤가 불완전한 절이므로, 문맥상 '~한 사람은 누구에게나'라는 의미로서 빈칸에는 관계대명사가 들어가야 한다. 관계대명사의 격은 관계사절에서 정해지는데 예문의 경우는 주어가 필요하므로 정답은 whoever가 된다.

04. **해석** 그녀가 예상했던 것보다 많은 소년들이 파티에 참석하였다.
해설 선행사가 비교급 more에 의해 수식을 받는 경우 관계대명사는 than을 사용한다.
어휘 expect v. 예상하다, 기대하다

05. **해석** 의사는 그에게 금주하라고 이야기하였으나, 그는 그 조언을 따르지 않았다.
해설 빈칸에는 앞 문장 전체를 받으면서 관계사절 advice를 수식할 수 있는 계속적 용법의 관계형용사가 적절하다. 관계형용사 what은 선행사를 포함하고 있고 계속적 용법으로는 사용하지 않으므로 부적절하기 때문에 정답은 which이다.
어휘 give up 포기하다, 그만두다

06. **해석** 오는 사람은 누구나 환영 받을 것이다.
해설 빈칸에는 주어 역할을 하는 명사절을 이끄는 동시에 관계사절의 동사 comes의 주어가 될 수 있는 복합관계대명사가 필요하므로 정답은 whoever이다. who는 관계대명사로서 선행사가 없으므로 정답이 될 수 없다.
어휘 welcome v. 환영하다

07. **해석** 그는 그 파티에 오고 싶어 했던 사람은 누구나 초대하였다.
해설 문맥상 '~한 사람은 누구나'라는 의미인데, 관계사절은 주어가 필요하므로 목적격 복합관계부사인 whomever는 부적절하다. '누구나'의 의미를 갖는 선행사 anyone과 이를 수식하는 관계대명사 who를 사용한 anyone who가 정답이 된다.

08. **해석** 그 야구경기는 어느 팀이 이기든지 정말 흥미진진할 것이다.
해설 문맥상 양보의 의미를 갖는 복합관계형용사가 필요하므로 which는 정답이 될 수 없다. 야구팀은 2개이므로 빈칸에는 선택의 의미를 포함하는 whichever가 적절하다.
어휘 exciting a. 흥미진진한

09. **해석** 나는 당시 내가 갖고 있던 모든 돈을 그녀에게 주었다.
해설 문맥상 '~한 모든 돈'이라는 의미이므로 빈칸에는 관계형용사 what이 적절하다. 관계형용사 which는 '~한 어떤 돈이든지'라는 의미가 되는데, 주어진 문제에서는 문맥상 부적절하다.

10. **해석** 무슨 일이 있어도 그곳에 있어라.
해설 '아무리 ~하여도'라는 양보의 부사절을 이끄는 [no matter+의문사]이므로 정답은 what이다. 참고로 no matter가 없었다면 복합관계대명사 whatever를 사용하여 같은 의미를 표현할 수 있다.

11. **해석** 아무리 네가 경험이 많다고 하여도 운전은 아무리 주의
해도 지나치지 않다.

해설 문맥상 양보의 의미를 가지면서 형용사 experienced를
수식할 수 있는 복합관계부사가 적절하다. 따라서 정답
은 however이다. no matter를 사용하려면 how까지 함
께 써야 한다.

어휘 experienced a. 경험 있는, 능숙한

12. **해석** 너는 네가 신뢰할 수 있다고 믿을 만한 사람들만을 신
뢰하여야 한다.

해설 선행사 those를 받으면서 빈칸 이하 관계사절에서 목
적어 역할을 할 수 있는 것은 관계대명사 whom이 적절
하다. whomever는 선행사를 포함하고 있는 복합관계
대명사이므로 쓰일 수 없다.

어휘 trustworthy a. 신뢰할 만한, 믿을 수 있는

13. **해석** 자신의 자식들을 사랑하지 않는 부모는 없다.

해설 유사 관계대명사 but은 no, few, little 등과 호응하여
강한 긍정의 의미를 갖는다. 다만, but은 부정의 의미를
내포하고 있으므로 but 이하 절에서 별도로 부정어를
사용할 수 없다. 따라서 빈칸에는 but이 아닌 that이 들
어가야 한다.

14. **해석** 그는 스페인어로 이야기하였는데, 나는 그 언어를 이해
하지 못하였다.

해설 문맥상 관계형용사가 필요하므로 that은 정답이 될 수
없다. 또한 계속적 용법으로 사용할 수 있어야 하므로
정답은 what이 아닌 which가 된다. 관계형용사 what
은 '~한 모든 것'이라는 의미로서 계속적 용법으로 사용
될 수 없다.

15. **해석** 네가 어딜 가든 나는 너를 따라 갈 것이다.

해설 문맥상 양보의 의미를 갖는 복합관계부사가 필요한
데, 의미상 장소적 의미의 부사가 필요하므로 정답은
wherever이다.

어휘 follow v. 따라가다, (시간상) 뒤를 잇다, 뒤따르다

B

01. **해석** 그가 아무리 빨리 운전하더라도, 어두워지기 전에 도착
하지는 못할 것이다.

해설 however는 '아무리~하여도'라는 의미를 갖는 복합
관계부사로서 형용사나 부사를 동반하여야 하므로
however fast가 되어야 한다.

어휘 arrive v. 도착하다, 도달하다

02. **해석** 그를 아는 사람은 누구나 그를 칭찬한다.

해설 문맥상 '~한 사람은 누구나'라는 의미를 갖는 복합관계
대명사가 사용되고 있으므로 별도로 관계대명사 that은
불필요하다.

어휘 praise v. 칭찬하다

03. **해석** 당신을 더 낫고 현명하게 만들어 주지 않을 그런 책은

읽지 마세요.

해설 such books가 나왔으므로 관계대명사 that 대신 such
와 호응하는 as를 유사관계대명사로 사용하는 것이 적
절하다.

04. **해석** 그는 자신에게 조언을 구하는 사람은 누구에게나 미소
를 지었다.

해설 복합관계대명사의 격은 관계사절 내에서의 격에 따르
게 되는데 예문의 경우 came의 주어로서의 역할을 해
야 하므로 whomever가 아닌 whoever가 되어야 한다.

어휘 advice n. 조언   ask for 요청하다, ~에 대해 묻다

05. **해석** 나는 네가 줄 수 있는 모든 도움에 대해서 감사하게 생
각할 것이다.

해설 문맥상 appreciate의 목적어가 될 수 있는 명사절을 이
끄는 동시에 help를 수식할 수 있는 관계형용사가 필요
하다. 따라서 what이 적절하다.

어휘 appreciate v. 진가를 알아보다, 인정하다, 고마워하다, 환영
하다

06. **해석** 네가 아무리 노력하여도, 너는 아무것도 바꿀 수 없다.

해설 however는 수식하는 부사/형용사를 동반하여 '아무리
~하여도'라는 양보의 의미를 표현한다. 따라서 문맥상
however you try hard를 however hard you try로 바
꾸어야 한다.

07. **해석** 네가 원하는 것은 뭐든지 가질 수 있어.

해설 문맥상 '~하는 것은 뭐든지'라는 의미의 복합관계대명
사가 쓰여야 하므로 whatever you want가 적절하다.
no matter는 양보의 의미의 부사절을 이끌기 때문에 문
맥상 take의 목적절이 될 수 없으며, no matter which
이하에서 want의 목적어 또한 될 수 없어 정답이 될 수
없으므로 적절하지 않다.

08. **해석** 그는 자신을 찾아오는 모든 사람들에게 매력적인 미소
를 지었다.

해설 문맥상 빈칸에는 person을 수식하면서 gave의 목
적어가 되는 명사절을 이끌 수 있는 복합관계형용사
whosever가 적절하다. whoever는 복합관계대명사로
서 명사를 수식하지 않는다.

어휘 attractive a. 매력적인, 멋진

09. **해석** 그 학생은 그의 조언자가 시키는 것은 어떤 것이든 행
하였다.

해설 문맥상 주절의 동사 did의 목적어가 되는 명사절을 이
끄는 복합관계대명사가 있어야 하는데 양보의 의미를
갖는 부사절 따라서 no matter what이 등장하고 있다.
따라서 no matter what을 whatever로 바꾸어야 한다.

어휘 adviser n. 고문, 조언자

10. **해석** 너는 목록에 있는 모든 이름에 전화를 걸 수 있다.

해설 문맥상 name을 수식하면서 call의 목적어가 되는 명사
절을 이끌 수 있는 복합관계형용사 whosever가 적절하

다. whoever는 복합관계대명사로서 명사를 수식하지
않기 때문에 적절하지 않다.

Prctice TEST Answer Keys

01. (a) 02. (a) 03. (b) 04. (d) 05. (c) 06. (c)
07. (a) 08. (d)

01. **해석** A: 특별히 좋아하는 와인이 있니? 레드와인, 화이트와
인 아니면 로제?
B: 네가 와인에 대해서는 나보다 훨씬 잘 알잖아. 네가
고르는 것이라면 아무거나 괜찮아.

해설 복합관계대명사에 관한 문제이다. 빈칸 뒤의 절에서 동
사 recommend의 목적어가 없으므로 빈칸은 관계대명
사 자리이며, 선행사가 없으므로 선행사를 포함한 관계
대명사(what, whatever, whichever)가 들어갈 자리이
다. 따라서 정답은 (a)이다.

어휘 wine n. 포도주   prefer v. 선호하다
rosé n. 로제 (와인의 일종으로 분홍빛을 띤다)

02. **해석** A: 공항까지 차로 가야 할지 택시를 타야 할지 모르겠
어.
B: 어떻게 오든 비행기 시간에 늦지만 마!

해설 복합관계사에 관한 문제이다. 의문사에 '-ever'를 붙이
면 '~이든지'의 뜻으로 양보의 부사절을 이끈다. A가 공
항에 어떻게 가야 할지 모르겠다고 하자, B는 두 가지
방법 중 어느 쪽을 택하든지 늦지만 말라는 말을 한다.
방법을 나타내는 복합관계사 however가 정답이다.

어휘 whenever ~할 때는 언제나, 언제 ~할지라도
however 아무리 ~해도, 어떻게 ~하든지
whichever ~하는 어느 것이든
wherever 어디로 ~하여도

03. **해석** A: 최종심의까지 올라간 사람들이 누군지 들었니?
B: 글쎄, 그 지독한 훈련 과정을 견뎌낸 사람은 누구나
명단에 들어갈 거야.

해설 빈칸에서 course까지는 명사절로 이 문장의 주어 역할
을 하고 있다. 따라서 빈칸은 주격관계사 자리이다. 그
러므로 정답은 (b)이다. (d) who는 선행사 없이는 사용
될 수 없고, (a)와 (c)는 주격이 아니므로 해당되지 않는
다.

어휘 qualify v. 자격을 주다, 권한을 주다
survive v. 살아남다, 견뎌내다, ~보다 오래 살다
include v. 포함하다

04. **해석** A: 저 여자 좀 봐! 저 여자만큼 아름다운 사람은 본적
없어.
B: 동감이야. 저 여자에겐 눈에 보이는 것 이상의 뭔가
가 있는 거 같아.

해설 빈칸 뒤가 주어가 없는 불완전한 절이므로, 관계대명사
자리이다. 선행사가 비교급 대명사 more이므로, 유사

관계대명사 than이 적절하다.

어휘 I am with you. 동감이야.

05. **해석** 저 개구쟁이 아이들을 돌봐야할 사람은 누구든지 안됐
다는 생각이 든다.

해설 복합관계대명사에 관한 문제이다. 빈칸 이하가 목적어
부분이므로 목적격 복합관계사나 주격 복합관계사가
올 수 있다. 의미상 빈칸은 사람을 의미하므로 (a), (c)
는 적합하지 않다. 따라서 빈칸에는 주격 복합관계사인
(c) whoever가 알맞다.

어휘 baby-sit v. 아기를 돌보다

06. **해석** 그녀가 찾을 수 있었던 숙박시설은 비쌌다.

해설 유사 관계대명사의 용법을 묻는 문제이다. 빈칸 뒤가
불완전하므로, 빈칸은 관계대명사 자리이다. 선행사 앞
에 same이나 such가 붙어 있는 경우에는 유사 관계대
명사 as를 써야 한다.

어휘 accommodation n. (식사가 딸린) 숙박시설

07. **해석** 기회가 되는 대로 유기농 음식을 먹는 것은 유독 살충
제를 피하는데 도움이 된다.

해설 문맥상 유기농 음식을 가능한 한 항상 먹으라는 내용
이 자연스럽다. '언제든지' 표현하는 복합관계대명사
whenever가 적절하다. 따라서 (a)가 적절하다.

어휘 toxic a. 유독한, 중독성의
organic a. 유기 재배의, 화학 비료를 쓰지 않는
pesticide n. 살충제

08. **해석** 1등상은 대형 케이크를 제일 먼저 다 먹는 사람에게로
돌아갈 것이다.

해설 빈칸 뒤에 동사가 나오는 것으로 보아 빈칸은 주어가
와야 할 자리이다. 그런데 문장의 주어와 동사는 있으
므로 빈칸에는 주어의 역할을 하면서 동시에 두 문장을
연결시켜줄 접속사가 필요하다. 그러한 역할을 하는 것
은 관계대명사인데, 빈칸 앞에 선행사가 없으므로 복합
관계대명사인 (d)가 적절하다.

어휘 prize n. 상   finish v. (음식을) 다 먹다

Actual TEST Answer Keys

01. (b) 02. (a) 03. (d) 04. (a) 05. (d) 06. (c)
07. (d) 08. (c) 09. (b) 10. (a) 11. (d) 12. (c)
13. (d) 14. (a) 15. (a)

01. **해석** A: 제가 왜 그 TV 쇼를 볼 수 없는지 이해가 안돼요, 엄
마.
B: 글쎄, 넌 아직 원하는 모든 프로그램을 볼 수 있는
나이가 아니야.

해설 '~이든지'를 표현할 때 ever를 쓴다. 여기서는 '무슨 프
로그램이든지' 볼 수 있다고 말하는 것이므로 what 뒤

에 ever를 붙여서 whatever program이 정답이다.

어휘 make sense of ~의 뜻을 이해하다
watch v. 보다, 시청하다

02. 해석 A: 누가 우리 새로운 부장이 될 거라고 생각해요?
B: 현재 우리 팀의 중요한 문제들에 관해 올바른 결정
을 내릴 수 있는 사람이면 누구든지 괜찮습니다.

해설 whoever, whatever, whichever와 같은 복합관계대명
사는 선행사와 관계대명사가 축약된 형태로 흔히 명사
절이나 양보 부사절을 이끈다. 여기서는 문장 전체의
주어절로 쓰이면서 바로 뒤에 이어지는 문장 안에서 주
어 역할을 할 수 있는 명사절이 되기 위해 복합관계대
명사가 쓰여야 하는데, 결정을 내릴 수 있는 주체는 사
람만 가능하므로 (a) whoever가 적절하다.

어휘 manager n. 경영자, 매니저, 관리인
right a. 옳은, 올바른

03. 해석 A: 올해 선수권 대회에서 누가 이길 거라고 생각하니?
B: Wanderlei Silva를 이긴 사람이면 누구든지 챔피언
이 될 거라고 정말 확신해.

해설 모든 선택지에 whoever가 있는 것으로 보아 빈칸은 '누
가~하든지..할 것이다'는 의미가 되어야 한다. '챔피언
이 누가 되든지 Silva가 이길 것'이라는 의미의 (c)나
'Sylva가 이기는 사람은 누구나 챔피언이 될 것'이라는
(a)의 논리는 맞지 않는다. 따라서 'Silva를 이기는 사람
은 누구든지 챔피언이 될 것'이라는 (d)가 정답이다.

어휘 tournament n. 선수권 대회, 경기 대회
quite adv. 꽤   beat v. 이기다, 능가하다

04. 해석 A: 지하철을 타야 할지 버스를 타야 할지 모르겠어.
B: 어떻게 도착하든지 간에, 쇼에 늦지 않도록 해.

해설 복합관계사에 대해 묻고 있다. '어떤 교통수단을 이용
하든지'라는 뜻이 되어야 하므로 however가 적절하다.
whenever는 '언제든지', whichever은 '어느 것이든지',
wherever은 '어디든지'라는 뜻이다.

어휘 whether ~인지 아닌지   arrive v. 도착하다

05. 해석 A: 당신은 무슨 일이 있어도 내일까지는 그 일을 끝내
야 해요.
B: 맞는 말씀이세요. 그럼, 오늘 밤새도록 일을 해야 할
것 같습니다.

해설 복합관계사에 관한 문제이다. it이 주어고 takes가 동
사이므로 takes의 목적어 역할을 하는 (대)명사가 필
요하다. whenever(언제든지), however(어떻게든지),
wherever(어디든지)는 부사이고 whatever(무엇이든)
만 대명사이므로 (d)가 정답이다.

어휘 work through the night 밤새도록 일하다

06. 해석 짙은 안개 속에서, Kate는 어느 쪽을 바라보아도 자신
이 있는 곳의 위치를 파악할 수 없었다.

해설 빈칸 바로 뒤에 way가 문제의 단서가 된다. way를 수
식할 수 있는 지시형용사가 될 수 있는 것은 whichever
이므로 (c)가 정답이다.

어휘 figure out 알아내다, 파악하다

07. 해석 이 반지를 네가 사랑하는 어떤 사람이든지 주어라.

해설 복합 의문대명사에 관한 문제이다. 의문사 뒤에 -ever
를 붙이면 '~든지'의 의미를 나타내며, 양보의 부사절
(아무리 ~해도) 또는 명사절(~든지)을 이룬다. 빈칸 안
에는 'belong to'의 목적어에 해당하는 명사절을 이끄
는 복합 의문대명사가 나와야 한다. 소유주에게 돌려
주라는 의미이므로 사람을 나타내는 복합 의문대명사
whomever가 정답이다.

08. 해석 필요이상의 약을 복용하지 마세요.

해설 의사관계대명사 than에 관한 문제이다. 선행사 앞에
more가 있기 때문에 관계대명사로 that 대신 than이 쓰
였다. 즉, 'that is necessary'대신 'than is necessary'
가 적절하다.

어휘 medicine n. 약

09. 해석 종종 지적되지만, 지식은 선 또는 악을 위해 사용될 수
도 있는 양날을 가진 검이다.

해설 문장구조상 빈칸은 접속사 자리이며, 빈칸 뒤가 불완전
한 절이므로, 빈칸에는 관계대명사가 들어가야 한다.
의미상 콤마 뒤에 나오는 문장전체를 받아주는 관계
대명사가 들어가야 하는데 계속적 용법의 관계대명사
which는 앞 문장 전체내용을 받아줄 순 있지만, 뒷 문
장을 받지는 못한다. 따라서 양쪽의 경우 모두 가능한
유사관계대명사 as가 적절하다.

어휘 point out 지적하다   two-edged a. 양날을 가진

10. 해석 불안을 일으키는 요소가 무엇이든지 간에 불안은 우리
머릿속에 이미 기억되어 있는 반응으로부터 생겨난다.

해설 복합관계사 문제이다. 빈칸 뒤에 the factors라는 명사
가 있으므로 'what(ever)+명사'의 형태로 쓰이게 된다.
Which(ever)는 선택의 의미일 때 쓰이므로 혼동하지
않도록 조심하자.

어휘 anxiety n. 불안 갈망, 열망   response n. 반응
hardwired a. (행동 양식이) 굳어진, 고유한 (컴퓨터) 하드웨
어에 내장된

11. 해석 (a) A: 오늘 밤 전 너무 피곤해요.
(b) B: 저도 그래요. 그냥 영화나 보러 가면 어떨까요?
(c) A: 좋아요. 저는 〈The Cave〉라는 영화를 보고 싶은
데요. 당신도 괜찮아요?
(d) B: 그럼요. 당신이 좋아하는 거라면 무엇이든 좋습
니다.

해설 복합 관계부사 however, whenever, wherever 뒤에는
관계부사처럼 문장이 완전한 절이 와야 한다. (d)에서
would like의 목적어가 없는 불완전한 절이므로 의미상
'무엇이든'이라는 뜻을 가진 복합관계대명사 whatever
나 whichever 또는 whatever movie 등이 적절하다.

12. 해석 (a) A: 세 사람이 앉을 자리가 필요합니다.
(b) B: 금연석으로 드릴까요?
(c) A: 먼저 가능한 자리면 아무데나 상관없습니다. 얼

마나 걸릴까요?

(d) B: 금연석은 30분이면 준비되겠습니다.

해설 복합관계사의 쓰임을 묻는 문제이다. 복합 관계대명사 뒤에는 불완전한 절이 이어지며, 복합관계부사 뒤에는 완전한 절이 와야 한다. (c)에서 wherever 뒤의 절이 불완전한 절이므로, 복합 관계부사 wherever를 whatever로 고쳐야한다.

어휘 non-smoking 금연석

13. 해석 (a) A: 너 화가 난 것 같구나. 무슨 일이니, Beryl?
(b) B: 대단한 일은 아니지만, 짜증이 나서.
(c) A: 나한테 얘기해 봐.
(d) B: George 때문이야. 같이 식사할 때마다, 입안 가득 음식을 물고 이야기를 해.

해설 복합 관계부사의 의미를 묻는 문제이다. 문맥상 (d)는 '함께 식사를 할 때 마다'의 의미가 되어야 하므로, however를 whenever로 바꾸어야 한다.

어휘 It's no big deal. 큰[대단한] 일은 아냐.
irritating a. 짜증나는

14. 해석 (a) 내가 실수를 저지를 때마다, 아무리 작은 일이라도 우리 아버지는 심하게 벌을 주곤 하였다. (b) 아버지에게는 내가 맞춰 줘야만 하는 엄청난 기대가 있었고 절

대로 자신의 태도를 바꾸지 않으려 했다. (c) 심지어 내가 대학에 들어간 이후에도 아버지는 여전히 내 인생을 좌우지하려고 했다. (d) 아버지는 내 스스로 결정을 하도록 놔두려 하지 않는 것이었다.

해설 (a)에서 '아무리 작을지라도'는 'no matter how small'이나 'however small'로 써야 한다.

어휘 attitude n. 태도   harsh a. 가혹한, 냉혹한
expectation a. 예상, 기대

15. 해석 (a) 어느 똑똑한 프랑스 엔지니어가 압축공기로만 가는 도시형 자동차를 발명했다. (b) ZP자동차(ZP는 오염지수 제로(zero pollution)를 의미한다) 최신형은 작은 가족용 자동차처럼 보인다. (c) 이 차는 최고 시속 약 100킬로미터로 달릴 수 있고, 10시간 주행이 가능하다. (d) 이는 최근 생산되는 어떤 전기자동차보다 성능이 좋다.

해설 문맥상 (a)에서 whatever 이하는 선행사 'an urban vehicle'를 수식하는 형용사절인데, whatever는 선행사를 포함하는 관계대명사이다. 따라서 whatever를 관계대명사 which나 that으로 바꾸어야 올바른 문장이 된다.

어휘 sedan 세단형 자동차   devise v. 고안하다
vehicle n. 차량, 탈 것, (운송)수단

Chapter 05 관계사 Unit 14 접속사 1 정답 & 해설

Exercise Answer Keys

Ⓐ 01. what **02.** whether **03.** Whether
04. whether **05.** whether **06.** That
07. whether **08.** or **09.** nor was she
10. It **11.** that **12.** will come **13.** has to
14. nor **15.** for

Ⓑ 01. For → Because 또는 문장전체 → He must be tired, for he worked hard.
02. neither I do → nor do I
03. will pass → will not pass **04.** if → that
05. whether → that **06.** that → of
07. 문장전체 → He doesn't either smoke or drink 또는 or → nor **08.** am → are
09. was → were
10. that → if 또는 whether

Ⓐ

01. 해석 저는 당신이 지금 알아두셔야 할 것에 대해서 말씀 드리겠습니다.

해설 명사절을 이끄는 that과 관계대명사 what의 차이를 묻는 문제이다. that이하는 완전한 문장이 오는 반면 what은 불완전한 절을 이끈다. 빈칸 이하에 need의 목적어가 없는 불완전한 문장이므로 what이 적절하다.

어휘 right now 지금 당장, 지금은

02. 해석 당신이 오실 수 있는지 없는지를 저에게 알려주세요.

해설 명사절을 이끄는 접속사 that과 whether의 차이를 묻는 문제이다. 의미상 whether는 단순한 명사절이 아니라 '~인지 아닌지'라는 의미를 갖고 있는데, 문장 끝에 or not이 있는 것으로 보아 whether가 적절하다.

03. 해석 그녀가 올지 안 올지는 나에게 중요하다.

해설 if와 whether는 모두 명사절을 이끌지만 if 절은 문장의 주어로 사용될 수는 없다. 따라서 정답은 whether이다.

04. 해석 우리가 새집을 사야 할 지에 대한 큰 논쟁이 있다.

해설 if와 whether 모두 명사절을 이끌지만 if절은 전치사의

목적어로 사용될 수 없으므로 정답은 whether이다.

어휘 argument n. 논쟁, 언쟁, 말다툼

05. **해석** 나는 그녀가 우리를 도와줄지 여부를 확신하지 못한다.

해설 if와 whether 모두 명사절을 이끄는 접속사인데, if는 or not과 함께 붙여서 사용하지 않기 때문에 whether가 정확한 표현이 된다.

06. **해석** 사람이 자연의 가장 위험한 적이라는 것은 받아들여야 할 이성적인 생각이다.

해설 명사절을 이끄는 접속사 that과 관계대명사 what의 차이를 묻는 문제이다. 접속사 that은 이하 문장이 완전한 반면 what은 관계대명사인 이유로 이하 문장이 불완전 해야 한다. 문제의 경우 빈칸 이하의 문장은 주어 동사 보어가 있어 완전한 문장이므로 what이 아닌 that이 적절하다.

어휘 rational a. 합리적인, 이성적인

07. **해석** 그가 집에 있는지 혹은 사무실에 있는지 아무도 모른다.

해설 명사절을 이끄는 접속사 that과 whether의 차이를 묻는 문제이다. 의미상 whether는 단순한 명사절이 아니라 '~인지 아닌지'라는 의미를 갖고 있으므로 문맥상 that 보다는 whether가 더 적절하다.

08. **해석** 서둘러라. 그렇지 않으면 제 시간에 그곳에 도착하지 못할 것이다.

해설 명령문 다음에 or를 사용하면 '~해라, 그렇지 않으면~ 한다'는 의미를 갖게 되므로, 빈칸에는 or가 들어가야 한다.

어휘 make haste 서두르다
in time 시간에 맞춰(늦지 않게)

09. **해석** 그는 당시 무슨 일이 있었는지를 알지 못했는데, 그녀 또한 알지 못했다.

해설 문맥상 'and she was not aware~'의 의미를 갖는 'nor was she'가 적절하다. neither의 경우 부사와 대명사로 쓰이는데 예문에서는 접속사가 필요하므로 정답이 될 수 없다.

어휘 be aware of ~을 인식하다

10. **해석** 아시아에서 쌀이 재배된다는 것은 널리 알려진 사실이 다.

해설 진주어 / 가주어 구문이다. It이 진주어이고 that이하가 가주어이다. that은 접속사로서 이하 문장이 완전해야 하는데 예문의 경우는 주어가 필요하여 불완전한 문장 이기 때문에 that은 적절하지 않다.

11. **해석** 나는 태양계에 9개의 행성이 있다는 것을 안다.

해설 문맥상 빈칸에는 접속사 if와 that이 모두 올 수 있으나, 의미상으로 if는 ~인지 아닌지의 불확정적인 사실에 관 한 내용을 이끄는 반면 that은 확정된 사실에 관한 내용 을 이끈다는 점에서 차이가 있다. 따라서 태양계에 9개 의 행성이 있다는 사실을 이끌고 있으므로 that이 들어

가야 올바른 표현이 된다.

어휘 solar system n. 태양계   planet n. 행성

12. **해석** 나는 그녀가 올지 안 올 지 잘 모른다.

해설 if나 whether가 부사절을 이끄는 경우에는 동사의 현재 형이 미래를 대신하여 사용되지만, if나 whether가 명 사절을 이끄는 경우에는 그대로 미래시제가 사용되어 야 한다.

13. **해석** 학생들뿐만 아니라 선생님도 박물관에 가야 한다.

해설 A as well as B는 'B뿐만 아니라 A도'라는 의미로서 동 사의 수는 A에 맞추어야 한다. 따라서 예문의 경우 빈 칸에는 the teacher의 수에 맞추어 has to가 되어야 한 다.

14. **해석** 내 형도 나도 텍사스에 가 본적이 없다.

해설 'neither A nor B'는 'A도 B도'라는 의미이므로 빈칸에 는 nor이 들어가야 한다.

15. **해석** 어두워지는 걸 보니 비가 오려나 보다.

해설 등위접속사 so와 for를 구분하는 문제이다. so는 뒷문 장이 앞 문장의 결과가 되어야 하고 for는 이하 문장이 앞 문장을 보충하여 설명하는 관계에 있다. 문맥의 경 우 비가 오려는 것 같다고 하면서 날씨가 어두워진다고 말하는 것은 앞의 문장을 보충하는 관계이므로 for가 들 어가야 한다.

B

01. **해석** 그는 열심히 일했기 때문에 틀림없이 피곤할 것이다.

해설 이유를 나타내는 등위접속사 for는 문두에서는 쓰이지 않는다. 따라서 For를 Because로 바꾸거나, 'He must be tired, for he worked hard.'로 바꾸어야 한다.

02. **해석** 그는 그것에 대해서 전혀 알지 못하는데, 나도 마찬가 지이다.

해설 문맥상 두 개의 문장을 이어 줄 접속사가 필요한데 neither는 부사 또는 대명사로 사용되기 때문에 부적절 하다. 따라서 'neither I do' 또는 'nor do I'로 바꾸어야 한다.

03. **해석** 열심히 공부해라, 그렇지 않으면 시험에 합격하지 못 할 것이다.

해설 명령문 or는 '~하라, 그렇지 않으면~'라는 의미이므 로 or 이하 절에는 부정의 의미가 나와야 한다. 따라서 'will not pass'로 바꾸어야 한다.

04. **해석** 우리는 네가 성공할 것을 의심하지 않는다.

해설 doubt는 동사 의미상 if나 whether를 사용할 수 있으나, doubt와 부정어를 함께 사용하면 확신한다는 의미이므 로 불확실한 내용을 이끄는 if나 whether는 부적절하다. 따라서 예문의 경우 if를 that으로 바꾸어야 한다.

어휘 doubt v. 의심하다

05. **해석** 그가 죽은 것은 확실하다.

해설 be certain은 그 의미상 확실한 내용을 이끌어 주는 접속사가 필요하므로 whether를 that으로 바꾸어야 한다.

어휘 certain a. 확실한

06. **해석** 너는 어제 Jane이 어떻게 다리를 다쳤는지 알고 있니?

해설 문맥상 how 이하는 간접의문문으로서 idea는 바로 간접의문문을 받지 않고 of와 함께 받아야 하므로 that을 of로 바꾸어야 올바른 표현이다.

07. **해석** 그는 담배나 술을 안 한다.

해설 문맥상 술과 담배를 안 한다는 의미이므로 문장을 He doesn't either smoke or drink로 바꾸거나, or를 nor로 바꾸어야 한다.

08. **해석** 내 누이와 나는 모두 의학에 관심이 있다.

해설 'both A and B'는 항상 복수동사를 취하므로 am을 are로 바꾸어야 한다.

어휘 medical science n. 의학

09. **해석** Kate뿐만 아니라 그녀의 누이들도 그 뉴스를 듣고 놀랐다.

해설 'not only A but (also) B'의 동사의 수는 항상 B를 따라야 한다. 따라서 was를 were로 바꾸어야 한다.

어휘 shock v. 놀라게 하다

10. **해석** 나는 그가 도움이 필요한지 잘 모른다.

해설 문맥상 '그가 도움을 필요로 하는지 어쩐지'라는 불확실한 사실을 이끄는 접속사로서는 if와 whether을 사용해야 하므로 that을 if나 whether로 바꾸어야 한다.

Practice TEST Answer Keys

01. (a) 02. (b) 03. (d) 04. (d) 05. (b) 06. (a)

07. (b) 08. (c)

01. **해석** A: 버스를 타고 갈지 택시를 타고 갈지 결정할 수가 없어.

B: 이 근처에 버스 정류장이 안보여.

해설 문장구조상 빈칸 뒤에 타동사 decide의 목적어가 필요하다는 걸 알 수 있다. 빈칸 뒤에 to부정사구가 이어지고 있으므로 일단 [의문사 or 접속사+to 부정사]형태의 명사구를 완성해야 한다. 문맥상 '걸어가야 할지 택시를 타야 할지 잘 모르겠다'라는 의미이므로, whether나 if 가 의미상 알맞지만, to부정사 앞에는 if를 쓸 수 없으므로 whether가 알맞다. (c) which는 to부정사 앞에 쓸 수는 있지만, 의문대명사 which가 가능하려면, to부정사의 의미상 목적어가 되어야 하는데, walk는 목적어가 필요 없는 자동사이고, 타동사 get은 이미 목적어로 a taxi를 취했기 때문에 문법적으로 적절하지 않다.

어휘 decide v. 결정하다

02. **해석** A: 그 직장에 원서를 내려면 어떻게 하는지 알려주시겠어요?

B: 응시원서를 우편으로 보내거나 아니면 직접 저희 사무실로 가져오시면 됩니다.

해설 복합접속사의 호응을 묻는 문제이다. 두 가지 대안 중 하나를 선택하는 'A 또는 B'라는 의미의 복합접속사는 'either A or B'이므로 정답은 (b)이다.

어휘 file an application 원서를 접수하다

in person 본인 자신이, 몸소

03. **해석** A: Chris가 어떻게 Janice랑 잘 지낼 수 있는지 모르겠어. Janice는 너무나 변덕스럽거든.

B: 그래, 하지만 Chris는 항상 Janice가 다음에 무엇을 할 지 아는 것 같더라.

해설 타동사 catch 뒤에 문장이 이어지므로 목적어 역할을 할 수 있는 명사절을 이끄는 접속사가 와야 한다. 명사절을 이끄는 대표적 접속사인 that은 접속사 구실만 하므로 뒤에 완전한 문장이 이어져야 하는 반면, what는 관계대명사나 의문대명사로 쓰이므로 접속사 구실을 하면서 뒤에 이어지는 문장에서 대명사 역할, 즉 주어, 목적어, 보어로 쓰인다. 뒷문장에 목적어가 빠져 있으므로 (d) what이 정답이다

어휘 get along with ~와 어울려 지내다, 살아가다

capricious a. 변덕스러운, 잘 변하는

04. **해석** 사람들은 대통령이 예정에 없던 대국민 연설에서 말하려고 하는 것을 듣기 위해 라디오 앞에 모이고 있었다.

해설 빈칸 이하는 타동사 listen to의 목적어에 해당되므로, 빈칸은 명사절을 이끄는 접속사를 골라 넣어야 한다. 빈칸 뒤의 문장이 불완전하므로, 빈칸에는 관계대명사나 의문대명사가 들어가야 하는데, 선행사가 없으므로, 선행사를 포함한 관계대명사 what이 정답이다.

어휘 unexpected a. 예기치 않은, 예상 밖의

05. **해석** 그가 대학을 다닌 적이 없다는 사실은 그가 인기 있는 베스트셀러를 쓰는 데 지장을 주지 않았다.

해설 빈칸은 문장구조상 주어자리이므로 명사절이 들어가야 한다. 따라서 명사절 접속사 that을 가장 먼저 쓰고, that 절의 주어인 he, 그 다음 빈도 부사 never, 동사 went, 장소 부사구 to college의 어순이 되어야 하므로, 정답은 (b)이다.

어휘 prevent v. 막다

06. **해석** 고객들은 그들의 서비스 종류를 갱신할 기회를 갖게 되거나 혹은 그들의 필요를 더 충족시켜주는 다른 서비스를 고를 수 있게 될 것이다.

해설 문맥에 알맞은 접속사를 고르는 문제이다. 기존의 서비스를 갱신하는 것과 다른 서비스를 선택하는 것은 양자택일에 해당되는 것이므로, 등위접속사 or가 적절하다.

어휘 opportunity n. 기회

meet v. (필요, 요구 등을)충족시키다, (기한 등을)지키다

07. **해석** Rabelais 시대의 재생, 풍요, 부활의 원리는 여전히 이런 이미지들에 온전히 살아있다.

해설 병렬관계에 관한 문제이다. 병렬관계에 있는 단어들은 격이 같아야 한다. 앞의 regeneration, fertility 가 모두 명사이므로, 그 다음에 나오는 단어도 명사이어야 한다. 따라서 (b) renewal이 정답이다.

어휘 Rabelais (1490~1553) 프랑스의 풍자 작가
principle n. 원리, 원칙, 기준, 규범
regeneration n. 재생, 부활
fertility n. 비옥, 풍요, 번식력, 생산력
renewal n. 부활, 재생, 복구

08. **해석** 규칙적인 운동은 몸에 좋을 뿐 아니라 정신에도 좋다.

해설 '~뿐 아니라 ~도'의 의미를 지닌 상관어구 'not only ~ but (also) ~'에 관한 문제이다. 빈칸 앞에 not only가 있으므로 빈칸은 (c)의 but이 들어가야 한다.

어휘 regular a. 규칙적인   exercise n. 운동

Actual TEST Answer Keys

01. (b) 02. (c) 03. (a) 04. (c) 05. (a) 06. (a)
07. (d) 08. (a) 09. (d) 10. (d) 11. (c) 12. (b)
13. (c) 14. (c) 15. (d)

---

01. **해석** A: Matilda가 새로운 직장에서 봉급 인상을 받게 될지 궁금해.
B: 그건 그녀가 회사에 이익을 줄 잠재성을 그녀의 상사가 알아보느냐 여부에 달려있지.

해설 어순을 묻는 문제이다. 여기서는 Matilda의 상사가 그녀의 잠재성을 알아보느냐 여부에 달려 있다고 해야 하므로 [whether or not 주어+동사]로 쓰인 (b)가 정답이다.

어휘 raise n. 봉급 인상   potential n. 잠재성, 잠재력
benefit v. 혜택을 주다

02. **해석** A: 그녀는 내가 하는 말에 관심이 없는 게 분명해.
B: 그걸 어떻게 알았니?

해설 주어인 명사절을 이끌 수 있는 접속사를 고르는 문제이다. is가 동사이기 때문에 그 앞에 오는 "그녀가 내 말에 관심이 없다" 전부가 주어가 되어야 한다. 이처럼 하나의 절이 문장 전체에서 주어로 쓰이려면 명사절로 만들어 줄 접속사가 필요하다. 따라서 that이 정답이다.

어휘 have no interest in ~에 관심이 없다
clear a. 명백한(=obvious)

03. **해석** A: 올해 회의에서 서류를 제출할 건가요?
B: 아니요, 이번에는 제출하지 않을 거예요. 회의에도 참석하지 않을 예정이에요.

해설 빈칸 뒤의 어순이 [동사+주어] 형태로 도치가 되어 있다는 점이 결정적인 단서이다. 부정어가 문장의 앞에 오면 주어와 동사는 도치되어야 한다. 두 문장을 연결 하면서 동시에 부정적인 의미도 가지는 접속사가 빈칸에 들어가야 하므로 'and not'의 의미를 가지는 접속사 nor가 와야 한다.

어휘 hand out 나누어 주다, 제출하다
paper n. 서류, 논문, 신문   meeting n. 회의

04. **해석** A: 다시 결석을 할 일이 생기면 꼭 미리 나한테 말해야 한다.
B: 네, 알겠습니다.

해설 'make sure' 다음에 접속사 that이 생략될 수 있음을 기억하면 쉽게 풀 수 있다. 접속사 that 뒤에는 주어와 동사를 갖춘 완벽한 문장이 필요하므로 정답은 (c)의 you tell이다.

어휘 make sure~ ~반드시 ~하다
beforehand adv. 미리, 사전에

05. **해석** A: 선물을 보내주셔서 정말 기뻤습니다.
B: 제 선물이 마음에 들으셨다니 기쁘네요.

해설 [be+형용사(과거분사)+전치사] 구조에서 전치사의 목적어로 that 명사절이 올 경우에는 전치사는 반드시 탈락이 되어야 하며, 이때 명사절 접속사 that은 생략이 가능하다. 따라서 정답은 (a) you sent me a present 이다. 참고로 I was pleased 뒤에 선물이라는 명사가 직접 오려면 전치사 of가 아니라 with가 와야 한다. 따라서 (b)와 (c)는 답이 될 수 없다.

어휘 please v. 기쁘게 하다   present n. 선물

06. **해석** 관계 당국은 항공사들이 그 지역에 취항하는 데 관심이 있는지 타진했다.

해설 선택지 모두 명사절을 이끌 수 있지만, 이 문맥에 알맞은 것은 '~인지 아닌지'를 뜻하는 의문사 (a) whether이다. 참고로, (d) that 역시 명사절을 이끌 수 있지만 간접의문문을 이끌지는 못하기 때문에 적절하지 않다.

어휘 authority n. 권력이 위임되어 있는 기관(사람), 공공사업 단체; 관계 당국, 관청, 정부

07. **해석** David가 성공할 것인지는 확실하지 않다.

해설 if와 whether는 모두 '~인지 아닌지'라는 의미로 명사절을 이끌지만, if의 경우 동사 뒤에서 목적절을 이끄는 접속사로 쓰이며, 그 외에 주어나 보어로 사용되는 절에는 whether가 주로 쓰인다. whether 뒤에 or not은 생략될 수도 있다.

08. **해석** 에세이는 깨끗하게 타이핑을 해서 교정을 받아야 하며, 그렇지 않을 경우 받지 않을 것이다.

해설 두 문장을 적절하게 이어주는 접속사를 찾는 문제이다. 앞뒤 문장의 의미를 해석해 보면 '그렇지 않으면'이라는 뜻의 접속사가 들어가야 함을 알 수 있다. 그러므로 빈칸에 들어갈 적절한 접속사는 or 이다. '~하지 않으면'이라는 의미의 unless와 혼동하지 않도록 주의해야 한다.

어휘 expect v. (당연한 일로)기대하다, 요구하다
neat a. 산뜻한, 말쑥한   proofread v. 교정보다

09. **해석** 나는 강물에 있는 그녀를 보았을 때 공포에 질렸다. 왜냐하면 그 지점은 물살이 매우 셌기 때문이다.

해설 인과관계를 나타내는 등위접속사를 묻는 문제이다. 앞 문장과 뒷 문장은 서로 독립된 문장이므로 종속접속사 because를 쓸 수 없고, 등위접속사 for를 써야 한다.

어휘 violent a. 폭력적인, 난폭한, 격렬한, 맹렬한
current n. (강 등의) 흐름, 유동

10. **해석** 그 에세이에 실수가 있는지 교정보려 했지만 아무것도 발견할 수 없었다.

해설 문장의 문맥에 맞는 등위접속사를 고르는 문제이다. 문맥상 앞 문장과 뒷문장이 역접관계에 있으므로, 접속사 (d) but이 가장 적절하다.

11. **해석** (a) A: 거의 자정이 다 되어가. 멈춰서 잘 곳을 찾아 봐야 돼.
(b) B: 좋아. 여기가 어딘지 지도를 볼게.
(c) A: 괜찮은 방을 찾기는 어렵겠지?
(d) B: 그럴 거야. 그냥 빈방 있는 모텔을 찾는 게 쉽겠어.

해설 관계대명사 what이나 의문대명사 what은 종속절 내에서, 목적어나, 주어, 보어의 역할을 하므로, 뒤에는 항상 불완전한 절이 이어져야 한다. (c)에서 what 이후의 문장은 완전하므로, what을 명사절 접속사 that으로 고쳐야 한다.

어휘 decent a. 품위 있는, 버젓한   vacancy n. 비어 있음

12. **해석** (a) A: 이 지역에 괜찮은 중국 식당이 있니?
(b) B: 응, Tiki Island와 Mei Ling의 음식이 모두 괜찮아.
(c) A: 잘됐다. 어느 쪽이 학교에서 더 가까운데?
(d) B: Tiki Island일거야. 바로 길 아래쪽에 있으니까.

해설 상관 접속사는 [both A and B, either A or B, neither A nor B, not only A but also B] 형태로 짝을 이루는 접속사이다. (b) 문장에서 both와 짝을 이루는 접속사는 and이다. 따라서 or를 and로 바꾸어야 한다.

어휘 area n. 지역, 영역   cuisine n. 요리법, 요리

13. **해석** (a) A: 점심 전에 당신과 Fred를 만나고 싶어요. 시간 있어요?
(b) B: 네, 하지만 Fred가 휴식 시간 직후 인사부에 내려갔기 때문에 그 이후로 보지 못했어요.
(c) A: 인사부 접수대에 전화해서 그를 찾을 수 있는지 알아볼게요.
(d) B: 좋아요. 당신이 그렇게 어려움을 감수하면서까지 만나려는 걸 보면 아주 중요한 문제인 것 같네요.

해설 '인사부에서 Fred를 찾을 수 있는지 없는지 알아보겠다' 라는 뜻이므로 (c)의 that을 '~인지 아닌지' 라는 뜻을 지닌 if나 whether로 바꾸어야 한다.

어휘 Human Resources (기업 등의) 인사부; 인적 자원
coffee break 커피 마시면서 쉬는 시간
reception n. 접수계

14. **해석** (a) 비록 North Carolina주의 노예로 태어났지만

Harriet Jacobs는 여주인에게서 읽고 쓰는 법을 배웠다. (b) 여주인이 세상을 떠나자, Jacobs는 학대를 일삼는 백인 주인에게 팔렸다. (c) 그녀는 마침내 그의 손에서 도망쳐 북쪽으로 도망갔다는 소문을 흘렸다. (d) 주인은 그 소문을 믿었지만, 사실 그녀는 멀지 않은 이웃집의 작고 어두운 다락방에서 7년 가까이 보냈다.

해설 (c)의 what she had fled North가 잘못된 부분이다. '~라는 소문'이라는 뜻으로 쓰려면, 동격 형용사절을 이끄는 that을 써야 한다. 따라서 what을 that으로 바꾸어야 옳다.

어휘 abuse v. 학대하다
escape v. 탈출하다   attic n. 다락

15. **해석** (a) 진정한 기인(奇人)은 고의적으로 관심을 끌려고 하지 않는다. (b) 그들은 자신이 별난 행동을 하며 사회적 관습을 무의식적으로 무시한다. (c) 이것은 그들에게 항상 타인의 감탄과 존경을 가져다 준다. (d) 왜냐하면 그들은 지루한 일상에 다채로움을 가져다 주기 때문이다.

해설 (d)에서 이유를 나타내는 등위접속사로 Because 대신 For를 써야 한다. Because는 종속절에 쓰이는 접속사이기 때문이다.

어휘 eccentric a. 정도를 벗어난 사람, 별난[엉뚱한, 괴팍한] 일
extraordinary a. 비상한, 별난, 엄청난, 어이없는
routine n. 정해진 것, 일상적인 일

Exercise Answer Keys

A 01. **Even if** 02. **even though** 03. **has spent**
04. **Now that** 05. **so that** 06. **as** 07. **unless**
08. **in case** 09. **it is necessary** 10. **until**
11. **when** 12. **Now** 13. **so that** 14. **such**
15. **Whether**

B 01. **for → that** 또는 **생략** 02. **While → As**
03. **as far as → as long as** 또는 **so long as**
04. **because of → because**
05. **although → while**
06. **in case Tom will come**
   → if Tom comes
07. **when → than** 08. **so → such**
09. **lift → lift the computer** 또는 **lift it**
10. **should not fail → should fail**

A

01. **해석** 내일 비가 온다 하더라도 우리는 현장학습을 갈 것이다.
    해설 문맥상 '~한다 하더라도'라는 양보의 의미를 갖는 접속사가 필요한데, even though는 기정사실에 대하여, even if는 불확실한 사실에 대한 양보의미를 갖고 있으므로 문맥상 내일 비가 오는 것은 불확실한 사실이므로 even if가 더 적절하다.
    어휘 field trip 현장학습, 견학여행

02. **해석** 우리가 그들에게 특별한 초청장을 보냈음에도 그들은 오지 않았다.
    해설 문맥상 '초청장을 보냈음에도 불구하고'라는 양보의 의미의 접속사가 적절하다. 따라서 eventhough가 올바른 표현이다.
    어휘 invitation n. 초청(장)

03. **해석** 그는 군 복무를 마친 이후로 계속 직장을 알아보고 있다.
    해설 문맥상 since 다음에는 계속적 의미를 갖는 현재완료를 써야 하므로 has spent가 올바른 표현이 된다.
    어휘 look for ~을 찾다

04. **해석** 날씨가 충분히 따뜻하기 때문에 우리는 야외에서 테니스를 할 수 있다.
    해설 now that은 이유를 나타내는 since와 동일한 접속사로서 빈칸에 적절하다. except that은 '~을 제외하고'라는 의미이므로 문맥상 적절하지 않다.

05. **해석** 노동자들은 불행했지만 직장을 잃지 않기 위해서 불평하지 않을 것이다.
    해설 문맥상 목적을 의미하는 접속사가 필요한데 would not의 부정문이 사용되고 있으므로 lest 보다는 so that이 더 적절하다. 특히 lest의 경우는 should와 호응하는 구조이며 부정적 의미를 포함하는 구문이다.
    어휘 complain v. 불평하다

06. **해석** 이상하게 들릴지도 모르지만 나는 혼자 사는 것을 꽤 즐긴다.
    해설 though로 시작하는 양보구문에서 형용사나 명사를 도치하는 경우에는 though는 as로 바뀌게 된다. 이때 명사의 관사는 생략된다.

07. **해석** 우유는 냉장 보관하지 않으면 빨리 상한다.
    해설 문맥상 '~하지 않는다면'의 의미이므로 if not의 의미를 갖고 있는 unless가 적절하다.
    어휘 go bad 상하다
    refrigerate v. 냉장하다, 냉장고에 보관하다

08. **해석** 책을 잃어버릴 것을 대비해 책에 이름과 주소를 적어 놓아라.
    해설 '~할 것을 대비하여'는 'in case that~'의 형태로 표현한다. if는 단순한 조건인 '만약~한다면'의 의미이기 때문에 빈칸에는 in case가 더 적절하다.

09. **해석** 필요할 때에는 언제라도 그 컴퓨터를 사용하세요.
    해설 문맥상 필요할 때 컴퓨터를 쓰라는 의미이므로 necessary의 주어는 you가 아니라 가주어인 it을 사용하여 나타낸다. 원래 문장은 'it is necessary for you to use the computer'이다.

10. **해석** 그는 회의 절반이 끝났을 때에 비로서 도착하였다.
    해설 not until 구문에 관하여 묻는 문제이다. 빈칸에 before를 사용하면 회의의 절반이 끝나기 전에 그는 도착하지 않았다는 의미이며 주절의 시제는 before절의 시제보다 앞서야 하기 때문에 빈칸에 부적절하다.

11. **해석** 그는 도착하자마자 불평하기 시작했다.
    해설 '~하자마자 ~하다'는 의미는 'hardly (scarcely)~ when (before)~' 구문을 사용한다. 따라서 빈칸에는 when이 들어가야 한다.
    어휘 complain v. 불평하다

12. **해석** 그는 60세가 넘었기 때문에 그는 곧 은퇴할 것이다.
    해설 now that은 since와 같은 의미로 '~하기 때문에'라는 의미로서 빈칸에 적절하다. in case는 '~하는 경우를 대비하여', '~하는 경우에'라는 의미이므로 빈칸에는 적절하지 않다.
    어휘 retire v. 은퇴하다

13. **해석** 그가 회의에 늦지 않기 위해 택시를 탔다.

해설 such that은 '너무 대단해서 ~하다'라는 의미이고 so that은 '~하기 위해서'라는 의미이다. 문맥상 '회의에 늦지 않기 위해서'라는 목적의 의미이므로 빈칸에는 so that이 적절하다.

14. **해석** 그들은 너무나 좋은 친구들이어서 그들이 가진 모든 것들을 나눈다.

해설 형용사로 수식되는 명사와 함께 쓸 수 있는 것은 such 이다. so는 형용사와 부사만을 수식한다.

어휘 share v. 함께 쓰다, 공유하다

15. **해석** 네가 그것을 좋아하던 안 하던, 그것을 해야만 한다.

해설 even if와 whether는 모두 양보의 의미를 갖고 있다. 하지만 양보절 끝부분에 or not이 있기 때문에 whether 가 적절하다.

Ⓑ

01. **해석** 값이 비싼 것을 제외하고는 이 책은 정말 좋은 책이다.

해설 for는 전치사로서 목적어로 명사를 취하는데 문장에서는 for 뒤가 명사절이다. 따라서 명사절을 목적어로 취하기 위해서는 for를 명사절을 이끄는 that으로 바꾸거나 생략해야 한다.

어휘 except for ~을 제외하고

02. **해석** 우리는 나이가 들어갈수록 더 현명해 진다.

해설 문맥상 '~함에 따라'라는 의미의 접속사가 필요한데 while은 '~하는 동안'이라는 의미이므로 부적절하다. 따라서 while을 as로 바꾸어야 한다.

03. **해석** 조용히만 한다면 너는 여기에 머무를 수 있다.

해설 문맥상 '~하는 동안, ~하는 조건으로'라는 의미를 표현하기 위해서는 'so (as) long as'를 사용한다. 'as far as'는 '~하는 한'이라는 의미로서 이를 'as long as' 또는 'so long as'로 바꾸어야 한다.

어휘 keep quite 조용히 하다

04. **해석** Emma는 차의 가격이 너무 비싸 그 차를 살 수가 없었다.

해설 because of는 명사를 목적으로 취하는 전치사구이다. of 이하가 명사절이므로 of를 제외하여 because가 종속접속사로서 명사절을 이끌도록 해야 한다.

05. **해석** 공이 원형인 반면, 박스는 정사각형이다.

해설 문맥상 '공은 원형임에도 불구하고'라는 양보의 의미보다는 '공이 원형인 반면'이라는 의미가 자연스럽기 때문에 although를 while로 바꾸어야 한다.

어휘 square n. 정사각형 a. 정사각형의

06. **해석** Tom이 온다면 내가 나가서 저녁을 사올게.

해설 문맥상 'Tom이 오는 걸 대비해서 저녁을 사온다'는 의미보다는 'Tom이 온다면'이라는 의미가 자연스럽다. 따라서 in case를 if로 바꾸어야 한다. 또한 미래의 조건

을 나타내는 종속절에서는 현재가 미래를 대신하므로 will come을 comes로 바꾸어야 한다.

07. **해석** 우리는 앉자마자 떠나야 할 시간이란 것을 알았다.

해설 'no sooner ~ than ~'은 '~하자마자 ~하다'라는 관용적인 표현이다. 특히, sooner라는 비교급이 있으므로 when이 아닌 than이 사용되어야 한다.

08. **해석** 그들은 정말 훌륭한 선수이기 때문에 어느 누구도 그들을 이기지 못한다.

해설 'so ~ that ~'은 '정말 ~하여 ~하다'라는 의미로서 so는 형용사/부사를 수식한다. 그런데 문장에 players라는 명사가 있으므로 so가 아닌 such가 사용되어야 한다.

09. **해석** 이 컴퓨터는 너무 무거워서 나는 들 수 없다.

해설 'so ~ that ~'은 '정말~하여~하다'라는 의미로서 that은 명사절을 이끄는 접속사이므로 완전한 문장이 되어야 한다. 따라서 lift 다음에 the computer 또는 it이 되어야 한다.

10. **해석** 그녀는 시험에 실패하지 않기 위해 열심히 공부한다.

해설 'lest ~ should'는 '~하지 않기 위해서'라는 의미인데 이미 부정의 의미를 지니고 있으므로 문장에 should 이하에 not을 사용해서는 안 된다.

Practice TEST Answer Keys

01. (d) 02. (a) 03. (c) 04. (b) 05. (c) 06. (b) 07. (b) 08. (d)

01. **해석** A: Stephen King의 최신작 재미있었어요?
B: 네! 너무 재미있어서 계속 읽지 않을 수가 없었어요.

해설 내용상 '너무 재미있어서 계속 읽지 않을 수가 없었다'라는 의미가 될 수 있는 결과 부사절을 이끄는 접속사가 들어가야 옳다. 따라서 '너무~해서 ~하다'를 의미하는 [such+명사+that] 구조의 that이 정답이다. 참고로 결과 부사절 접속사로 'so ~ that'도 의미는 같지만, so 뒤에는 형용사나 부사가 온다는 점에서 용법의 차이가 있다.

02. **해석** A: 우리는 2시간 전부터 이 리포트를 가지고 씨름하고 있어요. 뭔가 좀 먹으면 어떨까요?
B: 그러고 보니 배가 좀 고프네요.

해설 'now (that)'은 'since'라는 의미로, '~라고 하니, ~이고 보니'라는 의미를 가진다. (c), (d)는 문맥에 맞지 않고, (b)의 경우, 우리말로는 그럴 듯해 보이지만, because 는 인과관계를 의미하는 접속사이다. '그것을 언급했기 때문에' 배가 고픈 것은 아니므로 답이 될 수 없다. 따라서 정답은 (a)이다.

어휘 mention v. 언급하다

03. **해석** A: John이 콘테스트에서 일등 했대! 연습 많이 했나 봐.
B: 실은 그렇지 않아. 별다른 노력을 기울이지 않았는데도 일등을 한 거야.

해설 B가 Maybe not 이라고 말했으므로 A의 생각을 부정하는 내용이다. 즉 '연습을 많이 하지 않았다'는 내용이 연결되어야 한다. 그러므로 B의 두 번째 문장이 논리적으로 연결되려면 빈칸에 '~에도 불구하고'라는 양보절을 이끄는 접속사가 와야 한다. 그러한 접속사는 선택지 중에서 (c) Even though이다.

어휘 nevertheless adv. 그럼에도 불구하고, 그렇지만

04. **해석** A: 누가 그러는데 너와 Peter가 새 건물의 디자인을 놓고 다투었다고 하더라.
B: 그래. 하지만 일단 우리 둘 다 기본적으로 같은 생각을 갖고 있다는 결론을 내고 나서는 모든 게 잘 됐어.

해설 once가 접속사로 쓰일 때는 '일단 ~ 한 이후로'라는 의미이다. (c) 'in that'은 '~한다는 점에서', (d) 'following'은 '~을 따라서', (a) 'even if'는 '비록 ~ 한다 하더라도'라는 의미로, 절을 이끌 수는 있으나 문맥상 (b)가 가장 자연스럽다.

어휘 argue over ~에 대해서 다투다, 논쟁하다
conclusion n. 결론

05. **해석** 노동 운동이 노동자들에게 보다 나은 근무환경을 제공하는데 도움이 되었지만 많은 사람들은 아직 충분하지 않다고 느낀다.

해설 접속사를 고를 때, 쉼표 앞뒤의 의미관계를 잘 살펴야 한다. 서로 상반되는 내용이 진술되므로 '반대, 대조'의 접속사 (c) While이 가장 적절하다.

어휘 provide v. ~을 제공하다

06. **해석** Norman Rockwell은 매우 사랑 받는 예술가여서 그의 사진들은 종종 Saturday Evening Post 지(紙)의 표지에 실렸다.

해설 such, so, too 같은 부사를 관사, 형용사와 함께 쓸 때는 어순에 차이가 있다. such 다음에는 [관사+형용사+명사]의 어순이 되어야 하고, so나 too 다음에는 [형용사+관사+명사]의 어순을 취해야 한다. 따라서 (b)가 정답이다.

어휘 beloved a. 사랑받는   artist n. 예술가

07. **해석** Baudelaire가의 아이들은 Olaf백작이 그들의 재산을 훔치기 위해 다시 나타날까 봐 이마을에서 저마을로 달아났다.

해설 문맥에 알맞은 접속사를 고르는 문제로, 접속사의 의미를 물어보는 문제이다. 문맥상 '재산을 훔치기 위해 다시 나타날까 봐'의 의미가 되도록 문장을 완성하는 것이 가장 자연스러우므로, (b) lest가 정답이다.

어휘 ran away 달아나다   count n. 백작
turn up 나타나다   steal v. 훔치다   fortune n. 재산

08. **해석** 내 자리가 연사와 너무 멀어서 그 연설을 거의 들을 수 없었다.

해설 'so ~ that~(너무 ~ 해서 ~하다)' 구문이다. 주절에 so가 나왔으므로 빈칸은 that이 들어가야 적절하다. 따라서 정답은 (d) that이다. 물론 that이 생략될 수도 있다.

어휘 hardly adv. 거의 ~하지 못하게   speech n. 연설, 담화

Actual TEST Answer Keys

01. **(b)**   **02.** **(d)**   **03.** **(d)**   **04.** **(a)**   **05.** **(d)**   **06.** **(d)**
07. **(b)**   **08.** **(a)**   **09.** **(c)**   **10.** **(d)**   **11.** **(a)**   **12.** **(d)**
13. **(d)**   **14.** **(b)**   **15.** **(b)**

01. **해석** A: Dave가 정원에서 일하는 걸 별로 좋아하지 않을 것 같아.
B: 좋든 싫든 하게 될 거야. 그건 그의 직업이잖아.

해설 문맥상 '~이든 아니든'의 의미가 되어야 하므로, 양보부사절을 이끌 수 있는 접속사가 빈칸에 들어가야 한다. 선택지 중에서 or not과 함께 쓰여서 양보부사절을 이끌 수 있는 접속사는 (b) whether 밖에 없다. 참고로 if는 or not과 함께 쓰여 명사절을 이끌 수는 있지만, 양보부사절을 이끌 수 없으므로 답이 될 수 없다.

어휘 reckon v. 생각하다, 여기다, 예상하다
do for a living 생계를 위해 일하다

02. **해석** A: 미국인들은 정말 개인주의적이에요. 반면에 중국인들은 매우 집단 지향적이지요.
B: 맞는 말씀입니다.

해설 빈칸을 기준으로 앞 문장과 뒷문장은 서로 상반된 내용이다. 따라서 비교, 대조의 접속사 (d) while이 들어가야 한다.

어휘 oriented a. ~를 지향하는
I couldn't agree more. 전적으로 동의하다.

03. **해석** A: 불쌍한 것! 어쩌다가 그런 역겨운 사람을 만나게 되었니?
B: 결혼하고 나서야 그가 그렇게 나쁜 사람인지 깨달았어요.

해설 '~하고 나서야 비로소 ~하다'의 뜻을 가진 관용어구 [It is not until ~ that ~]에 대한 문제이다. B의 말을 강조 구문이 아닌 원래의 문장으로 바꾸면, 'I did not find how bad he is until we were married'가 된다.

어휘 disgusting a. 역겨운, 구역질 나는
It is not until ~ that~ ~하고 나서야 비로소 ~하다

04. **해석** A: 우리가 첫날부터 음식을 사먹지 않도록 할머니가 참치 샌드위치를 싸주셨어.
B: 정말 너희 할머니답다.

해설 A 대화의 첫 부분이 샌드위치를 싸주었다는 것이고 뒷부분이 첫날 음식을 사먹어야 한다는 내용이므로 서로 상반된다. 따라서 부정적 의미의 목적절이 뒤에 와야 함을 알 수 있다. 따라서 (a)가 정답이다. 선택지 중에

서 (b)의 형태를 취하는 목적구의 경우는 뒤에 to부정사가 와야 하고, (c)처럼 쓰려면 'so as not to'로 써야 한다. (d)는 전체 시제가 과거인 것과 어긋나므로 답이 될 수 없다.

어휘 tuna n. 참치

05. 해석 A: 다른 지시가 없는 한 직원들은 모두 내일 아침 여섯 시까지 출근해야 합니다.
B: 하지만 너무 이르지 않나요?

해설 문맥상 '~하지 않으면'이라는 뜻의 접속사가 와야 한다. 따라서 정답은 'if ~ not' 과 같은 의미인 (d) unless 이다.

어휘 show up (모임이나 회합에) 나타나다, 참석하다
otherwise adv. 달리, 다른 방법으로

06. 해석 여러분 모두가 안전에 대한 책자를 읽지 않았기 때문에 저는 다음 두 시간을 책자의 내용을 그대로 읽을 수 밖에 없습니다.

해설 문장구조상 빈칸은 부사절 접속사가 들어갈 자리이며, 문맥상 주절의 이유를 나타내는 접속사가 필요하므로 이유나 원인의 부사절 접속사 since가 정답이다.

어휘 handbook n. 안내책자   verbatim adv. 말 그대로

07. 해석 우리는 그가 커피를 좋아할 것이라고 생각했지만 그는 커피 맛이 너무 써서 마실 수 없다고 말했다.

해설 '너무~해서 ~하다'의 의미로 활용되는 관용어구 'such[so] ~that'에 관한 문제이다. that절 이하는 하나의 절이므로 주어, 동사, 목적어, 보어가 문형에 따라 제대로 갖추어져야 한다는 데 유의해야 한다. 따라서 that절에서 목적어 it이 없으면 비문법적인 문장이 된다. (c)는 it이 빠졌기 때문에 적절하지 않고, (d)는 so bitter a taste 혹은 so bitter로 고쳐야 하며, wouldn't도 의지의 의미이므로 이 문맥에는 어울리지 않는다.

어휘 bitter a. 쓴

08. 해석 자동차 여행은 주차할 곳만 있다면 아주 편리할 것이다.
해설 '만약 ~하다면'이라는 조건절을 이끄는 접속사로는 if, suppose that, provided that등이 있다. 이 중에서 가장 적절한 것은 (a)이다. (d) as long as도 '~하는 한'이라는 뜻의 조건절을 이끌지만 여기서는 that이 있기 때문에 정답이 될 수 없다.

어휘 convenient a. 편리한, 편안한   park v. 주차하다

09. 해석 Fred는 손님들이 도착하기 전에 식사를 준비할 충분한 시간이 없었다.

해설 문맥상 적절한 접속사를 묻는 문제이다. '식사 준비가 손님이 오기 전에 끝나지 않았다'는 내용이므로 정답은 (c)가 된다

어휘 meal n. 식사, 음식

10. 해석 그들이 아는 바로는, 11시 이후에 체크아웃한 사람이 아무도 없었다.
해설 '~에 관한 한'이라고 할 때에 [as far as+주어+동사] 구

문을 쓴다. (c) as long as는 '~하는 동안, ~하는 한'의 뜻이고 (a) as soon as는 '~하자마자'의 뜻이다. (b) as well as는 '~뿐만 아니라 ~도 또는 ~만큼 잘'이라는 뜻을 나타내기 때문에 정답이 될 수 없다. 따라서 (d)가 정답이다.

어휘 check out 셈을 치르고 나가다
as far as ~에 관한 한

11. 해석 (a) A: Tom, 왜 우리가 단체사진 찍을 때 끼지 않았는지 말해줄래?
(b) B: 이유는 없어. 그냥 사진 찍고 싶지 않았어.
(c) A: 뭔가 마음에 안 드는 일이 있었니?
(d) B: 아니. 그냥 단체사진 찍는 게 부자연스럽게 느껴졌어.

해설 문맥상 (a)의 뒷부분은 '우리가 단체사진 찍는 방법(how)'이 아니라 '우리가 단체사진 찍을 때(when)'가 되어야 한다. 따라서 (a)의 how를 when으로 바꾸어야 한다.

어휘 fell like ~ing ~하고 싶은 기분이 들다
have one's picture taken 자신의 사진을 찍다

12. 해석 (a) A: 다시 해를 보니까 정말 좋다.
(b) B: 정말 그래. 어제보다 훨씬 좋아.
(c) A: 기상 캐스터가 오늘 저녁부터 다시 흐려진다던데.
(d) B: 비만 안 오면 괜찮아.

해설 (d)는 문맥상 '앞으로 비만 오지 않으면 괜찮다'는 내용이므로 '~하기 때문에'라는 since가 아닌 '~하기만 하면'이라는 뜻의 접속사 'so long as'를 써야 한다.

어휘 absolutely adv. 전적으로, 틀림없이
cloudy a. 흐린, 구름이 잔뜩 긴
so long as ~하는 한은, ~하기만하면

13. 해석 (a) A: 우와, 그 새 셔츠 입으니까 멋져 보인다.
(b) B: 고마워, 나도 정말 맘에 들어.
(c) A: 어디서 났니?
(d) B: 형이 살이 좀 쪄서 나한테 줬어.

해설 문맥상 형이 살이 쪄서 줬다는 뜻이므로, (d)의 while을 이유의 접속사 because로 바꾸어야 한다.

어휘 handsome a. 잘 생긴   gain weight 살찌다

14. 해석 (a) 사람들은 행운을 도박과 연관짓는다. (b) 그러나 '운'에만 의지한다면 대부분의 전문 도박꾼들은 망할 것이다. (c) 그들은 게임을 안팎으로 매우 잘 안다. (d) 그럼에도 불구하고, 그들은 항상 그것에 의지한다.

해설 접속사에 관한 문제이다. (b)에서 주절과 even 다음에 나온 종속절 사이에는 역접이나 양보의 관계는 없다. '운에만 전적으로 의지한다면'이라는 조건의 의미가 들어가야 하므로 even을 if로 고쳐야 한다.

어휘 associate v. 연관하다, 관련시키다
reliant a. 신뢰하는, 의지하는
solely adv. 오직, 혼자서

15. 해석 (a) 오랫동안 편지를 못 써서 너무 미안해. (b) 동료가

부재중이어서 최근에 무척 바빴어.(c) 사실 지난 2주 동안 내 일뿐 아니라 그 사람 일까지도 해야만 했거든. (d) 하지만 그가 이제 돌아와서 상황이 좀 나아졌어.

해설 접속사 문제로 (b)에서 so 앞에 결과가 나오고 so 뒤에 원인이 나오고 있다. 이럴 때엔 앞뒤 문장의 위치를 바꾸거나 so를 이유를 나타내는 as로 바꾸어야 한다.

어휘 recently adv. 최근에

at the moment (현재형으로) 지금, 바로 지금

Exercise Answer Keys

Ⓐ 01. **on** 02. **on** 03. **on** 04. **in** 05. **for**
06. **next Monday** 07. **on** 08. **at** 09. **by**
10. **since** 11. **in** 12. **at** 13. **at, by** 14. **on**
15. **on**

Ⓑ 01. **on every Sunday → every Sunday**
02. **at Seoul → in Seoul,**
in Seoul National University → at
Seoul National University
03. **by a car → in a car**
04. **at the hotel → in the hotel**
05. **in the plane → by plane**
06. **in the end of the game → at the end of**
the game
07. **on the river → in the river**
08. **on the bottom → at the bottom**
09. **on last Sunday → last Sunday**
10. **at prison → in prison**

Ⓐ

01. **해석** 그의 아들은 7월 15일에 집으로 돌아왔다.
해설 보통 달에는 전치사 in을 사용하지만 특정한 날을 의미하는 경우에는 전치사 on을 사용한다.

02. **해석** 나는 월요일에 네 사무실에 들리고 싶다.
해설 보통 요일 앞에는 전치사 on을 사용한다.

03. **해석** 그들은 신혼여행을 위해 12월 14일 오전 일찍 떠났다.
해설 보통 morning, afternoon과 evening은 전치사 in을 사용하지만 특정일의 오전의 경우에는 전치사 on을 사용한다.

04. **해석** 1990년대에는 완전고용이 이루어져 있었다.
해설 달, 년도, 계절, 세기 등에는 전치사 in을 사용한다.

어휘 full employment 완전고용

05. **해석** 나는 8시간 동안 쉼 없이 일해 왔다.
해설 '~동안'이라는 뜻을 가진 전치사 for는 뒤에 특정한 숫자로 된 기간을 동반한다. since는 '~한 이래'라는 의미의 접속사이므로 부적절하다.

06. **해석** 다음 주 월요일에 뵐게요.
해설 구어체에서 요일, 날짜 앞에 붙는 전치사 on을 생략하는 경우가 많다. 특히, this, that, last, next, that, every 등의 어구가 붙을 경우 on을 쓰지 않는다.

07. **해석** 그는 우리의 반대에도 불구하고 눈 오는 저녁에 이곳을 떠났다.
해설 일반적인 의미의 오전, 오후, 저녁에는 전치사 in을 사용하지만 특정한 날의 오전, 오후, 저녁에는 전치사 on을 사용한다. 문장에서 눈 내리는 저녁이라는 의미이므로 전치사 on을 사용하는 것이 적절하다.

어휘 in spite of ~에도 불구하고 opposition n. 반대

08. **해석** 그녀는 27세의 나이에 한 회사의 사장이 되었다.
해설 나이를 나타낼 때에는 전치사 at을 사용한다.

09. **해석** 나는 이 보고서를 화요일까지 끝내야 한다.
해설 by와 until (till)의 구별에 관한 문제이다. by는 1회적인 완료의 의미로서 '~까지'이지만 until은 특정시점까지의 동작이나 상태의 지속의 의미로서 '까지'를 의미한다. 문맥상 '보고서를 끝낸다'라는 1회적 종료의 의미이기 때문에 by가 적절하다.

10. **해석** 지난 일요일부터 계속 비가 내려 왔다.
해설 from과 since의 차이를 묻는 문제이다. from은 '~부터'의 의미로서 동작이나 상태의 출발시점만을 나타내며 시제 관계없이 사용할 수 있다. 이에 반하여 since는 '~이래로'라는 의미로서 과거 특정 시점으로부터 현재까지 동작이나 상태의 계속을 의미하며 주로 현재완료에서 사용된다. '지난 일요일부터 지금까지 계속 비가 온다'는 의미이므로 since가 정답이다.

11. **해석** 1시간 안에 돌아올게.
해설 '일정한 시간이 흐른 후'라는 의미를 나타낼 때에는 전

치사 in을 사용한다.

12. **해석** 나는 기차역에 잘못 내렸다.
해설 일정한 장소를 나타내는 명사에 대한 전치사 문제이다. on은 선이나 평면과 접하는 면 위의 지점이나 장소에 사용되며, in은 넓은 장소에 사용된다. at은 좁은 장소에 사용되므로 at이 적절하다.

13. **해석** 우리는 6시까지 호텔에 도착할 것이다.
해설 좁은 장소인 hotel에는 at을 사용하고, '~까지' 도착한다는 의미로는 전치사 by를 사용하면 된다.

14. **해석** 가축들은 저 농장에서 사육된다.
해설 일정한 장소를 나타내는 명사에 대한 전치사 문제이다. on은 선이나 평면과 접하는 면 위의 지점으로서의 장소에 사용되며, in은 넓은 장소에 사용된다. '농장에서'라는 의미로 farm과 함께 쓰이는 전치사는 on이다.

15. **해석** 당신의 물건을 저기 테이블 위에 놓으세요.
해설 beneath는 '~아래'라는 의미인데 문맥상 '물건을 테이블 위에 놓는다'가 되어야 하므로 전치사 on이 적절하다.

 **B**

01. **해석** 매주 일요일에 교회에 가니?
해설 구어체에서 요일, 날짜 앞에 붙는 전치사 on을 생략하는 경우가 많다. 특히, this, that, last, next, that, every 등의 어구가 붙을 경우 on을 쓰면 쓰지 않는다.

02. **해석** Jack은 서울에 살고 있으며 그는 서울대학교의 학생이다.
해설 도시, 나라 등에는 in을 사용하며, 학교, 상점 등에는 at을 사용한다.

03. **해석** Heather는 차를 타고 삼촌 집에 갔다.
해설 '자동차를 타고'라는 의미로는 전치사 by를 사용하지 않고 in을 사용한다.

04. **해석** 그 호텔에는 88개의 방이 있다.
해설 문맥상 '호텔 내에 방이 있다'는 의미이므로 전치사 in을 사용한다.

05. **해석** 이곳에서 베이징까지 비행기로 얼마나 걸리나요?
해설 방법을 나타내는 전치사 중 비행기와 사용되는 전치사는 by이다.

06. **해석** 모든 선수들이 게임 마지막에 악수를 했다.
해설 '~의 마지막에'라는 의미를 나타내기 위해서 end 앞에 전치사 at을 사용해야 한다.

07. **해석** 강에서 수영하고 있는 저 사람들을 보렴.
해설 문맥상 '사람들이 강에 들어가서 수영하는 것'이므로 전치사 in을 사용해야 한다.

08. **해석** 그 페이지 아래쪽에 페이지 수를 찾을 수 있을 것이다.
해설 bottom이나 top은 전치사 at과 함께 사용한다.

09. **해석** 나는 지난 일요일 파티에서 그녀를 보았다.
해설 구어체에서 요일, 날짜 앞에 붙는 전치사 on을 생략하는 경우가 많다. 특히, this, that, last, next, that, every 등의 어구가 붙을 경우 on을 쓰지 않는다.

10. **해석** 어떤 사람들은 자신이 저지르지 않은 범죄 때문에 감옥에 있기도 한다.
해설 '복역 중이다'라는 의미는 prison앞에 전치사 in을 사용하여 표현한다.

Practice TEST Answer Keys

01. (b) **02. (d)** **03. (c)** **04. (d)** **05. (b)** **06. (b)** **07. (b)** **08. (c)**

01. **해석** A: 보통 언제 점심을 먹는지 알고 싶어요.
B: 대개 주중에는 오후 3시에 먹어요.
해설 적절한 전치사를 고르는 문제이다. 점심을 언제 먹느냐에 대해 시각, 하루, 주의 순서대로, 즉, 가장 작은 개념을 나타내는 부사구가 가장 먼저 오는 식으로 배열하는 것이 일반적이라는 것을 알아두자. 또한 시각 앞에는 at을 쓰고, 하루 중 언제인가를 나타낼 때에는 in을 쓰며, 주에 대해 말할 때에는 on을 쓴다. 따라서 (b)가 정답이다.
어휘 have lunch 점심을 먹다   weekday n. 주중, 평일

02. **해석** A: 그녀의 집은 어디입니까?
B: 지난해부터 Marble 38번가에 살고 있어요.
해설 장소의 전치사를 묻는 문제이다. 38번가라는 구체적이고 좁은 장소를 지칭할 때에는 전치사 at을 쓴다. 만일 거리 이름까지만 나와 있다면 on을 쓸 수 있다. 도시나 국가처럼 더 넓은 지역은 in을 쓴다.

03. **해석** A: 엄마! 왜 그렇게 서두르세요?
B: 학교 버스가 3분 후에 도착하거든.
해설 전치사에 관한 문제이다. '(얼마간의) 시간이 지난 후에'의 뜻을 가진 전치사는 in이다. 엄마의 말은 3분 후에 학교 버스가 도착하므로 서둘러야 한다는 뜻이다. 참고로 for는 기간을 나타내고, at은 어떤 시각을 나타낼 때 사용한다.
어휘 mum n. 〈주로 영국에서〉 mother
be in a hurry 서두르다, 조급하다, 급하다

04. **해석** A: 너희 동네가 미사일에 폭격 당했던 날 아직 기억하지?
B: 물론이지. 1978년 9월 19일 아침이었어, 그리고 그때 나는 겨우 10살이었지.

해설 보통 아침, 저녁은 in the morning, in the evening의
형태로 쓰지만 특정한 날의 아침 혹은 저녁 앞에는 전
치사 on을 사용한다.

어휘 neighborhood n. 동네, 이웃

05. 해석 5월의 어느 날, 그녀는 한 젊은이를 보았다.

해설 달 앞에 오는 전치사는 in이므로 정답은 (b)이다.

어휘 one day 어느 날

06. 해석 그는 아침 내내 주위에서 보이지 않았다.

해설 '아침 내내'라는 의미에 해당하는 표현을 묻는 문제이
다. 시간을 표시하는 부사구는 전치사 없이 쓰기 때문
에 (b)가 정답이다.

어휘 all morning 아침 내내

07. 해석 일찍이 기원전 5,000년에 큰 항해 선박들이 메소포타미
아 해안을 따라 사용되었다.

해설 장소 앞에 붙는 전치사를 묻는 문제이다. 배는 '해안을
따라서'항해하므로 '~의 가장자리를 따라서'라는 의미
를 갖는 전치사 along이 정답이다.

어휘 coast n. 해안

08. 해석 할아버지는 1989년 봄에 당신의 아름다운 콜로라도 목
장에서 돌아가셨는데, 할머니의 장례식이 있고 얼마 되
지 않아서였다.

해설 아침, 점심, 저녁 등의 때, 계절이나 연도를 나타낼 때
전치사 in을 쓰며 보통 at보다 더 긴 시간을 나타낼 때
에는 사용된다. on은 요일이나 특정한 때를 가리킨다.

어휘 ranch n. 대목장, 목축장   funeral n. 장례(식), 장례식장
pass over 사망하다(돌아가시다)

Actual TEST Answer Keys

01. **(d)** 02. **(a)** 03. **(c)** 04. **(a)** 05. **(d)** 06. **(c)**
07. **(b)** 08. **(b)** 09. **(d)** 10. **(c)** 11. **(d)** 12. **(c)**
13. **(d)** 14. **(a)** 15. **(d)**

01. 해석 A: 토요일 오후에 왜 이렇게 교통이 혼잡한지 모르겠
어.
B: 응, 정말 끔찍해.

해설 특정요일의 오전, 오후, 저녁, 밤 앞에 쓰는 전치사는
(d) on이다. 뒤에 afternoon이 있다고 in the afternoon
구문을 생각해서 in을 고르지 않도록 주의한다.

어휘 traffic n. 교통, 교통량, 왕래
busy a. 번화한
awful a. 끔찍한, 무시무시한

02. 해석 A: 내가 없는 동안 누가 전화했어요?
B: John이 두 번 전화했어요.

해설 while과 for, during은 모두 같은 의미이지만 쓰임새는
다르다. while은 접속사로 뒤에 절이 와야 한다. 전치사
for는 보통 뒤에 three weeks와 같은 수사를 동반한 명
사가 오고, during은 뒤에 때를 나타내는 명사가 온다.
그러므로 빈칸에 적당한 단어는 (a) during이다.

어휘 absence n. 결석, 결근, 부재

03. 해석 A: 몇 시에 호텔에서 나가야 합니까?
B: 모든 손님이 12시까지는 체크아웃을 해야 합니다

해설 '~까지'라고 할 때는 전치사 by를 쓴다. by는 특히 완
료시제와 함께 사용되는 경향이 있다. '12시까지' 체크
아웃을 완료해야 한다는 의미이므로 빈칸에 by가 들어
가는 것이 가장 자연스럽다.

어휘 check out (of) (호텔 등에서) 셈을 치르고 나오다, 체크아웃
하다

04. 해석 A: Bill이 오늘 기분이 무척 안 좋아 보이는데. 무슨 일
있어?
B: 기차에서 서류 가방을 도둑맞았대.

해설 '기차에서'는 관용적으로 'on the train' 이라고 표현한
다.

어휘 long face 시무룩한(침통한) 얼굴
briefcase n. 서류 가방   steal v. 훔치다

05. 해석 A: 무슨 일이야? 오전 내내 너의 전화벨이 울리네.
B: 오늘 아침 두 시간 동안 잘못 걸린 전화를 수십 통
받았어.

해설 올바른 전치사를 고르는 문제이다. 네 개의 선택지 모
두 시간을 나타내는 전치사이지만 두 시간 '안에'라는
의미를 나타낼 때는 in이 가장 적절하다. on은 특정한
아침, 오후, 밤 등을 지칭할 때 쓰이고, during은 여름방
학 동안 등의 특정한 기간을 나타낼 때 쓰여서 어떤 동
작이 행해졌음을 나타낸다.

어휘 ring v. (종, 벨 따위가) 울리다

06. 해석 펭귄들이 짝을 짓고 새끼를 키우러 바로 이 해안지역에
온다.

해설 빈칸에 알맞은 전치사를 고르는 문제이다. 문맥상 '해안
지역으로 온다'가 적절하므로 도착지점, 목적을 나타내
는 전치사 to가 정답이다.

어휘 mate v. 짝을 짓다   young n. (동물의) 새끼

07. 해석 Jane은 감기에 걸렸기 때문에 연주회 중에 몇 번 재채
기를 했다.

해설 '공연 중에'라는 의미가 되어야 하므로 during이 적절하
다. 전치사 for도 어떤 기간의 지속을 의미하는 데 쓰이
지만 이때는 며칠이나 몇 달 등 숫자 개념의 기간이 오
게 된다. between이 오려면 뒤의 concert가 복수가 되
어 '연주회와 연주회 사이에'라는 의미가 되어야 하기
때문에 적절하지 않다.

어휘 sneeze v. 재채기를 하다

08. 해석 침대에서 아침을 먹은 것은 바로 오늘 아침이었다.

해설   아침식사를 '침대에 누워서'가 아닌 '침대 안에서(앉아
서)' 먹었다는 의미가 되어야 하므로, 빈칸에 가장 적절
한 전치사는 (b)in 이다. (d)on을 쓰면 '침대에 누워서'
라는 의미가 된다.

어휘   in bed 침대에서

09. 해석   어제 아침식사 때, 여동생은 나에게 결혼한다고 말했
다.

해설   시간의 부사구 표현을 묻는 문제이다. '아침식사 때'는
'at breakfast'이다.

어휘   get married to ~와 결혼하다

10. 해석   이 나라의 평균수명은 금세기 초에 49세에서 76세로 증
가했다.

해설   '금세기 초'라는 한 시점에 평균수명이 49세에서 76세로
올라간 것이므로 구체적인 한 시점을 표현하는 전치사
at을 쓰는 것이 적절하다.

어휘   life expectancy 평균수명
at the beginning of ~의 시작에

11. 해석   (a) A: 안녕, Cynthia. 다시 보니 반갑다.
(b) B: 안녕, Sean. 벌써 돌아온 거야?
(c) A: 응, 우리 팀이 지난주부터 여름 시즌을 위해 연습
중이야.
(d) B: 아, 난 너희 팀이 3월 초부터 연습을 시작할 줄
알았지.

해설   'in the beginning of'는 '~가 시작할 무렵, ~초에'라는
관용적인 표현이다. 그러므로 (d) on the beginning of
의 전치사 on을 in the beginning of로 바꾸어야 한다.

12. 해석   (a) A: 밤늦게까지 일하고 있구나.
(b) B: 어쩔 수 없어. 내일 있을 발표 준비를 해야 하거
든.
(c) A: 내일 아침에 하면 안 되니?
(d) B: 아침 10시에 발표라서 그건 불가능해.

해설   전치사에 관한 문제이다. (c)에서 대화의 흐름상 내일
아침까지 기다리는 상태가 지속되는 것이므로 by를
until이나 till로 바꾸어야 한다.

어휘   presentation n. 발표   impossible a. 불가능한

13. 해석   (a) A: 허리 아픈 거 병원에 가서 진찰 받았어?
(b) B: 응, 어제 갔어.
(c) A: 뭐라고 그랬어?
(d) B: 며칠 지나면 괜찮을 거래.

해설   전치사에 관한 문제이다. for는 시간을 나타내는 전치사
로 기간을 표시할 때 쓴다. (d)는 '며칠 동안'이라기보다
는 '며칠 후에'라는 뜻이 되어야 적절하기 때문에 for를
시간의 경과를 나타내는 전치사 in으로 고쳐야 한다.

어휘   backache n. 요통

14. 해석   (a) 지구상에 있는 물의 양은 기본적으로 매년 일정하
지만 지질학적 시간 척도에 따라 다소 차이가 날 수 있
다. (b) 물수지에 따르면 지구상의 물의 총량은 고체든,

액체든, 기체든 어떤 형태로든 언제나 일정함을 보여준
다. (c) 빙하기에는 지구상의 물이 대부분 얼음 형태였
다. (d) 하지만 간빙기에는 액체와 기체 형태의 물의 비
율이 상대적으로 훨씬 높았다.

해설   전치사의 쓰임에 관한 문제이다. (a)의 the Earth 앞에
붙어서 '지구상의'라는 의미를 지니게 되는 전치사는 in
이 아닌 on이다. 따라서 in을 on으로 바꾸어야 한다.

어휘   amount n. 양   fundamentally adv. 본질적으로
constant a. 불변의, 일정한, 충실한
geologic a. 지질학(상)의, 지질의
interglacial a. 간빙기의
relative a. 상대적인   proportion n. 비율

15. 해석   (a) Andrew Lloyd Webber가 작곡하고, '지혜로운 고
양이가 되기 위한 지침서'와 T.S. Elliot의 또 다른 시들
을 바탕으로 한 Cats는 뮤지컬 수상작이다. (b) 그 쇼는
수없이 연출되어 전 세계적으로 공연되어 왔다. (c) 또
한 20개 이상의 언어로 번역이 되었다. (d) Cats는 1981
년 5월 11일 New London극장에 있는 London's West
End에서 처음 무대에 올랐다.

해설   전치사 문제이다. 달(월)을 나타낼 때 전치사 in을 쓰지
만 (d)에서와 같이 날짜와 함께 나오면 전치사 on을 써
야한다. 따라서 (d)의 in을 on으로 바꾸어야 한다.

어휘   compose v. 작곡하다, 구성하다, 조립하다
translate v. 번역하다, 옮기다

Practice Answer Keys

A 01. about 02. on, about 03. by 04. by
05. because of 06. with 07. except
08. except for 09. in 10. for 11. due to
12. out of 13. with 14. through 15. of

B 01. from → of 02. to → for
03. against → for 04. with → by
05. of → for 06. in → of 07. by → with
08. with → in 09. with → by

A

01. 해석 그녀 생일에 무엇을 선물할 것인지에 대한 좋은 생각있어요?
해설 '~에 대한, ~에 관한'의 의미를 갖는 전치사는 about이다. on은 주로 전문적인 주제와 관련하여 사용된다.

02. 해석 그녀는 세미나에서 지구온난화에 관하여 연설하였다.
해설 전치사 on은 주로 전문적인 주제와 관련하여 사용되는데, 주어진 문제의 경우, speech에는 on이 적절하다.

03. 해석 그 연사는 자신을 소개하는 것으로 시작하였다.
해설 '~부터 시작하다'는 의미를 갖는 전치사를 찾는 문제인데, begin은 by와 호응하기 때문에 by가 적절하다.

04. 해석 그녀는 전화로 그녀에게 이야기하였다.
해설 '전화로'라는 의미는 by phone으로 표현한다.

05. 해석 그녀는 교통체증 때문에 늦었다.
해설 문맥상 '교통체증에도 불구하고' 보다는 '교통체증 때문에' 늦은 것이므로 because of가 적절하다.

06. 해석 나는 연필을 깎을 칼이 없다.
해설 도구를 나타내는 전치사는 with이며, by 역시 수단이나 도구를 나타내지만 '~을 써서, 사용하여'라는 의미를 갖는 with이 적절하다.
어휘 sharpen v. 날카롭게 하다, 더 강렬하게 하다

07. 해석 일반적인 감기에는 휴식을 취하고 충분한 양의 물을 마시는 것 외에는 치료법이 없다.
해설 except는 바로 뒤에 전치사, 부정사, that절이 이어지는 경우 사용된다. 따라서 to rest and drink라는 to부정사가 왔으므로 except를 사용해야 한다. except for는 뒤에 명사가 와야 한다.

08. 해석 그녀는 음식을 제외하고는 캠퍼스 생활을 사랑한다.
해설 '~을 제외하고'라는 의미는 except for를 사용하여 표현

한다. but for는 '~이 없다면'의 가정법 표현이다.

09. 해석 모든 인터넷 콘텐츠의 95%는 영어로 쓰여 있다.
해설 언어와 함께 사용되는 전치사는 in이다.

10. 해석 독신남 파티는 남자의 결혼식 전날에 남자들만을 위한 파티이다.
해설 문맥상 '남자들만을 위한 파티'라는 의미이므로 '~을 위한'이라는 뜻의 전치사 for가 적절하다.
어휘 bachelor n. 독신남

11. 해석 인간은 생각하고 말할 수 있다는 사실 때문에 짐승과 구별된다.
해설 문맥상 '~때문에'라는 의미의 이유, 원인을 나타내는 전치사구가 필요하므로 'due to'가 적절하다. 문맥상 '~임에도 불구하고'의 의미를 지닌 'in spite of'는 정답이 될 수 없다.
어휘 brute n. 짐승

12. 해석 그냥 궁금해서 묻는 건대, 형제 또는 자매가 있니?
해설 '호기심에서, 궁금해서'라는 의미로는 'out of curiosity'로 표현한다.
어휘 curiosity n. 호기심

13. 해석 그녀의 목소리는 분노로 떨렸다.
해설 신체에 영향을 미치는 외부적인 요인(분노, 추위, 열 배고픔, 흥분, 기쁨)에는 전치사 with를 사용한다.
어휘 tremble v. 떨다, 떨리다

14. 해석 그는 순전히 열심히 노력하여 그의 직업에서 성공하였다.
해설 through는 '~을 매개로 하여, ~을 통하여', with는 '~을 가지고'라는 의미인데, 문맥상 '열심히 일하여'라는 의미가 되어야 하므로 'through sheer hard work'로 표현하는 것이 적절하다.
어휘 sheer a. 순전한, 순수한

15. 해석 내 친구 중 1명이 폐암으로 사망하였다.
해설 '질병으로 죽다'는 'die of'로 표현한다.
어휘 lung cancer 폐암

B

01. 해석 그 반지는 18 캐럿 금으로 만들어졌다.
해설 재료의 성질 자체는 그대로 유지한 채 형체만 변한 경우에는 of를 쓰고 완전히 형체가 변해 다른 물건이 되었을 때는 from을 쓴다. 금의 경우 비록 모양은 변하지만 성질은 그대로 유지되므로 from이 아닌 of를 써야 한다.

02. **해석** 그 버스는 부산으로 향한다.

해설 '~로 향하는'의 의미를 나타내는 전치사는 for이다. 따라서 to를 for로 바꾸어야 한다.

어휘 bound for ~로 향하는

03. **해석** 그 사람들은 자신들의 자유를 위해 싸웠다.

해설 문맥상 '자신들의 자유를 위해서' 싸운 것이지 '자신들의 자유에 대항하여' 싸운 것이 아니므로 against를 for로 바꾸어야 한다.

04. **해석** 나는 2분 차이로 그 버스를 놓쳤다.

해설 차이를 나타낼 때에는 전치사 with가 아닌 by를 사용한다.

05. **해석** 그는 의무태만으로 비난 받았다.

해설 '~으로 비난 받다'는 표현은 be blamed for이다.

어휘 neglect n. 방치, 소홀, 태만

06. **해석** 물은 수소와 산소로 구성되어 있다.

해설 '~로 구성되다'라는 표현은 consist of 또는 be composed of이다.

07. **해석** 지원자는 만년필로 자신의 이력을 작성하여야 한다.

해설 도구/장비를 나타내는 전치사는 with이다. by는 수단/방법을 나타내는 전치사이다. 따라서 by를 with로 바꾸어야 한다.

어휘 fountain pen 만년필
personal history 이력(서)

08. **해석** 그 중요한 서류를 잉크로 작성해서는 안 된다.

해설 필기도구나 언어에는 전치사 in을 사용한다.

어휘 fill out 작성하다, 기입하다

09. **해석** 그는 나보다 나이가 3살 많다.

해설 차이를 나타내는 전치사는 by이다.

Practice TEST Answer Keys

01. (d) 02. (b) 03. (c) 04. (d) 05. (c) 06. (d) 07. (a) 08. (a)

01. **해석** A: 그는 어느 대학에서 박사학위를 받았어요?
B: 외국 대학에서 학위를 받았습니다.

해설 어느 학교로부터 박사학위를 받았는지를 묻고 있으므로 출처,유래를 나타내는 전치사 from이 문맥상 적절하다.

02. **해석** A: 회사에 어떻게 오는지 궁금해.
B: 주로 전철을 타지만 주말에는 차로 와.

해설 교통편/교통수단에 쓰이는 전치사 by에 관한 문제이다. by는 다음에 곧바로 교통 수단이 오도록 되어 있다. 관사를 절대 수반하지 않는다는 점에 유의해야 한다. (c) in 을 쓸 경우는 관사가 필요하므로 in a car 라고 해야 된다.

어휘 get to ~에 이르다

03. **해석** A: 너희 할아버지, 할머니가 가까이에 이사오셔서 너무 좋지 않니?
B: 응. 이제 두 분을 훨씬 더 많이 보게 됐어.

해설 much more of them 전체가 동사 see의 목적어가 된다. 'much(little/less/more) of them'은 '(누군가)를 많이[적게/더 적게/더 많이]'라고 할 때 관용적으로 쓰는 표현이다. 이 경우의 전치사 of는 소속, 성분의 의미를 지니고 있다.

어휘 nearby adv. 가까이의, 바로 곁에

04. **해석** A: Michelle이 새로 머리한 것을 가지고 왜 그리 놀리는 거야?
B: 그녀의 마음을 상하게 하려고 했던 것은 아니야. 단지 자기 나이에 비해 요란하다는 걸 말하려는 거였어.

해설 B의 답변은 '나이에 비해 머리 모양이 지나치다'는 의미이다. 여기서의 for는 '~로서는, ~에 비해서'라는 의미로 '그녀 나이의 여자아이에 비해'라는 의미를 가진 (d) for a girl of her age가 적절하다.

어휘 fussy a. 요란스러운, 안달복달하는

05. **해석** 테니스 이외에도 나는 골프와 미식축구를 즐긴다.

해설 '~이외에'라는 뜻을 가진 전치사는 apart from이다. 'apart from'은 '~을 제외하고'라는 의미를 갖는다. (d)는 In addition to로 고치면 답이 될 수 있다.

어휘 play golf 골프를 치다

06. **해석** 열심히 노력한 덕분에, 새로운 소프트웨어를 개발하려는 그의 계획은 성공적이었다.

해설 문맥상 빈칸에는 '~덕분에'라는 접속사가 와야 한다. 이러한 의미를 가진 접속사는 Thanks to이다.

어휘 according to ~에 의하면 but for ~가 없다면

07. **해석** 초기 정착민들은 집을 짓고 남은 통나무들로 작은 나무 장식품들을 만들었다.

해설 'A를 재료로 B를 만들다'라고 할 때에 [make B out of A] 구문을 쓴다.

어휘 settler n. 정착자, 개척자, 이주민
ornament n. 장식품, 꾸밈, 장식   log n. 통나무, 원목
leave over 남기다

08. **해석** 그녀의 남편이 일본에서 일하고 있기 때문에, Liz는 그를 자주 못 본다.

해설 전치사 with가 이유를 나타내는 경우이다. 문맥상 '남편이 일본에서 말하기 때문에'가 되어야 하기 때문에 with가 적절하다.

01. (a) 02. (d) 03. (d) 04. (a) 05. (a) 06. (c)
07. (d) 08. (b) 09. (d) 10. (d) 11. (a) 12. (d)
13. (c) 14. (a)

01. 해석 A: 야드 세일은 어땠어요?
B: 대성공이었어요. 딸의 자화상 빼고는 전부 팔아 치웠어요.

해설 전치사의 의미를 묻는 문제이다. but은 except와 같이 '~를 제외하고'의 뜻이 있기 때문에 빈칸에 적절하다

어휘 yard sale 야드 세일 (자기에게 필요 없는 물건을 집 뜰에 놓고 저렴하게 파는 것)
self-portrait n. 자화상

02. 해석 A: 옆 가게에서 가격을 또 내렸대.
B: 알아. 하지만 우리 상품을 더 경쟁력 있는 가격으로 책정한다는 것은 불가능해.

해설 올바른 전치사의 사용을 묻는 문제이다. '~한 가격으로'라는 뜻으로 price와 호응하는 전치사는 at이다. 따라서 'at a more competitive price'가 적절하다.

어휘 reduce v. 축소하다, 줄이다, 낮추다, 할인하다
competitive v. 경쟁력이 있는

03. 해석 A: 지난 주말에 비가 아주 많이 왔었는데, 동물원에 갔었니?
B: 당연하지. 비는 내렸지만 갔어.

해설 문맥상 '비가 내렸지만 갔다'의 뜻이 되어야 하므로 '~에도 불구하고'라는 전치사 (d)가 정답이다. (b)는 접속사이기 때문에 적절하지 않다.

어휘 despite ~에도 불구하고

04. 해석 A: 이 뉴스 좀 봐! 어제 기름값이 리터당 130원 올랐대!
B: 알고 있어. 차를 팔까 진지하게 생각 중이야.

해설 가격이 '(얼마)만큼' 올랐다고 표현할 때는 전치사 by를 쓴다.

어휘 increase v. 증가하다, 인상되다
per ~당, ~마다

05. 해석 A: 언제 프랑스로 떠나십니까?
B: 다음달 초가 될 거예요.

해설 depart는 '~를 떠난다'고 할 때에는 from과 함께, '~로 떠난다'고 할 때에는 for와 함께 사용한다. 문맥상 프랑스로 떠난다는 것을 알 수 있으므로 for가 정답이다.

어휘 early ~초에

06. 해석 사람은 사귀는 친구를 보면 알 수 있다는 말이 있다.
해설 빈칸에 들어갈 전치사는 '~에 의하여'라는 뜻이 되어야 하므로 전치사 by가 적절하다.

어휘 company n. 회사, 단체, 함께 있는 사람들
keep company 함께 있다, 동행하다

---

be known by ~로 알다
be known as ~로 알려져 있다

07. 해석 독립한 민족국가들이 증가하면서 국기가 정치에서 더욱 중요해졌다.

해설 빈칸에는 '~함에 따라'라는 의미의 전치사가 필요하다. 빈칸 뒤에 주어, 동사가 왔다면 as가 답이 되지만 명사구가 왔기에 (d) With가 알맞다.

어휘 nation-state 민족국가 flag n. 국기

08. 해석 육체 노동자와 사무직 노동자는 똑같이 요통의 위험에 직면해 있다.

해설 알맞은 전치사를 묻는 문제이다. at risk는 '위험에 직면하여'라는 뜻으로 자주 쓰이므로 익혀두도록 하자.

어휘 manual a. 손의, 손을 쓰는
alike adv. 똑같이, 같이 backache n. 요통

09. 해석 날씨는 매우 아름답고 햇빛이 화창해서 갑작스런 불행이 일어나지 않는다면 모험을 시작하기에 완벽한 때였다.

해설 barring은 바로 뒤에 언급되는 내용이 '발생하지 않는다면'의 의미를 가진 전치사이다. 'barring any sudden misfortune'은 '만일 갑작스러운 불행이 닥치지 않는다면'의 뜻이다. 따라서 (d)가 정답이다.

어휘 barring prep. ~이 없으면
sudden a. 갑작스런 misfortune n. 불행
set forth 출발하다, 시작하다
adventure n. 모험

10. 해석 (a) A: 당신의 부인은 어떠세요? 좀 나아지고 있나요?
(b) B: 아니요. 어쨌든 신경 써주셔서 고마워요.
(c) A: 안됐네요. 요즘 부인 기분이 울적하시겠어요.
(d) B: 정반대예요. 건강이 안 좋은데도 아주 쾌활하답니다.

해설 (d)에서 despite(~에도 불구하고)는 뒤에 전치사 없이 명사를 취한다. 같은 의미인 in spite of+명사와 혼동하지 않도록 하자.

어휘 depressed a. 우울한, 의기소침한
contrary a.~와 다른, 반대되는

11. 해석 (a) A: 와, 넌 나이에 비해 정말 키가 컸구나!
(b) B: 네. 8학년까지 반에서 키가 제일 컸어요.
(c) A: 고등학생 때에는 키가 더 자라지 않았지?
(d) B: 자라긴 했지만 겨우 1.5인치 정도예요.

해설 '~치고는, ~에 비해서는'과 같이 기준이나 관점을 나타낼 때에는 전치사 for를 사용한다. 따라서 (a)에서 at을 for로 고쳐야 한다.

어휘 grade n. 학년

12. 해석 (a) A: 여행 가이드 자리에 대해 문의하려고 전화 드렸습니다. 아직 자리가 있습니까?
(b) B: 네 있습니다. 하지만 지원 마감이 내일입니다.
(c) A: 어떤 지원자를 찾으시나요?

(d) B: 여행 업종에 경험이 있는 분을 찾고 있습니다.

해설 (d)에서 '여행업종에 경험 있는'이라고 표현할 때는 전치사 'with를 써서 with experience in the travel business'라고 표현해야 한다.

어휘 open a. (직위가) 공석인 deadline n. 마감시간

13. 해석 (a) 예술가가 예술 작품을 만드는데 사용하는 재료들은 종종 예술가 자체 만큼이나 독특한 경우가 많다. (b) 흔히 쓰이는 오일 페인트와 캔버스 이외에 일부 예술가들은 자신들이 발견한 물건들을 사용한다. (c) 예를 들어, 한 유명한 예술가의 작품은 깨진 접시들과 타일로 만들어진다. (d) 또 다른 예술가는 잘게 찢어진 신문 조각이나 음료수 깡통의 금속과 같이 대부분의 사람들이 쓰레기라고 취급하는 재료들을 사용한다.

해설 재료를 나타내는 전치사로는 of와 from이 있다. 재료의 성질자체는 그대로 유지한 채 형체만 변한 경우에는 of를 쓰고 완전히 형체가 변해 다른 물건이 되었을 때는 from을 쓴다. 따라서 (c)에서 'one famous artist's work is made in broken plates and tiles'에서 'is made in'은 'is made of'로 바꾸는 것이 적절하다.

어휘 rubbish n. 쓰레기(=garbage) scrap n. 조각

14. 해석 (a) 아버지께서는 1963년에 암으로 돌아가셨다. (b) 의학 전문가들은 암을 치료하는 방법을 알지 못했다. (c) 그 때부터 인류를 도와줄 연구를 위해 엄청난 금액의 돈을 사용하여 무익한 노력을 하였다. (d) 하지만, 전문가들은 여전히 암을 치료하는 최선의 방법은 철저한 예방이라고 말한다.

해설 병, 굶주림, 노쇠로 인해 죽는 것은 die of이며 부주의, 사고로 인해 죽는 것은 die from으로 표현한다. 그러므로 (a)는 died by를 died of로 바꾸는 것이 적절하다

어휘 lung n. 폐 researcher n. 연구가
fruitless a. 쓸데없는, 무익한

Chapter 06 전치사 Unit 18 전치사 3 정답 & 해설

Exercise Answer Keys

A 01. **to** 02. **in** 03. **for** 04. **of** 05. **on** 06. **of**
07. **with, at** 08. **with** 09. **about** 10. **of**
11. **by** 12. **for** 13. **to** 14. **in** 15. **of**

B 01. **to → with** 02. **with → on**
03. **about → of, of → about**
04. **of → about** 05. **about → for**
06. **for → about / of** 07. **for → with**
08. **from → of** 09. **out of → from**
10. **from → into**

A

01. 해석 사람들은 질 높은 온라인 교육에 쉽게 접근할 수 있다.
해설 access는 전치사 to를 수반하여 '~에 대한 접근'이라는 의미를 갖는다.
어휘 quality n. 우수함, 고급, 양질

02. 해석 그는 그 자신에 대한 약간의 자신감을 가질 필요가 있다.
해설 '~에 자신감을 갖다'는 표현은 have confidence in을 사용한다.
어휘 confidence n. 신뢰, 자신감, 확신

03. 해석 내 직업은 벌이가 좋지는 않지만 승진의 기회가 있다.
해설 '~에 대한 여지'라는 표현은 room for를 사용한다.
어휘 promotion n. 승진, 진급, 승격

04. 해석 지난밤 화재의 원인은 아직 알려지지 않았다.
해설 '~에 대한 원인'이라는 의미는 cause of로 표현한다.

05. 해석 음악은 우유생산에 긍정적 효과를 줄 수 있다.
해설 '~에 대한 효과'라는 표현은 effect on을 사용한다.
어휘 positive a. 긍정적인 effect n. 효과
production n. 생산

06. 해석 제 사진 찍어주시겠어요?
해설 '~의 사진을 찍다'는 표현은 take a picture of~를 사용한다.

07. 해석 나는 내 부인이 요리를 못해서 매우 실망스럽다.
해설 '~에게 실망하다'는 be disappointed with/in를, '~를 잘 못한다'는 be poor at을 사용한다.
어휘 disappointed a. 실망한

08. 해석 그 사람은 엔진문제의 원인을 잘 알고 있다.
해설 familiar는 with와 함께 써서 '~를 잘 알고 있다'는 의미로 사용된다.

09. 해석 나는 악화되는 환경이 걱정스럽다.
해설 '~을 걱정하다, 관심을 갖다'라는 표현은 be concerned

about을 사용한다. 참고로 be concerned with는 '~에 관계가 있다, ~에 관심이 있다'는 표현이다.

어휘 worsening situation 악화되는 환경

10. **해석** 그녀는 매일 똑 같은 음식을 먹는 것을 지겨워한다.
해설 '~을 지겨워하다'라는 표현은 be sick and tired of이다.

11. **해석** 나는 그녀가 행동하는 방식에 놀랐다.
해설 '~에 대해 놀라다'라는 표현은 be surprised at/by를 사용한다.
어휘 behave v. 처신하다, 예의 바르게 행동하다

12. **해석** 그녀의 어머니는 딸의 성공을 갈망한다.
해설 '~을 갈망하는'이라는 표현은 'anxious for'를 사용한다. 참고로 '~이 걱정되는, 초조한'은 'anxious about'이다.

13. **해석** 그는 그의 옷에 무관심하다.
해설 '~에 무관심하다'라는 표현은 be different to를 사용한다.

14. **해석** 내 아들은 오늘 저녁 집으로 귀가하던 중 큰 교통사고에 연루되었다.
해설 be involved in은 '~에 연루되다, 가담하다'라는 의미이다.
어휘 on one's way home 집으로 오는 길에

15. **해석** 그녀는 부모님으로부터 독립했다.
해설 be independent of는 '~로부터 독립하다, ~와 관계가 없다'는 의미이다. 참고로 dependent는 전치사 on을 수반하여 '~에 의지하는'이라는 의미이다.

B

01. **해석** 그는 내 의견에 전혀 동의하지 않았지만 우리는 그 문제에 대해서는 합의했다.
해설 '~의 의견에 동의하다'는 표현은 agree with를 사용한다. agree to는 사람이 아니라 제안 등에 대해 동의하는 것을 의미한다.
어휘 agree on/about ~을 합의하다

02. **해석** 나와 아내는 어떤 집을 살 것인지에 대해 합의하는 것은 매우 어렵다는 것을 깨달았다.
해설 '~에 대해 합의하다'는 표현은 agree on을 사용한다.

03. **해석** 나는 그의 이름을 들었다고 생각하지만 생각해 낼 수 없다.
해설 hear of는 '~의 존재를 들어서 알고 있다'는 의미이고, hear about는 '~에 대해서 정보나 소식을 자세히 듣다'는 의미이며, think of는 '~를 기억해 내다'는 의미이고 think about는 '집중해서 진지하게 생각하다'는 의미이다.

04. **해석** 이제 우리가 그 프로젝트를 심각하게 고민해야 할 시기

가 되었다.
해설 think about~는 '~집중해서 진지하게 생각하다'는 의미이다.

05. **해석** 사과 좀 더 드실래요?
해설 care for는 '~를 좋아하다, 원하다'라는 의미이다. care about은 '상관하다, 관심을 가지다'는 의미이다.

06. **해석** 어젯밤 나는 자동차에 치이는 꿈을 꿨다.
해설 dream of/about ~ing는 '~하는 꿈을 꾸다'라는 의미이다.

07. **해석** 그의 사장은 그에게 특별한 보너스를 주었다.
해설 present는 with와 함께 쓰여 '~에게 ~을 주다'는 의미를 갖는다.

08. **해석** 그 노인은 도로의 낙엽을 치웠다.
해설 clear, rob, deprive 등과 같이 제거, 박탈의 의미를 갖는 동사는 전치사 of를 수반한다.

09. **해석** 그는 그녀가 고소하지 못하도록 설득하려고 하였다.
해설 'dissuade someone from'는 '~로 하여금 ~하지 못하게 설득하다'라는 의미이다. 이와 달리 persuade는 to 부정사를 수반한다.

10. **해석** 그녀는 나를 꾀어서 그녀와 맥주한잔 하도록 하였다.
해설 '(sweet)-talk~ into'는 '~를 감언이설로 꾀어 ~하도록 하다'라는 의미이다. 따라서 빈칸에는 into가 적절하다.

Practice TEST Answer Keys

01. (b) **02. (c)** **03. (c)** **04. (d)** **05. (a)** **06. (a)**
07. (c) **08. (c)**

01. **해석** A: Mary가 우리 계획에 참가하겠다고 말했니?
B: 아니. 그녀를 설득해서 우리 팀에 끌어올 수 없었어.
해설 'talk A into ~ing(A로 하여금 ~하도록 설득하다)'의 구문에 관한 문제이다. 문맥상 '그녀를 설득하여 우리팀으로 끌어오다'가 되어야 하므로 빈칸에는 전치사가 into가 적절하다.
어휘 take part in ~에 참가하다

02. **해석** A: Daniel이 이혼하게 되었다니 안됐어.
B: 정말이야? Kathy와 결혼해서 20년 이상 살았는데!
해설 marry는 타동사로, 'Will you marry me?'의 경우처럼 전치사 없이 쓰이며 수동태가 되면 'be married to'의 형태를 취하는 동사이다. 따라서 (c)가 정답이다.
어휘 divorce n. 이혼 v. 이혼하다

03. **해석** A: 저희 회사를 이용하시면 전화요금을 대폭 할인 받을

수 있습니다.
B: 지금 서비스에 완전히 만족합니다.

해석 '~에 만족하다'라는 의미로 satisfied 다음에는 전치사 with를 수반한다. 따라서 (c)가 정답이다.

어휘 offer v. 제공하다, 제의하다
considerable a. 상당한

04. 해석 상하이에 있는 저희 본사를 방문하시는 귀하를 위해 모든 준비가 다 되었습니다.

해설 전치사 문제이다. 빈칸에는 의미상 '~로의 방문'이 되어야 하므로, 방향을 나타내는 (d) to가 적절하다.

어휘 arrangements n. 준비   head office 본사

05. 해석 전통적으로 남편 혹은 아버지의 역할은 돈 벌어 오는 것으로 제한되었다.

해설 빈칸의 앞에 있는 limited와 함께 쓰일 수 있는 전치사는 to이다.

어휘 limit v. 한정하다, 제한하다, 가두다
earner n. 돈을 버는 사람, 소득자, 소득원

06. 해석 그가 그녀에게 저렇게 화내는 건 본 적이 없어요.

해설 '~에게 화내다'라는 표현은 'get angry at/with' 이고, '~에 대해 화를 내다'는 'get angry at/about' 이다. 여기서 '그녀에게 화를 내다'이므로 적절한 전치사는 (a) at이다.

어휘 angry at/with sb ~에게 화난

07. 해석 Stevens는 군 장교인 Warren과 가정 주부인 Jane 사이에서 태어났다.

해설 '어떤 가족이나 집안에서 태어나다'라는 표현은 'be born' 뒤에 전치사 to를 쓴다.

어휘 be born to ~의 가정에서 태어나다, ~의 상태로 태어나다
military officer 군 장교
housewife n. 주부(homemaker)

08. 해석 보험료는 몇 가지 사항에 근거하여 책정된다.

해설 '~에 근거하다'라고 말할 때는 'be based on'을 쓴다.

어휘 insurance n. 보험   payment n. 지불[불입] 금액

Actual TEST Answer Keys

01. (b) 02. (c) 03. (d) 04. (a) 05. (c) 06. (d)
07. (d) 08. (d) 09. (d) 10. (b) 11. (b) 12. (c)
13. (b) 14. (c) 15. (d)

01. 해석 A: 무슨 일 있어? 기분이 아주 안 좋아 보여.
B: David가 또 일방적으로 약속을 깼어. 도대체 걔는 왜 자꾸 그러는지 이해가 안돼.

해설 cancel이 취하는 전치사가 무엇인가를 묻는 문제이다.

cancel은 보통 타동사로 약속, 계획 등을 직접목적어로 취하지만, 뒤에 사람이 올 경우에는 전치사 on과 함께 쓰여 '~와의 약속을 취소하다'라는 뜻으로 쓰인다. 정답은 (b) on이다.

어휘 keep ~ing 계속해서 ~하다

02. 해석 A: 네가 와줘서 정말 기뻐.
B: Pat에게 고마워해야 해. 나보고 오라고 설득한 사람이 바로 그 애거든.

해설 동사와 전치사로 이루어진 관용어구에 관한 문제이다. 전치사 into는 변화의 결과를 나타낸다. '누군가를 말로 설득하여 그 결과 그 사람이 어떤 일을 하도록 하다'는 영어표현은 talk someone into이다.

어휘 talk someone into ~에게 ~하도록 설득하다

03. 해석 A: 당신이 지원한 자리는 여행을 많이 하는 부서입니다.
B: 괜찮아요. 저는 여행을 굉장히 좋아합니다.

해설 'apply for (a job)'는 '~에 지원하다'라는 의미이다. post (부서)에 지원하는 것이므로 전치사 for를 수반한다.

어휘 include v. 포함하다

04. 해석 A: Becker씨 결혼했는지 알고 있어?
B: 응, 알아. 세 아이들을 두고 있는걸.

해설 marry는 전치사 없이 사람 목적어를 곧바로 취하거나 be married to 혹은 get married to 형태로 쓰인다. 여기서는 빈칸 뒤에 three kids가 와서 세 아이들과 결혼한다는 것은 말이 안 되므로 with를 써서 '세 아이들을 둔'이라는 의미로 봐야 하기 때문에 (a)가 정답이다.

05. 해석 A: 엉망이네!
B: 농담이 아니라 방이 술 냄새와 담배 연기로 가득해.

해설 reek는 보통 of와 함께 '연기가 나다, 악취를 풍기다'의 뜻으로 쓰인다.

어휘 seriously adv. 심각하게, 진지하게, 진심으로
reek v. 악취를 풍기다(of)

06. 해석 Sarah는 내가 운전시험에 합격한 것을 축하해 주었다.

해설 동사 congratulate의 올바른 사용법을 묻는 문제이다. congratulate는 목적어를 쓴 다음 전치사 on 혹은 upon과 함께 써야 한다. 따라서 옳은 표현은 (d) give congratulation to me on getting through my driving test이다.

어휘 congratulate v. 축하하다(on)
driving test 운전시험 cf. driver's license 운전면허증

07. 해석 나는 John에게 마음을 바꾸라고 설득했지만, 그는 듣지 않았다.

해설 동사 plead는 전치사 with와 함께 쓰여 '(사람을) 설득하다'의 뜻을 나타낸다. 따라서 (d)가 정답이다.

어휘 plead with ~에게 간청하다, ~를 설득하다
change one's mind 마음을 바꾸다

08. 해석 지리학자들에 의해 지구상의 육지는 대륙이라는 일곱 개의 거대한 땅덩어리로 나뉘었다.

해설 divide가 어떤 전치사와 함께 쓰이는지 그 정확한 용례를 묻는 문제이다. 큰 덩어리를 몇 개로 나누거나 쪼갠 다고 할 때 전치사 (d) into를 쓴다.

어휘 geographer n. 지리학자　vast a. 광활한, 거대한
continent n. 대륙

09. 해석 모든 정당들이 동의한 한 가지 안건은 공정한 선거의 필요성이었다.

해설 '~에 대해 의견을 같이하다'라고 할 때 동사 agree와 전치사 on을 사용한다. 여기서 'agree on'이 받는 목적어는 'The one issue'이며 'The one issue'에서 'agreed on'까지가 전체 문장의 주어이다.

어휘 party n. (정치의) 정당　fair a. 공정한, 공명정대한
election n. 선거

10. 해석 문학과 예술에 있어서의 그의 취향은 분명 우리와 다르다.

해설 '~에 대한, ~에 있어서의 [취향, 감각; 센스]'라는 뜻의 명사 taste 뒤에는 전치사 in을 쓴다. 전치사 for는 '~을 좋아하다'는 의미의 'have a taste for something'라는 표현에서 쓴다.

어휘 taste n. 미적 감각, (미술·음악 따위의) 심미안, 감식력, 취향, 기호
obviously adv. 명백하게
differ v. 다르다, 상이하게, 틀리다
different a. 다른 , 틀린, 상이한

11. 해석 (a) A: 담배 피우면 안되겠습니까?
(b) B: 네. 담배에 알레르기가 있거든요.
(c) A: 아, 몰랐어요. 그러면 밖에서 피울게요.
(d) B: 이해해 주셔서 고마워요

해설 '~에 알레르기 반응을 보이다'는 영어로 be allergic to 이다. (b)에서 to가 빠져 있기 때문에 I am allergic to smoking으로 바꾸어야 한다.

어휘 allergic a. 알레르기의, 혐오하는
be with sb on sth ~에 대해서 ~의 말의 뜻을 지지하다(찬성하다)

12. 해석 (a) A: 더 일찍 출발했어야 했어.
(b) B: 내가 말했잖아. 왜 내 말은 들으려 하질 않는 거야?
(c) A: 네 잔소리에 질려서 그래.
(d) B: 알았어. 지금은 말다툼할 시간 없어.

해설 (c)에서 '무엇인가에 질리고 싫증난다'고 할 때는 'be tired' 뒤에 with가 아닌 of를 쓴다. '~가 지루하다'라는 표현으로 with를 쓰는 것은 'be bored with'이다.

어휘 tired a. 피곤한, 싫증난　pick on ~를 괴롭히다
row n. 심각한 의견대립

13. 해석 (a) A: 여보세요? David Miller씨와 통화할 수 있나요?
(b) B: 지금 다른 전화를 받고 계신데요. 제가 도와드릴까요?
(c) A: 고맙습니다만 기다리죠.
(d) B: 그러세요. 곧 전화를 받으실 겁니다.

해설 '~을 도와주다'라고 할 때에는 'help someone with something' 구문을 쓴다. 따라서 (b)에서 anything 앞에 with를 넣어야 한다.

어휘 hold v. 기다리다

14. 해석 (a) 대학교의 모든 학생들은 칼리지에 소속되어야 한다. (b) 40개 칼리지는 각각의 공동체를 이루고, 그 구성원들은 해당 학문 과목의 대부분을 차지한다. (c) 칼리지는 대학교의 학부와 학과들로부터 독립적이다. (d) 칼리지는 사교 모임과 개인 교습, 숙소 제공 등 학생 개개인을 위한 다양한 역할을 수행한다.

해설 (c)에서 형용사 independent에 수반되는 전치사에 대한 문제이다. '~으로부터' 독립해 있다라고 할 때는 전치사 of를 쓴다.

어휘 represent v. 의미하다, 대표하다, ~의 일례가 되다, ~에 상당하다
tutorial care (지도 교수의) 개인 지도, 개인 교습
accommodation n. 숙박 설비, 수용 시설, (여관, 여객기, 병원, 기차 등의) 자리, 좌석

15. 해석 (a) 컴퓨터 바이러스는 다양한 형태로 발생한다. (b) 실제 사람으로부터 받은 이메일 메시지를 통해 오기도 한다. (c) 따라서 컴퓨터 바이러스로부터 완전히 안전해지기 위해서는, 수상쩍은 첨부 파일은 바이러스를 생기게 할 수 있으므로 열어보지 말아야 한다. (d) 첨부파일이 안전한지 아닌지 확실하지 않으면 그냥 삭제해 버리는 것이 최선이다.

해설 '~를 확신하지 못하는'이라는 의미의 표현은 'be unsure about, not sure about~'이다. 따라서 (d)에서 sure 다음에 about을 넣어야 한다.

어휘 supposedly adv. 아마도　attachment n. 첨부 (파일)
install v. 장치[설치]하다　discard v. 버리다, 폐기하다

Exercise Answer Keys

A 01. **is** 02. **would** 03. **had known** 04. **had**
05. **will** 06. **writes** 07. **had majored**
08. **have avoided** 09. **hadn't been**
10. **should change** 11. **were to be**
12. **were not** 13. **would** 14. **had known**
15. **should have**

B 01. will reach → **reaches** 02. is → **were**
03. knew → **had known**
04. rains → **should rain**
05. were to speak → **spoke**
06. might make → **might have made**
07. could have revoked → **would revoke**
또는 **will revoke** 08. had → **have**
09. was → **were**
10. will answer → **answers**

A

01. **해석** 만약 피고인이 유죄로 판명된다면 그(녀)는 항소권을
갖게 될 것이다.
해설 현재의 단순한 조건문이다. 불확실하지만 실현가능성
이 충분하다고 판단되는 미래의 상황을 가정한 경우가
되므로 현재시제 is가 적절하다.
어휘 defendant n. 피고인   guilty a. 유죄의
right of appeal 항소권

02. **해석** 만약 그들이 키보드를 준다면 나는 컴퓨터를 살 텐데.
해설 현재사실에 대한 반대를 나타내는 가정법 과거를 묻는
문제이다. 현재사실의 안타까움, 소망 등을 나타내고
있으므로 주절의 조동사 would가 적절하다.

03. **해석** 만약 그녀가 네가 아프다는 걸 알았었더라면 너를 방문
했었을 텐데.
해설 과거사실에 대한 반대를 표현하는 가정법 과거완료에
관하여 묻는 문제이다. 주절에 she would have visited
가 있으므로 if절은 과거완료가 적절하다.

04. **해석** 만약 네가 돌보아야 할 아이가 4명이라면, 너는 어떻게
할 거니?
해설 미래상황을 가정하는 가정법 과거에 관하여 묻는 문제
이다. 주어진 문제의 경우 현재는 아이가 없지만 미래
에 아이가 4명이 된다면 어떻게 할 것인가를 묻는 상황
으로서 if절 빈칸에는 동사 have의 과거형 had가 적절
하다.

05. **해석** 만약 네가 아침을 거른다면 오전 수업에 집중할 수 없
을 거야.
해설 현재의 단순한 조건문이다. 아침을 거르면 미래에 수업
에 집중할 수 없을 거라고 언급하고 있다. 따라서 빈칸
에는 will이 들어가야 한다.
어휘 concentrate v. 집중하다

06. **해석** 그녀는 자유시간이 있다면 항상 부모님께 편지를 쓴다.
해설 개인적인 습관을 나타내는 현재에 대한 단순한 조건문
이다. 따라서 빈칸에는 writes가 들어가야 올바른 표현
된다.

07. **해석** 만약 Jack이 경영학을 전공했었더라면 그는 직업을 찾
는데 좀 덜 어려움을 겪었을 텐데.
해설 과거사실에 대한 반대상황을 나타내는 가정법 과거완
료에 대한 문제이다. 주절에 'he would have had~'가
있으므로 if절에는 과거완료가 적절하다. 따라서 문맥상
빈칸에는 had majored가 들어가야 한다.
어휘 major v. 전공하다   business administration 경영학

08. **해석** 만약 Richard가 일찍 떠났더라면 그는 심한 교통체증
을 피할 수 있었을 텐데.
해설 과거사실에 대한 반대상황을 나타내는 가정법 과거완
료에 대한 문제이다. if절에 'if Richard had left~'가 있
으므로, 주절에는 조동사 과거형+have+p.p가 적절하
다. 따라서 문맥상 빈칸에는 have avoided가 들어가야
한다.
어휘 heavy traffic 교통체증

09. **해석** 만약 내가 안전벨트를 메고 있지 않았었다면, 나는 심
하게 부상을 입었을 텐데.
해설 과거사실에 대한 반대상황을 나타내는 가정법 과거완
료에 대한 문제이다. 주절에 'I'd have been~'이 있으므
로 if절에는 과거 완료가 적절하다. 따라서 문맥상 빈칸
에는 hadn't been이 들어가야 한다.
어휘 seat belt 안전벨트

10. **해석** 만약 그가 마음을 바꾼다면 나는 그를 비난하지 않을
것이다.
해설 단순가정법보다 미래사실에 대한 확신이 없을 경우에
should를 이용한 가정법 미래를 사용하여 표현한다. if
절에 should+동사원형, 주절에 will/would+동사원형
을 사용하여 실현가능성이 다소 낮은 미래상황을 가정
한다. 따라서 빈칸에는 should change가 들어가야 한
다.
어휘 change one's mind ~마음을 바꾸다
blame v. 비난하다

11. **해석** 만약 내가 다시 태어난다면, 나는 영화배우가 될 것이
다.

해설 were to를 사용한 가정법 미래구문이다. 거의 실현 불가능한 경우를 가정하는 경우에 사용되는데 if절에 were to 동사원형, 주절에 would+동사원형을 사용한다. 주어진 문제의 경우 다시 태어나는 것은 불가능한 경우이므로 가정법 미래를 사용하면 되므로 빈칸에는 were to be를 넣으면 된다.

12. 해석 만약 비가 안온다면 지금 나는 하이킹을 갈 텐데.
해설 현재사실에 반대 상황을 표현하는 가정법 과거구문에 관한 문제이다. if절에 동사과거형, 주절에 동사과거형+동사원형을 사용하여 현재사실에 대한 회한, 아쉬움, 소망을 나타낸다. 따라서 빈칸에는 were not이 들어가야 한다.

어휘 go hiking 하이킹 가다

13. 해석 만약 서쪽에서 해가 뜬다면 나는 그녀와 결혼하겠다.
해설 were to를 사용한 가정법 미래구문에 관한 문제로서 실현 불가능한 미래상황을 가정하는데 사용된다. if절에 were to 동사원형, 주절에 would+동사원형을 형식을 취하므로 빈칸에는 would가 들어가야 적절하다.

어휘 get married to ~와 결혼하다

14. 해석 만약 네가 어려움에 처해있는 것을 알았었다면, 내가 그때 너를 도와주었을 텐데.
해설 과거사실의 반대상황을 가정하는 가정법 과거완료에 대한 문제이다. if절에 had+pp, 주절에 조동사 과거형+have+pp의 형태로 과거사실에 대한 회한, 연민, 아쉬움, 소망 등을 표현한다. 따라서 빈칸에는 had known이 들어가야 한다.

어휘 be in trouble 어려운 처지에 있다

15. 해석 만약 질문이 있으시면 주저하지 말고 저희 직통전화로 전화주세요.
해설 should를 사용한 가정법 미래구문으로서 미래의 실현가능성이 낮은 상황을 가정하는 표현이다. if절에 should+동사원형, 주절에 will/would+동사원형 또는 명령문을 사용하여 표현한다. if절에는 should have가 들어가면 되고 주절로는 명령문이 뒤따르는 표현으로써 '거의 질문이 없겠지만 만에 하나 있다면 직통전화로 연락을 주라'는 정도의 의미이다.

어휘 feel free to 자유롭게~하다

B

01. 해석 온도가 섭씨 0도에 다다르면, 물은 언다.
해설 단순한 현재사실을 나타내는 단순 가정문으로서 if절에는 동사 현재형, 주절에는 will+동사원형 또는 동사 현재형을 사용한다. 문맥상 온도가 0도에 이르면 물이 언다는 것은 단순한 사실이므로 단순 가정문을 사용해야 한다. 따라서 if절의 will reach는 reaches로 바꾸어야 한다.

어휘 temperature n. 온도, 기온 freeze v. 얼다

02. 해석 만약 이 아파트가 조금 더 넓다면 정말 완벽할 것이다.

해설 현재사실에 대한 반대상황을 가정하는 가정법 과거구문에 대한 문제로서 if절에 동사 과거형, 주절에 조동사 과거형+동사원형을 사용하여 현재사실에 대한 회한, 아쉬움, 소망을 표현한다. 따라서 if절의 is를 were로 바꾸어야 한다.

03. 해석 내가 그때 진실을 알았더라면, 네게 말했을 텐데.
해설 과거사실을 나타내는 가정문으로서 if절에는 과거완료형, 주절에는 would have+p.p를 사용한다. 문맥상 '그때(과거) 진실을 알았더라면, 너한테 말했었을 텐데'라는 내용이 되어야 한다. 따라서 if절의 knew는 had known으로 바꾸어야 한다.

04. 해석 이번 주 일요일에 비가 오면 우리는 출발을 연기해야 한다.
해설 불확실한 미래사실에 대한 가정을 표현하는 가정법 미래구문에 대한 문제이다. if절에 should, were to, 동사 과거형을, 주절에 would+동사원형(if절이 should인 경우에는 will+동사원형도 가능)을 사용하여 표현한다. 따라서 rains는 should rain, were to rain, rained 모두 가능하나 문맥상 이번주 일요일에 비가 올 수도 있는 것이므로 should가 가장 적절하다.

어휘 departure n. 출발

05. 해석 만약 네가 중국어를 한다면, 너는 더 많은 기회를 가질 수 있을 것이다.
해설 현재사실의 반대상황을 가정하는 가정법 과거구문이므로 if절에 동사 과거형, 주절에 조동사 과거형+동사원형을 사용하여 현재사실에 대한 회한, 아쉬움, 소망 등을 나타낸다. 따라서 if절의 were to speak는 spoke로 바꾸어야 한다.

어휘 opportunity n. 기회

06. 해석 그때 상황이 바뀌었더라면, 우리는 더 많은 이익을 얻을 수 있었을 텐데.
해설 과거사실에 대한 반대상황을 가정하는 가정법 과거완료구문이다. if절에 had+pp, 주절에 조동사 과거형+have+pp를 사용하여 과거사실에 대한 회한, 연민, 소망을 나타낸다. if절에 then이라는 부사가 사용되어 과거사실에 관한 내용임을 알려주고 있으므로 주절의 might make는 might have made로 바꾸어야 한다.

어휘 profit n. 이익

07. 해석 마음이 바뀌시면 언제든지 당신의 존엄사 하게 해달라는 유언을 철회할 수 있습니다.
해설 불확실한 미래사실에 대한 가정을 표현하는 가정법 미래구문에 대한 문제이다. if절에 should, were to, 동사 과거형을, 주절에 would+동사원형(if절이 should인 경우에는 will+동사원형도 가능)을 사용하여 표현한다. 문맥상 마음이 안 바뀌겠지만 만약 마음이 바뀌는 경우를 상정하는 경우로서 if절에 should가 사용되었으므로 could have revoked는 will revoke 또는 would revoke로 바꾸어야 한다.

어휘   living will (본인이 직접 결정을 내릴 수 없을 정도로 위독한 상태가 되었을 때 존엄사를 할 수 있게 해 달라는 뜻을 밝힌) 유언
revoke v. 취소(철회)하다

08. 해석   내일 시간이 충분하면 나는 창문에 페인트칠 할 것이다.
해설   미래에 대한 단순 조건문으로서 불확실하지만 실현가능성이 충분하다고 판단되는 미래의 상황을 가정하는 구문에 관한 문제이다. 형태는 if절에 동사 현재형, 주절에 조동사+동사원형 또는 동사 현재형을 사용한다. 내일 시간이 충분하면 창문을 페인트칠하겠다는 단순한 미래에 관한 내용이므로 had를 have로 바꾸어야 한다.

09. 해석   내가 너라면 나는 이번 학기에 그 수업은 듣지 않을 것이다.
해설   현재사실에 대한 반대상황을 가정하는 가정법 과거구문에 대한 문제로서 if절에 동사 과거형, 주절에 조동사 과거형+동사원형을 사용하여 현재사실에 대한 회한, 연민, 소망을 표현한다. if절에 동사 과거형이 사용되었지만 가정법에서 be동사의 과거형은 were로 쓰는 것이 일반적이므로 was를 were로 바꾸어야 한다.

10. 해석   Sarah는 사무실에 있다면 항상 전화를 받는다.
해설   현재의 단순한 조건문의 용법 중 개인의 습관적 행위에 관하여 묻는 문제이다. if절에 동사 현재형, 주절에 동사 현재형을 사용하여 '~하는 경우, 늘~하다'는 의미를 표현한다. 따라서 주절의 will answer를 answers로 바꾸어야 한다.

Practice TEST Answer Keys

01. (d)   **02.** (a)   **03.** (c)   **04.** (d)   **05.** (a)   **06.** (b)
07. (c)   **08.** (a)

01. 해석   A: 물이 여기까지 차 오르면 어쩌지?
B: 걱정 마. 그럴 일은 없어. 혹시 그런 일이 생겨도 구명보트를 이용하면 되지만 그런 일은 정말 있을 것 같지 않아.
해설   가정법 시제를 묻는 문제이다. 결과절인 주절의 동사 형태가 가정법 과거시제인 '조동사+동사원형' 형태이므로 if 절의 동사 형태도 가정법 과거시제의 과거동사가 와야 하므로 'came up to here'가 빈칸에 들어가야 하는데, 선택지에 제시되어 있지 않다. 따라서 과거동사 came을 대신 받는 대동사인 (d) did가 정답이다.
어휘   lifeboat n. 구명보트
improbable a. 사실(있을 것) 같지 않은, 희한한, 별난

02. 해석   A: 우리 이번에 또 늦겠다!
B: 걱정 마. 모든게 괜찮을 거야. 뛰어가면 제 시간에 거기에 도착할 수 있을 거야.
해설   주절의 형태가 [will+동사원형]으로 단순 직설 조건문의 형태를 취하고 있으므로, 화자는 미래에 불확실하지만,

충분히 현실성이 있다고 판단하는 상황을 표현하고 있다고 볼 수 있다. 따라서 조건절 또한 단순미래 조건문이 적절하다. 시간, 조건 부사절에서는 현재시제가 미래를 대신하므로 정답은 (a)이다.
어휘   tardy a. 느린, 더딘, (도착 등이)늦은, 지체된

03. 해석   A: 복권에 그렇게 돈을 많이 쓰는 건 바보 같은 생각이야.
B: 당첨이 되면, 자선단체에 돈을 좀 기부할 거야.
해설   문맥상 불확실하거나, 실현가능성이 희박한 미래의 상황을 가정하는 가정법 문장이다. 미래의 상황을 가정하는 가정법 문장에서 결과절인 주절의 동사 형태가 [조동사 과거+동사원형] 일 경우 if 절에 올 수 있는 동사의 형태는 첫째 가정법 과거의 과거동사 (won), 둘째, 가정법 미래의 [should/were to+동사원형(should/were to win)]의 형태가 올 수 있다. 화자가 가진 확신의 강도의 차이일 뿐, 우리말로는 '내가 만약 복권에 당첨된다면'으로 해석된다. 따라서 정답은 (c)이다.
어휘   lottery n. 복권   donate v. 기부하다
charity n. 자선, 자선단체

04. 해석   A: 그 사람들이 침입했을 때 네가 여기 있었다면 그들이 무슨 짓을 했을까?
B: 글쎄, 잘 모르겠는데.
해설   가정법에 관한 문제이다. 종속절에서 과거완료형 'if you had been'의 축약형인 'if you'd been'이 쓰였으므로, 주절의 시제도 과거완료형인 would they have done이 되어야 한다.
어휘   break in 침입하다

05. 해석   총리가 스튜디오에서 자리를 박차고 나가지 않았더라면 토크 쇼 진행자는 그녀의 창피한 실수에 대해 사과를 했었을 것이다.
해설   과거사실의 반대를 가정하는 가정법 과거완료의 형태는 [If 주어+had p.p.~, 주어+would/should/could/might have p.p.] 이다. If 종속절의 시제가 과거사실의 반대상황을 가정하는 가정법 과거완료(had not bursted) 형태이므로, 결과절인 주절 역시 [조동사 과거+have p.p.] 형태가 되어야 하므로 (a) would have apologized가 정답이다.
어휘   burst v. 터지다, 파열하다, 불쑥 가다(오다), ~에 가득 차 있다 (with)
host n. 주최자, 사회자
embarrassing a. 난처한, 쑥스러운, 당혹스러운

06. 해석   그가 나와 함께 간다면, 모든 것이 쉽게 해결될 것이다.
해설   (a) were to go와 (b) should go (c) went 세 개 모두 미래의 불확실한 상황을 가정할 수 있지만 주절의 동사 형태가 조동사 현재형+동사원형 (will be) 이므로 if 절은 should go가 되어야 한다. if 절에 should가 들어 있는 가정법의 주절은 [조동사 과거형+동사원형(would be)]도 가능하고, [조동사 현재형+동사원형 (will be)]도 가능하고, 직설 조건문처럼 명령문의 형태 (If you should have any questions, please feel

free to contact us.)도 가능하다. 하지만, if 절이 과거
동사 (went)일 경우나, [were to+동사원형 (were to
go)]일 경우에는 주절은 반드시 [조동사 과거+동사원
형 (would be)]이어야 하므로, (a)와 (c)는 답이 될 수
없다.

어휘 settle v. 해결하다

07. 해석 교체 부품이 있으면 지금 차를 고칠 수 있을 텐데.
해설 조건절 if가 뒤에 오고, 주절의 동사 형태가 [could+동
사원형]이므로 가정법 과거임을 알 수 있다. 따라서 종
속절에는 have의 과거형 had가 와야 한다.

어휘 fix v. 수선하다, 수리하다, 고정하다
spare a. 남는, 여분의

08. 해석 난 중국에 살게 되면 그들의 가치 기준에 따를 것이다.
해설 if절에 [were to+동사원형]의 형태가 쓰인 가정법 미래
로 미래의 아주 희박한 상황을 가정하는 경우에 쓰이는
가정법 시제로 결과절인 주절은 항상 [조동사 과거형+
동사원형]의 형태를 취해야 한다. 따라서 적절한 동사
형태는 (a) would conform이다.

어휘 conform to/with (법률, 풍속에) 따르다

Actual TEST Answer Keys

01. (c) **02. (c)** **03. (a)** **04. (b)** **05. (d)** **06. (a)**
07. (c) **08. (b)** **09. (d)** **10. (b)** **11. (b)** **12. (c)**
13. (c) **14. (b)** **15. (d)**

01. 해석 A: 우리나라의 미래는 다가오는 회의의 성공 여부에 달
려 있습니다.
B: 맞습니다. 회담이 실패하면 큰일이죠.
해설 결과절인 주절의 형태가 [조동사 과거형+동사원형]이
므로, if절은 가정법 과거 (단순과거동사) 또는 가정법
미래 (should/ were to+동사원형) 시제가 되어야 한다.
따라서 가정법 미래 시제인 (c)가 정답이다.
어휘 approaching a. 다가오는, 임박한
discussion n. 논의, 상의   catastrophe n. 재앙, 재난

02. 해석 A: 자전거가 고장 났어.
B: 어디 보자. 맞는 드라이버가 있으면 고칠 수 있을 텐
데.
해설 가정법의 형태를 묻는 문제이다. if절에 과거가 쓰였으
므로 주어진 문장은 가정법 과거 문장이라고 추정할 수
있다. 따라서 주절은 조동사의 과거형이 오게 되므로
정답은 (c) could fix다.
어휘 screwdriver n. 드라이버

03. 해석 A: Tom이 회사를 그만두려고 하는 걸 어떻게 알았니?
B: 솔직히 말해서, Tom이 말해주지 않았다면 나도 몰
랐을 꺼야.

해설 가정법 과거완료(~하지 않았으면 ~했을 것이다) 문
제로 가정법 과거완료의 주절에는 [would/could/
should+have+p.p.]가 온다. 따라서 정답은 (a) would
never have guessed이다. 여기서 never가 조동사 사
이에 온다는 것에 유의하자.

어휘 realize v. 깨닫다, 알아차리다, 실현(달성)하다
quit v. 그만두다   guess v. 추측하다

04. 해석 A: 우산 안 가져왔어? 밖에 비가 퍼붓는데.
B: 이렇게 비가 내리는줄 알았더라면 가져왔을텐데.

해설 가정법을 묻는 문제이다. '비가 올 줄 알았다면 우산을
가져왔을 것이다.'라는 의미가 되어야 하므로 가정법 완
료 [if 주어 had p.p , 주어 would[could] have p.p.]를
써야 한다. 그러므로 if절에는 had p.p 형태인 (b)가 정
답이다.

어휘 umbrella n. 우산
rain cats and dogs 비가 억수같이 오다, 아주 세차게 비가
오다
pour v. (비가) 억수같이 퍼붓다, 붓다, 엎지르다

05. 해석 A: 사람들에게 길을 물어봤었더라면, 지금 길을 잃고
시간을 낭비할 필요가 없었을 텐데.
B: 미안해. 나 혼자서도 길을 찾을 수 있을 줄 알았거
든.

해설 주절에 now라는 시간부사가 결정적인 단서이다. 주절
에 now, today, like this 등의 부사가 있는 경우는 거
의 혼합가정법이라고 판단해도 무방하다. 따라서 (d)
wouldn't have to get lost가 정답이다.

어휘 pointless a. 무의미한, ~할 가치가 없는
get lost 길을 잃다   waste v. 낭비하다

06. 해석 그들이 위급 상황에 좀 더 대비를 했더라면 많은 희생
자들이 구출될 수 있었을 텐데.

해설 과거 사실의 반대상황을 가정하는 가정법 과거완료의
형태는 if 종속절은 과거완료 (had p.p.)형태이고 결과
절인 주절은 [조동사 과거형+have p.p.]형태가 되어야
하므로 빈 칸에는 could have p.p. 형태가 들어가야 한
다. 희생자들 (victims)은 다른 사람들에 의해 '구출되
는' 것이므로 수동이 되어야 하므로 (a)가 정답이다.

어휘 make preparation for ~의 준비를 하다
emergency n. 비상사태   victim n. 희생자

07. 해석 제 비서가 더 자세한 정보가 필요하면, 당신에게 연락
할 것입니다.

해설 미래의 불확실한 상황을 가정하는 조건문에서 if절의 동
사 시제를 물어 보는 문제이다. 미래의 불확실한 상황
을 가정할 경우, 결과절인 주절이 [조동사 현재+동사원
형(will contact)]이면 if절은 동사 현재형이나, 가정법
미래 시제인 [should+동사원형] 둘 중의 하나의 형태
가 가능하다. 시간이나 조건의 부사절에서는 미래의 뜻
이더라도 현재시제를 써야하므로 (d) will need는 답이
될 수 없음에 유의한다. 따라서 정답은 (c) needs이다.

어휘 personal assistant 개인비서

additional a. 부가적인, 추가적인

08. **해석** 그 최고 경영자는 그 진술이 사실로 드러났다면 감옥에 갔었을 수도 있었다.

해설 가정법 문제이다. 이미 그 진술이 사실이 아닌 것을 드러나서 최고 경영자는 감옥에 가지 않았다는 내용이므로 이미 일어난 과거의 사실에 대해 반대되는 가정을 할 때 가정법 과거완료형을 쓴다. 가정법 과거완료의 if절은 'had+과거분사' 형태가 적절하다. 따라서 정답은 (b) had turned out이다.

어휘 CEO 최고 경영 책임자(chief executive officer)
accusation n. 혐의, 비난/고소, 고발
turn out 결국은(~으로) 되다, (~임이) 판명되다, 드러나다

09. **해석** 어떤 피고든 유죄로 판명되면 항소할 권리를 가지고 있다.

해설 피고가 유죄로 판명되는 것은 충분히 있을 수 있는 상황이므로, if 절의 동사의 시제는 현재형 (d) is가 가장 적절하다. 이처럼 현재 또는 미래의 불확실 하지만, 실현 가능성이 높은 상황을 가정하는 경우, if 절은 동사 현재형을 쓰고, 주절은 주로 [주어+조동사 현재형 (will, can)+동사원형]의 형태를 취한다.

10. **해석** 만약 당신이 무인도로 가야 하는 상황에서 음악 한 곡을 가져갈 수 있다면 어떤 음악을 가져가겠습니까?

해설 가정법 문제이다. 무인도로 보내지는 상황은 현재 일어날 가능성이 없는 것이므로 가정법 과거를 쓴다. 또 뒤에 나오는 동사 would를 보아도 가정법 과거 문장임을 알 수 있다. 따라서 과거형 동사를 쓴 (b) were sent가 적절하다.

어휘 desert island 무인도
bring along ~을 데리고 오다(가다)

11. **해석** (a) A: 나는 직장에 지각을 하는 건 너무 싫어. 상사가 비열한 표정으로 쳐다본단 말야.
(b) B: 내가 네 상사라도 그럴 것 같아. 너는 자주 늦는데다가 매번 엉뚱한 핑계를 대잖아.
(c) A: 이번 주에 늦은 건 이번이 처음이야. 게다가 너도 알다시피 내 상사 비위 맞추기가 힘들다는 걸 알잖아.
(d) B: 그래도 조심하는 게 좋을 거야. 해고당하고 싶진 않잖아, 그렇지?

해설 가정법의 올바른 시제 형태를 묻는 문제이다. (b) 의 if 절이 현재사실의 반대를 가정하는 가정법 과거시제 (were)이므로, 결과절인 주절의 동사 형태도 [조동사 과거+동사원형(would do)]이 되어야 한다. 따라서 will을 would로 바꾸어야 한다.

어휘 stare at 뚫어지게 쳐다보다, 응시하다   tardy a. 늦은
meanly adv. 천하게, 비열하게   excuse n. 변명, 핑계
get laid off 해고당하다

12. **해석** (a) A: 울적해 보여. 또 수업이 부담돼서 그러니?
(b) B: 그래 맞아, 대학교육을 받는 게 나에겐 너무 어려워.

(c) A: 하지만 쉽다면, 가치가 없을 거야.
(d) B: 맞는 말이야. 지금 힘든 시기를 겪는 것뿐이야.

해설 가정법이 사용된 (c)의 If절에 it were로 가정법 과거 시제가 사용되고 있으므로 주절도 가정법 과거 시제로 바꾸어야 한다. 가정법 과거 시제의 주절에서는 조동사 과거형이 사용되므로 will을 would로 바꿔야 한다.

어휘 miserable a. 비참한, 우울한   worthless a. 가치없는
load n. 부담, 걱정   patch n. 헝겊 조각; 단편, 파편
go through a bad patch 힘든 시기를 겪다

13. **해석** (a) A: Mary가 나를 더 이상 만나지 않으려고 해.
(b) B: 저런. 왜 그런지 이유는 물어봤어?
(c) A: 응, 하지만 말해주려 하지 않아. 네가 내 입장이면 어떻게 하겠니?
(d) B: 특별한 장소로 데려가서 대화를 시도해 볼 거야.

해설 (c)의 두 번째 문장은 문맥상 가정법 과거 시제가 되어야 한다. 주절의 동사 형태가 [조동사 과거형+동사원형]이므로 if 절의 동사 형태도 과거형이 되어야 한다. 따라서 are를 were로 바꾸어야 한다.

어휘 situation n. 상황, 처지, 환경

14. **해석** (a) 사람들에게 가장 어려운 일들 중의 하나는 과거를 잊는 것이지만 언젠가 우리는 모두 그것을 해야만 한다. (b) 이것은 당신이 좀 더 잘 알았더라면 무엇인가를 했었을 텐데라고 생각하기를 거부하는 것을 의미한다. (c) 이것은 또한 스스로가 수 년 전에 저지른 잘못을 용서하고 앞으로 나아가는 것을 의미한다. (d) 과거를 잊는 것은 쉽지 않지만 그것은 당신이 더 나은 삶을 살도록 도와 줄 것이다.

해설 가정법 과거 완료의 주절의 시제는 would have p.p가 되어야 한다. (b)에서 if절의 시제가 'had p.p. (if you had only known better)'이므로 주절의 시제는 'will have done'이 아니라 'would have done'이 되어야 한다.

어휘 contemplate v. 고려하다, 생각하다, 심사 숙고하다
let go 보내주다, 포기하다   refuse v. 거부하다

15. **해석** (a) Thomas Malthus는 영국의 경제학자였다. (b) 그의 가장 중요한 역작은 1798년에 집필한 〈인구론〉이다. (c) Malthus는 세계 인구가 식량 공급보다 더 빠른 속도로 증가할 것이라고 믿었다. (d) 또한 계속 아이를 많이 낳으면, 질병과 전쟁으로 인해 잉여 인구는 사망할 것이라 믿었다.

해설 가정법을 묻는 문제이다. (d)의 that절은 가정법 과거 시제이다. 따라서 if절에는 가정법 과거시제가 와야 한다. 따라서 continue를 continued로 바꾸어야 한다. (c)의 경우 increases는 과거에 대한 진술이라기보다는 항상 그럴 것임을 믿었다는, 시간의 제한을 받지 않는 명제를 진술하는 것이므로 현재시제가 올 수 있다.

어휘 economist n. 경제학자   continue v. 계속하다
extra a. 여분의, 넘쳐나는

Exercise Answer Keys

A 01. **had taken** 02. **be** 03. **should**
04. **Were it not** 05. **Without**
06. **had not been for** 07. **had taken**
08. **be** 09. **had** 10. **had studied**
11. **were** 12. **had been** 13. **had followed**
14. **Had it not been** 15. **Should**

B 01. **Were I → Had I been**
02. **Had I been → Were I**
03. **you should → should you**
04. **can → could** 05. **have → had**
06. **will → would** 07. **rains → will rain**
08. **visited → had visited**
09. **happened → had happened**
10. **I would have gone there → I wish I**
   would have gone there

A

01. **해석** 내가 그때 그 채용제의를 받아들였으면 좋았을 텐데.
해설 wish 가정법 문제이다. 문맥상 at that time이라는 과거를 나타내는 부사가 있으므로 과거의 반대상황을 가정하는 가정법 과거완료가 와야 한다. 따라서 빈칸에는 had taken이 들어가는 것이 적절하다.
어휘 job offer 채용제의

02. **해석** 만약 전쟁이 일어나지 않았더라면 내 할아버지는 지금 살아계실 텐데.
해설 혼합가정법에 관한 문제이다. if절은 과거의 반대상황에 대한 가정법 과거완료이지만 주절의 경우 now라는 현재의 반대상황에 대한 가정법 과거이므로 빈칸에는 be가 들어가야 옳다.

03. **해석** 화재가 발생하면 나는 뛰어 내릴 것이다.
해설 미래의 불확실한 상황에 대한 가정을 하는 가정법 미래구문으로서, if절에는 [should+원형동사, were to 원형동사, 동사과거형]이 올 수 있는데 빈칸에는 should 밖에 없으므로 should가 정답이 된다. 또한 주어진 문제는 if절이 도치된 구문으로서 원래는 if a fire should break out인데 if가 생략되고 should가 도치된 것이다.
어휘 break out 발발(발생)하다

04. **해석** 부상만 아니었으면 그는 게임에 뛸 수 있었을 것이다.
해설 문맥상 주절에 가정법 과거구문이 있고 의미상 조건절에도 가정법 과거가 오는 것이 적절하므로 if it were

not for his injury로 표현해야 한다. 그런데 주어진 문제의 경우 if가 생략된 후 동사가 도치되는 구문이므로 were it not for his injury가 정답이 된다.
어휘 injury n. 부상

05. **해석** 그의 도움이 없었더라면 나는 시험을 통과하지 못했을 것이다.
해설 문맥상 주절의 시제가 가정법 과거완료이므로 조건절에도 가정법 과거완료가 와야 하는데 it were not for는 가정법 과거구문이므로 정답이 될 수 없다. 이 경우 were if not for나 had it not been for 대용으로 without/but for를 사용할 수 있으므로 정답은 had it not been for를 대용하는 without이다.
어휘 assistance n. 도움
pass the exam 시험에 합격하다

06. **해석** 만약 당신의 즉각적인 도움이 없었더라면 나는 실패했었을 것이다.
해설 문맥상 주절의 시제가 가정법 과거완료이므로 조건절에도 가정법 과거완료가 와야 한다. 따라서 빈칸에는 가정법 과거완료인 had not been for가 적절하다.
어휘 immediate a. 즉각적인, 당면한, 목전의

07. **해석** 의사의 조언을 받아들였더라면 그는 지금 살아있을 것이다.
해설 혼합가정법에 관한 문제이다. if절은 과거의 반대상황에 대한 가정법 과거완료이지만 주절의 경우 '지금 살아있었을 텐데' 라는 현재의 반대상황에 대한 가정법 과거이므로 빈칸에는 가정법 과거완료인 had taken이 들어가야 한다.
어휘 take one's advice ~의 조언을 듣다

08. **해석** Randolph씨가 젊은 시절에 열심히 일했더라면 그는 지금 부자일 텐데.
해설 혼합가정법에 관한 문제이다. if절은 과거의 반대상황에 대한 가정법 과거완료이지만 주절의 경우 '지금 부자일 텐데' 라는 현재의 반대상황에 대한 가정법 과거이므로 빈칸에는 be가 들어가야 한다.

09. **해석** 나에게 멋진 아파트를 살 만큼의 충분한 돈이 있으면 얼마나 좋을까.
해설 현재사실의 반대상황을 가정하는 가정법 과거구문에 관한 문제이다. 따라서 빈칸에는 have의 과거형 had가 와야 한다.

10. **해석** 대학 다닐 때 일본어 대신 중국어 공부를 했으면 좋았을 텐데.
해설 문맥상 대학 다닐 때라는 과거사실의 반대상황을 가정하는 것이므로 가정법 과거완료구문이 사용되어야 한다. 따라서 빈칸에는 had+pp 형태인 had studied가 적

절하다.

어휘 instead of ~대신에

11. **해석** 때때로 Jenny는 마치 내 딸처럼 행동한다.

해설 as if/though 가정법 구문은 주절의 시제와 동일하면 가정법 과거, 앞서면 가정법 과거완료를 사용한다. 문맥상 주절의 시제인 현재 상황의 반대를 가정하므로 가정법 과거가 적절하므로 동사의 과거형을 사용하면 되는데 be 동사의 경우에는 were를 사용해야 한다. 따라서 정답은 were이다.

어휘 at times 가끔은, 때때로
behave v. 처신(행동)하다, 예의 바르게 행동하다

12. **해석** 내 남동생은 중국에 가본 적이 없음에도, 그는 마치 그곳에 갔었던 것처럼 이야기 한다.

해설 as if/though 가정법 구문이다. 주절의 시제와 동일하면 가정법 과거, 앞서면 가정법 과거완료를 사용하면 되는데 문맥상 주절의 시제인 현재 보다 앞서는 과거의 반대상황을 가정하는 것이므로 가정법 과거완료를 사용해야 한다. 따라서 빈칸에는 had been이 적절하다.

13. **해석** 몇 년 전에 그녀가 내 조언에 따랐었더라면 좋았을 텐데.

해설 wish+가정법 구문이다. 문장 맨 끝에 a year ago가 과거를 나타내므로 과거의 반대상황을 가정하는 가정법 과거완료 표현 'had+pp'가 와야 한다. 따라서 빈칸의 'had followed'가 올바른 표현이다.

어휘 follow v. 따르다

14. **해석** 그때 그의 도움이 없었더라면 나는 지금 사업에 성공하지 못했을 것이다.

해설 혼합가정법에 관한 문제이다. 주절의 경우 '지금 성공하지 못했을 것'이라는 현재의 반대상황에 대한 가정법 과거이지만, if절은 at that time이라는 과거의 반대상황에 대한 가정법 과거완료이므로 빈칸에는 had it not been for가 와야 한다.

어휘 successful a. 성공한, 성공적인

15. **해석** 추가적으로 이 문제에 대해서 토론하고 싶으시다면 언제든지 연락 주십시오.

해설 불확실한 미래사실을 가정하는 가정법 미래구문에 관한 문제이다. 주절은 명령문인데, were가 사용되려면 동사 앞에 to가 있어야 하는데 없으므로 should가 적절하다.

어휘 care to ~하려고 하다   discuss v. 토의하다, 토론하다

🅱

01. **해석** 1년 전에 제가 당신이었다면 저는 그런 식으로 처리하지 않았을 것입니다.

해설 가정법 과거완료구문이 사용되고 있으므로 조건절의 were을 'Had I been'으로 바꾸어야 한다.

02. **해석** 내가 너라면 지금 시험걱정은 하지 않을 거야.

해설 현재사실의 반대상황을 가정하는 가정법 과거구문이 사용되고 있으므로 조건절의 'Had I been'을 'Were I'로 바꾸어야 한다.

어휘 worry about ~을 걱정하다

03. **해석** 내일 돌아오면 나에게 전화 줘.

해설 가정법 미래구문과 명령문의 조합인데 if가 생략되었으므로 should가 도치되어야 하므로 you should를 should you로 바꾸어야 한다.

04. **해석** 태양이 없다면 지구상에는 어떤 생명체도 살 수 없을 것이다.

해설 현재의 반대사실을 가정하는 가정법 과거구문으로 if절에 동사과거형, 주절에 조동사과거형+동사원형을 사용한다. 따라서 주절의 can을 could로 바꾸어야 한다.

05. **해석** 나는 자동차가 없는데. 휴대용 컴퓨터를 가질 수 있으면 좋겠다.

해설 wish+가정법 구문인데 문맥상 현재사실에 대한 반대상황을 가정하는 것이므로 have를 had로 바꾸어 가정법 과거구문을 만들어야 한다.

06. **해석** 파티 열려고 하는데 네가 왔으면 좋겠어.

해설 미래에 대한 강한 소망은 'I wish 주어+would/could+동사원형'으로 나타낼 수 있으므로 wish이하의 will을 would로 바꾸어야 한다.

어휘 throw a party 파티를 열다

07. **해석** 구름 좀 봐. 곧 비가 많이 올 것 같아.

해설 주어진 문제는 가정법이 아니라 사실을 그대로 표현하는 직설법으로서 조만간 비가 많이 올 것 같다는 의미이므로 rain을 will rain으로 바꾸어야 한다.

어휘 before long 오래지 않아

08. **해석** 그녀는 늘 이전에 그 나라를 방문했던 것처럼 이야기한다.

해설 as if 가정법 구문인데 if절 이하의 시제는 주절의 시제보다 앞서므로 가정법 과거완료를 사용해야 한다. 그런데 주어진 문제는 가정법 과거구문 visited가 사용되었으므로 이를 had visited로 바꾸어야 한다.

09. **해석** 그들은 치열하게 싸웠지만, 마치 아무 일도 없었던 것처럼 행동하였다.

해설 as if/though 가정법 구문이다. if절의 싸움을 한 시점은 주절의 acted보다는 앞서는 시제이므로 가정법 과거완료구문을 사용해야 한다. 따라서 as though nothing happened를 as though nothing had happened로 바꾸어야 한다.

어휘 fight with ~와 싸우다

10. **해석** 내가 어제 회의 있었던 거 알고 있었나? 내가 갔어야 했는데.

Practice TEST Answer Keys

01. **(c)** 02. **(b)** 03. **(b)** 04. **(c)** 05. **(a)** 06. **(d)**
07. **(b)** 08. **(a)**

01. 해석 A: 감독관의 질문에 Catherine이 어떻게 대답했니?
B: 그녀는 놀라지 않았어. 그녀는 우월한 위치를 점한 것처럼 대답했어.

해설 as if 다음에는 가정법 시제가 와야만 한다. 문장의 주동사인 acted와 같은 시점에 일어난 일에 대한 것이므로 가정법 과거를 써야 한다.

어휘 supervisor n. 관리인, 감독자
query n. 질문, 문의 wince v. 움찔하고 놀라다(at~)
have the whip hand over ~를 지배하다
(have power or control over sb)

02. 해석 A: 저거 좀 봐! 또 비가 퍼붓고 있어. 난 버스 정류장까지 걸어가야 하는데.
B: 내가 차가 있었다면 좋았을텐데.

해설 현재 차를 가지고 있지 않아서 유감이라는 내용(I'm sorry that I don't have a car)을 가정법을 써서 표현한 것이므로 가정법 과거가 오면 된다. 따라서 (b)가 적절하다. (a)처럼 가정법 과거완료로 쓰면 '(과거에)차가 없었던 것이 유감이다'는 내용이 된다.

어휘 it is raining buckets 비가 많이 오다

03. 해석 A: 이 가게에 환불 규정이 있나요?
B: 손님이 물건에 사소한 불만이라도 있으시면 즉시 환불해드리고 있습니다

해설 가정법의 도치를 알면 쉽게 풀 수 있는 문제다. 가정법 미래에서 should는 희박하기는 하나 혹시 있을지도 모르는 경우에 대한 가정을 나타내는 데 쓰이는 조동사이며 모든 가정법은 문두에 오는 If를 생략하고 그 뒤의 주어와 조동사의 순서를 도치하여 사용할 수 있다. B의 문장은 If you should make any claims에서 if 가 생략되고 주어와 조동사가 도치되어 Should you make any claims가 된 것이다. 따라서 정답은 (b)이다.

어휘 return policy 환불 규정   at once 즉시, 바로
claims n. 불평, 불만

04. 해석 A: 당신의 행동이 사고를 일으킬 줄 몰랐단 말입니까?
B: 알았다면 그렇게 하지 않았을 겁니다.

해설 동사를 알맞은 형태와 순서로 배열하여 가정법 과거완료 구문을 완성하는 문제이다. B는 사고가 날 줄 알았다면 그런 행동을 하지 않았을 것이라며 과거 사실에 대한 후회를 표현하고 있다. 따라서 빈칸에는 가정법 과거완료구문의 if절 If I had known이 와야 한다.

05. 해석 그녀는 마치 수업 시간 내내 거기 있었던 것처럼 자신의 자리로 가서 재빨리 수학책을 폈다.

해설 실제로는 수업 내내 교실에 있지 않았지만 마치 그랬던 것처럼 자리로 가서 책을 펴고 앉았다는 의미이므로 가정법 과거완료가 적절하다. 따라서 정답은 (a)이다.

어휘 textbook n. 교과서

06. 해석 Jason의 용감하고 신속한 구조가 없었더라면 우리는 지금 이 자리에 없을 것이다.

해설 결과절인 주절의 동사 형태가 [조동사 과거+동사원형]의 형태로 현재사실의 반대를 가정하는 가정법 과거시제이고, if 절은 과거사실의 반대를 가정하고 있는 혼합가정법의 형태이다. 과거사실의 반대를 가정하는 '~가 없었더라면'이라는 뜻의 가정법 표현은 if it had not been for 이다. 따라서 정답은 (d)이다.

어휘 brave a. 용감한   rescue n. 구조, 구출

07. 해석 내가 그 비행기에 탔다면 지금쯤 죽었을 것이다.

해설 조건절이 도치된 혼합시제 가정법에 관한 문제이다. 비행기에 올라탄 것은 과거이고 살아 있는 것은 현재이므로 조건절에는 가정법 과거완료를 써야 한다. 여기서 If는 주어와 동사가 도치되어 생략되었다. 따라서 정답은 (b) Had I boarded이다.

어휘 board v. (비행기나 배 등에) 타다, 오르다

08. 해석 Judy가 수중에 돈이 충분히 있었다면 그 고급 차를 샀을 것이다.

해설 가정법 과거 완료 구문으로 과거 사실의 반대를 뜻한다. 이 문장을 직설법으로 바꾸면 Judy는 '수중에 돈이 없어서 그 고급차를 사지 못했다'가 된다. if절은 [if+주어+had+p.p.] 형태가 되는데 이때 if를 생략하고 주어와 동사를 도치시킬 수 있다. 따라서 (a) had she had 가 정답이 된다.

어휘 dear a. 사랑하는, 소중한, 비싼, 돈이 많이 드는
cash n. 현금, 돈

Actual TEST Answer Keys

01. **(a)** 02. **(a)** 03. **(d)** 04. **(c)** 05. **(a)** 06. **(a)**
07. **(d)** 08. **(d)** 09. **(c)** 10. **(a)** 11. **(b)** 12. **(b)**
13. **(c)** 14. **(a)** 15. **(d)**

01. 해석 A: 왜 기분이 안 좋니? 또 Kim 때문이지. 그렇지?
B: 난 정말 Kim은 참을 수가 없어. 항상 뭐든지 다 아는 것처럼 말한다니까.

해설 사실은 현재 모든 것을 다 아는 것은 아닌데, 다 아는 것처럼 말한다는 뜻이므로, 가정법 시제가 적절하다. as if 다음에 동사의 과거형이나 과거완료형이 오면 현재나 과거 사실과 반대되는 내용을 가정하는 것이다. as if 뒤에 가정법 과거가 오느냐 과거완료가 오는가 하

는 것은 말하는 사람이 주절의 시제를 기준으로 언제의 일을 가정하느냐에 따라 다르다. 즉, 주절의 시제가 현재이건 과거이건 간에 주절의 시제와 일치하는 시점에 발생한 일을 가정하고 있으면 가정법 과거 시제를 쓰고, 주절의 시제 이전의 일을 가정하고 있으면 가정법 과거 완료를 쓴다. 여기서 주절의 동사 시제는 현재형 (talks)이고 Kim이 아는 척을 하는 시점도 현재의 사실이므로 as if뒤에는 가정법 과거가 적절하다.

어휘   put up with 참다

02. 해석   A: 내 새 차 어떻게 생각해?
B: 차를 사기 전에 내게 도움을 구했더라면 좋았을 텐데.

해설   I wish 가정법에 관한 문제이다. I wish 뒤에는 현재 사실에 반대되는 것이나 실현 불가능한 소망을 가정할 경우에는 가정법 과거시제(과거동사)를 사용하고, 과거의 일에 대한 유감과 아쉬움을 나타내기 위해서는 가정법 과거완료시제 (과거완료)를 사용한다. 차를 구입한 것은 과거의 일이고 그에 앞서 조언을 구하지 않은 것을 아쉬워하고 있으므로 가정법 과거완료가 적절하다.

어휘   ask for help 도움을 요청하다

03. 해석   A: 이 평면 텔레비전 정말 마음에 드는데 지금은 못 살 것 같아요.
B: 이해합니다. 하지만 만약 생각이 바뀌면 주저하지 마시고 연락주세요. 저는 오늘 저녁 9시까지 여기 있을 거예요.

해설   가정법의 if 종속절에서 if를 생략할 경우 어순이 [동사+주어]의 형태로 도치된다. 이 문제의 경우, 가정법 미래 [If+주어+should+동사원형] 형태가 된다. 따라서 (d)가 정답이다.

어휘   fancy v. 원하다, 하고 싶다, (성적으로)끌리다
at the moment 지금, 그때
change one's mind 마음을 바꾸다

04. 해석   A: 잘 알다시피 일을 열심히 하는 것보다 더 좋은 성과를 가져오는 것은 없어!
B: 그걸 조금만 일찍 깨달았더라면 지금쯤 훨씬 더 좋은 위치에 있을 텐데.

해설   혼합가정법에 관한 문제이다. 조건절에는 과거 사실을 반대로 언급하는 가정법 과거완료로 「had+p.p」를 썼지만, 주절은 현재의 상태를 반대로 언급하고 있으므로 [would+동사원형] 형식을 써야 한다.

어휘   realize v. 깨닫다

05. 해석   A: 넌 운이 좋아서 경제적 어려움에서 벗어날 수 있었던 거야.
B: 그래. 그가 시기 적절하게 도와주지 않았다면 아마 파산했을 거야.

해설   문맥상 빈칸에는 if 가정법의 조건절이 들어가야 한다. 빈칸 뒤의 주절의 동사 형태가 [조동사 과거+have p.p.] (might have gone)로 과거사실의 반대를 가정하는 가정법 과거완료 시제이므로, 빈칸 역시 if 조건절의 가정법 과거완료 시제가 필요하다. if 가정법에서 if

를 탈락하면, 주어와 동사가 도치되므로, 정답은 (a)의 had it not been for his timely help이다.

어휘   get over (어려움을) 극복하다
bankrupt a. 파산한, 지급불능의

06. 해석   중세 철학자들의 업적은 그들의 말을 종이에 기록한 이름 모를 기록자들이 없었더라면 영원히 사라졌었을 것이다.

해설   주어진 문제에서는, 주절의 동사가 [would have p.p] 형태인 것으로 보아 if 종속절은 [If it had not been for] 형태임을 유추할 수 있다. 참고로 가정법의 조건절에서 if가 생략되면, [Had it not been for]형태로 주어와 동사가 도치된다.

어휘   Middle Ages 중세   thinker n. 사상가
nameless a. 이름 없는 scrivener n. 대서인, 공증인

07. 해석   선생님의 시기 적절한 구조가 아니었다면 내 아들은 지금 살아 있지 못할 것이다.

해설   혼합 가정법에 대한 문제이다. 과거에 선생님이 구조를 해주지 않았더라면, 지금 이들이 살아 있지 못할 것이라는 내용이다. 따라서 if 절은 과거에 반대되는 가정이므로 가정법 과거완료, 주절은 현재의 사실에 대한 반대되는 가정이므로 가정법 과거로 표현된다. 따라서 정답은 (d) Had it not been for이다.

어휘   well-timed 시기 적절한, 때를 잘 맞춘
rescue n. 구조 v. 구조하다

08. 해석   만약 그녀가 진실을 알게 된다면 수치심을 느끼게 될 것이다.

해설   if절에서 동사 자리에 to부정사가 있다는 것에 주목해야 한다. 'If+주어+were to+동사원형'은 '(있을 법하지 않지만) 만약 그런 일이 생긴다면'이라는 가정법에 주로 쓰이는 표현이다. 도치되면 'were+주어+to+동사원형'의 형태로 써야 한다.

어휘   feel shame 수치심을 느끼다   truth n. 진실

09. 해석   시장은 우리가 도시계획의 필요성을 좀더 빨리 깨달았었다면 도시가 지금보다 훨씬 더 아름다웠을 것이라고 주장한다.

해설   혼합 가정법을 묻는 문제이다. 도시계획의 필요성을 깨닫는 것은 과거의 가정(가정법 과거완료)이지만, '도시가 더 아름다울 텐데'라는 부분은 현재 상황의 반대를 가정하는 것(가정법 과거)이다. 따라서 빈칸에는 과거 시제인 (b) could be가 오는 것이 적절하다.

어휘   maintain v. 주장하다

10. 해석   그 사고 후에도, 그 하인은 마치 아무 일도 일어나지 않은 것처럼 자신이 할 일을 계속했다.

해설   as though 가정법에 관한 문제이다. 과거 사실의 반대는 가정법 과거완료 시제를 써야 하므로 빈칸에 적절한 동사 형태는 (a) had happened이다.

어휘   servant n. 하인, 고용인, 부하
responsibility n. 책임   as though 마치~처럼(as if)

11. **해석** (a) A: 휴가 때 어디엔가 갈 예정이니?
(b) B: 갈 수 있으면 좋겠는데.
(c) A: 무엇 때문에 휴가를 못가는 거야?
(d) B: 새로 구입한 차 할부금 때문에 일해야 해.

해설 I wish 뒤에는 흔히 가정법이 이어지는데 현재 사실을 반대로 가정하는 경우는 과거동사(be동사는 were)를 쓰고 과거 사실을 반대로 가정하는 경우는 'had+과거분사'를 쓴다. B는 일 때문에 현재 갈 수 없는 것이므로 (b)의 had been을 were로 고쳐야 한다.

12. **해석** (a) A: 시내에서 크리스마스 트리 쇼를 볼 기회가 있었나요?
(b) B: 아니요, 하지만 보고 싶었어요.
(c) A: 안타깝군요. 내년에는 놓치지 않도록 하세요.
(d) B. 네, 그럴 거예요. 그 쇼가 정말 멋지다고 들었어요.

해설 대화 내용으로 보아 B는 크리스마스 트리 전시회를 볼 기회를 가지지 못했음을 유추할 수 있다. 따라서 B는 트리 전시회를 볼 기회를 가지지 못한 것을 아쉬워 하는 것이므로, 과거사실의 반대를 소망하는 가정법 과거 완료시제가 I wish 뒤에 이어져야한다. (b)의 were는 대동사로 쓰였다. A가 일반동사로 물었으나, be동사로 응답하였다. 따라서 (b)의 were를 had로 바꾸어야 한다.

어휘 fantastic a. 환상적인

13. **해석** (a) A: 우리 팀이 내일 경기에서 이길 거라고 생각하니?
(b) B: 모르겠어. 이길 수도 있고, 어떤 경우도 가능하지.
(c) A: 이봐, 마치 누가 이기든 상관없다는 것처럼 말하네.
(d) B: 네게 놀라운 소리일 수도 있겠지만, 난 너만큼 미식축구에 별로 관심이 없다구.

해설 (c)는 사실은 승부에 신경 쓰면서 누가 이기든 상관 안 하는 것처럼 들린다는 문맥이므로, as if 가정법이라고 볼 수 있다. 따라서 접속사 as를 as if로 바꾸어서 '마치 ~인 양'이라는 의미가 되어야 적절하다.

14. **해석** (a) 로마 제국이 도로를 건설할 때 전략적으로 중요한 요인을 고려했더라면, 스스로가 멸망하는 모습을 볼 필요가 없었을 것이다. (b) 로마 제국이 건설한 도로들은 기본적으로 장애물이 없었는데, 이는 그들의 적들 또한 그 고속도로들을 이용해서 로마로 올 수 있었음을 의미한다. (c) 만약에 로마인들이 도로를 따라 장애물을 설치했더라면, 침략자들이 그렇게 쉽게 수도인 로마에 올 수는 없었을 것이다. (d) 이는 좋은 의도를 가진 생각이 결국 큰 화를 자초하게 되는걸 보여주는 매우 훌륭한 예이다.

해설 (a) 문장은 접속사가 없이 두 개의 문장이 콤마로 연결되어 있으므로, 접속사가 들어가야 한다. 콤마 다음의 문장의 동사 형태가, '조동사 과거+have p.p.'이므로, 가정법 과거 완료형 문장의 주절이라고 판단할 수 있고, 콤마 앞부분은 if 종속절임을 유추할 수 있다. 따라서 The Roman Empire 앞에 접속사 If를 넣거나, had와 주어 The Roman Empire를 도치시켜야 한다.

어휘 strategically adv. 전략적으로
essentially adv. 근본적으로, 본질적으로
factor n. 요인   obstacle n. 장애물
encroacher n. 침략자
end up ~ing 결국 ~하게 되다

15. **해석** (a) 여보, 나에요. 영업부에 그 지위로 승진했다니 기뻐요. (b) 당신의 노고와 인내가 마침내 보답을 받는 거라고 믿어요. 당신이 자랑스러워요. (c) 그래서 우리의 특별한 만찬을 위해 스테이크와 야채를 사려고 David Jones 시장에 지금 가려고 해요. 그래서 평소보다 집에 일찍 올 경우엔 내가 집에 없을지도 몰라요. 그렇더라도 직접 요리하려고 하지 말아요. 오늘밤은 내가 할 거니까요. (d) 내가 없을 때 누가 전화하면 메시지를 남기게 하세요.

해설 문장 (d)에서 if 절에 should가 포함된 가정법 미래 조건문을 if를 탈락하고 도치할 경우는 'should+주어+동사원형'의 형태로 도치를 해야 한다. 따라서 Should call anyone을 Should anyone call로 바꾸어야 한다.

어휘 promotion n. 승진   position n. 직위, 직책
patience n. 인내

Chapter 07 가정법 Unit 21 가정법 3 정답 & 해설

Exercise Answer Keys

A 01. **improve** 02. **had met** 03. **thought**
04. **have called** 05. **have missed**
06. **would have called** 07. **apply**
08. **be** 09. **benefits** 10. **found**
11. **but** 12. **didn't tell** 13. **Otherwise**
14. **would** 15. **might have caught**

B 01. **will discuss → should discuss** 또는 **discussed**
02. **will → would**
03. **wouldn't act → would have not acted**
04. **don't have → didn't have**

05. otherwise → but **06.** should → would

07. learned → (should) learn

08. are taught → (should) be taught

09. drink not → not drink

10. if → in case (that)

Ⓐ

01. 해석　그들은 그 식당이 서비스를 개선해야 한다고 강력히 제안했다.

해설　suggest와 같은 명령, 제안, 주장, 요구 동사의 경우는 '~해야 한다'는 의미를 포함하고 있어서 that이하 절에서는 (should) 동사원형의 형태로 사용한다.

어휘　improve v. 개선하다, 향상시키다

02. 해석　그녀는 자신이 이전에 그를 만났다고 주장했다.

해설　insist와 같은 명령, 제안, 주장, 요구 동사의 경우 that 이하절에서 (should) 동사원형의 형태가 되어야 한다. 하지만 문맥상 주절의 시제가 that절의 시제보다 늦으므로 had met이 적절하다.

어휘　insist v. 주장하다

03. 해석　나는 지금 어떤 결정을 내리기 전에 신중하게 생각해야 할 시기라고 생각한다.

해설　[It is high (about) time that ~should+원형동사 / 동사과거형(가정법 과거)]의 형태로 '~할 시간이다'라는 표현이다. 따라서 thought가 들어가야 한다.

어휘　make decision 결정하다

04. 해석　그때 나는 네 전화번호를 몰랐어. 그렇지 않았다면 내가 전화했었을 거야.

해설　otherwise가 조건절 역할을 하여 'if I had known your number I would have called you'라는 의미이므로 빈칸에는 과거사실의 반대상황을 가정하는 가정법 과거완료구문을 만들어야 하므로 have called가 적절하다.

어휘　otherwise 그렇지 않으면

05. 해석　그는 역까지 택시를 탔는데 그렇지 않았다면 그는 기차를 놓쳤을 것이다.

해설　or else가 조건절 역할을 하여 과거사실의 반대상황을 가정하는 가정법 과거완료구문이다. 빈칸에는 가정법 과거완료의 구문이 와야 하므로 have missed가 적절하다.

어휘　miss v. ~을 놓치다, ~을 그리워하다

06. 해석　전화 배려가 나가지 않았다면 전화 했었을 텐데.

해설　if절은 없지만 but 이하의 의미상 '전화기 배터리가 있었다면 전화를 했었을 텐데'라는 가정법 구문으로서 과거사실에 대한 가정이므로 가정법 과거완료구문을 사용해야 한다. 따라서 빈칸에는 would have called가 적절하다.

07. 해석　나는 민호에게 그 직장에 지원하라고 추천하였다.

해설　recommend와 같은 명령, 제안, 주장, 요구 동사의 경우는 '~해야 한다'는 의미를 포함하고 있어서 that이하 절에서는 (should) 동사원형의 형태로 사용한다. 따라서 (should) apply가 적절하다.

어휘　apply for ~에 지원하다

08. 해석　미국 정부는 많은 한국 관광객들을 위해 LA의 도로 표지판에 한글을 넣도록 제안하였다.

해설　propose와 같은 [명령, 제안, 주장, 요구 동사]의 경우는 '~해야 한다'는 의미를 포함하고 있어서 that이하 절에서는 (should) 동사원형의 형태로 사용한다. 따라서 빈칸에는 be가 들어가야 한다.

어휘　Korean Characters 한글

09. 해석　증거에 따르면 향기치료는 우울증을 앓고 있는 사람들에게 효과가 좋다고 한다.

해설　that절의 내용이 바람직하고 중요해서 앞으로 이뤄져야 하는 당위절의 의미라면 동사원형을 쓰지만, suggest 뒤의 that절은 당위절이 아니라 단순한 통계자료에 근거한 단순 사실절 해당되기 때문에 일반시제인 benefits을 써야 한다.

어휘　aroma n. 향기　therapy n. 치료요법
depression n. 우울증, 우울함, 불경기

10. 해석　어떤 일이 일어나고 있는지 우리가 알아야 할 때이다.

해설　[It is high (about) time that ~should+원형동사 / 동사과거형(가정법 과거)]의 형태로 '~할 시간이다'라는 표현이다. 따라서 found가 들어가야 한다.

11. 해석　내가 일 때문에 너무 바쁘지 않았다면 그 파티에 갔었을 텐데.

해설　문맥상 파티에 가고 싶었지만 너무 바빠서 못 갔다는 내용이므로 빈칸에는 but이 들어가야 한다.

12. 해석　네가 내 비밀을 남들에게 말하지 않았다면 좋았을 텐데.

해설　would rather는 wish와 같은 표현으로 가정법을 이끈다. 따라서 문맥상 현재사실에 대한 반대상황을 가정하는 가정법 과거구문이 어울리므로 과거동사 didn't tell이 옳은 표현이다.

어휘　secret n. 비밀

13. 해석　교통체증이 정말 심했어. 만약 그렇지 않았었다면 나는 좀 더 일찍 이곳에 도착했을 거야.

해설　앞 문장의 반대내용을 가정하는 otherwise는 문맥상 가정법 과거완료의 내용과 동일하다. 따라서 빈칸에는 otherwise가 들어가야 한다.

어휘　traffic jam 교통체증

14. 해석　오늘 저녁에 너와 영화 보러 가려고 했는데 시간이 없네.

해설 미래의 불확실한 사실에 대한 가정법 미래 구문으로서 문맥상 would가 가장 적절하다.

15. 해석 1분만 빨리 왔어도 그녀는 기차를 탈 수 있었을 텐데.
해설 one minute earlier라는 부사구가 if she had arrived at the station one minute earlier라는 의미를 함축하고 있으므로, 주절의 빈칸은 가정법 과거완료 '조동사과 거형+have+p.p.' 형태가 되어야 한다.
어휘 catch the train 기차를 타다

B

01. 해석 우리가 그 문제를 토의할 시간이다.
해설 'It is high (about) time that ~should+원형동사 / 동사 과거형(가정법 과거)'의 형태로 '~할 시간이다'라는 표현이다. 따라서 will discuss를 should discuss 또는 discussed로 바꾸어야 한다.
어휘 discuss v. 상의(논의)하다

02. 해석 난 다음에 뭘 해야 할지 모르겠어. 만약 네가 나라면 무엇을 하겠니?
해설 문맥상 in my place는 if you were in my place라는 가정법적 내용을 포함하고 있으므로, what will you do를 가정법 과거의 형태인 what would you do로 바꾸어야 한다.
어휘 in one's place ~에 자리에서

03. 해석 그는 나에게 돈을 빌려주기를 거부했다. 진정한 친구였다면 그렇게 행동하지는 않았을 텐데.
해설 문맥상 a true friend라는 명사가 가정법적 내용을 함축하고 있는데 문맥상 돈을 빌려주지 않았던 과거사실의 반대상황을 가정하는 것이므로 가정법 과거완료구문이 적절하다. 따라서 wouldn't act를 would have not acted로 바꾸어야 한다.
어휘 refuse v. 거부하다

04. 해석 나는 1년 전에 차를 구매하려고 했었는데, 충분한 돈이 없었다.
해설 문맥상 '1년 전에 돈이 충분했으면 그 차를 구매했었을 텐데'라는 가정법 과거완료적 내용이므로 but이하는 시제가 과거가 되어야 한다. 따라서 but이하의 don't have는 didn't have로 바꾸어야 한다.

05. 해석 자동차에 문제만 없었더라면 이곳에 좀 더 빨리 도착했었을 텐데.
해설 otherwise는 앞 문장을 받아서 '그렇지 않으면'이라는 가정적 내용을 의미한다. otherwise 이하의 내용으로 볼 때 otherwise를 접속사 but으로 바꾸어야 한다.

06. 해석 너를 만난다면 매우 기쁠 거야.
해설 분사를 이용한 가정법 구문이다. 문맥상 현재사실의 반대상황을 가정하는 것이므로 가정법 과거문구가 사용되어야 하므로 should를 would로 바꾸는 것이 옳은 표현이다.

07. 해석 우리가 어떻게 적절히 인터넷을 사용할 것인지를 배우는 것은 매우 중요하다.
해설 'important, necessary, essential, vital, imperative, urgent, desirable'와 같은 이성의 판단을 나타내는 형용사 다음에 나오는 절의 내용이 중요해서 반드시 이루어져야 한다는 의미에서 (should) 원형동사를 사용해야 한다. 따라서 learned를 (should) learn으로 바꾸어야 한다.

08. 해석 나는 모든 학교 학생들이 7살부터 영어를 배워야 한다는 최근 제안에 대해 동의하지 않는다.
해설 제안, 요구, 명령 등을 나타내는 동사, 명사, 형용사 다음에 나오는 내용은 '매우 중요해서 반드시 이루어지거나 따라야 한다'는 의미에서 그 절에 (should) 동사원형을 사용한다. proposal이라는 명사는 '~해야 한다'는 제안을 의미하므로 are taught를 (should) be taught로 바꾸어야 한다.

09. 해석 의사는 내게 6개월 동안 커피를 마시지 말라고 조언했다.
해설 제안, 요구, 명령 등을 나타내는 동사, 명사, 형용사 다음에 나오는 내용은 '매우 중요해서 반드시 이루어지거나 따라야 한다'는 의미에서 그 절에 (should) 동사원형을 사용한다. advise는 의미상 '~하는 것을 조언하는 것'이므로 역시 (should) 동사원형을 사용해야 한다. 따라서 drink not을 not drink로 바꾸어야 한다.

10. 해석 너는 목마를 경우를 대비해 많은 양의 물을 휴대해야 한다.
해설 의미상 '목마를 경우를 대비해서'라는 의미이므로 if를 in case (that)으로 바꾸어야 한다.

Practice TEST Answer Keys

01. (d) 02. (c) 03. (b) 04. (b) 05. (d) 06. (a) 07. (d) 08. (c)

01. 해석 A: 이 꿀을 너 줄게. 내가 벌집을 부숴서 가져 왔어.
B: 왜 그랬어? 너 죽을 수도 있었어.
해설 if절이 생략된 가정법 과거완료 구문에 관한 문제이다. if the bees had meant to kill you 정도의 가정절이 생략되어 있다고 볼 수 있다. 가정법 과거 완료의 주절은 '주어+조동사의 과거형+have+p.p.'이므로 (d)의 could have been killed가 정답이다.
어휘 bust v. 부수다, 고장 내다, 불시에 단속을 벌이다
beehive n. 벌집, 사람이 붐비는 곳

02. 해석 A: 그는 계산도 안하고 그냥 걸어나갔어.
B: 신사라면 그런 식으로 행동하지 않았을 거야.
해설 if 절이 없는 가정법 문장이다. A가 말한 무례한 행동에 대한 대답이므로 would have behaved가 들어와서 '신

사라면 그런 식으로 행동하지 않았을 거야'라는 의미가
되는 것이 가장 자연스러운 대화가 된다.

어휘 bill n. 계산서, 청구서   behave v. 행동하다, 처신하다

03. **해석** A: 그는 그 새 직책을 맡지 말았어야 했어.
B: 부인의 충고를 들었더라면 좋았을 걸.

해설 가정법의 시제에 대한 문제이다. 부인의 충고를 듣지
않고 취직을 하여 안 좋은 결과가 발생한 내용이다. 따
라서 과거에 일어난 일에 대한 반대되는 가정이므로,
빈칸에는 가정법 과거완료가 와야 한다. 따라서 정답은
(b)이다.

어휘 job n. 일자리, 일

04. **해석** A: 라디오를 키면 싫으세요?
B: 안 켜면 좋겠는데요.

해설 다른 사람이 어떤 행동을 하기를 바랄 때는 would
rather 뒤에 가정법을 쓴다. 여기서는 현재 어떤 것을
바라는 것이므로 가정법 과거를 쓰는데 동사 turn을 대
신하는 do를 과거형으로 쓴 did가 적절하다. 따라서 정
답은 (b) didn't 이다.

어휘 mind v. 싫어하다, 꺼리다
would rather 오히려 ~ 하는 편이 좋겠다 (had rather)

05. **해석** Neil은 시험에서 만점을 받을 수 있었을 텐데, 한 문제
를 틀리고 말았다.

해설 복합시제에 관한 문제이다. 앞부분은 가정법 과거완료
시제이고, 뒤는 직설법 과거이다. 과거의 일이므로 빈
칸에 들어가는 시제는 가정법으로 나타낼 경우 과거완
료, 즉 (d)와 같은 형태가 되어야 한다.

어휘 a perfect score 만점 cf. straight As(전부 A학점)

06. **해석** 우리 집사람은 심하게 과체중이라서, 이제 운동을 좀
해야 할 때이다.

해설 [It's (high)time(that)~] 구문에는 관용적으로 가정법을
쓰는데 that절 이하에 들어갈 동사는 'should+동사원
형'이나 가정법 과거형태이다. 따라서 (a)가 정답이다.

07. **해석** Texas와 Arkansas는 특정 상황에서 마리화나의 제조
와 사용을 합법화할 수도 있었을 법안을 거부했다.

해설 가정법과 태 문제가 복합적으로 다루어진 문제이
다. 만약에 bill을 거부하지 않았더라면 (if Texas and
Arkansas had not refused) 마리화나의 사용과 생산
을 합법화 시켰을 수도 있었을 법안이라는 문맥이므로,
가정법 과거완료시제의 주절의 동사 형태인 [조동사 과
거+have p.p.] 가 오는 것이 적절하다. 그리고 that은
주격 관계대명사로 선행사 bill(법안)을 받는데, 법안이
마리화나를 합법화시키는 것이므로 능동태가 되어야
한다. 정답은 (d) would have legalized 이다.

어휘 bill n. 법안, 법령
legalize v. 합법화하다, 법률상 정당하다고 인정하다

08. **해석** 의사가 나에게 한 달 동안 패스트 푸드를 먹지 말라고
충고했다.

해설 요구(demand, require), 주장(insist), 제안 (suggest,
recommend, propose)등의 동사 다음의 that절이 '~해
야한다' 라는 내용의 당위절일 경우는 [(should)+동사
원형]의 형태를 써야한다. 따라서 should not eat에서
should 가 생략된 (c) not eat가 정답이다.

Actual TEST Answer Keys

01. **(c)** **02.** **(b)** **03.** **(a)** **04.** **(b)** **05.** **(d)** **06.** **(a)**
07. **(a)** **08.** **(d)** **09.** **(a)** **10.** **(b)** **11.** **(c)** **12.** **(c)**
13. **(d)** **14.** **(a)** **15.** **(a)**

01. **해석** A: Tom이 그러는데 시내에 머무를 때 너를 못 만났다
고 하더라.
B: 응. 그래 만났으면 좋았을 텐데 내가 그를 만날 시간
이 없었어.

해설 문맥상 B는 Tom이 시내에 갔을 때 서로 만나지 못했는
데, 만약 만났더라면 좋았을 것이라고 말하고 있다. B
와 만나지 못했다는 과거 사실에 대한 반대되는 가정이
므로 가정법 과거완료가 와야 한다. 따라서 정답은 (c)
It'd have been 이다.

02. **해석** A: 우리는 모여서 새로운 계획에 대해 얘기할 겁니다.
B: 그 문제를 토의할 때가 되었죠.

해설 동사의 알맞은 형태를 묻는 문제이다. discuss는 완
전 타동사로서 전치사 없이 직접 목적어를 취한다. 따
라서 정답은 (b)의 discussed이다. 'It's high time' 뒤
에는 가정법 시제가 오는 것이 원칙이므로 과거형인
discussed가 알맞다.

어휘 discuss v. 토의하다, 토론하다

03. **해석** A: 네가 Amy의 제안에 따라 주식을 팔은 건 현명했어.
B: 오, 만약 그렇게 안했더라면 어땠을까 생각만 해도
소름 끼치는 거 있지.

해설 가정법을 묻는 문제이다. otherwise를 if절을 대신한
가정법 과거완료로 보면 종속절에는 'would+have+p.
p'를 써야 한다. 따라서 정답은 (a)의 would've
happened이다.

어휘 share n. 주식, 지분
shiver v. (공포, 추위로 가볍게) (몸을) 떨다

04. **해석** A: 우리 모두 금요일 회의에 가야 하는 겁니까?
B: 네. 모든 사람이 이번 주 회의에 참석해야 하는 점이
중요해요. 왜냐하면 전체 직원 문제에 대해 중요한
결정을 내려야 하거든요.

해설 주절에서 주관적 판단이나 감정 등을 나타내는 내용.
혹은 요청, 의향, 결정이 들어가는 내용일 때 종속절에
서는 조동사 should를 써야 한다. 주어진 문제에서는
주절에 important라는 판단이 들어가 있으므로 that절
에서 '~해야 하는'이라는 'should+동사원형'이 와야 한
다. 조동사 should가 생략되기 때문에 주절의 시제와

상관없이 that절에는 동사원형이 와야한다.

어휘 workforce n. (특정 기업, 조직 등의) (모든) 노동자, 직원

05. **해석** A: Mary의 회계 실력에 대해 어떻게 생각하세요?
B: 네. 어느 때보다 많이 늘었다고 해야겠죠.

해설 '(물어보면) ~라고 말하겠다'라고 할 때에 가정법 would를 사용해서 I would say라고 한다. 현재의 상황에 대해서는 가정법 과거를 사용하므로 'would, could, should, might+동사원형'의 형태가 된다. 따라서 정답은 (d)이다.

어휘 opinion n. 견해, 생각
accounting n. 회계(학), 계산   skill n. 솜씨, 기술

06. **해석** 내가 도울 수도 있었을 텐데. 그래서 네가 도움을 청하지 않은 게 유감이야.

해설 직설법과 가정법이 공존하는 형태의 문장으로 if 절이 숨어 있는 가정법이다. 사실은 도움을 요청하지 않았지만, 만약에 '도움을 요청했더라면=If you had asked' 도와 줄 수도 있었기 때문에, 과거의 사실에 대한 반대 가정이므로 가정법 과거 완료시제가 적절하다. 따라서 (a) could have helped가 답이다.

어휘 It's a shame to (that) ~은 수치이다, 유감이다

07. **해석** 내가 바하마에 있을 때, 딸아이에게도 저 빛나는 푸른 만과 모래사장을 보여주고 싶다는 생각을 하면서, 그 애라면 꼭 이렇게 했겠지 하는 일을 했다. 그것은 바로 조개껍질을 모으는 것이었다.

해설 빈칸 뒤에 if she had been in the Bahamas가 숨어 있다고 볼 수 있으므로, 가정법 과거완료의 주절형태인 '조동사 과거+have p.p.'가 문맥상 적절하다. 실제로 딸은 바하마에 가지 않았지만, 엄마는 딸이 바하마에 같이 왔더라면 어떻게 했을까 가정하고 딸이 했을 법한 행동을 했다는 문맥이므로, 과거사실을 표현하는 가정법인 과거완료를 쓰는 것이 적절하다. 정답은 (a)이다.

08. **해석** 그 때 한 걸음만 더 내디뎠다면 Frank는 낭떠러지로 떨어졌을 것이다.

해설 if절이 없는 가정법 과거완료 구문으로 One more step at the moment(그 순간 한 걸음만 더 내딛었다면)가 if절을 대신하고 있다. 따라서 빈칸에는 가정법 과거완료 구문의 주절 (d) would have fallen이 와야 한다. (b)는 단순 미래완료 시제로서 미래에 확실히 일어날 일을 언급하고 있으므로 문맥상 어울리지 않는다.

어휘 cliff n. 낭떠러지, 절벽

09. **해석** 그 다수당 대표는 조사를 이틀간 연기할 것을 제안했다.

해설 빈칸을 포함하는 that절에서 가정법 현재형이 요구된다는 사실이 중요하다. propose는 suppose, suggest, order 등과 마찬가지로 아직 실현되지 않는 어떤 것이 일어나도록 요구하는 의미를 지닌다. 빈칸에는 '(should)+동사원형'의 형태를 써야 하므로 (a)가 정답이다.

어휘 majority n. 다수당   inquiry n. 조사

adjourn v. 휴정하다, 휴회하다

10. **해석** 위원회는 Fred가 상을 수락했으면 하는 바람을 표현했다.

해설 가정법을 묻는 문제이다. 명사 wish 뒤에 나오는 that절의 동사는 'should+원형'이 되어야 하며 이때 should는 생략될 수 있다. 따라서 should accept 또는 accept가 되어야 한다. 정답은 (b)의 accept이다.

어휘 board n. 이사회, 위원회   prize n. 상

11. **해석** (a) A: 저 CD를 살 거니?
(b) B: 응, 왜 물어보는데?
(c) A: 나라면 안 사겠어.
(d) B: 진심이야? 어린이용이라고 생각하니?

해설 if 절이 숨어 있는 가정법 문제이다. (c)에서 '내가 너라면'의 뜻의 'if I were you' 조건절이 숨어 있으므로, won't 를 wouldn't으로 바꾸어야 한다.

어휘 serious a. 심각한, 진지한

12. **해석** (a) A: Tommy, 왜 아직도 텔레비전을 보고 있는 거야? 수학 기말시험이 내일이잖아.
(b) B: 이건 제가 제일 좋아하는 프로그램인데 20분이면 끝나요.
(c) A: 내가 너라면 텔레비전 보는데 시간을 잠시라도 허비하지 않겠다.
(d) B: 알았어요. 엄마. 그렇지만 이 프로그램은 꼭 봐야 해요!

해설 (c)에서 If 조건절은 없지만, In your side가 if 조건절을 대신하고 있다. In your side는 '내가 너라면, 내가 너의 입장이라면'의 뜻을 가진 If I were you 라는 가정법 과거 문장의 조건절의 의미를 내포하고 있기 때문에, 결과절인 주절의 동사 역시 가정법 과거 형태를 취해야 한다. 따라서 won't를 wouldn't 로 바꾸어야 한다.

13. **해석** (a) A: 생각해 봤는데, 나 살 좀 빼야겠어.
(b) B: 왜 그렇게 생각해?
(c) A: 똥배가 나오기 시작해서, 더 나오기 전에 빼고 싶어서야.
(d) B: 좋은 생각이야. 내가 한때 다녔던 헬스클럽에 한 번 다녀 봐.

해설 (d)의 제안동사 suggest뒤의 that 명사절의 동사 형태는 (should)+동사원형이 원칙이다. 따라서 would를 삭제하거나 would를 should로 고쳐야 한다.

어휘 take off weight 살을 빼다
beer gut 술배, 똥배(=beer belly)
remove v. 제거하다

14. **해석** (a) CBS에서 히트한 〈C.S.I〉와 같은 프로그램들은 몇 년 전만 해도 프랑스나 싱가포르 같은 나라에서 주요 시간대에 배정되는 프로그램 중 하나였을 것이다. (b) 그러나 오늘날 미국에서 제작되는 드라마나 시트콤들은 전 세계적으로 점점 더 주요 시간대에서 밀리고 있다. (c) 대신 현지 방송국에서 자체 제작되는 많은 프로그램들이 점점 더 인기 있는 시청 시간대에 방영되고 있다. (d) 이러한 변화는 미국에서 제작된 드라마와 시

트콤들이 싱가포르에서 시실리에 이르기까지 현지의
제작 프로그램을 계속 앞설 것이라는 오래된 생각에 역
행한다.

해설 문장 (a)에서 several years ago가 if 가정법의 조건절
을 대신하고 있다. CSI라는 프로그램이 몇 년 전이었더
라면, 주요 시간대에 배정될 수도 있었을 프로그램이라
는 의미의 문맥이므로, 과거사실의 반대상황을 순수하
게 가정하고 있다. 따라서 would be는 가정법 과거완
료 시제의 결과절인 would have been으로 바꾸어야
한다.

어휘 candidate n. 후보   take up 점유하다, 차지하다
fringe time 고시청률 전후의 시간대
prime time 황금시간대   counter v. 반박하다, 대응하다
long-standing a. 다년간의, 오랜 기간에 걸친

15. 해석 (a) 통계 결과 미국의 성인 인구 중 60% 이상이 과체중
혹은 비만인 것으로 나타났다. (b) 의사들은 이 사실이
의료계에 주는 압박에 대해 우려를 표명해왔다. (c) 하
지만 더 놀라운 것은 과체중 어린이들의 비율이다. (d)

10세 미만 미국 어린이들 중 약 30%가 과체중으로 분류
되었다.

해설 that절의 내용이 바람직하고 중요해서 앞으로 이뤄져
야하는 당위절의 의미라면 동사원형을 쓰지만, (a)의
suggest 뒤의 that절은 당위절이 아니라 단순한 통계자
료에 근거한 단순 사실에 해당되기 때문에 be 동사보다
는 일반시제인 is를 써야한다.

어휘 overweight n. 과체중   obese a. 비만인
pressure n. 압력, 압박   percentage n. 비율
classify v. 분류하다, 범주화하다

Chapter 08 도치와 어순 Unit 22 도치 정답 & 해설

Exercise Answer Keys

Ⓐ 01. stood some giant trees

02. are the offices 03. came the flowers

04. can you purchase

05. did the police arrive 06. was his love

07. was his love 08. do teenagers realize

09. No sooner 10. have 11. nor

12. did he expect 13. crimes are

14. did they say 15. He went

**Ⓑ 01. the judge listened → did the judge
listen**

02. it snows → does it snow

03. the offices are → are the offices

**04. 전체 문장 → Beside the road were
hundreds of pieces of litter lying.**

05. seem → seems

06. the boy was → was the boy

07. they went → did they go

08. you have taken → have you taken

09. did we → we did

**10. the obstetrician left the operating
room -> did the obstetrician leave**

Ⓐ

01. 해석 집 앞에 큰 나무들이 있다.

해설 장소, 방향 부사구가 문두에 나오는 경우 자동사가 앞
으로 도치된다. 따라서 빈칸에는 stood some giant
trees가 적절하다.

어휘 giant n. 거인, 거대한

02. 해석 근처에 당신이 찾으려고 하는 사무실들이 있다.

해설 장소 유도, 방향 부사가 주격보어로서 문두에 나오는
경우 [주어+be동사]는 be동사가 앞으로 도치된다. 따
라서 빈칸에는 are the offices가 적절하다.

03. 해석 폭우 후에 꽃들이 위로 올라왔다.

해설 장소, 방향 부사구가 문두에 나오는 경우 주어, 동사는
도치된다. 따라서 빈칸에는 came the flowers가 적절
하다.

어휘 heavy rain 폭우

04. 해석 이 나라 어느 곳에서도 저 잡지를 살 수 없다.

해설 부정부사구가 도치되는 경우 조동사는 앞으로 도치된
다. 따라서 can you purchase가 적절하다.

어휘 purchase v. 구매하다

05. **해석** 경찰만 도착한 것이 아니라 소방관들도 도착하였다.

해설 부정부사구가 도치되는 경우 조동사는 앞으로 도치된
다. 따라서 did the police arrive가 옳은 표현이다.

06. **해석** 그의 사랑이 너무 대단해서 그는 자식들을 위해 모든
것을 희생하였다.

해설 so 형용사가 문두에 오는 경우에 주어 동사가 도치된
다. 따라서 빈칸에는 was his love가 들어가야 한다.

어휘 sacrifice v. 희생하다

07. **해석** 그의 사랑이 너무 대단해서 그는 자식들을 위해 모든
것을 희생하였다.

해설 주격보어가 문두에 오는 경우에 주어 동사가 도치된다.
따라서 빈칸에는 was his love가 들어가야 한다.

08. **해석** 십대들은 얼마나 자신들이 배워야 하는지를 거의 깨닫
지 못한다.

해설 hardly, scarcely, never, little 등과 같은 빈도부사가
문두에 오는 경우 조동사가 앞으로 도치되어야 한다.

09. **해석** 그녀가 전화를 끊자마자 다시 울렸다.

해설 'No sooner 과거완료, than 과거'는 관용적 표현으
로 '~하자마자 ~하다'라는 의미이다. 동일한 의미로서
[Hardly/scarcely 과거완료, when/before 과거]를 사
용할 수도 있다. 따라서 빈칸에는 no sooner가 들어가
야 한다.

어휘 hang up 전화를 끊다

10. **해석** 계약조건에 대해서 몇 가지 오해가 있었다.

해설 유도부사 there 다음의 동사의 수는 동사(구) 다음에 오
는 명사의 수에 따르므로 a few misunderstanding이
복수명사이므로 빈칸에 알맞은 것은 have이다.

어휘 misunderstanding n. 오해, 착오

11. **해석** 경찰도 그녀를 구하기 위해 제 시간에 도달하지 못하였
고, 긴급의료진도 마찬가지였다.

해설 nor는 and neither를 의미하는데 주어진 문제의 경우
앞 문장과 뒷 문장을 연결하는 접속사가 필요하므로
neither가 아닌 접속사를 포함한 nor가 적절하다.

어휘 paramedics n. 준의료 활동 종사자, 긴급 의료원

12. **해석** Steve는 우승하지 않았고, 그도 이기길 기대하지 않았
다.

해설 neither가 문두로 나오는 경우 'neither+조동사/be/
have+주어' 순서가 되어야 하므로, 빈칸에는 did he
expect가 적절하다.

어휘 win the prize 상을 받다

13. **해석** 그러한 범죄는 그 나라에서 사형으로 처벌한다.

해설 such가 명사를 수식하는 경우에는 도치하지 않는다.
다만, such가 be 동사의 보어가 되는 경우에 such가
문두로 오면 주어 동사가 도치된다. 따라서 빈칸에는

crimes are가 들어가야 한다.

어휘 punish v. 벌하다

14. **해석** 어떤 경우에도 그들은 나에게 말하지 않았다.

해설 [전치사+no+명사]의 부정부사구가 문두에 오는 경우
에도 주어 동사가 도치된다. 따라서 빈칸에는 did they
say가 들어가야 한다.

15. **해석** 그는 결코 집밖으로 나가지 않았다.

해설 주어진 문제는 문장을 도치시킬 필요가 없으므로 빈칸
에는 그대로 He went를 넣어야 한다.

어휘 at no time 결코 ~ 않다

B

01. **해석** 판사는 단 한 번도 변호사들이 제시하는 것에 귀 기울
이지 않았다.

해설 빈도를 나타내는 not once라는 부정부사구가 문두에
있으므로 주어, 동사는 도치되어야 하므로 the judge
listened를 did the judge listen으로 바꾸어야 한다.

어휘 listen to ~을 경청하다

02. **해석** 그 나라의 이 지역은 거의 눈이 오지 않는다.

해설 빈도를 나타내는 hardly가 문두에 있으므로 주어, 동사
는 도치되어야 하므로 it snows를 does it snow로 바
꾸어야 한다.

03. **해석** 홀을 따라 왼쪽으로 가면 페인트칠해야 할 사무실들이
있다.

해설 장소, 방향을 나타내는 부사구가 문두에 오는 경우 [주
어+자동사]는 그 위치가 도치되어야 한다. 따라서 the
offices are를 are the offices로 바꾸어야 한다.

04. **해석** 길을 따라 수백 개의 쓰레기가 버려져 있었다.

해설 장소, 방향을 나타내는 부사 beside the road가 문두
에 놓이면 주어, 동사가 도치되어야 하므로 Beside the
road were hundreds of pieces of litter lying이 되거
나 혹은 도치하지 않고 Hundreds of pieces of litter
were lying beside the road로 해도 된다.

어휘 litter n. 쓰레기   beside prep. ~옆에

05. **해석** 그는 무언가 잘못된 것처럼 보인다.

해설 동사 seem의 수가 복수로 되어 있는데 이 문장에서 주
어는 something으로 단수취급하므로 seem은 seems
가 되어야 한다.

06. **해석** 그 소년은 너무 피곤해서 거의 바로 잠에 들었다.

해설 so로 수식되는 형용사가 문두로 오는 경우 주어, 동사
가 도치되어야 하므로 the boy was를 was the boy로
바꾸어야 한다.

어휘 fall asleep 잠들다   immediately adv. 즉시

07. **해석** 그들은 갔을 뿐만 아니라 끝까지 머물렀다.

해설 not only가 문두로 오는 경우 조동사 주어 동사 순서로 도치되어야 하므로 they went를 did they go로 바꾸어야 한다.

어휘 until the end 끝까지

08. 해석 당신이 배치고사를 본 후에야 비로소 우리는 당신의 등급을 말해 줄 수 있습니다.

해설 only+부사(구, 절)가 문두에 오는 경우 주어, 동사 어순이 도치되어야 하므로 you have taken을 have you taken으로 바꾸어야 한다.

어휘 placement test 배치고사

09. 해석 우리는 10년 전보다 훨씬 더 많은 시간을 컴퓨터로 일하면서 보낸다.

해설 than이하 문장에서 도치할 아무런 이유가 없으므로 did we를 we did로 바꾸어야 한다.

10. 해석 그 산부인과 의사는 제왕절개술을 끝내자마자 수술실을 떠났다.

해설 Not until을 문두에 위치시킬 시에는 '주절'의 주어와 동사가 도치되어야 하므로, Not until he finished the C-section, did the obstetrician leave the operating room.이 된다.

어휘 C-section n. 제왕절개술
obstetrician n. 산부인과 전문의
operating room 수술실

Practice TEST Answer Keys

01. (b) 02. (b) 03. (d) 04. (d) 05. (d) 06. (a)
07. (d) 08. (a)

01. 해석 A: 주말에 일하는 게 정말 싫어요.
B: 저도요.

해설 이 문제의 경우 '저도 싫어요'라고 말하고 싶으면, 앞에서 I dislike... 라고 했으니, so와 일반 동사 do를 써서 So do I라고 말하면 된다. 싫다는 의미 때문에 (d)를 정답으로 고르기 쉽지만 hate는 부정어가 아니기 때문에 neither를 쓰지 않도록 주의해야 한다.

어휘 on the weekend 주말에(=on weekends)

02. 해석 A: Joe가 어디에 있는지 아세요?
B: 저기 오네요.

해설 장소를 나타내는 유도부사 (there, here)가 문두에 위치할 경우 주어와 동사는 도치가 되는 것이 원칙이지만, 주어가 대명사일 경우에는 도치가 되지 않는다. 따라서 정답은 (c)가 아니라, (b)he comes이다.

03. 해석 A: 당신의 새로 온 비서가 일을 아주 잘 하는 것 같군요.
B: 네, 그녀의 업무 수행을 보고 놀랐어요. 신입 직원이

그렇게 주도적인 경우는 드물거든요.

해설 부정의 의미를 띠는 부사 rarely의 쓰임을 묻는 문제이다. rarely가 문장 앞에 올 경우 주어, 동사가 도치되며 문장 전체가 부정의 의미를 지니게 된다. 일반 동사의 경우 대동사 do를 사용해서 도치시킨다.

어휘 personal assistant 비서
initiative n. 주도력, 독창적인 마음, 주도적인 태도
take initiative 적극적, 능동적으로 행동을 하다

04. 해석 A: 텔레비전에서 그렇게 재미있는 쇼는 처음 봤어.
B: 정말 빨리 봤으면 그 쇼를 봤으면 좋겠어.

해설 hardly, seldom, never, rarely 등의 부정부사가 문두로 나와서 강조가 될 경우 주절은 [조동사+주어]형태의 의문문 어순으로 도치가 되어야 한다. 현재완료 형태 have p.p.는 조동사로 간주한다. 따라서 정답은 (d) Never have I seen이다.

어휘 amusing a. 웃기는, 재미있는

05. 해석 작년에 북 러시아로 여행을 하기 전에 나는 오로라를 본 적이 없었다.

해설 시제와 도치를 동시에 묻는 문제이다. 제시된 문제에서는 과거의 특정한 시점 (went)을 기준으로 [그 이전에 한번도 ~해 본적 없었다]는 의미이므로 과거완료가 적절하다. 그리고 부정부사(never, hardly, scarcely, seldom, at no time, under no circumstances, etc.)가 문두로 나올 경우는 단순히 동사(구)와 주어를 바꿔주는 도치가 아니라, 조동사 도치 (의문문형식)가 되어야 하므로, (d)가 정답이다.

어휘 Northern Lights 북극광

06. 해석 실종된 자신의 아들을 발견하자마자 그녀는 울음을 터트렸다.

해설 부정부사어구 no sooner가 문두에 위치할 경우엔 주절이 의문문 형태의 어순으로 도치가 된다. 시제는 울음을 터트렸던 과거 시점(burst)보다는 아들을 발견한 게 먼저이므로 과거완료가 적절하다. 이와 같이 문두에 나오면 도치가 되는 부정부사들에는 hardly, scarcely, rarely, seldom, at no time, under no circumstances, not only, neither, only, not until 등이 있다.

어휘 burst out crying 울음을 터뜨리다(=burst into tears)

07. 해석 아이는 일정한 나이에 도달해서야 또래 집단의 다른 아이들과 협동의 중요성을 깨닫는다.

해설 [not until+부사절(구)]이 문두로 나올 때, 주절의 주어와 동사는 의문문의 어순 (조동사+주어) 으로 도치되어야 한다. 주어는 he or she로 단수이고 시제는 현재형이므로 주어 앞에 나오는 조동사는 does가 되어야 한다.

어휘 cooperate v. 협조하다　peer n. 동료, 친구

08. 해석 스테레오는 작았을 뿐만 아니라 소리도 좋았다.
해설 부정어가 들어간 상관접속사 구문 [not only A but also B]와 [neither A nor B]에서 A와 B가 각각 절과

절일 경우 not only 다음에 나오는 A절과 neither와 nor 다음의 A절과 B절은 주어와 동사가 도치(의문문 어순)되어야 한다.

어휘 not only A, but (also) B A 뿐만 아니라 B도

Actual TEST Answer Keys

01. **(c)** 02. **(b)** 03. **(b)** 04. **(d)** 05. **(b)** 06. **(b)**
07. **(b)** 08. **(b)** 09. **(c)** 10. **(b)** 11. **(b)** 12. **(b)**
13. **(d)** 14. **(c)** 15. **(d)**

01. 해석 A: 나는 너와 네 언니가 여러 면에서 닮았다고 생각해.
　　　B: 그래, 나도 그렇게 생각해. 나는 재즈를 좋아하고, 언니도 그래.

해설 '~역시 그렇다'의 뜻을 가진 [so+조동사+주어]의 반복을 피하기 위한 도치구문을 묻는 문제이다. 일반 동사 love를 받아야 하므로 조동사 do를 써야 하고, 주어가 3인칭 단수인 she이므로 (c) and so does she가 정답이다.

어휘 in many ways 여러 면에서

02. 해석 A: 워싱턴에 갔을 때 무척 아팠다면서요?
　　　B: 네, 워싱턴에 가서 앓게 될 줄은 생각도 못했어요. 다음 번엔 출발하기 전에 건강 체크를 필히 해야겠어요.

해설 도치구문에 대한 문제이다. 부정의 부사 또는 부사구가 도치되어 문두로 나가면 주어와 동사는 순서가 바뀐다. 이 경우, 일반 동사가 쓰이면 [do/does/did+주어+동사원형]의 형태가 된다.

어휘 unhealthy a. 건강하지 못한, 건강에 유해한
be in good condition 좋은 상태이다

03. 해석 A: Margaret에게 무슨 일 있니? 사무실에서 훌쩍이는 소리가 나던데?
　　　B: 몰라. 사무실에 들어가자마자 울기 시작하더라.

해설 '~하자마자 ~하다'를 의미하는 표현은 시제에 유의해서 사용해야 한다. no sooner 뒤에는 과거완료를, than 뒤에는 과거시제를 사용하며 no sooner라는 부정의 부사구가 문두에 오면 그 뒤에 나오는 주어와 동사를 의문의 어순으로 도치시켜야 한다. 따라서 정답은 (b) had she gone이다.

어휘 sob v. 흐느끼다
no sooner ~ than ~ ~하자마자 ~하다

04. 해석 A: 사고가 난건 전적으로 제 잘못입니다. 진심으로 사과드립니다.
　　　B: 의외로 정직하시군요. 사람들은 실수를 했을 때 좀처럼 인정을 하지 않거든요.

해설 도치 어순을 물어보는 문제이다. 정치문장이라면, 부정부사 seldom의 위치는 일반동사 앞이므로 People seldom admit의 어순이 되어야 하며, 부정부사

seldom을 문두에 써서 강조를 할 경우엔 [조동사+주어+동사원형/ be 동사+주어] 형태의 의문문의 어순으로 도치가 되어야 한다. 따라서 정답은 (d) Seldom do people admit 이다.

어휘 accountability n. 책임　 accident n. 사고
apologize v. 사과하다　 sincerely adv. 진심으로
refreshing a. 신선한, 참신한

05. 해석 A: 회사에서 Johnson씨에게 퇴사하라고 했다는 게 사실이야?
　　　B: 헛소문이야. 사직 요청을 받은 적도 없고 그는 사직할 뜻도 없어.

해설 등위접속사 nor는 [and+not/neither]로 부정 부사를 내포하고 있으므로, 부정부사(구)를 문두에 쓸 경우에 도치가 일어나듯이 nor 뒤에는 주어와 동사가 의문문의 어순으로 도치되어야 하므로 정답은 (b)이다. (c)는 주어와 동사가 일치가 되어 있지 않으므로, 답이 될 수 없다.

어휘 resign v. 사임하다

06. 해석 그녀의 새 책에 대한 일부 비평가들의 평이 하도 어처구니가 없어서 독자들은 더욱 관심을 갖게 되었다.

해설 결과부사절 접속사 [so ~ that]이 쓰인 구문에서 [so+형용사/부사]가 문두로 나왔을 때, 주절의 주어와 동사는 의문문의 어순 (조동사+주어)으로 도치된다. 위 문장의 원래의 정치문장은 'The comments by some critics were so absurd that her book seemed even more appealing to the readers'였는데, [so+형용사]가 강조를 위해 문두에 나가면서 주어 (the comments made by some critics)와 동사(were)가 도치가 된 것이다. 따라서 (b)가 정답이다.

어휘 absurd a. 어처구니없는, 터무니없는
appealing a. 매력 있는

07. 해석 그녀는 비록 머리가 좋았지만, 선생님이 낸 수수께끼를 풀지 못했다.

해설 양보 부사절에서의 도치를 물어보는 문제이다. 정치문장에서는 [Though/Although S+V]의 어순이지만, 형용사나 부사를 문두로 도치할 경우엔 접속사가 though가 아니라 as를 써야한다. 따라서 정답은 (b) Smart as she was이다.

어휘 work out 해결하다, 답을 알아내다　 puzzle n. 수수께끼

08. 해석 선생님이 시험지를 나눠줬을 때에야 비로소 그는 중간고사 주간임을 깨달았다.

해설 도치 구문에 대한 문제이다. Only when[after]이 '~할 때야 비로소', '~하고서야 겨우'라는 의미로 문장 맨 앞에 오면, 그 뒤에 오는 주어와 동사는 도치되어야 한다. 또한 내용상 그가 시험지를 받고서야 중간고사 주간임을 깨달았다는 말이므로 (b)가 정답이다.

어휘 pass out 나눠주다
midterm n. 중간고사

09. 해석 Freud는 일생 중 의사라는 직업을 특별히 좋아한 적은 없었다고 여러 번 말했다.

해설 부정어는 경우에 따라 문두에 두어 강조하는 경향이 있다. 또한 'at no time of his life'라는 부정 부사구를 문두로 도치한 것이므로 다음에 나오는 절은 의문문의 어순으로 도치가 되어야 한다.

어휘 preference n. 선호, 애호　profession n. 직업, 전문직

10. 해석 모든 위대한 의사의 삶에는, 자신이 인체의 비밀을 절대 풀지 못할 거라고 느끼는 순간이 오게 마련이다.

해설 장소나 방향 전치부사구나 장소 유도부사(there, here)가 문두에 올 경우 동사와 주어는 도치가 되어야 한다. 동사는 comes이며, 주어는 a time이므로 정답은 (b)이다. when이하는 관계부사절로 주어인 time을 뒤에서 수식해주고 있다. 이처럼 주어를 형용사 절이 길게 수직하는 경우에 동사와 주어를 주로 도치를 한다. 한 가지 주의할 점은 장소 부사(구)가 문두에 위치할 경우의 동사구 도치에서는 주어가 인칭 대명사인 경우에는 도치를 하지 않는다는 점이다.

어휘 solve v. 풀다, 해결하다　secret n. 비밀

11. 해석 (a) A: 제때 기말 논문을 끝낼 수 있었니?
(b) B: 아니, 내친구들도 그러지 못했어.
(c) A: Tanner 교수는 늦게 제출한 과제물을 받아주지 않기로 유명하잖아.
(d) B: 교수님은 지금 외국에 계셔, 그러니 예상할 수 없지.

해설 부정문에 대해 맞장구를 치거나 동의하는 표현은 [Neither+동사+주어]이다. (b)에서 neither는 부정부사이므로 주어와 동사를 반드시 도치시켜야 한다.

어휘 at the moment 지금, 그때
final paper 기말논문
assignment n. 숙제, 연구과제
on time 정각에

12. 해석 (a) A: 나는 시험공부를 충분히 못했어.
(b) B: 나도 그래. 도서관에서 밤을 세는건 어때?
(b) A: 난 휴식을 취하지 않으면, 시험을 망칠 거야.
(d) B: 커피 사 줄게. 잠들지 않게 서로 도와주는게 좋을거야.

해설 반복을 피하기 위한 도치 어순을 묻는 문제이다. 상대방의 말에 동의할 때는 긍정문에서의 so로 부정문에서는 neither나 nor로 시작되는 구문을 쓴다. 이럴 경우 [조동사+주어]의 어순으로 반드시 도치가 되어야 한다. B가 동의하는 문장은 현재완료 부정문 (I haven't been able to prepare enough for this test) 이므로, 조동사 have를 써서 Neither have I 의 어순이 되어야 한다.

어휘 be ready for ~에 대한 준비가 되다
awake a. 깨어있는

13. 해석 (a) A: 내일 저녁에 우리 외식하러 나가면 좋겠다.
(b) B: 좋아. 내가 널 데리고 나갈게.
(c) A: 정말 기대된다.
(d) B: 나도 그래. 우리가 마지막으로 외식한 게 꽤 오래 전이었지.

해설 반복을 피하기 위한 도치구문을 묻는 문제이다. 문장 (d)에서 상대방의 긍정문에 맞장구를 치는 동의표현은

[So+조동사+주어]의 어순이 되어야하며, 조동사는 do가 아니라 am이 되어야 한다. 따라서 (d)의 So I do를 So am I로 바꾸어야 한다.

어휘 eat out 밖에 나가서 저녁 식사하다, 외식하다
anticipate v. 예상하다, 기대하다

14. 해석 (a) 새로운 연구 결과에 따르면 금화조 암컷 열 마리 중 아홉 마리는 부리가 아주 빨간 수컷을 좋아한다고 한다. (b) 하지만 매력은 외모에서 비롯된 것만은 아니다. (c) 이런 수컷들은 더 매력적일 뿐 아니라 더 건강하다. (d) 이 연구는 색상이 화려한 수컷이 짝을 매혹시키는 행운을 갖게 된 이유를 알아내기 위해 실행되었다.

해설 상관접속사 Not only A but also B 구문에서 Not only가 문두로 나와서 절과 절을 연결할 경우 Not only 뒤는 의문문의 어순으로 도치가 되어야 한다. 따라서 문장 (c)의 be동사 are가 주어 these males zebra finches 앞으로 이동해야 한다.

어휘 zebra finch n. 금화조
attraction n. 매력, 마음을 끄는 것
beak n. 부리　set about 시작하다

15. 해석 (a) 평균적으로 매년 18개의 열대성 폭풍이 동태평양 상공에서 형성된다. (b) 하지만 모두 허리케인으로 발전하는 것은 아니다. (c) 열대성 폭풍의 절반 정도만이 실제 허리케인으로 변한다. (d) 그리고 이 허리케인들이 육지를 강타하는 것도 아주 드물다.

해설 부정의 의미를 갖는 부사가 문장의 맨 앞에 올 경우에, 문장의 주어와 동사는 의문문의 어순으로 도치가 되어야 한다. only는 부정어로 간주하므로, 문장 (d)의 And only rarely do these hurricanes hit land의 어순으로 바꾸어야 한다.

어휘 average n. 평균　cyclonic a. 사이크론의, 격렬한
hurricane n. 폭풍, 허리케인　tropical a. 열대의
rarely adv. 드물게, 좀처럼 ~않는

Exercise Answer Keys

A 01. **the most widely read**

02. **so many different** 03. **so does Mary**

04. **a wonderful** 05. **quite the opposite**

06. **such a** 07. **which to buy**

08. **quite a large** 09. **following several**

10. **people involved**

11. **room spacious enough**

12. **for more than an hour** 13. **such lovely**

14. **The first two or three**

15. **where the nearest bank is**

B 01. **will it → it will**

02. **such mean a thing → such a mean thing**

03. **what would he → what he would**

04. **a such authority → such a authority**

05. **what was he → what he was**

06. **particular something → something particular**

07. **Do you think what → What do you think**

08. **several following → following several**

09. **gave up it → gave it up**

10. **bluest beautiful → beautiful bluest**

A

01. **해석** 아마도 그는 가장 많이 읽는 책들의 저자이다.
   해설 정관사 the는 항상 명사의 앞에 위치한다.
   어휘 have something in common 공통점이 있다
   enjoy v. 즐기다

02. **해석** 그녀는 정말 많은 다른 곳을 다녔다.
   해설 so는 부사이므로 가장 앞에 위치하여야 하며, many는 수적으로 많다는 의미를, different는 장소가 다른 곳이라는 성질을 나타내는 형용사이므로 순서는 so many different가 되어야 한다.
   어휘 different a. 다른, 차이가 나는

03. **해석** Sarah는 공포영화를 좋아하는데, 그건 Mary도 마찬가지야.
   해설 긍정의 내용을 덧붙이는 표현으로 반복을 피하기 위한

도치구문에서 부사로 사용되는 so의 용법에 관한 문제로서, so 뒤의 어순이 [조동사+주어] 형태의 어순임에 주의한다.

어휘 horror movie 공포영화

04. **해석** 넌 정말이지 돈에 관한 환상적인 개념을 갖고 있구나!
   해설 의미를 강조하는 의문형용사 what의 용법에 관한 문제이다. what은 how와 달리 형용사를 수식함으로써 명사를 수식하는 것이 아니라 직접적으로 명사를 수식한다. 따라서 what과 명사를 수식하는 형용사 사이에 관사가 들어가야 하므로, what a wonderful concept이 올바른 표현이 된다.
   어휘 wonderful a. 멋진, 환상적인
   concept n. 개념

05. **해석** 그 보고서는 현실과 너무나 동떨어져 있었고, 실제로는 정반대의 상황을 반영하고 있었다.
   해설 부사 quite와 rather의 위치에 관한 문제이다. quiter와 rather는 관사 앞에 위치하여 '관사+quite, rather+(형용사)+명사'의 순서가 된다. 따라서 quite the opposite이 정답이다.
   어휘 far from ~과는 거리가 먼
   reality n. 현실, 실제
   reflect v. 비추다, 반영하다

06. **해석** 그는 정말이지 신사이다.
   해설 such의 어순에 관한 문제이다. such가 지시형용사로 사용되는 경우 such 뒤에는 명사가 오는데 이때 그 명사가 단수보통명사이면 [such+a+(형용사)+명사]의 순서가 된다.
   어휘 gentleman n. 신사

07. **해석** 나는 그것들 둘 다 좋아해. 그래서 나는 어떤 것을 구매할지 결정하지 못했어.
   해설 의문문이 동사의 목적절이 되는 경우 간접의문문을 사용하는데, 일반적으로 간접의문문의 어순은 [의문사+주어+동사]의 순서가 된다. 그런데 이러한 간접의문문을 to 부정사를 사용하는 목적어구로 바꿀 수 있는데 이때는 주절의 주어와 간접의문문의 주어가 동일한 경우에 한하여 '의문사+to 부정사'로 바꿀 수 있다.
   어휘 decide v. 결정하다

08. **해석** Simpson가는 상당히 대가족이다.
   해설 부사 quite는 그 위치가 다른 부사와 달리 관사 앞에 위치하여 [관사+quite+(형용사)+명사]의 순서가 된다.
   어휘 large a. 큰, 다수의

09. **해석** 그는 앞으로 몇 주 동안 개심수술로부터 회복할 것으로 예상된다.
   해설 문맥상 '앞으로 몇 주'라는 의미이므로 following

several이 올바른 표현이다.

어휘　recover v. 회복하다
　　　　open-heart surgery 개심술

10.　**해석**　관련된 대부분의 사람들이 회의에 참석하였다.
　　　해설　주어진 문제의 원래의 문장은 'Almost all the people who were involved'이다. 주격 관계대명사 who와 be동사 were가 생략된 형태이므로 involved가 people 뒤에 위치해야 한다.
　　　어휘　show up 나타나다

11.　**해석**　우리는 충분히 넓은 방을 갖고 있지 않다.
　　　해설　enough의 위치를 묻는 문제이다. enough가 부사로 사용되는 경우에는 형용사 뒤에서 수식하게 되는데 이때 형용사는 enough 위치로 인하여 뒤에서 명사를 수식해야 한다.
　　　어휘　spacious a. 넓은, 널찍한

12.　**해석**　나는 이곳에 한 시간 이상 머무를 수 없다.
　　　해설　문맥상 '~동안'이라는 의미의 전치사 for가 가장 먼저 위치해야 하며, 그 다음에 '한 시간 이상'이라는 'more than an hour'가 와야 한다.
　　　어휘　stay v. 머무르다

13.　**해석**　날씨가 너무 좋아서 우리는 모두 밖으로 나가서 태양을 즐겼다.
　　　해설　지시형용사 such는 명사를 수식하는데, 그 명사가 주어진 문제에서와 같이 관사를 붙이지 않는 불가산명사인 경우 [such+형용사+명사]의 순서가 된다.
　　　어휘　lovely a. 사랑스러운, 아름다운

14.　**해석**　동경에서의 처음 2~3주는 정말 근사하였다.
　　　해설　서수와 기수가 함께 쓰이면 서수가 앞에 나온다.

15.　**해석**　혹시 가장 가까운 은행이 어디인지 아시는지요?
　　　해설　의문문이 동사의 목적어가 되는 경우 간접의문문을 사용해야 한다. 이 때 간접의문문의 어순은 [의문사+주어+동사]의 순서가 되어야 한다.
　　　어휘　happen to~ 혹시~하다

B

01.　**해석**　그 작업을 끝내는데 얼마나 걸릴 거라고 생각하세요?
　　　해설　의문문이 동사의 목적어가 되는 경우 간접의문문을 사용해야 하는데, 이 때 간접의문문의 어순은 [의문사+주어+동사]의 순서가 되어야 한다. 주어진 문제의 경우 동사 think는 의문사가 문두로 나와야 한다. 따라서 will it을 it will로 바꾸어야 한다.
　　　어휘　take v. (시간이)걸리다　finish v. 끝내다, 마치다
　　　　　　task n. 과업, 업무

02.　**해석**　나는 어떤 경우에도 그와 같이 비열한 짓은 하지 않을 것이다.

해설　지시형용사 such는 뒤에 나오는 명사가 단수보통명사인 경우 [such+부정관사+(형용사)+명사]의 어순으로 써야 한다.
어휘　mean a. 비열한, 예민한
　　　　under no circumstances 어떠한 상황에서도

03.　**해석**　나는 무엇을 하고 싶은지 그에게 물어보았다.
　　　해설　의문문이 동사의 목적어가 되는 경우 간접의문문을 써야 한다. 이 때 간접의문문의 어순은 [의문사+주어+동사]의 순서가 되어야 한다. 따라서 what would he를 what he would로 바꾸어야 한다.

04.　**해석**　그는 신 역사주의에 관하여 상당한 권위자이다.
　　　해설　지시형용사 such는 뒤에 나오는 명사가 단수보통명사인 경우 [such+부정관사+(형용사)+명사]의 어순으로 사용된다. 따라서 a such authority를 such an authority로 바꾸어야 한다.
　　　어휘　authority n. 권한, 지휘권, 권위(자)
　　　　　　historicism n. 역사주의

05.　**해석**　나는 그가 무슨 말을 하고 있는지 이해하지 못하였다.
　　　해설　의문문이 동사의 목적어가 되는 경우 간접의문문을 써야 한다. 이 때 간접의문문의 어순은 [의문사+주어+동사]의 순서가 되어야 한다. 따라서 what was he를 what he was로 바꾸어야 한다.

06.　**해석**　당신이 좋아하지 않는 특별한 음식이 있나요?
　　　해설　something, anything과 같이 ~thing으로 끝나는 명사는 형용사가 뒤에서 수식한다.
　　　어휘　particular a. 특별한

07.　**해석**　그 컴퓨터는 어떤 이유에서인지 작동하지 않습니다. 제가 무엇을 해야 할까요?
　　　해설　의문문이 동사의 목적어가 되는 경우 간접의문문을 사용해야 하는데, 이 때 간접의문문의 어순은 [의문사+주어+동사]의 순서가 되어야 한다. 이 때 의문사를 목적절로 취하는 동사가 think, believe, suppose와 같은 동사인 경우에는 의문사가 문장의 앞에 위치해야 한다. 따라서 Do you think what을 What do you think로 바꾸어야 한다.
　　　어휘　work v. 작동하다

08.　**해석**　그는 앞으로 몇 주 동안 수술로부터 회복하게 될 것이다.
　　　해설　문맥상 '앞으로 몇 주 동안'이라는 의미이므로 following several의 어순이 되어야 한다.
　　　어휘　recover from ~로부터 회복하다
　　　　　　surgery n. 수술

09.　**해석**　비록 Sarah는 고소득 직업을 갖고 있었지만, 결혼하였을 때 이를 포기하였다.
　　　해설　대명사가 [타동사+부사]의 목적어가 되는 경우 대명사가 타동사와 부사 사이에 위치해야 한다. 따라서 gave

up it을 gave it up으로 바꾸어야 한다.

어휘 high-paying a. 보수가 좋은, 급여가 높은

10. 해석 Martha는 내가 본 사람들 중에서 가장 아름다운 푸른 눈을 갖고 있다.

해설 형용사의 어순을 묻는 문제이다. 먼저 의견을 나타내는 형용사 beautiful이 나온 후에 색깔을 나타내는 형용사 bluest가 나와야 하므로 bulest beautiful을 beautiful bluest로 바꾸어야 한다.

Practice TEST Answer Keys

01. (c) 02. (b) 03. (d) 04. (a) 05. (c) 06. (a)
07. (c) 08. (d)

01. 해석 A: 당신에게 내 휴가계획을 이미 써 보냈는데.
B: 그랬죠. 하지만 날짜는 언급하지 않았어요.

해설 [So 주어+동사]는 'Yes, 주어+동사', [So 동사+주어]는 '주어+동사, too'의 의미이다. 따라서 So you did가 정답이다.

어휘 holiday play 휴가 계획 mention v. 언급하다

02. 해석 A: 소설에서 살인자가 누군지 찾아내려는 중이에요.
B: 그게 누구라고 생각하는데요?

해설 간접의문문 문제이다. 의문사가 있는 일반의문문은 [의문사+주어+동사]의 순이지만, 예외적으로 앞 문장의 동사가 think, suppose, believe등일 경우에는 종속절의 의문사가 문두로 나가야 한다. 따라서 Do you think who it is에서 의문사 who가 앞으로 나간 (b) Who do you think it is가 정답이다.

어휘 figure out 알다, 이해하다 murderer n. 살인자

03. 해석 A: 건강을 위해 대개 조깅을 얼마나 자주 하세요?
B: 1주일에 네다섯 번 정도요.

해설 의문사 how의 특성에 대하여 묻는 문제이다. 방법(어떻게)을 물을 때 how는 단독으로 쓰이지만 정도(얼마나)를 나타낼 때는 항상 다른 형용사나 부사와 함께 써야 한다. 따라서 often이 How 뒤에 위치하고 뒤에는 일반의문문의 어순이 된다.

어휘 go jogging 조깅하다

04. 해석 A: 나는 결혼하고 싶어서 감옥을 나왔습니다.
B: 참 이상한 자유 개념을 갖고 있네요.

해설 감탄문을 이끄는 how와 what의 알맞은 어순을 묻는 문제이다. 부사 'how, too, as, so' 등은 다음에 [형용사+관사+명사]의 어순을 이루는 반면, 형용사 what, such 등은 [관사+형용사+명사]의 어순을 써야 한다.

어휘 break out of ~로부터 빠져 나오다, ~로부터 탈주하다
break-out (종종 폭력 행사에 의한 형무소 · 정신병원으로부터의) 도망, 탈주

05. 해석 아버지는 항상 "멈추어서 네 스스로에게 오늘 네가 무엇을 할 수 있는지 물어라"라고 말씀하셨다.

해설 의문문이 전체 문장의 주어, 목적어, 보어 등으로 사용되는 명사절일 때는 [의문사(if, whether)+주어+동사]의 어순을 취한다. 따라서 (c)가 정답이다. (b)는 which one you are able to do today로, (d)와 (a)는 if you are able to do it today로 바꾸어야 한다.

06. 해석 그 남자는 자신이 부적절하게 행동했다는 것을 인정하지 못했을 뿐만 아니라 심지어 그런 일을 하지 않은 척했다.

해설 such는 관사보다 먼저 쓰지만, any나 some, no 보다는 나중에 쓴다. any, some, no는 부정관사와 함께 쓸 수 없으므로, (a) any such thing이 정답이다.

어휘 impropriety n. 부적절함, 알맞지 않음
behavior n. 행동, 태도 **pretend** v. ~인 척하다

07. 해석 작가들이 이 곳에 그렇게 몰려드는 이유가 뭔지 모르겠다.

해설 타동사 wonder의 목적어 자리에 들어갈 간접의문문의 명사절 어순을 묻는 문제이다. 의문사 what이 [it ~ that 강조구문]으로 강조된 형태이다. 직접의문문인 'Is it what that draws~'에서 what은 의문사이므로, 문두에 써서 'What is it that draws~?' 형태의 직접의문문을 타동사 wonder의 목적어로 쓰인 명사절 어순으로 고치면, [의문사+주어+동사]의 어순이 되어야 하므로, 'I wonder what it is that draws~'의 어순이 되어야 한다. 따라서 정답은 (c)이다.

어휘 draw v. 끌다, 유인하다

08. 해석 물은 금속처럼 우수한 도체가 아니다.

해설 [such ~ as]표현을 쓸 때에는 [such+(관사)+(형용사)+명사+as]순으로 한다. 이때 not은 동사 바로 뒤에 위치해야 한다. 따라서 정답은 (d)not such a good conductor as이다.

어휘 conductor n. (열, 전기, 음 등의) 도체

Actual TEST Answer Keys

01. (d) 02. (c) 03. (a) 04. (d) 05. (d) 06. (b)
07. (c) 08. (a) 09. (c) 10. (b) 11. (c) 12. (b)
13. (c) 14. (d) 15. (c)

01. 해석 A: 우리의 다음 번 우주비행은 아주 힘들 겁니다.
B: 그래요. 하지만 우리가 과학에 얼마나 큰 공헌을 하게 될지 생각해 보는건 어때요?

해설 '과학에 얼마나 큰 공헌을 우리가 할지'를 나타내는 적절한 표현을 찾아야 하다. what이 한정하는 단어가 공헌이므로 어순은 [what+(a/an)+(형용사)+명사+(주어+동사)]이다. 따라서 정답은 (d)이다.

어휘   **space travel** 우주비행
challenging a. 도전적인, 저항하는, 힘든 간단치 않은

02. 해석   A: 사회당이 최근 성명에서 뭔가 새로운 것을 제시하고
                있나요?
              B: 아니요, 그런 것 같지 않은데요.

해설   동사 appear는 완전자동사로 쓰이면, '~에 나타나다'
        는 뜻이고, 불완전 자동사로 2형식으로 쓰일 경우에는
        '~보이다'의 뜻으로 해석된다. 문맥상 후자의 의미로 쓰
        였다고 볼 수 있는데, 원래 'it would appear that the
        Socialist Party is not proposing anything novel in
        its latest message.'에서 that 이하의 문장을 지시대명
        사 not으로 축약할 수 있다. 따라서 정답은 (c) it would
        appear not 이다.

어휘   **message** n. 전갈, 메시지, 성명, 교훈
novel a. 새로운, 참신한

03. 해석   A: 가능한 한 빨리 이 상자들을 쌓아야 해.
              B: 제가 좀 도와드릴까요?

해설   문맥상 help의 목적어는 대명사 you이며, out은 부사
        이다. 목적어가 대명사일 경우에는 [타동사+대명사+부
        사]형태의 어순으로 써야 하므로, 정답은 (a)이다.

어휘   **pile** v. 쌓다 n. 쌓아 놓은 것, 더미
help out A with B A가 B하는 것을 도와주다

04. 해석   A: 차에 어디가 잘못된 거야?
              B: 여러 이유가 있겠지만 엔진이 고장났어. 어쩌면 좋
                을까?

해설   간접의문문의 어순을 묻는 문제이다. 대부분의 간접의
        문문은 [주절동사+의문사+주어+동사] 의 어순을 취
        하는 것이 보통이지만, 주절 동사가 think, believe,
        guess, imagine, say, suppose 등의 동사일 경우에는
        의문사를 문두에 써야 한다. 따라서 정답은 (d) What
        do you think I should이다.

어휘   **engine** n. 기관, 엔진

05. 해석   A: Susan이 죽었다는데, 상당히 놀라셨죠?
              B: 네, 몇 년간 건강에 문제가 없었거든요.

해설   어순을 묻는 문제이다. quite는 명사와 함께 쓰일 때
        [quite+a+(형용사)+명사]의 어순이 된다. 따라서 정답
        은 (d) quite a shock이다.

어휘   **for years** 여러 해 동안
quite adv. 꽤, 상당히, 제법   **shock** n. 쇼크, 충격

06. 해석   아주 다행스럽게도 어머니의 심장 수술은 성공적으로
              끝났다.

해설   어순을 묻는 문제이다. [to+감정을 나타내는 추상명사]
        는 [~하게도]라는 뜻으로 쓰인다. 이러한 표현의 의미
        를 강조하려면 to 앞에 much를 써야 하므로 (b)가 정답
        이다.

어휘   **relief** n. (고통의) 경감, 제거; 안심, 위안

07. 해석   Johnson은 음주운전 혐의에 대해 무죄를 주장했다.

해설   plead라는 동사 다음에는 피고가 유죄나 무죄를 인정
        하는 것에 따라, guilty 혹은 not guilty가 올 수 있는데
        driving under influence는 '음주운전'이라는 뜻이다.
        따라서 정답은 (c) not guilty to the charge of driving
        이다.

어휘   **plead** v. 법정에서 유죄 또는 무죄를 주장하다
influence n. 영향(력)   **charge** n. 혐의, 고소

08. 해석   그는 작년에 상의 수상자로 선정된 사람들 중 한 명이
              었다.

해설   one of 뒤에는 한정된 명사가 와야 하므로, 정관사 the
        가 people 앞에 나와야 하고, 분사 (selected)가 다른
        어구들과 함께 길게 쓰일 때는 수식 받는 명사의 뒤에
        위치하므로 (a) one of the people selected가 정답이
        다.

어휘   **award** n. 상, 상품, 상금 v. 수여하다, 수여(지급)판정을 내리
        다
select v. 선정하다, 선택하다, 골라내다

09. 해석   나라의 무질서한 사법 체계가 부패하였기 때문에 산림
              을 파괴하다 붙잡힌 사람들은 거의 매번 처벌 받지 않
              고 넘어간다.

해설   주어진 문장은 due to가 이끄는 부사구가 문장 앞으로
        도치된 형태다. 따라서 빈칸에는 be released (풀려나
        다)의 주어가 필요하다. catch는 '범죄 현장에서 잡다'
        는 뜻으로 문맥상 빈칸에는 '산림을 파괴하다 붙잡힌
        사람들'을 나타내는 (c) those caught destroying the
        forest가 적절하다.

어휘   **disordered** a. 어수선한, 엉망인, 장애가 있는
judicial a. 사법의, 재판의   **destroy** v. 파괴하다
forest n. 숲, 산림   **catch** v. 범죄 현장에서 잡다

10. 해석   그가 겪어온 경험들이 특이하긴 하지만 그들은 그가 공
              상 과학 소설가로서 성공적인 경력을 쌓는 것을 가능하
              게 해주었다.

해설   양보절의 어순에 관한 문제이다. 양보절의 어순은 [형
        용사+as+주어+동사]이다. 명사를 맨 앞에 놓을 수도
        있는데, 이때 명사 앞에는 관사를 쓰지 않는다. 따라서
        (b)가 정답이다.

어휘   **enable** v. ~할 수 있게 하다, ~가능하게 하다
build v. 짓다, 건설하다, 창조하다, 쌓이다
science fiction 공상 과학 소설
peculiar a. 색다른, 이상한

11. 해석   (a) A: 너 무척 피곤해 보이는 구나.
              (b) B: 방금 미국사 기말시험을 마쳤어.
              (c) A: 시험은 잘 친 것 같니?
              (d) B: 글쎄, 더 잘할 수도 있었는데.

해설   간접의문문에서는 평서문의 어순을 따른다. 그리고 의
        문사가 이끄는 간접의문문의 동사가 think,. guess,
        believe, imagine등이라면 의문사가 문두로 나온다. 따
        라서 (c)의 'How do you think did you?'를 'How do
        you think you did?'로 바꾸어야 옳은 표현이 된다.

어휘   **extremely** a. 극도로, 극히

take the final (exam) 기말시험을 치르다
suppose v. 생각하다, 추정하다, 가정하다
perform v. 행하다, 수행하다, 해보이다

12. 해석 (a) A: 우리가 이사 가야 하면 어쩌지?
(b) B: 그 이야기를 왜 지금 꺼내는 거니?
(c) A: 미안해. 하지만 집세를 낼 돈이 우리에겐 없잖아.
(d) B: 걱정하지 마. 내가 알아서 할게.

해설 어법상 틀린 부분을 고르는 문제이다. How come 다음에는 [주어+동사]순서로 나와야 하므로 정답은 (b)이다.

어휘 call forth 불러일으키다   rent n. 집세, 임대료

13. 해석 (a) A: Sue, 저 드레스 어떤 것 같아?
(b) B: 좋은 걸. 너와 잘 어울릴 거야.
(c) A: 한 번 입어볼래. 들어가자.
(d) B: 물론이지. 공식적인 무도회에 입을 멋진 드레스가 필요하잖아.

해설 [동사+부사]구조의 타동사구의 목적어가 대명사일 경우에 대명사는 반드시 동사와 부사 사이에 들어가야 한다. 따라서 (c)의 try on it을 try it on으로 바꾸어야 한다.

어휘 gorgeous a. 아주 멋진, 선명한, 화려한
proper a. 적절한, 제대로 된
formal ball 공식적인 무도회

14. 해석 (a) 현재 시장 상황이 MBA 졸업생들에게 어렵다는 것은 부정할 수 없다. (b) 그러나, 몇몇 부문들은 예전보다 지금이 더 활발하다. (c) 유통 부문이 이 중 하나이

다. (d) 전체적인 수는 적지만, 유니세프, 유네스코, 세계 은행과 같은 국제 기구들의 관심이 커지고 있다.

해설 (d)의 such as는 예를 열거할 때 쓰인다. 전체를 아우르는 말은 such와 as 사이에 오고, 그 다음에 그 예에 해당하는 말들이 나열된다. 따라서 어순을 'from international organizations such as Unicef, Unesco and the World Bank' 또는 'such international organizations as Unicef, Unesco and the World Bank'로 바꾸어야 한다.

어휘 sector n. (산업 등의) 활동 분야, 영역, 부문
overall adv. 전체적인, 전면적으로

15. 해석 (a) 때때로 차로 출근할 때, 나는 느린 운전자 뒤에 서게 된다. (b) 나는 그런 운전자들을 앞지르려 하지만, 마주 오는 교통량이 항상 많다. (c) 이때, 나는 얼마나 느리게 운전하고 있는지를 잊기 위해서 혼자 이야기하거나 노래를 한다. (d) 나는 시속 50마일 구역에서 시속 25마일을 가야 하는 이유를 한번도 이해해 본 적이 없다.

해설 의문부사 how는 방법을 나타내는 "어떻게"와 정도를 나타내는 "얼마나"의 두 가지 뜻으로 쓰인다. 정도를 나타내는 "얼마나"의 뜻으로 쓰일 때에는 수식하는 형용사가 how 바로 뒤에 따라 와야 한다. 그러므로 (c)에서 how I am traveling slow를 how slow I am traveling으로 바꾸어야 한다.

어휘 linger v. (예상보다)오래 남다, 더 오래 머물다
approaching a. 임박한, 다가오는
figure out 이해하다, 알아내다
50-mile-per-hour zone 시속 50마일 구역

Chapter 09 특수구문 Unit 24 강조/삽입/생략/동격 정답 & 해설

Exercise Answer Keys

Ⓐ 01. any **02.** by no means **03.** much
04. itself **05.** did **06.** that is to say **07.** of
08. much **09.** if ever **10.** so **11.** in general
12. for example **13.** that **14.** did
15. in the world

Ⓑ 01. which spoken → spoken
02. whom → who
03. your sister → your sister's
04. asking to → asked **05.** to do → to
06. Though was tired → Though tired
07. if any → if ever **08.** so far → so far as
09. whom → who
10. a house of a palace → a palace of a house

Ⓐ

01. 해석 설령 있다 해도 거의 가망이 없어.

해설 부정문에 삽입되어 명사를 강조하는 if any를 묻는 문제이므로 빈칸에는 any가 들어가야 한다.

어휘 hope n. 희망   little a. ~가 거의 없는

02. 해석 운전은 결코 배우기 쉽지 않다.

해설 부정의 의미를 강조하는 부사구 by no mean는 '결코 ~않다'는 의미로서 부정의 의미가 이미 내포되어 있다. 반면 in the least는 부정어 not이 있어야 하는데 부정어가 없으므로 by no means가 적절하다.

어휘 driving n. 운전

03. 해석 나는 어제 훨씬 기분이 좋았다.
해설 비교급은 very가 아닌 much로 강조한다.
어휘 feel better 기분이 더 좋다

04. 해석 그녀는 정말 행복했다.
해설 [추상명사+itself]는 [all+추상명사, very+형용사]의 의미를 갖는다. 따라서 빈칸에는 itself가 들어가야 한다.
어휘 happiness n. 행복

05. 해석 그녀는 최선을 다했지만, 운전면허시험에 불합격하였다.
해설 동사를 강조하는 조동사 do의 용법을 묻는 문제이다. 주어진 문제의 경우 시제가 과거이므로 빈칸에는 did가 들어가는 것이 적절하다.
어휘 fail v. 실패하다
pass v. (시험 등에) 합격하다, 지나가다

06. 해석 그녀는 2주전 까지 즉, 자신의 아버지가 계부였다는 사실을 알게 되기 전까지는 정말 행복했었다.
해설 until two weeks ago를 강조해야 되므로 빈칸에는 that is to say가 들어가야 한다.
어휘 step-father n. 계부

07. 해석 우리 중에 7명이 운동장에 있었다.
해설 문맥상 '우리들 중에 7명'이라는 의미이므로 빈칸에는 of가 적절하다.
어휘 playground n. 운동장

08. 해석 그녀는 예전보다 훨씬 더 노래를 잘한다.
해설 비교급을 수식하는 부사를 묻는 문제이다. very가 아닌 even, far, much 등으로 비교급을 수식하므로 much가 적절하다.
어휘 used to ~하곤 하다

09. 해석 그녀는 설령 간다 하더라도 거의 혼자 영화 보러 극장에 가지는 않는다.
해설 부정문에 삽입되어 명사를 강조하는 if ever를 묻는 문제이다. 명사를 강조하는 경우에는 if any가 사용되지만 goes를 강조하는 것이므로 if ever가 되어야 한다.
어휘 go to movies 영화 보러 극장에 가다
seldom adv. 거의~않다

10. 해석 Mary는 골프를 좋아하는데, Terry도 그렇다.
해설 긍정의 내용에 첨가하여 표현할 때, 반복을 피하기 위한 도치구문에서 부사로 사용되는 so의 용법에 관한 문제이다. neither는 부정의 내용에 첨가하는 경우에 사용되는데 앞의 문장이 긍정이므로 적절하지 않다. 따라서 빈칸에 so가 들어가야 한다.

11. 해석 그는 가끔 이성을 잃곤 하지만, 대체로 훌륭한 학생이다.

해설 But앞의 내용과 상반되는 내용이 이어지고 있다. 따라서 문맥상 so to speak (말하자면) 보다는 in general (일반적으로, 대체로)이 적절하다.
어휘 lose one's temper 화를 내다, 흥분하다

12. 해석 셰익스피어는 예를 들자면 햄릿과 같은 많은 희곡을 썼다.
해설 문맥상 햄릿은 셰익스피어가 쓴 희곡의 일례이므로 빈칸에는 for example이 들어가야 한다.
어휘 drama n. 드라마(극), 연극

13. 해석 내가 내 아내를 처음으로 만난 장소는 바로 그 공원이었다.
해설 It~that 강조구문을 묻는 문제이다. 주어진 문제의 경우 부사구 in the park를 강조하는 구문으로서 빈칸에는 that이 들어가야 한다. 참고로 that 대신 관계부사 where를 쓸 수 있다.

14. 해석 지난 밤 파티에서 그녀의 드레스 입은 모습은 정말 아름다웠다.
해설 동사를 강조하는 조동사 do의 용법을 묻는 문제이다. 주어진 문제의 경우 시제가 과거(last night)이므로 빈칸에는 did가 들어가야 한다.
어휘 look pretty 예뻐 보이다

15. 해석 너 도대체 무슨 말을 하고 있는 거니?
해설 관용적인 표현을 묻는 문제이다. 의문문을 강조하는 부사구는 in the world 혹은 on earth이다.
어휘 in the world (의문문에서) 도대체
in the least (부정문에서) 결코~않다

B

01. 해석 스위스에서 사용되는 언어는 무엇인가요?
해설 주격대명사 which가 be 동사 is와 함께 생략되어야 과거분사 spoken이 형용사로서 language를 수식할 수 있다. 따라서 which spoken을 spoken으로 바꾸어야 한다.
어휘 Switzerland 스위스

02. 해석 내가 그의 아버지라고 믿었던 그 사람은 그의 아버지가 아니었다.
해설 목적격 관계대명사 whom은 believed의 목적어가 아니며 was의 주어역할을 해야 하므로 whom을 who로 바꾸어야 한다.
어휘 believe v. 믿다, 신뢰하다

03. 해석 내 컴퓨터는 너의 언니 것만큼 빠르다.
해설 문장의 전후 관계로 보아 문장의 일부를 생략하더라도 문맥의 이해에 지장을 주지 않는 경우 반복 어구를 생략할 수 있는데, 주어진 문제의 경우 my computer에 대응하여 your sister's computer에서 computer를 생략할 수 있으나 소유격을 나타내는 's는 생략해서는 안

된다. 따라서 your sister를 your sister's로 바꾸어야
한다.

04. **해석** 어디 사느냐고 물었을 때, 나는 뉴욕에 산다고 말하였
다.

해설 부사절 when 이하에서 [주어+be] 동사를 생략하는 구
문을 묻는 문제인데 [주어+be] 동사 생략을 위해서는
부사절의 주어가 주절의 주어와 일치해야 한다. 따라서
원래 문장은 When I was asked where I lived였다. 여
기에서 I was를 생략하면 When asked where I lived
가 된다. 따라서 asking to를 asked로 바꾸어야 한다.

05. **해석** 나는 네가 그에게 네 차를 빌려주고 싶지 않다는 걸 알
지만 넌 그렇게 해야 한다.

해설 문맥상 '차를 빌려주고 싶지는 않지만 빌려주어야 한
다.'는 의미이다. 원래의 문장은 'you have to lend him
your car'이다. 앞의 문장과 to 이하는 완전히 동일하므
로 대부정사 to를 써야 한다. 따라서 to do는 to로 바꾸
어야 한다.

어휘 lend v. 빌려주다, 빌리다

06. **해석** 비록 그는 피곤했지만, 자정까지 잠이 들지 않았다.

해설 부사절의 주어와 주절의 주어가 다른 경우 부사절의 주
어와 be 동사를 생략할 수 있다. 따라서 주어진 문제에
서 was를 생략해야 적절하다.

어휘 go to bed 잠자리에 들다

07. **해석** 그는 설령 그의 어머니에게 전화를 건다 하더라도, 거
의 하지 않는다.

해설 부정문에서 부정의 의미를 강조하기 위해 if any나 if
ever를 사용하여 '설령~한다 하더라도'라는 의미를 나
타내는데 동사를 강조하는 경우 if ever, 명사를 강조하
는 경우는 if any를 사용한다. 주어진 문제의 경우에는
동사 call을 강조하므로 if any를 if ever로 바꾸어야 한
다.

어휘 seldom a. 거의~하지 않는

08. **해석** 그는 내가 아는 한 담배를 많이 피우는 골초이다.

해설 주어진 문제의 경우 so far as~구문이 원래 문장에 삽
입된 것이므로 so far를 so far as로 바꾸어야 한다.

어휘 so far as ~하는 한   heavy smoker 골초

09. **해석** 어제 그녀는 내가 생각하기에 그녀의 남자친구라고 믿
는 남자를 만났다.

해설 주어진 문제의 경우 I believe는 삽입구로 a guy를 받는
관계대명사는 목적격 whom이 아닌 관계사절 내의 be
동사의 주어가 되는 who가 되어야 한다. 따라서 whom
은 who을 바꾸어야 한다.

10. **해석** 그는 궁전 같은 집에서 산다.

해설 동격을 나타내는 부정관사 용법에 관하여 묻는 문제이
다. 궁궐 같은 집은 a palace of a house로 표현한다.

어휘 palace n. 궁전

01. (d) 02. (a) 03. (c) 04. (b) 05. (c) 06. (b)
07. (c) 08. (b)

01. **해석** A: 내일 비가 올까요?
B: 안 왔으면 좋겠어요. 소풍을 다 망칠 테니까요.

해설 hope, think, suppose, I am afraid 등과 같은 전달동
사는 지시대명사 so 또는 not을 목적어로 취하여 앞에
나온 절이나 문장을 대신 할 수 있다. 여기서는 비가 오
면 소풍이 엉망이 될 수 있다고 걱정하고 있는 내용이
므로 비가 오지 않았으면 좋겠다(I hope it will not rain
tomorrow)는 부정의 의미를 담은 (d) I hope not이 정
답이다.

어휘 I hope so. 그러기를 바란다.
I hope not. 그렇지 않기를 바란다

02. **해석** A: 몇 일전에 음악 프로그램에서 네가 본 사람이 정말
저 여자니?
B: 응. 그런 것 같아. 관중이 많았지만 말이야.

해설 [It ~ that] 강조구문의 정확한 이해를 요하는 문제이다.
주어진 문제에서 강조되는 대명사가 동사 saw의 목적
어이므로, 목적격 대명사인 her가 되어야 하며, her는
사람이므로, which는 쓸 수 없으며, that이나 whom을
써야 한다. 따라서 정답은 (a) her that you saw이다.

어휘 spectator n. 관중

03. **해석** A: 내가 장담하는데, Munns교수는 적어도 7개 국어를
구사할 줄 아셔.
B: 설마!

해설 you don't say는 놀라운 이야기를 들었을 때 쓸 수 있
는 표현으로 '설마'를 의미하는 관용적 표현이다

어휘 bad v. 장담하다, 내기하다
not less than 적어도, ~보다 못하지 않은

04. **해석** A: 이 수학 문제 풀 수 있게 좀 도와줄래?
B: 음, 한번 해 볼게.

해설 생략과 대용에 관한 문제이다. 'I will try to help you
with this math question.'에서 'to ~ question'까지 모
두 생략하고 'I will try.'라고 한다. 보통 'I'd like to. I'd
love to, I wanted to'처럼 대부정사 to와 함께 많이 쓰
이지만 try의 경우는 I will try to 보다는 I will try 까지
쓴다.

05. **해석** 내가 거기 있다고 생각했던 사람들은 Jim과 Mary였다.

해설 [It ~ that] 강조구문에서 that은 상황에 따라 관계대명
사나 관계부사로 바꾸어 쓸 수 있다. 삽입절 I think는
관계대명사 바로 뒤에 쓰며, 격을 구분할 때에는 삽입
절 (I think) 뒤부터 살펴보아야 한다. 주어가 빠져있는
불완전한 절이므로, 주격관계대명사 who를 사용한 (c)
who I think were there가 정답이다.

06. 해석 조사를 조금만 더 했었더라면 너의 논문은 훨씬 더 나았을 것이다.

해설 비교급을 강조하는 부사를 묻는 문제이다. 비교급 앞에 써서 '훨씬 더'라는 뜻을 전달하는 부사로는 much, even, still, far, a lot 등이 있다.

어휘 **paper** n. 논문, 과제물, 리포트
research n. 조사, 연구

07. 해석 Jake는 작년에 결혼했지만, 지금은 이혼했다.

해설 '결혼하다'는 동사 marry는 자동사(They married last year)로도 쓰이고, 타동사(Jake married her last year)로도 쓰일 수 있지만, 단수인 Jake가 주어이므로, marry는 타동사로 쓰였다. 빈칸 뒤에 목적어가 없으므로 수동형인 [get+p.p]혹은 [be+p.p]의 형태를 답으로 골라야 한다. 부사구 last year가 있으므로 빈칸에는 과거시제가 적절하다. 따라서 got married 또는 강조의 조동사 do로 got을 강조하여 did get married가 답이 될 수 있다.

08. 해석 그의 부인은 밖에서 일을 하지만 그는 집에 있으면서 아이들을 돌보는, 소위 주부 아빠이다.

해설 as it were는 '말하자면', '이른바'라는 의미로 부연 설명할 때 사용한다. 여기서는 he를 한마디로 표현하면 house farther라고 할 수 있으므로, (b)it were가 정답이다

어휘 **look after** 돌보다   **as it were** 말하자면, 이른바

Actual TEST Answer Keys

01. (a) **02.** (c) **03.** (b) **04.** (a) **05.** (c) **06.** (a)
07. (a) **08.** (c) **09.** (c) **10.** (d) **11.** (d) **12.** (b)
13. (b) **14.** (a) **15.** (c)

01. 해석 A: 아침 내내 구름이 잔뜩 끼었어. 곧 비가 내리기 시작할 것 같아.
B: 안그랬으면 좋겠어. 오늘 오후에 소풍 갈 계획인데.

해설 앞 문장을 대신하는 대부사로 쓰이는 so와 not의 용법에 관한 문제이다. think, believe, hope, be afraid, say 등이 앞 문장 전체를 목적어로 취할 때 긍정이면 so를 이용하고, 부정이면 not를 사용한다. 소풍을 계획하고 있으므로 비가 오지 않기를 바란다는 의미의 (a)가 정답이다.

어휘 **(at) any minute** 지금 당장에라도, 언제라도
go on a picnic 소풍가다

02. 해석 A: 이것 좀 도와주실 수 있으신지요?
B: 평상시 같으면 기꺼이 그러고 싶은데, 지금 가봐야 할 것 같아요. 10분 후에 미팅이 있거든요.

해설 get은 동사원형을 취할 수 없으므로 (d)는 정답이 될 수 없다. get going은 '시작하다, 행하다, 출발하다'의 뜻

으로 사용되기 때문에 (c)가 정답이다.

어휘 **I wonder whether (if)~** ~를 해줄 수 있습니까?

03. 해석 A: 차 좀 태워주시겠어요?
B: 그럼요. 어디로 가세요?

해설 '어디로 가느냐'는 동사 head를 써서 'where are you headed' 혹은 'where are you heading'이라고 표현한다. 따라서 (b)가 정답이다.

어휘 **give somebody a lift (ride)** ~를 태워주다
head v. ~로 향하다

04. 해석 A: David이 이번 금요일에 큰 파티를 연다고 들었어.
B: 파티 얘기가 나와서 하는 말인데, 넌 갈거니?

해설 A가 David이 큰 파티를 연다는 말을 듣고 그 얘기를 꺼내자 B가 A에게 파티 참석 여부를 묻고 있다. '(앞의) 얘기가 나와서 하는 말인데'라는 표현은 Speaking of which이다. 따라서 정답은 (a) which이다.

어휘 **approaching** a. 다가오는, 임박한
speak of ~에 관하여 말하다, ~을 평하다

05. 해석 A: 물을 좀더 넣어야 할까요?
B: 네, 수프가 조금 짜요.

해설 kind of는 구어로 '약간, 조금'의 뜻이다. 비슷한 표현으로는 sort of가 있다. 따라서 정답은 (c)이다.

어휘 **salty** a. 짠, 짭짤한 cf. **sour** (시큼한), **bland** (맛이 순한, 밋밋한)

06. 해석 내 생각에 이 위원회의 회장으로 가장 충분한 자격이 있는 후보는 Frida Castro다.

해설 알맞은 접속사를 고르는 문제이다. 일단 빈칸 뒤에 I think가 삽입절인지 아닌지를 먼저 구분해야 한다. 보통 [주어+believe/think] 뒤에 주어가 없거나 목적어가 빠진 불완전한 문장이 이어지면, 삽입절로 판단해서, 빈칸은 관계대명사 자리라고 판단하면 되는데, 삽입절 다음에 이어지는 문장에서 주어가 빠져 있으면 주격관계대명사를, 목적어가 빠져 있으면 목적격 관계대명사를 고르면 된다. 동사 is의 주어가 빠진 불완전한 절이므로 빈칸은 주격관계대명사 자리이다. 선행사 candidate는 사람이므로 (a) who가 가장 적절하다.

어휘 **candidate** n. 후보
head v. ~의 장이 되다, 이끌다
committee n. 위원회

07. 해석 가장 우수한 품질의 재료만이 우리 제품에 들어갑니다.

해설 최상급을 수식해 주는 형태에 대해 묻고 있다. '가장 최고의'는 the very best 또는 by far the best, much the best 또는 the best ever로 나타낼 수 있다.

어휘 **quality** n. 질   **material** n. 재료
manufacture v. 제조하다 n. 제조

08. 해석 그가 교통사고에서 회복될 가능성은 설사 있다 해도 희박하다.

해설 '있다손 치더라도, 설령 있다 해도'의 뜻을 가진 삽입어

구를 묻는 문제이다. 앞에 나오는 few/ little이 수식하는 명사의 양이나 수가 얼마 안 된다는 뜻을 강조하는 (c) if any가 정답이다. (b) if ever는 동사를 강조할 때 쓰인다.

어휘　get better 좋아지다, 호전되다
road accident 교통사고

09. 해석
연구에 따르면, 아침에 깨어나게 해주는 일상적인 약물인 카페인이 미숙아의 호흡 곤란 극복을 돕는 성공적인 치료법이라고 한다.

해설　관용어구 get ~ going(~을 계속 움직이게 하다)에 관한 문제이다. 여기서 going은 형용사로서 '활동 중인, 운전 중인'의 뜻이다.

어휘　get someone /something going ~을 계속 움직이게 하다
premature n. 조산아, 미숙아
get over 극복하다, 회복하다, 처리하다
breathing failure 호흡 곤란

10. 해석
한 개인으로부터 다른 개인으로 장기를 이식하는 것은 두 가지 커다란 문제를 가지고 있는 것으로 보인다.

해설　빈칸 앞뒤에 쉼표가 있고 빈칸의 앞뒤가 한 문장으로 이어지는 것으로 보아 빈칸은 중간에 삽입된 것임을 알 수 있다. 따라서 빈칸에 들어갈 말은 그 자체가 다른 말들과 분리될 수 있어야 하는데, (b) seems to be는 보어가 나와야 하고, (a) it seems that은 접속사 that 다음에 주어와 동사를 갖춘 문장이 나와야 하므로 정답이 아니다. (c) there seems는 it seems와는 달리 홀로서지 못하고 to부정사를 동반해야 하므로 정답이 될 수 없다. 따라서 정답은 (d)이다.

어휘　transplant v. 이식하다, 옮겨 심다
organ n. 장기, 조직　individual n. 개인
involve v. 포함하다, (필연적으로) 수반하다

11. 해석
(a) A: 안녕, Jane. 어떻게 지내요?
(b) B: 그리 나쁘진 않아요.
(c) A: 이번 주 금요일에 재즈 콘서트에 가고 싶은지 궁금하네요.
(d) B: 이번 주 금요일이요? 죄송하지만, 안 되겠네요.

해설　(d)에서 '유감이지만 안 된다'는 의미가 되어야 하므로 I'm afraid not이 적절하다. I'm afraid so는 "유감이지만 안된다"의 뜻으로 쓰인다.

12. 해석
(a) A: Mercedes는 아주 비싼 차야.
(b) B: 벌써 알고 있어.
(c) A: 그런데 어떻게 그 차를 살 거야?
(d) B: 괜찮아. 은행에서 대출을 받았어.

해설　동사의 쓰임에 관한 문제이다. 일반적으로 I see는 이미 어떤 사실을 '알고 있다'는 뜻의 I know와는 달리, 어떤 말을 들으니 '알겠다, 이해가 된다'의 뜻으로 쓰이기 때문에 주어진 문제에서는 see가 아닌 know가 자연스럽다.

어휘　dear a. 사랑하는, 비싼
borrow v. 돈을 빌리다

13. 해석
(a) A: 주말이 긴데 어디로 여행 가는게 어때요?
(b) B: 그리고 싶은데 길이 막힐 것 같아요.
(c) A: 그래도 기분전환을 위해서 어디라도 가야지요.
(d) B: 어디 생각해 두고 있는 곳이라도 있는것 같네요. 그렇죠?

해설　대부정사 용법을 묻는 문제이다. to부정사구에서, 뒤에 나오는 어구가 앞에 나온 어구와 반복되면, to부정사구를 한 단어인 to로 대신하여 쓰는데, 이를 대부정사라고 한다. (b)에서 I'd like 뒤에 원래 to부정사구 to go somewhere on the long weekend가 이어지는데, 이 부정사구를 한 단어 to로 써야한다. 따라서 (b)의 to go를 to로 바꾸어야 한다.

어휘　traffic n. 교통　have ~ in mind ~을 마음에 두다

14. 해석
(a) 어린 시절 형제가 더 크고 좋은 새 장난감을 갖게 되면, 눈이 빠져라 펑펑 울었었지요. (b) 문제는, 이제 그런 충동을 완전히 극복했는가, 아니면 아직도 형제자매간의 경쟁의식에 사로 잡혀 있는가 하는 것입니다. (c) 많은 성인들에게 있어서, 혈연간의 경쟁은 성인이 되어서도 지속됩니다. (d) 당신의 인생에서 형제자매간의 경쟁의식은 동기를 부여하는 요인입니까, 아니면 이제 그런 감정을 털어내고 성장했습니까?

해설　(a)에서 '눈이 빠지도록 울다'라는 표현은 'cry one's eyes out'이다. 이렇게 부사가 동사의 결과를 나타내는 표현으로는 'beat someone black and blue'(멍이 들도록 ~를 때리다)등이 있다.

어휘　sibling n. 형제, 자매
outgrow v. ~보다 커지다, 성장하여 (어린 시절의 태도나 습관을) 떨쳐버리다
impulse n. 충동
be engrossed in ~에 몰두하다, 사로잡혀 있다
motivate v. 동기를 부여하다

15. 해석
(a) 그 구역을 훑어보다가 그녀는 이상한 낡은 책을 발견했다. (b) 호기심이 자극되어, 그녀는 그 책을 주워 먼지를 털어내고 책 표지를 열었다. (c) 그 책은 아무도 읽을 수 없는 언어로 적혀 있었다. (d) 이전 수천 년 동안 들어보지 못한 방언이었다.

해설　that과 what을 구별하는 문제이다. (c)에서 what은 선행사가 없는 경우 쓸 수 있는 관계대명사이다. 주어진 문제에서는 'It~ that 강조구문'이므로 what을 that으로 바꾸어야 한다.

어휘　look around 둘러보다, ~을 찾으려 돌아다니다
curiosity n. 호기심　stimulate v. 자극하다
wipe away 치우다, 닦다
dialect n. 사투리, 방언